KB152845

한국의 산업화와 기술발전

: 한국 경제의 진화와 주요 산업의 기술혁신

"이 저서는 2010년도 대한민국 교육부와 한국학중앙연구원(한국학진흥사업단)을 통해
한국학 특정분야 기획연구(한국과학문명사) 사업의 지원을 받아 수행된 연구임."(AKS-2010-AMZ-2101)

한국의 산업화와 기술발전

:한국 경제의 진화와 주요 산업의 기술혁신

ⓒ 전북대학교 한국과학문명학연구소 2021

초판 1쇄	2021년 2월 25일		
지은이	송성수		
출판책임	박성규	펴낸이	이정원
편집주간	선우미정	펴낸곳	도서출판 들녘
편집	이동하·이수연·김혜민	등록일자	1987년 12월 12일
디자인	한채린·김정호	등록번호	10-156
마케팅	전병우	주소	경기도 파주시 회동길 198
경영지원	김은주·장경선	전화	031-955-7374 (대표)
제작관리	구법모		031-955-7376 (편집)
물류관리	엄철용	팩스	031-955-7393
		이메일	dulnyouk@dulnyouk.co.kr
		홈페이지	www.dulnyouk.co.kr

ISBN   979-11-5925-606-6 (94910)

979-11-5925-113-9 (세트)

한국의 과학과 문명 017

한국의 산업화와 기술발전

: 한국 경제의 진화와 주요 산업의 기술혁신

송성수 지음

들녘

지은이 **송성수** 宋成守

서울대학교 무기재료공학과를 졸업한 뒤 같은 학교 대학원 과학사 및 과학철학 협동과정에서 석사학위와 박사학위를 받았다. 석사논문은 테일러주의의 형성에 관한 것이고, 박사논문에서는 한국 철강산업의 기술능력 발전과정을 다루었다. 한국산업기술평가원(ITEP) 연구원, 과학기술정책연구원(STEPI) 부연구위원, 부산대학교 물리교육과 교수를 거쳤다. 부산대학교 교양교육원 교수로 재직 중이며, 같은 학교 대학원의 과학기술인문학 협동과정과 기술사업정책 전공에도 관여하고 있다. 한국여성과학기술인지원센터 부산대사업단 단장, 한국과학기술학회 회장, 부산대학교 교양교육원 원장 등을 역임했으며, 현재 한국혁신학회 부회장과 한국과학사학회 부회장을 맡고 있다.

저서로는 『우리에게 기술이란 무엇인가』(편저), 『과학기술은 사회적으로 어떻게 구성되는가』(편저), 『나는 과학자의 길을 갈 테야』(공저), 『소리 없이 세상을 움직인다, 철강』, 『근현대 과학기술과 삶의 변화』(공저), 『과학기술과 문화가 만날 때』, 『한국의 과학문화와 시민사회』(공저), 『과학기술과 사회의 접점을 찾아서』, 『한국 기업의 기술혁신』, 『공학윤리의 쟁점』, 『연구윤리란 무엇인가』, 『기술혁신이란 무엇인가』, 『과학기술학의 세계』(공저), 『사람의 역사, 기술의 역사』, 『한 권으로 보는 인물과학사』, 『과학의 본성과 과학철학』, 『과학기술로 세상 바로 읽기』(공저), 『발명과 혁신으로 읽는 하루 10분 세계사』 등이 있다.

일러두기

- 명사의 붙여쓰기는 이 책의 키워드를 이루는 단어는 붙여쓰기를 원칙으로 했지만, 경우에 따라서는 가독성을 위해 띄어쓰기를 했다.

- 주석은 각 장별로 미주로 한다.

- 인용 도판은 최대한 출처를 밝히고 저작권자의 허락을 얻었으나 일부 저작권자를 찾지 못하여 게재 허가를 받지 못한 도판에 대해서는 확인되는 대로 통상 기준에 따른 허가 절차를 밟기로 한다.

〈한국의 과학과 문명〉 총서를 펴내며

우리나라는 현재 세계 최고 수준의 메모리 반도체, 스마트폰, 디스플레이, 철강, 선박, 자동차 생산국으로서 과학기술 분야의 경이적인 발전으로 세계의 주목을 받고 있다. 그것을 가능케 한 요인의 하나가 한국이 오랜 기간 견지해온 우수한 과학기술 문화와 역사 속에 있다고 우리는 생각한다.

문명이 시작된 이래 한국은 항상 높은 수준을 굳건히 지켜온 동아시아 문명권의 일원으로서 그 위치를 잃은 적이 없었다. 우리는 한국이 이룩한 과학기술 문화와 역사의 총체를 '한국의 과학문명'이라 부르려 한다. 금속활자·고려청자 등으로 대표되는 한국 과학문명의 창조성은 천문학·기상학·수학·지리학·의학·양생술·농학·박물학 등 과학 분야를 비롯하여 금속제련·방직·염색·도자·활자·인쇄·종이·기계·화약·선박·건축 등 기술 분야에서도 다양하게 분명히 드러난다.

우리는 이런 내용을 종합하는 〈한국의 과학과 문명〉 총서를 발간하고자 한다. 이 총서의 제목은 중국의 과학문명에 대한 새로운 인식의 지평을 연 조지프 니덤(Joseph Needham)의 『중국의 과학과 문명』을 염두에 두고 만들었다. 그러나 니덤이 전근대에 국한한 반면 우리는 전근대와 근현대를 망라하여 한국 과학문명의 총체적 가치와 의미를 온전히 담은 총서의 발간을 목표로 한다. 나아가 한국의 과학과 문명이 지닌 보편적 가치를 세계에 발신하고자 한다. 지금까지 한국은 세계 과학문명의 일원으로 정당한 가치를 인정받지 못한 채, 중국의 아류로 인식되어왔다. 이 총서에서는 한국 과학문명이 지닌 보편성과 독자성을 함께 추적하여 그것이 독자적인 과학문명이자 세계 과학문명의 당당한 일원임을 입증하고자 한다. 우리는 이 총서에서 근현대 한국 과학기술 발전의 역사와 구조를 밝힐 것이며, 이로써 인류의 과학기술 발전사를 새로이 해명하는 데에 기여할 것이다.

이 총서에서는 한국의 과학문명이 역사적으로 독자적인 가치와 의미를 상실하지 않았던 생명력에 주목한다. 이를 위해 전근대 시기에는 중국 중심의 세계 질서 아래서도 한국의 과학문명이 독자성을 유지하면서 발전을 지속한 동력을 탐구한다. 근현대 시기에는 강대국 중심 세계체제의 강력한 흡인력 아래서도 한국의 과학기술이 놀라운 발전과 성장을 이룩한 요인을 탐구한다.

우리는 이 총서에서 국수적인 민족주의나 근대 지상주의를 동시에 경계하며, 과거와 현재가 대화하고 내부와 외부가 부단히 교류하는 가운데 형성되고 발전되어온 열린 과학문명사를 기술하고자 한다. 이 총서를 계기로 한국 과학문명에 대한 관심과 이해가 더욱 깊어지기를 기대한다.

마지막으로 〈한국의 과학과 문명〉 총서의 발간은 교육부와 한국학중앙연구원 한국학진흥사업단의 지원에 크게 힘입었음을 밝히며 이에 감사를 표한다.

〈한국의 과학과 문명〉 총서 기획편집위원회

긴 여정을 일단락지은 느낌이다. 한국 현대 과학기술사에 관심을 기울인 지도 어언 20년이 넘었다. 필자는 박사학위논문을 구상하는 과정에서 한국의 기술 발전에 관한 주제를 본격적으로 고려하기 시작했고, 그동안 철강산업과 반도 체산업에 관한 몇몇 논문을 발표하는 한편 조선산업과 자동차산업의 사례도 탐구해왔다. 이 책을 통해 필자는 기존 연구를 보완하는 가운데 섬유, 신발, 석유화학, 컴퓨터, 통신, 휴대전화, 디스플레이 등에 관한 분석을 추가했다.

책을 기획하고 준비하는 과정은 생각보다 쉽지 않았다. 한국과학문명학연구소가 주관하는 〈한국의 과학과 문명〉 시리즈에 일찍부터 후보로 거론되었지만, 연구의 범위에 대해 많은 논란이 있었다. 기술발전에 초점을 둘 것인지 경제사도 포함해야 하는지, 그리고 소수의 사례에 집중할 것인지 아니면 가급적 많은 사례를 다루어야 하는지 등에 대한 의견이 달랐던 것이다. 그것은 결국 경제사와 기술사를 아우르면서 보다 다양한 기술발전의 사례를 검토하는 방향으로 정리되었다. 영문판의 가능성이 타진되다가 한글판으로 변경되는 우여곡절도 있었다.

그동안 수집한 자료를 바탕으로 책을 실제로 집필하는 작업은 2016년 여름부터 시작되었다. 자료의 탐색에서 출발하여 책의 완성으로 이어지는 과정은 한국의 선배 기술자들이 수행해온 활동과 마찬가지로 직소 퍼즐을 푸는 것과 같았다. 한국 경제가 진화해온 과정과 유사하게 책을 집필하는 작업도 S자 곡선을 그렸다. 처음에는 서서히 진행되다가 어느 순간 상당한 가속도가 붙은 후 다시 완만한 진척도를 보였다. 필자가 2018년 8월부터 부산대학교의 교양교육원장을 맡으면서 집필에 적신호가 켜지기도 했다. 한국 기술발전의 주역들이 그랬듯, 새벽 출근이나 야간 근무가 빈번해졌으며 주말을 반납하는 일도 종종 있었다. 이 책의 전체 초고는 2019년 봄에 일단락되었으며, 이후에는 평가를 받고 보완을 하는 일이 이어졌다.

이렇게 고생은 실컷 했지만 막상 책을 출간하려고 하니 부족한 부분이 곳곳에 눈에 띈다. 나름대로 한국 현대의 경제사와 기술사를 정리하긴 했지만, 두 분야가 긴밀하게 연결되지는 못한 것 같다. 또한 책에서 다룬 사례 중에 세밀하게 분석된 것도 있지만 전반적인 논의에 머문 것도 있다. 서론에서 제시한 한국의 기술발전에 관한 분석틀이 본문을 통해 충분히 반영되었는지에 대해서도 의문이 남는다. 기술의 경제사가 아니라 기술의 사회사 혹은 기술의 문화사에 관심을 두신 분들이나 한국의 기술혁신에 관한 사회과학적 이론을 중시하는 분들은 이 책의 스타일에도 문제를 제기할 수 있을 것이다. 첫술 밥에 배부를 수는 없다고 스스로 위로하며, 필자를 포함한 많은 연구자들의 후속 작업을 기대한다.

이상의 사항들을 다시 새겨보면 책의 한계나 특징이 더욱 명확해질 것 같다. 이 책이 한국 현대의 경제사와 기술사를 포괄하고 있지만, 주된 논의의 대상은 기술사이고 경제사는 일종의 배경에 해당한다. 다만 경제사를 서술할 때에는 중요한 산업정책이나 과학기술정책도 함께 다룸으로써 한국의 기술발전에 대한 연결고리를 찾고자 했다. 사례별 분석 수준의 차이는 해당 산업의 기술적 특성에 기인한 면도 있겠지만, 기본적으로는 활용 가능한 자료의 성격을 반영한 것으로 풀이할 수 있다. 그만큼 한국 현대 기술사에 대한 논의는 많은 경우에 아직 걸음마 단계에 놓여 있는데, 이러한 맥락에서 한국공학한림원이 2019년 여름에 『한국산업기술발전사』를 10권으로 발간했다는 점은 환영할 만한 일이다.

또한 이 책의 3~5장에서 다룬 개별적 사례연구에서는 한국의 기술발전에 대한 분석틀을 적극적으로 드러내지 않았다. 근거가 될 만한 자료가 충분하지 않다는 이유도 있었지만, 비슷한 논의가 단조롭게 반복되는 것을 피하기 위한 고려도 있었다. 다만 각 장의 마지막 부분에 종합적 고찰을 추가하고 결론에 해당하는 6장에서 산업별로 기술발전의 경로를 검토함으로써 이에 대한 갈증을 완화하고자 했다.

이만한 형태로나마 책이 나오는 데도 많은 분들의 도움이 있었다. 전북대학교의 김근배 교수님, 신동원 교수님, 문만용 교수, 김태호 교수, 신향숙 박사는 책의 체계를 잡고 진도를 관리하는 데 큰 도움을 주었다. 특히 김근배 교수님은 책의 기획에서 평가에 이르는 모든 과정에서 필자가 긴장의 끈을 놓지 않도록 했으며, 이 자리를 빌려 존경과 감사를 표한다. 또한 이근 교수님, 송위진 박사님, 이상철 교수님 등을 포함하여 필자가 참고할 만한 좋은 글을 써주신 선배 연구자들께도 고개를 숙인다. 끝으로 필자에게 항상 든든한 힘이 되어주는 이윤주와 송영은에게 사랑의 마음을 전한다.

2020년 12월
산과 바다가 어우러진 고장에서
송성수

제3장 급속한 경제개발과 기술습득

제1장

서론

1. 한국의 경제성장을 보는 시각

1960년만 해도 한국은 매우 가난한 국가였다. 당시에 한국의 1인당 GDP
는 79달러로 아프리카의 수단보다 적었고 남미에 있는 멕시코의 1/3에도
미치지 못했다. 이러한 상황은 1962년에 경제개발 5개년 계획이 추진되는
것을 전후하여 급속히 변하기 시작했다. 한국 사회도 본격적인 산업화의
국면에 접어든 것이었다. 선진국이 이미 18세기 중엽부터 산업화를 경험
했다는 점을 감안한다면 한국의 산업화는 200년이나 늦게 시작되었다고
볼 수 있다. 그러나 한국에서는 매우 빠른 속도로 산업화가 전개되었고,
1990년대 중반 이후에는 한국이 선진국의 문턱에 다가서기에 이르렀다.
세계사적인 관점에서 본다면 1960년대부터 1990년대 중반까지 이루어진
한국의 급속한 산업화를 '한국의 산업혁명'으로 부를 수 있을 것이다.[1]

한 국가의 경제적 성과를 나타내는 일반적인 지표로는 GDP, 1인당
GDP, 그리고 경제성장률이 거론되고 있다. 한국의 GDP는 1965년에 30

억 달러 정도였지만 1980년 652억 달러를 거쳐 1997년에는 5,575억 달러로 증가했다. 1인당 GDP의 경우에는 1965년에 106달러에 불과했던 것이 1980년의 1,711달러를 거쳐 1997년에는 12,133달러를 기록했다. 한국의 경제성장률은 1962~1979년에 연평균 9.3%, 1980~1997년에는 연평균 8.5%를 달성한 것으로 집계되고 있다.[2] 사실상 한국을 포함한 동아시아 신흥공업국의 경제 수준은 1980년경에 아프리카 국가들을 제치고 남미 국가들과 비슷한 수준으로 올라섰으며, 이후에 동아시아 국가들은 선진국과 경쟁할 수 있는 수준으로 나아간 반면 남미 국가들은 성장 동력을 상실한 것으로 평가되고 있다.[3]

한국의 경제성장이 더욱 인상적인 이유는 산업구조의 고도화와 병행되어왔다는 점에서 찾을 수 있다. 1960년대에는 경공업이 주로 발전했고 1970년대에는 중화학공업이 이를 뒤따랐으며 1980년대 이후에는 첨단산업의 육성이 이루어졌던 것이다. 이를 통해 한국에서는 불과 40여 년 만에 경제성장을 주도하는 산업이 1차 산업에서 경공업과 중화학공업을 거쳐 첨단산업으로 전환되었는데, 이러한 점은 〈표 1-1〉에서 제시한 10대 수출상품의 변화 추이에서 잘 드러난다.[4] 또한 한국은 경제협력개발기구 (Organization for Economic Cooperation and Development, OECD)가 출범한 후에 원조 수혜국에서 원조 공여국으로 지위가 바뀐 최초의 사례에 해당한다. 한국은 1996년 12월에 OECD의 29번째 회원국으로 가입했으며, 2010년 1월에는 OECD 국가 중에서도 부유한 축에 속하는 개발원조위원회(Development Assistance Committee, DAC)의 회원국이 되었던 것이다. 그 밖에 한국은 2019년 3월에 인구 5,000만 명 이상이면서 1인당 국민소득 3만 달러 이상인 국가를 지칭하는 '3050클럽'에 7번째로 진입하기도 했다.

〈표 1–1〉 한국의 10대 수출상품 추이

순위	1960년	1970년	1980년	1990년	2000년	2010년
1	철광석	섬유류	섬유류	의류	반도체	반도체
2	중석	합판	전자제품	반도체	컴퓨터	선박
3	생사	가발	철강제품	신발	자동차	자동차
4	무연탄	철광석	신발	선박	석유제품	디스플레이
5	오징어	전자제품	선박	영상기기	선박	석유제품
6	활어	야채류	합성수지	철강판	무선통신기기	무선통신기기
7	흑연	신발	금속제품	인조섬유	합성수지	자동차부품
8	합판	연초	합판	컴퓨터	철강판	합성수지
9	쌀	철강제품	원양어류	음향기기	의류	철강판
10	돈모	금속제품	전기기기	자동차	영상기기	컴퓨터

자료: 최영락 외, 『한국 과학기술 발전의 형태와 방식 분석』 (과학기술정책연구원, 2010),
8쪽을 일부 보완함.

이와 같은 한국의 급속한 경제성장은 1988년에 개최된 서울올림픽을
전후하여 국제 학계의 주목을 받기 시작했다. 예를 들어 암스덴(Alice H.
Amsden)은 한국을 일본에 이은 '아시아의 다음 거인'으로 간주했으며, 보
겔(Ezra F. Vogel)은 한국을 대만, 싱가포르, 홍콩과 함께 '네 마리의 작은
용'으로 표현했다.[5] 보겔은 "세계의 어느 나라도 한국처럼 열심히 노력한
나라는 없으며, 그렇게 빨리 수공업에서 중공업으로, 가난에서 번영으로,
경험 없는 리더에서 근대적인 계획수립가, 경영자, 그리고 엔지니어로 변
한 나라는 없었다."고 평가했고,[6] 암스덴은 "한국과 같은 나라는 산업화
를 갈망하는 다른 나라들이 따라 배울 수 있는 유익한 모델이 될 수 있
다."고 주장한 바 있다.[7] 이와 함께 '한강의 기적' 혹은 '코리안 미러클'과
같이 한국의 경제성장을 '기적'에 빗대는 경우도 어렵지 않게 발견할 수
있다.[8]

그러나 한국의 경제성장 혹은 산업화를 어떤 식으로 이해하고 평가할
것인가에 대해서는 아직도 의견이 분분하다. 그동안 한국의 경제성장이

가진 성격에 대해서는 '박정희 체제', '동아시아 발전모델' 등을 매개로 수많은 논쟁이 전개되어왔다. 이에 대한 주요 시각으로는 시장 중심의 시각, 국가주의적 시각, 국제주의적 시각을 들 수 있다.[9]

시장중심의 시각은 신고전파 이론에 입각하여 시장기구의 역할을 강조하고 있다. 한국 경제가 성공한 비결은 자유시장의 경쟁원리에 입각하여 세계경제에 적극적으로 편입한 데서 찾을 수 있으며, 한국 정부도 시장친화적인 정책을 통해 비교우위의 확보에 기여했다는 것이다. 이에 반해 발전국가론(developmental state theory, '개발국가론'으로 번역되기도 함)으로 대표되는 국가주의적 시각은 정부의 자율성과 정책능력에 주목하고 있다.[10] 발전국가론에 따르면, 한국의 경제발전은 환율, 금리, 물가, 노동 등에 대한 시장개입과 가격왜곡을 통해 정부가 투자의 우선순위를 효과적으로 조절했기 때문에 가능했다. 국제주의적 시각은 선발 경제에 대한 추격에 유리하게 작용한 지정학적 여건을 부각시키고 있다. 후발 경제는 마치 기러기 편대(flying geese)와 유사한 형국으로 선발 경제를 뒤따라가는데, 한국의 급속한 추격에는 미국의 국제정치적 전략에 따른 지원과 일본 경제의 선도적 발전이 중요한 배경으로 작용한 것으로 평가되고 있다.[11]

2000년대에 들어서는 이와 같은 시각을 보완하거나 넘어서려는 시도도 이루어지고 있다. 산업화 유형론, 개발독재론, 계급관계의 관점 등이 여기에 해당한다. 산업화 유형론은 거센크론(Alexander Gerschenkron)의 후발 산업화에 대한 논의를 동아시아에 적용하고 있는데,[12] 한국의 경우에는 '국가-은행-재벌 연계'라는 독특한 경제시스템을 고안하여 선발국을 전면적으로 추격하는 발전경로를 추구했다는 점에 주목하고 있다.[13] 개발독재론은 박정희 정권이라는 독재 권력의 주도 아래, 경제개발 혹은 산업화를 최우선 목표로 삼으면서 시민사회와 민주주의의 발전을 통제하고 억압했다는 점에서 출발하고 있다.[14] 계급관계의 관점은 박정희 체제에서 고도성장이 가능했던 이유를 자본-노동관계의 사회적 확장이 국내외 자본의 압도적인 우위를 바탕으로 이루어졌다는 점에서 찾고 있다.[15]

이상에서 간략히 소개한 여러 시각이나 관점은 한국 경제의 양적 성장을 인정하면서도 다음과 같은 세부적인 주제에 대해서는 의견을 달리하고 있다. 한국의 경제성장에서 정부는 어떤 방식과 강도로 개입했는가? 한국 정부는 어느 정도의 자율성과 정책능력을 구비하고 있었는가? 한국 정부의 개입은 효과적으로 이루어졌는가? 한국에서는 왜 '재벌'로 불리는 대기업 집단이 핵심적인 경제주체로 자리잡았는가? 대기업 중심의 경제성장이 가진 장점과 단점은 무엇인가? 한국 정부와 자본은 노동을 어떤 식으로 활용하고 통제했는가? 한국의 노동과정, 노동시장, 노동운동이 가진 특징은 무엇인가? 도대체 한국의 경제성장은 다른 개발도상국의 경우에 비해 어떤 독특한 점을 보이고 있는가?

이와 같은 질문은 끊임없이 이어질 수 있으며, 향후에도 지속적으로 탐구되어야 할 주제로 간주될 것이다. 사실상 한국의 경제성장에 관한 쟁점을 자세히 다루고 평가하는 것은 이 책의 범위를 벗어난다. 필자가 주목하고자 하는 것은 한국의 경제성장 혹은 산업화에 관한 기존 논의가 주로 국가 혹은 정부, 재벌 혹은 대기업, 그리고 노동을 중심으로 이루어져왔으며, 이에 따라 기술 혹은 기술혁신이 여전히 블랙박스(black box)로 간주되어왔다는 데 있다. 콥-더글라스(Cobb-Douglas) 생산함수가 보여주듯, 한 국가의 경제성장에 기여하는 요소로는 자본, 노동, 기술혁신 등이 꼽히고 있다.[16] 그러나 한국 경제에 관한 주된 논의는 자본과 노동의 역할에 초점을 두어 왔으며, 한국의 산업화가 상당한 기술의 발전을 동반해왔다는 점에 대해서는 본격적으로 고려하지 않았다.

이에 따라 한국의 산업화를 매개로 이루어진 기술발전의 과정과 특징이 체계적으로 분석되지는 못했고, 기술발전이 고려된 경우에도 필요에 따라 부차적으로 언급되는 정도에 불과했다. 예를 들어, 한국경제론에 관한 교과서적 저술은 국제수지 중 외자도입의 일환으로 기술도입을 부분적으로 검토하는 차원에 머무는 경향을 보이고 있다.[17] 그것은 영국을 비롯한 선진국의 산업혁명에 관한 논의가 기술혁신을 매우 중요한 요소로 간주해왔다는 점과 대비된다.[18] 앞으로는 한국의 경제성장 혹은 산업화에 대한 논의에서도 기술혁신이 필수적인 요소로 포함되어 정부, 자본, 노동, 기술 등을 고려한 포괄적이고 입체적인 접근이 이루어져야 할 것이다.

2. 기술종속론에서 기술능력발전론으로

한국의 경제성장에 접근하는 지배적인 담론은 아니었지만, 기술이나 기술발전을 주제로 한 연구도 꾸준히 이루어져왔다. 이에 관한 연구들은 상당 기간 동안 기술도입을 주된 논의의 대상으로 삼았다. 후발공업국의 산업화 과정에서는 이미 국제적인 기술격차가 존재하기 때문에 기술발전에 대한 최초의 원천을 외부에 의존하는 경우가 많으며 후발공업국의 산업화에서 기술의 역할에 대한 논의는 기술도입으로부터 출발할 수밖에 없는 역사적 조건을 가지고 있다.[19] 이와 관련된 핵심적인 문제는 선진국으로부터의 기술도입이 후발공업국의 기술발전을 억압하는지 아니면 자체적인 기술발전의 계기로 작용하는지의 여부에 있을 것이다. 이처럼 기술도입은 제약과 가능성을 동시에 가지고 있음에도 불구하고 한국의 기술에 관한 초기의 연구들은 가능성보다는 제약의 측면에 주목하는 경향을 보였다. 이에 따라 한국의 산업화는 내부적인 기술활동과 별다른 연계 없이 전개되어왔으며 기술도입에 의존하는 한 선진국과의 기술격차가 항상 존재할 수밖에 없다는 평가가 지배적이었다.

　이러한 논의의 대표적인 이론적 기반으로는 기술종속론을 들 수 있다. 기술종속(technological dependency)이란 한 사회에서 필요한 기술의 공급을 외부에 의존하며 이를 대체할 수 있는 혁신체제가 내부에 결여되어 있는 상태를 의미한다. 기술종속의 결과로는 기술도입 비용이 증가한다는 점, 주요 의사결정을 자체적으로 통제할 수 없다는 점, 도입된 기술이 국내의 상황에 적합하지 않다는 점, 과학기술의 발전을 위한 국내 활동이 억압된다는 점 등이 거론된다. 특히 기술도입에 의존한 산업화로 인하여 후발 공업국의 과학기술활동이 해당 국가의 사회경제적 필요와 밀접히 결합되지 못한 채 단지 주변적인 기능만을 수행하는 데 머물렀다는 점은 구조적 차원의 문제점으로 간주되어왔다.[20] 이러한 현상이 후발공업국에 존재해왔다는 것은 부인할 수 없는 사실이지만, 문제는 기술종속이 과도기적인 현상이 아니라 구조적으로 재생산되는 성격을 가진다고 단정된다는 점에서 찾을 수 있다. 기술종속론의 입장은 기술도입 측의 주체적인 역할을 경시함으로써 후발공업국의 자체적인 기술발전 과정에 대한 질문과 이와 관련된 역사적 사실에 대한 탐구를 미리 차단하는 약점을 가지고 있는 것이다.

　한국의 기술발전 과정에 대한 상세한 연구는 1980년대에 들어와 몇몇 개인이나 집단을 중심으로 추진되기 시작했다. 서울대학교 경제연구소의 연구진은 1980년에 나일론, 철강, 석유화학 등에 관한 사례연구를 수행했으며,[21] 그것을 바탕으로 박우희는 몇 차례에 걸쳐 한국 산업의 기술발전에 대한 저작을 발간했다.[22] 한국에서 기술혁신연구 혹은 기술혁신학(innovation studies)을 선구적으로 개척해온 김인수와 이진주의 역할도 컸다. 김인수는 1980년경부터 전자산업, 자동차산업, 반도체산업을 중심으로 한국의 기술발전에 대한 이론과 사례를 지속적으로 탐구해왔으며, 1997

년에는 그동안의 연구를 체계적으로 종합한 『모방에서 혁신으로(*Imitation to Innovation*)』라는 단행본을 발간하여 국내외적으로 많은 주목을 받았다.[23] 이진주를 비롯한 한국과학기술원 경영과학과의 연구진은 공작기계산업, 자동차산업, 컴퓨터산업, 교환기산업 등에 대한 성과분석이나 사례연구를 실시했으며,[24] 이와 병행하여 개발도상국의 기술발전 과정에 대한 이론적 일반화를 시도하기도 했다.[25]

1990년을 전후해서는 기술도입과 자체개발의 상관관계가 다각도로 규명되는 가운데 신흥공업국의 기술혁신에 접근하는 새로운 시각이 소개되기 시작했다. 정일용은 기술종속론의 입장을 견지하면서도 한국의 기술도입에 대한 광범위한 분석을 통해 기술도입과 경제성장이 구조적으로 공존해왔다는 점에 주목했으며, 김우식은 기술도입과 국내 기술능력의 관계에 관한 상반된 이론적 관점을 소개한 후 거시적 통계지표를 활용하여 기술도입이 연구개발 노력을 저해하지 않았다는 점을 보여주었다.[26] 이와 함께 기술혁신에 관한 논의에서 급진적 혁신(radical innovation)보다 점진적 혁신(incremental innovation)의 중요성에 주목하고 기술과 제도의 공진화를 강조하는 신슘페터주의(Neo-Schumpeterianism)가 몇몇 연구자들에 의해 주목받기 시작했다. 예를 들어, 김환석은 신슘페터주의자들의 기술혁신이론을 바탕으로 한국의 경제성장과 기술발전의 상호관계를 시론적으로 살폈으며, 이근은 신슘페터주의가 표방하는 기술혁신의 주요 개념을 포괄적으로 검토하면서 한국의 기술추격에 대한 가능성을 타진했다.[27]

이와 같은 이론적 자산을 바탕으로 1990년대 중반에 들어서는 한국의 기술발전 과정에 대한 사례를 심도 있게 분석하는 연구가 이루어지기 시작했다. 서울대학교에서는 경제학 전공자들을 중심으로 자동차산업, 전자산업, 반도체산업, 화학섬유산업 등에 대한 본격적인 사례연구가 시도되었고,[28] 이를 활용하여 기술과 진화의 경제학 연구회는 1997년에 주요 산업의 기술발전 과정과 특징을 포괄적으로 검토한 저작을 발간했다.[29] 또한 과학기술정책관리연구소 혹은 과학기술정책연구원에 소속된 연구 자들도 산업혁신의 패턴이나 한국의 기술혁신에 지속적인 관심을 기울여 왔는데, 예를 들어 1994~1995년에는 산업별 기술혁신패턴이나 장기발 전전략에 대한 연구가 추진되었으며, 1999~2000년에는 주요 산업의 기술 혁신패턴과 전개방향에 관한 연구가 실시되었다.[30] 과학기술정책관리연구 소 혹은 과학기술정책연구원의 몇몇 연구자들은 한국의 반도체산업, 이 동통신산업, 철강산업 등을 대상으로 기술혁신 방식이나 기술발전 과정 에 대한 박사학위논문을 작성하기도 했다.[31]

이러한 연구들이 속속 등장하면서 기술종속론은 기술능력발전론으로 대체되었다. 기술능력(technological capabilities)이란 기술을 획득하고 소화·사용·변화·창출하는 데 필요한 다양한 지식과 숙련을 포괄하는 용어로서 생산과정에서 습득한 현장경험과 학습효과, 투자에 필요한 지식과 숙련, 제품설계 및 공정기술의 향상에 필요한 변용능력, 새로운 기술을 창출하는 데 필요한 지식 등으로 구성된다.[32] 기술능력이란 개념은 후발공업국에서 수행되는 기술활동의 원천을 포괄적으로 고려하고 있어 후발공업국의 경제성장과 기술발전의 과정을 분석하는 데 상당한 적합성을 가지고 있다. 새로운 기술의 창출뿐만 아니라 기존 기술의 변형을 중시하고 있으며 이러한 기술혁신의 전제조건이 되는 생산 및 투자에 관한 활동에도 주목하고 있는 것이다. 사실상 후발공업국의 기술발전은 선진국의 기술을 도입하여 그것을 습득하면서 내부적인 여건에 적합한 형태로 변형시키는 가운데 점차적으로 자체적인 연구개발을 통해 기술능력을 본격적으로 향상시키는 과정을 경험해왔다. 이러한 점을 고려함으로써 우리는 기술수준의 향상이 도입기술의 단순한 이식을 통해서가 아니라 기술도입 측의 적극적인 기술적 노력을 매개로 이루어지며, 그 과정에서 도입기술을 소화·흡수하는 것은 물론 선진국에 대한 추격 혹은 추월이 가능하다는 점을 포착할 수 있다.

이상에서 살펴본 한국의 기술발전 과정에 대한 기존 연구는 주로 당시의 첨단산업에 주목하는 경향을 보이고 있다. 서울대학교 경제연구소가 1980년에 수행했던 연구의 대상도 당시에는 첨단산업에 해당하는 것이었고, 1990년대 이후에는 반도체산업과 자동차산업에 대한 연구가 집중적으로 이루어졌다.[33] 이에 따라 지금까지 많은 산업의 기술발전 과정이 분석되었지만 한국의 산업화 과정에서 중요한 위치를 차지했던 산업들이 충분히 다루어지지는 않았다. 게다가 연구의 시점에서 성과가 우수한 산업에 집중하다 보니, 해당 산업의 기술발전 과정에 대한 분석이 특정한 시기에 국한된 경향도 발견할 수 있다. 또한 기존 연구는 많은 경우에 1990년대 중반까지의 상황을 다루고 있기 때문에 그 이후에 한국의 주요 산업이 어떤 기술발전 과정을 겪어왔는지에 대한 연구가 부족하다. 특히 한국의 기술혁신활동은 몇몇 부문에서 추격에서 탈(脫)추격(post catch-up)으로 나아가고 있으므로 이에 대한 본격적인 연구가 이루어질 필요가 있다.[34]

기존 연구가 특정한 사례를 분석하는 수준이나 방식도 다시 생각해볼 필요가 있다. 한국의 기술발전에 관한 분석은 산업적 수준의 논의와 기술적 차원의 논의를 포괄할 수밖에 없지만, 기존 연구 중에는 산업 수준에 초점을 맞춘 채 실제적인 기술발전을 제대로 다루지 못한 경우도 있었다. 물론 산업의 특성에 따라 기술의 상대적 중요도에는 차이가 나겠지만, 한국의 기술발전을 연구주제로 삼는다면 기술적 차원의 논의가 더욱 보강될 필요가 있다. 또한 기존 연구는 많은 경우에 기술발전의 과정을 서술한 후에 핵심 성공요인(key success factors, KSF)을 도출하는 방식을 취

하고 있다. 이러한 방식을 채택할 경우에는 기술발전에 관한 서술과 성공
요인에 대한 분석이 동태적 균형을 이루도록 하는 것이 매우 중요하지만,
기술발전 과정은 간단히 묘사한 채 성공요인에 대한 분석이 주를 이루는
연구도 제법 있었다. 이와 함께 성공요인으로 제시된 사항이 기술발전의
어떤 시기나 단계와 관련되어 있는지에 대한 주의 깊은 분석도 요구된다.

3. 기술발전의 단계, 특징, 그리고 유형

한국의 기술발전에 관한 연구는 기술발전의 단계를 규명하는 작업과 병
행되어 전개되어왔다. 김인수는 1980년에 후발국의 산업기술이 선진국과
는 반대의 순서로 발전한다는 역(逆)기술수명주기론을 제안함으로써 한
국의 기술혁신 과정에 접근하는 데 필요한 기본적인 시각을 정립했다.[35]
선진국의 기술혁신이 유동기(fluid phase), 과도기(transitional phase), 경화기
(specific phase)의 순서로 이루어지는 반면, 후발국은 선진국의 경화기 기
술을 바탕으로 기술혁신활동을 시작한 후 과도기 기술 혹은 유동기 기
술의 단계로 나아갈 수 있다는 것이었다.[36] 이러한 논의를 바탕으로 그
는 전자산업에 대한 사례연구를 활용하여 한국의 기술발전 단계를 획
득기(acquisition), 소화기(absorption), 개선기(improvement)로 구분했다. 박
우희 등은 1986년에 도입기술을 소화·흡수하고 개량하는 사례를 분석
한 후 1996년에는 연구개발에 관한 사례를 추가함으로써 한국의 기술
발전 단계를 소화·흡수(absorption), 개량(improvement), 연구개발(research
and development)로 나누었다.[37] 1999년에는 김인수가 기술궤적, 흡수능
력, 기술이전, 위기조성, 동태적 학습 등을 고려하여 한국의 기술발전 단
계를 복제적 모방(duplicative imitation), 창조적 모방(creative imitation), 혁신

〈그림 1-1〉 김인수가 제안한 개발도상국의 기술혁신 모형

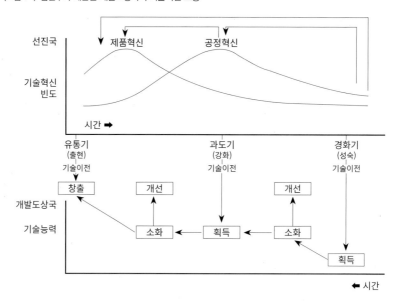

자료: Linsu Kim, *Imitation to Innovation* (Boston, MA: Harvard Business School Press, 1997),
p. 89; 김인수, 『모방에서 혁신으로』 (시그마인사이트컴, 2000), 121쪽.

(innovation)으로 재구성했다.[38]

한국을 포함한 개발도상국 전반의 기술발전 단계를 규명하려는 시도
도 있었다. 이진주 등은 1988년의 논문에서 도입기술의 수준, 기술획득의
방법, 기술습득의 내용, 기술활동의 성격 등을 고려하여 개발도상국의 기
술발전 과정을 도입(introduction), 내재화(internalization), 창출(creation)의
세 단계로 규정했다. 이에 따르면, 도입 단계에서는 성숙기 기술의 도입을
통해 생산조업기술이 획득되고, 내재화 단계에서는 기존의 제품이 개선
되면서 독자적인 연구개발활동이 시작되며, 창출 단계에서는 세계적 수
준에서 새로운 기술을 개발하는 활동이 추진된다.[39] 이어 김인수는 1997
년에 발간한 『모방에서 혁신으로』를 통해 개발도상국의 기술혁신 모형
에 관한 일종의 이정표를 세웠다. 그에 따르면, 개발도상국은 외국으로부

터 도입한 경화기 단계의 기술을 성공적으로 소화한 다음에 선진국의 과도기 단계에 있는 기술에 대해서도 획득과 소화의 과정을 반복하게 되며, 이를 바탕으로 유동기에 있는 새로운 기술개발을 통해 선진국과 경쟁하는 단계로 나아갈 수 있다(〈그림 1-1〉 참조). 이러한 모형을 통해 김인수는 개발도상국의 기술발전 단계로 기존에 논의했던 획득, 소화, 개선에 이어 창출의 단계를 포함시켰던 셈이다.

이와 함께 산업별 차이를 감안하여 한국의 기술발전 경로를 몇 가지 유형으로 구분하는 작업도 이루어졌다. 이에 대한 선구적인 연구 업적으로는 이근과 임채성이 2001년에 발간한 논문을 들 수 있다. 그들은 세계시장 점유율, 기술체제의 성격, 상대적인 추격의 정도 등을 감안하여 1990년대까지 이루어진 한국의 기술발전을 경로추종형 추격(path-following catch-up), 단계생략형 추격(stage-skipping catch-up), 경로개척형 추격(path-creating catch-up) 등과 같은 세 가지 유형으로 범주화했다. 경로추종형은 선발자의 경로를 그대로 따라가는 것으로 이에 관한 사례로는 기계산업과 가전산업을 들 수 있다. 단계생략형은 선발자의 경로 중 몇몇 단계를 뛰어넘는 것을 뜻하며, 자동차산업과 반도체산업이 여기에 속한다. 현대자동차는 독자 엔진을 개발하면서 카뷰레터 방식을 건너뛰고 연료분사 방식을 채택했으며, 삼성전자는 D램 분야에 진출하면서 1K D램에서 시작하지 않고 곧바로 64K D램에 도전했다는 것이다. 경로개척형은 이동통신의 사례에서 잘 나타나는데, CDMA와 같은 새로운 기술경로를 창출하여 선발자와 대등한 관계에서 경쟁하는 경우에 해당한다. 이 중에 단계생략형과 경로개척형은 기술비약(technological leapfrogging)을 설명할 수 있는 유형으로 간주되고 있다.[40]

이러한 논의가 기본적으로 기술추격을 전제로 하고 있는 반면, 최근에는 탈(脫)추격을 감안한 기술혁신 유형도 제안되고 있다. 최영락 등은 혁신주체가 해결해야 할 문제와 보유한 대안의 성격에 따라 기술혁신의 유형을 경로추종형 기술혁신(path-following innovation), 경로실현형 기술혁신(path-revealing innovation), 경로창출형 기술혁신(path-creating innovation)으로 구분했다. 경로추종형 기술혁신이 해결해야 할 문제와 이에 대한 대안이 모두 알려져 있는 상황에서 이루어지는 기술혁신이고, 경로창출형 기술혁신이 문제도 설정되어 있지 않고 문제해결을 위한 대안도 매우 불확실한 상황에서 추진되는 기술혁신이라면, 경로실현형 기술혁신은 무엇을 해결해야 하는지는 알고 있지만 그 대안이 불확실한 상태에서 전개되는 기술혁신이라는 것이다.[41] 또한 송위진, 황혜란, 정재용은 탈추격형 혁신의 유형을 기술심화형(deepening process innovation), 아키텍처 혁신형(architectural innovation), 신기술기반형(radical innovation)으로 구분하고 있다. 기술심화형은 이전에 확보한 공정기술을 심화해서 새로운 기술궤적을 개척하는 유형에 해당하고, 아키텍처 혁신형은 원천기술을 해외에 의존하지만 기존 기술을 새롭게 결합하여 선두그룹에 진입하는 경우를 뜻하며, 신기술기반형은 선진국과 거의 같은 시기에 원천기술을 개발하여 새로운 산업을 형성하는 유형을 의미한다.[42]

한국의 기술발전이 보여주는 핵심적인 특징이 무엇인가에 대한 논의도 있었다. 최영락 등은 한국이 단기간에 이룩한 기술적 비약과정을 설명하기 위한 시도로 조각그림 맞추기 모형(jigsaw puzzle model)을 제안한 바 있다. 한국 기업의 기술혁신활동은 내부에 축적된 기술, 외부에서 습득한 기술, 외부에 의존하는 기술 등의 세 가지를 함께 포괄하며, 이러한 세 요소들을 하나로 결집시켜 성공적인 생산으로 완결하는 성격을 띠고 있다는 것이었다.[43] 필자는 철강산업이나 반도체산업과 같은 규모집약산업을 중심으로 한국의 기술발전 과정이 보여주는 일반적인 특징을 다음과 같이 도출한 바 있다. 지속적인 대규모 투자를 통해 기술발전의 원천을 창출했다는 점, 초창기의 기술습득을 위하여 해외연수를 활용했다는 점, 진입장벽이 낮은 것에서 높은 것으로 기술영역을 단계적으로 확대해 왔다는 점, 첨단기술을 적기에 채택하여 기술발전의 주류에 동참했다는 점, 병렬적 개발시스템을 활용하여 기술혁신의 속도를 가속화시켰다는 점, 추격이 일단락된 이후에는 새로운 기술경로를 개척했다는 점 등이 그 것이다.[44]

최근에는 한국의 기술발전이 가진 특징에 대하여 몇몇 흥미로운 논점 도 제기되고 있다. 이근 등은 추격에 성공한 국가나 기업은 기술수명이 짧은 분야, 즉 단명기술(short-cycle technology) 분야를 선택하여 집중적으 로 육성해왔다는 점에 주목하고 있다. 단명기술 분야는 후발자의 불리함 이 적으면서 성장가능성이 높다는 특징을 가지고 있는데, 한국과 대만은 1980년대 이후에 이러한 분야에 집중함으로써 선진국을 성공적으로 추 격할 수 있었다는 것이다.[45] 또한 이정동 등은 기술능력을 실행(implemen-tation)과 개념설계(concept design)로 구분한 뒤 그동안 한국에서 축적된 것은 실행역량에 불과하며, 한국이 최근에 당면하고 있는 위기의 본질 은 개념설계역량이 부족한 데 있다고 설파하고 있다. 이러한 진단을 바탕 으로 이정동 등은 개념설계역량을 확보하기 위해서는 도전적 시행착오에 입각한 축적의 시간이 필요하다고 제안하고 있다.[46]

이상에서 살펴본 한국 기술발전의 단계, 유형, 특징 등에 대한 논의는 괄목할 만한 시도라고 평가할 수 하지만, 세부적으로 보완될 여지가 있 는 것으로 판단된다. 우선 기술발전의 단계를 설명하기 위해 등장하는 개념인 기술도입, 연구개발, 기술창출 등은 특정한 단계가 아닌 거의 모 든 단계에 적용될 수 있으므로 다른 개념으로 표현하는 것이 필요해 보 인다. 또한 기술발전의 유형에 대한 논의는 각 유형에 속하는 사례를 추 가적으로 발굴함으로써 더욱 보완될 여지가 있으며, 해당 논의가 한국의 주요 산업을 거의 망라할 수 있는지에 대해서도 고민해야 한다. 이와 함께 한국의 기술발전을 하나의 특징으로 단언하는 경우에는 추가적인 논의가 필요하다. 예를 들어, 한국 기술발전의 특징으로 조각그림 맞추기나 실행능력의 축적을 부각시키는 경우에는 산업의 특성에 따라 조각그림 혹은 실행능력의 구체적 내용이 달라질 수 있는 것이다.

더 나아가 기술발전의 단계, 특징, 유형 등에 대한 논의는 몇몇 사례연구를 바탕으로 이루어진 이론적 일반화의 성격을 띠고 있다는 점에 주목할 필요가 있다. 여기서 발생하는 문제는 이론적 스타일에 중점을 둘 것인가, 아니면 역사적 사실에 무게를 둘 것인가 하는 데 있다. 필자의 판단으로는 기존 연구들은 대체로 이론의 논리적 완성에 초점을 둠으로써 풍부한 역사적 사실을 충분히 검토하지 못하는 경향을 가지고 있다.[47] 이러한 경향은 한국의 기술발전에 대한 연구자들의 학문적 배경이 주로 경제학, 경영학, 행정학 등과 같은 사회과학이었다는 점과도 연관되어 있는 것으로 보인다. 반면 역사학계에서는 1980년대 중반부터 현대사 연구가 본격적으로 모색되고 있지만, 아직까지 연구의 시간적 범위가 해방부터 박정희 정권기에 이르는 시기에 집중되어 있다. 그러나 한국의 산업화와 기술발전도 60년이 넘는 발자취를 가지고 있으므로 이에 대한 세밀한 역사적 분석이 요구된다.

4. 분석틀의 제안과 책의 개요

그렇다면 한국의 기술발전에 접근할 수 있는 대안적 분석틀은 어떻게 구성할 수 있을까? 이와 같은 분석틀은 적어도 다음과 같은 두 가지 요건을 필수적으로 고려해야 할 것으로 판단된다. 첫째는 가급적 폭넓은 산업과 시기를 담아낼 수 있는 분석틀이 필요하다. 물론 모든 산업을 망라해서 한국의 기술발전을 논의할 수는 없겠지만, 〈표 1-1〉 중에서 기술발전과 연관성이 많은 분야는 연구의 대상에 포함시키는 것이 바람직해 보인다. 둘째는 한국의 기술발전에 관한 분석이 역사친화적 설명을 추구해야 한다는 점이다. 그 출발점은 다양한 자료를 수집하고 활용하여 각 산업의 기술발전에 관한 스토리를 구성한 후 주요 산업의 사례를 다각도로 비교해보면서 어떤 일반적인 논점이 가능한지를 탐색하는 데 있을 것이다.

이러한 점을 감안하여 필자는 한국의 기술발전에 대한 잠정적 분석틀로 〈그림 1-2〉를 제안하고자 한다. 이 분석틀은 기술활동의 성격과 기술수명주기를 동시에 고려하고 있으며, 한국 기술발전의 단계와 유형을 보다 포괄적으로 설명할 수 있을 것으로 기대된다. 〈그림 1-2〉는 기본적으로 김인수가 제안한 개발도상국의 기술혁신 모형을 개선한 성격을 띠고 있지만, 다양한 기술혁신의 경로를 드러낼 수 있기 때문에 보다 많은 산업의 기술발전 과정을 담아낼 수 있는 가능성을 가지고 있다. 또한 김인수의 모형은 기술능력이 낮은 단계에서 높은 단계로 나아가야 한다는 당위성을 강조하는 인상을 주고 있지만, 〈그림 1-2〉에서 제시된 모형은 반드시 기술능력의 상향적 발전을 상정하지 않아도 되는 성격을 띠고 있다.

〈그림 1-2〉 한국의 기술발전에 관한 개념도

기술수명 주기 ＼ 기술활동의 성격	기술습득(3)	기술추격(2)	기술선도(1)
태동기(A)	A3	A2	A1
성장기(B)	B3	B2	B1
성숙기(C)	C3	C2	C1

주: 음영으로 표시된 C3 → B2 → A1은 압축적 기술발전의 경로에 해당함.
자료: 송성수, 『한국 기업의 기술혁신』(생각의 힘, 2013), 100쪽을 일부 수정함.

〈그림 1-2〉의 가로축은 한국에서 이루어진 기술활동의 성격을 나타내는데, 그것은 기술습득(technological acquisition), 기술추격(technological follow-up), 기술선도(technological leading)로 구분할 수 있다. 기술습득은 제품의 생산이나 설비의 가동에 필요한 기본적인 기술을 확보하는 것을 지칭한다. 습득의 사전적 의미가 '배워서 자기 것으로 함'이므로 기술습득은 기술을 배우는 활동과 소화하는 활동을 포괄한다고 볼 수 있다. 기술추격은 선진국과의 기술수준 격차를 축소하기 위한 활동을 의식적으로 전개하는 것을 뜻한다. 기술추격의 단계에서는 선진국과 기술수준을 비교하는 일이 빈번히 발생하며, 이전에 비해 고려되는 기술의 영역이 확대되는 경향을 보인다. 기술선도는 세계적으로 선례가 거의 없는 기술을 개발 혹은 상업화하여 기술혁신을 주도하는 그룹에 합류하는 것을 의미한다. 기술선도는 새로운 기술경로를 선점하거나 창출하는 것에 국한되지 않으며 기존의 기술경로에서 세계 최고 수준의 경쟁력을 갖추는 것도 포함한다. 이와 같은 기술습득, 기술추격, 기술선도의 개념은 해당 단계의 기술활동을 수행한 행위자들이 가지고 있었거나 실제로 사용했던 성격을 띠고 있다.[48]

물론 기술습득, 기술추격, 기술선도의 개념을 엄밀하게 분리하기 어렵다는 비판이 제기될 수 있다. 특히 기술습득과 기술추격은 서로 연동되어 있는 개념으로 간주될 여지가 있다. 이와 관련하여 한국에서 전개되어 온 기술활동을 세 단계로 나누지 않고 두 단계로 대별하는 견해도 제기되고 있다. 추격과 탈(脫)추격을 대비시키는 논의가 이러한 예에 속한다.[49] 그것은 오늘날 한국이 당면하고 있는 과제를 분명히 할 수 있는 장점을 가지지만, 한국 기술발전의 역사적 전개과정을 충실히 담아내기 어렵다는 문제에 봉착할 수 있다. 여기서 기술활동을 수행했던 행위자의 관점으로 다시 돌아가면, 기술습득은 기본적인 기술의 확보에, 기술추격은 전반적인 기술격차의 축소에 초점을 두기 때문에 기술습득과 기술추격은 서로 지향하는 바가 다른 개념에 해당한다. 사실상 한국에서 '추격'에 대한 논의가 가시화된 시기는 1980년대 이후로 볼 수 있다. 이전과 달리 1980년대에 들어서는 한국과 선진국의 기술수준을 조사하고 비교하는 작업이 빈번히 수행되었던 것이다.[50]

〈그림 1-2〉의 세로축은 기술수명주기 혹은 제품수명주기를 고려한 것으로 유동기, 과도기, 경화기 대신에 태동기(embryonic period), 성장기(growth period), 성숙기(mature period)로 개념화했다. 앞서 지적했듯 유동기, 과도기, 경화기라는 개념은 어터백과 아버나시가 제품혁신과 공정혁신에 관한 동태적 모형을 통해 제안한 바 있지만, 그것은 해당 산업의 성격에 따라 제품혁신과 공정혁신의 상대적 중요성이 달라질 수 있고 지배적 설계가 등장하지 않을 수도 있다는 문제점을 가지고 있다. 이에 반해 태동기, 성장기, 성숙기라는 개념은 기술수명주기에 관한 S-곡선(S-curve)을 통해 자주 논의되는 것으로 많은 산업을 포괄할 수 있을 뿐만 아니라 일반인들에게도 친숙한 상식적인 용어라는 장점을 가지고 있는 것으로 판단된다. 여기서 태동기는 새로운 기술이나 제품이 등장하는 시기이고, 성장기에는 지속적인 기술개발과 상업화로 급속한 기술진보가 이루어지며, 성숙기에는 해당 기술의 진보가 둔화되면서 이를 대체하는 기술이 출현하는 경향을 보인다.[51]

〈그림 1-2〉는 산업별 차이를 감안한 기술발전의 경로를 나타낼 수 있으며, 이를 통해 한국의 기술발전에 관한 단계론과 유형론을 결합할 수 있는 장점을 가지고 있다. 이 그림에서 가장 인상적인 경로로는 C3 → B2 → A1을 들 수 있을 것이다. 여기에 해당하는 산업은 기술활동의 성격과 내용을 동시에 변화시키면서 기술능력을 압축적으로 발전시켜온 특징을

보여주고 있다. 계속해서 성숙기 기술을 대상으로 기술활동을 전개한 것이 아니라 해당 기술의 수명주기가 성숙기, 성장기, 태동기로 선진화되는 것과 기술활동의 성격이 습득, 추격, 선도로 발전하는 것이 동시에 이루어졌던 셈이다. 해당 산업에서 기술능력을 압축적으로 발전시켜온 과정의 요체는 성숙기 기술의 습득, 성장기 기술의 추격, 태동기 기술의 선도로 개념화할 수 있는 것이다.

이러한 경로 이외에도 여러 선택지가 제시될 수 있다. 계속해서 C3나 B2에 국한되어 온 산업도 있을 것이고, 처음부터 A1에 도전한 산업도 있을 것이다. 또한 C3에서 시작한 후 B2에 머물고 있는 산업, B2에서 시작하여 A1으로 나아간 산업, C3 → B2 → A2의 경로를 보이는 산업도 식별할 수 있을 것이다. 심지어 B2로 나아간 후 A1의 가능성을 보이다가 다시 B2로 돌아가는 산업이 있을 가능성도 배제할 수 없다. 이런 식으로 산업별 차이를 감안하여 기술발전의 경로를 검토하게 되면, 어떤 산업은 인상적인 성공 사례로 평가될 수 있는 반면 몇몇 산업은 정체 혹은 후퇴의 사례로 간주될 수 있을 것이다. 이처럼 〈그림 1-2〉와 같은 분석틀은 다양한 경우의 수를 포괄할 수 있기 때문에 보다 많은 산업을 대상으로 기술발전의 경로를 논의할 수 있는 확장성을 가지고 있다.

이러한 분석틀을 염두에 두고 주요 산업의 기술발전 과정에 관한 전체적인 지형도를 그려보자는 것이 이 책의 일차적인 목적이다. 기술발전 과정은 다양한 차원에서 접근될 수 있지만, 필자는 기본적으로 기업을 중심에 두고 논의를 전개하고자 한다. 기업 중심의 접근법은 한국의 기술발전 과정에 대한 가장 현실적이고도 구체적인 양상을 드러내줄 수 있다. 게다가 한국의 경우에는 제반 환경이 별로 갖추어지지 않은 상태에서 몇몇 소수의 기업들이 기술발전을 주도해왔기 때문에 기업 중심의 접근법은 상당한 적합성을 지닌다. 이 책에서는 주요 산업의 사례를 분석함에 있어 선도기업이 뚜렷한 경우에는 해당 기업의 기술발전 과정을 논의의 대상으로 삼고자 하며, 그렇지 않은 경우에는 여러 기업들을 동시에 고려하여 기술발전의 양상을 드러내고자 한다.

이처럼 기업 중심의 논의를 전개한다고 해서 공공부문의 역할이 무시되는 것은 아니다. 사실상 정부나 공공연구기관의 지원은 기업의 기술능력 향상에 상당히 기여해왔으며, 한국의 몇몇 중요한 기술활동은 정부 혹은 공공연구기관의 주도로 이루어져왔다.[52] 이러한 점을 감안하여 기술혁신의 지원자나 주체로서 공공부문이 전개했던 정책이나 사업에 관한 몇몇 사례도 논의의 대상에 포함시키고자 한다. 그러나 여기서 분명히 해둘 점은 이 책이 기업의 사례를 중심으로 한국의 기술발전 과정을 검토하는 특징을 가지고 있다는 점이다. 이것은 이 책의 뚜렷한 장점이자 단점이라고 할 수 있다.

이 책이 기술발전 과정에 초점을 둔다 하더라도 그것의 배경이 되는 경제적 상황을 고찰하지 않을 수 없다. 이를 감안하여 이 책에서는 한국의 기술발전과 경제성장을 모두 포괄하되 경제성장은 상대적으로 간략히 다루고 기술발전은 자세히 검토하는 방식을 취하고자 한다. 따라서 이 책은 현대 한국의 기술사를 중심으로 논의를 전개하면서도 경제사를 부분적으로 가미한 성격을 띠고 있다. 이 책이 기존의 경제사 저술이 고려해온 한국 경제의 다양한 주제를 포괄적으로 다루는 것은 아니며, 한국의 기술발전과 연관성이 많은 국가정책의 전개나 산업구조의 변화에 초점을 두고자 한다.

책의 구성은 다음과 같다. 제2장에서는 해방 후 1950년대까지 한국의 경제와 산업에 대해 간략히 다룬다. 이어지는 제3장, 제4장, 제5장은 이 책의 중심적인 부분에 해당하는데, 각 장에서는 대략 1961~1979년, 1980~1997년, 1998~2007년을 대상으로 해당 시기의 경제성장과 기술발전의 과정을 검토한 후 이에 대한 몇몇 쟁점을 논의한다. 1961년에는 5·16 군사정변 직후에 제1차 경제개발 5개년계획이 준비되었고, 1980년에는 한국 경제가 고도성장에 진입한 후 처음으로 마이너스 성장률을 기록했으며, 1997년은 외환위기, 2008년은 세계금융위기가 촉발된 연도에 해당한다. 이런 식으로 시기를 구분하면 정권의 변화와도 연계될 수 있는데, 1961~1979년은 박정희가 집권한 시기와 맞물려 있고, 1980~1997년은 전두환 정부, 노태우 정부, 김영삼 정부를 포괄하며, 1998~2007년은 김대중 정부와 노무현 정부의 시기에 해당한다. 그러나 정치에 비해 경제와 기술은 연속성이 강한 측면이 있기 때문에 정권 변화, 경제성장, 기술발전의 시기가 기계적으로 대응될 수는 없다. 사실상 이 책의 3~5장에서 다루는 산업별 기술발전의 사례도 해당 시기와 반드시 일치하지는 않는다. 마지막 제6장에서는 본문의 논의를 토대로 한국 경제의 진화 과정을 정리하고 산업별 기술발전 경로에 대해 검토할 것이다.

이 책을 집필하기 위해 필자는 기존의 연구문헌을 다각도로 참조하는 한편 사사(社史)를 포함한 기관사, 각종 기관에서 발간된 문건과 보고서, 그리고 회고록, 전기(傳記), 잡지 등과 같은 다양한 자료를 적극 수집하여 활용했다. 특히 사사와 회고록의 경우에는 해당 사안에 대한 풍부한 정보를 담고 있기 때문에 현대사를 연구하는 데 매우 요긴하게 사용할 수 있을 것으로 판단된다. 사실상 현대사의 경우에는 1차 자료와 2차 자료를 엄밀히 구분하기도 어렵고, 어떤 자료가 믿을 만하고 가치가 높은지를 평가하기도 쉽지 않다. 현대사 서술에서 중요한 것은 사실 관계의 정확성과 논지 전개의 객관성을 확보하는 데 있으며, 이를 위해 필자는 가급적 복수의 자료를 비교·검토하는 가운데 당시의 맥락을 감안하여 해당 자료를 주의 깊게 해석하고자 노력했다.

이 책의 내용 중 한국의 경제성장에 관한 부분은 근래에 몇몇 경제사학자들이 발간한 한국 경제사에 관한 단행본에서 상당한 도움을 받았다.[53] 한국의 기술발전에 관한 부분은 필자가 이전에 작성했던 철강, 반도체, 조선, 자동차에 대한 문헌을 출발점으로 삼았으며,[54] 이 책을 통해 연구의 범위를 섬유, 신발, 석유화학, 컴퓨터, 통신, 휴대전화, 디스플레이 등으로 확장했다.

한국원조물자의 공급

1954년 1월 한달 동안 「케이캑」과 「언크라」를 통하여 한국내에 배부된 원조물자는 아래와 같다.

양곡	16,920톤
비료	27,814톤
목재	11,089톤
세멘트	14,619톤

석탄	3,200톤
어류	1,000톤
의복류	1,000톤
강관(鋼管)	2,000톤

파손된 가옥과 기타 공공기관의 재건을 위한 필요한 건축자재가 「케이캑」에 의하여 공급되고 있다

의료시설과 약품 기타 기술원조 및 한국과 「케이캑」의 협력으로 한국내의 질병이 많이 감소되고 있다

케이캑은 쌀 생선 우유 기타 식료품을 언제든지 구호를 요하는 한국 안에게 배급한다

미국을 비롯한 자유우방 각국으로 부터 보내온 여러가지 의류가 케이캑을 통하여 한국 사람 들에게 배부된다

제2장

경제 재건의
시도

제2장에서는 해방 후 1950년대 한국의 경제 변동과 산업화에 대해 다룬다. 한국 경제의 기원에 대한 전통적 해석은 한국이 산업화를 바탕으로 근대적 경제성장의 단계에 진입하기 시작한 시기를 1960년대 초반으로 보고 있지만, 근래의 연구들은 이미 1950년대에 산업화와 경제성장의 기초가 형성되었다는 점을 부각시키고 있다.[1] 이를 염두에 두면서 1절에서는 대략 1945~1948년, 1948~1950년, 1950~1960년의 세 시기로 나누어 한국 경제의 변천 과정을 요약한다. 이어 2절에서는 1950년대 수입대체공업화가 추진된 양상을 소비재공업과 생산재공업으로 나누어 살펴본다. 소비재공업의 사례로는 면방, 제분, 제당, 합판이, 생산재공업의 사례로는 비료, 시멘트, 판유리, 철강, 조선이 검토될 것이다.[2]

해방 후 1950년대의 한국 경제

1. 미군정기의 경제

1945년 8월 15일, 일본이 연합국에 무조건 항복을 선언함으로써 조선은 해방을 맞았다. 해방과 더불어 조선인 스스로 정부를 세울 수 있는 기회가 열렸지만, 이를 실현하기 위한 여건은 마련되지 않았다. 미국과 소련이 북위 38도선을 경계로 한반도를 남과 북으로 분할하여 점령했던 것이다. 남조선에 진주한 미국군은 9월 20일에 재조선미국육군사령부군정청(이하 미군정)을 설치했다. 미군정의 지위는 조선인의 임시정부가 들어설 때까지 한시적으로 존속하는 점령기구로 규정되었다. 미군정은 남조선에 대하여 자주독립국가의 건설, 의회민주주의 제도의 도입, 자본주의적 시장경제의 도입 등과 같은 통치목표를 가지고 있었다.[3]

일제강점기를 통해 한반도의 공업화는 남조선보다 북조선에서 빠른 속도로 이루어졌다. 한반도 전체의 공산품 생산액에서 남조선이 차지하는 비중은 1910년대 초에 65%를 기록했지만 1940년의 45%를 거쳐 1944년에는 36.5%로 하락했던 것이다. 두 지역 간의 산업구조에도 뚜렷한 차이가 있었다. 1940년 공업의 지역별 분포를 보면 생산액을 기준으로 방직공업의 85%, 기계공업의 72%, 식료품공업의 65%가 남조선에 위치했고, 금속공업의 90%, 화학공업의 82%, 가스·전기공업의 64%가 북조선에 분포했다. 북조선에서 금속, 비료, 전력 등을 공급받고 있던 남조선은 남북의 분단으로 심각한 타격을 받을 수밖에 없었다.[4]

1945년 10월에 미군정은 일반고시 제1호(General Notice No. 1)를 통해 미곡의 자유로운 거래를 실시했고, 일반고시 제2호로 모든 상품에 대한 통제를 철폐했다. 국가의 통제를 받았던 미곡 시장은 지주들과 상인들의 손으로 넘어갔지만, 그들은 미곡을 사들여 쌓아둔 후 가격이 오를 때까지 거래하지 않았다. 이와 같은 투기와 매점매석으로 미곡 가격은 폭등했고 경제적 혼란은 더욱 심해졌다.[5] 식량난을 해결하고자 미군정은 곡물의 강제 수집을 실시하는 한편 미국의 원조를 활용했다. 제2차 세계대전이 종료된 직후에 독일, 이탈리아, 일본 등을 대상으로 이루어진 점령지역행정구호원조(Government Aid and Relief In Occupied Area, GARIOA)와 점령지역경제부흥원조(Economic Rehabilitation in Occupied Area, EROA)가 남조선에도 제공되었던 것이다. 1945년 9월부터 1948년 8월까지 남조선에 제공된 GARIOA와 EROA 원조는 약 4억 달러였는데, 식료품이 가장 많은 비중인 41.6%를 차지했다.[6]

일본인들이 남기고 간 귀속재산을 관리하는 것도 미군정의 중요한 과제였다.[7] 귀속농지의 경우에는 1946년 2월에 설립된 신한공사가 관리하는 체제가 구축되었다. 신한공사는 일제강점기에 동양척식주식회사(동척)가 소유했던 농지를 이관 받았는데, 경지면적은 28만2,480정보, 농가호수는 55만4천호로 각각 남조선 전체의 13.4%와 26.8%를 차지했다.[8] 농지개혁에 대한 논란이 계속되는 가운데 1948년 3월에는 신한공사의 귀속농지를 우선 처분하는 방침이 정해졌다. 연평균 생산량의 3배를 15년 간 현물로 분할 상환하는 조건으로 2정보 이내에서 귀속농지를 소작인 에게 매각한다는 것이었다. 이와 같은 방법으로 신한공사의 귀속농지는 1948년 9월까지 농가 50만5,072호를 대상으로 전답 19만9,029정보가 매 각되었다.[9]

귀속사업체의 경우에는 해방 이후에 조선인 종업원을 중심으로 공장 관리위원회가 운영되었으며, 몇몇 공장에서는 공장관리위원회의 활동을 통해 해방 직전보다 높은 생산성을 기록하기도 했다.[10] 그러나 미군정은 공장관리위원회가 좌익 세력과 연계되어 있다는 점을 경계했으며, 1945 년 12월에 조선 내에 있는 모든 일본인의 재산을 접수하는 조처를 내렸 다. 귀속사업체의 수에 관한 통계는 들쑥날쑥하지만, 해방 직후에는 귀속 사업체가 전체 사업체의 80~90%를 차지했던 것으로 추정되며, 1947년 10월을 기준으로 하면 총사업장 5,532개의 28.5%에 해당하는 1,573개가 귀속사업장이었던 것으로 조사되고 있다. 미군정은 접수한 귀속사업체에 대해 미국인 재산관리관을 지정한 후 1946년 12월에는 기업 경영에 대한 고문관제도를 도입했다. 이어 1947년 3월에는 귀속사업체에 대한 관리 권 한을 미군정 내 한국인 부서장 혹은 대행기관의 산하 단체장에게 넘기는 조치를 취하기도 했다.[11]

귀속사업체를 관리하는 방식이 빈번히 변경되는 가운데 귀속사업체의 가동률이 저하되고 경영수지가 악화되는 상황이 계속되었다. 이에 미군 정은 귀속사업체를 민간에 매각하는 방안을 마련했고, 1947년 7월에는 일반인에 대한 귀속사업체 매각 방침이 발표되었다. 귀속사업체를 매각할 때에는 관리인이나 임차인에게 우선권을 부여했으며, 그들이 매입하지 않 을 경우에는 최고 가격입찰자에게 매각하도록 했다. 매각대금의 20% 이 상을 계약 시 납부하고 나머지 금액은 연 7%의 이자율로 10년간 분할

상환하는 방식이었다. 1948년 10월까지 계약이 완료된 귀속재산은 1,300 건에 26억 원이었고, 매각이 완료된 경우는 293건에 11억 원이었다. 당시 미군정이 추정한 귀속재산의 총가치가 2,170억 원이었다는 점을 고려할 때 매각이 완료된 귀속재산은 전체의 0.5%에 지나지 않았다.[12]

미군정기를 통해 남조선의 경제 기반은 크게 약화된 것으로 평가되고 있다.[13] 하지만 세부적으로 보면 1946년까지 급속히 위축되다가 그 이후에 서서히 회복되는 양상도 발견할 수 있다.[14] 미군정 초기에는 일본인 기술자로부터의 기술 전수나 기계 및 원료의 방매 저지 등과 같은 공장 가동을 위한 적극적 조치가 미흡했다. 또한 남조선의 현실에 부합하는 정부 정책도 적절히 추진되지 않아 경제적 혼란의 상태에서 벗어나지 못했다. 그러나 원조물자가 도입되고 중소사업체가 대거 등장하면서 1946년 하반기가 되면 경제 상황이 다소 개선되기 시작했다. 이와 함께 미군정기에 이루어진 농지개혁과 귀속사업체 매각은 그 규모가 크지는 않았지만, 유상몰수·유상분배와 연고자 우선권 부여 등을 통해 이후 한국 정부의 정책 추진에 관한 기본적인 방향을 제시하기도 했다.[15]

2. 경제부흥의 꿈

1948년 8월 15일, 해방된 지 꼭 3년 만에 대한민국 정부가 들어섰다. 신생국은 정치적인 독립을 선언했지만 경제적으로는 여전히 원조에 의존할 수밖에 없었다. 같은 해 12월 10일에 미국 정부는 한국 정부와 한미원조협정을 체결하여 경제협조처(Economic Cooperation Administration, ECA)를 통해 1억1,650만 달러의 원조를 제공하기로 했다. 기존의 원조가 '구호(relief)'를 위해 소비재를 중심으로 이루어졌던 반면, ECA 원조는 경제의

'부흥(rehabilitation)'을 위해 주로 자본재와 설비를 제공하는 성격을 띠고 있었다. 한국 정부는 대충자금(counterpart fund)이라는 특별계정을 설치하여 원조물자의 판매대금을 예치했으며, 이를 재원으로 삼아 경제의 부흥과 개발을 도모하고자 했다.[16]

　이승만 정부는 국무총리실 산하에 기획처를 신설하여 종합적인 경제 부흥계획을 준비했다. 1949년 4월에는 기획처가 1949~1953년을 계획기간으로 하는 산업부흥 5개년계획과 5개년 물동계획을 수립했다. 산업부흥 5개년계획은 민수공업품의 자급자족, 수출공업의 진흥, 중공업의 육성 등을 주된 목표로 삼았으며, 전력, 철강, 조선, 석탄, 시멘트 등 14개 부문을 대상으로 향후 5년간의 시설확충과 생산증강에 대한 목표치를 연차별로 제시했다. 물동계획은 농수산, 광공업, 에너지 등 거의 모든 산업의 물자에 관한 계획으로 5년 뒤 해당 물자의 국내 수급을 안정시켜 전반적인 자급자족체제를 달성하는 것을 지향했다. 이러한 종합계획에 근거하여 정부 부처별로도 소관 분야의 증산계획을 수립했는데, 농림부의 농업증산 3개년계획, 상공부의 석탄생산 5개년계획과 전력증강계획, 수산청의 수산업 5개년계획, 전매청의 소금생산 5개년계획 등이 여기에 해당한다. 산업부흥 5개년계획은 유기적인 연관성이 부족하고 구체적인 실천 방안이 결여된 한계를 가지고 있었지만, 한국 최초의 중장기 경제개발계획에 해당한다는 의의를 가지고 있다.[17]

　이승만 정부는 미군정기에 부분적인 조치로 그쳤던 농지개혁과 귀속재산처리도 적극 추진하고자 했다. 신한공사 소유의 귀속농지는 미군정에 의해 이미 처분된 상태였고, 일반 농지를 분배하는 과제는 한국 정부로 이관되었다. 당시 농지개혁은 헌법에 규정될 정도로 중요한 사업이었는데, 헌법 제86조는 "농지는 농민에게 분배하며, 그 분배의 방법, 소유의 한도, 소유권의 내용과 한계는 법률로써 정한다."고 규정하고 있었다. 그러나 다양한 이해관계자들의 대립으로 인해 입법은 지체되었고 1950년 3월에야 농지개혁법이 공표될 수 있었다. 농지개혁법의 대상은 논과 밭에 국한되었고, 분배방식은 유상몰수·유상분배였으며, 농가당 농지면적은 3정보로 제한되었다. 지주에 대한 보상은 연간 생산량의 1.5배에 해당하는 금액의 지가증권을 발행하고 5년간 분할하여 지급하도록 했으며, 분배받은 농가에는 연간 생산량의 1.5배에 해당하는 현물을 5년간 분할하여 납입하도록 했다.[18]

농지개혁법에 따라 1951년 말까지 분배된 농지면적은 33만2천 정보였는데, 1948~1949년에 신한공사가 매각한 귀속농지 27만3천 정보를 합치면 총 57만5천 정보가 되었다. 이는 1945년 말 남한 내 소작지 전체의 면적인 144만7천 정보의 39.7%에 불과했다. 농지개혁이 지체되는 사이에 많은 지주들은 자신들이 소유한 농지를 매각했으며, 이와 같은 지주의 토지 방매는 농지개혁의 의의를 퇴색시키는 요인으로 작용했다. 농지개혁에 대한 평가는 다양하지만, 농지개혁을 통해 지주제가 해체됨으로써 제조업 우선 정책을 거부하는 세력이 사라졌다는 점은 분명한 사실이다. 또한 농지개혁으로 인해 한국의 농촌 사회는 비슷한 규모의 토지를 소유한 소농으로 구성되는 특징을 가지게 되었다. 그러나 농지개혁 이후 농업생산성의 제고와 농가경제 향상을 위한 후속 조치가 미흡하여 한국의 농업 발전에 커다란 제약으로 작용했다.[19]

1948년 9월에는 재정 및 재산에 관한 협정으로 구 일본인 재산의 소유권이 한국 정부로 이관되었고, 1949년 12월에는 귀속재산처리법이 제정되어 귀속재산 매각의 주요 절차가 정해졌다. 귀속재산처리법은 귀속재산을 선량하고 능력이 있는 연고자와 종업원, 그리고 농지개혁에 의해 농지를 매수당한 지주에게 우선 매각하도록 규정했다. 매각 대금은 최장 15년간 분할하여 납입하게 했으며, 지주들에게 발행된 지가증권으로도 납입할 수 있게 했다. 처음에는 귀속기업체 중 국가경제에 중요한 것을 국·공유 기업체로 지정했지만, 1954년 11월에 제2차 개헌이 이루어지면서 국·공유 기업체의 수가 대폭 축소되었다. 정부 수립 이후 1958년 5월까지 귀속사업체의 매각 건수는 2,029건, 계약고는 224억5,426만원으로 집계되고 있다.[20]

귀속재산의 취득은 상당한 특혜를 의미했다. 귀속사업체의 불하가격은 사정가격에 비해 평균 62%의 수준에 지나지 않았다. 또한 귀속재산의 매수자들은 증권시장에서 액면가 이하로 지가증권을 구입하여 대금을 납부하기도 했다. 이와 함께 대금의 분할 납입이 최장 15년까지 허용되었고 그사이 물가는 수십 배나 올랐기 때문에 매수자들은 엄청난 이득을 보았다. 이로 인해 귀속재산의 불하는 정경유착이나 부정부패의 온상이라는 비판을 받았다. 사실상 1950년대에 활동한 주요 대기업은 상당 부분 귀속사업체의 매수를 성장의 발판으로 삼았다. 종업원 수 300명 이상의 대기업 89개 가운데 36개, 그리고 종업원 수 500명 이상의 대기업 22개 중 15개가 귀속사업체에 기원을 두었던 것으로 조사되고 있다(〈표 2-1〉 참조).[21]

〈표 2-1〉 1950년대 주요 대기업의 기원별 분포

단위: 개, %

업종		주요 대기업체	불하된 귀속업체	국유화된 귀속업체	일제강점기에 조선인이 설립한 기업체	해방 이후 신설 기업체 및 미상
섬유	면방직	16	12		1	3
	생사 제조	5	4			1
	모직, 견직, 인견	10	3			7
	기타 섬유	8	2		1	5
화학	고무	12	2		2	8
	기타 화학	8	3		1	4

금속 및 기계	10	4	4	1	1
음식료품	9	3			6
비금속광물제품(요업)	6	2			4
제재 및 목제품	3	1		2	
인쇄·출판 및 기타	2				2
계	89 (100.0)	36 (40.4)	4 (4.5)	8 (9.0)	41 (46.1)

주: 종업원 수 300명 이상의 대기업을 대상으로 삼고 있음.
자료: 공제욱, 『1950년대 한국의 자본가 연구』(백산서당, 1993), 117쪽.

한국 정부는 산업부흥 5개년계획을 통해 경제 재건의 의지를 보였지만, 1949년 하반기부터 경제의 불안전성이 증가하기 시작했다. 재정적자의 증가와 통화의 팽창으로 물가가 급등했던 것이다. 이에 미국은 한국 정부가 재정 균형과 통화량 억제를 통해 경제안정을 우선적으로 추구할 것을 요구했다. 1950년 1월에는 한미 양측 5명씩으로 구성된 한미경제안정위원회가 설치되었으며, 3월에는 위원회의 주도로 '경제안정 15원칙'이 공포되었다. 그것은 통화, 금융, 재정의 안정을 통한 대내외적 균형 유지, 유통 원활화를 통한 물가안정의 도모, 국내 생산기반의 확충과 수출의 촉진, 노동생산성 제고 및 임금제도 확립 등과 관련된 사항들로 구성되었다. 경제안정 15원칙이 마련되는 것을 계기로 한국 경제정책의 방향은 부흥에서 안정으로 선회했다. 경제안정화 정책을 강력히 실시한 결과 1950년 5월에는 통화량과 물가지수를 비롯한 각종 경제지표가 안정세에 들어섰고, 경제협조처(ECA)는 한국 경제의 상황을 긍정적으로 평가하면서 대충자금의 일부를 경제부흥에 사용할 수 있도록 조치했다. 그러나 한국 전쟁이 발발하면서 경제부흥의 꿈은 다시 좌초되고 말았다.[22]

3. 해외원조와 경제회복

1950~1953년에 벌어진 한국전쟁은 남한 경제에 엄청난 타격을 입혔다. 정부의 종합적인 조사에 의하면, 전쟁의 피해액은 총 4,106억 환으로 대략 30억 달러에 달했는데, 그것은 1952년과 1953년의 국민소득을 합한 금액인 4,296억 환과 거의 같은 규모였다. 부문별 피해 비중은 일반주택 39.3%, 사회간접자본 32.3%, 정부시설 10.3%, 일반기업체 16.4%, 가축 1.7% 등으로 집계되었다. 종업원 5인 이상 제조업체의 수는 1949년 3월에 5,147개였던 것이 1953년 9월에는 그 절반의 수준인 2,474개로 감소했다. 정부는 전쟁 비용의 조달을 위해 한국은행을 통해 통화 증발을 실시했으며, 그 여파로 물가지수는 1950년 6월의 284에서 1953년 12월의 10,933으로 38배나 증가했다. 한국 정부는 인플레이션을 억제하고 통화가치의 하락을 막기 위해 1953년 2월에 화폐단위를 원(圓)에서 환(圜)으로 바꾸고 100원을 1환으로 절하하는 통화개혁을 실시하기도 했다.[23]

　한국전쟁이 발발하자 유엔은 한국민간구호(Civil Relief in Korea, CRIK) 원조를 제공했는데, 그것은 옷, 담요, 구급상자, 밀가루, 쌀, 캐러멜 등으로 이루어져 있었다. 1950년 12월에는 유엔이 회원국의 기금을 바탕으로 유엔한국재건단(United Nations Korean Reconstruction Agency, UNKRA)을 발족시켜 한국 경제의 재건을 위한 원조를 제공하기 시작했다. UNKRA는 미국의 전문 용역회사인 네이선협회(Nathan Association)에게 한국 경제의 실태에 대한 조사를 의뢰했으며, 이 협회는 1952년 12월에 한국경제재건예비보고를 제출했다. 이와 함께 한국전쟁 이전에 미국 정부가 제공하던 ECA 원조는 유엔의 민사처(Supplies of Economic Cooperation, SEC)로 이관되어 집행되었다. 1953년 4월에는 한국경제의 실태를 파악하기 위해 타스카(Henry J. Tasca)를 단장으로 하는 사절단이 한국에 파견되었고,

자료: 대한민국역사박물관

미국 정부는 타스카 보고서에 의거하여 대외활동본부(Foreign Operation Administration, FOA)를 통해 한국에 원조를 제공했다. FOA 원조는 1955년에 미국 국무성에 설치된 국제협조처(International Cooperation Administration, ICA)에 의해 계승되었다. 이와 별도로 미국 정부는 1954년에 자국의 농산물 가격을 유지하고 후진국에게 식량을 원조하기 위해 농업수출진흥 및 원조법을 공법 480호(Public Law 480, PL480)로 제정했으며, 같은 법률에 근거하여 한국은 1956년부터 미국 농산물에 대한 원조를 받았다.[24]

1945~1961년에 한국에 공급된 경제원조의 규모와 내역은 〈표 2-2〉와 같다. 해당 기간에 한국은 총 31억3,730만 달러의 원조를 받았으며, 세계에서 원조를 가장 많이 수혜한 국가로 평가되고 있다. 원조의 내역을 살펴보면, 연료 및 비료가 25.9%로 가장 많았으며, 시설재 22.4%, 최종소비재 19.3%, 공업원료용 농산물 16.8%, 기술원조 1.2% 등의 순서를 보였다.[25]

〈표 2-2〉 경제원조의 연도별, 종류별 금액과 내역(1945~1961년)

단위: 백만 달러, %

구분	연도	합계	미국정부				유엔	
			GARIOA	ECA-SEC	FOA-ICA	PL480	CRIK	UNKRA
연도별 원조액	1945년	4.9	4.9					
	1946년	49.5	49.5					
	1947년	175.4	175.4					
	1948년	179.6	179.6					
	1949년	116.5	92.7	23.8				
	1950년	58.7		49.3			9.4	
	1951년	106.5		32.0			74.4	0.1
	1952년	161.3		3.8			155.5	2.0
	1953년	194.2		0.2	5.6		158.8	29.6
	1954년	153.8			82.4		50.1	21.3
	1955년	236.8			205.8		8.8	22.2
	1956년	326.7			271.0	33.0	0.3	22.4
	1957년	382.9			323.3	45.5		14.1
	1958년	321.2			265.6	47.9		7.7
	1959년	222.2			208.3	11.4		2.5
	1960년	245.3			225.2	19.9		0.2
	1961년	201.5			156.6	44.9		
	총계	3,137.3	502.1	109.1	1,743.8	202.6	457.3	122.1
내역	기술원조	1.2			1.7			6.0
	시설재	22.4	10.0	13.0	30.0		6.0	70.0
	공업원료용 농산물	16.8	2.7	18.3	17.0	63.0	9.0	10.0
	기타 원자재	9.7	2.0	5.0	16.0		2.0	
	연료 및 비료	25.9	30.0	52.2	29.0		17.0	
	최종 소비재	19.3	50.0	10.0	2.0	37.0	57.0	9.0
	기타	4.7	5.3	1.5	4.3		9.0	5.0
	총계	100.0	100.0	100.0	100.0	100.0	100.0	100.0

주: GARIOA 원조에는 EROA 원조가 포함됨.
자료: 이대근, 『해방 후 1950년대의 경제』, 341쪽; 이영훈, 『한국경제사 II』, 333쪽.

1951년 7월에 휴전회담이 시작되면서 한국 경제의 복구와 부흥이 중요한 의제로 부상했다. 당시에 한국 정부는 휴전회담 성사의 전제조건으로 미국으로부터 보다 많은 원조자금을 받아내려는 전략을 구사했으며, 기획처를 통해 자체적인 경제부흥계획안을 마련하기도 했다. 1952년 5월에는 대한민국과 통일사령부 간의 경제조정에 관한 협정(일명 마이어 협정)이 체결되었고, 이 협정에 의거하여 같은 해 7월에는 한미 양측의 대표 1명씩으로 구성된 한미합동경제위원회(Combined Economic Board, CEB)가 설치되었다.[26] 한국 정부는 타스카 보고서가 제출된 직후인 1953년 8월에도 원조자금에 의한 경제재건계획의 기본방침을 마련했는데, 그 방침은 총 2억 5,800만 달러의 자금을 기간산업, 수송 및 기타 시설, 문화시설, 원재료 등의 부문에 할당하고 있었다.[27]

1953년 8월에는 한미합동경제위원회의 미국 측 대표로 우드(C. Tyler Wood)가 파견되어 한국 측 대표인 국무총리 백두진과 교섭을 벌였다. 교섭 과정에서 양국은 서로 다른 입장을 표방했다. 한국 측은 생산재 대 소비재의 비율을 7:3으로 상정하면서 기간산업의 재건을 중시했지만, 미국 측은 한국 경제의 당면과제가 재정안정 및 민생해결이라고 판단하면서 생산재 대 소비재의 비율을 3:7로 주장했던 것이다. 또한 미국 측은 1달러에 60환이었던 공정환율을 180환으로 평가절하할 것을 요구했던 반면, 한국 정부는 유엔군 대여금에 대한 달러 상환액을 높이기 위해 저환율을 선호했다. 4개월의 진통 끝에 1953년 12월에는 '경제재건과 재정안정계획에 관한 합동경제위원회협정(일명 백·우드협정)'이 체결되었는데, 그 협정은 대부분 미국의 입장을 반영하고 있었다. 하지만 한국 정부는 원조물자의 구매처를 스스로 결정하는 권한을 확보했으며, 대충자금을 재원으로 한 재정투융자를 통해 공업화를 위한 정책을 의지대로 추진할 수 있었다.[28]

1953~1960년에 한국 정부는 무역, 외환, 재정투융자, 금융 등의 측면에

서 다양한 정책을 구사했다. 이 기간 동안 상공부는 반기별 무역계획을 발표했는데, 무역계획 내의 수입계획에 자동승인품목, 수입제한품목, 수입금지품목을 규정함으로써 수입대체 공업화를 도모하고자 했다. 여기서 수입금지품목은 국내에서 생산되고 수요를 충족시킬 수 있는 제품에 해당했으며, 수입제한품목은 국내에서 생산되지만 수요를 충족시킬 수 없는 품목으로 상공부의 사전 승인이 필요했다. 또한 1950년에 제정된 관세법에 의거하여 국내 생산 여부와 완제품 여부에 따라 상이한 관세율을 부과하여 세수의 확보와 수입대체산업의 보호를 촉진했다. 외환정책의 경우에는 다양한 배정 방식을 통해 국내에서 생산가능한 상품의 수입대체를 촉진하고 수입대체산업의 생산 활동에 필요한 원자재의 도입을 유도했다. 재정투자는 관개시설과 사회기반시설의 확충에, 재정융자는 한국산업은행의 일반산업자금 융자로 주로 사용되었다. 당시 은행대출의 실질금리는 마이너스였으며, 한국산업은행의 대출은 제조업을 중심으로 이루어졌다.[29]

휴전 이후에도 한국 정부는 여러 차례에 걸쳐 경제부흥 혹은 경제개발에 관한 계획을 수립했다. 1954년 7월에는 기획처의 주도로 '한국 경제부흥 5개년계획안'이, 1956년 3월에는 부흥부의 주도로 '경제부흥 5개년계획'이 마련되었다. 두 계획은 경제부흥을 위한 독자적인 비전을 제시하지 못했으며, 원조물자의 목록을 종합한 성격이 강했던 것으로 평가되고 있다.[30] 한국 정부의 본격적인 경제개발계획은 1956년 9월에 한미합동경제위원회가 7개년 부흥계획을 입안하기로 결정하면서 마련되기 시작했다. 게다가 1957년에는 미국 정부가 무상원조를 줄이는 대신 개발차관기금(Development Loan Fund, LDF)을 도입하면서 거시경제를 체계적으로 관리할 필요성이 더욱 커졌다. 1958년 4월에는 부흥부 장관의 자문기관으로 산업개발위원회가 발족되었고, 같은 해 7월에 산업개발위원회는 이면석과 안림에게 장기개발계획안의 작성을 요청했다. 두 명의 위원들은 1958년 8월에 '7개년 경제개발계획안'을 위원회에 제출했으며, 산업개발위원회는 여러 차례의 토론과 심의를 거쳐 1959년 12월에 7개년 계획의 전반에 해당하는 '경제개발 3개년계획(1960~1962년)'을 공포했다. 그 계획은 연평균 경제성장률을 5.2%로 설정하는 가운데 1차 산업 3.8%, 2차 산업 11.2%, 3차 산업 3.7%의 성장을 목표로 삼았으며, 이를 달성하기 위한 수단으로 식량 생산 극대화, 중소기업의 육성, 수입대체산업 및 수출산업 육성, 소비절약과 민간자본 축적, 사회기반시설 확충, 산업구조의 근대화 등을 제시했다.[31]

기획처 혹은 부흥부가 경제 전반에 관한 종합계획을 마련했다면 상공부는 주요 산업이나 정책에 대한 계획을 수립했다. 여기에는 면방공업 장기부흥계획(1953~1957년), 제1차 농업증산 5개년계획(1953~1957년), 제2차 농업증산 5개년계획(1958~1962년), 전원(電源)개발 3개년계획(1954~1956년), 전원개발 5개년계획(1956~1960년), 수산업부흥 5개년계획(1957~1961년), 종합연료수급계획(1956~1960년) 등이 포함된다. 특히 상공부가 1956년에 중소기업 육성대책 요강을 발표하고 수출진흥 5개년계획(1957~1961년)을 마련하는 등 한국 정부가 중소기업과 수출산업의 육성에도 관심을 기울였다는 점은 주목할 만하다. 중소기업 육성대책 요강은 업종별 협동조합의 설치, 중소기업 융자자금의 조성, 중소기업에 대한 조세부담 완화, 중소기업 제품의 판로 확대 등을 당면 과제로 제시하고 있었다. 수출진흥 5개년계획의 경우에는 계획기간 중 연평균 28.6%의 수출신장률을 통해 1961년에 1억 달러의 수출을 달성한다는 것을 목표로 삼았으며, 광산물, 농산물, 수산물, 공산품의 비중이 1957년의 43.4%, 20.2%, 16.4%, 9.3%에서 1961년의 32.7%, 34.3%, 9.8%, 13.5%로 조정될 것으로 전망했다.[32]

<표 2-3> 부문별 국민총생산 추이(1953~1961년)

단위: 10억 원, %

연도	국민총생산	1차 산업	2차 산업	3차 산업
1953년	421.93 (100.0)	203.38 (48.2)	47.20 (11.2)	171.15 (40.6)
1954년	447.36 (100.0)	219.10 (49.0)	55.05 (12.3)	173.21 (38.7)
1955년	474.54 (100.0)	224.06 (47.2)	64.92 (13.7)	185.56 (39.1)
1956년	480.47 (100.0)	212.23 (44.2)	73.59 (15.3)	194.65 (40.5)
1957년	522.73 (100.0)	230.57 (44.1)	84.46 (16.2)	207.70 (39.7)
1958년	551.69 (100.0)	246.26 (44.6)	90.48 (16.4)	214.95 (39.0)
1959년	575.84 (100.0)	243.66 (42.3)	100.13 (17.4)	232.05 (40.3)
1960년	589.07 (100.0)	243.97 (41.4)	107.44 (18.2)	237.66 (40.4)
1961년	613.61 (100.0)	268.53 (43.8)	112.03 (18.2)	233.05 (38.0)

주: 1965년 불변시장가격 기준임.
자료: 한국은행, 『한국의 국민소득계정』 (1967), 174~175쪽; 이현재, "한국의 경제성장과정에 있어서의 국민소득구조 변동에 관한 연구", 『경제논집』 7-1 (1968), 13쪽에서 재인용.

1953~1960년에 한국 경제는 미국의 대규모 원조와 정부의 다양한 정책을 바탕으로 비교적 빠른 속도로 회복되었다. 광공업 생산액은 1951년 586억600만 원에서 1956년 1,817억100만 원으로 3.2배 증가한 것으로 추계되고 있으며, 여기서 1956년의 생산액은 일제강점기에 정점을 이룬 1941년의 1,688억9,800만 원을 능가하는 것이었다.[33] 또한 한국은행이 1967년에 국민소득을 추계한 결과에 따르면, 1954~1960년의 경제성장률은 연평균 4.9%였는데, 그것은 1960년대 이후에 비할 바는 못 되지만 전후의 황폐한 여건을 고려하면 상당한 수준으로 평가할 수 있다. 전후 부흥을 주도한 것은 제조업, 광업, 건설업, 전기·가스·수도업 등을 포함하는 2차 산업으로 1954~1960년에 2차 산업은 연평균 12.5%의 높은 성장

률을 보였다. 그 결과 전체 산업에서 2차 산업이 차지하는 비중은 1953년 11.2%에서 1960년 18.2%로 증가했다(《표 2-3》 참조).

제조업 생산액은 1953년 329억6,900만 원에서 1960년 805억9,300만 원으로 증가하여 국민총생산에서 차지하는 비중이 7.8%에서 13.7%로 높아졌다. 제조업공장의 수는 1953년 9월에 2,474개에 불과했지만, 1955년 8,628개, 1958년 1만2,971개, 1960년 1만5,204개로 증가했다. 제조업의 성장을 주도한 것은 식료, 음료, 섬유, 의복, 신발, 제재, 가구, 인쇄 등의 소비재공업이었지만, 1958년 이후에는 소비재공업의 상대적 비중이 낮아지고 고무, 화학, 유리, 철강 등의 비중이 높아지는 가운데 석탄, 석유, 전기, 기계, 종이 등이 뒤를 이었다. 제조업 생산액에서 소비재공업이 차지하는 비중은 1953년 63.8%, 1957년 79.2%, 1960년 68.9%를 기록했던 반면, 생산재공업이 차지하는 비중은 각각 10.8%, 10.7%, 13.5%로 변화했다.[34] 이러한 점을 종합적으로 고려하면, 1950년대의 산업화는 주로 소비재공업의 수입대체가 이루어지는 가운데 생산재공업의 수입대체가 시작되는 경향을 보였다고 평가할 수 있다.

수입대체 공업화의 전개

1. 소비재공업의 성장

1950년대 한국의 산업화를 선도한 부문은 흔히 '삼백산업(三白産業)'으로 불리는 면방공업, 제분공업, 제당공업이었다.[35] 한반도의 면방공업은 이미 1910년대에 형성되기 시작했으며, 당시의 대표적인 업체로는 1911년에 일본인에 의해 설립된 조선방직(조방)과 1919년에 민족자본에 의해 설립된 경성방직(경방)을 들 수 있다. 해방 후 남북이 분단되었지만 대부분의 시설이 남한에 있었기 때문에 면방공업은 초기 한국 경제의 중요한 부분을 차지했다. 1950년 6월을 기준으로 면방공업은 14개 업체에 16개 공장이 방추(紡錘) 31만6,572추, 직기(織機) 9,705대를 보유하고 있었다. 한국전쟁으로 면방공업의 시설은 약 70%가 파괴되었으며, 피해를 면한 공장은 조선방직 대구공장과 부산공장, 그리고 삼호방직 대구공장뿐이었다. 1950년의 면포 생산량은 전년의 1/3 수준으로 떨어져 국민의 의복 사정은 극도로 악화되었다.[36]

한국 정부는 1952년에 UNKRA와 함께 면방공업을 복구하기 위한 긴급 대책을 마련했고, 이를 기초로 1953년에는 면방공업 장기부흥계획을 수립했다. 1957년까지 면방공업의 설비규모를 방추 39만8천추와 직기 8,522대로 확대한다는 것이었다. 이를 위해 1953~1957년에 UNKRA 자금 886만 달러와 정부보유외환(Korean Foreign Exchange, KFX) 591만 달러가 투자되었는데, 면방업체의 자기자금 부담률은 25%에 불과했다. 또한 FOA-ICA 원조와 PL480 원조에 의해 원면(原綿)의 공급도 이루어졌고, 그 규모는 1954~1960년에 총 1억8,241만 달러에 이르렀다. 당시에 대한 방직협회는 정부의 위임을 받아 원면 수입을 위한 달러를 각 업체의 시설규모를 기준으로 하여 배정했다. 원면 수입 달러의 취득은 그 자체로 큰 이익이었으며, 면방업체들은 더 많은 달러를 배정받기 위해 경쟁적으로 시설을 확장했다.[37] 이와 같은 특혜적 지원을 바탕으로 한국의 면방공업은 1957년에 당초의 계획을 초과하는 방추 42만5,084추와 직기 9,920대를 갖추게 되었다. 이후에도 한국의 면방설비는 점진적으로 증가하여 1960년에는 방추 45만9,390추와 직기 1만136대를 기록했다.[38]

한국의 면방업체들은 한동안 숙련노동의 부족으로 낮은 생산성을 보였으며, 이러한 상황은 1950년대 후반에 들어와 서서히 개선되기 시작했다. 1955년과 1960년을 비교해보면, 종업원 1인당 면사 생산량은 5,857만6천 파운드(封度)에서 1억847만5천 파운드로 1.9배 증가했고, 종업원 1인당 면포 생산량은 219만4,179필에서 377만2,071필로 1.7배 증가했다. 또한 제품 구성도 점차적으로 고급화되어 면포 중에서 조포(粗布), 세포(細布), 복지(服地)가 차지하는 비중은 같은 기간에 97.3%, 0.9%, 1.8%에서 82.3%, 13.0%, 4.7%로 변화했다. 한국의 면방공업은 1957년에 들어와 자급자족의 단계를 넘어 해외 수출도 시작했는데, 면포 생산량은 1957년 347만100필에서 1960년 377만2,071필로, 면포 수출량은 같은 기간에 4만8,850

필에서 1960년 34만6,005필로 증가했다.[39]

1950년대 후반에 한국의 면방공업은 생산규모의 확대와 함께 생산성 향상과 품질 개선을 도모했는데, 여기에는 해방 이후부터 면방공업에 대한 기술보급과 인력양성이 활발히 추진되었다는 점이 중요한 배경으로 작용했다. 1945년 10월에는 경성공업전문학교에서 대한섬유공업연구회가 조직되어 기술자 훈련과 교과서 집필이 추진되었다. 또한 대한방직협회는 1948년에 한국 정부와 ECA의 지원을 바탕으로 기술양성소를 설립하고 기술강습회를 조직했으며, 1953~1958년에 8차례에 걸쳐 면방직기술연구발표회를 개최했다. 이와 함께 서울대학교(1946년), 전남대학교(1952년), 부산대학교(1953년), 충남대학교(1954년), 한양대학교(1958년) 등이 잇달아 섬유공학과를 출범시켰고, 중앙공업연구소는 염직과를 통해 제직이나 염직에 관한 연구를 지속적으로 수행했다.[40]

제분업은 일제강점기를 통해 소맥의 주산지인 황해도를 중심으로 발달했으며, 1940년 무렵에는 연간 7천 배럴 정도의 생산능력을 보유했다. 남한에서는 해방 후 일부 제분공장들이 겨우 명맥만 유지했으며, 한국전쟁으로 인해 제분업이 사실상 해체된 상태가 되었다. 그러던 중 1954년 4월에는 귀속재산인 조선제분의 영등포공장이 민간에 불하되었고, 조선제분은 1천 배럴의 시설을 복구하여 생산을 재개했다. 같은 해 7월에 일본제분의 인천공장을 불하받은 대한제분은 FOA-ICA 원조를 바탕으로 일본의 최신 설비를 도입하여 1,954배럴의 생산능력을 확보했다. 1956년에 지독한 흉년으로 식량 사정이 악화되자 미곡의 대체식량으로 소맥의 중요성이 부각되었고, 한국 정부는 제분시설에 이어 원맥(原麥) 도입에도 원조자금을 배당했다. 이를 배경으로 일종의 제분업 붐이 조성되어 제분업의 생산능력은 1955년에 4,892배럴에 불과했던 것이 1956년의 1만1,921배럴과 1957년의 2만4,656배럴을 거쳐 1959년에는 4만2,721배럴로 급속히 증가했다. 그러나 시설의 과도한 확장과 중소업자들의 난립으로 한국의 제분업은 1957년 하반기부터 불황의 국면에 진입했다. 제분업의 공장 가동률은 1954년에 79.3%였던 것이 1957년의 51.4%를 거쳐 1959년에는 23.3%까지 하락했다.[41]

제당업도 제분업과 비슷한 경로를 밟았다. 해방 후 남한에는 제당업이 전무했으며, 설탕은 전적으로 수입에 의존했다. 그러던 중 1953년에는 삼성물산이 제당업에 진출하여 부산에 제일제당을 설립했고, 1954~1956년에는 동양제당, 한국정당(韓國精糖), 금성제당, 삼양사, 해태제과, 대동제당 등이 잇달아 설립되었다. 이러한 7개 업체 중에 제일제당과 삼양사는 FOA-ICA 원조로, 다른 업체들은 정부보유외환으로 생산설비를 도입했으며, 한국 정부는 원당(原糖)의 도입에도 원조자금을 배당했다. 1956년 5월에는 대한제당협회가 업체의 시설능력에 따라 원조자금을 배당하는 방식이 채택되었고, 이에 제당업체들은 수요를 고려하지 않고 생산시설을 확장하는 데 주력했다. 결국 1956년 말에는 제당업의 생산능력이 국내 수요의 5배에 해당하는 15만 톤에 이르렀으며, 1960년에는 제일제당, 삼양사, 대동제당의 3개 업체만 가동을 유지하고 나머지 4개 업체는 휴업의 상태에 놓이게 되었다.[42]

1950년대를 통해 한국의 새로운 산업으로 부상한 것은 합판공업이었다. 합판공업은 해방 이전부터 존재했지만 소규모에 불과했으며, 휴전 이후에 각종 부흥사업이 활발해지면서 본격적으로 성장하기 시작했다. 합판공업의 성장을 견인한 기업은 부산의 동명목재, 성창기업, 광명목재, 인천의 대성목재 그리고 군산의 청구목재였다. 당시에 한국 정부는 정부보유외환으로 필리핀 원목을 수입하여 합판업체들에게 경쟁 입찰로 배분했다. 한국의 합판공업은 1956년부터 자급자족의 단계에 들어섰으며, 합판 생산량은 1956년에 8,452만 평방척(平方尺)이었던 것이 1958년의 1

억3,120만 평방척을 거쳐 1960년에는 1억8,690만 평방척으로 증가했다. 1957년에는 대성목재가 주한 미군에 합판 군납을 시작했는데, 그 과정에서 접착제의 원료가 대두(大豆)에서 요소수지로 대체되어 합판의 품질이 크게 향상되었다. 이어 1959년에는 성창기업이 미국 시장에 진출하는 것을 계기로 합판공업이 수출산업으로 발전하기 시작했다. 한국의 합판업계는 군납과 수출을 통해 1959년 46만2천 달러, 1960년 65만2천 달러, 1961년 194만7천 달러의 외화를 획득했다.[43]

이상에서 간략히 살펴본 면방공업, 제분공업, 제당공업, 합판공업의 사례에는 공통점과 함께 차이점도 존재한다. 이러한 산업들은 모두 1950년대를 통해 해외원조 혹은 정부보유외환과 같은 외부적 지원을 통해 시설을 확장하거나 원료를 공급받아 성장했다는 공통점을 가지고 있다. 하지만 해당 산업의 구체적인 성장의 패턴은 업계의 대응 방식이나 기술적 노력의 정도에 따라 상당한 차이를 보였다. 제분공업과 제당공업의 경우에는 무분별한 투자가 이루어지는 가운데 업체들 사이의 협력이 결여되었던 반면, 면방공업과 합판공업의 경우에는 생산규모의 확대를 도모하면서도 생산성 향상이나 품질 개선을 위해 많은 노력을 기울였다. 그 결과 면방공업과 합판공업은 자급자족의 단계를 넘어 수출산업으로 성장할 수 있었지만, 제분공업과 제당공업은 가동률이 저하되는 가운데 불황의 국면을 맞이했던 것이다.

2. 생산재공업의 건설

1950년대에는 소비재공업뿐만 아니라 생산재공업도 성장세에 진입했다. 그것은 1973년에 박정희 정부에 의해 중화학공업화 선언이 이루어지기 이전에도 중화학공업의 기초가 마련되기 시작했다는 점을 의미한다.[44] 생산재공업에서 1950년대에 이루어진 핵심 사업으로는 비료, 시멘트, 판유리를 포함한 3대 기간공장의 건설을 들 수 있는데, 해당 사업은 UNKRA를 비롯한 해외원조를 바탕으로 추진되었다는 특징을 가지고 있다.[45]

1945년 해방과 더불어 국토가 분단되는 바람에 남한의 비료 사정은 매우 심각한 상황에 놓였다. 한반도 비료 생산의 90% 이상을 차지하고 있던 흥남비료공장은 북한에 소재하고 있었으며, 남한에 있던 소규모 비료공장은 원료난, 전력난, 기술자 부족 등으로 거의 휴업 상태에 있었다. 게다가 1950년에 한국전쟁이 발발하면서 비료 생산시설은 대부분 파괴되었으며, 조선화학비료의 인천공장과 북삼화학의 삼척공장만이 비료산업의 명맥을 이어갔다. 이로 인해 1952~1955년에는 50~60만 톤 내외, 1956~1960년에는 80만 톤 내외의 화학비료가 원조 달러로 수입되어야 했다. 1956년의 경우 원조 달러의 약 25%가 비료 도입에 소요될 정도로 비료 부족으로 인한 외환 부담은 막대했다.[46]

이러한 상황을 타개하기 위해 한국 정부는 휴전 후 경제부흥을 도모하면서 비료공장 건설사업을 우선적으로 고려했다.[47] 정부는 1953년에 UN-KRA 자금 3백만 달러로 비료공장 타당성 조사를 실시했으며, 1954년에는 비료공장 건설자금으로 FOA 자금 2,300만 달러를 확보했다. 이후 FOA를 통한 국제입찰과 미국 국립연구회(National Research Council, NRC)에 의한 검토를 거쳐 1955년 1월에는 비료공장 건설회사로 맥그로하이드로카본(McGraw-Hydrocarbon) 사가 선정되었다. 같은 해 5월에 한국 정부는 맥그로하이드로카본과 연산 8만5천 톤 규모의 질소비료공장을 충북 충주에 건설한다는 계약을 체결했다. 공장건설 계약서의 내용에는 생산능력, 건설회사의 책임, 공사기간, 공사비, 기술훈련, 시운전 및 초기 운전 등이 포함되어 있었다.[48]

자료: 대한민국역사박물관

충주비료공장 건설공사는 1955년 9월에 착공되었으며, 30개월 후인 1958년 3월에 준공될 예정이었다. 그러나 건설계약이 계속해서 수정되는 바람에 건설비용은 증가하고 건설기간은 연장되는 사태가 빚어졌다. 1,955만 달러였던 공사비는 3,334만 달러로 증가했고, 공장 건설도 당초보다 21개월 연장된 1961년 4월에야 마무리될 수 있었던 것이다.[49] 충주비료는 공장을 준공한 이후에도 잦은 고장으로 상당한 어려움을 겪었으며, 1962년 5월에는 미국의 얼라이드 케미컬(Allied Chemical) 사와 기술고문계약을 체결하여 공장 운영에 관한 전반적인 자문을 받았다. 이를 통해 충주비료의 기술자들은 공장의 운전과 정비에 관한 능력을 축적할 수 있었고, 공장가동률은 1961년의 78.7%와 1962년의 95%를 거쳐 1963년에는 100%를 넘어섰다.[50] 이처럼 충주비료공장의 건설과 운영에는 상당한 시행착오가 수반되었지만, 이러한 과정에서 배출된 인력들은 이후에

한국의 화학공업 발전을 이끈 주역으로 성장했다.[51]

비료가 식량 부족을 해결하기 위한 수단이었다면, 시멘트와 판유리는 시설 복구에 필수적인 자재였다. 해방 당시 시멘트공장은 북한 지역에 5개가 가동 중이었으며, 남한에는 오노다(小野田) 사의 삼척공장 1개만 있었다. 한반도의 시멘트 총 생산능력은 연간 170만 톤이었는데, 그중 5%에 해당하는 8만5천 톤을 삼척공장이 담당하고 있었다. 해방 후 삼척공장은 귀속재산 불하에 의해 삼척시멘트로 재편되었지만, 일본인 기술자가 귀국하고 경험이 없는 관리자가 부임함에 따라 공장 가동이 순조롭지 않았다. 1950년에 들어와 삼척시멘트는 본격적인 생산을 추진하기 시작했지만, 한국전쟁으로 인해 전기와 유연탄이 적절히 보급되지 않아 거의 마비 상태에 놓이게 되었다. 이에 정부는 1953년에 UNKRA 자금 63만 달러를 확보하여 삼척시멘트의 시설을 보수했으며, 삼척시멘트는 1956년에 동양제당공업에 매각된 후 동양시멘트로 재탄생했다.[52]

이와 함께 한국 정부는 1954년에 UNKRA 자금 525만 달러를 확보한 후 미국의 스미스(F. L. Smith) 사와 계약을 체결하여 경북 문경에 연산 20만 톤 규모의 시멘트공장을 건설하기로 했다. 문경시멘트공장 건설공사는 1955년 11월에 착수된 후 순조롭게 추진되어 1957년 6월에 예정대로 완료될 수 있었다. 문경시멘트공장은 건설공사가 진행 중이던 1956년 12월에 대한양회공업에 인계되었으며, 문경시멘트공장의 완공을 계기로 시멘트에 대한 국내 수요의 절반을 충당할 수 있었다. 이후에도 동양시멘트와 대한양회는 지속적인 시설 확장을 추진했고, 1961년에는 두 기업 모두 연산 36만 톤의 생산능력을 보유하게 되었다. 이를 통해 한국은 시멘트에 대한 기존 수요를 충족시킬 수 있었지만, 새로운 수요가 계속 급증하는 바람에 추가적인 시멘트공장의 건설이 요구되었다.[53]

판유리의 경우에는 해방 후 남한에 특별한 공장이 없어 꾸준히 증가하던 국내 수요를 충족시킬 수 없었다. 게다가 1953~1955년에는 전후 복구를 배경으로 판유리에 대한 수요가 급증하면서 매년 150만 달러에 달하는 외화가 소비되고 있었다. 이에 한국 정부는 1954년에 UNKRA 자금 362만9천 달러를 확보하여 연산 12만 상자 규모의 판유리공장을 인천에 건설하기로 하고, 파나마 국적의 빈넬 사(Vinnel International Corporation)와 건설계약을 체결했다. 1956년 2월에 시작된 건설공사는 착공 20개월 만인 1957년 9월에 준공된 후 곧바로 한국유리공업에 불하되었다. 인천판유리공장의 가동률은 1958년의 82.9%를 시작으로 1960년의 87.6%를 거쳐 1961년에는 128.6%를 기록했다. 인천판유리공장의 가동을 계기로 한국의 판유리 수입액은 연평균 50만 달러로 감소했다.[54]

이상과 같은 3대 기간공장의 건설이 해외원조에 크게 의존했다면, 철강업과 조선업의 육성은 주로 한국 정부의 국고 지원에 의해 이루어진 사례에 해당한다. 철강업의 경우에는 고레가와제철(是川製鐵)의 삼척공장과 조선이연금속(朝鮮理研金屬)의 인천공장이 해방 이전부터 가동되고 있었는데, 삼척공장은 선철 생산, 인천공장은 강철과 압연제품 생산을 담당했다. 두 공장은 해방 후 귀속사업체로 관리되어오다가 1948년에 각각 삼화제철공사와 대한중공업공사로 개칭되었다.[55] 한국전쟁으로 철강업이 사실상 해체되자 한국 정부는 시설 복구를 적극적으로 지원하기 시작했다. 우선, 정부는 1952~1953년에 3억4,357만 환을 투입하여 삼화제철의 소형 용광로 3기를 보수했다. 그러나 수입 연료의 부담으로 삼화제철의 조업은 부진했고, 정부는 1957년에 2억4,800만 원을 투입하여 국산 무연탄의 사용이 가능한 설비로 전환했다. 이어 삼화제철은 1959년과 1961년에 자기자본금으로 추가적인 보수를 실시했으며, 1961년에는 용광로 3기에서 연산 2만1천 톤의 선철을 생산하는 체제를 갖추게 되었다.[56]

대한중공업은 이승만 대통령의 특별지시를 바탕으로 정부보유외환을 확보하여 1953년 4월에 전쟁고철을 주원료로 하는 제강공장을 건설하기 시작했다. 이에 대해 대한금속학회의 간부들은 제강공장 이외에 압연공장도 신설해야 하며 완성된 설비를 일괄적으로 수주하는 '턴키방식(turn key base)'을 활용해야 한다고 주장했다. 결국 대한중공업은 1954년 6월부터 서독의 데마그(Demag) 사로부터 설비를 도입하여 제강공장, 중형압연공장, 박판공장을 순차적으로 건설하는 작업을 추진하게 되었다. 대한중공업은 1956년 11월에 연산 50만 톤 규모의 제강공장을 준공했으며, 1959년 12월에는 중형압연공장을, 1960년 4월에는 박판공장을 준공했다. 이를 통해 대한중공업은 1960년을 기준으로 강괴 4만9,166톤, 압연제품 4만5,451톤을 생산할 수 있었는데, 그것은 한국 철강업 전체의 98.2%와 46.9%에 해당하는 수치였다.[57]

그러나 제강공장이 완공된 후 압연공장의 건설이 추진되는 바람에 대한중공업이 최종 제품을 생산하여 판매하는 데에는 2~3년이 추가로 소요되었다. 당시에 외국의 제철소는 압연공장을 먼저 설치한 후 제강공장이 건설될 때까지 반제품을 수입하여 압연공장을 가동하는 방식을 활용해왔지만, 대한중공업의 경우에는 공장 건설의 순서가 체계적으로 고려되지 못함으로써 상당한 경제적 손실을 입었던 것이다. 이처럼 대한중공업의 확장공사는 철강업의 성격이 충분히 이해되지 못한 상태에서 추진되었지만, 공장 건설을 준비하고 가동하는 과정에서 기술인력이 양성되는 효과도 있었다. 대한중공업은 1956년 1월부터 자사의 기술자들을 해외로 파견하여 기술연수를 시작했고, 9월에는 270명을 조업요원으로 채용한 후 서독 기술진의 지도로 교육훈련을 실시했다. 이와 함께 대한중공업의 기술자들은 공장 건설을 관리하거나 제강공장 및 압연공장을 가동하면서 제철소 운영에 대한 기본적인 지식을 습득할 수 있었다. 이러한 과정을 경험한 몇몇 기술인력은 이후에 포항제철소를 기획하거나 건설하

는 데에도 크게 기여했다.[58]

조선업의 경우에는 대한조선공사를 중심으로 시설을 보수하거나 확장하기 위한 정책적 지원이 이루어졌다. 1937년에 미쓰비시중공업과 동양척식의 자본 출자로 부산에 설립된 조선중공업주식회사는 해방 후 귀속기업체로 접수되었다가 1950년에 국영기업체인 대한조선공사로 거듭났다. 대한조선공사는 1950년대 초반에 한국전쟁으로 파손된 선박을 수리하는 것으로 명맥을 유지했으며, 1952년에는 대한조선고등기술학교를 설립하여 기술자 양성을 시도하기도 했다. 한국 정부는 1955년부터 시설확장 지원과 민영화 추진 등을 통해 대한조선공사의 성장을 적극 추진했다. 대한조선공사는 3년 동안의 시설확장 공사를 바탕으로 1958년에 1만 톤급 강선 건조와 1만5천 톤급 선박 수리가 가능한 근대식 설비를 보유하게 되었다. 그러나 대한조선공사는 1957년에 상법상의 주식회사로 전환되면서 배정받은 지원금을 모두 부채로 처리하게 되어 심각한 경영난을 겪었다. 또한 국내 조선시장이 매우 협소한 데다 해외의 중고선 도입이 만연하여 대한조선공사는 확장된 시설을 활용할 수 있는 작업량도 확보하지 못했다. 이에 정부는 1958년에 건조 선가의 40% 이내를 보조하는 것을 골자로 한 조선장려법을 제정하기도 했지만, 그 역시 별다른 효과를 보지 못했다. 결국 1950년대 한국의 조선업은 정부의 강한 의지에도 불구하고 수요 확보의 어려움과 자금의 제약으로 기대했던 성과를 달성할 수 없었다.[59]

이처럼 1950년대에는 일부 분야에 국한되긴 했지만 생산재공업 혹은 중화학공업을 육성하기 위한 시도와 노력이 계속되었다. 당시에는 비료, 시멘트, 판유리, 철강, 조선 등에서 공장을 신설하거나 시설을 확장하는 작업이 추진되었는데, 그 성과는 산업별로 상이한 양상을 보였다. 시멘트와 판유리의 경우에는 공장 건설이 비교적 순조롭게 이루어지는 가운데 수입대체의 효과도 보였던 반면, 조선업의 경우에는 대규모 시설이 확보되었지만 소기의 성과를 달성하지 못했다. 비료와 철강의 경우에는 공장의 건설과 운영에서 상당한 시행착오를 겪은 후에야 부분적인 성과를 거두는 것으로 이어졌다. 이러한 차이점과는 별도로 1950년대 생산재공업을 통해 전개된 각종 사업은 한국의 기술자들에게 해당 사업의 특성을 이해하고 학습할 수 있는 기회를 제공했다는 공통점을 가지고 있다. 또한 충주비료와 대한중공업의 사례에서 언급했듯, 당시에 생산재공업의 건설에 참여했던 인력들은 이후에 유사한 사업을 추진하는 데 중요한 역할을 담당했다.

급속한
경제개발과
기술습득

제3장에서는 1960년대와 1970년대의 경제성장과 기술발전에 대해 다룬다. 1960~1970년대 한국의 경제성장 혹은 산업화가 정부의 강력한 개입을 바탕으로 매우 빠른 속도로 이루어졌다는 것은 주지의 사실이다. 그러나 '박정희 시대' 혹은 '개발 시대'로 불리는 이 시기에 접근하는 시각에는 상당한 차이가 존재하며, 그것은 한국 현대사 전체를 해석하는 문제와도 닿아 있다. 특히 1960~1970년대가 이전 및 이후의 시기와 어떤 면에서 연속적이고 어떤 면에서 단절적인지는 앞으로도 계속해서 탐구되어야 할 과제에 해당한다. 이러한 점을 염두에 두면서 1절에서는 경제개발계획의 실시, 수출지향 공업화의 추진, 중화학공업화의 전개를 중심으로 1960~1970년대 경제개발의 주요 과정과 내용을 정리한다. 2절과 3절에서는 '기술습득'을 키워드로 하여 경공업 분야와 중화학공업 분야에서 이루어진 기술발전의 과정을 분석한다. 경공업 분야의 사례로는 섬유와 신발, 중화학공업 분야의 사례로는 석유화학, 철강, 조선, 자동차, 전자가 포함된다. 이러한 사례는 1960~1970년대 한국의 주요 공산품 중에서

기술혁신의 여지가 많지 않은 합판과 가발을 제외한 것에 해당한다(〈표 1-1〉 참조). 이어 4절에서는 박정희 정권기의 경제성장과 기술발전에 관한 몇몇 특징이나 쟁점을 논의할 것이다.

1960~1970년대의 한국 경제

1. 경제개발계획의 수립과 보완

박정희는 1961년에 5·16 군사정변을 통해 권력을 장악했다.[1] 쿠데타 직후에 발표된 군사혁명위원회 성명은 반공(反共)을 최고의 국시(國是)로 삼는 가운데 "절망과 기아선상에서 허덕이는 민생고를 시급히 해결하고 국가 자주경제 재건에 총력을 경주할 것입니다."라고 천명했다. 이어 국가재건최고회의가 5월 31일에 발표한 '혁명정부의 기본경제정책'은 "자유로운 경제활동을 토대로 하는 동시에 경제적 후진성의 극복과 국민경제의 균형적 발전을 도모하기 위한 정부의 강력한 계획성을 가지는 경제체제를 확립한다."고 명시했다. 이와 같은 박정희 군사정부의 경제제일주의는 내부적으로는 불법적인 집권을 합리화하기 위한 논리였고, 외부적으로는 경제개발계획의 필요성을 강조하던 미국과의 관계를 고려한 것이었다.[2]

군사정부는 집권 두 달 만인 1961년 7월 22일에 경제기획원(Economic Planning Board, EPB)을 발족했다. 경제기획원은 당시 건설부의 종합계획국과 물동계획국, 내무부의 통계국, 그리고 재무부의 예산국을 흡수하여 설립되었으며, 개발계획의 수립, 정부 예산의 편성, 외자 및 기술의 도입과 배분을 핵심 기능으로 삼았다. 특히 군사정부는 재무부의 반발을 누르고 예산편성권을 경제기획원으로 옮겼으며, 경제기획원은 예산편성권을 지렛대로 삼아 정부의 각 부처를 통제하고 조정할 수 있었다. 경제기획원은 설립 직후부터 경제장관회의를 운영했으며, 1963년 12월에는 경제기획원 원장이 부총리 겸 경제기획원 장관으로 변경되었다.[3]

경제기획원은 출범과 함께 경제개발 5개년계획을 준비하는 작업에 착수했다. 당시 경제기획원이 계획을 수립하면서 주로 참조했던 것은 '건설부안'으로 불리는 '제1차 경제개발 5개년계획(시안)'과 '최고회의안'으로 불리는 '5개년종합경제재건계획(안)'이었다. 전자(前者)는 제2공화국 부흥부 산하의 산업개발위원회가 1961년 5월에 확정한 것을 군사정부의 건설부가 발표한 것이었고, 후자(後者)는 유원식의 주도 하에 국가재건최고회의의 종합경제재건기획위원회가 작성하여 1961년 7월에 발표한 것이었다. 건설부안과 최고회의안은 모두 수입대체를 위한 기간산업의 건설과 수출 증대를 통한 국제수지의 개선을 강조하고 있었지만, 최고회의안이 건설부안에 비해 성장률을 높게 책정하고 정부재정의 역할을 강조하는 특징을 보였다. 연평균 성장률은 5.6%에서 7.1%로, 자본 형성에서 정부재정이 차지하는 비중은 17.2%에서 29.6%로 상향 조정되었던 것이다.[4]

경제개발의 성패를 좌우하는 관건은 공장 건설을 담당할 주체를 선정하고 이에 소요되는 재원을 조달하는 데 있었다. 특히 민간에 의해 건설되는 공장의 경우에는 누구를 투자의 주체로 선정할 것인가 하는 문제가 매우 중요했다. 이러한 문제를 해결하기 위해 군사정부가 주목한 집단은 부정축재자로 몰렸던 기업가들이었다. 군사정부는 1961년 5월 28일에 부정축재처리법을 공포하여 부정축재의 혐의가 있는 기업가들을 구속하거나 그들에게 벌금을 부과한 바 있었지만, 경제개발계획을 준비하는 과정에서 부정축재자들이 경제 재건에 헌신한다는 조건을 내걸어 그들에 대한 처벌을 완화하기 시작했다. 이에 호응하여 부정축재자 13인은 7월 17일에 경제재건촉진회를 구성하여 공업화에 앞장서겠다고 결의했으며, 8월 16일에는 이병철을 회장으로 하는 전국경제인협회(1968년 8월에 한국경제인연합회로 개편됨)가 창립되었다. 전국경제인협회는 9월 14일에 '기간산업 제1차 민간계획안'을 작성하여 군사정부에 건의하고 11월 1일에 외자도입 교섭단을 결성하여 선진국에 파견하는 등 박정희 정권의 경제개발에 적극적으로 동참하는 행보를 보였다.[5]

군사정부는 1961년 7월 18일에 경제긴급시책을 발표하는 것을 계기로 외자도입을 촉진하기 위한 방안을 강구했다. 외자도입에 관한 기존의 법률에는 1958년에 제정된 외자관리법과 1960년에 제정된 외자도입촉진법이 있었다. 외자관리법은 정부가 해외원조를 효과적으로 관리하기 위해 제정된 것으로 외국 차관 도입, 외국인 직접투자, 기술용역 도입과 관련된 내용을 결여하고 있었다. 외자도입촉진법은 적용 대상을 한국과 정상적인 외교관계를 유지하고 있는 국가의 국민과 외국에 10년 이상 영주하고 있는 한국 국민으로 제한하고 있는 문제점을 가지고 있었다. 이에 군사정부는 1961년 8월과 12월에 각각 외자도입촉진법과 외자관리법을 개정했지만, 이러한 제도적 보완만으로는 필요로 하는 외자가 도입되지 않았다. 특히 민간기업의 대외신용도가 매우 낮았던 상황에서 개별 기업이 대규모 외자를 조달하는 것은 거의 불가능에 가까웠다. 1961년 10월 18일에는 정부와 민간기업인의 간담회가 개최되었는데, 참석한 기업가들은 외자도입에서 정부의 지불보증이 꼭 필요하다고 주장하면서 미래에 완공될 공장을 담보로 외자도입액 전액을 지불보증해주는 '후취담보제도'의 도입을 요청했다. 이와 같은 기업가들의 요구는 1962년 7월 18일에 공포된 '차관에 대한 지불보증에 관한 법률'로 현실화되었고, 정부는 도입외자에 대한 지불보증을 수행하는 과정에서 외자의 심의와 배분에 관한 권한을 장악하게 되었다.[6]

군사정부는 1962년 1월 13일에 제1차 경제개발 5개년계획(1962~1966년)을 발표했다. 그것은 최고회의안의 기본 골격을 계승하면서 세부적인 사항을 약간 수정한 성격을 띤 것으로 평가되고 있다.[7] 제1차 경제개발 5개년 계획의 기본목표는 "모든 사회경제적인 악순환을 시정하고 자립경제의 달성을 위한 기반을 구축"하는 데 있었다. 이 계획이 기본방침으로 '지도받는 자본주의체제'를 천명했다는 점도 주목할 만하다. "경제의 체제는 되도록 민간인의 자유와 창의를 존중하는 자유기업의 원칙을 토대로 하되 기간부문과 그 밖의 중요 부문에 대하여서는 정부가 직접적으로 관여하거나 또는 간접적으로 유도정책을 쓰는 지도받는 자본주의 체제로 한다."는 것이었다.[8] 당시에 군사정부는 지도받는 자본주의(guided capitalism)라는 방침을 통해 경제활동의 제반 사항에 강력히 개입하겠다는 의지를 표명했던 셈이다. 지도받는 자본주의가 필요한 배경에 대해 박정희는 1971년에 발간한 『민족의 저력』에서 다음과 같이 썼다.

> 1960년대 초에 우리 경제가 자립과 고도성장을 밀고 나아가는 데 가장 큰 애로의 하나로 등장한 것은 개발의 주역을 담당할 민간 기업의 존립 기반이 허약한 것과 근대적 시장 구조와 새로운 기업가 정신이 갖추어지지 못하였다는 사실이었다. 따라서 장기적으로는 민간 기업가의 창의와 이니시어티브에 의존해야 한다는 것을 알면서도 우선 자립에의 기반을 구축하는 것이 시급하다는 현실적 불가피성 때문에 개발의 전위(前衛)로서의 과업을 정부 자체가 떠맡지 않을 수 없었다.[9]

제1차 경제개발 5개년계획은 연평균 성장률을 과거 7년 동안의 평균인 4.7%보다 상당히 높은 7.1%로 상정했다. 연도별 경제성장률로는 1962년 5.7%, 1963년 6.4%, 1964년 7.3%, 1965년 7.8%, 1966년 8.3%가 도출되었다. 이러한 목표치를 달성하기 위해 한국 정부는 당시의 공식 환율로는 25억 달러에 해당하는 3조2,145억 환을 투자하기로 계획했다. 자본 형성에 대해서는 투자자금의 72.2%는 내자로, 27.8%는 외자로 조달하고, 정부가 55.6%, 민간이 44.4%를 담당하도록 함으로써 외자보다는 내자의 동원을, 민간보다는 정부의 주도를 강조하고 있었다. 자본을 확보하는 방안으로는 "과거의 정치적 부패로 말미암은 자본의 절약"과 "가용외부자원의 증가"가 제시되었는데, 실제로 계획 당국이 자본의 낭비를 어느 정도 줄일 수 있는지 추산하거나 미국이 얼마나 원조를 제공할지 타진한 적은 없었다.[10]

이보다 더욱 흥미로운 점은 공업화 전략에서 찾을 수 있다. 제1차 경제개발 5개년계획은 공업화의 목표로 에너지원의 개발, 경제구조의 균형적 개발, 사회간접자본의 확충, 고용의 증대, 수출증대, 기술의 진흥을 제시하고 있어 수출증대의 중요도가 그다지 높지 않다는 점을 알 수 있다. 사실상 이 계획이 가장 중점을 둔 것은 비료공장, 정유공장, 제철공장 등을 건설하여 수입대체 공업화를 추진하는 데 있었다. 물론 제1차 경제개발 5개년계획이 수출증대를 통한 국제수지의 개선에도 주목하고 있지만, 수출의 주력품은 공산품이 아니라 농수산물과 광산물을 포함한 1차 산품이었다. 1962년의 목표 수출액은 6,090만 달러인데, 그 가운데 농수산물 2,010만 달러(33.0%), 광산물 2,580만 달러(42.4%), 공산품 580만 달러(9.5%)를 차지했다. 1966년의 경우에는 목표 수출액 1억1,750만 달러 중에 농수산물 3,580만 달러(30.5%), 광산물 5,090만 달러(43.3%), 공산품 1,000만 달러(8.5%)의 구성을 보였다. 이러한 점을 고려할 때 제1차 경제개발 5개년계획이 수출주도형의 성격을 띤다거나 수출지향 공업화를 추구했다는 관념은 근거가 부족한 신화에 불과하다고 평가할 수 있다.[11]

1962년 5월에 경제기획원이 제1차 기술진흥 5개년계획(1962~1966년)을 마련했다는 점도 주목할 만하다. 이 계획은 제1차 경제개발 5개년계획의 추진에 필요한 '기술수급'의 문제를 다루기 위해 준비되었다. 첫 번째 문제는 기술계 인적자원의 수급 불일치에 관한 것으로 제1차 기술진흥 5개년계획은 이공계대학 졸업자보다 현장 기술자의 양성을 강조하여 기술자(engineer), 기술공(technician), 기능공(craftsman)의 구성비를 1961년의 1 : 1.3 : 33에서 1966년에는 1 : 5 : 25로 개선하는 것을 목표로 삼았다. 두 번째 문제는 기술수준의 낙후성에 관한 것으로 이 계획은 외국기술의 도입을 통해 기술능력을 확보할 것을 주문하면서 과학기술진흥을 위한 법·제도의 개선, 연구 활동의 확충·정비 등을 통해 기술수준의 향상을 도모하고자 했다. 제1차 기술진흥 5개년계획은 한국에서 처음으로 과학기술을 종합적으로 다룬 국가계획에 해당하며, 이후에 5년 단위로 과학기술에 관한 종합계획이 계속 수립되는 계기를 제공했다.[12]

제1차 경제개발 5개년계획의 발표와 함께 투자자금을 확보하기 위한 방안이 강구되기 시작했다. 군사정부는 1962년 6월에 긴급통화조치법을 공포하여 건국 이후 세 번째의 화폐개혁을 단행했다. 화폐단위가 '환'에서 '원'으로 바뀌는 가운데 10환은 1원으로 절하되었다. 일반인이 소유한 환화를 금융기관에 예입하도록 하고 이를 구권예금과 함께 인출하지 못하도록 했으며, 일정 한도의 생활비와 의료비에 한해서만 새 화폐로 교환되는 것이 허용되었다. 봉쇄된 예금에 대해서는 연 15%의 금리를 적용하면서 6개월 이내에 설립될 산업개발공사의 주식으로 대체할 계획이었다. 산업개발공사가 이 자금을 활용하여 대규모 기간산업을 건설한다는 복안이었다. 그러나 미국은 이러한 조치가 사전에 합의되지 않았을 뿐만 아니라 사유재산을 침해하는 것이라고 거세게 항의했다. 또한 부정부패로 인해 상당 규모의 자금이 숨겨져 있을 것이라는 기대도 환상에 불과했다. 결국 인출금지 조치는 해제되었고, 산업개발공사 설립안도 폐기되었다.[13]

군사정부의 통화개혁이 실패로 귀결됨에 따라 한국 경제는 심각한 인플레이션을 맞이했다. 설상가상으로 1962년에 발생한 극심한 가뭄으로 인하여 쌀 공급은 물론 전력 공급에도 차질이 생겼다. 결국 1962년 한국의 경제성장률은 2.8%에 그치고 말았는데, 그것은 목표치인 5.7%에 크게 미달했을 뿐만 아니라 1961년의 3.5%에도 미치지 못했다. 미국은 군사정부의 경제정책을 신랄하게 비판하면서 박정희의 측근들을 경제전문가들로 교체하라는 압력을 가했으며, 국내에서도 경제개발 5개년계획을 전면적으로 재조정해야 한다는 여론이 고개를 들기 시작했다. 특히 미국은 원조를 무기로 삼아 군사정부를 조속히 민정으로 이양할 것과 경제개발계획을 현실적으로 수정할 것을 요구했다. 결국 군사정부는 미국의 입장을 받아들여 1963년 7월에 한미경제협력위원회(ROK-US Economic Cooperation Committee, ECC)를 설치했으며, 이를 통해 미국은 한국의 거시적 경제정책은 물론 미시적 산업정책에도 깊이 관여하기 시작했다.[14]

한국 정부는 1963년 4월에 제1차 경제개발 5개년계획을 수정하는 작업에 착수했으며, 제3공화국이 들어선 이후인 1964년 2월에 보완계획이 발표되었다. 보완계획은 원(原)계획이 상당한 문제점을 일으켰다는 점을 인정하면서 재정안정을 기본원칙으로 삼고 연평균 경제성장률을 5%로 하향조정했다. 제철소 및 종합기계제작소 건설계획은 백지화되었고, 투자계획 책정기준에서 민간기업의 역할이 대폭 강화되었다. 투자재원의 조달에서는 정부와 민간의 비중이 각각 50.2%와 49.8%로 조정되는 가운데 내자와 외자의 동원에서도 외자의 비중이 0.4% 증가되었다.[15] 이와 같은 보완계획의 내용은 기본적으로 미국의 입장을 반영한 것이었지만, 보완계획을 통해 미국의 의도가 전적으로 관철되지는 않았다. 박정희 정부는 여전히 수입대체를 위한 기간산업의 건설과 대기업 중심의 경제정책 추진을 고수했던 것이다.[16]

이와 함께 보완계획은 원계획보다 수출을 강조하는 특징을 보였다. 〈표 3-1〉에서 보듯이, 원계획에서는 수출 목표치를 1964년 8,410만 달러, 1965년 1억560만 달러, 1966년 1억1,750만 달러로 설정했지만, 보완계획에서는 각각 1억2천만 달러, 1억7천만 달러, 2억5천만 달러로 상향조정했던 것이다. 그것은 1963년의 수출실적이 예상외의 호조세를 보여 목표치 7,170만 달러를 넘는 8,380만 달러를 기록했기 때문이었다. 특히 공산품의 경우에는 1963년에 2,810만 달러의 수출실적을 달성하여 목표치 640만 달러를 훌쩍 넘어서는 것은 물론 농수산물과 광산물의 수출실적을 능가하게 되었다. 이를 배경으로 보완계획은 원계획에 비해 공산품의 수출 목표치를 높게 책정함으로써 수출의 중점 품목을 1차 산품에서 공산품으로 점차적으로 전환하고자 했다.

〈표 3-1〉 제1차 경제개발 5개년계획 기간의 수출 계획과 실적

단위: 백만 달러

연도	구분	식료품 및 산 동물 (농수산물)	비식용원료 (광산물)	원료별 제품 (공산품)	기계류	잡제품	합계
1962년	원계획	20.1	25.8	5.8	–	4.6	60.9
	실적	21.9	19.8	6.2	1.4	2.0	54.8
1963년	원계획	23.2	29.4	6.4	–	7.3	71.7
	실적	18.1	26.2	28.1	4.1	6.4	83.8
1964년	원계획	27.6	32.2	8.3	–	9.1	84.1
	보완계획	25.5	32.4	46.5	1.0	8.9	120.0
	실적	26.3	31.4	42.3	2.2	13.2	119.1
1965년	원계획	31.6	46.9	9.2	–	9.9	105.6
	보완계획	34.0	38.4	67.9	5.0	15.9	170.0
	실적	28.2	37.0	66.4	5.5	34.5	175.1

1966년	원계획	35.8	50.9	10.0	–	12.0	117.5
	보완계획	49.8	48.8	85.3	7.2	49.8	250.0
	실적	35.1	40.5	73.6	8.4	52.2	219.0

주: 음료 및 연초, 광물성연료, 화학제품 등이 빠져 있어 열거한 액수와 합계가 일치하지 않음.
자료: 이영훈, 『한국경제사 II』, 399쪽.

그러나 보완계획의 수립을 계기로 수출지향 공업화 전략이 명시적으로 표출되었다고 보기는 어렵다.[17] 〈표 3-1〉을 다시 살펴보면, 보완계획은 공산품에 미치지는 못하지만 농수산물과 광산물의 수출도 여전히 강조하고 있다는 점을 알 수 있다. 또한 농수산물과 광산물을 합친 1차 산품을 고려하면, 1964~1966년을 통틀어 1차 산품의 수출 목표치는 공산품의 수출 목표치를 약간 상회하고 있다. 이와 관련하여 보완계획은 "수입대체 산업에 편중되어온 투자방향을 수출산업 위주로 전환한다."고 표현하면서도 "1963년부터 1966년까지 점증적인 수출증가를 계획하였다."고 기록함으로써 획기적인 수출증가가 아닌 점진적인 수출증가에 방점을 두었다.[18] 이와 함께 보완계획은 "개발계획 수행상의 전제가 되는 경제안정을 위협하는 중요한 원인의 하나가 외환부족이라는 사정에 비추어 적극적으로 외환을 확보하는 동시에 소극적으로 외환사용의 절약을 위해서는 수출증대와 수입대체효과가 큰 사업의 육성이 필요"하다고 진단했다. 그것은 수출증대가 경제개발의 가장 일차적인 목표로 간주되었던 것이 아니라 외환 부족의 해결에 대응하기 위한 수단의 차원에서 다루어졌다는 점을 의미한다.[19]

2. 수출지향 공업화의 추진

한국의 경제개발 전략이 수입대체에서 수출지향으로 전환되는 것을 촉발한 일차적 계기는 외환 부족에서 찾을 수 있다. 한국의 외환보유액은 1956년 이후 증가하는 추세를 보이다가 1962년 3월을 정점으로 반전되기 시작했다. 특히 1962년 12월에는 외환보유액이 1년 전에 비해 3,900만 달러나 감소한 1억6,700만 달러를 기록했다. 이에 한국 정부는 일종의 위기의식을 느끼면서 1963년 1월에 기존의 수출보조금제도에 이어 대대적인 수출입링크제도를 실시했다. 수출입링크제도는 수출업자에게 수출대금 전액을 수입에 사용할 수 있는 권리를 부여하는 것으로 1963년에 한국의 수출실적이 급속히 증가하는 데 크게 기여했다. 원화환율이 과대평가되어 있는 상황에서는 해외시장을 대상으로 수출을 하는 것보다 수입 원자재를 수입하여 가공한 다음 국내에서 사업을 하는 것이 훨씬 유리했던 것이다.[20]

그러나 수출입링크제도는 1차 산품 이외의 수출에 어떠한 형태의 보조금 지급도 중단해야 한다는 관세 및 무역에 관한 일반협정(General Agreement on Tariffs and Trade, GATT) 제16조 4항을 위반하고 있었기 때문에 계속 사용하기는 어려운 실정이었다. 이에 한국 정부는 1964년 5월 3일에 환율개혁을 단행했다. 기존의 고정환율제도를 단일변동환율제도로 전환하고 기본환율을 130 : 1에서 255 : 1로 인상한다는 것이었다. 단일변동환율제도가 실시된 이후 1965년 5월에는 1달러당 280원까지 오르기도 했지만, 한국은행이 개입하여 기본환율은 270 : 1로 유지했고 이러한 수준은 1967년까지 지속되었다. 환율개혁을 계기로 전면적인 수출입링크제도는 폐지되는 수순을 밟았으며, 수입은 크게 억제된 반면 수출은 현저하게 증가하는 양상을 보였다.[21]

박정희는 1964년 5월 11일에 개각을 단행하여 소위 '돌격내각'을 구성했다.[22] 이어 1964년 6월 24일에는 상공부가 수출진흥종합시책을 마련했는데, 그것은 "무질서한 기존의 지원책을 지양하고 수출능력 육성, 수출구조 고도화 및 국제경쟁력의 강화 등 본격적이고 적극적인 수출드라이브를 전개"하는 것을 표방했다.[23] 주요 내용은 향후 3~5년의 수출 목표를 3억 달러로 책정하고 이를 달성하기 위해 수출산업의 특화, 수출용 시설 및 원자재의 확보, 수출공업단지의 개발, 한국외환은행의 창립 등을 추진하는 데 있었다. 수출업자에 대해서는 수출소득에 대한 법인세 및 소득세의 80% 감면, 수출용으로 도입되는 원자재에 대한 관세 및 물품세의 면제, 수출용 국산 원료에 대한 물품세 감면, 수출장려금의 지급, 수출금융의 확대 등과 같은 파격적인 혜택이 부여되었다. 1964년 6월에 발표된 수출진흥종합시책은 한국 정부가 무역정책을 넘어 산업정책의 차원에서 수출을 다루기 시작한 최초의 계기로 평가되고 있다.[24]

1964년 하반기에는 "수출만이 살 길이다"라는 수출제일주의의 슬로건이 전국 도처에서 내걸리기 시작했으며, 1964년에 한국의 수출실적은 보완계획의 목표치에 거의 접근한 1억1,910만 달러를 기록했다. 정부는 1964년 8월에 수출실적이 1억 달러를 돌파하는 날을 '수출의 날'로 기념하기로 결정했고, 1964년 12월 5일에는 대한무역진흥공사(KOTRA)의 주관으로 제1회 수출의 날 기념식이 거행되었다.[25] 이어 1965년 1월에 박정희는 연두교서를 통해 '증산, 수출, 건설'이라는 개발정책의 행동원리를 발표했다. 가용한 자원을 총동원하여 생산 증대, 수출 촉진, 공장 건설의 선순환 고리를 만들자는 것이었다. 특히 1965년의 연두교서는 "수출 아니면 죽음"과 같은 다소 극단적인 호소를 사용함으로써 "정부가 수출진흥에 최대의 노력을 경주하고자" 한다는 1964년의 연두교서와 상당한 차이를 보였다.[26] 1965년에 들어서는 수출진흥이 국가정책의 최우선 순위로

<그림 3-1> '수출입국'에 관한 박정희 대통령의 휘호(1966년 12월)

자료: 박정희대통령전자도서관

자리잡았으며, 1966년에는 '수출입국'이란 구호도 등장했다.[27]

당시에 수출드라이브 혹은 수출입국에 관한 정책을 주관했던 기구는 수출진흥확대회의였다. 박정희 대통령은 1965년 2월부터 수출진흥확대회의에 참석하여 이를 주재했다. 수출진흥확대회의는 상공부를 중심으로 거의 매월 개최되었으며, 1965년 2월부터 1979년 9월까지 176개월 동안 개최된 회수는 153회로 집계되고 있다. 처음에는 20~30명 정도의 정부관료들이 참석한 소규모 회의였으나 점차 민간기업가들과 전문가들도 참여하여 170여 명의 대규모 회의로 발전했다. 수출진흥확대회의는 수출을 정부정책의 최우선 과제로 추진하기 위한 의사결정을 담당했으며, 이를 통해 수출입 실적과 관련 정책을 보고하고 점검하는 체제가 구축되었다.[28] 수출진흥확대회의와는 별도로 박정희 대통령은 경제기획원이 주관하는 월간경제동향보고에도 참석했다. 이 회의는 1965년에 시작되어

1979년까지 146회가 개최되었다. 월간경제동향보고에서는 국민경제의 거시적 지표에 대한 점검에서 특정 산업이나 기업의 구조조정에 이르는 포괄적인 과제가 다루어졌다.[29]

수출 중심의 경제개발 전략이 모색되고 있었던 1964년 말에 한국 정부는 제2차 경제개발 5개년계획(1966~1971년)을 준비하기 시작했다. 당시에 경제기획원은 1966~1981년을 대상으로 하는 '한국경제의 장기개발전망'을 먼저 마련한 후 그것의 첫 번째 중기계획으로 제2차 경제개발 5개년계획을 수립했다. 1966년 6월에 확정된 제2차 경제개발 5개년계획은 산업구조를 근대화하고 자립경제의 확립을 더욱 촉진하는 것을 기본목표로 삼았고, 계획기간 중 연평균 7%의 경제성장을 통해 1971년의 경제규모가 1965년보다 50% 확대되고 1인당 국민총생산은 31%가 증가하는 것을 목표치로 상정했다. 중점목표로는 ① 식량의 자급, ② 공업의 고도화와 공업생산 배가, ③ 7억 달러의 수출 달성, ④ 고용 증대 및 인구 억제, ⑤ 국민소득의 획기적 증가, ⑥ 인적자원 배양과 기술향상 등이 제시되었다. 주목할 점은 중점목표의 세 번째 항목이 "7억불(상품수출: 550백만불)의 수출을 달성하고 수입대체를 촉진하여 획기적인 국제수지의 기반을 굳힌다."라고 표현되어 있다는 사실이다. 중점목표에서 구체적인 수치를 상정하는 것은 이례적인 일로서 수출 7억 달러는 기필코 달성해야 하는 과제가 되었던 셈이다.[30]

제조업 육성에 관한 사항은 중점목표의 두 번째 항목인 "화학, 철강 및 기계공업을 건설하여 공업고도화의 기틀을 잡는 한편 공업생산을 배가한다."로 표현되었다. 제2차 경제개발 5개년계획 기간 동안 제조업 부문에 대한 투자는 전체 투자액의 26%에 해당하는 2,835억 원으로 계획되었다. 투자 사업은 투자수익률, 고용효과, 무역수지 개선 효과, 국민총생산 기여도 등을 감안하여 선정되었는데, 섬유, 화학, 철강, 기계 등 4개 부문의 투자가 전체 투자액의 10%를 차지했다.[31] 당시에 상공부는 제2차 경제개발 5개년계획을 구체화하면서 공업육성과정에 대한 모형도 혹은 개념도를 작성하기도 했다. 섬유와 화학을 예로 들면, 의류직물공업, 합성섬유공업, 석유화학공업을 단계적으로 육성하되 타이밍을 놓치지 않아야 한다는 점이 강조되었다. 의류직물공업이 발전하면 합성섬유에 대한 수요가 증가하므로 합성섬유공업의 육성이 필요하고, 합성섬유공업이 발전하면 석유화학제품의 원활한 공급이 요구되므로 석유화학공업을 육성해야 한다는 논리였다.[32]

수출드라이브 정책이 자리를 잡아가던 1964년 12월에 박정희는 서독을 방문했다. 가장 중요한 목적은 차관을 얻어내는 것이었다. 다행히 서독은 대한차관단을 결성하는 등 적극적으로 협조하는 자세를 보였고, 이후에 한국은 서독으로부터 1,350만 달러의 재정차관과 2,625만 달러의 상업차관을 공여 받을 수 있었다. 당시에 박정희 대통령 내외는 한국 정부가 외화 획득을 위해 파견했던 광부들과 간호사들을 만났다. 간호사는 1962~1976년에 약 1만 명이, 광부는 1963~1978년에 약 7,800명이 파견되었으며, 그들은 숱한 고생을 하면서도 벌어들인 급여를 국내에 송금했다.[33] 또한 박정희는 서독의 경제부흥이 가능했던 이유 중의 하나가 아우토반에 있다는 사실을 절감했다. 박정희는 귀국 후 여러 우려와 반대에도 불구하고 경부고속도로의 건설을 집요하게 추진했다. 경부고속도로 건설사업은 제2차 경제개발 5개년계획에 포함되지 않았던 사안으로 1967년에 있었던 제6대 대통령 선거의 공약으로 제시되었다. 결국 1968~1970년에 428억 원이 투입되어 경부고속도로 건설사업이 추진되었는데, 당시 한국 정부의 1년 예산은 약 1,500억 원이었다.[34]

1964~1965년의 한국 사회에서 가장 중요했던 정치적 이슈로는 한일회담을 들 수 있다. 1962년 11월 12일에는 한국의 중앙정보부장 김종필과

일본의 외상 오히라(大平正芳)가 청구권의 명분과 금액에 관한 비밀협상을 벌였고, 두 사람은 1964년 3월 23일에 다시 만나 한일회담 일정을 조율했다. 김-오히라 메모와 한일회담 일정이 알려지면서 야당, 언론, 대학가는 밀실흥정과 굴욕외교를 내세우며 거세게 반발했다. 1964년 6월 3일에는 흔히 '6·3사태'로 불리는 대규모 시위가 발생했고, 박정희 정권은 서울 지역에 비상계엄까지 선포하는 것으로 맞섰다. 많은 국민들의 반대에도 불구하고 한일국교 정상화 작업은 계속 추진되어 1965년 6월 22일에는 '대한민국과 일본국 간의 기본관계에 관한 조약'이 체결되었고 12월 18일에는 양국 국회의 비준을 얻었다. 한일기본조약에 따라 일본 정부는 한국 정부에게 무상공여 3억 달러, 공공차관 2억 달러를 10년에 걸쳐 제공하며 상업차관 3억 달러를 주선하기로 했다. 이후에 대일청구권 자금은 포항제철소, 소양강 다목적댐, 경부고속도로의 건설에 활용되는 등 한국 정부의 경제개발 추진에 상당히 기여했다. 또한 한일국교 정상화를 계기로 한국은 일본에서 중간재와 부품을 수입한 후 완제품을 생산하여 미국으로 수출하는 삼각무역 체제를 형성하게 되었다.[35]

한일국교 정상화를 추진하던 시기에 박정희 정권은 베트남전쟁에 대한 파병을 단행하기도 했다. 1964년 9월에는 140명의 의무반이 선발대로 파견되었고, 1965년 3월에는 공병과 수송병 2천 명이, 같은 해 10월에는 해병대와 육군 2만 명이 베트남으로 갔다. 한일국교 정상화에 비해 그 정도는 덜했지만, 베트남 파병에 대해서도 상당한 반대가 있었다. 한국 정부는 1973년까지 연인원 35만 명의 병력을 베트남에 파견했으며, 그중 4,624명이 전사하고 고엽제 후유증이 발생하는 등 엄청난 희생이 뒤따랐다. 미국은 1966년 3월에 작성한 브라운 각서에 따라 한국군의 베트남 주둔과 전투에 따르는 제반 비용을 부담했으며, 베트남에서 시행되는 건설 및 구호 사업을 위해 물자와 용역의 상당 부분을 한국 기업으로부터 구매했다. 이른바 '베트남 특수'는 국군장병과 노동자의 송금, 군납 용역과 건설의 수익, 베트남으로의 수출 등을 합하여 10억2,200만 달러에 달했다. 또한 베트남 파병의 대가로 미국은 경제개발을 위한 차관 제공과 응용과학연구소의 설립 지원을 제의했으며, 이를 계기로 1966년 2월에는 한국 최초의 정부출연연구기관인 한국과학기술연구소(Korea Institute of Science and Technology, KIST)가 설립되기도 했다.[36]

한일국교 정상화와 베트남 파병 등으로 외자도입이 대폭 증가할 것으로 예상되자 한국 정부는 외자도입에 관한 법제를 정비하기 시작했다. 그 결과 1966년 8월에는 외자도입법이 제정되었는데, 그것은 외국인 직접투자, 상업차관 도입, 도입차관에 대한 지불보증 등에 관한 기존의 법률들을 통합한 성격을 띠고 있었다. 또한 외자도입법의 제정으로 외국인투자 금액의 하한선 규정이 철폐되었고, 외국인투자에 관한 각종 세금이 5년간 면제되었으며, 과실송금에 대한 제한이 철폐되는 가운데 현금차관의 도입이 합법화되었다. 특히 외자도입법은 정부지불보증의 대상을 기간산업 부문과 농수산업 부문으로 제한함으로써 그동안 대부분의 민간상업차관에 제공해왔던 정부지불보증을 폐지했다. 이에 따라 상업차관을 도입할 기업들은 정부의 지불보증 대신 시중은행의 지불보증을 얻어야만 했는데, 그것은 외자도입에서 행정부의 권한을 강화하는 결과를 유발했다. 정부지불보증에는 번거로운 국회의 동의가 필요했던 반면 시중은행의 지급보증 여부에 대한 결정은 행정부가 좌우할 수 있었기 때문이다.[37]

한국 정부는 수출촉진을 위한 법제를 정비함과 동시에 대외협력 활동도 활발하게 전개했다. 박정희 대통령은 1965년 5월에 미국을 방문하여 한국의 경제개발을 지원할 수 있는 경제협력단체를 결성하는 데 협조해줄 것을 요청했다. 이에 미국과 세계은행은 호의적인 반응을 보였으며, 1966년 12월에는 선진 9개국이 참여하는 대한(對韓)국제경제협의체(International Economic Consultive Organization for Korea, IECOK)가 창립되었다.[38] 또한 한국은 1967년 4월에 GATT에 가입하여 미국, 영국, 유럽경제공동체, 일본 등의 최혜국대우를 받게 되었다. GATT 가입을 계기로 한국 정부는 수입허가물종을 열거하는 포지티브 방식(positive list system)을 폐지하고 수입금지물종을 열거하는 네거티브 방식(negative list system)을 도입했으며, 그로 인해 수입개방품목이 3,760개에서 47,128개로 크게 증가했다. 한국의 무역자유화율, 즉 수입 총 품목 수에서 수입자동승인 품목 수가 차지하는 비중은 1965년의 37%에서 1967년에는 60%로 높아졌다.[39]

한국 정부가 1967~1971년에 특정 산업을 지원 혹은 육성하기 위한 일련의 법률을 제정했다는 점도 주목할 만하다. 여기에는 섬유공업시설에 관한 임시조치법(1967년), 기계공업진흥법(1967년), 조선공업진흥법(1967년), 전자공업진흥법(1969년), 석유화학공업육성법(1970년), 철강공업육성법(1970년), 비철금속제련사업법(1971년)이 포함된다. 한국 정부는 제2차 경제개발 5개년계획 기간을 통해 특정한 산업을 사전에 선택한 후 집중적으로 육성한다는 이른바 '선별적 산업정책(industrial targeting policy)'을 본격적으로 준비하기 시작했던 셈이다.[40] 상기의 법률에서 거론된 산업 중에 섬유공업을 제외하면 6개의 산업이 남는데, 흥미롭게도 그것은 한국 정부가 1973~1979년에 중화학공업화 정책을 추진하면서 내세웠던 6대 전략업종과 동일하다. 이를 감안한다면 중화학공업화 정책의 기초는 이미 제2차 경제개발 5개년계획 기간을 통해 마련되고 있었다고 볼 수 있다.[41]

1962~1971년에 이루어진 한국의 수출신장은 괄목할 만한 것이었다. 한국의 총수출액은 1962년에 5,370만 달러였던 것이 1971년에 13억 5,204만 달러로 늘어났다. 연평균 30%에 달하는 경이적인 증가율이었다. 당시에 한국의 수출을 주도한 품목은 공산품으로 1962년에는 총수

출의 27.0%에 지나지 않았지만 1963년에 51.7%를 기록한 후 1971년에는 86.0%로 증가했다(〈표 3-2〉 참조). 공산품 중에서도 섬유, 합판, 가발, 신발 등 경공업제품의 약진이 두드러졌다. 총수출에서 경공업제품이 차지하는 비중은 1962년에 19.2%에 불과했던 것이 1966년의 51.6%를 거쳐 1971년에는 69.3%로 증가했다. 총수출에서 중화학공업제품이 차지하는 비중은 1962년 7.0%, 1966년 9.5%, 1971년 13.6%를 기록했다.[42]

〈표 3-2〉 GDP 및 수출의 성장 추이(1962~1971년)

단위: 천 달러, %

연도	GDP 성장률(%)	1인당 GDP (달러)	총수출액	농산물	수산물	광산물	공산품
1962년	2.1	87	53,702 (100.0)	13,041 (23.0)	12,474 (22.0)	15,877 (28.0)	15,310 (27.0)
1963년	9.1	99	84,368 (100.0)	11,222 (13.3)	13,090 (15.5)	16,446 (19.5)	43,610 (51.7)
1964년	9.7	104	120,851 (100.0)	12,562 (10.4)	24,050 (19.9)	21,917 (18.1)	62,322 (51.6)
1965년	5.7	105	180,450 (100.0)	15,695 (8.7)	24,938 (13.7)	27,646 (15.3)	112,372 (62.3)
1966년	12.2	122	255,751 (100.0)	24,336 (9.5)	37,536 (14.7)	34,195 (13.4)	159,684 (62.4)
1967년	5.9	139	358,592 (100.0)	16,921 (4.7)	52,834 (15.0)	37,612 (10.3)	251,175 (70.0)
1968년	11.3	169	500,408 (100.0)	21,607 (4.3)	50,856 (10.2)	41,005 (8.2)	386,940 (77.3)
1969년	13.8	206	702,811 (100.0)	29,748 (4.2)	66,052 (9.4)	51,995 (7.4)	555,055 (79.0)
1970년	8.8	242	1,003,808 (100.0)	30,056 (3.0)	82,324 (8.2)	52,059 (8.2)	839,369 (83.6)
1971년	10.4	289	1,352,037 (100.0)	35,992 (2.9)	103,983 (7.7)	47,207 (3.4)	1,162,855 (86.0)

자료: 한국무역협회, 『한국무역사』 (2006), 171쪽; 이장규, 『대통령의 경제학』 (기파랑, 2012), 524쪽.

수출구조의 변화는 수입의 증가를 유발했다. 수출품목이 1차 산품에서 공산품으로 옮겨가면서 원자재와 자본재의 수입이 크게 증가했던 것이다. 한국의 총수입액은 1962년 4억 2,200만 달러에서 1971년 23억 9,400

만 달러로 증가한 것으로 집계되고 있다. 수입품의 구성을 보면, 1962년에 소비재 13.9%, 자본재 16.5%, 원자재 63.2%를 기록했던 것이 1972년에는 각각 18.6%, 29.9%, 51.5%로 변화했다.[43] GDP 대비 총수출은 1962년 6.0%에서 1971년 16.6%로, GDP 대비 총수입은 같은 기간에 16.6%에서 26.7%로 증가했다. 수출입의 급속한 확대에 따라 무역의존도는 1962~1964년의 20~23%에서 1971년에는 42.5%로 높아졌다.[44]

1962~1971년에 한국의 경제는 급속한 수출증가를 바탕으로 연평균 8.7%의 성장률을 보였다. 제1차 경제개발 5개년계획 기간에는 연평균 7.9%, 제2차 경제개발 5개년계획 기간에는 연평균 9.6%를 기록하여 계획의 목표치를 넘어섰다. GDP 성장률이 8% 이하를 기록한 연도는 1962년(2.1%), 1965년(5.7%), 1967년(5.9%)이었는데, 그것은 주로 농작물 작황의 감소에서 기인했다. 1인당 GDP도 빠른 속도로 증가하여 1962년에는 87달러에 불과했지만 1971년에는 289달러를 기록했다(〈표 3-2〉 참조).[45] 이와 같은 경제성장은 산업구조의 변화를 동반했다. GDP에서 농림어업이 차지하는 비중은 1961년 39%에서 1970년 27%로 하락한 반면 제조업의 비중은 같은 기간에 14%에서 21%로 증가했다. 제조업 중에서 중화학공업이 차지하는 비중도 같은 기간에 26%에서 38%로 높아졌다.[46]

이와 같은 급속한 경제성장에는 심각한 부작용도 뒤따랐는데, 그 대표적인 예로는 부실기업의 문제와 전태일 분신사건을 들 수 있다. 1967년에 들어와 상업차관을 도입한 몇몇 기업들이 차관원리금을 갚지 못하면서 지급보증을 섰던 금융기관들이 이를 대신 지불해야 하는 사태가 우려되기 시작했다. 시간이 지날수록 부실기업의 문제는 심각한 상태가 되었고, 경제기획원은 1969년 1월부터 정부 지급보증 차관업체 54개와 은행관리업체 29개를 조사하는 작업을 벌였다. 같은 해 3월에는 박정희 대통령이 부실기업의 정리를 지시했으며, 5월에는 대통령비서실에 부실기업정리반이 설치되었다. 부실기업정리반은 1969년 6월 27일에 부실기업의 정비기준을 밝힌 후 8월 14일까지 8차례에 걸쳐 30개 부실기업의 정리방안을 발표했다. 부실기업의 내역에는 대한프라스틱, 공영화학, 인천제철, 한국전기야금, 대성목재, 천우사, 삼익선박, 아세아자동차, 한국철강, 삼양항해, 흥한화섬, 대한조선공사, 동립산업, 동양화학 등과 같이 당시로서는 규모가 큰 기업들이 상당수 포함되어 있었다.[47]

1970년 11월 13일에는 서울 청계천 평화시장에서 전태일이 분신자살하는 사건이 발생했다. 그는 휘발유를 온몸에 뿌리고 불을 붙인 후 "근로기준법을 준수하라", "일요일은 쉬게 하라" 등의 구호를 외쳤고, 곧바로 병원으로 옮겨졌지만 결국 숨을 거두었다. 전태일은 1969년 6월에 '바보회'를 조직하여 평화시장 노동자들의 노동실태를 조사한 후 1970년 10월에 노동청에 조사 결과서를 제출한 바 있었다. 전태일의 조사에 따르면, 노동자들이 일을 하지 않는 날은 한 달에 이틀뿐이며, 하루 노동시간은 13~15시간이었고, 설문에 응답한 126명 중 80%가 안질에, 76%가 기관지질환에 걸려 있었다. 이에 전태일은 하루 근무시간을 10~12시간으로 단축할 것, 일주일에 하루 휴일을 보장할 것, 형식에 그쳤던 건강검진을 정확히 실시할 것, 시다공 임금을 50% 인상할 것 등을 요구했다. 전태일 분신사건은 1960년대의 경제성장이 노동자의 희생을 바탕으로 이루어졌다는 점을 보여주었으며 이후 노동운동 발전의 기폭제로 작용했다.[48]

한국 정부는 1971년 2월에 제3차 경제개발 5개년계획(1972~1976년)을 마련했다. 이 계획은 연평균 성장률을 8.6%로 상정하는 가운데 경제개발 과정에서 발생한 문제점을 해결하는 것을 강조하면서 다음과 같은 세 가지 기본정신을 표방했다. 첫째, 안정된 기반 위에서 성장을 이룩하고 개발성과가 온 국민에게 널리 보급되도록 함으로써 성장, 안정, 균형의 조화를 추구한다. 둘째, 산업구조의 고도화와 국제수지의 개선 및 주곡의 자급을 실현함으로써 자립적 경제구조를 이룩한다. 셋째, 4대강 유역개발, 도로망의 대폭적 확충 등 국토의 종합적인 개발을 보다 촉진하여 지역개발의 균형을 기한다. 중점목표로는 농어민 소득의 적극적 증대, 농어촌시설의 확충, 수출 35억 달러의 달성, 중화학공업의 건설, 과학기술의 급속한 향상, 사회기초시설의 균형적 발전, 국토자원의 효율적 개발, 국민의 복지와 생활향상 등이 제시되었다. 제3차 경제개발 5개년계획은 이전의 계획에 비해 더욱 상세한 내용을 담고 있었으며, 계획의 관리와 집행을 보다 효율적으로 수행하는 데에도 관심을 기울였다. 그러나 이 계획은 국내외 여건의 급격한 변동으로 1973년에 중화학공업화 정책이 추진되면서 대폭 수정되기에 이르렀다.[49]

3. 중화학공업화의 전개

중화학공업화 선언의 배경

1968년 이후에는 국가안보를 위협하는 일련의 사태가 발생했다. 1968년 1월 21일에는 북한의 특수부대 요원들이 청와대 인근까지 침투했으며, 1월 23일에는 북한 원산 앞 공해상에서 미국의 정보수집함인 푸에블로 호가 피랍되었다. 박정희 대통령은 2월 7일에 "올해 안에 250만 재향군인을 무장시키고 그에 필요한 무기공장도 연내에 건설할 방침"이라고 밝혔고, 4월 1일에는 '일하면서 싸우자'는 슬로건을 내건 향토예비군이 창설되었다. 이후에도 북한의 도발은 계속되어 1969년 11월 2일에는 북한의 특공대가 울진과 삼척에 침투했으며, 1970년 6월 5일에는 서해안 연평도에서 한국해군의 방송선이 납북되었다. 게다가 1969년 7월에는 미국의 닉슨 대통령이 괌에서 아시아 제국의 안전보장 문제는 일차적으로 각국 스스로가 처리할 것을 기대한다는 내용의 독트린을 발표했다. 곧이어 주한미군의 병력 철수 문제가 제기되었고, 실제로 1971년 3월에는 1개 사단의 철수가 완료되었다.[50]

이러한 안보위기에 대처하여 한국 정부는 방위산업의 육성에 착수했다. 1968년 5월에 열린 제1차 한미국방장관회의에서는 M16 자동소총을 생산할 수 있는 군수공장을 한미 협력으로 한국에 유치한다는 합의가 있었다. 이에 대한 교섭은 난항을 거듭하다가 1971년 3월에 미국의 콜트사와 M16 소총공장의 건설에 관한 계약을 체결하는 것으로 일단락되었다.[51] 또한 한국 정부는 1970년 6월에 방위산업 개발을 위한 4인 위원회를 구성했고, 같은 해 8월에는 무기개발위원회를 설치하면서 국방과학연구소(Agency for Defense Development, ADD)를 설립했다. 국방과학연구소는 1971년 11월에 일명 '번개사업'으로 불린 기본병기 개발 사업을 시작했으며, 1974년 5월부터는 '율곡사업'으로 명명된 군장비의 보강 및 현대화 사업을 추진했다.[52]

이와는 별도로 1969년 11월에 박정희 대통령은 김학렬 부총리에게 방위산업의 건설을 지시했고, 경제기획원은 기계공업 육성방안을 마련한다는 명목으로 4대핵(核)공장 건설계획을 준비했다. 4대핵공장은 중기계 종합공장, 특수강 공장, 주물선 공장, 대형 조선소를 포함하는 것으로 경제기획원은 KIST를 통해 이에 대한 연구를 추진했다. 연구책임자는 바텔기념연구소의 수석연구원인 해리 최(최영화)가 맡았는데, 그는 1970년 6월 박정희 대통령에게 "본 사업들이 모두 성공적으로 이루어졌을 때 우리나라는 방위산업의 기반을 구축하게 된다."고 보고했다. 이에 대한 후속조치로 경제기획원은 4대핵공장의 건설을 담당할 실수요자로 한국기계(중기계), 대한중기(특수강), 강원산업(주물선), 현대건설(조선)을 선정했다. 당시에 경제기획원은 일본으로부터 차관을 도입하여 4대핵공장을 건설하려고 노력했으나 기대했던 일본의 협력을 얻어내지 못해 1년 넘게 별다른 진척을 보지 못하고 있었다. 결국 4대핵공장 건설계획은 1971년 11월에 취소되고 말았지만, 방위산업의 육성을 위해서는 몇몇 공장의 건설을 넘어 국민경제 전체가 재편되어야 한다는 교훈을 남겼다.[53]

이러한 인식을 명확히 한 사람은 당시 상공부 광공전(鑛工電) 차관보였던 오원철로 알려져 있다. 1971년 11월 9일에 4대핵공장 추진현황에 대한 경제기획원의 보고를 받은 박정희 대통령은 크게 실망했으며, 청와대로 돌아온 김정렴 비서실장은 오원철을 만나 즉석 회합을 가졌다. 이때 오원철은 "방위산업 육성을 중화학공업화의 일환으로 추진하되 부품별 또는 뭉치별로 유관 공장에 분담시켜 무기수요의 변동에 따른 비(非)경제성을 극소화시킨다."는 구상을 밝혔다. 곧이어 김정렴은 오원철과 함께 박정희의 집무실로 가서 소위 '청와대 3자 회동'을 가졌다. 당시에 박정희는 방위산업 체제를 갖추는 데 많은 시간이 소요된다는 점에 불만을 가지면서도 중화학공업과 방위산업을 동시에 건설하고 유사시에는 민수부문을 방산부문으로 전용한다는 새로운 전략에 동의했다. 그다음 날인 1971년 11월 10일에 오원철은 대통령비서실 경제 제2수석비서관으로 발탁되었다.[54]

오원철의 발탁은 박정희 정권의 경제정책에 상당한 변화를 예고했다. 우선 경제정책의 주도권이 경제기획원에서 청와대비서실로 이동하는 양상을 보였다. 박정희는 이전에는 핵심적인 경제정책을 경제기획원을 통해 추진했지만, 1971년 11월을 계기로 경제 현안은 김정렴 비서실장, 공업화 전략은 오원철 경제 제2수석에게 의존하기 시작했다.[55] 또한 박정희 정부의 경제개발에 대한 행동원리가 '경제관료적 접근(econocratic approach)'에서 '엔지니어링 어프로치(engineering approach)'로 변화하는 가운데 기술관료(technocrat)의 중요성이 부각되었다. 주로 경제기획원에 소속된 경제관료들은 비교우위론에 입각하여 점진적으로 중화학공업을 육성해야 한다는 관점을 취하고 있었던 반면, 오원철을 중심으로 한 기술관료들은 중화학공업이 처음부터 규모의 경제 효과를 누릴 수 있는 국제적 단위로 추진되어야 한다는 점을 강조했다.[56]

1971년 4월 27일에는 제7대 대통령 선거가 실시되었는데, 민주공화당 박정희 후보는 634만 표, 신민당 김대중 후보는 540만 표를 얻었다. 5월 25일에 있었던 제8대 국회의원 선거에서는 총 204석 중 민주공화당이 113석, 신민당이 89석을 얻어 야당 단독으로 임시국회를 소집할 수 있게 되었다. 박정희와 민주공화당은 두 선거에서 모두 승리하긴 했지만 자신들의 기대에 미치지 못한 성적표를 받았다. 이에 박정희와 민주공화당은 북한의 위협을 구실로 삼아 대통령의 권한을 강화하기 시작했다. 박정희는 1971년 12월 6일에 국가 비상사태를 선포했으며, 27일에는 민주공화당이 단독으로 국가보위에 관한 특별조치법(국가보위법)을 통과시켰다.[57]

1972년 7월 4일에는 남북공동성명을 통해 통일을 위한 3대 원칙이 발표되었다. 첫째, 통일은 외세에 의존하거나 외세의 간섭을 받음이 없이 자주적으로 해결해야 한다. 둘째, 통일은 서로 상대방을 반대하는 무력 행사에 의거하지 않고 평화적 방법으로 실현해야 한다. 셋째, 사상과 이념, 제도의 차이를 초월하여 우선 하나의 민족으로서 민족 대단결을 도모해야 한다. 이와 같은 남북공동성명의 후속 조치로 남북공동위원회가 설치되었지만, 실제 회담에서 양측 대표들은 상대방에 대한 입장을 전혀 바꾸지 않았다. 결국 남북공동성명은 남북한 정권 모두가 자신의 체제를 강화함으로써 남북 분단을 고착화시키는 계기로 작용했다. 남한에는 박정희의 유신체제, 북한에는 김일성의 유일체제가 들어섰던 것이다.[58]

1972년 8월 3일에는 흔히 '8·3조치'로 불리는 '경제의 안정과 성장에 관한 긴급명령'이 선포되었다. 1969년 8월에 부실기업이 일차적으로 정리된 이후에도 상당수의 기업들이 장기간 은행관리의 상태에 놓여 있었고, 전국경제인연합회는 1971년 6월과 7월의 두 차례에 걸쳐 특단의 구제조치를 정부에 요청했다. 1971년 9월에는 김용환 외자관리비서관을 팀장으로 하는 실무반이 편성되었고, 약 1년 동안의 사전 준비 작업을 거친 후 박정희는 고심 끝에 사채동결을 결심했다. 8·3조치의 핵심은 기업이 보유한 사채를 장기 저리의 대출자금으로 조정하는 데 있었다. 8·3조치를 통해 3천억 원이 넘는 사채의 원리금 상환이 동결되었고, 사채는 월리 1.35%에 3년 거치 5년 분할상환의 채무로 조정되었다. 8·3조치는 민간의 자본축적 방식에 국가권력이 적극적으로 개입한 초유의 사태였으며, 이를 통해 한국 정부는 중화학공업화 정책에 민간기업이 동참할 것을 강력히 촉구할 수 있었다.[59]

급기야 박정희는 1972년 10월 17일에 유신을 선포했으며, 같은 해 12월 23일에 통일주체국민회의를 통해 제8대 대통령으로 선출되었다.[60] 주목할 점은 박정희가 10월유신을 100억 달러 수출과 1,000달러 국민소득이라는 화려한 청사진과 연계시켰다는 사실이다. 박정희는 10월유신을 선포하는 비상국무회의 석상에서 "80년대에 가서는 우리나라의 경제도 커져서 수출은 100억 달러, 국민소득은 1,000달러가 될 것이다. 이렇게 되면 국력 면에서 북한을 완전히 압도할 수 있다."고 말했던 것이다.[61] 박정희가 언제부터 수출 100억 달러를 목표로 삼았는지는 분명하지 않지만, 늦어도 1972년 5월 30일에는 명확한 인식을 가졌던 것으로 판단된다. 오원철의 회고에 따르면, 같은 날 박정희는 수출진흥확대회의를 마친 후에 집무실로 자신을 불러 "100억 달러를 수출하자면 무슨 공업을 육성하면 좋겠느냐?"고 물었다. 이에 오원철은 "각하! 중화학공업을 발전시킬 때가 왔다고 봅니다."고 대답하면서 일본이 1957년에 수출 20억 달러를 넘어선 후 중화학공업화 정책으로 전환하여 10년 뒤인 1967년에 100억 달러의 수출을 달성했다는 사례를 들었다.[62] 이를 종합해보면, 북한을 압도하기 위해서는 수출 100억 달러가 요구되고 수출 목표를 달성하기 위해서는 중화학공업화 정책이 필요하다는 논리가 형성된다.

오원철의 제안이 박정희의 신임을 얻게 되면서 경제 제2비서실을 중심으로 중화학공업화의 기본방향을 수립하는 작업이 전개되었으며, 그 결과 1972년 12월에는 '중화학공업화와 80년대 미래상'이라는 마스터플랜이 작성되었다.[63] 이 문건은 공업화의 유형, 공업화 발전단계, 경제개발계획의 문제점, 리더십의 중요성, 한국의 미래상 등을 논의하고 있는데, 그 내용을 요약하면 다음과 같다. 첫째, 공업화의 유형에는 최종제품, 중간재, 기초소재의 순서로 추진하는 피라미드형(pyramid-type model)과 원료, 중간재, 최종제품을 모두 포괄하는 입목형(立木型, tree-type model)이 있으며, 한국과 같은 후진국의 경우에는 피라미드형이 적합하다. 둘째, 한국의 공업화 발전단계는 직접보호 단계, 중점지원 단계, 자립발전 단계, 완전 국제경쟁 단계, 세계 일류화 단계의 5단계로 구분할 수 있으며, 각 단계별로 적절한 정부의 역할이 요구된다. 셋째, 한국과 같은 후진국이 경제발전을 하려면 정부 주도의 계획 수립과 제도 마련이 필수적이며, 공장 규모의 문제, 독점과 경쟁의 문제, 타이밍과 템포의 문제 등이 중요하게 고려되어야 한다. 넷째, 선진국은 이미 존재하는 경제에 대한 운영(operation of economy)이 필요한 반면 후진국의 경우에는 공업이 전무한 상태에서 경제를 건설하는 것(construction of economy)이 중요하며, 후진국일수록 훌륭한 지도자와 강력한 리더십이 절실하다. 다섯째, 중화학공업 건설은 조국의 근대화와 민족중흥을 이룩하기 위한 유일한 수단이며, 중화학공업 건설의 기초가 완성되면 1980년대 초에 수출 100억 달러를 달성할 수 있다.[64]

이와 같은 사전 준비를 바탕으로 박정희 대통령은 1973년 1월 12일에 연두기자회견을 통해 중화학공업화 정책을 선언했다.

나는 오늘 이 자리에서 국민 여러분에게 경제에 관한 중요한 선언을
하고자 합니다. 우리나라 공업은 이제 바야흐로 「중화학 공업 시대」에
들어갔습니다. 따라서 정부는 이제부터 「중화학 공업 육성」의 시책에
중점을 두는 「중화학 공업 정책」을 선언하는 바입니다. 또 하나 오늘
이 자리에서 우리 국민들에게 내가 제창하고자 하는 것은, 이제부터
우리 모두가 「전 국민의 과학화운동」을 전개하자는 것입니다. 모든 사
람들이 「과학 기술」을 배우고 익히고 개발을 해야 되겠습니다. 그래야
우리 국력이 급속히 늘어날 수 있습니다. 과학 기술의 발달 없이는 우
리가 절대로 선진 국가가 될 수 없습니다. 80년대에 가서 우리가 100
억 달러 수출, 「중화학 공업」의 육성 등등 이러한 목표 달성을 위해서
범국민적인 「과학 기술」의 개발에 총력을 집중해야 되겠습니다. 이것
은 국민학교 아동에서부터 대학생·사회 성인까지 남녀노소 할 것 없
이 우리가 전부 기술을 배워야 되겠습니다. 그래야만 국력이 빨리 신
장하는 것입니다. 80년대 초에 우리가 100억 달러의 수출 목표를 달
성하려면, 전체 수출 상품 중에서 중화학 제품이 50%를 훨씬 더 넘게
차지해야 되는 것입니다. 그러기 위해서, 정부는 지금부터 철강·조선·
기계·석유 화학 등 중화학 공업 육성에 박차를 가해서 이 분야의 제
품 수출을 목적으로 강화하려고 추진하고 있습니다.[65]

중화학공업화 정책의 기획과 내역

박정희 대통령이 중화학공업화를 선언한 이후에 오원철 수석과 김광모
비서관을 중심으로 중화학공업 건설에 대한 기본계획을 만드는 작업이

추진되었다. 그러한 작업은 1973년 1월 30일에 『중화학공업화 정책선언에 따른 공업구조 개편론』(이하 『개편론』)이 마련되는 것으로 이어졌다.[66] 『개편론』의 주요 특징을 요약하면 다음과 같다. 첫째, 수출 100억 달러, 1인 당 GNP 1,000달러를 달성하기 위한 국가산업기본모델을 작성하는 것을 표방했다. 둘째, 공업구조의 개편을 10개년의 과정으로 설정하면서 중화학공업을 집중적으로 육성해야 한다는 필요성을 제기했다. 셋째, 중화학공업화의 주요 업종으로 ① 산업기계, ② 조선 및 수송기계, ③ 철강, ④ 화학, ⑤ 전자 등을 제시했다. 넷째, 해당 업종에 포함된 단위공장은 품질과 가격 면에서 처음부터 수출능력을 갖추도록 계획했다. 다섯째, 개별 기업가 위주의 관점에서 탈피하여 국가적 관점에서 각 공장이 건설되어야 그 효과를 거둘 수 있다고 지적했다. 여섯째, 중화학공업 육성을 지원하기 위한 방안으로 연불수출(延拂輸出)의 적극 시행, 과학기술 고도화 촉진, 품질검사제도의 확립, 종합적 국토계획을 통한 공업기지 선정, 석유를 비롯한 공업원료의 안정적 조달 등을 제안했다. 마지막으로 『개편론』은 공업구조의 개편이 국가의 최(最)중요 사업으로 관민협조의 총력체제가 필요하다는 점을 강조하면서 ① 단시일 내에 이룩한다, ② 투자를 적게 들인다, ③ 종합적 견지에서 합리적인 방법으로 한다 등을 추진방향으로 삼았다.[67]

『개편론』에서 주목할 점은 중화학공업을 처음부터 수출지향적으로 건설한다는 주장에서 찾을 수 있다. 이전에는 주로 수입대체의 차원에서 중화학공업의 육성이 고려되었다면, 1973년 이후에는 중화학공업을 수출 주도 업종으로 개발한다는 점이 강조되었던 것이다. 당시에 경공업제품의 수출에 별다른 문제가 없었다는 점을 감안한다면, 이러한 방향 전환이 기존의 공업화 실적을 염두에 두고 이루어진 것은 아니었다고 볼 수 있다.[68] 따라서 『개편론』은 본격적인 중화학공업화를 통해 한국 경제를 전면적인 수출주도형으로 개편하겠다는 강력한 의지를 담은 것으로 평가할 수 있으며, 박정희가 1973년의 연두기자회견에서 '이제 바야흐로' 혹은 '이제부터' 중화학공업 시대에 진입했다고 선언한 이유도 여기서 찾을 수 있다. 사실상 1973년 이후에는 '산업구조의 고도화' 혹은 '전(全) 산업의 수출화'라는 슬로건이 자주 등장했는데, 그것은 기존의 단순한 '수출입국'과는 차원을 달리했다. 이에 대해 이영훈은 한국 경제사에 관한 단행본에서 다음과 같이 썼다.

> 중화학공업화의 직접적인 목적은 수출 100억 달러 달성에 있었다. 수출입국의 슬로건은 이전부터 높이 걸려 있었지만, 이제부터의 그것은 이전과 달랐다. 이전의 그것은 제 발로 찾아온 비교우위를 최대한 활용한 것이었지만, 지금부터의 그것은 가시적이지 않은 비교우위를 동태적으로 모색하는 한층 더 모험적인 것이었다. 박정희는 "수출은 국력의 총화" 또는 "전산업의 수출화"라는 슬로건을 내걸고 사실상 전시기(戰時期)에 준하는 총동원체제를 구축해갔다.[69]

중화학공업화 정책은 공장건설, 자금조달, 단지조성, 인력양성 등이 포함된 복합적인 정책 패키지로 추진될 예정이었고, 각각의 정책을 관장하는 정부부처 사이에 긴밀한 협조체계가 요구되었다. 1973년 2월 2일에는 경제장관회의를 통해 중화학공업 추진기구를 설치하는 안건이 의결되었고, 3월 3일에는 정부조직법이 개정되어 중화학공업개발추진위원회에 중앙 행정기관의 위상이 부여되었으며, 5월 14일에는 중화학공업추진위원회라는 명칭의 특별조직이 정식 발족되었다. 중화학공업추진위원회의 위원장은 국무총리가 맡았지만, 대부분의 회의는 대통령이 직접 주재했다. 중화학공업추진위원회의 산하에는 실무기구인 기획단이 설치되었는데,

기획단은 다양한 실무위원회를 통해 각 부처의 안건을 통합·조정하는 위상을 가지고 있었다. 초대 기획단장으로는 경제특보인 김용환이 임명되어 1974년 2월까지 재임했고, 2대 단장은 경제 제2수석인 오원철이 맡았다. 김용환은 중화학공업화에 대한 계획 조정과 제도 개혁을 수행했으며, 오원철은 중화학공업화를 위한 각종 사업을 실제로 추진하는 역할을 담당했다.[70]

중화학공업추진위원회 기획단은 『개편론』을 바탕으로 1973년 6월에 '중화학공업육성계획'을 작성했다. 이 계획은 1981년에 수출 100억 달러와 1인당 국민소득 1,000달러를 달성하는 것을 기본목표로 삼았으며, 세부목표로는 제조업 부가가치에서 중화학공업이 차지하는 비중을 1972년 35%에서 1981년 51%로, 공산품 수출에서 중화학공업제품이 차지하는 비중을 27%에서 65%로 증가시키는 것을 제시했다. 또한 철강공업, 비철금속공업, 기계공업, 조선공업, 전자공업, 화학공업을 6대 전략업종으로 선정하여 낙동강 하구 혹은 아산만에 제2제철기지, 온산에 비철금속기지, 창원에 종합기계공업기지, 거제도 일대에 대단위조선기지, 구미에 전자공업기지, 여수·광양지구에 종합화학기지를 건설하기로 계획했다. 이어 중화학공업화 정책 추진에 필요한 소요 자금을 96억 달러로 추산한 후 외자와 내자의 비중을 60 : 40 정도로 책정했다. 중화학공업육성계획이 '전 산업의 수출화'를 표방하면서도 산업별 특성을 고려하여 수출주도 업종과 내수충족 우선 업종을 구분했다는 점도 주목할 만하다. 예를 들어 조선공업과 전자공업은 우수하고 풍부한 노동력을 바탕으로 수출에 집중하는 업종으로 분류되었고, 철강공업과 화학공업의 경우에는 내수 충족을 우선으로 삼으면서 수출을 병행하는 것으로 계획되었다.[71]

중화학공업화 정책이 가시화되면서 경제기획원은 제3차 경제개발 5개년계획을 수정하는 작업에 착수하여 1973년 8월에 『우리 경제의 장기전망(1972~1981년)』이라는 보고서를 마련했다. 제3차 경제개발 5개년계획이 안정, 성장, 균형을 기본노선으로 삼았던 반면 『우리 경제의 장기전망』은 정부의 통제에 입각하여 생산을 할당하는 물동계획의 성격을 띠고 있었다. 『우리 경제의 장기전망』은 '중화학공업육성계획'과 유사하게 1981년의 수출액을 109억7천만 달러, 1인당 국민소득을 983달러, 중화학공업의 제조업 부가가치 비중을 51.0%, 중화학공업의 공산품 수출 비중을 65.0%로 제시했다. 또한 제3차 경제개발 5개년계획에서는 전략산업을 명시하지 않았던 반면, 『우리 경제의 장기전망』은 '중화학공업육성계획'에서 제시된 6대 업종을 전략산업으로 지정했다. 이와 함께 『우리 경제의 장기전망』은 제3차 경제개발 5개년계획이 제시한 경제지표를 상향 조정했다. 1976년의 수출액은 35억 달러에서 44억7백만 달러로, 1인당 국민소득은 389달러에서 488달러로, 제조업 부가가치에서 중화학공업이 차지하는 비중은 40.5%에서 41.8%로, 공산품 수출에서 중화학공업제품이 차지하는 비중은 33.3%에서 44.0%로 높게 책정했다. 1972~1976년의 연평균 경제성장률은 8.6%에서 9.0%로 조정되었으며, 1977~1981년의 연평균 경제성장률은 11.0%로 전망되었다.[72]

　1973~1979년의 중화학공업화 기간 동안 이루어진 투자 실적은 〈표 3-3〉과 같다. 1979년을 기준으로 총투자액은 4조1,358억 원(82억7천만 달러)으로 당초의 계획인 96억 달러의 약 86%에 해당했다. 재원별 조성 실적을 보면, 총투자액 중 자기자본이 30.9%를 차지했으며, 나머지 차입액 중 61.0%를 내자로 조달함으로써 당초 계획보다 훨씬 양호한 성과를 거두었다. 중화학공업별 시설투자의 상대적 비중은 철강 35.7%, 비철금속 5.6%, 조선 5.9%, 화학 30.8%, 기계 16.3%, 전자 5.7%로 철강산업과 화학산업에 대한 투자규모가 컸다는 점을 알 수 있다.

〈표 3-3〉 중화학공업화에 대한 투자실적(1973~1979년)

내역		내자 (백만 원)	외자 (천 달러)	합계 (백만 원)	자체자금 (백만 원)	자체자금의 비율(%)
시설투자		2,006,648	3,158,672	3,552,804	1,207,043	34.0
	철강공업	601,319	1,374,939	1,268,164	593,910	46.8
	비철금속공업	112,634	177,866	199,447	48,149	24.1
	조선공업	150,067	120,698	208,605	75,979	36.4
	화학공업	492,750	1,211,995	1,095,357	200,829	18.3
	기계공업	452,394	258,120	577,521	165,175	28.6
	전자공업	196,484	15,054	203,710	123,001	60.4
기지조성		154,882	–	154,882	72,546	46.8
지원시설		200,737	–	200,737	–	–
인력개발		71,214	56,395	98,565	–	–
연구개발		89,785	79,823	128,807	–	–
합계		2,523,266	3,294,890	4,135,795	1,279,537	30.9

자료: 김광모, 『한국의 산업발전과 중화학공업정책』, 312쪽; 김성남·박기주,
"중화학공업화 정책의 수립, 전개 및 조정", 129쪽.

중화학공업화 투자의 핵심은 내자 동원의 극대화에 있었으며, 이에 관한 강력한 수단으로는 국민투자기금을 들 수 있다. 1974년 1월 1일에 시행된 국민투자기금법은 "중화학공업 등 중요 산업의 건설을 촉진하고 수출을 증대시키기 위하여 국민의 광범한 저축과 참여를 바탕으로 투융자자금을 조달·공급하는 것"을 목적으로 삼았다. 국민투자기금은 국민투자채권의 발행과 각 금융기관의 예탁으로 조성되었으며, 금융기관의 이자금 손실은 정부재정으로 보전해주었다. 1974~1981년에는 도합 6,734억 원의 국민투자기금이 마련되었는데, 그중 채권을 통한 조달이 2/3, 금융기관 예탁금을 통한 조달이 1/3 정도를 차지했다. 국민투자기금의 대출은 장기 저리로 이루어졌고, 금리는 일반대출에 비해 4.5~6.5%포인트 낮은 수준에서 결정되었다. 1974~1981년에 국민투자기금의 50~60% 내외가 중화학공업 부문에 투자되었으며, 중화학공업 분야에 대한 총대

출자금 중에서 국민투자기금이 차지하는 비중은 1974년 22.5%, 1978년 67.2%, 1981년 65.0%를 기록했다.[73]

조세에 관한 지원도 중화학공업에 집중되었다. 한국 정부는 조세감면 규제법의 개정을 통해 중요 산업에 속한 기업들이 특정 기간 동안 조세 감면, 투자세액공제, 특별감가상각 중의 하나를 선택하여 지원받을 수 있도록 조치했다. 조세감면의 경우에는 법인세를 처음 3년간 100%, 다음 2년간 50%를 감면해주었고, 투자세액공제의 경우에는 기계류 설비투자에 한하여 투자액의 8~10%를 공제해주었다. 특별감가상각은 법정 내용 연수에 의해 계산된 감가상각 액수를 100% 증가시켜줌으로써 감가상각 기간을 단축하고 납세 연기의 혜택을 부여하는 제도였다. 또한 관세법 개정을 통해 중요 산업에서 해외 고성능 기계류를 도입하거나 이를 국내에서 제조하기 위해 필요한 부분품 및 원자재를 수입하는 경우에는 70~100%의 관세를 감면받을 수 있도록 했다.[74]

중화학공업육성계획에 입각하여 업종별로 산업기지를 조성하는 작업도 추진되었다. 이를 위해 1973년 12월 24일에는 산업기지개발촉진법이 제정되었는데, 이 법은 "중화학공업을 중점적으로 육성하기 위한 산업기지와 수자원의 개발을 촉진하여 국민경제의 발전에 기여"하는 것을 목적으로 삼았다. 산업기지의 조성을 위해서는 도시계획법, 항만법, 도로법, 농경지조성법 등에 따라 관계 부처와 협의를 해야 했지만, 산업기지개발촉진법은 이에 관한 사항을 건설부 장관이 일괄적으로 승인할 수 있도록 규정함으로써 행정적 절차를 간소화했다. 또한 산업기지개발촉진법에 따라 기존의 한국수자원개발공사를 확대·개편한 산업기지개발공사가 설립되어 산업기지 조성 업무를 맡았고, 조성이 완료된 산업기지는 상공부 관할의 공업단지(공단)에 불하된 후 각 공단이 기업체에 분양하는 절차를 밟았다. 정부는 산업기지에 필요한 도로, 항만, 용수 등의 부대시설을

조성했으며, 산업기지에 입주하는 기업들에게 금융 및 조세 혜택을 제공했다.[75]

〈표 3-3〉에서 보듯이, 인력개발과 연구개발도 중화학공업화 정책의 주요 내역에 포함되어 있었다. 1970년대에는 과학기술인력에 대한 수급전망이 계속해서 작성되는 가운데 공업계고등학교에 의한 기능사 양성과 공과대학을 통한 기술자 양성이 강조되었다.[76] 기능사 양성의 경우에는 공업계고등학교를 기계공고, 특성화공고, 시범공고, 일반공고로 구분하여 육성한다는 유형화 정책이 실시되었다. 그중 기계공고는 방위산업 육성과 기계산업 정밀화를 겨냥했고, 특성화공고는 전자, 화공, 건설, 제철, 철도 등 특정 분야를 대상으로 삼았으며, 시범공고는 해외에 진출할 기능사 양성을 도모했다. 1979년까지 기계공고 19개, 특성화공고 10개, 시범공고 11개가 설립되었는데, 해당 공고의 학생들에게는 장학금과 기숙사의 혜택이 주어졌으며 졸업과 동시에 2급 기능사 자격이 부여되었다.[77] 공과대학의 교육에서는 실습 위주의 교육, 산학협동의 증진 등이 강조되는 가운데 주요 대학별로 1개의 전문분야를 택해 해당 분야의 인력을 집중적으로 양성하는 특성화 정책이 도입되었다. 특성화 공대로는 1973년에 부산대(기계공학), 경북대(전자공학), 전남대(화학공학), 1977년에 충남대(공업교육), 1979년에 전북대(금속·정밀기계), 충북대(토목·건축) 등이 선정되었으며, 해당 대학은 1982년까지 시설비, 실험실습비, 연구비 등을 집중적으로 지원받았다.[78] 이와 함께 1973년 12월에는 국가기술자격법이 제정되어 당시까지 산발적으로 실시되어왔던 기술자격제도가 체계적으로 종합되었다. 기술자격제도가 적용되는 분야로는 대부분 중화학공업 분야가 선정되었으며, 기술계의 경우에는 기사2급, 기사1급, 기술사의 3등급으로, 기능계의 경우에는 기능보, 기능사2급, 기능사1급, 기능장의 4등급으로 재편되었다. 국가기술자격법은 박사, 기술사, 기능장을 동일하게 대우한다

는 철학을 담고 있었으며, 1974년의 시행령 마련을 거쳐 1975년부터 시행되었다.[79]

중화학공업화 기간에 이루어졌던 연구개발에 관한 주요 정책으로는 전문연구기관의 육성과 대덕연구단지의 조성을 들 수 있다.[80] 한국 정부는 중화학공업화 정책에 필요한 산업기술을 확보하기 위해 중화학공업의 주요 업종별로 전문연구기관을 설립하는 작업을 추진했다. 1973년 12월에는 특정연구기관육성법이 제정되었으며, 이를 바탕으로 KIST를 모델로 한 정부출연연구소들이 잇달아 설립되었다. 여기에는 한국표준연구소(1975년), 자원개발연구소, 한국화학연구소, 한국선박연구소, 한국전자기술연구소, 한국기계금속시험연구소, 한국전기기기시험연구소, 한국핵연료개발공단(이상 1976년), 한국열관리시험연구소, 한국통신기술연구소(이상 1977년), 한국연초연구소, 고려인삼연구소(이상 1978년) 등이 포함된다.[81] 이와 함께 1968년부터 구상되어온 제2연구단지 조성사업도 중화학공업화 정책을 통해 탄력을 받았다. 1973년 5월에는 입지가 충남 대덕으로 결정되었고, 같은 해 12월에는 건설 기본계획이 수립되었다. 대덕연구단지 조성사업은 1974년부터 본격적으로 추진되어 1979년 12월을 기준으로 12개의 연구소가 입주를 완료하거나 계획하고 있었다.[82]

중화학공업화의 성과와 쟁점

이처럼 중화학공업화를 위한 정책 패키지는 차곡차곡 갖추어져갔지만, 1973년 말에는 제1차 석유파동이 발생하여 한국 경제를 위협했다. 특히 제1차 석유파동을 계기로 중화학공업화 정책의 속도 조절이나 전면 재검토를 요구하는 비판의 목소리도 등장했다. 1974년 1월 14일에는 '국민생활 안정을 위한 대통령 긴급조치'가 발표되었는데, 거기에는 물가가 안정될 때까지 중화학공업 추진계획을 늦춘다는 내용도 포함되어 있었다. 그러나 나흘 뒤인 1월 18일에 박정희 대통령은 기자회견을 자청하여 중화학공업화 정책을 계속 추진하겠다는 의지를 공개적으로 피력했다. 에너지 소비가 적은 조선, 전자, 기계공업을 우선적으로 추진하는 등 중화학공업화 사업에 부분적인 조정은 있겠지만 전반적인 기본계획은 수정하지 않겠다는 점을 분명히 했던 것이다.[83]

박정희 정권에게는 다행스럽게도 1973~1974년에는 중화학공업화와 관련된 실적이 가시화되기 시작했다. 특히 철강공업과 조선공업은 기대 이상의 성과를 보였다. 포항제철소 1기 사업은 1973년 6월에 완료되었는데, 포항제철은 제철소 가동 첫해인 1973년에 46억 원, 그다음 해인 1974년에는 355억 원의 순이익을 창출했다.[84] 또한 현대는 1974년 6월에 울산조선소가 준공되기 전까지 12척의 선박을 수주하는 성과를 거두었고, 같은 해 11월에는 세계 역사상 최초로 조선소 준공과 함께 선박 수출을 달성하는 기록을 남겼다.[85] 사실상 1974년에는 중화학공업 부문의 생산증가율이 23%에 이르렀고, 중화학공업이 제조업 부가가치에서 차지하는 비중은 전년도의 40.9%에서 49.9%로, 중화학공업제품이 총수출에서 차지하는 비중은 23.8%에서 32.5%로 증가했다.[86]

중동 진출도 호재로 작용했다. 1973~1975년에 원유 가격의 상승으로 외화 수입이 늘어난 중동 국가들은 사회간접자본의 건설을 집중적으로 추진했다. 1973년에 삼환기업이 사우디아라비아의 고속도로 공사를 수주하는 것을 시작으로 한국의 건설업체들은 중동 진출에 적극적인 자세를 보였다. 한국 정부도 해외에 진출하는 건설업체들을 다각도로 지원했으며, 1975년 12월에는 해외건설촉진법을 제정하여 보다 종합적인 지원체제를 마련했다. 특히 현대건설은 1976년 2월에 9억4천만 달러 규모의 주베일 산업항 공사를 수주한 후 1979년 2월에 이를 성공적으로 마무리했다. 현대건설의 성공에 힘입어 다른 업체들도 줄지어 중동건설시장에 진출했고, 1970년대 후반과 1980년대 초반의 '중동건설 붐'으로 벌어들인 외화는 한국의 경제성장에 많은 도움을 주었다. 한국의 해외건설 수주액은 1977년, 1979년, 1981년, 1983년에 각각 35억1천만 달러, 63억5천만 달러, 136억8천만 달러, 101억4천만 달러를 기록했으며, 그중 중동 지역이 차지하는 비중은 90~95% 내외에 이르렀다.[87]

1976년 6월에는 제4차 경제개발 5개년계획(1977~1981년)이 수립되었다. 이 계획은 성장, 능률, 형평을 개발이념으로 삼았으며, 목표로는 ① 자력성장구조의 실현, ② 사회개발을 통한 형평의 증진, ③ 기술의 혁신과 능률의 향상 등을 제시했다. 또한 계획의 방침으로 ① 연동계획(rolling plan)의 운용, ② 15개년 장기계획의 수립, ③ 투자사업의 사전 심사 강화, ④ 개방경제체제를 위한 행정 재검토 등이 강조되었는데, 장기계획의 경우에는 1976년 12월에 한국개발연구원(Korea Development Institute, KDI)에 의해 '장기 경제사회발전전망(1977~1991년)'이 작성되었다. 제4차 경제개발 5개년계획의 특징으로는 민간의 참여가 대폭 확대된 가운데 수립되었다는 점, 수출증대의 기조를 유지하면서도 수출상품의 다양화와 고급화를 강조했다는 점, 경제능률을 측정하는 기준으로 국제경쟁력을 거론했다는 점, 과거에 비해 형평 증진을 위한 복지정책에도 주의를 기울였다는 점 등을 들 수 있다.[88]

특히 제4차 경제개발 5개년계획이 이전의 계획과 달리 기술혁신과 능률향상을 3대 목표 중의 하나로 설정했다는 점은 주목할 만하다. 이전에는 기술혁신이 경제개발계획에 따른 수요를 충족시키는 것에 초점이 주어졌지만 제4차 경제개발 5개년계획은 기술혁신 자체를 중요한 목표로 간주했던 것이다. 당시의 기술혁신 혹은 과학기술에 대한 논의는 제4차 경제개발 5개년계획의 일환으로 작성된 과학기술부문계획(1977~1981년)

을 통해 더욱 구체화되고 있다. 이 계획은 발간사를 통해 "기술자립과 기술혁신을 촉진하여 경제의 고도성장을 과학기술로서 선도하여야 할 것"이라고 천명함으로써 과학기술이 경제발전을 보조하는 수단을 넘어 선도하는 역할을 담당해야 한다는 의지를 담고 있었다.[89] 또한 당시의 기술혁신은 기술의 도입, 기술의 소화와 개량, 자체 기술개발 등을 포괄하는 개념으로 간주되었다. 이와 관련하여 제4차 과학기술부문계획은 주요 정책방향의 하나로 "적정한 선진기술의 과감한 도입과 도입기술의 소화·개량을 촉진하고 기업의 자체 기술개발활동을 적극 유도·촉진한다."는 점을 들고 있다.[90]

박정희 정권기를 통해 과학기술에 관한 종합계획이 계속 수립되면서 기술혁신에 대한 주요 논점이 변화되어왔다는 점도 흥미롭다. 제1차 기술진흥 5개년계획(1962~1966년)은 단순히 기술도입이 필요하다는 점을 부각시키고 있지만, 제2차 과학기술진흥 5개년계획(1967~1971년)은 자본재의 도입을 억제하고 노하우의 도입을 적극 추진해야 한다는 점을 강조하고 있으며, 제3차 과학기술개발 5개년계획(1972~1976년)은 도입한 기술을 소화·개량하는 문제를 중시하고 있다. 더 나아가 제4차 과학기술부문계획은 기술도입의 대상으로 성장기 이전에 해당하는 기술을 거론하고 있으며, 도입기술의 소화·개량에 이어 자체적인 기술개발에 주목하고 있다.[91] 이와 같은 논조의 변화는 그동안 한국의 경제와 과학기술이 지속적으로 발전해왔으며, 특히 중화학공업화의 추진을 배경으로 자체개발에 대한 수요가 증가했다는 점을 반영하는 것으로 풀이할 수 있다.[92]

결과적으로 중화학공업화 정책의 목표는 대체로 계획보다 조기에 달성되었다. 수출은 1977년 12월 22일에 100억1,600만 달러를 달성했으며, 1인당 국민소득은 1978년에 1,330달러를 기록했다. 1981년에 수출 100억 달러와 1인당 국민소득 1,000달러를 이룩한다는 당초의 계획에 비해 3~4

년 일찍 기본목표가 달성된 셈이었다.[93] 제조업 부가가치에서 중화학공업이 차지하는 비중은 1977년 51.5%, 1979년 54.9%를 기록하여 1981년 목표치인 51%를 넘어섰다.[94] 반면 공산품 수출에서 중화학공업제품이 차지하는 비중은 1979년 44.4%, 1981년 49.0%를 기록하여 1981년 목표치인 65%에 미치지 못했다. 중화학공업화 기간인 1973~1979년에 경제성장률은 연평균 9.4%를 기록했으며, 특히 제조업의 성장률은 연평균 18.6%에 이르는 높은 수준을 유지했다.[95] 그 밖에 한국의 세계시장 점유율은 1970년 0.3%로 대만의 0.5%에 뒤졌지만, 1977년에는 1.1%로 증가하여 대만의 1.0%를 넘어서기 시작했다.[96]

이와 같은 한국의 경제적 성취는 해외 언론의 주목을 받기도 했다. 1977년 4월 《유로머니(Euromoney)》는 『한국: 한강의 기적』이라는 별책을 발간하면서 한국이 경제적 성공을 거둔 원인으로 다음의 세 가지를 들었다. 첫째, 경제계획이 적절히 마련되었고, 그것이 열심히 일하고자 하는 국민들에 의해 잘 받아들여졌다. 둘째, 한국은 인접한 일본에서 기술을 받아들일 수 있었으며, 한국 기업은 저렴한 비용으로 일본 기업과 거의 동일한 제품을 만들어내고 있다. 셋째, 한국은 국내 저축을 매우 효율적으로 동원하고 있고, 해외 차관도 적기에 얻을 수 있었다.[97] 또한 미국의 《뉴스위크(Newsweek)》는 1977년 6월의 커버스토리로 '한국인이 몰려온다(The Koreans are coming).'라는 특집 기사를 실었다. 그 기사는 "한국인은 미국이나 일본과 같은 공업구조와 국민생활을 갖기 위해 열심히 일하고 있다. 한국인은 일본인을 게으른 사람으로 보고 있는 세계에서 유일한 국민이다."고 썼다.[98]

그러나 중화학공업화 정책에 대한 비판도 만만치 않았다.[99] 급속한 경제개발의 부작용으로 1960년대부터 거론되어왔던 무역의존도의 상승과 노동환경의 악화는 1970년대에도 별로 개선되지 못했다. 1970~1979년에 수출증가율은 37.5%, 수입증가율은 27.3%를 기록했지만, 전체 규모에서는 계속해서 총수입액이 총수출액을 넘어섰다. 무역수지의 적자 규모는 1973년 3억9백만 달러, 1979년 41억5,100만 달러에 이르렀으며, 그것은 해당 연도 GDP의 2.2%와 6.3%에 해당했다.[100] 1970년대의 임금 수준은 1인당 GDP와 거의 비슷하게 증가했지만, 노동조합의 단체교섭권과 단체행동권이 크게 제약을 받는 등 노동운동은 강하게 억압되었다. 유신체제하의 노동운동은 노동집약적 경공업 분야에서 자주 발생했으며, 1979년 8월에 있었던 YH무역 여성노동자들의 농성은 박정희 정권의 붕괴에 기폭제로 작용하기도 했다.[101] 흔히 '재벌'로 불리는 대규모 기업집단도 중화학공업화를 배경으로 본격적으로 성장했다. 10대 재벌의 계열사는 1972년 75개에 불과했던 것이 1979년에는 254개로 늘어났다. 1973~1978년의 연평균 GDP 성장률은 9.9%였던 반면, 5대 재벌, 10대 재벌, 20대 재벌의 연평균 부가가치 성장률은 각각 30.1%, 28.0%, 25.9%를 기록했다. GDP에서 5대 재벌, 10대 재벌, 20대 재벌이 차지하는 비중은 1972년에 각각 3.5%, 5.1%, 7.1%이었던 것이 1978년에는 8.1%, 10.9%, 14.0%로 증가했다.[102]

중화학공업화 정책에서 가장 논란이 되었던 것으로는 투자조정의 문제를 들 수 있다. 중화학공업에 대한 집중적 지원은 몇몇 분야에서 과도한 경쟁을 유발하여 과잉투자 혹은 중복투자로 이어졌고, 이에 대한 비판이 지속적으로 제기되었던 것이다. 게다가 1978년을 전후하여 통화팽창, 부동산투기, 물가불안 등이 가시화되면서 한국 경제가 나아갈 방향에 대해 종합적인 재검토가 필요하다는 주장이 정부 내에서도 공감대를 형성하기 시작했다. 특히 강경식 기획차관보와 김재익 경제기획국장을 비롯한 경제기획원의 관료들은 경제정책의 방향을 '성장 우선 정책'에서 '안정위에서 성장을 다지는 정책'으로 변경하고자 했다. 이러한 경향은 1978년

12월의 제10대 총선 패배 이후에 이루어진 개각에서 신현확이 부총리 겸 경제기획원 장관으로 발탁되면서 더욱 강화되었다. 신현확의 취임을 계기로 경제기획원은 물가안정을 최우선으로 삼는다는 방침을 내세웠으며, 그동안 한국 경제가 크게 성공했기 때문에 안정화 시책이 필요하다는 논리를 내세웠다. 안정화 정책에 대한 찬반양론이 팽팽히 맞서는 가운데 한국 정부는 1979년 4월 17일에 '경제안정화 종합시책'을 발표했다.[103] 4·17 안정화 시책은 ① 생필품 수급원활화와 가격안정, ② 재정긴축의 견지, ③ 중화학투자의 조정, ④ 금융운용의 개선, ⑤ 부동산투기 억제, ⑥ 특별안정생필품에 대한 집중적 관리, ⑦ 영세민 생활안정 등을 골자로 삼고 있었다.[104]

경제안정화 종합시책을 통해 한국 정부는 중화학 투자조정에 관한 공식적인 입장을 처음으로 발표했다. 장기적으로 대외경쟁력이 현저히 떨어지는 사업, 시설과잉 혹은 중복투자가 되어 부실화될 가능성이 큰 사업, 자기자금 투입 비율이 낮은 사업에 대해 투자를 조정한다는 것이었다. 이러한 사업에 대해서는 부총리 겸 경제기획원 장관을 위원장으로 하는 투자사업조정위원회를 설치하여 타당성을 검토하고 자금지원의 방향을 심의하도록 했다. 그러나 경제안정화 종합시책은 중화학투자의 속도를 조절한다는 차원에서 제시되었으며, 중화학공업화 정책의 포기를 의미하지는 않았다. 예를 들어 동 시책은 중화학공업의 지원방향으로 ① 중화학공업 발전 요건의 확충, ② 중화학공업의 집중 지원체계의 구축, ③ 중화학사업의 선별 추진으로 경쟁력 확보를 들었는데, 그것은 당시까지 추진되어 왔던 중화학공업화 정책의 기조와 거의 동일했다.[105]

투자사업조정위원회는 1979년 5월 25일에 '중화학투자조정계획'을 발표했는데, 그 주요 내용은 다음과 같다. 첫째, 고려아연의 연제련소에 대한 투자는 1년 연기되었고, 현대종합상사의 타이어공장, 대우실업의 타이어공장, 삼성중공업의 제2기 사업, 효성중공업의 산업기계공장에 대한 투자는 유보되었다. 둘째는 발전설비 부문과 건설중장비 부문의 투자 중지에 관한 것으로 5·25 조정안의 핵심에 해당한다. 발전설비 부문에서는 현대양행과 현대중공업을 합병하고 대우중공업과 삼성중공업을 통합하여 이원화하는 방안이 제시되었고, 건설중장비의 경우에는 현대양행의 중장비엔진공장에 대한 건설계획이 백지화되었다. 셋째, 조선 부문에서는 대우가 인수한 옥포조선소 건설사업을 원래대로 계속 추진하는 것으로 방향을 잡았고, 디젤엔진 부문에서는 현대엔진, 쌍용중기, 대우중공업 이외에는 신규 설비투자를 인정하지 않는다는 방침이 정해졌다.[106]

이와 같은 5·25 조정안은 실제로 집행되기 어려운 성격을 띠고 있었다. 각 기업이 선택한 공법이 다르기 때문에 기업 간의 통합이 쉽지 않을뿐더러 해당 기업은 이미 외국 업체와 기술협약을 체결하거나 추진하고 있었다. 또한 과거와 달리 기업이 상당한 자원과 정보를 축적하고 있었음에도 불구하고 정부는 해당 기업 사이의 이해관계를 조정하는 절차를 거치지 않은 채 자신의 입장만을 강요하는 자세를 보였다.[107] 그것은 당시의 한국 정부가 중화학 투자조정에 그다지 심각한 의미를 부여하지 않았다는 점을 시사한다. 정부는 중화학공업화 정책의 문제점을 인지하고 이를 시정해야 한다는 점을 인정하면서도 그 문제가 정책추진의 과정에서 나타날 수 있는 부분적인 것에 지나지 않는다는 인식을 가지고 있었던 것이다. 사실상 1979년의 중화학 투자조정은 기계공업의 일부에만 국한되어 있었으며, 계획으로만 제시되었을 뿐 집행의 단계로 곧바로 나아가지 못했다. 실제적인 중화학 투자조정은 박정희 사후에 집권한 신(新)군부에 의해 이루어지게 된다.[108]

경공업 분야의 기술습득

1. 섬유

1960~1970년대 한국의 경제성장을 이끈 산업은 섬유산업이었다. 당시에 섬유산업은 제조업을 기준으로 종업원 수의 30% 내외, 부가가치 액의 20% 정도를 차지했다. 특히 섬유산업은 제1차 경제개발 5개년계획 기간에 내수산업에서 수출산업으로 전환되기 시작했고, 제2차 경제개발 5개년계획 기간에 한국의 수출을 주도하는 산업으로 부상했다. 한국의 총수출에서 섬유산업이 차지하는 비중은 1963년 20.7%, 1970년 46.5%, 1975년 36.8%, 1980년 29.1%를 기록했다(〈표 3-4〉 참조). 한국이 세계 섬유시장에서 차지하는 위상도 높아져 1970년대에는 홍콩, 대만과 함께 세계 섬유산업계의 '빅 쓰리(Big Three)'로 불렸다.[109]

〈표 3-4〉 한국 경제에서 섬유산업의 위상 변화(1963~1980년)

구분		연평균 증가율(%)					
		1963년	1970년	1975년	1980년	1963~1975년	1970~1980년
종업원 (천 명)	제조업(A)	402	861	1,420	2,015	14.4	8.9
	섬유(B)	124	265	479	585	13.8	8.2
	B/A(%)	30.8	30.8	33.7	29.0	–	–
부가가치 (억 원)	제조업(A)	615	5,498	28,281	118,566	55.0	35.9
	섬유(B)	119	989	5,961	22,309	54.7	36.6
	B/A(%)	19.3	18.0	21.1	18.8	–	–
수출액 (백만 달러)	총수출(A)	87	835	5,081	17,505	55.6	35.6
	섬유(B)	18	388	1,870	5,097	60.1	29.4
	B/A(%)	20.7	46.5	36.8	29.1	–	–

자료: 이재덕 외, 『한국형 ODA 산업분야 연구: 섬유산업』(산업연구원, 2014), 78쪽.

한국의 섬유업체들이 세계시장에 진출하기 위해서는 무엇보다 제품의 품질이 확보되어야 했다. 1960년대 초에 한국 정부는 섬유산업을 수출전략산업으로 육성하기 위해 기술표준을 강화하기 시작했다. 1962년에 면사와 면제품이 수출 검사 품목으로 지정되는 것을 시작으로 1965년에는 한국섬유시험검사소와 한국직물시험검사소를 비롯한 섬유제품 검사기관이 확충되었다.[110] 그 결과 1960년대 후반에는 봉제품과 메리야스 제품을 중심으로 섬유산업의 수출이 급속히 늘어나는 양상을 보였다. 봉제품의 수출액은 1963년 8만6천 달러에서 1968년 5,118만 달러로, 메리야스 제품의 수출액은 같은 기간에 65만 달러에서 6,538만 달러로 증가했다. 특히 한국산 아크릴 스웨터는 1966년에 스웨덴 사람 2명 중 1명꼴로 입을 정도로 큰 인기를 누렸다고 한다.[111]

섬유산업은 제조단계에 따라 화학섬유업, 방적업, 직·편물제조업, 염색가공업, 의류봉제업 등으로 구분되는데,[112] 1960년대 한국 섬유산업의 특징 중 하나는 화학섬유 부문이 본격적인 성장세를 맞이했다는 점에서 찾을 수 있다. 한국의 화학섬유산업은 1953년경에 견직물 제조업자들이 나일론 원사를 수입하여 직물을 제조하면서 모습을 드러내기 시작했다. 1959년에는 한국나일롱(현재의 코오롱)이 스트레치나일론사를 제조하는 시설을 가동함으로써 나일론사의 수입대체가 이루어지기 시작했다.[113] 한국나일롱은 스트레치나일론사를 양말공장에 공급하여 나일론 양말 붐을 일으키는 데 크게 기여했다. 또한 1962년에는 한국산 스트레치나일론사를 홍콩으로 수출함으로써 화학섬유산업은 수출산업으로 변모하기 시작했다.[114]

1963년에는 한국나일롱이 일산 2.5톤 규모로 나일론F사의 생산을 개시했고, 1964년에는 한일나이론이 일산 3톤, 1968년에는 동양나이론(현재의 효성)이 일산 7.5톤 규모의 나일론F사 제조공장을 가동했다. 또한 1966년에는 홍한화섬이 일산 15톤 규모로 비스코스섬유를 생산하기 시작했으며, 1967년에는 한일합섬과 동양합섬(현재의 태광산업)이 각각 일산 7.5톤과 6톤 규모의 아크릴SF 생산설비를 갖추었다.[115] 이어 1968년에는 대한화섬이 일산 6톤의 폴리에스터SF 공장을 준공했으며, 1969년에는 선경합섬(현재의 SK케미칼)이 일산 7톤, 삼양사가 일산 12톤의 폴리에스터F사 제조공장을, 선경화섬(현재의 SK케미칼)이 일산 7톤의 아세테이트섬유 제조공장을 가동했다. 이를 통해 한국은 1960년대가 끝나기 전에 3대 화학섬유인 나일론, 폴리에스터, 아크릴 섬유를 생산할 수 있는 기반을 갖추게 되었다.[116]

국내 업체들은 화학섬유의 제조에 필요한 설비를 전적으로 외국의 선진 업체에 의존했다. 뿐만 아니라 시설 설치와 초기 운영에서도 설비도입선에서 파견된 외국 기술자들의 도움을 받았다. 나일론F사 설비는 미국의 켐텍스(Chemtex), 일본의 도레이(東レ), 스위스의 인벤타(Inventa), 서독의 비커스-짐머(Vickers-Zimmer)에서 도입되었고, 폴리에스터F사 혹은 폴

리에스터SF의 설비도입선은 일본의 테이진(帝人), 일본의 유니치카(ユニチ
カ), 미국의 켐텍스였다. 또한 국내 업체들은 자사의 기술자들을 설비도입
선을 비롯한 선진 업체에 파견하여 공장의 원활한 가동에 필요한 기본적
인 기술을 습득하도록 했다. 몇몇 업체의 경우에는 시설 도입만으로는 정
상적으로 공장을 운영하기 어려워 일본에서 제조기술을 추가적으로 확
보하기도 했다.[117]

나일론F사 제조공장을 설립한 동양나이론의 사례를 살펴보면 다음과
같다. 제조설비의 발주와 설치는 빅커스-짐머의 기술진이 맡았다. 공장에
필요한 각종 부품은 빅커스-짐머가 설계한 후 유럽과 일본의 기계부품업
체들이 제작하는 식으로 이루어졌다. 빅커스-짐머의 기술진은 1967년 12
월부터 1968년 7월까지 공사현장에 머물면서 설비의 시공을 담당하면서
건설과정을 지도 혹은 감독했으며, 일부 기술자들은 공장이 준공된 이후
에도 약 1개월 동안 잔류하여 공장의 원활한 운영을 도왔다. 이와 함께
동양나이론은 1967년에 들어와 2개의 팀으로 나누어 3~4개월의 일정으
로 해외연수를 실시했다. 배기은 생산부장을 포함한 5명의 기술자들은
서독, 이탈리아, 스위스, 대만, 일본을 둘러보면서 나일론 생산에 관한 기
본적인 지식을 익혔고, 홍성범 공무과장을 포함한 6명의 기술자들은 일
본의 주요 업체를 시찰하거나 해당 업체에서 기술훈련을 받았다. 동양나
이론은 해외연수를 마친 기술자들을 몇몇 제조공장을 건설하는 데 투입
함으로써 준공 이후의 운전과정이 원활히 이루어지도록 조치하기도 했
다.[118]

당시의 기술수준과 기술도입에 대해 한국화섬협회가 1993년에 발간한
자료는 다음과 같이 쓰고 있다.

초기 국내 화섬기업들은 도입기술의 장단점이나 기술료의 과다 등을

스스로 평가할 만한 자료나 정보, 능력이 부족하였고, 제공 희망자를 선택할 만한 여유로운 위치에 있지도 않았기 때문에, 많은 번민을 했다기보다는 오히려 모험을 각오하고 단순한 정보와 인연에 의해 도입선을 결정한 면이 크다 하겠다. 초창기 몇 년 동안의 결과를 보면, 초기에는 켐텍스, 인벤타, 짐머 등 엔지니어링회사 위주이던 것이 나중에는 아사히카세이, 토레이, 쿠라레 등 일본 화섬제조회사의 기술로 바뀌고 있음을 볼 수 있다. 생산회사의 기술을 도입하는 것이, 자체 생산 과정에서 다듬어진 공정기술까지를 전수받을 수 있고, 특히 일본은 지리적으로 인접하고 있어서 아프터서비스를 받기 쉬운데다 언어소통에도 별 불편이 없는 관계로 더욱 일본에 기울어지게 되었다고 해석된다.[119]

한국 정부는 다양한 정책수단을 활용하여 화학섬유를 포함한 섬유산업의 성장에 적극적으로 개입하는 모습을 보였다. 1961년에는 섬유부문 공장건설 계획을 수립하면서 공장건설에 필요한 외자도입대상자의 선정기준을 명확히 했으며, 곧이어 외국인 투자자에 대한 조세지원, 외자도입에 대한 정부의 지불보증, 후취담보에 의한 자본재 도입 등을 위해 외자도입과 관련된 법률을 정비했다. 또한 1966년에는 외자도입법을 제정하여 상업차관을 도입할 기업에 대한 정부지불보증을 폐지했고, 1967년에는 관세법을 개정하여 각종 화학섬유제품에 대한 수입관세를 인상함으로써 국산 제품을 보호했다. 이 외에도 한국 정부는 도입기계의 성능을 직접 조사하고 차관도입 계약서의 조항을 검토하는 등 섬유업체의 구체적인 사업 내용도 관리했다.[120]

1960년대 후반에는 섬유산업과 관련된 대규모 공업단지가 잇달아 조성되기도 했다. 1967년에는 일본교포 기업의 유치와 섬유제품의 수출 증대를 위해 구로동 수출공업단지(구로공단)가 조성되었다. 이어 1968년에는 섬유산업의 집단화를 위해 대구 지방공업단지(제3공업단지)가 조성되었으며, 1969년에는 가전제품과 화학섬유를 중심 업종으로 삼은 구미 국가산업단지(구미공단)가 문을 열었다.[121] 당시에 원사나 직물과 같은 섬유산업의 상류 부문이 대기업의 주도 하에 대구와 구미에 집중되었다면, 이를 의복으로 만드는 하류 부문은 주요 소비지이자 수출기지인 서울에 소재한 중소규모의 공장이 담당했다. 섬유산업의 상류 부문을 장악한 대기업들은 점차 하류 부문에도 진출하기 시작했는데, 제일모직, 반도상사, 코오롱 등이 여기에 해당한다.[122]

1960년대 후반을 통해 한국의 섬유산업은 모든 부문에서 생산시설이 크게 확충되었다.[123] 특히 화학섬유의 생산능력은 1965년에 일산 5.1톤에 불과했던 것이 1970년에는 일산 174.9톤으로 급속히 증가했다. 이에 따라 국내시장에서 외국산 화학섬유는 점차 국산품으로 대체되었으며, 1969년에는 적은 양이지만 수출용 원자재로서 화학섬유의 공급이 시작되었다. 그러나 계속된 증설로 인해 화학섬유 공급능력이 국내 수요를 앞지르게 되었고, 1968년 이후에는 화학섬유업체의 가동률이 80% 수준에 머물고 화학섬유제품의 가격이 하락하는 사태가 빚어졌다. 이에 따라 화학섬유산업은 조업을 개시한 지 몇 년도 되지 않아 수입대체산업에서 수출산업으로 전환하는 것이 불가피해졌다.[124]

한국 정부는 1960년대 후반부터 화학섬유산업의 수출을 촉진하기 위한 대책을 강구했다. 우선적으로 고려된 것은 섬유류 수출업자에게 국산 화학섬유를 수출용원자재로 공급하는 방안이었는데, 그 이유는 낮은 기술수준 등으로 수출산업으로의 급속한 전환이 쉽지 않았기 때문이다. 한국 정부는 1967~1969년에 금융과 세제에 관한 일련의 제도를 정비하여 수출용원자재 생산업자가 수출업자와 동일한 혜택을 받게 했으며, 수출업자도 국산 원자재를 사용하는 것이 불리하지 않도록 조치했다. 또한 1971년에는 수입허가를 신청할 때 해당 금액의 일정 비율을 담보로 적립하는 것을 의무화했고, 수출용원자재를 수입할 경우에는 상공부의 사전 승인을 받도록 했다. 이와 함께 1967년에는 '섬유공업시설에 관한 임시조치법'을 마련하여 신규 업체의 진입을 봉쇄하는 가운데 기존 업체의 증설이나 노후 설비의 교체를 유인했다. 그것은 기본적으로 화학섬유산업에서 규모의 경제를 실현하여 향후의 수출경쟁력을 확보하기 위한 성격을 띠고 있었다.[125]

1970년에는 화학섬유제품의 생산량이 수입량을 앞서기 시작했고, 1971년부터는 수출용 수요가 내수용 수요를 넘어섰다.[126] 1970년대에 한국 정부는 화학섬유산업이 급속히 수출산업으로 전환될 수 있도록 적극 개입했다. 정부는 섬유공업시설에 관한 임시조치법을 적용하면서 기존 업체에게는 수출용원자재의 공급을 전제로 시설도입을 허가했으며, 신규 진입자에 대해서는 직수출 조건을 부과했다. 화학섬유업체들의 수출을 강제했던 가장 중요한 정책수단은 외자도입 기업에 대해 수출의무량을 부가한 것이었는데, 이에 해당하는 기업은 국내에서 생산된 제품의 70% 이상을 수출해야 했다. 한국 정부는 수출의무량을 달성하지 못한 기업에 대해서는 감면된 조세를 추징했으며, 이에 따라 기업들은 자신에게 부과된 할당량을 달성하기 위해 다양한 노력을 경주하게 되었다. 이와 함께 한국 정부는 1973~1979년에 화학섬유의 내수 가격을 높게 책정함으로써 화학섬유업체들이 해외 수출로 발생하는 손실을 만회할 수 있도록 조치했다.[127]

이상에서 살펴본 것처럼 화학섬유산업에 대한 한국 정부의 정책은 집행 혹은 실행의 과정에서 지속적으로 보완되는 경향을 보였다. 신규 진입이나 설비 증설을 희망하는 기업의 차관 도입 신청이 속출하자 정부는 생산제품을 전량 수출한다는 조건을 달아 차관 도입을 승인했다. 또한 정부는 이미 차관 도입이 허가된 기업들이 상당히 많고 규모가 영세하다는 판단을 바탕으로 신규 업체가 진입할 경우에는 국제적으로 경쟁이 가능한 규모를 갖출 것을 요구했다. 이와 함께 공산품이 수출의 주력상품으로 등장하면서 원자재 수입이 증가하자 정부는 수출용원자재 수입에 대한 사전승인제를 실시했으며, 외자도입 기업에 대해 수출의무량을 부과하는 한편 이를 달성하지 못할 경우에는 감면된 조세를 추징하기도 했다.[128] 이와 같이 화학섬유산업에서 한국 정부의 정책이 진화되는 과정은 한국 정부가 화학섬유산업의 발전단계에 따라 그것에 적합한 구체적인 정책을 지속적으로 추진했다는 점을 시사하고 있다.

화학섬유산업이 수출산업으로 전환되면서 국내 업체들은 생산성 향상과 기술개량에 많은 관심을 기울이기 시작했다. 우선 화학섬유업체들은 기술도입선인 일본 업체로부터 기술지도를 받으면서 일본의 품질관리분임조(QC 서클) 활동을 도입했다. 한국나일롱은 이미 1969년에 품질관리분임조를 운영하기 시작했으며, 태광산업은 1971년에, 동양나이론은 1972년에 이를 뒤따랐다. 한국 정부는 1974년에 품질관리 실시 대상 업체를 지정하는 사업을 시작했고, 이를 계기로 선경합섬, 한일합섬, 삼양사 등도 품질관리의 대열에 속속 합류했다. 이러한 기업들의 품질관리활동은 일본의 경우처럼 직원의 자주성에 입각했다기보다는 경영진을 정점으로 하는 위계적 체제를 벗어나지 못했지만, 화학섬유제품의 제조에 관한 기술을 흡수하고 개량하는 데 중요한 계기로 작용했다.[129]

1970년대 화학섬유업체의 기술흡수와 개량에 대한 성과는 제조원가의 변화 추이에서 잘 드러난다. 예를 들어 코오롱은 대구와 구미에 나일론F사 공장을, 구미에 폴리에스테르F사 공장을 운영하고 있었는데, 1974~1980년에 노동생산성과 에너지생산성이 현저하게 상승되어 제조원가가 지속적으로 저렴해졌다. 구미공장의 경우에는 같은 기간에 제조원가가 45%나 감소했으며, 대구공장의 경우에는 이에 미치지는 못하지만 제조원가가 32% 하락한 것으로 나타났다.[130] 이러한 사례는 제조시설이 급속히 증설되던 시기를 조사의 대상으로 삼고 있기 때문에 기존의 설비 규모가 유지된 사례도 함께 살펴볼 필요가 있다. 선경합섬은 폴리에스터 F사를 생산하는 수원공장과 폴리에스터SF사를 생산하는 울산공장을 운영하고 있었는데, 수원공장의 경우에는 1974~1979년, 울산공장의 경우에는 1974~1980년에 아무런 설비 증설이 없었지만, 해당 기간에 수원공장은 51%, 울산공장은 62%의 제조원가가 하락한 것으로 나타났다. 이상의 사례를 감안하면 대략 1974년 이후에는 한국의 화학섬유업체들이 기술흡수와 개량을 통해 생산성을 향상시켜왔다고 평가할 수 있다.[131]

또한 한국의 화학섬유업체들은 기업부설연구소를 조기에 설립하는 모습을 보였다. 동양나이론은 제품의 품질을 향상시키고 신제품을 부단히 개발하기 위해 1971년에 민간기업으로서는 최초로 기술연구소를 설립했다.[132] 한국나일롱, 삼양사, 선경합섬, 제일합섬, 한일합섬 등은 기술개발부, 기술관리부, 개발실, 실험실 등과 같은 전담조직을 먼저 설치한 후 독립적인 기술연구소를 설립하는 방식을 취했다. 한국나일롱 기술연구소는 1978년, 삼양종합연구소와 선경합섬연구소는 1979년, 제일합섬 기술연구소는 1980년, 한일합섬 기술연구소는 1982년에 설립되었다. 1977년 이후에 기업부설연구소가 본격적으로 증가한 데에는 같은 해에 기술개발촉진법이 개정되면서 한국 정부가 민간기업의 연구시설 건설을 장려했다는 점이 중요한 배경으로 작용했다.[133]

이와 같은 연구개발체제를 구축하면서 한국의 화학섬유업체들은 자체적인 기술개발을 강조하기 시작했다. 예를 들어, 선경합섬의 공식 자료는 "기업의 참다운 세계적인 발전을 지탱해주는 추진력은 기술개발뿐이라는 관점 아래 1975년 4월에 기술개발부를 발족하고 연간 총매출액의 2% 이상을 연구개발비에 투입하기로 했다."고 기록하고 있다.[134] 그러나 당시 국내 업체들의 실제적인 기술개발의 주된 내용은 부가가치가 높은 화학섬유제품의 생산에 필요한 기술을 흡수하고 개량하는 데 있었다. 이와 관련하여 선경합섬은 1975~1976년에 이루어진 자체적인 기술개발의 사례로 고민감성 필라멘트사 방사구금의 개발, 카티온 다이어블(cation dyeable)사의 개발, 웨이스트 얀(waste yarn) 제거방법의 개발 등을 들고 있지만, 그 내용은 각각 방사노즐에 삼각형의 구멍 뚫기, 염색 과정상의 불량 개선, 연신기에 걸려 있는 실의 원활한 교환 등에 해당하는 것이었다.[135]

한국의 화학섬유산업에서 연구개발체제가 구축되던 시기에 기술도입이 저해된 것이 아니라 오히려 늘어났다는 점도 주목할 만하다. 3대 화학섬유에 관한 기술도입 건수는 1962~1966년의 2건과 1967~1971년의 2건에서 1972~1976년의 11건과 1977~1981년의 13건으로 크게 증가했던 것이다. 기술도입의 내용이 고급섬유 제조기술로 선진화되는 가운데 기술도입의 방식도 기존의 일괄수주를 벗어나 필요한 기술을 선택적으로 들여오는 것으로 나아갔다. 한국의 화학섬유업체들은 기존의 표준화된 생산설비만으로는 변화하는 해외 수요에 부응할 수 없다는 점을 인식하면서 특수한 규격의 화학섬유나 부가적 특성을 지니는 화학섬유의 생산에 필요한 기술을 적극적으로 도입했던 것이다. 한국의 화학섬유업체들은 새로운 도입기술에 대한 이해를 심화하면서 제품의 품질향상과 생산공정의 개선을 위해 지속적인 노력을 기울였다.[136]

1970년대 후반에 들어서는 몇몇 화학섬유업체들이 신제품 혹은 신공정을 개발하는 성과도 거두기 시작했다. 예를 들어, 선경합섬은 1977년에 아웃웨어의 원료로 사용되는 8각 단면사와 6각 단면사를 개발하는 한편, 폴리에스터의 주원료를 DMT(di-methyl tetraphthalate)에서 TPA(tere phthalic acid)로 전환하는 데 성공했다.[137] 이어 선경합섬은 1978년에 난연성 폴리에스터 섬유를 개발하여 한국은 물론 일본에서도 특허를 받았으며, 같은 해에 연소 필터용 아세테이트 토우를 개발하여 전매청에 납품하기도 했다.[138] 이와 같은 신제품이나 신공정은 이미 미국이나 일본에서 활용되고 있었으며, 국내에서는 최초로 개발하거나 이전보다 품질을 개선한 성격을 띠고 있었다.

선경합섬이 외부 기관과의 협력을 통한 기술개발을 적극적으로 추진했다는 점도 특기할 만하다. 선경합섬은 한국과학원(KAIS)의 최삼권 박사팀과 2년이 넘는 공동연구 끝에 1977년 11월에 제전성(制電性) 폴리에스터 섬유를 개발하는 데 성공하여 한국과 미국에서 특허를 받았다. 기존의 약품처리방식을 사용하면 세탁 후에 그 효과가 사라지는 결점이 있었지만, 한국과학원과 선경합섬은 정전기 방지 효과를 낼 수 있는 새로운 촉매를 개발했던 것이다. 이에 대하여 선경합섬의 공식 기록은 "선경의 기술진은 이처럼 과학원 연구진과의 협동연구 작업을 통해 대학원을 졸업하지 않고도 새로운 기술이론을 터득할 수 있었을 뿐만 아니라, 인스트루먼트(실험기재)에 대한 숙달, 필요한 문헌정보의 검색, 거기에다 실험방식까지 익힐 수 있는 부산물을 얻어냈"다고 기록하고 있다.[139]

또한 선경합섬은 KIST와의 협력을 바탕으로 제품의 다각화도 이루어낼 수 있었는데, 폴리에스터 필름(PET 필름, polyethylene terephthalate film)의 국산화가 그러한 예에 속한다. 선경합섬은 1975년 봄에 KIST의 최남석 박사팀과 폴리에스터 필름 개발을 위한 용역계약을 체결했으며, 최남석 박사팀은 폴리에스터 필름의 제조기술에 대한 각종 정보를 수집·분석했다. 1976년 12월에는 선경화학(선경합섬의 자회사)과 KIST가 공동으로 연구개발조직을 편성했으며, 공동연구팀은 1977년 여름에 최초의 샘플 칩을 만들어 일본에서 품질 테스트를 받은 후 같은 해 12월에 국내 최초이

자 세계 4번째로 폴리에스터 필름을 개발하는 데 성공했다.[140] KIST와 선경화학의 공동연구가 가시화되자 그동안 기술이전을 꺼리고 있던 일본의 테이진은 1977년 12월에 제일합섬과 기술공여계약을 체결하기에 이르렀다. 이를 계기로 국산 신기술의 보호와 기술도입의 인가를 둘러싼 논쟁이 10개월에 걸쳐 전개되었으며, 결국 한국 정부는 국내에서 개발된 기술을 보호하는 결정을 내렸다.[141]

1960~1970년대 화학섬유산업의 전개과정을 자세히 분석한 이상철은 1970년대 중반 이후 선경합섬의 사례에 대해 다음과 같이 결론짓고 있다.

> 선경의 사례를 통해, 우리는, 1970년대 중반 이후, 선진국으로부터 일괄수주방식으로 자본재를 도입함으로써 설비에 체화된 선진국의 기술을 이식받고, 그 설비의 운전을 통해 실행에 의한 학습(learning by doing)을 수행하던 과거와는 전혀 새로운 방식으로 기업의 기술능력 확보가 이루어지기 시작했음을 확인할 수 있다. 이와 같은 기업의 기술능력 확보 노력은 전적으로 기업 내부의 자원만으로는 그 결실을 얻을 수 없었고, 우수한 연구개발인력을 확보하고 계약연구제도를 개발해 놓고 있었던 한국과학기술연구소의 기술적 도움에 힘입어 비로소 가능했다. 이는 1970년대 중반 이후 한국 화학섬유산업에서 필요로 했던 기술이, 과거의 표준화된 대량생산기술로부터 좀 더 고급의 신제품 제조 및 공정개량과 관련된 기술로 이행해 갔으며, 이들 기술 중에는 선진국 기업들 사이에서도 유출되는 것을 막고 있는 최첨단 기술도 포함되어 있었다는 사실을 반영하는 것이다.[142]

1980년대 초반이 되면 한국의 섬유산업은 섬유제조에 관한 기술능력을 상당 부분 축적하는 수준에 이르렀다. 그것은 〈표 3-5〉에서 나타난 노동생산성에 관한 비교에서 간접적으로 확인할 수 있다. 1980년대 초반에 한국 섬유산업의 노동생산성은 면방 부문에서 선진국의 50~60% 수준, 화학섬유 부문에서는 70% 수준으로 평가되고 있다.

〈표 3-5〉 1980년대 초반 섬유산업의 생산성 비교

구분	한국	일본	서독
면사의 시설생산성 (g/sp, hr)	25.4 (1981년) 25.0 (1983년)	28.0 (1981년) 27.6 (1983년)	25.4 (1981년) 25.4 (1983년)
면사의 노동생산성 (mh/100kg)	15.92 (1981년) 14.50 (1983년)	8.99 (1981년) 8.47 (1983년)	9.02 (1981년) 8.68 (1983년)
화학섬유의 노동생산성 (톤/인)	43.5 (1983년)	60.0 (1983년)	NA

자료: 한국섬유산업연합회, 『섬유산업 재도약의 길: 섬유백서』(1985), 101쪽.

2. 신발

한국 신발산업의 효시로는 1919년에 설립된 대륙고무공업사가 꼽힌다. 대륙고무는 한일 합자회사의 형태로 서울에 설립되었으며, 대륙고무의 대장군표 고무신은 당시까지 짚신에 의존해왔던 한국인들에게 상당한 호응을 받았다. 이후에는 서울, 평양, 부산 등지에서 고무신 회사들이 속속 설립되었고, 1933년을 기준으로 하면 전국적으로 72개의 고무신 공장이 가동되고 있었다. 그러나 1936년 중일전쟁의 발발로 일본이 물자통제정책을 실시하는 것을 계기로 고무신 원료의 획득이 어려워지면서 상당수의 고무신 공장들이 폐업에 들어가고 말았다.[143]

　1945년 해방 이후에는 부산을 중심으로 고무신 공장이 다시 설립되기

시작했다. 부산은 다른 지역에 비해 원료의 구입이 용이하고 노동력이 풍부하며 기후도 온화한 입지 조건을 가지고 있었다. 1950~1953년의 한국전쟁은 한국의 산업기반에 치명적인 타격을 입혔지만, 부산의 신발산업은 예외에 속했다. 피난민으로 인해 신발에 대한 수요가 증가했을 뿐만 아니라 군용 훈련화에 대한 대량 주문이 이루어졌기 때문이다. 1959년을 기준으로 경상남도에 등록된 부산의 신발공장은 71개에 이르렀다.[144]

1960년대를 통해 한국의 신발산업에는 부산에 소재한 몇몇 기업들이 대표적인 내수 브랜드로 뿌리를 내리는 구조가 형성되었다. 당시에는 삼화고무, 보생고무, 태화고무공업, 국제화학, 동양고무공업, 진양화학공업이 6대 신발업체로 꼽혔다. 삼화는 범표, 보생은 타이어표, 태화는 말표, 국제는 왕자표, 동양은 기차표, 진양은 진양표라는 상표를 내걸었다. 이러한 기업들은 1970년대에 들어와 대량생산 체제를 갖추었으며, 부산 지역은 세계 최대의 신발생산기지를 형성하기에 이르렀다.[145]

1960년대에는 한국 신발산업의 제품 다각화도 이루어졌다. 1950년대까지는 고무신이 신발산업의 주요 생산품이었던 반면, 1960년대에는 포화(布靴, canvas shoes)와 케미화(chemi shoes)가 주종을 이루게 되었던 것이다. 포화의 경우에는 직물제 갑피에 가황고무를 밑창으로 사용했으며, 케미화는 PVC와 같은 화학재료를 갑피로 사용한 것에 해당한다. 또한 1962년에는 11만9천 달러의 고무신을 미국에 수출하는 등 아주 작은 규모이지만 국산 신발의 수출도 이루어졌다. 특히 1967년에 베트남전에 군용 정글화가 납품되기 시작하면서 한국의 신발 수출액은 1968년에 1,100만 달러까지 증가했다.[146]

1960년대 한국 신발업체들의 제조기술 축적에는 일본의 도움이 컸다. 1965년 한일국교 정상화가 이루어지자 부산에 집중되어 있던 신발업체들은 일본의 제조기술을 적극적으로 습득하기 시작했다.[147] 당시 신발산

자료: "진양고무를 기억하는 신발 한 켤레", 《국제신문》, 2015. 3. 4.

업의 핵심기술은 고무의 배합과 관련된 노하우였는데, 그것은 암묵적 지
식의 성격이 강했다. 한국의 신발업체들은 기술인력을 일본에 파견하여
기술연수를 받게 하거나 일본 기술진을 한국에 초청하여 기술지도를 받
았다. 그리고 이러한 과정을 통해 고무의 배합뿐만 아니라 신발의 제조공
정과 관련된 기본적인 기술적 토대가 마련되었다.[148]

1970년대에 한국의 신발산업은 설비, 고용, 수출이 급속히 증가하는 최
고의 성장세를 보였다. 당시에 주요 선진국들은 신발산업이 사양기에 접
어들면서 개발도상국으로 생산설비를 이전하기 시작했고, 이를 계기로
한국은 신발산업의 국제적 분업체제에서 중요한 생산기지로 부상했다.
특히 일본에서는 신발산업에 대한 대대적인 구조조정이 전개되었으며, 덕
분에 한국의 신발업체들은 생산설비와 제조기술을 어렵지 않게 도입할
수 있었다. 한국의 신발산업은 1972년에 단일 품목으로는 최초로 수출실

적 1억 달러를 달성했고, 1975년에는 수출 규모가 처음으로 내수 규모를 넘어섰다. 1980년에 신발 생산규모는 3억 족에 이르렀으며, 신발 수출액은 9억 달러를 돌파했다.[149]

1970년대에 들어와 한국의 신발업계는 대부분 외국 유명 브랜드의 상표를 붙인 주문자상표부착방식(original equipment manufacturing, OEM)에 의해 사업을 확장했다. 흥미롭게도 한국이 세계적인 OEM 수출국으로 부상하기 시작한 1970년대에는 세계 신발산업의 흐름이 기능성 운동화를 중시하는 방향으로 전환되었다. 특히 나이키는 1973년에 와플 트레이너(Waffle Trainer)라는 나일론 조깅화를 출시하면서 때마침 일기 시작한 조깅 붐을 배경으로 세계적인 신발업체로 성장했다. 나이키는 1974년에 삼화고무와 OEM 수출계약을 맺으면서 한국에 진출했으며, 이후에 나이키의 조깅화는 상당 기간 동안 한국 최대의 신발 수출품목으로 군림했다.[150]

1969~1972년에 국제상사가 사상공장을 건설한 것도 주목할 만하다. 사상공장은 몇 번의 확장을 거쳐 115~130개의 생산라인을 보유하게 되었는데, 그것은 단일 공장으로서는 세계 최대 규모의 시설에 해당했다. 보통 1개 라인당 연간 생산량이 60만 족 정도이므로 당시 사상공장의 연간 생산능력은 7,000만 족이 넘는 셈이었다. 또한 사상공장은 초기부터 냉연공정(cold process) 라인을 지속적으로 설치했으며, 그것은 우수한 품질의 운동화를 생산할 수 있는 중요한 계기로 작용했다. 원래 이 공정은 케미화의 생산을 위해 고안되었지만, 1970년대 중반 이후에는 나일론 조깅화와 혁제 운동화의 생산에도 활용되었다.[151] 당시에 국제상사는 냉연공정 라인당 2,500족을 생산하는 체제를 구축했는데, 그것은 훗날 '한국형 신발제조라인'으로 평가되면서 세계적인 표준으로 자리잡게 되었다.[152]

이런 식으로 한국의 신발업계에 최신 설비가 잇달아 도입되면서 그것을 원활하게 가동하기 위한 능력을 확보하는 것이 중요한 과제로 부상했다. 이와 관련하여 1979년에 발간된 『국제상사 삼십년사』는 사상공장이 가동되기 시작한 1969년을 계기로 국제상사가 해외시장의 개척과 전사적(全社的) 차원의 기술개발에 본격적인 관심을 가지게 되었다는 점을 강조하고 있다.

> 당사[국제상사]는 해외시장을 개척하는 것이 경영목표 달성을 위해 가장 효과적임을 간파하고 이를 위한 수단으로 전사적인 기술개발 업무가 적극 지원되어 관계 담당자들로 하여금 사명감을 갖고 종전의 모방적인 개발 형태에서 탈피하여 적극적인 자체개발로 방향을 전환시켰다. 당시의 수출품은 채산성도 양호하였기 때문에 "품질 좋은 제품을 경제적으로 생산하여 값싼 값으로 적기에 공급한다."는 기본정책에 의하여 개발업무가 적극 진행된 것이다.[153]

1970년대를 통해 한국의 신발업계는 선진국과의 OEM 계약 속에서 고난도의 제조기술을 습득하고 신제품을 개발하는 양상을 보였다.[154] 외국의 바이어가 요구하는 수준의 사양과 납기를 맞추기 위해 필사적으로 노력하는 가운데 수많은 시행착오를 거치는 과정을 통해 자체적인 생산 노하우가 축적되었던 것이다. 이러한 점에서 OEM 체제는 일차적으로 수출고를 올리기 위한 수단의 의미를 가지고 있었지만, 이와 동시에 신발의 제조와 관련된 기술들을 광범위하게 터득하고 축적해가는 통로가 되었다고 볼 수 있다.[155] 신발산업의 기술혁신 패턴을 분석한 김석관이 적절히 지적했듯이, 한국의 신발산업은 '실행에 의한 학습'을 통해 선진국의 신발 제조기술을 습득할 수 있었던 것이다.

생산주문을 내었던 외국 기업들이 직접 어떤 구체적인 기술들을 전수해주거나 이전해주는 방식으로 기술학습이 이루어진 것은 아니었다. 1960년대부터 현재까지 현장에서 활동했거나 활동하고 있는 기술진들과의 인터뷰를 통해 확인된 것은 미국과 유럽의 브랜드 기업들이 부분적으로 소재와 장비를 선택해주거나 기술적 자문을 제공하는 등의 방식으로 기술적 지원을 해준 것은 사실이나, 그보다는 우리 기업들이 바이어가 제시하는 제품사양(specification)에 맞추기 위해 노력하는 과정에서 자체적으로 생산 노하우가 축적된 면이 더 크다는 것이었다. 즉, 실행에 의한 학습이 기술학습의 주된 과정이었다고 볼 수 있다.[156]

중화학공업 분야의 기술습득

1. 석유화학

제1차 경제개발 5개년계획 기간 중에 가장 많은 투자가 이루어진 산업은 화학산업이었다. 제조업 부문의 총투자액이 225억 원이었는데, 그중 약 34%를 화학산업이 차지했던 것이다. 이러한 투자를 바탕으로 정유공장, 비료공장, 시멘트공장, 소다회공장, PVC공장 등이 잇달아 건설되었다.[157] 당시에 한국 정부는 정유공장 건설사업을 최우선 과제로 선정했으며, 1962년 1월에 울산에 정유공장을 건설한다는 계획을 마련한 후 같은 해 10월에 대한석유공사를 설립했다. 한국 최초의 정유공장을 건설하는 작업은 미국 걸프(Gulf) 사의 합작투자, UOP(Universal Oil Products)와의 기술용역계약, 플루어(Fluor) 사와의 건설계약을 바탕으로 추진되었다. 울산 정유공장은 1963년 3월에 착공되어 같은 해 12월에 완공되었으며, 45일 동안의 시운전을 거쳐 1964년 1월부터 석유제품을 생산하기 시작했다. 울산 정유공장의 원유정제능력은 1일 35,000배럴에서 출발했는데, 실제적인 원유처리량은 1964년 17,000배럴, 1965년 30,000배럴, 1965년 38,000배럴을 기록했다. 울산 정유공장의 시설능력은 계속 확장되어 1967년의 55,000배럴을 거쳐 1968년에는 115,000배럴로 증가했다.[158]

한국 정부는 1966년 6월에 제2차 경제개발 5개년계획을 마련하면서 석유화학공업단지 조성사업과 종합제철소 건설사업을 핵심 사업으로 선정했다.[159] 석유화학산업의 경우에는 1964년에 수입액이 1억7,800만 달러를 기록했고, 공장을 신설하지 않으면 1971년의 수입액이 7억3,900만 달러에 이를 것으로 예상되었다. 이에 앞서 경제기획원은 1966년 2월에 ADL(Arthur D. Little) 사에 한국의 석유화학 산업화에 관한 타당성을 조사하는 작업을 의뢰했다. 같은 해 9월에 제출된 결과보고서는 한국의 석유화학산업이 개발될 필요성은 있지만, 아직은 이에 대한 수요가 부족하므로 소규모 공업단지를 조성할 것을 추천했다. ADL이 추천한 규모는 나프타 기준 연산 3만2천 톤이었는데, 그것은 국제적 규모인 연산 30만 톤의 1/10에 지나지 않았다.[160]

ADL의 타당성 조사가 진행되고 있던 1966년 7월에는 상공부 내에 석유화학과가 신설되었다. 상공부는 오원철 공업제1국장의 주도로 석유화학공업에 관한 계획을 마련하면서 연산 10만 톤 규모의 공장을 건설하기로 의견을 모았다. 정부가 추진하는 사업의 주도권을 둘러싸고 경제기획원과 상공부 사이에는 치열한 논쟁이 벌어졌고, 결국 석유화학 건설사업은 상공부가, 종합제철 건설사업은 경제기획원이 담당하는 식의 교통정리가 이루어졌다. 1966년 11월에 경제장관회의에서 확정된 한국 최초의 '석유화학공업 개발계획'은 나프타분해설비(Naphtha Cracking Center, NCC)의 규모를 6만 톤으로 확대하고 이와 연관된 8개의 계열공장을 건설한다는 내용을 담고 있었다.[161]

석유화학공업 개발계획이 확정되면서 한국 정부는 건설입지와 실수요자를 선정하는 작업에 착수했다. 건설부는 울산, 여수, 비인, 인천 등을 건설입지 후보지로 도출한 후 1967년 7월에 울산을 최종부지로 선정했다. 무엇보다도 울산에는 이미 나프타를 생산하는 정유공장이 있었다는 점이 유리하게 작용했다. 실수요자를 선정하는 작업은 1967년 7월에 거의 완료되었지만, 선정된 민간기업들이 자본조달능력의 부족 등을 이유로 사업을 포기하는 사례가 잇달았다. 이에 한국 정부는 1968년 3월에 규모가 큰 공장의 건설은 국영기업이 주관하게 하고 NCC도 10만 톤에서 출발하여 15만 톤까지 확장하는 것으로 기존의 개발계획을 수정했다. 결국 NCC의 건설은 대한석유공사가, 4개의 주요 공장과 단지 조성은 충주비료가, 그 밖의 공장은 민간기업들이 건설하는 식으로 사업방향이 결정되었다.[162] 이와 함께 자금력의 부족과 기술수준의 미흡을 고려하여 동일 단지 내에서 하나의 유도품은 1개 업체만이 제조하는 것으로 하는 '1사 1공장주의' 혹은 '1사 1품목'의 원칙이 적용되었다.[163]

한국 정부는 처음에 외국 업체를 통해 석유화학공업단지를 조성할 계획이었으나 결국 충주비료가 이를 담당하게 되었는데, 이에 대하여 당시에 단지 조성의 책임을 맡았던 이정상은 다음과 같이 회고한 바 있다.

나는 울산 석유화학단지 조성을 담당했습니다. 석유화학단지란 우리나라에서 처음 시도하는 일이며, 나 자신 석유화학공장에 대해서 깊은 지식이 있을 리 없었습니다. 그래서 미국 회사인 백텔(Bachtel)에 용역을 주기로 상신했습니다. 그런데 그 회사는 너무나 많은 돈을 달라는 것이었습니다. 공단조성이나 공단배치(10여 개의 공장이 입주하게 되며, 공장은 서로 연관관계가 있어 그 배치에 기술적인 고려가 필요함) 정도는 우리 기술로도 해낼 수 있지 않을까 하는 오기가 생기더구만요. 그래서 일본 석유화학단지를 견학하러 갔습니다. 일본의 대표적인 오이타

(大分)와 가시마(鹿島) 단지를 보고 난 후, 오이타 단지가 울산과 여건이 비슷해서 참고로 하기로 하였습니다. 기술자료를 좀 얻어 가지고 귀국한 후 울산단지의 설계를 했습니다. 이 설계가 끝난 후 오이타 측과 협의한 결과 잘 되었다고 하더구만요. 그러나 걱정이 되어서 가시마 단지에 가서도 상의해 보았지요. 여기서도 좋다고 하기에 이 안을 확정하게 된 것입니다.[164]

한국 정부는 울산 석유화학공업단지의 조성에 참여할 외국 업체를 선정하는 작업도 주도적으로 추진했다. 합작투자의 파트너를 찾는 일은 외국 업체가 자발적으로 한국 정부와 접촉하거나 한국 정부의 요청에 의해 외국 업체가 대응하는 데에서 시작되었다. 교섭 도중 한국 정부의 요구조건이 엄격해지면서 외국 업체는 하나씩 탈락했으며, 마지막에 남은 업체가 가장 엄격한 조건을 수락하게 되었다.[165] 한국 정부는 1970년 1월에 석유화학공업육성법을 제정하여 석유화학공업의 관리와 지원에 대한 제도적 토대를 마련하기도 했는데, 그것은 석유화학공업육성 기본계획의 수립, 사업등록 및 제품가격에 대한 정부의 승인, 연구 및 기술개발의 지원 등을 골자로 삼고 있었다.[166]

울산 석유화학공업단지 조성사업에 대한 합동기공식은 1968년 3월에, 합동준공식은 1972년 10월에 거행되었다.[167] 울산 석유화학공업단지 조성에는 2억4천만 달러 정도의 자금이 투입되었는데, 선진국의 경우에는 비슷한 규모의 석유화학공업단지를 조성하는 데 4억 달러 이상이 소요되었다.[168] 〈표 3-6〉은 울산 석유화학공업단지의 개요를 보여주고 있다. 건설주체와 사업주체를 보면 울산 석유화학공업단지가 대부분 공기업 혹은 그 계열사를 통해 조성되었다는 점을 알 수 있다. 충주비료와 대한석유공사는 공기업이었고, 한국카프로락탐과 석유화학지원공단은 충주비료가 전액 출자한 기업이었다. 또한 한양화학은 충주비료와 다우케미컬 (Dow Chemical)의 합작에 의해, 동서석유화학은 충주비료와 스켈리오일 (Skelly Oil)의 합작에 의해 설립되었다.[169] NCC를 비롯한 석유화학공장들은 대부분 '턴키방식'으로 불리는 일괄수주계약에 의해 건설되었다.[170] 국내 기술진이 합작투자 파트너인 외국 업체에 파견되어 현장훈련을 받기도 했지만, 공정 선택, 공장 설계, 기자재 구매, 시운전 등은 외국 업체가 거의 전적으로 담당했던 것이다.

〈표 3-6〉 초기 울산 석유화학공업단지의 개요

생산시설	건설주체	사업주체	생산량 (톤/년)	기술도입처	완공시기	용도
나프타분해설비 (NCC)	대한석유공사	대한석유공사	100,000	Kellog	1972년 7월	기초유분
비닐클로라이드 모노머(VCM)	충주비료	한양화학	60,000	Dow	1972년 10월	중간원료
저밀도 폴리에틸렌 (LDPE)	충주비료	한양화학	50,000	Dow	1972년 10월	합성수지
폴리프로필렌(PP)	대한유화	대한유화	30,000	Chisso	1972년 6월	합성수지
아크릴로니트릴(AN)	충주비료	동서석유화학	27,000	Skelly	1972년 7월	합섬원료
카프로락탐	충주비료	한국카프로락탐	33,000	Stamicarbon	1974년 4월	합섬원료
스타이렌부타디엔 고무(SBR)	삼양타이어	한국합성고무	25,000	Mitsui	1973년 5월	합성고무
알킬벤젠	이수화학	이수화학	13,000	UOP	1973년 2월	합성세제
무수프탈산	삼경화성	삼경화성	8,400	UOP	1972년 9월	가소제
유틸리티 정비센터	충주비료	석유화학지원공단	공업용수: 4만 톤/일 전력: 3만5천 KW 수증기: 8,730톤/일			유틸리티 공급 및 공장 유지보수

자료: 남장근, 『한국형 ODA 산업분야 연구: 석유화학산업』 (산업연구원, 2015), 68쪽.

울산의 석유화학공장들은 석유화학제품에 대한 국내 수요의 증가와 세계적인 경기호황에 힘입어 초기부터 높은 가동률을 보였다. 박정희 대통령은 1973년 1월에 중화학공업화 정책을 표방하면서 석유화학을 5대 전략업종의 하나로 거론했고, 한국 정부는 같은 해 7월에 울산 석유화학공업단지의 설비를 확장하고 여천을 제2의 석유화학공업단지로 조성하는 것을 골자로 하는 '석유화학공업육성 기본계획'을 수립했다. 그러나 1973년 말에는 제1차 석유파동의 영향으로 원유 값이 폭등하면서 일부 석유화학공장의 가동률이 저하되는 문제점이 발생했다. 이러한 상황은 정부의 나프타와 기초유분에 대한 가격조정과 각종 지원시책으로 극복될 수 있었고, 1976년에는 공급이 수요에 못 미치는 수준에 이를 정도로 석유화학산업이 호황을 누리기 시작했다.[171]

울산 석유화학공업단지에서는 1976~1979년에 설비의 신증설이 이루어졌다. 예를 들어, 대한석유공사의 NCC는 생산규모가 10만 톤에서 15만 톤으로 증가했고, 아크릴로니트릴(AN)을 생산하던 동서석유화학은 5만 톤 규모의 제2공장을 추가했으며, 삼성석유화학은 10만 톤 규모의 테레트탈산(TPA) 공장을 신설했다. 여천 석유화학공업단지(현재의 여수 석유화학공업단지)는 정부투자기관인 한국종합화학공업을 중심으로 조성되었으며, 1976년 11월에 착공된 후 1979년 12월에 준공되었다. 호남에틸렌(현재의 대림산업)은 연산 35만 톤 규모의 NCC를 건설했고, 호남석유화학(현재의 롯데케미칼)은 연산 7만 톤의 고밀도 폴리에틸렌(HDPE), 연산 8만 톤의 폴리프로필렌(PP), 연산 7만 톤의 에틸렌글리콜(EG)을 생산할 수 있는 능력을 구비하게 되었다. 또한 한양화학(현재의 한화케미칼)은 연산 10만 톤 규모의 저밀도 폴리에틸렌(LDPE) 생산설비를 갖추었고, 한국다우케미칼은 염소 22만 톤, 가성소다 22만7천 톤 등을 생산하는 전해공장(電解工場)을 준공했다.[172] 여천 석유화학공업단지도 울산 석유화학공업단지와 마찬가지로 대부분 공기업 혹은 그 계열사에 의해 조성되었다. 앞서 언급했듯 한양화학은 충주비료와 다우케미컬의 합작사였고, 호남에틸렌은 한국종합화학공업의 단독 출자로, 호남석유화학은 한국종합화학공업과 미쓰이(三井)의 합작으로 설립되었던 것이다.[173]

여천 석유화학공업단지 조성사업에서는 이전과는 다른 몇몇 경향이 나타나기도 했다. NCC의 경우에는 세계적으로 최신 공정인 루무스(Lummus) 공정이 동양 최초로 도입되어 나프타와 가스오일을 함께 사용할 수 있게 되었다.[174] 또한 호남석유화학은 종래의 턴키방식 대신에 실비정산방식(cost plus fee)을 채택하는 가운데 석유화학공장의 상세설계에도 참여했으며, 정제탑과 계장재(計裝材)를 포함한 기기장치의 국산화를 통해 해당 경비의 21%에 해당하는 92억 원의 외화를 절감했다.[175] 이처럼 여천단지 조성사업의 경우에는 울산단지의 운영에 대한 경험을 바탕으로 국내 업체들이 최신 공정의 도입, 상세설계에 대한 참여, 설비 및 기자재의 국산화 등과 같은 노력을 기울였던 것이다.

울산 석유화학공업단지의 확장사업과 여천 석유화학공업단지의 조성사업을 통해 한국 석유화학산업의 생산능력은 크게 확대되었다. 에틸렌을 기준으로 하면, 1972~1976년에 연산 10만 톤이었던 것이 1978년의 15만5천 톤을 거쳐 1981년에는 50만5천 톤으로 증가했다. 그 결과 1974년 이후에 심화되고 있던 석유화학제품의 공급 부족 현상은 1981년이 되면 상당 부분 해소되었다. 합성수지의 경우에는 완전 자급의 단계에 진입하면서 해외 수출을 위한 토대가 마련되었고, 가장 낮은 수준에 머물고 있던 합섬원료의 자급도도 50% 정도에 이르게 되었다(〈표 3-7〉 참조).

1960~1970년대 한국 석유화학업체들의 기술활동은 선진국으로부터 기술을 도입하는 것에서 시작되었다. 1962~1978년에 도입된 석유화학에 관한 기술은 총 49건으로 집계되고 있는데, 국가별로는 일본 17건, 미국 13건, 네덜란드 8건, 영국 5건의 순서를 보였다.[176] 기술도입계약의 내용은 생산공정의 도입, 기술자료의 제공, 한국 기술자의 훈련, 외국 기술자의 파견 등을 포괄하고 있었다. 예를 들어, 1968년에 충주비료가 다우케미컬과의 합작으로 한양화학을 설립하면서 체결한 기술도입계약은 저밀도

〈표 3-7〉 석유화학제품의 수급 추이(1972~1981년)

단위: 천 톤

품목	구분	1972년	1974년	1976년	1978년	1981년
에틸렌	생산능력	100	100	100	155	505
합성수지	생산능력	148	229	271	448	922
	생산	83.2	196.6	277.5	425.9	715
	수입	85.0	36.0	54.5	205.9	59
합성수지	수출	15.9	6.9	4.4	7.3	135
	내수	152.3	225.7	327.6	624.5	639
합섬원료	생산능력	18	41	60	98	293
	생산	3.6	43.4	68.3	87.9	325
	수입	101.1	158.9	295.2	410.8	369
	수출	–	0.7	–	–	–
	내수	104.7	201.6	363.5	498.7	694
합성고무	생산능력	–	25	25	45	101
	생산	–	16.4	35.7	59.5	79
	수입	16.8	9.1	11.6	26.9	16
	수출	–	–	–	–	3
	내수	16.8	25.5	47.3	86.4	93

자료: 한국석유화학공업협회, 『통계로 보는 석유화학산업 40년사』(2010), 30쪽.

폴리에틸렌(LDPE)과 비닐클로라이드모노머(VCM)를 생산하는 공정을 다우케미컬의 공장과 동일한 것으로 한다는 점, 다우케미컬이 모든 기술자료와 정보를 한양화학에 제공한다는 점, 다우케미컬이 한국의 기술자를 훈련시킨 후 스스로 기술을 이용할 수 있게 한다는 점, 한국 기술자가 기술을 흡수할 때까지 다우케미컬이 기술자를 계속해서 한국에 파견한다는 점 등으로 이루어져 있었다.[177]

한국의 석유화학업체들은 생산현장에서 설비를 운용하는 과정을 통해 석유화학에 관한 기술과 지식을 축적할 수 있었는데, 그것은 '실행에 의한 학습'으로 규정할 수 있다. 국내 업체들은 선진국에서 도입한 기술을 비교적 빠른 속도로 흡수했으며, 이에 따라 선진국 업체에 대한 의존도가 점차 줄어들게 되었다. 예를 들어, 한양화학은 울산공장의 운영을 위해 6명의 기술자들이 다우케미컬에서 훈련을 받도록 했지만, 여천공장의 경우에는 그 수가 1명으로 감소했다. 또한 울산공장의 기본설계와 상세설계는 전적으로 외국인 기술자에게 의존했지만, 여천공장의 기본설계는 한국인 4명과 외국인 4명, 상세설계는 한국인 1명과 외국인 2명에 의해 이루어졌다. 울산공장과 여천공장의 조업에는 한국인 기술자 42명과 외국인 기술자 4명이 참여했는데, 울산공장의 외국인 기술자는 1년 파견이 2명, 4년 파견이 2명이었던 반면, 여천공장의 외국인 기술자는 6개월 혹은 1년 동안 파견된 3명과 연락 업무를 맡은 1명으로 구성되어 있었다.[178]

한국의 석유화학업체들은 생산현장에서 기술을 습득하는 것은 물론 개량하는 데에도 상당한 성과를 거두었다. 예를 들어, 한양화학은 1970년대를 통해 에틸렌가스의 재사용, 압축장치 생산공정의 개량, 에틸렌디클로라이드(EDC) 재생장치의 개발, 부가물의 손실 방지, 운전조건의 정비에 의한 신제품개발, 액화라인의 수리를 통한 최적 온도의 결정, 증류탑에서 누수율의 절감, 정화탑에 의한 가동조건의 개선 등을 추진했다. 이를 통해 한양화학은 공장을 효율적으로 가동하고 생산성을 향상시키는 효과를 거둘 수 있었다. 하지만 이러한 기술개량은 핵심기술이 아닌 주변기술의 영역에서 이루어진 특징을 가지고 있었다.[179]

2. 철강

종합제철사업의 추진

한국의 철강산업은 경제개발 5개년계획의 추진을 배경으로 급속히 성장하기 시작했다. 철강재 생산량은 1962년에 14만2천 톤에 불과했던 것이 1972년에는 180만7천 톤으로 증가하여 10년간 13배가 넘는 성장세를 보였다. 공정별 생산능력은 1962~1972년에 제선 부문 4.6배, 제강 부문 6.3배, 압연 부문이 4.4배로 증가하여 1972년에는 각각 20만3천 톤, 93만1천 톤, 249만3천 톤을 기록했다. 이와 같은 양적 성장에도 불구하고 한국의 철강산업은 공정간 불균형, 일관공정의 결여, 시설규모의 영세성, 시설의 노후화, 기술수준의 취약 등과 같은 구조적 문제점을 노정하고 있었다.[180]

한국에서 종합제철사업은 일찍부터 거론되어왔지만 그것이 현실화되는 데에는 10년이 넘는 세월이 필요했다. 한국의 종합제철사업계획은 1958~1969년의 11년 동안 7차례에 걸쳐 변화했다(〈표 3-8〉 참조).[181]

〈표 3-8〉 종합제철사업계획의 추진 경위

단위: 만 톤, 만 달러

구분	시기	규모	입지	사업주체	외자 조달선	소요자금 (외자)	비고
1	1958년 8월	20	양양	대한중공업	미국	6,000 (3,000)	탁상공론에 불과
	1961년 3월	25	동해안	대한중공업	서독	5,508 (3,200)	정권 단명으로 무산
2	1962년 4월	37	울산	한국종합제철	서독	16,500 (13,575)	미국과의 경합으로 무산
	1962년 11월	31	울산	한국종합제철	미국	15,560 (11,780)	자금조달 실패로 설립주체 해산
3	1967년 10월	60	포항	대한중석	미국 등 5개국	13,070 (9,570)	KISA와의 기본협정 (규모확장: 50만 톤 →60만 톤)

| 3 | 1968년 12월 | 60 | 포항 | 대한중석 | 미국 등 5개국 | 13,070 (9,570) | KISA와의 추가협정 (자금조달 실패로 무산) |
| 4 | 1969년 12월 | 103 | 포항 | 포항 종합제철 | 일본 | 20,060 (12,370) | 대일 청구권자금 전용으로 1970년 4월 건설공사 착수 |

주: 1은 문서상의 계획으로 그친 경우, 2는 일회성 계약으로 그친 경우,
3은 협상을 통해 계약을 발전시킨 경우, 4는 실제 사업으로 이어진 경우를 의미함.
자료: 송성수, "한국 종합제철사업계획의 변천과정, 1958~1969", 『한국과학사학회지』 24-1 (2002), 37~38쪽.

제1공화국과 제2공화국의 종합제철사업계획은 문서상의 계획으로 그쳤고 경제개발 5개년계획이 추진되기 시작한 1962년부터 실제적인 계약의 단계에 진입했다. 1966년에는 5개국 8개사의 연합체인 대한국제제철차관단(Korea International Steel Associates, KISA)이 결성되어 1968년까지 예비협정, 기본협정, 추가협정의 세 차례에 걸쳐 협상이 이루어졌지만 차관을 조달하는 데 실패하여 물거품이 되고 말았다.[182] KISA와의 협상이 진행되고 있던 1967년 7월에는 포항이 제철소의 입지로 결정되었고 1968년 4월에는 대한중석을 모태로 하여 포항종합제철이 창립되었다.[183]

KISA와의 협상이 난관에 부딪히면서 일본을 파트너로 하여 종합제철사업을 추진하는 방안이 강구되었다. 다행히도 일본은 KISA의 회원국에도 포함되어 있지 않았고 한국에 대일(對日) 청구권자금을 지불하고 있었다. 1969년 6~7월에는 KIST와 포스코의 관계자들로 종합제철사업계획연구위원회가 결성되어 제1단계 생산규모를 103만 톤으로 하는 '신(新)사업계획'이 수립되었다.[184] 신사업계획을 바탕으로 한국 정부의 관료들과 포스코의 요원들은 1969년 8월에 제3차 한일각료회담을 통해 일본의 협조를 이끌어냈다. 1969년 12월에는 '포항종합제철건설에 관한 한일간 합의서'가 체결됨으로써 포항제철소 건설사업이 본격적으로 추진될 수 있었다.

이처럼 종합제철사업계획이 변천하는 과정에서 제철소의 규모는 20만

톤, 30만 톤, 60만 톤을 거쳐 100만 톤에 이르면서 규모의 경제 효과를 누릴 수 있게 되었다. 더 나아가 1970년경에 세계 최고의 경쟁력을 보유하기 시작한 일본이 협력 파트너로 결정된 것은 한국 철강산업이 급속히 성장할 수 있는 중요한 계기로 작용했다. 따라서 초기의 종합제철사업계획이 곧바로 현실화되었다면 소기의 효과를 충분히 누릴 수 없었을 것이며, 이러한 점에서 종합제철사업계획이 여러 차례에 걸쳐 좌절되었던 것은 전화위복(轉禍爲福)으로 이어졌다고 평가할 수 있다.

포항제철소 건설사업은 1기(1970~1973년), 2기(1973~1976년), 3기(1976~1978년), 4기(1979~1981년), 4기 2차(1981~1983년)에 걸쳐 지속적으로 전개되었으며, 이를 통해 포스코는 연간 철강생산능력이 910만 톤에 이르는 대형 철강업체로 성장했다. 포항제철소 건설사업을 배경으로 한국의 철강생산량은 1973년의 283만 톤에서 1983년의 1,258만 톤으로 증가했으며 제선, 제강, 압연의 상대적 비중도 같은 기간에 23 : 43 : 100에서 61 : 97 : 100으로 선진화되었다. 이와 같은 철강산업의 성장은 처음의 예측치를 넘어서는 것으로서 주로 중화학공업화 정책을 배경으로 철강재에 대한 수요가 급속히 증가했다는 점에 기인했다.[185]

〈표 3-9〉 포항제철소 건설사업의 개요

구분	1기	2기	3기	4기	4기 2차
생산능력 (누계)	103만 톤	157만 톤 (260만 톤)	290만 톤 (550만 톤)	300만 톤 (850만 톤)	60만 톤 (910만 톤)
착공일	1970. 4. 1	1973. 12. 1	1976. 8. 2	1979. 2. 1	1981. 9. 1
준공예정일	1973. 7. 31	1976. 6. 30	1979. 4. 30	1981. 6. 20	1983. 6. 15
준공일	1973. 7. 3	1976. 5. 31	1978. 12. 8	1981. 2. 18	1983. 5. 25
건설공기	39개월	29개월	28개월	25개월	21개월
공기단축	28일	30일	143일	122일	20일

자료: 송성수, "한국 철강산업의 기술능력 발전과정", 100쪽.

"포항제철은 무조건 지원"이라는 발언이 적합할 정도로 한국 정부는 포항제철소 건설사업을 전폭적으로 지원했다.[186] 사실상 1970년 1월에 공포된 철강공업육성법도 포스코를 중점적으로 지원하기 위한 제도에 해당했다. 예를 들어 철강공업육성법 제7조는 "연산 100만 톤 이상을 생산할 수 있는 일관제철소로서 자본금의 1/2 이상을 정부 혹은 정부가 지정하는 자가 출자한 경우에 장기저리의 외자도입, 원료구입, 기자재 공급, 항만시설, 용수시설, 전력시설, 도로, 철도부설 등을 정부가 지원할 수 있다."고 규정하고 있는데, 여기에 해당되는 철강업체는 포스코밖에 없었던 것이다.[187] 철강공업육성법은 정부가 포스코의 육성을 적극적으로 지원하는 동시에 이를 감독하겠다는 의지에서 제정되었으며, 실제로 한국 정부는 사업계획의 수립이나 철강재 내수가격의 결정 등을 통해 포스코의 경영에 지속적으로 개입해왔다.

포스코는 제철소 운영에 필요한 설비를 구매하는 데 상당한 어려움을 겪었다. 대일청구권 자금은 구매협상, 계약서명, 구매집행 등에서 매우 복잡한 체제로 운영되었으며, 상업차관을 활용하려면 계약 당사자와 협의한 후에 추가로 정부의 승인을 받아야 했던 것이다. 게다가 당시 정치권의 실력자들은 특정 업체를 설비공급자로 거론하면서 포스코가 설비를 구매할 때 일정 비율의 리베이트를 정치자금으로 제공하라는 압력을 가했다. 이러한 문제에 직면하여 박태준은 1970년 2월에 박정희 대통령을 찾아가 청구권자금 운용절차의 간소화, 설비공급사 선정에 대한 재량권 인정, 수의계약에 대한 정부의 보증 등을 골자로 하는 내용을 건의했다. 박정희는 "포항제철과 관련된 일은 박 사장이 독자적인 판단에 따라 소신껏 처리할 것"을 지시하면서 박태준이 작성했던 건의문에 친필로 서명해주었다. 소위 '종이마패'로 불린 이 문건은 포스코가 설비를 구매하는 과정에서 재량권을 행사하고 정치권의 압력을 배제하는 데 요긴하게 사

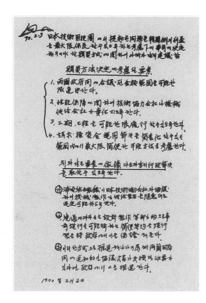

자료: 포항제철, 『포항제철 10년사』 (1979), 213쪽.

용되었으며, 박정희가 사망한 직후인 1979년 12월에 『포항제철 10년사』가
편찬되면서 공개되었다.[188]

이처럼 포스코는 설비구매계약에 대한 재량권을 확보함으로써 개발도
상국의 대규모 프로젝트에 만연되어 있던 리베이트의 관행에서 벗어날
수 있었다. 포스코가 설비를 구매하는 과정에서 정치권의 압력을 배제할
수 없었더라면 포항제철소 건설사업을 성공적으로 진행하기는 어려웠을
것이고, 더 나아가 구입한 설비의 성능이 보장되지 않아 포항제철소가
높은 생산성을 달성할 수 없었을 것이다.[189]

포항제철소 건설사업을 상징하는 단어로는 '제철보국(製鐵報國)'과 '우
향우(右向右) 정신'을 들 수 있다.[190] 포스코의 창업이념인 제철보국은 단
기간 내에 세계적 수준의 제철소를 건설하고 양질의 철강재를 값싸게 대
량으로 공급하여 국민경제 발전에 이바지한다는 점과 이러한 국가적 소

명을 받은 포항제철의 직원이라면 마땅히 개인적인 생활을 희생하면서라도 맡은 바 과업을 완수할 수 있는 공인(公人)으로서의 책임의식을 가져야 한다는 점을 주요 내용으로 삼고 있었다.[191] 특히 박태준은 포항제철소 건설사업이 "선조의 피의 대가"인 대일 청구권자금에 의해 추진되고 있다는 점을 강조하면서 "모든 노력을 기울여 건설공사에 매진해 줄 것"을 당부했다. 이러한 최고경영자의 의지에 부합하여 포스코 직원들 사이에는 '우향우 정신'이라는 용어가 생겨나 급속히 확산되었는데, 그것은 건설현장의 오른쪽에 있는 영일만에 투신할 각오를 가지고 제철소 건설에 임한다는 의미를 가지고 있었다.[192]

포항제철소 건설공사에는 압연공장을 먼저 설치한 후 제선 및 제강공장을 조성하는 후방건설방식(backward construction approach)이 적용되었다. 그것은 선진국에서 이미 활용되어온 방식으로 제선이나 제강을 위한 시설이 완공되기 전에도 반제품을 수입하여 압연공장에서 완제품을 생산함으로써 투자효과가 조기에 나타나는 장점을 가지고 있다. 또한 포스코는 포항제철소 건설사업을 원래 계획보다 조기에 완료함으로써 건설비용을 절감하는 데 크게 기여했다. 1기 사업에서 4기 2차 사업까지 각각 28일, 30일, 143일, 122일, 20일이라는 건설공기가 단축되었고 톤당 건설비용은 외국 제철소의 1/2~2/3에 불과했다. 이와 함께 포항제철소 건설사업을 진행하는 동안 기획 및 건설에 관한 기술의 흡수가 빠른 속도로 진척되어 용역계약의 범위가 크게 줄어들었다. 1기 사업에서는 사업계획을 제외하고는 모두 외국에 의존했지만, 4기 2차의 경우에는 기술기획에서 공장건설에 이르는 모든 과정이 국내 기술진에 의해 이루어질 수 있었던 것이다(〈표 3-10〉 참조).

〈표 3-10〉 포항제철소 건설사업의 기술용역계약 추이

구분	1기	2기	3기	4기 1차	4기 2차
사업계획 작성	○	○	○	○	○
종합기술계획 작성	×	×	×	○	○
종합기술계획 검토	×	×	×	×	○
구매사양서 작성	×	○	○	○	○
구매사양서 검토	△	△	○	○	○
설계도면 검토	×	△	○	○	○
공장건설 지도	×	○	○	○	○
공장조업 지도	×	○	○	○	○
용역비(천 달러)	6,200	5,880	1,770	428	–

주: × = 해외용역, △ = 부분용역, ○ = 자력수행
자료: 변형윤, "한국철강공업의 기술축적: 포항제철을 중심으로", 『경제논집』 19-2 (1980), 130쪽; 포항제철,
『포항제철 20년사』 (1989), 365쪽.

당시에 KIST가 포항제철소 건설사업을 적극적으로 도와주었다는 점
도 주목할 만하다. KIST는 1970년 9월 9일에 조직 개편의 일환으로 중
공업연구실을 신설하면서 동경에 분실(分室)을 설치하여 일본 업계로부
터 기술을 도입하는 창구의 역할을 맡도록 조치했다. 이에 대해 당시
KIST 소장이던 최형섭은 중공업연구실이 사실상 "제철기술자문단"으로
포스코에 대한 자문을 집중적으로 수행했다고 평가한 바 있다.[193] 특히
1971~1976년에 KIST는 일본 철강업계에서 퇴직한 현장기술자들을 1~2
년 동안 위촉책임연구원으로 채용하는 방법을 통해 포스코에 대한 기술
적인 자문을 제공했다. 당시에 국내에서는 종합제철사업계획을 전반적으
로 기획할 수 있는 능력은 구비되어 있었지만 구매사양서를 작성하거나
설계도면을 검토하는 능력은 부족한 상태였다. 이러한 상황에서 일본의
퇴직기술자들은 풍부한 현장 경험을 바탕으로 포항제철소 건설사업을
지원하는 데 중요한 역할을 담당했다.[194]

일본에서의 해외연수

포스코는 대규모 투자를 통해 철강산업에 진입했지만 일관제철소를 운영하는 데 필요한 지식기반을 갖추지 못하고 있었다. 이러한 사정은 인천제철(현재의 현대제철)과 동국제강을 비롯한 기존 철강업체의 경우에도 마찬가지였다. 당시에 국내 철강업계에서 축적된 기술은 특정한 공정에서 소규모 설비를 가동하는 데 국한되어 있었던 것이다. 이러한 배경에서 포스코는 제철소 운영에 필요한 기술을 외국에 의존할 수밖에 없었으며, 포스코가 기술을 습득했던 가장 중요한 원천은 해외연수였다. 그것은 "공장의 성공적인 건설이나 정상 조업이 가능했던 것은 무엇보다도 해외 위탁교육의 결과라고 할 수 있다."는 기록에서 단적으로 드러난다.[195]

물론 포스코는 초창기에 인천제철과 동국제강을 비롯한 기존의 철강업체에서 경력사원을 계속해서 충원했다. 그들은 철강설비를 가동해본 경험을 바탕으로 철강산업의 기술적 특성을 이해하고 있었고, 특히 현장노하우가 지닌 중요성을 인식하고 있었다. 그러나 대규모 일관제철소를 보유한 포스코의 경우에는 기존의 철강업체와는 다른 차원의 기술이 요구되었다. 이와 관련하여 인천제철 기획과장 출신으로 포스코의 창립요원이 된 백덕현은 "기존의 제철소와 일관제철소는 난이도에 있어서 10배 정도의 차이가 난다."고 지적한 바 있다.[196] 이러한 점에 비추어볼 때 포스코의 경력사원들이 보유하고 있던 지식기반은 일관제철소에 그대로 적용될 수는 없었으며, 추가적인 훈련과 경험을 통해서 보완되는 과정을 거친 이후에야 실질적으로 활용될 수 있었던 것으로 판단된다.

포스코의 공식 자료에 따르면 포항제철소 1기 건설 및 조업에 대비하여 해외연수를 받은 직원 수는 587명에 이르렀다.[197] 포스코의 해외연수는 1969년 12월 15일에 야와타제철(八幡製鐵), 후지제철(富士製鐵),[198] 일본강관(日本鋼管)의 기술자로 일본기술단(Japan Group, 이하 JG로 약칭함)이 구성되면서 본격적으로 실시되었으며, JG는 두 단계의 기술용역계약에 따라 1단계로 85명, 2단계로 353명의 포스코 직원들에게 해외연수의 기회를 부여했다. 그 밖의 연수대상기관으로는 포항제철소 1기 사업에 참여했던 호주의 BHP(Broken Hill Proprietary), 오스트리아의 푀스트(Vöest), 일본의 설비공급업체, 일본의 설비제작업체 등이 있었다. 해외연수의 대상은 처음에 대졸 사원으로서 주로 기획 및 관리를 맡았던 기간직(基幹職)에 국한되었지만 1971년부터는 고졸 사원으로서 실제 조업 및 정비를 담당했던 기능직도 포함되었다. 해외연수의 기간과 내용도 15~30일 동안의 시찰 위주의 연수에서 2~6개월에 걸친 현장훈련(onthejobtraining, OJT) 중심의 연수로 변경되었다.[199]

해외연수는 준비교육, 본교육, 사후관리의 단계를 거쳐 전개되었다. 포스코는 해외연수 후보자를 2배수로 선정한 후 준비교육 결과에 따라 절반을 탈락시킴으로써 해외연수 대상자를 엄선했다. 준비교육은 일상회화 및 철강용어에 대한 외국어 교육, 철강산업에 대한 기초지식, 외국에서의 교육방법 및 태도, 외국의 역사 및 지리에 대한 상식, 해당 분야의 전문지식 등을 중심으로 3~6개월에 걸쳐 이루어졌다. 특히 해외연수요원이 선발되면 해당 분야별로 팀을 구성하여 해외연수의 목표를 구체적으로 설정한 후 훈련중점사항에 대한 교육이 집중적으로 실시되었다.[200] 이와 함께 포스코는 해외연수요원을 파견하기에 앞서 "현재 자신이 맡은 일이 회사와 국가를 위해서 얼마나 중요한 일인지"에 대하여 정신교육을 실시했으며,[201] "연수기관과의 계약사항인 커리큘럼이나 일정표에 구애받지 말고 맨투맨 작전으로 상대방의 기술을 빠짐없이 배워 오라."고 주문하면서 "연수자 중에서 성적이 불량한 사람들에 대해서는 강력하게 조치를 취할 것"이라는 경고도 서슴지 않았다.[202]

포스코의 해외연수에서 가장 많은 비중을 차지했던 집단은 JG였다. 포스코 초창기의 JG 연수에 대한 회고를 종합해보면 당시에 일본은 기술을 전수하는 데 적극적으로 협조했던 것으로 판단된다.[203] 예를 들어 1969년에 신일본제철의 무로란(室蘭)제철소에서 연수를 받았던 김기홍은 "일본 철강업계의 거두들이 친히 와서 명강의를 했고" "일본 사람들 특유의 치밀함과 친절 덕분에 3개월 후에는 제법 철강이 이런 것이구나 하는 개념을 이해하게 되었다."고 회고했다.[204] 또한 포스코 초창기에 전무로 활동했던 고준식의 회고에 따르면, "가미이(神井詮正)가 무로란제철소의 부사장으로 재직하면서 우리 젊은 연수생들을 성심성의껏 돌봐주었으며" "그 당시 무로란제철소에서는 가장 최신의 열연기술이 막 도입되어 이를 적용하고 있었는데 자기네 비용을 써가면서 이것을 우리에게 전수하는 데 전력을 다했다."[205]

JG의 관계자들은 포스코의 연수생들에게 기술을 지도하는 것은 물론 자료를 제공하는 데에도 적극적인 자세를 보였다. 예를 들어, 앞서 언급한 김기홍은 일본 기술자들이 규범, 규격, 매뉴얼 등의 각종 자료를 정성껏 만들어 주었다고 회고하면서 "연수경험과 각종 자료들이 일관제철소의 조업준비를 순조롭게 해낼 수 있는 밑거름이 되어주었다는 것은 틀림이 없다."고 평가한 바 있다.[206] 게다가 신일본제철과 일본강관은 포스코의 해외연수를 도와주는 데 일종의 경쟁의식을 가지고 있었던 것으로 보인다. 그것은 1972년에 제강부 계장으로서 일본강관에서 연수를 받았던 홍상복의 회고에서 잘 드러난다. "일본강관이 형님뻘인 신일본제철에 뒤지지 않기 위하여 더욱 성심껏 기술을 지도하면서 연수생이 요구하는 사항은 거의 들어주었다."는 것이다.[207] 이와 같은 경쟁의식은 포스코가 일본에서 매우 호의적인 환경에서 해외연수를 받을 수 있는 밑거름이 되었을 것이다.

그렇다면 일본이 포스코의 해외연수에 적극적으로 협조한 까닭은 무엇일까? 가장 중요한 이유로는 포항제철소 건설사업으로 인한 경제적 이익을 들 수 있다. 포항제철소 1기 사업은 당시 일본의 플랜트 수출액의 약 1/5에 해당하는 1억 달러 이상의 설비를 요구하고 있었다. 게다가 포항제철소 건설사업은 한 번으로 종료되는 것이 아니라 이후의 확장도 고려하고 있었으므로 일본이 1기 사업에 적극적으로 협조한다면 이후의 사업에 대한 참여도 보장될 가능성이 높았다. 이와 함께 일본은 포항제철소 건설사업에 협조함으로써 이후에 다른 개발도상국의 제철소 건설에도 주도적으로 참여할 수 있는 기반을 구축하고자 했다.[208] 또한 당시 일본에서는 공해문제가 심각하게 대두되고 인건비가 지속적으로 상승하면서 종합제철소를 추가적으로 건설하는 것이 어려워졌다는 점도 고려되어야 한다.[209] 그 밖에 포스코가 일본을 따라오지 못할 것이라는 심리적 우월감도 중요한 배경으로 작용했다고 볼 수 있다.[210]

이와 같은 일본의 협조에 못지않게 중요한 점은 포스코의 해외연수요원들이 교육훈련에 능동적인 자세를 보였다는 사실에서 찾을 수 있다. 그들은 교육내용을 자세히 기록하면서 강사들에게 끊임없이 질문을 제기했으며 그래도 이해가 되지 않는 내용은 "언젠가는 큰 도움이 될 것"이라는 생각으로 암기했다.[211] 또한 그들은 제철소 운영에 필요한 자료들을 수집하는 데 많은 노력을 기울였는데 어떤 연수팀의 경우에는 "12상자나 되는 자료를 포항으로 우송하느라 큰돈을 써버려 나중에는 연수비가 모자라 애를 먹을" 정도였다.[212] 이와 관련하여 JG의 기술자들은 "그들이 일본에 오기 전에 회사에서 자료를 많이 받아 올 것을 명령받고 있었던 것 같다." 혹은 "그들의 입장에서는 가지고 가는 자료의 두께가 연수실적에 비례한다는 공식을 가지고 있었던 같다."고 회고했다.[213]

더 나아가 포스코의 해외연수요원들은 현장실습으로 부족한 부분을 보충하기 위해 JG의 담당 기술자들과 개인적인 친분을 쌓는 비공식적인 방법을 활용했다. 이에 대해 포스코 초창기에 열연분야의 연수팀을 인솔했던 김종진은 다음과 같이 회고한 바 있다.

> 박[태준] 회장님은 일본에 가서 그자들이 가르쳐주는 기술만 배워 오는 것이 아니라 가르쳐주지 않는 기술까지 모조리 눈에 담아 오라고 하셨습니다. 눈으로 담아 오라는 말씀은 수단방법 가리지 말고 훔쳐 오라는 것 아닙니까? 그런데 그 당시에 무엇이 중요하고 무엇이 값비싼 것인지 알 수가 있었겠습니까? 도둑도 큰 도둑이 되려면 보석을 감정할 정도가 되어야 하는데, 알아야 진짜와 가짜를 가리지 않습니까? 죽을 똥을 썼습니다. 일본 기술자들한테 술값이 엄청 들어갔어요. 설계도가 어디에 있는지 알 수도 없고… 결국 나중에는 그 사람들이 일부러 캐비닛을 열어 놓고 피해 주더군요.… 어찌나 고마운지… 그런데 기막힌 것은 파견된 우리 기술진들입니다. 아무리 만신창이가 될 정도로 술을 마셨어도 설계도만 보면 정신을 번쩍 차리고 주머니에 쑤셔 넣고 눈에 담곤 하는 겁니다. 진짜 왕도둑놈들이더군요. 눈물겨운 일이었습니다.[214]

해외연수팀은 정규 교육이 끝난 뒤에도 개인적인 시간을 제약하면서 교육내용과 자료를 정리하여 기록하는 것은 물론 당일 교육의 성과에 대한 토론회를 개최하여 문제점을 발굴하고 이에 대한 대책을 세우는 작업도 지속적으로 추진했다. 아울러 그들은 일주일에 한 번씩 개인의 연수 노트를 검사하여 성실한 요원에게 상을 주고 그렇지 못한 사람에게는 벌금을 부과하는 방법을 통해 면학 분위기를 조성했다.[215]

포스코는 해외연수요원들을 체계적으로 관리하고 활용함으로써 교육훈련의 효과를 극대화하고자 했다. 해외연수의 관리와 관련하여 도착보고 및 결과보고가 의무적으로 실시되는 것은 물론 2개월 이상 장기 연수의 경우에는 월 2회의 중간보고와 귀국예정보고가 추가되었다. 또한 해외연수요원들은 자신의 전문 분야에 보직되었으며 2년 동안 포스코에 의무적으로 근무해야 했다. 이러한 인사상의 조치보다 더욱 중요한 것은 포스코가 연수자료의 축적과 전파교육(傳播敎育)의 실시도 해외연수요원의 임무에 포함시킴으로써 해외연수의 결과를 적극적으로 활용하는 제도적 장치를 구축했다는 점을 들 수 있다. 해외연수요원들이 가져온 각종 자료들은 거의 모두 마이크로필름으로 제작되어 직원 교육을 실시하거나 기술계획을 수립할 때 활용되었고 해외연수요원들은 전파교육을 통해 자신의 구체적인 경험과 신선한 아이디어를 전달하는 데 많은 노력을 기울였다.[216] 포스코는 전파교육을 실시하는 방법을 통해 공장이 완공되기 전까지 1일 3교대 근무에 필요한 조업요원을 구성할 수 있었다.[217]

기술이전의 성격

포스코가 해외연수를 통해 획득했던 대부분의 기술은 공장조업에 관한 것으로서 선진국에서는 이미 표준화된 성숙기술에 해당했다. 일본 및 구미국가의 경우에는 1960년을 전후하여 대형 고로, LD 전로, 연속식 압연기를 도입했고 1960년대 중반에는 이에 대한 조업기술을 충분히 확립하고 있었던 것이다. 이처럼 포스코의 해외연수는 성숙기술을 대상으로 했기 때문에 기술의 습득이 상대적으로 용이했으며 빠른 시일 내에 가시적인 성과가 나타날 수 있었다. 그러나 철강산업의 경우에는 실제적인 설비가동을 통하지 않고서는 조업기술을 축적할 수 없으며, 특히 1970년대 초반에는 생산공정이 충분히 전산화되지 않은 상태였기 때문에 현장훈련은 더욱 중요한 의미를 가지고 있었다.[218] 더구나 일관제철소를 가동시켜본 경험이 없었던 당시 한국의 입장에서는 대규모 제철설비에 대한 조업기술이 저급기술이 아니라 고급기술에 해당하는 것이었다고 해석할 수 있다.

이러한 점에 비추어볼 때 일본의 포스코에 대한 기술이전이 성숙기술을 주요 대상으로 삼고 있었다는 사실을 바탕으로 기술협력의 의미를 축소하는 것은 부당한 평가로 판단된다. 이와 관련하여 변형윤은 포스코의 기술도입이 설비운영 및 조업기술과 같은 저급기술에 한정되었다고 지적하면서 "설비에 체화(體化)된 기술과 관련된 비밀을 캐지 않는 한 기술이전은 진정한 기술이전이 아니라 생산지점의 이전에 불과하다."고 주장했다.[219] 그것은 포스코가 초창기의 해외연수를 통해 습득했던 기술의 특성을 명확히 하고 있지만 설비체화기술의 성격을 충분히 고려하지 않고 있다. 설비체화기술은 제철소를 실제로 가동하면서 점진적으로 축적되는 기술에 해당하기 때문에 기술이전을 통해 설비체화기술을 습득하는 것은 거의 불가능하며 실제로 포스코가 일본에게 설비체화기술에 대한 이전을 요구하지도 않았다. 기술이전이 요구되었고 실제로 이전된 경우, 기술이전이 요구되었지만 이전을 회피한 경우, 기술이전이 요구되지 않았던 경우로 기술이전의 형태를 구분한다면 조업기술은 첫 번째 사례에, 설비체화기술은 세 번째 사례에 해당하는 것이다.

일본의 기술이전이 가진 문제점은 두 번째 사례에 해당하는 전산 및 품질과 같은 고급기술의 이전을 상대적으로 기피했다는 점에서 찾을 수 있다. JG는 기술용역계약을 체결하면서 "전산화에 관한 협력은 제외한다."고 명기했고,[220] "품질에 관한 것은 한 마디도 언급하지 않았던" 것이다.[221] 이처럼 JG는 공식적으로는 전산 및 품질에 관한 기술협력을 거부했으나 해외연수를 부분적으로 수용하고 포항 현장에서 관련 기술을 지도함으로써 전산 및 품질에 관한 기술습득을 간접적으로 지원하는 역할을 담당했다. 예를 들어 1971년에는 수작업 공정관리에 국한되었지만 생산관리요원의 JG 연수가 실시되었고, 1972년에는 JG 연수의 일환으로 품질관리요원 3명이 파견되었는데, 이를 통해 확보한 자료는 포스코가 생산관리 및 품질관리의 체계를 구축하는 출발점으로 작용했다.[222]

또한 일본이 모든 시기에 걸쳐 기술이전에 적극적으로 협조한 것도 아니었다. 일본은 포항제철소 1~2기 사업 때에는 기술을 전수하는 데 많은 노력을 기울였지만 3기 사업을 전후해서는 기술이전에 소극적인 자세를 보이기 시작했다. 즉, 포스코가 규모와 생산성을 빠른 속도로 향상시키면서 잠재적인 경쟁자로 부상하게 되자 일본은 포스코를 견제하는 태도를 보였던 것이다. 이러한 점은 포항제철소 2기 사업과 3기 사업이 끝난 직후에 《조선일보》의 허문도 기자가 일본의 관계자들과 실시했던 인터뷰 내용을 비교해보면 잘 알 수 있다. 1976년에 신일본제철의 기술협력사업부장이었던 아리가(有賀敏彦)는 "포항제철의 경우만큼 두 나라 기술진 사이에 완전한 의미의 협력이 이루어진 케이스는 없었다."고 평가했던 반면,[223] 1978년에는 신일본제철의 사이또(齊藤英四郎) 사장이 "포철의 기술흡수력이 너무 뛰어나 일본과의 경쟁을 걱정하는 사람도 있다."고 언급했던 것이다.[224] 일본의 기술협력에 대한 태도 변화는 1972년에 대졸 신입사원으로 입사하여 제선부에서 근무했던 이일옥의 다음과 같은 회고에서도 확인할 수 있다.

> 처음에 우리는 인간적 대접은 받지 못했지만 기술은 잘 배웠다. 그러나 공장 가동 후 3~5년이 지나자 일본의 태도는 완전히 달라졌다. 인간적 대우는 좋아졌지만 기술전수는 받지 못했으며 깊이 있는 노하우에 대해서는 입을 닫았다. 포철의 성적이 좋고 빨리 뒤쫓아 오기 때문이었다. 벌써 우리 수준이 이렇게 되었나 싶어서 묘한 감정이 들었다.[225]

일본의 견제는 포스코에서 생산된 제품이 1970년대 후반부터 일본시장에 본격적으로 진출하면서 더욱 심화되었다. 특히 1981년에 한국 철강재의 대일 수출물량이 1981년에 1백만 톤에 달하고 일본의 철강재 수입량 중에서 한국이 차지하는 비중이 80%까지 증가하자 일본의 철강업체들은 '부메랑 효과'를 운운하면서 포스코를 본격적으로 견제했다.[226] 이러한 배경에서 1980년대 초반에 광양제철소 1기 사업이 추진될 때에는 일본이 포스코에 대한 공식적인 기술협력을 거부하는 모습을 보였다.

조업기술의 축적

포스코는 해외연수를 통해 조업기술을 획득하는 한편 공장가동에 체계적으로 대비함으로써 정상조업도를 조기에 달성하고자 했다. 이를 위하여 건설공사가 끝난 뒤에 별도로 조업 및 정비 조직을 구성하는 것이 아니라 처음부터 조업요원 및 정비요원을 편성하여 조업요원이 건설공사를 주관하고 정비요원이 공사감독을 담당하는 체제가 구축되었다. 그 결과 조업 및 정비요원은 공장이 건설되는 단계에서 이미 해당 설비의 내용을 숙지할 수 있었고 그것은 원활한 공장조업과 설비관리를 실시할 수 있는 기반으로 작용했다.[227]

또한 포스코는 공장이 완공되기에 앞서 설비를 시험적으로 가동해봄으로써 설비의 결함으로 인하여 발생할 수 있는 문제점을 사전에 제거했다. 예를 들어 제선공장의 경우에는 완공 6개월 전인 1972년 12월에 조업대비 업무를 분류한 후 각 업무를 개시하고 완료하는 시점을 계획하는 작업이 추진되었다. 이러한 계획을 바탕으로 1973년 2~5월에는 조업요원 56명을 대상으로 전문교육, 실기 및 팀워크 훈련, 종합훈련의 3단계에 걸쳐 조업대비 훈련이 실시되었다. 전문교육은 해외연수요원을 중심으로 7

개의 반이 편성되어 371개에 달하는 교육항목에 대하여 2월 26일부터 3월 31일까지 전개되었고, 실기 및 팀워크 훈련은 설비 시운전기간과 연동하여 설비조작 및 모의조업을 위주로 140개의 훈련항목에 대하여 4월 1일부터 5월 15일까지 실시되었으며, 종합훈련은 고로 건조(乾燥) 기간을 활용하여 고압 조건에서의 시운전 방식으로 5월 18~21일에 이루어졌다. 이러한 훈련이 끝난 후에는 설비를 최종적으로 점검하고 불완전한 요소를 사전에 보완하는 작업이 전개되었다.[228]

이와 같은 설비의 시험가동은 포스코가 조기에 정상조업도를 달성하는 데 크게 기여했다. 이에 대해 박태준은 하와이대학 서갑경 교수와의 인터뷰에서 다음과 같이 회고한 바 있다.

> 우리가 [조기에] 이익을 낼 수 있었던 또 하나의 요인은 설비를 미리 시험가동한 방법입니다. 제철소가 완공되면 가동되기 전에 반드시 테스트를 거치고 미세한 조정을 해야 합니다. 그렇지만 정상적으로 하면 보통 6개월이나 걸립니다. 우리는 설치하면서 설비 전체를 테스트했기 때문에 결과적으로 그 기간을 3개월로 단축할 수 있었습니다.[229]

해당 설비가 가동된 후의 조업은 각 공정별로 해외연수를 받았던 대졸 엔지니어가 책임을 맡고 다른 기술자 및 기능공이 보조원의 역할을 담당하며 일본의 기술자가 자문을 제공하는 방식으로 진행되었다.[230] 이처럼 포스코는 대졸 엔지니어들을 제철소 현장의 반장(foreman)으로 배치하여 공장가동을 직접 담당하는 전략을 구사했다. 당시의 한국 사회에서 대졸 엔지니어와 같은 우수한 직원들을 일반 관리직이 아니라 생산 분야의 반장으로 활용했던 것은 특이한 일이었다. 그들은 교육훈련을 통해 획득한 지식을 효율적으로 현장에 적용했을 뿐만 아니라 공장조업의 과정에서 축적된 기술을 사내(社內) 표준으로 정립하고 창의적인 제안을 통해 기술을 개선하는 데 크게 기여했다.[231] 아울러 대졸 엔지니어들이 실제적인 공장가동을 담당하는 과정을 거침으로써 현장 노하우에 대한 지식이 체계적으로 축적될 수 있었고 그것은 기능공들을 효과적으로 관리할 수 있는 기반으로 작용하기도 했다.[232]

그러나 해당 설비가 가동된 후 정상조업의 단계에 진입하는 것은 쉬운 일이 아니었다. 예를 들어 제선공장에서는 1973년 6월 8일부터 용선이 배출되기 시작했지만 6월 11~14일에 누수(漏水)로 인해 고로 내부가 고체 상태로 되어 조업이 중단되는 냉입(冷入) 사고가 발생했다. 포스코의 직원들은 출선구에 문제가 있는 것으로 판단하고 순간적으로 단수를 한 후 급수 중에 물감을 탄 물을 주입하는 '물감 테스트'를 실시했지만 누수 지점을 찾을 수 없었다. 이러한 상황을 타개하는 데에는 신일본제철의 퇴직기술자로 제선공장의 기술고문으로 있던 핫도리(服部)가 중요한 역할을 담당했다. 당시에 많은 사람들은 출선구에서 누수 현상이 발생하는 것으로 간주하고 있었지만 핫도리는 배수 지점을 압력계로 점검한 후 출선구가 아닌 송풍구에 이상이 있다는 점을 확인했다. 또한 고로의 온도를 낮추기 위하여 해수(海水)를 사용하자는 견해도 있었지만 핫도리는 담수(淡水)를 그대로 사용해도 무방하다는 의견을 제시했다. 핫도리의 적절한 조언을 바탕으로 포스코의 직원들은 냉입 사고를 원활하게 수습했으며, 그러한 과정에서 현장문제해결(trouble-shooting)에 대한 능력을 배양할 수 있었다.[233]

이러한 사례는 포항제철소의 초기 가동 단계에서 일본 기술자들이 중요한 역할을 담당했다는 점을 보여주고 있다. 그러나 일본 기술자들이 실제로 기여한 영역이나 정도에는 상당한 차이가 있었다는 점에도 주목해야 한다. 당시 포스코에 파견되었던 일본 기술자의 유형으로는 KIST의 위촉책임연구원, 포스코 기술고문, JG 기술자를 들 수 있다. KIST가 위촉책임연구원으로 활용했던 일본의 퇴직기술자들은 포항제철소 1~2기 사업을 기획하는 과정에서 기술적 문제에 대한 자문을 제공했으며 공장조업을 지도한 것은 아니었다. 이에 반해 포스코가 1~2년 동안 기술고문으로 채용했던 일본의 퇴직기술자들은 조업지도를 담당했으며, 그들은 풍부한 현장 경험을 바탕으로 조업기술을 전수하는 데 크게 기여했다. JG가 기술용역계약의 일환으로 3~6개월 동안 파견했던 기술자들도 조업지도를 담당했지만 그들의 실질적인 기여도는 상대적으로 미약했다. JG 기술자들의 체류기간이 짧아 실질적인 기술전수가 이루어지지 않았으며 주로 조업상황을 감독하는 역할을 담당했던 것이다.[234]

포스코의 직원들은 제철소 현장에 필요한 지식과 경험을 습득하는 데 매우 적극적인 자세를 보였다. 그들은 교대 근무시간에도 퇴근하지 않고 하루에 16시간 이상 현장에 상주하면서 원활한 공장가동을 도모했으며 조업상의 문제점과 대책에 대하여 스스로 연구하고 그 결과를 동료들과 공유했다. 또한 포스코의 직원들은 조업현장에서도 해외연수의 경우와 유사한 방식으로 일본 기술자로부터 기술을 전수받는 데 적극적인 노력을 기울였다. 그들은 더욱 많은 지식을 획득하기 위하여 일본 기술자들의 "발언 내용을 남김없이 기록"했으며 퇴근한 이후에도 일본 기술자와 접촉하여 많은 정보를 수집했다. 특히 당시 조업현장에서는 일본 기술자와 포스코 직원 사이에 파트너십이 형성되어 있었기 때문에 개인적인 친분에 입각한 비(非)공식적인 기술학습이 촉진될 수 있었다.[235]

이처럼 포스코는 생산현장에서 설비를 가동하고 그 문제점을 해결하는 과정을 통해 철강제조에 관한 기술과 지식을 축적할 수 있었는데, 그것은 '실행에 의한 학습'으로 규정할 수 있다. 이러한 학습을 바탕으로 포스코 직원들이 공장조업에 익숙해지면서 포스코의 조업기술 수준은 빠른 속도로 향상될 수 있었다. 예를 들어, 제선공장의 경우에 JG는 포항제철소의 1고로와 규모가 비슷한 일본 제철소들의 조업도를 감안하여 1일 출선량(出銑量)이 설계용량에 도달하는 기간을 설비 완공 후 12개월로 조언했지만, 포스코는 6개월 내에 정상조업도를 실현하는 것을 목표로 삼았고 실제적으로는 그 기간이 107일로 단축되었다.[236] 공장이 정상적으로 가동되면서 외국 기술자에 대한 의존도가 현저히 감소되었고 4~5개월 정도의 조업경험이 축적된 이후에는 현장 노하우가 충분히 습득될 수 있었다. 외국 기술자에 대한 의존도가 감소했다는 것은 포항제철소 2기 사업부터는 JG와의 기술용역계약에서 조업지도가 포함되지 않았고 JG에서 파견된 요원이 현격하게 감소했다는 점에서 확인할 수 있다.[237]

포스코는 1970년대를 통해 생산규모는 물론 생산성의 측면에서도 괄목할 만한 성과를 달성했다. 〈표 3-11〉에서 보듯이, 포스코는 1978년을 기준으로 종합실수율과 에너지원단위에서 일본을 제외한 주요 선진국을 앞서고 있으며, 노동투입시간은 1980년을 기준으로 영국을 제외한 주요 선진국의 평균치를 보이고 있다. 당시에 미국, 일본, 서독, 프랑스, 영국이 세계 5대 철강국이었다는 점을 감안한다면, 포스코는 1980년을 전후하여 일본을 제외한 다른 선진국을 능가하는 생산성을 보유하기 시작했다고 평가할 수 있다.

〈표 3-11〉 1980년경 주요국 철강산업의 생산성 비교

구분	기준년도	미국	일본	서독	프랑스	영국	포항제철
종합실수율(%)	1978년	72	85	75	77(EC 전체)		81
에너지원단위 (만kcal/톤)	1978년	765.0	514.1	630.0	627.5(EC 전체)		583.5
노동투입시간 (mh/톤)	1980년	9.6	9.2	11.0	11.2	41.2	10.4

자료: 남종현 외, "철강공업 발전패턴의 국제비교분석", 『철강보』 9-4 (1983), 19~20쪽.

포스코는 포항제철소를 가동하는 과정에서 기술을 습득하는 것뿐만 아니라 개선하는 데에도 많은 노력을 기울였다. 1970년대 포스코의 기술 개선 사례로는 출선구 개공(開空) 작업의 개선, 3고로 설비의 부분적 개조, 제강공장의 랜스 노즐(lance nozzle) 개조, 열연공장 가스 절삭대의 구조 변경, 냉연공장 스탠드 권축(卷軸)의 추가 설치 등을 들 수 있다. 이처럼 1970년대 포스코의 기술개선은 주로 원가절감을 위하여 해당 설비를 간단하게 개조하거나 몇몇 장치를 추가적으로 설치하고 효과적인 작업 방식을 도모하는 성격을 띠고 있었다. 이와 같은 부분적인 기술개선만으로도 공장을 효율적으로 가동하고 생산성을 향상시키는 효과를 거둘 수 있었으며, 1970년대에는 설비에 체화된 기술을 충분히 이해하여 해당 설비를 근본적으로 개선하는 작업이 거의 시도되지 않았다.[238]

1970년대 중반에 들어와 생산기반이 안정적인 단계로 진입하자 포스코는 기술개발체제를 정비하기 시작했다. 1977년에 기술연구소를 신설하면서 제철소 현장과 기술연구소에서 동시적으로 기술혁신을 도모하는 체제를 구성했던 것이다. 기술연구소는 "전문적 연구인력과 설비로 현장 기술문제를 해결하고 품질개선과 기술개발로 국제경쟁력을 강화"하는 것을 설립 목적으로 내세웠다.[239] 당시에 기술연구소의 연구활동은 품질연구, 공정연구, 개발연구, 기초연구로 분류되었다. 품질연구와 공정연구는 품질의 개선과 균일화, 제품의 가공 및 이용기술의 고도화, 불량요인 및 대책의 규명, 공정의 개량 및 창안 등을 목표로 삼았다. 개발연구와 기초연구의 경우에는 포스코가 외국의 선진 업체에서 도입한 기술을 이론적으로 해석하고 실험한 후 해당 기술을 국산화하여 생산현장에 적용하는 과정을 거쳤다.[240]

포스코는 기술연구소의 설립을 전후하여 고급강을 개발하는 작업에도 착수하여 1976~1980년에 고장력강(高張力鋼), 경강선재(輕鋼線材), 내후성

강(耐候性鋼), 석유운송용 강관, 전기강판, 연질(軟質) 냉연강판 등을 개발했다. 그중 상당수의 고급강은 포스코가 자체적으로 개발했던 반면, 전기강판과 냉연강판은 기술도입을 활용하여 개발되었다. 전기강판의 경우에는 1976년에 ALSCO(Allegheny Lualum Steel Company)의 기술지도를 바탕으로 17종의 새로운 강재가 개발되었으며, 냉연강판의 개발을 위해서는 1977년에 알루미늄 성분이 제거된 강재를 제조하는 데 필요한 기술이 푀스트(Vöest)로부터 도입되었다.[241]

이처럼 새로운 강종을 개발하는 작업은 지속적으로 추진되었지만, 그 성과는 일본의 절반 수준에도 미치지 못했다. 1981년을 기준으로 포스코의 강종 개발 수는 254종이었던 반면 당시 일본에서는 546종의 강종이 개발되어 있었던 것이다. 또한 포스코의 실제적인 제품생산은 1980년대 초반에도 거의 보통강에 의존하는 구조를 보이고 있었다. 그것은 고급강 생산비율이 1980년에 4.5%, 1983년에 8.6%에 지나지 않았다는 점에서 단적으로 드러난다. 결국 1980년대 초반까지 포스코의 기업활동은 양산체제의 구축과 조업기술의 향상을 바탕으로 보통강을 저렴하게 생산하여 판매하는 구조를 가지고 있었다고 볼 수 있다.[242]

3. 조선

1960년대 중반에 들어와 경제규모가 확대되고 선박에 대한 수요가 증가하는 것을 배경으로 한국 정부는 조선산업의 육성을 본격적으로 추진하기 시작했다. 1964~1966년에는 '선질(船質)개량 3개년계획'이 추진되어 기존의 소구(hot bulb)기관이 디젤기관으로 대체되는 가운데 대한조선공사(현재의 한진중공업)의 시설이 크게 확장되었다. 이어 1967년에는 조선공업진흥법이, 1969년에는 기계공업육성법이 제정되어 조선산업에 대한 각종 지원책이 마련되었다. 이를 통해 1969년에는 선박 건조능력이 1962년의 4배 수준인 15만7천 톤으로 증가했으며, 1967년에는 대한조선공사가 바지선 30척을 미국에 수출하기도 했다. 그러나 당시 정부가 추진한 조선산업 육성시책은 소형 선박의 건조능력을 확대하는 데 그쳤고, 대형 선박은 계속해서 수입에 의존하는 바람에 선박의 자급률은 10~20% 수준에 머물렀다.[243]

한국의 조선산업은 1970년대에 현대그룹이 울산에 대형 조선소를 건설하면서 급속히 성장하기 시작했다.[244] 한국에서 대형 건설소를 건설하는 작업은 1970년 6월에 4대핵(核)공장 계획이 확정되고 현대가 실수요자로 선정되는 것을 계기로 본격적으로 추진되었다. 그러나 그 이전에도 현대는 조선산업에 진출하기 위해 외국과의 합작투자를 지속적으로 시도해왔다. 현대는 1969년 여름에 캐나다 엑커스(Ackers) 건설회사와 접촉했으며, 1969년 10월에는 이스라엘 해운회사인 팬 마리타임(Pan-Maritime)과 협상을 추진했다. 또한 현대는 1970년 초에 일본의 미쓰비시중공업과 다시 합작투자를 시도했으나, 같은 해 4월에 중국 수상 저우언라이(周思來)가 발표한 '주(周)4원칙'으로 인해 별다른 진전을 보지 못했다.[245] 1970년 7월에는 조선소 건설이 제4차 한일정기각료회담의 정식 안건으로 상정되었지만, 일본이 한국의 조선산업을 내수 위주로 국한하고 경영권을 요구하는 바람에 한일협상은 무산되고 말았다.

〈표 3–12〉 현대의 조선산업 진출에 관한 협상의 개요

연번	시기	대상국가	대상기관	결과	비고
1	1969년 여름	캐나다	엑커스	합작 결렬	한국의 조선산업에 대한 비관적 견해
2	1969년 10월	이스라엘	팬 마리타임	합작 결렬	커미션 요구, 경영권 장악 시도

3	1970년 4월	일본	미쓰비시중공업	합작 결렬	미쓰비시의 주(周)4원칙 수용
4	1970년 7월	일본	일본조선협회	합작 결렬	소형조선소로 제한, 경영권 요구
5	1971년 3월	독일	아게베세조선소	합작 결렬	선박판매에 대한 과도한 수수료 요구
6	1971년 10월	그리스	리바노스	차관조달 성공	애플도어 및 스코트리스고우와 협조계약 체결(1971년 9월)

자료: 김주환, "개발국가에서의 국가―기업 관계에 관한 연구: 한국의 조선산업발전과 '지원―규율' 테제에 대한 비판적 검토" (서울대학교 박사학위논문, 1999), 98쪽을 일부 보완함.

일본과의 협력이 어려워지면서 현대는 유럽을 활용하되 합작투자 대신에 차관을 도입해 독자적으로 조선소를 건설하기로 방침을 정했다. 현대는 1971년 초에 서독의 아게베세(A. G. Wesse)조선소와 접촉했으나 선박판매에 대한 과도한 수수료 요구로 협상이 결렬되었다. 1971년 9월에 현대는 영국의 애플도어(A&P Appledore)와 스코트리스고우(Scott Lithgow)를 대상으로 협상을 전개하여 기술제휴 및 선박판매 협조계약을 체결했다. 같은 해 10월에는 그리스의 해운회사인 리바노스(Livanos)로부터 25만9천 톤급 초대형유조선(very large crude oil carrier, VLCC) 2척을 수주하는 데 성공했으며, 이를 토대로 현대는 영국, 스페인, 프랑스, 서독, 스웨덴 등 5개국으로부터 차관을 조달할 수 있었다.[246]

한국 정부와 KIST가 현대의 조선산업 진출에 가이드라인을 제공했다는 점도 주목할 만하다. KIST는 1969년에 경제기획원의 요청으로 기계공업 육성방안에 관한 조사연구를 수행했는데, 거기에는 중기계 종합공장, 특수강 공장, 주물선 공장, 대형 조선소 등 4대핵공장 건설을 중심으로 기계공업을 육성하기 위한 세부 분야별 계획이 포함되어 있었다. 특히 그 보고서는 문제점 진단이나 육성 분야의 제시에 머무르지 않고 공장 건설에 필요한 구체적인 실행계획(action plan)까지 망라하고 있었다. 예를 들어, 대형 조선소의 경우에는 조선소 건설 준비의 주체, 임해조선공업단지의 조성, 시설 및 생산규모의 책정, 건설소요자금의 조달 등이 거론되

었던 것이다.[247]

현대는 1972년 3월에 울산에서 조선소 건설 기공식을 가졌고 4월 10일에는 리바노스와 26만 톤급 VLCC 1호선과 2호선에 대한 건조계약을 체결했다. 울산조선소 공사를 준비하고 전개하는 과정에서 현대의 조선 사업계획도 몇 차례에 걸쳐 수정되었다. 연간 건조능력을 예로 들면, 1971년 7월에는 50만 톤급이었지만 1972년 3월에는 70만 톤급으로, 1973년 1월에는 100만 톤급으로 확대되었던 것이다.[248] 당시 우리나라의 대표적인 조선소였던 대한조선공사의 연간 건조능력이 10만300톤에 불과했다는 점을 고려해볼 때 현대의 도전은 매우 야심찬 것이었다고 평가할 수 있다.

현대는 1974년 6월에 제1도크와 제2도크를 완공하여 울산조선소 1단계 사업을 완료했고 1975년 5월에는 제3도크를 추가했다. 선진국의 경우에는 비슷한 규모의 조선소를 건설하는 데 4~5년이 걸렸지만 현대는 2년 3개월 만에 울산조선소를 만들었던 것이다. 현대가 조선소 건설과 함께 선박 건조를 병행했다는 점도 주목할 만하다. 현대는 울산조선소 기공식이 거행된 지 약 1년 후인 1973년 3월에 VLCC 1호선 건조에 착수했고, 같은 해 8월에는 2호선 건조도 추진했다. 현대는 조선소를 완공한 후 선박을 주문받아 생산하는 것이 아니라 조선소를 건설하면서 선박을 동시에 건조하는 방식을 채택했던 것이다. 이러한 방식은 현대가 세계 조선산업의 역사상 처음 시도한 것으로 일명 '정주영 공법'으로 불리기도 하는데, 이에 대해 정주영은 다음과 같이 회고한 바 있다.

우리 조선소는 도크를 만드는 것도 그렇고 배를 짓는 것도 그렇고 모두 세계 기록을 세웠어요.… 72년 3월에 맨땅에다가 빔을 박기 시작해서 74년 6월에 첫배를 진수시켰으니 말이야. 그것도 26만 톤이나 되는 거대한 배를 말이지. 2년 만에 도크 만들고 건조까지 한다는 건 상상을 못하는 일이지요. 그럼, 그걸 어떻게 해냈느냐, 그것도 생각을 바꾸는 거예요. 한마디로 말하면 배를 거꾸로 만드는 거야. 도크도 없지, 철판 자르는 공장도 없지, 그렇다고 도크를 완공할 때까지 기다리면 세월 다 가는데 언제 배를 만들어? 원래는 도크부터 만들고 선수와 선미를 설계대로 조립해나가야 되는데 그게 돼? 그러니까 배 엉덩이부터 들이밀어 가지고 도크가 만들어지는 진도를 맞춰서 선수를 조립하고, 배 몸체를 들여놓고 그런 식으로 해나간 거예요.… 그렇지 하지 않았으면 절대 리바노스의 배를 제 공기에 맞출 수가 없었어요.[249]

울산조선소를 건설하는 도중에도 VLCC에 대한 수주는 계속되었다. 현대는 1973년 4월에 일본의 가와사키기선(川崎汽船)과 재팬라인(Japan Line)에서 각각 23만 톤급 VLCC 2척을 수주했고, 같은 해 9월에는 홍콩의 월드와이드쉬핑(World Wide Shipping)과 26만 톤급 VLCC 4척에 대한 계약을 체결했으며, 1974년 3월에는 재팬라인으로부터 26만 톤급 VLCC 2척을 수주했다. 이로써 현대는 1974년 6월에 울산조선소가 준공되기 전까지 모두 12척의 VLCC를 수주하는 성과를 거두었다.[250]

1973년은 한국의 조선업계에 기회와 위협을 모두 안긴 해였다. 한국 정부는 중화학공업화 정책의 일환으로 1973년 4월에 '장기조선공업진흥계획'을 수립하여 1980년까지 국내 수요를 자급하고 320만 톤의 선박을 수출한다는 목표를 세웠다. 같은 해 10월에 대한조선공사는 거제도 옥포에 100만 톤 규모의 조선소 건설에 착수했고, 1978년 12월에 고려원양 등은 거제도 죽도에 10만 톤 규모의 조선소를 건설하기 시작했다.[251] 그러나 1973년 10월에 시작된 제1차 석유파동의 여파로 세계 경제가 급속히 침체되면서 조선업계는 커다란 위기에 봉착했다. 실제로 현대는 1974년 3월에 2척을 수주한 것을 끝으로 1986년까지 단 1척의 VLCC도 수주하지 못했다. 현대는 세계 조선시장에 성공적으로 데뷔한 직후에 곧바로 경영 위기에 봉착했던 것이다.[252]

한국 정부는 조선산업을 구제하기 위해 계획조선과 연불수출금융을 실시했다. 계획조선이란 해운사가 선가의 10~15%만 지불하면 나머지 전부를 정부가 장기 저리로 융자해주는 제도이고, 연불수출금융은 해외 선주에 대해 장기 저리의 자금을 대출해주어 선박을 구입하게 한 다음 연차적으로 상환 받는 제도이다. 계획조선이 국내시장을 확대하기 위한 수단이라면, 연불수출금융은 해외시장을 확대하기 위한 조치에 해당한다.[253] 현대도 적극적인 위기관리를 통해 스스로 활로를 찾아 나섰다. 현대는 VLCC 대신에 소형특수선으로 방향을 전환하여 1974~1976년에 24척의 다목적 화물선을, 1975년에는 11척의 로로선(컨테이너 트레일러 겸용선)을 수주했다. 이보다 더욱 중요한 대책은 현대건설이 수주한 중동의 건설공사에 철 구조물을 납품하는 데 있었다. 현대조선의 매출액에서 철 구조물이 차지하는 비중은 1976년 7.7%에서 1978년 31.6%로 크게 증가했다. 이와 함께 현대조선은 경영다각화를 추진하여 1975년 4월에는 수리조선 전문업체인 현대미포조선을 설립했고, 1977년 2월에는 발전설비 제작을 담당하는 중전기 사업부를 설치했으며, 1977년 3월에는 선박용 엔진 생산업체인 현대엔진을 설립했다.[254]

1970년대 말에는 한국 조선업계의 구조에도 상당한 변화가 있었다. 대한조선공사는 1978년 8월에 옥포조선소 제1도크를 완공했으나 같은 해 12월에 대우그룹으로 넘어갔으며 대우조선은 1981년에 부대설비를 완공했다. 고려원양 등이 건설 중이던 죽도조선소는 1977년 3월에 우진조선, 같은 해 4월에는 삼성그룹에 인수되었고 삼성조선은 1979년에 제1도크를 완공했다. 현대는 지속적으로 조선소를 확장하여 1977~1979년에 4개의 도크를 추가하여 총 7개의 도크를 확보했다. 현대, 대우, 삼성의 설비 확장을 바탕으로 한국의 조선설비 규모는 1970년에 18만7천 톤에 불과했던 것이 1974년의 110만 톤을 거쳐 1979년에는 280만 톤으로 증가했다.[255] 이처럼 대우조선과 삼성중공업이 조선소를 확보하면서 한국의 조선산업은 대기업 간 경쟁을 통해 성장하는 패턴을 보이기 시작했으며, 울산에 이어 거제가 조선산업의 중심지로 부상했다.

1970년대를 통해 생산규모가 지속적으로 확대되는 가운데 현대를 비롯한 한국의 조선업체들은 기술인력과 기능인력을 확보하는 데 많은 노력을 기울였다. 현대는 대한조선공사와 대동조선 등 국내 조선업체에 근무하던 기술자들을 모집했지만, 그것만으로는 기술인력을 충분히 확보하기 어려웠다. 이에 따라 현대건설이나 현대자동차와 같이 현대그룹에 속한 업체에 근무하던 기술자들을 울산조선소에 전입시키는 방법도 활용되었다.[256] 이처럼 현대는 기업집단의 장점을 십분 활용하여 울산조선소 프로젝트를 진행할 수 있었는데, 이에 대해 암스덴은 『아시아의 다음 거인(Asia's Next Giant)』에서 다음과 같이 쓰고 있다.

현대중공업은 조선 부문에 아무런 전문적인 경험을 가지고 있지 않았지만, 현대그룹은 기술적으로 연관된 분야들, 특히 건설에 대한 경험이 있었고, 엔지니어들이 그들의 노하우를 이전하기 위해 현대중공업으로 파견되었다. 현대중공업의 최상층 경영진은 이전에 현대건설의 고위경영자였다. 현대중공업이 기한을 맞춰야 하는 어려움에 처했을 때에는 현대건설의 엔지니어들이 즉각 동원되었다. 게다가 현대건설은 현대중공업에 다수의 현장관리자들을 제공했으며, 미포조선소 건설을 관리했고, 타당성 조사를 지휘하기도 했다. 현대자동차는 작업처리 시간을 줄이기 위해 엔지니어들을 파견했으며, 조립라인에 기술을 지원하고 훈련기법을 제공했다. 현대시멘트는 생산관리직 사원들을 파견했다.… 이러한 인력들을 동원할 수 있었던 덕분에 현대중공업은 신속히 행동할 수 있었으며, 시장에서 새로운 인력을 채용하는 데 따르는 지연을 피할 수 있었다.[257]

또한 현대는 1972년 9월에 영국 애플도어의 윌슨(Robert L. Wilson)을 소장으로 초빙한 후 사내훈련소를 개설하여 자체적으로 기능인력을 양성하기 시작했다. 교육훈련과정은 6개월이었으며, 가스절단, 배관, 판금, 전기, 기계공작, 제도, 관리 등의 11개과를 운영했다. 이런 식으로 현대는 1975년 말까지 정규훈련생 2,172명을 포함하여 총 3,636명을 배출했고, 이를 통해 조선소 건설과 선박 생산을 원활히 추진할 수 있는 인적 기반을 마련할 수 있었다. 1973년 7월을 기준으로 울산조선소에 고용된 인원 수는 기술직 580명, 기능직 4,800명, 사무직 280명 등으로 총 5,600명을 넘어섰다.[258]

그러나 현대가 확보한 국내 인력으로 곧바로 VLCC를 건조하기에는 역부족이었다. 이와 관련하여 1992년에 발간된 『현대중공업사』는 "당시 [1970년대 초] 국내 기술진의 수준은 용접 등 기본적인 건조기술 분야를 제외하고는 외국에서 들여온 설계도면을 읽을 수 있는 인력마저 없는 정도였다."고 기록하고 있다.[259] 이처럼 국내 기술진의 수준이 일천했기 때문에 현대는 선박 건조에 필요한 제반 기술을 외국에 의존할 수밖에 없었다. 현대는 1971년 9월에 애플도어의 중계로 영국의 스코트리스고우, 덴마크의 오덴세(Odense)와 기술도입에 대한 계약을 체결했다. 스코트리스고우의 26만 톤급 VLCC에 대한 설계도를 구입했으며, 오덴세로부터는 스코(J. W. Schou)를 비롯한 기술자들을 파견 받았다. 또한 1972년 12월에는 일본의 가와사키중공업과 23만 톤급 VLCC에 대한 설계도 제공, 선박 수주의 대행, 기자재 구입의 알선 등을 포함한 기본협정을 체결했다. 조선소 건설의 경우에는 1972년 3월 기공식 직후에 현대의 기술진이 일본 종합건설회사인 가지마(鹿島)건설에 파견되어 해당 기술을 배웠다.[260]

기술도입의 내역에는 기술연수도 포함되어 있었다. 현대는 1972년 3월부터 8월까지 대졸 출신 기술인력 60명을 2차로 나누어 3개월씩 스코트리스고우의 킹스톤조선소에서 기술연수를 받도록 조치했다.[261] 스코트리스고우는 현대가 수주한 것과 동일한 사양의 선박을 건조하고 있었기 때문에 기술연수생들이 조선의 기본 개념과 26만 톤급 VLCC의 내역을 이해하는 데 큰 도움을 주었다. 당시에 스코트리스고우의 기술연수에 참여했던 황성혁은 "그 조선소에서는 이미 26만 톤급 VLCC 건조가 상당한 공정까지 진행되고 있"고, "조선소와 배의 구석구석을 누비면 우리는 바짝 마른 해면이 물기를 빨아들이듯 보는 것, 듣는 것 모두를 흡수했다."고 회고한 바 있다.[262] 또한 현대의 기술진은 공식 일과가 끝난 후에도 보고서를 작성하여 선박 건조에 관한 자료를 축적하는 데 열의를 보였다.

저녁이 되면 보고서를 썼다. 먹지를 넣어 두 장의 사본을 만들고 원본을 [울산의] 조선소로 보냈다. 형식적인 보고서가 아니었다. 온갖 정성을 다 기울였다. 그날 본 것, 배운 것 모두를 상세하고 알기 쉽게 썼고, 관련 자료와 스케치들을 덧붙였다. 그 보고서들은 작업 착수 준비를 하고 있던 조선소의 각 부서가 요긴하게 사용하였다. 당연히 보고서에 대한 조선소의 반응도 진지했었다. 보고서에 대한 질문과 그에 대한 추가자료 요청이 많았다. 그에 따라 보고서는 때로는 상당한 두께가 되기도 했다. 보고서는 울산의 조선소 건설과 선박 건조 준비에 중

요한 길잡이가 되었다.[263]

그러나 스코트리스고우에서의 연수는 상당한 한계를 노정하고 있었다. 스코트리스고우의 경우에는 블록 건조방식이 아닌 선대(船臺) 건조방식을 채택하고 있었고 숙련노동자들이 기본설계만 가지고 축적된 경험에 입각하여 선박을 제작하고 있었다. 이에 반해 가와사키중공업을 포함한 일본의 조선업계에서는 블록 건조방식이 일반화되어 있었으며, 현장작업을 세분화·단순화·표준화하여 설계도에 반영하는 생산설계가 발달되어 있었다. 현대는 1972년 12월부터 1973년 10월까지 총 9차례에 걸쳐 기술직 41명, 기능직 56명 등 총 97명을 가와사키에 파견하여 생산설계와 생산관리를 전면적으로 학습하는 계기를 마련했다.[264] 이와 관련하여 당시 현대의 기술이사를 맡았던 백충기는 스코트리스고우에서의 연수가 "우리가 건조할 선박의 윤곽이나 조선소가 이런 작업을 한다는 개념을 초보자에게 심어준 것은 사실"이지만 "후일 가와사키중공업에서 추가 연수한 것이 우리 기술진의 생산관리기법 습득에 큰 도움이 됐을 것"이라고 평가한 바 있다.[265]

당시에 대다수의 일본 조선업체들이 한국에 대한 기술이전을 꺼려했음에도 불구하고 가와사키중공업이 현대에 적극 협조했다는 점도 주목할 만하다. 가와사키중공업이 현대에 많은 서비스를 제공하자 일본 내에서도 이를 비난하는 목소리가 많았던 것으로 전해진다.[266] 그 배경으로는 가와사키중공업이 가와사키기선과 재팬라인으로 하여금 현대에 선박 건조를 주문하도록 중계했다는 점을 들 수 있다. 가와사키중공업은 일본의 해운회사들에게 현대가 건조하는 선박의 품질을 보증하겠다고 약속했으며, 현대가 가와사키의 설계도를 가지고 가와사키 기술진의 지도를 통해 선박을 건조할 뿐이라고 강조했다. 결국 가와사키중공업은 자신이 공

자료: 김효철 외, 『한국의 배』(지성사, 2006), 113쪽.

언한 품질 보증을 위해 현대에 대한 기술제공과 인력훈련을 책임감 있게
수행했던 셈이다.[267]

현대가 기술도입이나 기술연수를 통해 선진국의 기술을 확보하기는 했
지만 그것을 생산현장에서 재현하는 것은 쉬운 일이 아니었다. 한 관계자
에 따르면 1호선과 2호선이 건조되기까지 104가지의 크고 작은 시행착
오가 있었다고 한다. 예를 들어 외국의 도면과 통계에 지나치게 의존하는
바람에 무수한 오차가 생겼고, 이를 수정하는 과정에서 예상보다 60%가
넘는 자재가 추가로 소요되었다. 또한 용접공들이 눈에 잘 띄지 않는 부
분을 적당히 땜질하기도 했으며, 선박을 조립하는 과정에서 중요한 부품
을 빠뜨리는 사례도 있었다.[268] 이러한 우여곡절을 거듭하면서 생산현장
의 문제를 해결하는 작업이 반복적으로 이루어졌고 이를 통해 현대는 선
박 건조에 필요한 노하우를 습득할 수 있었다.

1974년 6월에는 울산조선소 준공식이 거행되었다. 현대가 건조한 VLCC 1호선은 애틀랜틱 배런(Atlantic Baron), 2호선은 애틀랜틱 배러니스 (Atlantic Baroness)로 명명되었는데, 애틀랜틱 배런은 길이 345m, 폭 52m, 높이 27m로서 당시 국내 최대의 빌딩인 삼일빌딩의 규모를 능가했다. 현대는 1974년 11월에 애틀랜틱 배런을 인도함으로써 세계 역사상 최초로 조선소 준공과 함께 선박 수출을 완료하는 기록을 남겼다.[269]

VLCC를 건조하는 경험이 축적되면서 현대의 생산기술은 지속적으로 향상되었다. 예를 들어, 현대의 선박검사 합격률은 1973년에는 38.1%에 불과했지만 1976년에는 선진국에 근접한 84.1%로 향상되었고, 1983년에 현대는 LR(Lloyd's Register of Shipping)과 DNV(Det Norske Veritas)로부터 선박 부문의 품질수준을 인정받았다. 특히 현대가 처음에는 스코트리스고우의 26만 톤급이나 가와사키중공업의 23만 톤급을 모델로 삼았지만, 7번째 VLCC부터는 두 모델을 혼합한 방식을 채택했다는 점은 주목할 만하다. 즉, 선체는 스코트리스고우의 26만 톤급을, 기관실은 가와사키의 23만 톤급을 기초로 삼고, 의장은 스코트리스고우 식과 가와사키 식을 혼합한 형태를 채택했던 것이다.[270] 이처럼 현대는 다양한 선박의 기술적 사양을 적절히 조합함으로써 자신의 독특한 건조기술을 정립할 수 있었으며, 이를 통해 가와사키를 비롯한 외국 업체에 대한 협상력을 높일 수 있었다.[271]

이러한 건조기술의 향상에도 불구하고 설계기술의 습득은 쉽게 이루어지지 않았다. 현대는 조선소 설립 5년이 넘도록 선박을 자체적으로 설계한 경험이 없었으며 모든 설계도면은 외국 조선소나 컨설턴트로부터 수입하고 있었다. 현대는 1978년에 기본설계실이라는 독립 조직을 신설하면서 설계능력을 본격적으로 확보하기 시작했다. 선형설계에 대한 개념을 세우고 외국 선사의 실적선(實積船)을 토대로 선체구조에 관한 상세설계에 착수했던 것이다. 1979년부터는 독일, 덴마크, 캐나다 등에서 설계 기술을 추가로 도입하여 상세설계를 넘어 기본설계에 도전했고, 그것은 1980년대에 현대가 표준형선을 자체적으로 설계·개발하는 것으로 이어 졌다.[272]

대우와 삼성도 현대와 유사하게 기술도입과 해외연수를 통해 선진국 의 조선기술을 습득하는 과정을 밟았다. 여기서 특기할 점은 한국의 조 선업체들이 주로 유럽 국가들의 기술을 도입했다는 점이다. 옥포조선소 의 경우에는 대한조선공사 시절인 1977년에 영국의 애플도어와 번스(T. F. Burns)에서 기술을 도입했으며, 죽도조선소의 경우에는 삼성이 1978년에 덴마크의 B&W(Bumeister & Wain)로부터 기술을 도입했던 것이다.[273] 일 본은 세계 조선시장을 계속해서 지배할 의도를 가지고 있었고 한국의 조 선산업이 가져올 부메랑 효과를 염려하고 있었기 때문에 한국에 조선기 술을 이전하는 데 소극적인 입장을 취했다. 이에 반해 유럽의 조선산업 은 이미 사양기에 접어들었기 때문에 기술이전에 비교적 호의적인 자세 를 보였다.[274]

4. 자동차

한국전쟁은 자동차산업의 역사에서 이중적 의미를 가지고 있다. 해방 후 서서히 성장하던 자동차산업은 전쟁의 여파로 폐허가 되었지만, 이와 동 시에 군용 차량을 활용하여 기술을 축적할 수 있는 계기가 주어졌던 것 이다. 당시의 기술자들은 미군에서 불하받은 군용 폐차에서 엔진을 빼내 고 망치로 드럼통을 펴서 차체를 마련함으로써 재생자동차를 만드는 작 업을 수행했다. 그 대표적인 예로는 한국 최초의 국산조립 승용차로 평가

자료: 국가기록원

되는 '시발(始發)'을 들 수 있는데, 그것은 1955년에 최무성 형제가 선박엔
진 전문가인 김영삼을 영입하여 제작했다고 전해진다. 시발은 같은 해에
광복 10주년 기념으로 열린 산업박람회에서 대통령상을 받았고, 한 대
값이 약 30만 원인데도 사전 예치금이 1억 원에 달할 정도로 폭발적인
인기를 누렸다. 그러나 1950년대 한국의 자동차산업은 미군의 불하부품
을 조립하는 철공소 수준을 벗어나지 못했으며, 완성차는 주로 수입으로
충당되고 있었다.[275]

한국의 자동차산업은 1962년에 자동차공업육성 5개년계획이 발표되
고 자동차공업보호법이 제정되면서 본격적으로 성장하기 시작했다. 같
은 해에 새나라자동차는 닛산자동차와의 기술제휴로 KD(knockdown) 조
립방식에 의해 '새나라'라는 자동차를 생산했는데,[276] 이를 통해 한국에
서 근대적 의미의 자동차산업이 시작된 것으로 평가된다. 1962년에는 기

아산업과 신진공업도 자동차산업에 진출했으며, 1965년에는 아세아자동차가 이를 뒤따랐다. 새나라자동차는 1965년에 신진공업에 흡수되어 신진자동차로 거듭났으며, 신진자동차는 1966년에 도요타와 기술도입계약을 체결하여 코로나 승용차를 조립하여 생산했다.[277] 당시에 한국 자동차업계의 기술수준으로는 부품은 물론 조립기술까지도 외국의 선진 업체에 의존할 수밖에 없었다. 이러한 점은 정부가 1967년 4월에 자동차제조공장 허가기준을 마련하면서 "자동차제조 및 조립에 관해 선진외국과 기술제휴를 한 업체로서 제휴선이 제품성능을 보장할 수 있는 조건을 구비한 업체에 한해 자동차제조공장으로 허가한다."라고 규정했다는 점에서 잘 드러난다.[278]

1967년 12월에 설립된 현대자동차는 미국의 포드와 '조립자계약 및 기술도입계약'을 체결한 후 1968년 11월부터 코티나 승용차를 조립생산하기 시작했다. 당시의 국산화율은 20% 정도에 불과했으며, 국산화 품목도 배터리, 타이어, 범퍼, 페달, 시트 등과 같이 비교적 간단한 부품에 국한되어 있었다.[279] 이러한 양상은 신진, 기아, 아세아 등 기존 업체의 경우도 마찬가지였다. 예를 들어 당시에 한국 자동차업계의 선두주자였던 신진자동차의 경우에는 1966년에서 1969년까지 자동차 생산량이 6배 이상 증가했지만, 국산화율은 21%에서 38%로 상승하는 데 그쳐 자동차부품 수입액수는 13배나 늘어났다.[280]

1970년에는 한국 자동차산업의 획기적인 진흥을 위해 고유형 소형차의 생산을 추진해야 한다는 의견이 제기되었다. KIST는 김재관 박사를 연구책임자로 하여 『중공업 발전의 기반』이란 보고서를 발간했는데, 그 중 자동차공업 편에서 국민표준차 혹은 고유 대표차종의 개발을 주창했던 것이다. 그 보고서는 "국산화계획이나 부품공업의 육성에 있어서나 그 기본이 되는 것은 자동차의 양산화 문제"이며, 이를 해결하기 위해서는 한국의 "실정에 맞게 설계된 국민표준차의 생산을 계획하고 단일차종의 생산을 영속"해야 한다고 주장하면서 "한국의 고유 대표차종 개발과 이의 중점적 육성을 정부가 공익사업으로서 주도해 나가야" 한다고 덧붙였다.[281]

이러한 문제의식을 수용하여 한국 정부는 1973년 12월에 '장기자동차 공업진흥계획'을 마련했으며, 그것은 1974년 1월에 최종 확정되었다. 장기 자동차공업 진흥계획은 1980년에 완전 국산화된 50만 대의 자동차를 생산하여 자동차 수출 1.5억 달러를 달성한다는 목표 하에 ① 외국에서 생산, 시판된 적이 없는 엔진배기량 1500cc 이하 소형승용차의 양산화(연산 5만 대 이상), ② 1975년 생산 개시, ③ 95% 이상의 국산화율 달성이라는 지침을 충족시키는 소형차를 1976년 이후 국민차로 지정하여 금융, 세제 및 행정면의 제반 지원을 우선 제공하는 것을 골자로 삼고 있었다. 즉, 외국산 중형차를 조립·생산하는 기존의 방식으로는 높은 가격으로 인한 수요 부진, 에너지의 과도한 소비, 낮은 국산화율이 불가피하기 때문에, 저가의 국산 소형승용차를 양산하고 수출하는 방향으로 자동차산업에 대한 정책기조를 전환한다는 것이었다.[282]

당시 국내 자동차 3사에 해당하는 기아, 현대, GM코리아는 정부의 방침에 맞추어 사업계획서를 제출했으며, 그러지 못한 아세아는 1976년에 기아에 흡수되었다. 장기자동차공업진흥계획은 국내 자동차업체의 기술 능력이 '단순조립 단계'에서 '제조 단계'로 이행할 수 있는 계기로 작용했다. 여기서 단순조립 단계란 완성차 메이커가 대부분의 부품이나 부분품을 수입한 후 단순히 조립하는 것을 의미하는 반면, 제조 단계는 완성차 메이커가 도면과 부품을 수입하긴 하지만 차체와 엔진 등을 직접 제작하고 생산하는 단계를 뜻한다. 단순조립 단계에서 제조 단계로 이행함에 따라 한국의 자동차업계는 비로소 생산기술을 전반적으로 학습할 수 있는 기회를 가질 수 있었다. 뿐만 아니라 도입된 도면이 제조에 필요한 모든 노하우를 체화하고 있는 것은 아니기 때문에 그것을 보완하는 기술 활동이 촉발될 수 있었다.[283]

현대는 이미 고유모델 소형차의 생산을 위한 준비 작업을 진척시키고 있었기 때문에 정부가 제시한 사업지침을 가장 잘 만족시키는 사업계획서를 제출할 수 있었다.[284] 특히 기아가 파밀리아 차종을, GM코리아가 카데트를 동양식으로 개작한 모델을 도입하여 국내에서 판매하기로 한 데 반해, 현대는 고유모델인 포니의 개발과 수출을 추진했다. 이러한 점에서 현대는 국내 자동차업체들 중 가장 공격적인 기술전략을 추구했다고 할 수 있는데, 이와 같은 전략상의 차이는 한국 자동차업체의 성장과 기술능력 발전에 큰 차이를 유발했다.

현대가 합작을 통한 손쉬운 방법이 있었음에도 불구하고 고유모델의 개발을 추진한 데에는 최고경영진의 결심이 중요한 배경으로 작용했던 것으로 전해진다.[285] 사실상 현대는 1970년 12월에 포드와 합작회사를 설립하는 계약을 맺었지만, 현대를 부품생산의 하청기지로 만들려는 포드의 입장 때문에 1973년 1월에 무산되고 말았다. 이를 계기로 현대의 정주영 회장과 정세영 사장은 외국 업체가 한국의 자동차산업을 도와줄 의사를 가지고 있지 않다고 판단하면서 고유모델의 개발을 선택하는 과감한 결단을 내렸다. 이에 대해 현대 외부는 물론 내부에서도 비판적인 견해가 계속해서 제기되었다. 당시의 기술수준으로는 고유모델의 생산이 거의 불가능하며, 설혹 고유모델이 생산되더라도 품질이 보증되지 않아 판매가 되지 않을 것이라는 의견이었다.[286]

그러나 현대의 최고경영진은 자체적인 기술기반을 구축하여 진정한 자동차메이커로 성장하겠다는 각오를 다지면서 고유모델의 개발을 강력히 추진했다. 이에 대하여 당시에 현대자동차의 대표이사를 맡고 있던 정세영은 다음과 같이 회고했다.

> 물론 차를 만들 수 있는 기술이 있고 없고를 떠나 단기적으로 보면 제휴업체의 부품을 가져다 조립해서 파는 게 훨씬 수월하고 수입도 좋았다… 그러나 선진 자동차 회사의 기술에 편승해 그럭저럭 짭짤한 수입을 올리는 데 만족하면, 장기적으로 자동차 메이커로의 성장에는 한계가 있었다. 기업정신(企業精神) 따위는 고사하고 결국에는 수입 판매 대리점이나 다를 바 없게 되는 것이다. 고유모델은 꿈도 꾸지 못한 채 주요 부품은 물론 보디까지 외국에서 수입해 오는 회사라면, 그건 간판만 자동차 회사지 진정한 자동차 메이커라고 할 수 없다. 독립된 자동차 메이커의 기준은 바로 독자적인 고유모델이 있느냐 없느냐의 여부에 달려 있다.[287]

정부 당국도 이러한 의사결정에 힘을 실어주었다. 특히 1973~1974년에 상공부의 중공업 차관보를 맡았던 김재관은 고유모델의 개발에 강한 의지를 보였다. 하루는 정세영이 김재관의 집무실을 방문했는데, 김재관이 창가로 이동한 후 세종로를 내려다보며 다음과 같이 요청했다고 한다. "저길 좀 봐요, 저게 몽땅 일본차들 아니오? 저 차들을 죄다 걷어내고 우리 차들이 달리게 해야겠는데, 그 일을 정 사장이 맡아줘야 되겠어요!" 곧이어 정주영 회장이 직접 김재관 차관보를 방문했고, 김재관은 주무부처인 상공부가 현대의 고유모델 개발을 적극 지원하겠다는 입장을 다시 한 번 확인해주었다.[288]

현대는 한국 최초의 고유모델 승용차에 대한 이름으로 '포니'를 선택했다. 포니의 개발에 필요한 핵심기술의 대부분은 외국에서 도입되었다. 현대는 디젤엔진 제조를 위해 영국의 퍼킨스(Perkins) 사와 기술협조계약을

체결했고, 스타일링과 차체설계를 위해 이탈리아의 이탈디자인(Italdesign)
사에게 기술용역을 의뢰했으며, 엔진, 변속기, 후차축 등 동력발생 및 동
력전달 장치, 플랫폼의 설계도면(섀시레이아웃), 엔진제조를 위한 주물제조
기술은 일본의 미쓰비시자동차에서 도입했다. 이 밖에 현가장치, 조향장
치, 제동장치, 엔진마운트, 냉각 및 배기시스템 등 주요 섀시부품들은 현
대가 미쓰비시의 랜서 차종을 분해하거나 도입한 부품을 일일이 측정하
여 도면으로 만들었다. 부족한 기술자료는 기존의 코티나, 뉴코티나 등의
포드 사양을 응용하되 국내 기술수준을 감안하여 약간 수정하는 방식
으로 준비되었다.[289]

고유모델의 개발에 가장 걸림돌이 되었던 문제는 설계기술을 확보하는
데 있었다. 이를 해결하기 위해 현대는 이탈디자인과의 계약을 바탕으로
소위 '5인의 특공대'로 불린 기술인력을 파견했다. 1973년 10월에는 정주
화 차장이 토리노로 갔고, 같은 해 11월에는 이승복, 박광남 과장, 이충
구, 김동우 대리가 추가되었으며, 3개월 후에는 이승복 과장이 허명래 대
리로 교체되었다. 현대의 특공대에게 부여된 공식적인 임무는 '연락관'이
란 명목으로 이탈디자인의 작업을 참관하는 것이었다. 계약서에는 설계
작업을 공동으로 수행하도록 되어 있었으며, 이탈디자인이 정식으로 설
계기술을 가르쳐준다는 의미는 아니었다. 그러나 현대가 특공대를 파견
한 진정한 목적은 어떻게 해서든지 고유모델의 설계 과정과 방법을 배우
는 데 있었다. 현대의 특공대는 1년 여 동안 이탈디자인 관계자들의 설계
작업에 참여하면서 어깨너머로 설계기술을 익혔다. 낮에는 현지 기술자
들이 일하는 모습을 담았다가 밤에는 이를 기록하고 토론하는 일이 반
복되었다.[290]

당시에 이탈디자인에서 이루어진 기술연수의 내용을 정리하고 기록하
는 역할은 이충구가 주로 맡았다. 그가 작성한 노트는 훗날 '이대리 노트'

혹은 '이대리 기술노트'로 불리면서 현대가 포니를 비롯한 고유모델 승용차를 개발하는 데 요긴하게 사용되었다.[291] 이에 대하여 이충구는 다음과 같이 회고한 바 있다.

> 서로 간에 갖추어지지 않은 것이 많아 어떤 것은 우리가 완전히 이해하는 데 빨라야 3개월, 길게는 1년이 걸린 경우도 있었다. 물론 완전히 이해되지 않는 것도 적지 않았다. 그래서 우리는 그들이 그린 것을 그대로 모사해서 보관했다. 나중에 필요할 것이라는 생각에서였다. 그리고 그 모든 것들을 매일 토의를 통해 일지 형태로 정리해나갔다. 그 작업내용들을 전체적으로 이해하고 정리해나가는 일은 내가 담당하게 되었고, 그로 인해 전반적인 프로세스를 경험하게 되었다. 물론 그것들은 후에 출장 보고서를 쓰는 데 중요한 자료가 되었다. 자료로 남겨야겠다고 모아둔 것이 후일 우리가 자체적으로 일을 추진할 때 큰 보탬이 된 것이다. 그 자료는 보고서 작성에 그치지 않고 훗날 추가로 우리 팀에 배정된 직원들의 교육 자료로도 활용되었다.[292]

차체와 엔진에 관한 기술은 해당 설비를 제공한 외국 업체를 활용하여 습득할 수 있었다. 현대는 기술인력을 해외에 파견하여 차체와 엔진에 관한 기술을 배우게 하면서 그들로 하여금 필요한 기계와 설비를 구입하게 했다. 장비 발주와 구매 협상에 나선 기술인력의 대부분은 이후에 생산기술실로 배치되어 기계의 도입과 설치는 물론 직원의 해외연수까지 책임지고 수행했다.[293] 포니를 본격적으로 생산하는 단계에 진입한 이후에는 섀시, 차체, 시험, 금형, 프레스, 엔진 등 각 부문별로 외국인 전문가 7명과 3년 동안의 고용계약을 체결하여 기술적 자문을 받았다. 당시에 현대의 기술진은 자신이 담당한 업무를 스스로 학습한 후 전체 세미나를

통해 지식을 공유하는 열성을 보이기도 했다.[294]

앞서 언급했듯, 현대는 고유모델 포니를 개발하면서 설계기술과 생산기술을 포함한 주요 기술을 모두 외국 업체에게 의존했다. 그러나 이러한 요소들을 결합하여 하나의 새로운 차종으로 만들어내는 일련의 작업은 자체적인 노력을 통해 이루어졌다. 성능이 확인된 완성차를 도입하는 것이 아니었기 때문에 엔진의 차체 탑재, 차체와 섀시의 조화 등 제반 측면에서 해당 기술을 적용하고 연계하기 위한 활동이 뒤따랐던 것이다.[295] 이처럼 현대는 다국적 기술을 도입하여 새로운 기술학습의 원천을 창출하고 소위 '짜깁기 기술조합(tailored technological combination)'을 통해 자신의 고유모델을 개발했다. 그것은 외부에서 도입된 이질적인 기술을 바탕으로 무수한 탐색과 시행착오를 거치면서 자신의 그림을 완성해가는 '조각그림 맞추기(jigsaw puzzle)'에 비유될 수 있다.[296]

현대는 포니의 개발과 병행하여 울산 지역에 종합자동차공장을 건설하는 작업도 추진했다. 전체적인 배치 설계와 공장별 설계는 미쓰비시자동차에게 의뢰했고, 설계용역이 끝난 이후의 모든 시공은 국내 기술진이 수행했다. 현대는 1974년 9월에 부지정지(敷地整地) 작업을 시작했으며, 부지정지가 끝난 곳부터 본격적인 건설공사를 진행했다. 현대의 종합자동차공장은 1년 3개월의 역사 끝에 1975년 1월에 완공되었으며, 외자 7,081만 달러와 내자 2,614만 달러를 포함하여 총 9,695만 달러가 소요되었다. 현대는 종합자동차공장의 준공을 계기로 승용차 5만6천 대, 트럭 및 버스 2만4천 대 등 연간 8만 대 규모의 차량 생산능력을 확보했다.[297] 울산은 석유화학공업단지와 조선소에 이어 종합자동차공장을 보유하게 됨으로써 한국의 중화학공업화를 상징하는 도시로 부상했다.

고유모델의 개발을 계기로 부품국산화율이 크게 향상되었다는 점도 주목할 만하다. 현대는 포니를 처음 제작한 1975년에 85%의 국산화율을 달성한 데 이어 1976년부터는 부품국산화율을 90% 이상으로 유지했다. 이에 반해 외국 모델을 기본으로 했던 기아의 브리사나 GM코리아의 제미니는 생산 초기에 부품국산화율이 70% 내외에 머물렀다.[298] 외국 모델을 도입했던 다른 기업들은 수입부품의 사용이 불가피했던 반면, 고유모델을 개발했던 현대는 국산부품을 적극적으로 활용하는 방식을 채택할 수 있었던 것이다. 이러한 현대의 전략은 한국 자동차부품업계의 발전을 도모하고 다른 완성차업체의 국산화율을 개선하는 데에도 긍정적인 영향을 미쳤다.

포니의 개발과 생산으로 한국은 일본에 이어 아시아에서 두 번째, 전 세계적으로는 9번째로 고유모델 자동차를 보유한 국가가 되었다. 포니는 1974년 10월에 이탈리아 토리노에서 열린 세계자동차박람회에서 세계적인 주목을 받기도 했다.[299] 포니는 1976년 2월부터 시판되기 시작했는데, 첫 해에 10,726대가 판매되어 국내 승용차 시장에서 기아의 브리사를 제치고 1위로 올라섰다.[300] 또한 포니는 국내의 단일 차종으로서는 처음으로 1978년 2월에 생산대수 5만 대, 같은 해 12월에는 10만 대를 돌파하는 기록을 남겼다.[301] 더 나아가 포니는 국산 승용차로는 처음으로 남미와 중동을 비롯한 세계 각국에 수출되었다. 포니의 수출 대수는 1976년 1,019대에서 1979년 19,204대로, 수출액은 같은 기간에 257만 달러에서 5,655만 달러로 증가했다.[302]

현대는 포니를 통해 엄청난 성장을 구가할 수 있었다. 기아는 1974년에 브리사를 출시하면서 1975년에는 국내 승용차 생산량의 55.5%를 차지했다. 그러나 포니의 출시를 계기로 현대가 국내 자동차업계의 주도권을 잡기 시작했다. 현대의 생산비중은 포니가 본격적으로 생산되기 시작한 1976년에 55.5%로 증가했고 1977~1979년에는 계속 60% 이상을 유지했다. 이에 반해 한때 독점적 지위를 누렸던 GM코리아는 1977년에 9.7%

까지 생산비중이 감소하는 등 국내 자동차 3사 중 승용차를 가장 적게 생산하는 업체로 전락했다.[303]

5. 전자

한국의 전자산업은 1959년에 금성사(현재의 LG전자)가 라디오의 국산화에 성공함으로써 시작된 것으로 평가되고 있다.[304] 구인회는 락희화학(현재의 LG화학)을 통해 벌어들인 자금을 바탕으로 1958년에 금성사를 설립하여 라디오 국산화에 도전했다.[305] 윤욱현 기획부장을 중심으로 마련된 전자기기 생산공장 건립안을 바탕으로 라디오 국산화 계획을 추진하기 시작했던 것이다. 라디오 생산을 위한 시설을 도입하기 위해 8만5,195달러의 예산이 책정되었으며, 기술고문 겸 공장장으로는 독일인 기술자 헨케(H. W. Henke)가 선임되었다. 그러나 헨케는 한국 기술진과의 의견 대립으로 금성사를 그만두었고, 라디오 개발의 주도권은 금성사 공채 1기생인 김해수로 넘어갔다.

금성사의 기술진이 국산 라디오를 설계하는 과정에서 참고 모델로 삼은 것은 일본의 산요 라디오였다. 그들은 산요 라디오를 분해하고 해석하는 과정을 통해 라디오에 대한 기술을 익혔으며, 필요한 경우에는 일본의 기술자들에게 접촉하여 정보와 지식을 얻어냈다. 이처럼 후발자가 선발자의 완성품을 출발점으로 삼아 기술을 학습하고 개발하는 방법은 '역행 엔지니어링(reverse engineering)'으로 불린다. 최초의 국산 라디오의 모델명은 A-501이었는데, A는 교류(Alternating Current)의 첫 글자에서 따왔고, 5는 5구식 진공관 라디오라는 의미였으며, 01은 제품 1호를 뜻했다. A-501의 가격은 2만 환으로 금성사 대졸 사원의 3달치 월급에 해당했다

고 전해진다. 금성사는 A-501에 이어 2~4개월의 간격을 두고 7종의 후속 모델을 잇달아 출시했다. A-401, A-502, A-503, TP-601, T-701, T-702 등이 그것이다. 그중에 A-401은 A-501을 간소하게 만든 것이었고, TP는 트랜지스터 포터블, T는 트랜지스터를 의미했다.[306]

1960년대에는 선풍기(1960년), 전화기(1961년), 교환기(1962년), 스피커(1963년), 콘덴서(1964년), 냉장고(1965년), 전기밥솥(1965년), 흑백텔레비전(1966년), 에어컨(1968년), 세탁기(1969년) 등이 잇달아 국산화되었고, 이를 배경으로 한국 전자산업의 생산과 수출도 꾸준히 증가했다. 박정희 대통령은 1967년 연두교서에서 전자공업 개발에 대한 의지를 표명했으며, 한국 정부는 1969년에 전자공업진흥법을 공표하고 전자공업진흥 8개년계획(1969~1976년)을 수립하여 전자업계의 투자와 생산을 적극적으로 지원하기 시작했다.[307]

한국의 전자산업은 1970년에 마산수출자유지역이 지정되고 1971년에 구미전자공업단지가 착공됨으로써 수출 중심의 발전기반을 확보하게 되었다. 1973년에는 중화학공업화 정책이 추진되면서 전자산업이 6대 전략업종 중의 하나로 포함되어 본격적으로 육성되기 시작했다. 1976년에 상 공부는 25개 전략개발품목을 선정하고 '한국 전자의 해'를 선포하는 등 구체적인 육성시책을 내놓았다. 이러한 정부의 지원정책을 바탕으로 한 국의 전자산업은 1976년에 수출 10억 달러를 돌파했으며, 1978년에는 생 산액이 20억 달러를 넘어섰다.[308]

전자산업의 범위를 엄밀하게 규정하기는 어렵지만, 업계에서는 전자산 업을 그 용도에 따라 세 가지로 대별하고 있다. 텔레비전, 냉장고, 세탁기 등과 같은 가정용 전자(가전), 컴퓨터와 통신기기를 포함하는 산업용 전 자(산전), 반도체로 대표되는 전자부품 등이 그것이다. 〈표 3-13〉에서 보 듯이, 1960~1970년대 한국의 전자산업을 주도했던 부문은 가정용 전자 와 전자부품이며, 특히 텔레비전과 반도체의 역할이 컸다. 1977년을 기준 으로 한국 전자제품의 생산액은 가정용 전자 36.9%, 산업용 전자 9.0%, 전자부품 54.1%의 비중을 차지하고 있었다.[309]

〈표 3-13〉 한국 전자제품의 생산추이(1968~1978년)

단위: 천 달러, %

구분		1968년	1975년	1977년	1978년
가정용 기기		12,900 (29.4)	270,023 (31.4)	631,372 (36.9)	936,162 (41.2)
	라디오	6,044 (13.8)	49,416 (5.8)	66,688 (3.9)	61,151 (2.7)
	흑백TV	6,537 (14.9)	82,474 (9.6)	207,770 (11.9)	292,850 (12.9)
산업용 기기		6,700 (15.3)	93,641 (10.9)	154,895 (9.0)	210,207 (9.3)
전자부품		24,300 (55.4)	496,593 (57.7)	926,733 (54.1)	1,124,750 (49.5)
	트랜지스터	5,469 (12.5)	81,026 (9.4)	89,273 (5.2)	102,188 (4.5)
	집적회로	9,439 (21.5)	128,533 (15.0)	210,005 (12.3)	235,835 (10.4)
합계		43,900 (100.0)	860,257 (100.0)	1,713,000 (100.0)	2,271,119 (100.0)

자료: 한국산업은행, 『한국의 산업(상)』(1979), 401쪽.

텔레비전의 국산화

라디오의 국산화로 싹트기 시작한 한국의 전자산업은 텔레비전을 생산하면서 본격적인 성장기를 맞이했다. 한국에서는 1961년 12월에 KBS-TV가 개국하면서 텔레비전 방송이 시작되었지만, 당시의 방송시설이나 텔레비전은 모두 외국에서 수입된 것이었다. 텔레비전의 국산화에 적극적으로 나선 기업은 금성사였다. 금성사는 1961년 말에 일본의 히타치(日立) 제작소와 기술제휴계약을 체결했으며, 1962년 1월부터 3개월 동안 기술자 6명을 일본으로 파견했다. 금성사의 연수팀은 당시 생산과장을 맡고 있었던 김해수를 포함하여 안상진, 곽병주, 조동린, 김균, 김세한으로 구성되었다.[310] 금성사는 수년간 라디오 생산에 대한 경험을 축적하긴 했지만, 텔레비전의 경우에는 라디오보다 훨씬 고도의 기술이 요구되었기 때문에 해외연수를 통해 텔레비전에 대한 전반적인 지식을 미리 습득하고자 했던 것이다. 김해수는 1962년에 있었던 해외연수의 내용과 분위기에 대해 다음과 같이 회고한 바 있다.

> 우리의 기술실습은 히타치 본사의 계획에 따라서 생산기술, 공정관리, 신호발생장치 조절, 부품 등 각 분야별 교육훈련 스케줄에 따라서 진행되었다. 히타치는 일어를 못하는 몇 명의 우리 실습생들을 위해서 통역요원까지 준비하는 성의를 보였다.… 기술교육이 진행되는 동안 나는 히타치의 간부 기술자들과 금성사에서 생산하게 될 TV의 기종과 수입부품을 선정하고, 부품 국산화 계획을 작성하는 등의 사무적인 일을 협의해 나갔다. 또한 앞으로 히타치의 기술지도 요원을 금성사에 파견하게 될 때를 대비하여 그들의 처우에 관한 협정도 마련했다.[311]

금성사는 1963년 초에 부산의 온천동 공장에 텔레비전 생산설비를 갖추고 시운전까지 시도했지만, 텔레비전의 국내 생산에 대한 여론은 부정적이었다. 당시의 언론은 텔레비전 생산이 차관에 대한 의존을 강화시키고 좋지 못한 전력 사정을 더욱 악화시킨다고 주장하면서 아직 한국에서는 텔레비전이 사치품에 불과하다고 덧붙였다. 그로부터 2년이 지난 1965년 초에 금성사는 'TV수상기 국산화계획 및 전기제품 수출대책에 관련한 건의서'를 정부 당국에 제출하면서 "신문, 라디오와 같이 사회생활에 필수적인 매스컴의 매개체인 TV수상기만이 미개척 분야로 남아 있는 실정"이라고 강조했다. 결국 한국 정부는 같은 해 12월에 제한된 범위 내에서 금성사의 텔레비전 생산을 허용하기에 이르렀다. 텔레비전 국산화율이 50%를 넘어서야 하며, 부품 수입은 라디오 등 다른 전기전자 제품을 수출해서 벌어들이는 외화만큼만 허용한다는 것이었다.[312]

금성사는 1965년 9월에 히타치와 텔레비전 등의 생산을 위한 기술도입 계약을 맺었다. 기술도입 내용은 기술 자료의 제공, 기술지도 및 훈련, 기술자의 파견 등으로 되어 있었으며, 계약기간은 10년이었다.[313] 이러한 기술도입계약에 따라 금성사는 7명의 숙련된 기술자들을 히타치에 보냈는데, 그들의 임무는 텔레비전 생산기술을 충실히 이해하고 습득하는 데 있었다. 금성사의 해외연수 요원들은 함께 아파트에 기거하면서 매일 저녁 자신들이 수집한 정보와 교육받은 내용을 서로 상의하고 복습하는 집단적 토론을 통해 빠른 속도로 관련 기술을 익혀나갔다. 또한 금성사는 텔레비전 생산설비를 구축하고 작동시키는 과정에서 일본에서 파견된 기술자들로부터 많은 도움을 받았다. 그들은 기술사양서와 매뉴얼을 비롯한 명시적 지식을 내재화하도록 도와주는 것은 물론 자신들이 보유한 묵시적 지식을 전수하는 데에도 적극적인 자세를 보였다. 이러한 과정을 통해 국내 기술자들의 지식과 경험이 축적됨에 따라 1년이 지난 뒤에

는 일본 기술자들의 활용이 크게 줄어들기에 이르렀다.[314]

금성사는 1966년 8월에 국내 최초로 텔레비전 수상기 500대를 생산했다. 모델명은 VD-191이었는데, 여기서 V는 진공관(vacuum), D는 데스크타입(desk type), 19는 19인치, 1은 첫 번째 생산품이라는 의미였다. 최초의 국산 텔레비전은 폭발적인 인기를 누렸다. 당시 텔레비전 한 대의 가격이 쌀 25가마에 해당하는 6만여 원이었음에도 불구하고 공개 추첨을 통해 당첨된 사람들에게만 판매했을 정도였다. 금성사는 1969년까지 모두 9종의 텔레비전 모델을 개발하여 3만3천여 대의 텔레비전을 생산했다.[315] 이어 1970년에는 VS-66S를 개발하고 1974년에는 VS-66 IC을 개발했는데, 그것은 각각 트랜지스터 시대와 집적회로(integrated circuits, IC) 시대를 여는 의미를 가지고 있었다.[316]

금성사의 텔레비전 국산화는 전자산업의 성장과 기술발전에 상당한 영향을 미쳤다. 금성사 내부적으로는 텔레비전 국산화를 계기로 카세트라디오나 오디오시스템과 같은 후속 전자제품들을 외국의 지원 없이도 생산할 수 있는 기반을 구축했다. 또한 후발 업체들이 금성사의 유능한 기술자들을 스카우트하는 등 금성사는 한국의 전자업계에 인적자원의 중요한 공급원이 되었다.[317] 이와 함께 텔레비전의 생산은 콘덴서, 저항기, 브라운관, 반도체 등 300종이 넘는 전자부품의 수요를 유발함으로써 한국의 전자부품산업이 급속히 성장하는 촉매제로 작용했다.[318]

금성사에 이어 텔레비전 사업에 본격적으로 뛰어든 기업은 삼성전자였다. 삼성전자는 1969년에 설립된 직후에 오리온전기와 총판계약을 체결하여 19인치 진공관 텔레비전인 프린스 코로넷을 위탁 생산했다. 1973년 1월에는 미쓰비시의 기술지원을 바탕으로 진공관식 텔레비전인 SW-V310을 개발했고, 같은 해 4월에는 트랜지스터텔레비전인 SW-T506L을 개발했다. 그중 '마하'라는 상표명이 붙은 SW-T506L은 상당한 인기를 누렸고, 이를 계기로 삼성전자는 삼성전관과 삼성코닝을 포함한 부품계열사를 활용하여 텔레비전의 자체개발에 도전했다. 그 결과 1975년 4월에는 '이코노'라는 새로운 모델이 출시되었는데, 그것은 전원을 넣으면 곧바로 화면이 떠오르는 순간수상방식(quick start)을 채택하고 있었다. 예열시간을 없앰으로써 텔레비전의 수명은 2배 이상 연장될 수 있었고, 하루 5시간 시청을 기준으로 할 때 약 20%의 절전효과를 가져올 수 있었다. 이코노에 대한 대대적인 광고 공세를 바탕으로 삼성전자는 1978년 12월에 텔레비전 내수시장 점유율 40.1%를 기록하여 34.2%의 금성사를 넘어서게 되었다.[319]

흑백텔레비전에 이어 컬러텔레비전의 경우에도 경쟁은 계속되었다. 당시에는 국내에서 컬러 방송을 하지 않았기 때문에 컬러텔레비전 생산업체들은 처음부터 수출을 해야만 했다. 한국에서 컬러텔레비전을 처음 생산한 기업은 아남산업과 일본나쇼날전기가 합작하여 설립한 한국나쇼날이었다. 한국나쇼날은 1974~1976년에 일본나쇼날에서 부품을 전량 들여와 2만9천여 대의 컬러텔레비전을 생산했다. 한국나쇼날에 이어 한국크라운전자도 일본크라운과의 기술협력을 바탕으로 컬러텔레비전의 조립에 나섰지만 1976년에 생산을 중단하고 말았다.[320]

컬러텔레비전의 국산화를 선도한 기업은 금성사와 삼성전자였다. 당시에 두 기업은 기술동향을 조사하고 기술개발의 가능성을 타진하기 위해 KIST의 전자회로연구실과 공동연구를 진행하기도 했다.[321] 금성사와 삼성전자는 미국의 NTSC(National Television System Committee) 방식이 유리하다는 결론을 내린 후 1974년에 이에 관한 특허를 보유하고 있었던 RCA(Radio Corporation of America)와 특허사용계약을 체결했다. 두 기업의 개발팀은 흑백텔레비전 국산화의 경험을 바탕으로 역행 엔지니어링을 통해 컬러텔레비전의 개발에 도전했다. 컬러텔레비전의 회로도와 기구도면에 맞춰 블록별로 완성하고 이를 종합하는 작업을 끈질기게 되풀이했다. 그 결과 삼성전자는 1976년 6월, 금성사는 같은 해 7월에 컬러텔레비전의 시제품을 생산하는 데 성공했으며, 두 기업은 각각 1977년 4월과 8월에 컬러텔레비전의 대량생산에 돌입했다.[322]

반도체산업의 태동

한국의 반도체산업은 1965년에 미국의 코미 사가 트랜지스터의 조립을 위해 고미전자산업이란 합작회사를 설립하면서 시작되었다. 1966년에는 외국인투자 유치정책의 일환으로 외자도입법이 제정되었고, 이를 계기로 페어차일드, 시그네틱스, 모토로라, 도시바 등이 한국에 진출하여 트랜지스터와 IC를 조립하는 생산기지를 구축했다. 외국인 투자회사가 취했던 최초의 운영형태는 반도체소자를 비롯한 모든 자재를 수입하여 단순조립한 후 그것을 전량 수출하는 방식이었다. 그러다가 1971년부터는 해외수출을 증대시키고 합작투자를 유인할 목적으로 해당 제품의 수출규모에 따라 국내판매의 혜택을 부여하는 조건부 내수판매가 허용되었다.

외국인 투자회사의 반도체 국내생산은 한국이 반도체산업에 참여할 수 있는 길을 열었을 뿐만 아니라 국내 기업들의 반도체산업에 대한 관심을 불러일으키는 자극제로 작용했다. 예를 들어, 금성사는 관련 기술을 도입하고 생산한 반도체를 전량 수출한다는 조건으로 1969년 5월에 단독출자로 금성전자를 설립했고, 아남산업은 같은 해 8월에 회사정관에 전자부품제조업을 추가하여 IC 조립사업에 진출했다. 그러나 외국인 투자업체나 국내 업체 모두 반도체생산의 최종 공정인 단순조립에만 머물러 있어서 회로설계, 웨이퍼가공, 검사를 비롯한 반도체산업의 전체 공정에 대한 이해를 도모할 수 없었다. 게다가 반도체 조립에 필요한 원료와 기기가 외국의 모회사로부터 수입되고 완제품도 거의 수출되는 구조에서는 기술능력의 발전을 도모할 별다른 유인이 없었다.[323]

이처럼 당시의 반도체산업은 흔히 '패키징(packaging)'으로 불리는 단순조립에만 국한되어 있었고, 국내 기업들은 반도체 패키징에서 상당한 성과를 보이기도 했다. 이에 대해 한국 반도체산업의 1세대 인물로 1987~1989년에 서울대학교 반도체공도연구소 소장을 지낸 이종덕은 다음과 같이 회고한 바 있다.

> 한국의 반도체산업 초창기에는 100% 모두 패키징에서 시작되었다. 당시 반도체 선진국인 미국이 한국에 기대한 것은 자기들이 만든 반도체칩을 잘 패키징해서 정해진 시일 안에 틀림없이 납품하는 일이었다. 그 무렵 미국산 반도체의 패키징은 사실상 한국 업체들이 거의 대부분 도맡아서 조립했다고 해도 과언이 아닐 만큼 한국의 독무대였다.… 아남에서는 1985년 이전에 반도체 패키징으로 최고 30억 달러를 벌었다. 이를 통해 세계 반도체 패키징 시장의 40%를 점유한 적도 있다.[324]

한국의 반도체산업은 1974년 1월에 웨이퍼가공을 주목적으로 하는 한국반도체가 설립되면서 전환점을 맞이했다. 단순조립생산을 넘어 반도체 생산의 전(前)공정인 웨이퍼가공 공정에 대한 기술을 습득할 수 있는 계기가 제공되었던 것이다. 한국반도체는 당시의 유명한 오퍼상인 서더스(Joseph F. Sudduth)와 CMOS(Complementary Metal Oxide Semiconductor)에 정통한 재미과학자인 강기동 박사가 50만 달러씩 투자하여 설립되었다. 두 사람은 CMOS를 이용하여 LSI(Large Scale Integration) 제품을 생산한다는 야심찬 포부를 가지고 있었다. 그들은 머지않아 기계시계를 대체할 것으로 예상되는 전자시계를 개발한다는 계획을 수립했고, 시그네틱스와

아남산업의 경력사원을 채용하는 방법으로 전자시계의 개발을 담당할 핵심인력을 미리 확보해두었다.

1974년 10월에 준공된 한국반도체 김포공장은 20만 달러짜리 이온주입기를 비롯한 최첨단의 3인치 웨이퍼가공 설비를 갖추어 2인치 설비를 가진 선진국 업체들의 주목을 받기도 했다. 그러나 한국반도체는 생산경험의 미비로 사업계획을 순탄하게 진척시키지 못했고, 연구개발과 공정안정화에 계속적인 투자가 요구됨에 따라 재무상태가 급격히 악화되었다. 여기에다 제1차 석유파동과 경제불황의 여파로 해외 자본의 유입까지 불가능해지자 한국반도체는 회사를 설립한 지 1년도 못되어 경영권을 포기하기에 이르렀다.[325]

1969년에 전자산업에 진출하여 흑백텔레비전, 세탁기, 냉장고 등을 비롯한 민생용 전자기기를 생산하고 있었던 삼성전자는 석유파동 이후 핵심 전자부품의 국산화가 중요한 문제로 대두되자 반도체산업으로의 진출을 적극적으로 모색하고 있었다. 삼성전자의 강진구 사장은 1974년 말에 서더스를 만나 한국반도체의 주식을 매입하는 문제를 의논했고, 서더스는 자신이 보유하고 있는 한국반도체의 주식을 삼성전자가 50만 달러에 매입할 것을 제안했다. 삼성전자는 "반도체 없는 전자회사는 엔진 없는 자동차 회사"라는 판단 하에 1974년 12월 6일에 한국반도체의 주식 50%를 매입함으로써 반도체산업에 첫 발을 내딛게 되었다.[326]

한국반도체는 삼성전자에 인수되면서 LED(Light Emitting Diode) 전자손목시계용 CMOS/LSI 칩을 최초의 양산제품으로 결정했다. 한국반도체는 강기동 사장을 비롯한 기술진의 끈질긴 노력에 힘입어 1975년 9월에 KS-5001을 개발함으로써 국내 최초로 웨이퍼가공생산에 성공했다. 한국반도체는 KS-5001을 약간 변형한 KS-5004로 본격적인 영업활동을 시작하여 1976년 1월부터 월간 수익을 흑자로 전환시켰다. 또한 세계시장의 패턴이 LED 시계에서 LCD(Liquid Crystal Display) 시계로 변화하는 추세에 맞추어 한국반도체는 1976년 6월에 LCD 전자손목시계용 칩을, 같은 해 7월에는 쿼츠 아날로그(Quarts Analog) 시계용 칩을 개발하는 데 성공했다. 이와 같은 신제품이 잇달아 출시되면서 생산능력이 한계에 달함에 따라 한국반도체는 같은 해 12월에 생산라인을 대폭 증설하여 1일 웨이퍼 처리능력을 3백 매에서 9백 매로 증가시켰다.[327]

1976년 말부터 전자손목시계 세계시장이 위축되는 것을 계기로 한국반도체는 국내시장의 수요는 크지만 아직 국산화가 되지 않은 트랜지스터의 개발에 총력을 기울였다. 당시에 트랜지스터는 주로 외국인 합작회사에 의한 조립생산의 단계에 머물러 있었으므로 국내 반도체 업계에서는 회로설계와 웨이퍼가공에 대한 기술이 확보되어 있지 않았다. 한국반도체는 트랜지스터 개발팀을 구성하여 트랜지스터에 대한 기술자료를 입수하여 그 원리를 이해하고 선진국 업체의 제품을 분해하여 회로구조와 제조공정을 익히는 작업을 꾸준히 수행했다. 그 결과 한국반도체는 착수 6개월 만인 1977년 6월에 흑백텔레비전과 오디오에 사용되는 트랜지스터 10종을 개발하는 데 성공했다. 트랜지스터의 개발은 국내 기술진에 의해 회로설계에서부터 조립에 이르는 전 공정을 자체적으로 이루어냈다는 점에서 매우 획기적인 사건이었다. 특히 트랜지스터를 개발하면서 반도체 제조공정에 대한 여러 문제점에 접할 수 있었던 것은 이후에 첨단반도체기술의 개발과정에서 나타날 수 있는 문제점을 미리 파악할 수 있는 계기를 제공했다.[328]

삼성전자는 1977년 12월에 강기동 사장이 소유하고 있던 한국반도체에 대한 나머지 50%의 지분을 인수한 후, 1978년 3월에 상호를 삼성반도체로 변경했다. 삼성반도체는 종합적인 반도체업체로 성장하기 위하여 신제품개발을 서둘렀으며, 첫 번째 과제로 선형 IC의 개발을 선택했다. 그러나 기존의 설비는 선형 IC 생산용이 아니었고, 삼성반도체가 아직 조립생산설비는 갖추지 못한 형편이었기 때문에 IC 개발팀은 상당한 어려움을 겪었다. 더욱이 IC의 개발은 트랜지스터의 경우와 달리 공정별로 진행되는 것이 아니라 단계별로 한 공정씩 이루어져야 했으며, 신뢰도 제고를 위한 검사 프로그램의 개발에도 많은 노력이 기울여져야 했다. 삼성반도체의 기술진은 이러한 문제점을 하나하나씩 해결하면서 개발 착수 10개월 만인 1978년 7월에 TV음성 중간주파수 증폭 및 검파 시스템용 선형 IC인 KA-2101을 개발하는 데 성공했다.[329]

트랜지스터와 선형 IC의 개발을 계기로 삼성반도체는 조립생산시설을 확보하는 데에도 관심을 기울이기 시작했다. 단순히 칩을 판매하는 것만으로는 많은 수익을 거둘 수 없었으며 외부 조립업체의 품질관리가 미흡하여 신뢰도를 확보할 수 없었기 때문이다. 때마침 국내 반도체업계의 선발주자인 페어차일드가 노사갈등으로 인해 생산을 거의 중단하고 서울 대방동에 있던 공장 일체를 매각하기로 결정했다. 삼성반도체는 1978년 6월에 이를 인수한 후 공장건물과 조립라인을 개조하는 작업에 착수하여 동년 9월에는 웨이퍼가공에서부터 조립생산에 이르는 일괄생산체제를 갖출 수 있었다. 당시에 삼성반도체는 반도체 제조의 주요 원자재인 리드 프레임(lead frame) 생산설비를 미국의 알파 메탈스(Alpha Metals)로부터 도입함으로써 반도체의 조립과 함께 리드 프레임의 생산도 시작했다.[330]

1980년 1월에 삼성그룹은 전자제품과 반도체제품의 유기적 개발체제를 구축한다는 명목을 들어 삼성반도체를 삼성전자로 통합했다. 곧이어 삼성전자는 컬러텔레비전 방영에 즈음하여 수요가 급신장할 것으로 예상된 색신호 IC를 기술개발 과제로 선택했다. 삼성전자는 1980년 2월부터 해외기술자 11명을 포함한 95명의 기술인력, 3억5천만 원의 연구개발비, 7억 원에 달하는 최신 장비를 투입하여 착수 21개월 만인 1981년 11월에 색신호 IC를 개발하는 데 성공했다. 앞서 개발한 제품들과 달리 개발기간이 거의 2년에 달했다는 사실은 색신호 IC 개발이 얼마나 힘든 작업이었는가 하는 점을 시사하고 있다. 특히 삼성전자의 연구진은 일반 IC 3개와 트랜지스터 3개를 한 개의 IC로 집적시키기 위한 복합기술을 확보하는 데 큰 어려움을 겪었다. 그들은 국내외 기술자들을 찾아다니며 각종 기술정보를 입수하고 설계 및 검사장비를 전산화함으로써 제반 문제점을 해결할 수 있었다. 이러한 과정에서 삼성의 연구진은 회로선폭을 기존의 8마이크론에서 4마이크론으로 대폭 개선했고, 일본에서 3년 전에 개발되었던 이중배선방식을 국내 최초로 사용하기도 했다.[331]

이처럼 삼성은 1974년에 반도체산업에 진출한 후 전자손목시계용 칩, 트랜지스터, 선형 IC, 색신호 IC와 같은 제품의 개발에 성공함으로써 10년도 되지 않는 사이에 LSI급 반도체의 개발과 생산에 필요한 기술을 하나씩 습득했다. 그러나 반도체제품의 수명주기에서 볼 때 트랜지스터와 IC는 이미 선진국에서 10~20년 전에 개발된 것으로 1970년대 삼성에서 이루어진 기술습득의 대상은 성숙기 기술에 해당했다. 반도체산업에서 삼성이 선진국과 본격적으로 경쟁하기 시작한 계기는 다음 장에서 살펴볼 D램 분야로의 진출을 통해 마련되었다.

종합적 고찰

1961~1979년에 한국을 집권한 세력은 단순한 경제'성장'을 넘어 경제'건설'이나 경제'재건'이란 용어를 표방했다. 예를 들어, 5·16 군사정변 직후에 발표된 군사혁명위원회 성명은 반공과 경제재건의 기치를 내걸었으며, 1960~1970년대에 산업정책에 관한 요직을 두루 역임한 오원철의 저작은 '한국형 경제건설'이란 제목을 달고 있다. 박정희도 1963년에 발간한 『국가와 혁명과 나』의 제8장에서 경제건설 혹은 경제재건의 관념을 여러 번 사용했다.[332] 이러한 어법은 당시에 한국이 당면했던 과제가 어느 정도 자리잡은 경제를 더욱 성장 혹은 발전시키는 것이 아니라 황무지 상태의 경제를 새롭게 만들거나 허물어진 경제를 다시 세우는 데 있었다는 점을 강조하고 있다. 사실상 한국의 근대적 경제성장이 1960년대 초반에 시작되었다는 전통적 해석은 이와 같은 박정희 정부 당국의 견해를 반영하는 것으로도 볼 수 있다. 그러나 제2장에서 살펴보았듯, 1960~1970년대의 한국 경제가 기반이 전혀 없는 상태에서 출발하지는 않았으며, 해방 후 1950년대에도 소비재공업의 수입대체가 이루어지고 생산재공업의 기

초가 마련되는 성과가 있었다. 로스토우(Walt W. Rostow)가 쓴 『경제성장의 단계들』의 어법을 빌린다면 1960~1970년대를 통해 한국 경제는 이륙을 시작해서 도약의 단계에 접어든 셈이지만,[333] 그것은 이전의 시기를 통해 활주로가 어느 정도 닦여 있었기 때문에 가능했다고 볼 수 있다.

박정희 시대의 경제정책을 상징하는 것은 경제개발 5개년계획인데, 이와 유사한 계획은 제1공화국과 제2공화국에서도 수립된 바 있다. 1959년 12월에 작성된 '경제개발 3개년계획(1960~1962년)'과 1961년 5월에 마련된 '제1차 경제개발 5개년계획(시안)'이 그러한 예에 속한다. 이러한 점을 감안한다면 박정희 정권기의 경제개발 5개년계획이 가진 의미는 계획 수립 자체보다는 계획 실행의 측면에서 찾아져야 할 것으로 보인다. 또한 박정희 시대에 수립된 경제개발 5개년계획이 원안대로 5년 동안 계속해서 적용된 경우가 없었다는 점에도 주목할 필요가 있다. 제1차 경제개발 5개년계획(1962~1966년)은 1963년에, 제2차 경제개발 5개년계획(1967~1971년)은 1968년에, 제3차 경제개발 5개년계획(1972~1976년)은 1973년에 수정 혹은 보완되었고, 제4차 경제개발 5개년계획(1977~1981년)은 1979년에 박정희 정권의 몰락과 함께 사문화되었다. 따라서 박정희 정권이 경제개발 5개년계획을 일관되게 추진함으로써 경제성장을 이끌어냈다는 식의 통념은 재고되어야 한다. 오히려 박정희 정권은 경제개발 5개년계획을 수립하고 추진하다가 외부환경이나 국가전략에 중요한 변화가 있으면 해당 계획을 수정 혹은 보완한 후 다시 추진하는 양상을 보였던 것이다.[334]

1960~1970년대 한국의 공업화 전략으로 자주 거론되는 것은 '수출지향 공업화'이다. 그러나 본문에서 살펴본 것처럼 박정희 정권이 처음부터 수출에 주목한 것은 아니었다. 한국 정부는 1962년만 해도 수입대체에 초점을 두었다가 1964년 하반기부터 수출증대를 본격적으로 추진했으며, 1960년대 한국의 수출을 주도한 것은 경공업제품이었다. 이어 1973

년에 중화학공업화가 선언되는 것을 계기로 중화학공업에 대한 투자가 본격화되는 가운데 중화학제품의 수출증대도 본격적으로 도모되었다. 1964년에 '수출드라이브' 정책이 천명되었다면, 1973년에는 '전 산업의 수출화'가 강조되었던 것이다.

박정희 시대를 통해 수출지향과 수입대체가 병행적으로 이루어져왔다는 점에 주목하여 '복선적 공업화' 혹은 '복합적 공업화'로 개념화하려는 시도도 있다.[335] 물론 1960~1970년대에 수출증대와 함께 수입대체가 진전되었다는 점은 엄연한 사실이다. 특히 섬유, 신발, 조선, 자동차 등과 같이 최종재를 생산하는 산업과 달리 석유화학이나 철강과 같이 중간재를 생산하는 산업의 경우에는 산업화의 초기 단계에서 수출증대보다는 수입대체에 초점을 두는 경향을 보인다. 하지만 이러한 사실이 공업화 전략의 명칭을 수출지향 공업화에서 복합적 공업화로 변경해야 할 정도의 이유가 될 수 있는지는 의문이다. 수출지향 공업화란 어법은 수출을 '지향'하는 노선을 채택한다는 의미를 가진 것이지 완전히 수출에만 매진하겠다는 것을 함축하지는 않기 때문이다.

더 나아가 중간재를 생산하는 철강산업의 경우에도 수입대체는 물론 해외수출이 고려되었다는 점에 주목할 필요가 있다. 급속한 산업화의 과정에서는 철강재에 대한 내수가 크게 증가하기 때문에 철강산업을 수입대체산업으로 육성해도 별다른 문제는 없었을 것이다. 그러나 한국 정부와 포스코는 수입대체의 시각에 머물지 않고 규모의 경제 효과라는 관점에서 철강산업의 육성에 접근했으며, 사실상 포항제철소 건설사업은 내수와 함께 수출도 염두에 두면서 이에 상응하는 생산능력을 확보하는 식으로 추진되어왔다. 이를 배경으로 포스코는 수출비중을 매년 20~30% 내외로 유지했으며, 그것은 외채 상환과 경쟁력 확보를 촉진하는 기반으로 작용했다.[336] 이처럼 수입대체의 성격이 강한 산업에 대해서도 수출증대를 적극 추진할 정도로 박정희 정권의 공업화 전략은 수출을 지향했던 셈이다.

1960~1970년대의 수출 혹은 수출지향 공업화가 가진 의미는 이제민이 한국 현대 경제사를 개관한 논문에서 적절히 종합한 바 있다.[337] 우선, 수출지향 공업화로의 전환은 고도성장의 계기로 작용했다. 수출로 얻은 외화를 통해 자본재, 중간재, 기술 등을 원활하게 도입하여 경제성장을 지속적으로 유지할 수 있었던 것이다. 또한 수출에는 강력한 학습 내지 기술이전의 효과가 있었다. 수출을 위해서는 선진국의 고객이 요구하는 기준을 충족시켜야 하는데, 이를 위해 한국 기업들은 기술도입, 기술학습, 생산성 향상 등을 적극적으로 추진했다.[338] 더 나아가 수출은 생활습관과 태도를 근대화하는 효과를 유발하기도 했다. 수출을 매개로 외국 기업을 상대하면서 '코리언 타임(Korean time)'과 같은 한국인의 관습이 바뀌기 시작했으며, 그것은 국내 거래에도 확산되는 양상을 보였다.

1960~1970년대 한국의 산업화는 정부의 강력한 개입을 바탕으로 이루어졌다. 특히 1973~1979년에 추진된 중화학공업화의 경우에는 시설투자, 기지조성, 지원시설, 인력개발, 연구개발 등을 망라할 정도로 한국 정부는 해당 산업을 전폭적으로 지원했다(〈표 3-3〉 참조). 여기서 주목해야 할 점은 정부개입의 정도가 산업에 따라 차이가 있었다는 사실이다. 정부개입의 정도가 매우 강했던 산업으로는 석유화학산업과 철강산업을 들 수 있다. 이러한 산업에서는 시설투자의 규모가 컸을 뿐만 아니라 앞서 언급한 지원책 이외에도 계획수립이나 가격결정에도 정부가 적극적으로 개입했다. 이에 반해 전자산업의 경우에는 정부개입의 정도가 상대적으로 약했다. 전자산업의 시설투자에서 정부가 차지하는 비중은 40%에도 미치지 못했으며, 정부가 전략개발품목을 제시하긴 했지만 계획수립이나 가격책정은 기업의 몫이었다.[339] 자동차산업과 조선산업은 정부개입이 중

간 정도에 해당되는 산업이라 할 수 있다. 한국 정부는 자동차산업과 조선산업을 적극 지원하는 것은 물론 해당 산업의 발전에 대한 가이드라인을 제시했지만, 기업경영에 직접적으로 개입하지는 않았던 것이다.

한국 정부는 중화학공업화를 추진하면서 민간기업을 사업주체로 삼는 경향을 보였는데, 그것은 '재벌'로 불리는 대규모 기업집단 중심의 경제구조가 형성되는 계기로 작용했다. 이러한 점은 다른 개발도상국과 차별화되는 특징으로 평가되고 있으며, '한국형 발전전략' 혹은 '한국형 모델'로 평가되기도 한다. 이와 관련하여 대만은 한국과 비슷한 시기에 석유화학, 철강, 조선 등에 대대적인 투자를 실시했지만, 민간기업을 활용한 것이 아니라 공영기업을 별도로 설립하여 중화학공업화를 추진했다.[340] 그러나 이와 같은 논의도 보다 정교화될 필요가 있다. 한국 정부가 민간기업을 최대한 활용한 것은 분명한 사실이지만, 석유화학과 철강의 경우에는 공기업을 통해 공장 건설과 조업이 이루어졌다. 또한 중화학공업화가 추진되던 시기에는 민간기업도 정부의 지원과 통제에 크게 의존했기 때문에 오늘날과 같은 기업의 자율성을 충분히 보장받지는 못했다고 볼 수 있다. 이와 같은 몇몇 단서를 붙인 후에야 한국의 중화학공업화가 민간을 주체로 하여 추진되었다는 명제가 제대로 된 의미를 가질 수 있을 것으로 판단된다.

사업주체의 형태에 못지않게 중요한 문제는 정부와 기업의 관계에서 찾을 수 있다. 여기서 주목할 것은 한국 정부가 해당 산업에 이미 진출해 있던 기업이 아니라 해당 산업에 새롭게 도전하고자 기업을 적극 고려하거나 육성했다는 사실이다. 예를 들어 철강, 조선, 자동차의 경우에는 인천제철, 대한조선공사, 신진자동차 등과 같은 선발 업체 대신에 포항제철, 현대중공업, 현대자동차 등과 같은 후발 업체가 중화학공업화의 사업주체로 선정되었다. 당시 한국을 대표하는 기업이라 할지라도 경영상의 문제를 안고 있거나 정부의 방침을 충족시키기 못할 경우에는 정부의 선택을 받지 못했던 것이다. 이와 함께 한국 정부는 선정된 기업을 적극 지원하면서도 이에 상응하는 실적을 요구했으며, 해당 기업은 정부의 지원에 부응하는 성과를 달성함으로써 지속적으로 성장하는 양상을 보였다. 암스텐이 적절히 지적했듯, 한국 정부는 보조금의 대가로 기업에게 성과에 대한 기준을 부과했으며, 보조금은 일방적으로 주어지는 것이 아니라 '상호주의의 원칙(principle of reciprocity)'에 따라 배분되었던 셈이다.[341]

한국의 산업화와 기술발전에는 인접 국가인 일본의 기여가 컸으며, 그것은 흔히 '이웃효과(neighborhood effect)'로 불리고 있다. 앞서 살펴본 화학섬유, 철강, 조선, 자동차, 전자 등은 일본이 먼저 세계적인 수준에 도달하고 있었던 산업에 해당한다. 산업별로 차이가 있긴 하지만, 이러한 산업에서 일본은 한국이 따라야 할 모델로 간주되었으며, 일본의 해당 기업들은 설비구축, 기술이전, 해외연수 등에서 적극 협조하는 경향을 보였다. 물론 일본의 한국에 대한 협력은 기본적으로 경제적 이익에 입각한 것이었지만, 지리적 인접성과 문화적 유사성 덕분에 그 효과가 더욱 제고될 수 있었다.[342] 1960~1970년대에 경제대국이자 기술강국인 일본이 인접해 있었다는 사실이 한국의 산업화와 기술발전이 급속히 이루어질 수 있는 중요한 배경으로 작용했던 것이다. 이에 대해 이영훈은 한국 경제사에 대한 단행본에서 '비교지경학적 우위(比較地經學的 優位, comparative geo-economic advantage)'라는 개념을 제안하고 있다.

어느 나라의 경제는 그가 속한 지역경제의 동향에 긴밀히 규정된다. 어느 나라가 수행한 혁신은 가장 가까운 나라에 가장 먼저 전파된다. 인접한 국가는 멀리 떨어진 국가가 누릴 수 없는 특별한 이익을 향유한다. 나는 이같이 어느 나라가 지리적 환경에 기인하여 차별적으로

누리는 경제개발의 유리함을 비교지경학적 우위라고 부른다.[343]

한국의 산업화와 기술발전에서 KIST가 담당했던 역할도 강조되어야 할 것이다. KIST는 1966년에 설립된 한국 최초의 정부출연연구기관으로 선진국의 공공연구기관과는 상이한 역할을 수행했다. 연구활동에서는 기초연구보다 응용연구나 개발연구에 치중했으며, 연구활동 이외에도 국가정책의 기획과 기업에 대한 기술지원 등을 담당했던 것이다.[344] 특히 KIST는 한국의 중화학공업 발전에 관한 조사연구를 꾸준히 수행하면서 종합제철소 건설계획의 마련에 기여했고 조선산업과 자동차산업의 발전에 대한 가이드라인을 제공했다. 또한 KIST는 포항제철소 건설사업을 적극 지원했으며, 폴리에스터 필름 개발, 컬러텔레비전의 국산화 등을 매개로 해당 기업과 공동연구를 진행했다.[345] 그 밖에 KIST의 연구실과 연구인력은 1973년에 특정연구기관육성법이 제정된 이후에 전문분야별로 독립적인 정부출연연구기관들이 잇달아 설립되는 토대로 작용했다.

한국의 주요 산업은 지속적인 대규모 투자를 통해 급속히 성장했는데, 이와 같은 대규모 투자가 기술능력을 발전시킬 수 있는 중요한 원천으로 작용했다는 점에도 주목할 필요가 있다.[346] 대규모 투자를 한 후 신규 설비를 가동하면 각종 기술적 문제가 발생하고 그것을 해결하기 위해 수많은 기술적 노력이 기울여지는 것이다. 이와 함께 대규모 설비를 최대한 활용하기 위해서는 여러 가지 대안을 찾아야 하며 이러한 필요에 의해 연구개발에 대한 투자도 증가하게 된다. 로젠버그(Nathan Rosenberg)가 적절히 지적했듯, 이러한 현상은 기술적 불균형을 해소하기 위해 기술혁신이 가속화되는 과정으로 풀이할 수 있다.[347] 기술이 이미 확보되어 있어서 투자를 늘렸다기보다는 투자를 대폭 늘린 후 그로 인해 발생하는 설비와 기술 사이의 불균형을 해소해나가는 과정에서 기술혁신이 빠른 속도로 이루어졌던 것이다. 이것은 이미 어느 정도의 기술수준을 구비한 상태에서 신규 설비에 대해 투자하는 선진국과 다른 점이라고 할 수 있다. 한국의 경우에는 일단 대규모 투자를 한 후에 적절한 생존방안을 찾는 과정에서 기술능력이 발전하는 양상을 보였던 셈이다.

1960~1970년대 한국 기업이 확보하고자 했던 기술은 대부분 선진국에서 광범위하게 활용되고 있던 성숙기 기술이었다. 산업의 성격에 따라 제조기술, 조업기술, 조립기술 등으로 불리지만, 기본적으로는 생산기술에 해당한다고 볼 수 있다. 당시에 한국 기업은 선진국에서 이미 표준화된 기술체계와 그 구성요소를 그대로 수용하여 한국이라는 다른 공간에서 재현하고자 했으며, 이를 통해 해당 제품의 생산이나 해당 설비의 가동에 필요한 기본적인 기술을 확보할 수 있었다. 이처럼 1960~1970년대의 기술활동은 성숙기 기술을 대상으로 했기 때문에 기술의 확보가 상대적으로 용이했으며 빠른 시일 내에 가시적인 성과가 유발될 수 있었다.

성숙기 기술에 대한 진입장벽은 상대적으로 낮았지만, 한국 기업이 해당 기술을 확보하는 것은 쉽지 않았다. 1960~1970년대에 한국 기업은 공장가동이나 제품생산에 필요한 선진국의 기술을 도입하고 이를 습득한다는 자세를 가지고 있었다. 효과적인 기술습득에 필요한 요소로는 기존 지식의 수준과 노력의 강도를 들 수 있는데, 이러한 두 요소가 결합되어 나타나는 능력은 '흡수능력'으로 불리기도 한다.[348] 당시에 한국 기업은 별다른 지식기반을 갖추지 못한 상태였기 때문에 선진국을 통한 기술도입이나 기술훈련이 필요했다. 이를 바탕으로 한국 기업은 엄청난 강도의 노력을 기울임으로써 자체적인 경험과 지식을 축적할 수 있었는데, 그러한 과정에는 크고 작은 시행착오가 수반되기도 했다.

이를 종합하면, 1960~1970년대에 한국 기업이 수행했던 기술활동의 주된 특징은 성숙기 기술의 습득이라고 평가할 수 있다. 그러나 기술습득이 이루어지는 구체적인 형태에는 산업별로 상당한 차이가 있었다는 점도 지적되어야 한다. 본문에서 언급한 바와 같이, 신발산업, 섬유산업, 석유화학산업, 철강산업은 실행에 의한 학습(learning by doing), 조선산업과 자동차산업은 짜깁기 기술조합(tailored technological combination), 전자산업은 역행 엔지니어링(reverse engineering)에 의해 기술습득이 이루어졌던 셈이다.[349] 이러한 점에서 1960~1970년대 한국의 산업화나 기술발전의 핵심적인 특징으로 조립형 공업화, 역행 엔지니어링, 설비가동을 통한 기술습득 등을 거론하는 것은 부지불식간에 특정한 몇몇 산업을 모델로 삼고 이를 성급하게 일반화한 결과라고 볼 수 있다.[350]

1970년대 중반 이후에 몇몇 기업들은 그동안 축적된 경험과 지식을 바탕으로 자체개발을 시도하기도 했는데, 선경합섬과 포스코가 이러한 예에 속한다. 두 기업은 기업부설연구소를 설립하는 등 기술개발체제를 정비하면서 생산기술을 습득하는 것을 넘어 고급제품에 대한 연구개발을 추진했다. 선경합섬은 KIST 혹은 한국과학원과의 공동연구를 바탕으로 새로운 폴리에스터 섬유를 개발하거나 폴리에스터 필름을 국산화했으며, 포스코는 기술도입이나 자체개발을 통해 냉연강판과 전기강판을 포함한 고급강 영역에서 새로운 강종을 확보하기 시작했던 것이다. 이와 같은 선경합섬과 포스코의 사례는 기술습득에 그치지 않고 기술추격으로 나아간 것으로 평가할 수 있지만, 이를 1970년대 한국 기업의 전반적인 경향으로 일반화하기는 어려운 것으로 판단된다.

제4장

제2차
고도성장과
기술추격

한국 경제는 1979~1980년에 상당한 위기를 맞이한 후 다시 성장의 국면으로 접어들었다. 1980~1997년의 연평균 경제성장률은 8.5%로 1961~1979년의 9.1%에 육박하는 것이었다. 이에 따라 박정희 정권기는 제1차 고도성장기, 1980~1997년은 제2차 고도성장기로 평가되기도 한다.[1] 제4장에서는 제2차 고도성장기의 경제와 기술에 대해 다룬다. 1절에서는 대략 1980~1986년, 1986~1992년, 1992~1997년의 세 시기로 나누어 한국 경제의 전개과정을 요약적으로 살펴본다. 2절과 3절에서는 '기술추격'을 키워드로 하여 제2차 고도성장기에 이루어졌던 기술발전의 양상에 대해 검토한다. 이를 위해 2절에서는 섬유, 신발, 석유화학, 철강, 조선, 자동차 등과 같은 기존 산업의 사례를, 3절에서는 반도체, 컴퓨터, 통신, 휴대전화 등 첨단산업의 사례를 다룬다. 이어 4절에서는 1980~1997년의 경제성장과 기술발전에 대한 몇몇 쟁점들을 논의할 것이다.

1980~1997년의 한국 경제

1. 경제안정화의 추진

1979년에 한국 사회는 심각한 정치적·경제적 불안에 휩싸였다. 제2차 석유파동을 배경으로 유가가 급등하고 국내외 경제가 침체되는 가운데 10월 26일에는 박정희 대통령이 피살되는 사건이 발생했던 것이다. 이러한 상황에서 전두환 보안사령관을 중심으로 한 신군부는 12·12사태와 5·17쿠데타를 통해 권력을 찬탈한 후 5·18광주민주화항쟁을 무력으로 진압했다. 이어 신군부는 1980년 5월 31일에 국가보위비상대책위원회(국보위)를 발족시켜 입법권, 행정권, 사법권을 모두 장악했다. 이와 같은 정치적 혼란은 경제적 상황을 더욱 악화시켰으며, 설상가상으로 1980년 여름에는 이상저온 현상이 한반도를 덮쳐 벼농사 대흉작이 발생했다. 소비자 물가는 1979년에 18.5%, 1980년에는 28.7%나 올랐으며, 경제성장률은 1979년에 8.4%였던 것이 1980년에는 −1.9%까지 떨어졌다.[2]

신군부의 등장과 함께 경제정책의 주도권을 회복한 경제기획원의 관료들은 경제적 혼란의 주된 원인을 중화학공업화의 무리한 추진에서 찾았다. 국보위는 중화학공업화추진위원회와 기획단을 해체시켰으며, 1980년 8월 20일과 10월 17일에 두 차례에 걸친 중화학 투자조정을 단행했다. 그 핵심은 발전설비, 디젤엔진, 자동차, 중전기기(重電機器), 전자교환기, 동제련(銅製錬) 부문을 대상으로 주요 기업을 통합하거나 사업조직을 교환하는 데 있었다. 그러나 해당 기업의 이해관계를 조정하는 것이 쉽지 않아 1980년의 중화학 투자조정은 부분적인 성과를 내는 데 그쳤고, 1981년 2월 28일과 1983년 8월 18일에도 중화학 투자조정이 추가적으로 이루어졌다.[3]

투자조정이 어려웠던 부문은 발전설비, 디젤엔진, 자동차였다. 발전설비의 경우에는 현대, 대우, 삼성의 관련 기업들이 한국중공업으로 통합되는 것으로 일단락되었는데, 이러한 과정에서 현대양행의 주인이 세 차례나 바뀌는 우여곡절을 겪었다. 디젤엔진에서는 업체별로 제조 범위를 조정하여 현대엔진, 쌍용중기, 대우중공업의 분업 체제를 구축했다가 다시 한국중공업의 참여를 허용함으로써 통폐합에 의한 사업체 축소가 무의미해졌다. 자동차의 경우에는 승용차 부문에서 현대자동차와 새한자동차를 통합하고 기아자동차가 상용차 생산을 전담하는 방침이 정해졌지만, 새한의 합작사인 GM이 반발하고 1987년에 기아가 다시 승용차 생산에 진입함으로써 원래의 3사 체제로 돌아가고 말았다.[4]

이와 같은 중화학 투자조정으로 기존의 투자계획이 축소되었으며 경영합리화도 부분적으로 이루어졌다. 그러나 기업의 대규모화 및 독점화가 이루어져 경제력 집중 현상은 더욱 심화되었고, 일부 기업은 투자조정 이후에도 재무구조가 개선되지 못하는 문제점을 보였다.[5] 또한 정부는 중화학 투자조정을 추진하면서 해당 기업에게 채무상환의 연기나 구제금융의 지원과 같은 혜택을 제공함으로써 상당한 자금을 소비했으며, 중화학공업에 대한 잇따른 투자조정에도 불구하고 제조업의 가동률은 별로 개선되지 못했다.[6] 사실상 전두환 정권은 중화학 투자조정을 커다란 업적으로 간주했지만, 그것이 인위적인 대응책에 지나지 않았으며 오히려 역효과를 가져온 면이 많았다는 비판도 계속 제기되고 있다.[7]

중화학 투자조정이 산업계를 겨냥한 것이었다면, 과학기술계의 경우에는 정부출연연구소의 통폐합이 추진되었다. 국보위는 1980년 11월에 연구개발투자의 효율성과 연구조직의 능률성을 극대화한다는 명목으로 과학기술계 정부출연연구소 16개를 9개로 통폐합하는 조치를 단행했다. 정부출연연구소의 통폐합에 대해서는 논란도 많았는데, 특히 한국과학기술연구소(KIST)와 한국과학원(KAIS)의 한국과학기술원(Korea Advanced Institute of Science and Technology, KAIST)으로의 통합은 상당한 갈등을 유발했다. 연구와 교육의 연계라는 취지에도 불구하고 통합 이후 한국과학기술원의 인사와 운영이 한국과학원 위주로 진행됨으로써 한국과학기술연구소 출신 연구원들의 불만을 살 수밖에 없었던 것이다. 결국 1989년에는 한국과학기술연구소가 한국과학기술원에서 분리되어 1980년 이전의 상태로 되돌아가고 말았다.[8]

이와 같은 일련의 통폐합 조치와 함께 전두환 정권은 '경제안정화'를 기치로 내걸었다. 전두환 정권은 경제안정화를 박정희 정권의 '경제개발'과 대비되는 용어로 사용했지만, 사실상 경제안정화 정책은 1979년 4월 17일에 발표되었던 '경제안정화 종합시책'에서 시작되었다고 볼 수 있다. 물론 당시의 경제안정화는 경제개발을 보완하는 차원에서 부분적으로 시도되었던 반면, 1980년대에는 경제안정화가 국가정책의 핵심 기조로 정착하면서 강력한 집행력을 부여받았다는 차별성을 가지고 있다. 전두환 정권의 경제안정화 정책은 1980년 9월에 김재익이 경제수석비서관으로 발탁되면서 본격적으로 추진되었다.[9] 경제안정화는 종종 물가안정과 동일한 것으로 간주되기도 했지만, 보다 적극적인 차원에서는 물가안정은 물론 불균형의 시정과 능률의 향상을 포괄하고 있었던 것으로 판단된다. 이와 관련하여 경제기획원의 역사에 관한 문건은 다음과 같이 쓰고 있다.

> 80년에는 경제개발계획을 추진한 후 처음으로 '마이너스' 성장을 기록했고, 국제수지 불균형과 물가불안이 심화되는 가운데 실업 또한 증대되어 우리 경제는 커다란 시련에 직면했다. 이에 대처하여 우리 경제는 80년대 전반기에는 외형적 성장보다 경제 각 분야의 불균형 문제를 치유하고 경제능률을 향상시키는 데 역점을 두는 안정화 시책을 적극 추진했으며, 그 결과 내실 있는 성장을 실현하는 가운데 물가도 크게 안정시킬 수 있었다.[10]

전두환은 대통령으로 취임한 직후부터 물가안정을 경제정책의 최우선 과제로 표방했다. 그는 박정희 경제의 부작용을 서둘러 해소해야 국민의 지지를 얻을 수 있다고 생각했으며, 이를 위해서는 만성적인 인플레이션을 퇴치해야 한다고 확신했다. 전두환 정부는 정부부처의 재정과 공무원의 급여를 동결하고 통화를 긴축하며 금리를 인하하는 등 물가안정을 위한 온갖 수단을 동원했다. 심지어 각계각층의 반대에도 불구하고 추곡수매가의 인상률을 대폭 낮추며 기업의 임금 억제를 강요하고 노동자의 기본권을 억압하는 조치도 서슴지 않았다. 전두환 정부는 물가상승률을 한 자리 숫자로 낮추는 것을 목표로 삼았고, 그것은 예상보다 빠른 속도로 달성되었다. 소비자 물가를 기준으로 1981년에 21.3%를 기록했던 물가상승률이 1982년의 7.1%와 1983년의 3.4%를 거쳐 1984년에는 2.2%까지 떨어졌던 것이다. 이와 같은 물가안정은 전두환 정부의 최대 치적으로

평가되고 있다.[11]

1980년 12월에는 '독점규제 및 공정거래에 관한 법률(공정거래법)'이 제정·공포되었다.[12] 같은 법 제1조는 "사업자의 시장지배적 지위의 남용과 과도한 경제력의 집중을 방지하고, 부당한 공동행위 및 불공정거래행위를 규제하여 공정하고 자유로운 경쟁을 촉진함으로써 창의적인 기업 활동을 조장하고 소비자를 보호함과 아울러 국민경제의 균형 있는 발전을 도모함을 목적으로 한다."고 되어 있다. 이어 1981년 5월에는 공정거래법에 위배되는 사항을 심의·의결하기 위한 기구로 경제기획원 산하에 공정거래위원회가 발족되었다. 공정거래법의 제정은 경제운용 방식을 시장경제 원리에 바탕을 둔 자율운용으로 전환하기 시작했다는 의미를 가지지만, 재벌을 적극적으로 규제할 수 있는 장치를 도입하는 것으로 이어지지는 못했다. 사실상 1980년대 전반을 통해 재벌에 의한 경제력 집중은 더욱 심화되어 5대 재벌이 제조업 부문의 출하액에서 차지하는 비중은 1980년 16.9%에서 1985년 23.0%로 증가했다.[13]

1981년 7월에는 제5차 경제사회발전 5개년계획(1982~1986년)이 수립되었다. 이전의 계획에 비해 '사회'라는 용어가 추가되었으며, '개발' 대신에 '발전'이라는 개념이 사용되었다. 경제에 치중한 개발에서 벗어나 경제사회 전반의 발전을 지향한다는 점을 분명히 했던 것이다. 제5차 경제사회발전 5개년계획은 기본이념으로 '안정, 능률, 균형'을 제시했는데, 그것은 전두환 정부의 경제안정화 정책이 염두에 두었던 키워드에 해당했다. 이 계획의 발전전략으로는 10% 이내의 물가안정, 7~8%의 지속적 성장, 시장기능의 활성화, 수출주도전략의 지속과 대외개방의 촉진, 비교우위산업의 육성, 국토의 균형 개발과 환경 보존, 국민생활의 질적 향상 등이 제시되었다. 여기서 주목할 점은 제5차 경제개발 5개년계획이 "물가안정에 정책의 최우선순위를 두어 운용함으로써 물가를 10% 이내에서 안정"시키는 것을 강조하면서도 7~8%의 지속적 성장, 수출주도전략의 지속, 비교우위산업의 육성 등과 같이 경제성장에 관한 전략에도 많은 주의를 기울였다는 사실이다. 이 계획의 기본이념에는 '성장'이 제외되어 있었지만, 경제성장은 정권교체와는 상관없이 계속 추진되어야 하는 중요한 과제였던 셈이다.[14]

1980년대에 들어와 한국 정부는 경제성장의 핵심적인 동인으로 과학기술 혹은 기술혁신을 강조하기 시작했다. 이러한 점은 '기술드라이브 정책'의 추진과 '기술진흥확대회의'의 운영에서 잘 드러난다.[15] 기술드라이브 정책은 제5차 경제사회발전 5개년계획의 일환으로 과학기술부문계획(1982~1986년)을 수립하는 과정에서 준비되었다. 기술드라이브 정책은 "앞으로의 과학기술은 지금까지의 경제성장을 뒷받침하는 역할에서 한 걸음 나아가 부단한 기술개발과 기술혁신으로 경제성장을 선도하는 능동적 역할을 담당"해야 한다는 문제의식에서 비롯되었다.[16] 더 나아가 기술드라이브 정책은 "국가통치권자의 강력한 뒷받침으로 가용자원을 최대한 투자하여 우리의 기술수준을 선진국으로 끌어올림으로써 경제사회의 발전을 이룩"한다는 의미를 가지고 있었다.[17] 기술드라이브 정책을 추진하기 위한 핵심적인 매개체로는 기술진흥확대회의를 들 수 있다. 기술진흥확대회의는 법적인 근거를 가지고 있진 않았지만, 전두환 대통령의 강력한 의지에 힘입어 지속적으로 개최될 수 있었다. 기술진흥확대회의는 1982~1987년에 12회가 개최되는 가운데 27개의 정책과제를 다루었다. 기술진흥확대회의는 정부의 모든 부처가 과학기술에 대한 관심과 참여를 확대하는 계기를 마련해주었고, 민간기업의 기술혁신활동을 활성화하는 데에도 크게 기여했다.[18]

1982년에는 과학기술처가 기술개발촉진법에 의거하여 특정연구개발사업을 출범시켰다. 특정연구개발사업은 "과학기술과 산업기술의 고도화를 위해 정부가 대규모 연구비를 직접 지원한 최초의 국가연구개발사업으로, 중장기 과학기술발전계획과 전략에 따라 선진국과의 기술격차를 단시일 내에 단축하기 위한 목표지향적 연구개발사업"이었다.[19] 과거에는 연구기관들이 직접 예산을 확보한 후 자체적으로 연구과제를 선정하여 수행했으나, 특정연구개발사업의 경우에는 국가적 중요성이 높은 연구과제를 먼저 선정한 후 연구수행기관을 공모하는 식으로 추진되었다. 이를 통해 특정연구개발사업은 연구개발주체들 사이의 경쟁을 조성하고 연구개발의 임무지향성을 제고할 수 있었다. 또한 특정연구개발사업이 전개되면서 연구개발을 위한 물적·인적 자원이 크게 증가하는 추세에 들어섰으며, 정부출연연구소뿐만 아니라 기업과 대학의 연구개발능력이 크게 향상되기 시작했다.[20]

1980년대를 통해 한국의 연구개발투자는 급속히 증가하는 추세를 보였다. 1980년에 2,117억 원이었던 연구개발투자는 1985년의 1조2,371억 원을 거쳐 1990년에는 3조3,499억 원으로 증가했다. GDP 대비 연구개발비는 1980년에 0.56%에 불과했던 것이 1985년의 1.41%를 거쳐 1990년에는 1.72%를 기록했다. 연구개발투자의 증가를 주도한 것은 민간 부문이었다. 총 연구개발비에서 민간이 차지하는 비중은 1980년에 36.1%였지만 1982년 50.0%, 1985년 75.2%, 1988년 78.7%를 거쳐 1990년에는 무려 80.6%에 이르렀다.[21] 기업부설연구소는 1981년에 53개에 불과했던 것이 1985년의 183개, 1988년의 604개를 거쳐 1991년 4월에는 1,000개를 돌파했으며, 연구소 보유 기업의 매출액 대비 기술개발투자는 1982년의 0.97%에서 1990년에는 2.08%로 상승했다.[22] 이러한 현상은 흔히 '민간주도의 기술혁신체제'가 정립되기 시작한 것으로 평가되고 있는데, 한국의 경우에는 다른 선진국과 달리 정부의 강력한 개입과 지원에 입각하고 있었다. 사실상 한국의 기술혁신지원제도는 대부분 1980년대에 정비되었으며, 여기에는 국가연구개발사업을 비롯하여 조세지원, 금융지원, 정부구매, 병역특례 등이 포함된다. 특히 한국 정부가 1981년에 기업부설연구소를 인정하는 기준을 정하고 연구개발인력에 대한 병역특례제도를 실시한 것은 다른 선진국에서는 찾아볼 수 없는 독특한 조치였다.[23]

1982년을 전후하여 중소기업에 관한 법제가 정비되기 시작했다는 점도 주목할 만하다. 제5차 경제사회발전 5개년계획은 중소기업을 산업의 저변(低邊)으로 간주하면서 중소기업에 대한 지원을 강화하고 중소기업의 자생적 발전 여건을 조성한다는 점을 강조했다. 이를 바탕으로 1982년 12월에는 중소기업기본법, 중소기업계열화촉진법, 중소기업사업조정법이 개정되었고, 1986년 5월에는 중소기업창업지원법이 제정되었다. 이상의 법률에 의거하여 중소기업의 고유업종 지정, 유망 중소기업에 대한 지원 확대, 대기업과 중소기업의 협력 촉진, 중소기업의 국제화 및 기술개발 지원, 신규 중소기업의 창업 확대 등이 추진되었다.[24] 한국의 중소제조업체 수는 1979년 2만8천 개에서 1987년 4만8천 개로 늘어났고, 대기업과 계열관계를 맺은 중소기업의 비율은 1979년 25%에서 1987년 48%로 확대되었다.[25]

제5차 경제사회발전 5개년계획의 기간인 1982~1986년에 한국 경제는 기대 이상의 성과를 보였다(〈표 4-1〉 참조). 소비자 물가상승률은 1982년에 한 자리 숫자를 기록했으며, 1984~1986년에는 2%대까지 떨어졌다. GDP 성장률은 1982년에 8.3%를 기록했으며, 1983년과 1986년에는 12.2%라는 높은 수치를 보였다. 무역수지도 점점 호전되어 1986년에는 한국 역사상 최초로 무역흑자를 달성하기에 이르렀다. 특히 1986년에는 2%대의 물가상승률, 두 자리 수의 경제성장률, 30억 달러 규모의 무역흑자가 실현되었다. 이로써 전두환 정부는 물가안정, 경제성장, 무역흑자라는 세 마리 토끼를 한꺼번에 잡은 정부가 되었다.

<표 4-1> 한국 경제의 주요 지표(1980~1997년)

연도	GDP 성장률(%)	1인당 GDP(달러)	소비자 물가상승률(%)	경상수지(백만 달러)	무역수지(백만 달러)
1980년	-1.9	1,687	28.7	-5,071	-5,284
1981년	7.4	1,870	21.3	-3,927	-4,787
1982년	8.3	1,971	7.1	-2,134	-2,398
1983년	12.2	2,152	3.4	-1,428	-1,747
1984년	9.9	2,349	2.2	-386	-1,386
1985년	7.5	2,411	2.3	-1,513	-853
1986년	12.2	2,759	2.8	4,492	3,130
1987년	12.3	3,445	3.1	10,779	6,261
1988년	11.7	4,575	7.1	14,838	8,885
1989년	6.8	5,567	5.7	5,267	912
1990년	9.3	6,305	8.5	-1,390	-4,828
1991년	9.7	7,287	9.3	-7,511	-9,655
1992년	5.8	7,728	6.3	-2,240	-5,143
1993년	6.3	8,422	4.8	2,973	-1,564
1994년	8.8	9,755	6.2	-3,508	-6,335
1995년	8.9	11,782	4.5	-8,012	-10,061
1996년	7.2	12,582	4.9	-22,953	-20,624
1997년	5.8	11,583	4.5	-8,183	-8,452

자료: 이장규, 『대통령의 경제학』, 524-525쪽.

　　당시의 경제성장은 주로 수출증대에 기인했으며, 수출증대를 이끈 부문은 중화학공업이었다. 1981~1982년 210억 달러에서 정체한 수출은 1983년부터 증가세에 진입하여 1985년에는 300억 달러를 넘어섰다.[26] 총수출에서 경공업제품이 차지하는 비중은 1980년 48.4%, 1982년 43.0%, 1983년 41.3%, 1985년 37.7%였던 반면, 중화학공업제품이 차지하는 비중은 각각 43.9%, 49.0%, 51.8%, 57.1%를 기록했다. 1982년에는 중화학공업제품의 수출이 경공업제품의 수출을 앞지르기 시작했고, 1983년에는 중화학공업제품이 총수출에서 차지하는 비중이 처음으로 50%를 넘어섰던 것이다.[27] 흥미로운 점은 1985년까지 별다른 산업육성정책이 강구되거나 대규모 투자가 이루어지지 않았다는 사실이다.[28] 이러한 점을 감안한다면 1973~1979년의 중화학 투자가 1980년대 전반에 중화학공업제품의 수출증가로 이어졌다는 해석도 가능해보인다.

2. 3저 호황과 민주화

1986년 1월에 한국 정부는 공업발전법을 공포함으로써 산업정책의 전환을 예고했다.[29] 공업발전법의 제정을 계기로 박정희 정권기에 마련된 기계공업진흥법(1967년), 조선공업진흥법(1967년), 전자공업진흥법(1969년), 석유화학공업육성법(1970년), 철강공업육성법(1970년), 비철금속제련사업법(1971년), 섬유공업근대화촉진법(1979년) 등은 폐지되었다. 기존의 7개 법률은 정부가 특정 산업의 육성계획을 공지하고 참여를 희망하는 사업자를 등록케 하고 소수의 사업자를 선발하여 지원하는 식으로 추진되었다. 이에 반해 공업발전법은 자율과 경쟁을 촉진하여 시장경제의 원리를 정착시키겠다는 의도에서 제정되었는데, 그것은 같은 법 제3조가 "공업의 발전은 개인의 창의를 바탕으로 자율과 경쟁에 의함을 원칙으로 한다."고 명시했다는 점에서 확인할 수 있다. 물론 정부의 개입과 통제가 사라진 것은 아니었지만, 공업발전법의 경우에는 정부의 개입 기준을 명시화하면서 개입 대상도 산업합리화 업종에만 국한하도록 했다. 특정 업종이 산업합리화의 대상으로 지정되면 정부는 민간기구인 공업발전심의회의 의견을 수렴하여 과당경쟁 방지, 신규진입 규제, 조세 및 금융 지원 등의 조치를 취할 수 있었다.[30]

이와 함께 공업발전법은 기존의 '선별적 산업정책' 혹은 '산업별 지원

정책' 대신에 '기능별 지원정책'을 표방했다. 정부가 특정한 산업을 선별해서 육성하는 것이 아니라 기술개발, 인력양성, 중소기업육성 등과 같은 산업계의 주요 활동이나 기능에 대해 정부가 일정한 지원을 제공한다는 취지였다.[31] 공업발전법을 바탕으로 추진된 대표적인 사업에는 1987년에 상공부가 출범시킨 공업기반기술개발사업(현재의 산업기술혁신사업)이 있다. 공업기반기술개발사업의 경우에는 산업계의 기술적 수요를 충족시키는 데 초점을 두고 있었기 때문에 공업기술수요조사를 통해 기술개발 과제를 도출하는 절차를 밟았다. 이 사업의 대상에는 산업계에서 시급히 개발을 필요로 하는 공통애로기술과 민간기업의 자체적인 노력만으로는 수준 향상을 기대하기 어려운 기술이 포함되었다. 이러한 기술 분야에 대해 정부가 소요자금의 2/3까지 기업에 지원했으며, 기술개발의 결과로 상업화에 성공하면 지원받은 자금의 일부를 상환하도록 했다.[32]

1986년 6월에는 제6차 경제사회발전 5개년계획(1987~1991년)이 수립되었다. 이 계획을 준비하는 과정에서는 이전과 달리 민간인이 실무작업반의 공동위원장으로 선임되었다. 제6차 경제사회발전 5개년계획은 "능률과 형평을 토대로 한 경제선진화와 국민복지의 증진"을 기본목표로 삼았다. 제5차 경제사회발전 5개년계획의 기본이념 중에서 '안정'이 제외된 셈인데, 그것은 1984~1985년의 물가상승률이 2%대를 기록하는 등 물가안정에서 상당한 성과가 있었기 때문이다. 제6차 경제사회발전 5개년계획의 주요 정책방향으로는 고용기회의 확대를 위한 적정 성장의 지속, 물가안정 기조의 견지, 국제수지흑자 기조의 정착과 외채부담 완화, 산업구조조정 촉진과 기술입국의 실현, 지역 간 균형발전과 농어촌 종합개발, 국민복지 증진과 형평 제고, 시장경제질서의 창달과 정부기능의 재정립 등이 채택되었다. 계획기간 중의 총량 지표로는 연평균 7.2%의 경제성장, 매년 50억 달러 수준의 경상수지흑자, 3% 내외의 물가안정 등이 제시되었다. 이 계획이 국가기본통계가 체계적으로 작성될 수 있도록 중앙통계기구의 기능을 확충한다는 점을 강조했다는 점과 계획목표의 달성을 위해 필요한 법률의 제정과 개정에 관한 사항을 미리 밝혔다는 점도 주목할 만하다.[33]

1986~1988년에 한국 경제는 흔히 '3저 호황'으로 불리는 이례적인 호황을 맞이했다. 저금리, 저유가, 저환율로 상징되는 3저 현상은 미국, 영국, 프랑스, 독일, 일본의 재무장관들이 1985년 9월에 도출한 '플라자 합의(Plaza Accord)'를 계기로 가시화되기 시작했다. 플라자 합의 이후에 통화가치가 재조정되어 미국의 달러화는 평가절하되는 반면 독일의 마르크화와 일본의 엔화는 평가절상되었는데, 그것은 해외시장에서 일본 제품과 경쟁하던 한국 제품의 가격경쟁력을 급속히 향상시키는 효과를 가져왔다. 이와 함께 국제금리도 1986년 이후 안정적인 저금리를 형성하여 한국과 같이 외채가 많은 개발도상국에게 커다란 도움이 되었다. 게다가 1배럴당 국제 원유가격도 1985년 28달러에서 1986년 15달러로 떨어짐에 따라 석유를 수입하는 자금이 절약되는 가운데 석유를 원료나 중간재로 사용하는 공산품의 경쟁력이 강화되었다.[34]

3저 요인에 힘입어 한국의 총수출액은 1985년에 300억 달러를 돌파한 후 1986년 347억 달러, 1987년 473억 달러, 1988년 607억 달러를 기록했다. 더 나아가 1986년에 처음으로 경상수지흑자를 기록한 이후 1987년과 1988년에는 GDP 대비 흑자 비중이 8~9% 수준을 차지하기에 이르렀다. 1986~1988년에는 연평균 12.1%라는 유례없이 높은 성장률을 보였으며, 실업률은 1985년 4.0%에서 1988년 2.5%로 낮아졌다.[35] 이와 같은 3저 호황의 분위기 속에서 한국은 1986년 아시안게임과 1988년 올림픽을 성공적으로 개최했다. 특히 제24회 서울올림픽은 160개 국가가 참가하여 동서화합의 장이 되었다는 평가를 받았고, 전 세계에 한국을 알리는 중요

자료: 대한민국역사박물관

한 계기로 작용했다.[36]

기업이 자금을 조달하는 패턴에도 상당한 변화가 있었다. 한국 기업이 필요한 자금을 기업 내부에서 조달하는 비중은 1980~1983년에 26.3%였던 것이 1986~1989년에는 44.4%로 증가했다. 투자율의 하락으로 인한 것은 아니었으며 3저 호황으로 기업이 내부에 유보한 자금이 늘었기 때문이다. 게다가 1986~1989년에 기업이 조달한 외부 자금의 23.9%는 주식이 차지했고 금융기관의 차입금이 차지하는 비중은 점차 줄어들었다. 사실상 당시에 한국 사회는 주식투자 붐을 맞이하고 있었다. 1989년 주식거래대금은 81조 원으로 1985년에 비해 22배나 늘어났으며, 주식투자인구도 1985년의 77만여 명에서 1989년에는 1,900만 명을 넘어섰다. 1989년 한국의 인구가 4,250만 명이었으니 국민의 약 45%가 주식투자를

한 셈이었다.[37]

한국 경제는 점점 호전되고 있었지만, 정치적 상황은 계속해서 암흑의 상태를 벗어나지 못했다. 전두환 정권은 집권 내내 야당 인사들을 억압했으며 학생운동과 노동운동을 강력히 탄압했다. 1987년에 들어와 전두환 정권은 '6월 민주항쟁'으로 불리는 국민적 저항에 부딪혔다. 6월 민주항쟁의 도화선이 된 것은 1월 14일에 발생한 박종철 고문치사 사건이었다. 국민들은 전두환 정권의 도덕성을 비난하면서 직선제 개헌을 요구했지만, 전두환은 당시의 헌법에 따라 대통령을 선출한다는 소위 4·13 호헌조치로 맞섰다. 전국적으로 시위가 확산되는 가운데 6월 9일에는 이한열이 최루탄에 맞아 뇌사 상태에 빠지는 사건이 발생했다. 6월 10일 오전 10시에 민주정의당은 전당대회를 통해 신군부 출신의 노태우를 대통령 후보로 선출했지만, 같은 날 오후 6시에는 "호헌철폐", "독재타도" 등을 외치는 범국민적 항쟁이 본격화되었다. 결국 전두환 정권은 노태우 후보를 통해 직선제 개헌, 양심수 석방, 언론의 자유 보장 등을 골자로 하는 '6·29선언'을 발표하기에 이르렀다.[38]

1987년 6·29선언 이후에 한국 사회에서는 그동안 억눌렸던 불만들이 대대적으로 표출되었다. 특히 1987년 7~9월에는 '노동자 대투쟁'으로 불릴 정도로 노동운동이 급속히 확산되었다. 울산에 소재한 현대엔진이 노동조합을 결성하는 것에서 시작하여 전국적으로 3,400여 건의 노동쟁의 혹은 노사분규가 발생했다. 1987년 노동자 대투쟁은 한국에서 근대적인 임금노동자가 형성된 이후에 벌어진 최대 규모의 집단적인 저항운동이었다. 결국 1987년 11월에는 노동법이 개정되어 노동자 대투쟁 과정에서 설립된 노동조합들이 정식 기구로 인정을 받았고, 한국의 노동계는 한국노동조합총연맹(한국노총)과 전국민주노동조합총연맹(민주노총)의 양대 그룹을 형성하기에 이르렀다. 당시의 기업들은 3저 호황을 누리고 있었기 때문에 대폭적인 임금 인상을 통해 노사관계의 안정을 추구했다. 제조업체의 실질임금상승률은 1987년 8.3%에서 1989년 18.3%로 급등했으며, 1987~1996년의 10년 동안 평균 9.1%를 기록했다.[39]

6·29선언 이후에 국회는 여야합의로 대통령 직선제와 5년 단임제를 골자로 하는 제9차 개정헌법안을 마련했다. 헌법개정안은 1987년 10월 27일의 국민투표를 통해 확정된 후 이틀 뒤에 공포되었다. 16년 만에 직선제로 치러지는 대통령 선거에는 민주정의당의 노태우, 통일민주당의 김영삼, 평화민주당의 김대중, 신민주공화당의 김종필 등이 후보로 출마했다. 제13대 대통령 선거는 1987년 12월 16일에 실시되었으며, '보통 사람의 위대한 시대'를 슬로건으로 내건 노태우 후보가 36.6%의 득표로 당선되었다. 야당 지도자인 김영삼 후보와 김대중 후보가 단일화를 이루지 못한 덕분이었다. 1987년 대통령 선거는 많은 국민들의 염원과는 거리가 있었지만, 대한민국 역사상 최초의 평화적 정권교체라는 의미를 가지고 있다. 이어 1988년 4월 26일에 실시된 제13대 국회의원 선거에서는 여당이 과반수 의석을 차지하는 데 실패함으로써 더 이상 독단적으로 국정을 운영할 수 없게 되었다.[40]

1987년 대통령 선거를 맞이하여 여당과 정부가 그동안 구상의 차원에 머물렀던 복지제도를 정비하는 작업을 추진했다는 점도 주목할 만하다. 1986년 12월에는 최저임금법이 시행되어 다음 해의 최저임금이 시급 463~487원으로 정해졌다. 1986년 12월에는 국민연금법도 제정되었는데, 이 법에 따르면 300인 이상을 고용한 사업장의 경우에는 근로자가 국민연금에 의무적으로 가입해야 했고 고용주는 분담금을 내야 했다. 이어 1987년 12월에는 의료보험법이 개정되어 농어민도 의료보험에 가입할 수 있게 되었다. 제정된 국민연금법과 개정된 의료보험법은 제13대 대통령 선거 직후인 1988년 1월부터 시행되었다.[41]

1987년은 한국 경제의 성장 메커니즘이 일종의 변곡점을 맞이한 해이기도 했다. 1987년 이후 약 10년 동안 한국 경제는 이전에 비해 내수 부문의 성장세가 확대되고 수출 부문의 성장세가 상대적으로 둔화되는 특징을 보였다(〈표 4-2〉 참조). 1987~1996년에는 내수 부문의 성장률이 연평균 9.6%를 기록하여 1970~1986년의 7.8%보다 1.8%가 상승했다. 반면 수출 부문의 성장세는 같은 기간 중에 17.5%에서 10.9%로 6.6%가 하락했다. 내수 부문과 수출 부문의 경제성장 기여도를 보면, 내수 부문의 기여도는 같은 기간에 2.2%가 상승했으며, 수출 부문의 기여도는 0.6% 증가를 기록했다. 1987년 이후에는 경제성장에서 수출뿐만 아니라 내수도 중요하게 고려해야 하는 상황이 되었던 것이다.

〈표 4-2〉 소비, 투자, 수출의 증가율과 경제성장 기여도(1970~1996년)

구분			1970~1986년	1987~1996년
경제성장률			7.6%	8.1%
내수			7.8% (6.7%p)	9.6% (8.9%p)
	소비		6.7% (4.3%p)	8.2% (4.7%p)
	투자		11.5% (2.4%p)	12.2% (4.2%p)
		설비투자	15.6% (1.0%p)	12.4% (1.6%p)
		건설투자	9.7% (1.4%p)	11.9% (2.4%p)
수출(재화와 서비스)			17.5% (1.8%p)	10.9% (2.4%p)
수출(재화)			19.5% (1.5%p)	10.4% (1.8%p)

주: ( ) 안은 각 항목의 경제성장 기여도에 해당함.
자료: 홍순영·장재철 외, 『한국 경제 20년의 재조명: 1987년 체제와 외환위기를 중심으로』
(삼성경제연구소, 2006), 58쪽.

국민들의 소비 규모가 증가하는 가운데 소비 패턴도 바뀌기 시작했다. 먹고사는 문제가 어느 정도 해결되면서 부유층과 중산층을 중심으로 보다 안락하고 여유로운 생활을 추구하는 경향이 나타났던 것이다. 주택 마련, 자동차 구입, 해외여행 등은 그 대표적인 예이다. 1986년까지 연간 25만 호 수준에 머물렀던 주택 건설물량은 1989년의 46만 호를 거쳐 1990년에는 75만 호에 달했다. 4~5년 사이에 한국 총 주택의 1/3이 마련된 셈이었다.[42] 자동차 내수는 1980년에 10만 대에 불과했던 것이 1984년의 21만 대를 거쳐 1990년에는 95만 대로 증가했는데, 특히 1987년과 1989년에는 45.7%라는 폭발적인 증가율을 기록했다.[43] 해외여행은 1987년에 45세 이상, 1988년에 30세 이상으로 제한되었던 것이 1989년에 완전히 자유화되었고, 이후에 해외여행객의 수는 해마다 급속히 증가했다.[44] 1988년 올림픽을 전후로 오락·문화산업, 음식·숙박업, 관광산업, 스포츠산업 등과 같은 여가산업도 본격적인 성장세에 들어섰다.[45]

내 집 마련의 꿈은 부동산 가격의 상승으로 이어졌다. 전국 땅값 상승률은 1980~1987년에 연평균 10.5%였지만, 1988년에 27.0%, 1989년에는 30.7%를 기록했다. 1988년과 1991년 사이에 아파트 가격은 2.6배나 상승하여 서울에서 1억 원으로 살 수 있는 아파트 평수가 40평에서 15평으로 줄어드는 상황이 되었다. 이에 대한 대책으로 1989년에 노태우 대통령은 영구임대주택 25만 가구를 포함하여 주택 200만 호를 건설하고, 분당, 일산, 평촌, 산본, 중동 등 수도권에 5대 신도시를 개발한다는 계획을 발표했다. 노태우 정부는 임기 중에 목표로 삼았던 200만 호 건설을 1년 앞당긴 1991년에 달성할 수 있었다. 주택 공급을 확대하는 것과 함께 수요의 측면에서 부동산 투기를 억제하기 위한 정책도 추진되었다. 한국 정부는 토지에 대해서는 공익성을 감안하여 정부가 개입할 수 있다는 '토지공개념'의 논리를 내세웠고, 이에 대한 후속조치로 1990년에는 택지소유상한제, 개발부담금제도, 토지초과 이득세 등을 시행했다. 부동산에 관한 정책도 한국 정부의 중요한 경제정책으로 자리잡기 시작했던 셈이다.[46]

1986년부터 한국이 무역수지 흑자를 달성하면서 경제개방을 요구하는 선진국의 압력도 강해졌다. 이에 한국 정부는 수입자유화를 단계적으로 추진하여 1985년에 85.0%였던 수입자유화 비율을 1988년에는 94.7%로 높였다. 한국은 1990년 1월에 GATT 18조 B국에서 11조국으로 이행함에 따라 국제수지의 적자를 줄일 목적으로 사전적인 수입 제한을 할 수 없게 되었다. 선진국의 자유화 요청은 무역보다 금융에서 더욱 강했다. 미국 정부는 한국 정부가 금융자유화 협상에 착수하도록 강제하기 위해 1988년 10월에 한국을 환율조작국으로 지목했다. 한국 정부는 1988년 12월에 '자본시장 국제화의 단계적 확대 추진계획'을 발표했으며, 이를 바탕으로 외국인 투자 절차를 간소화하고 신고제를 도입하는 등 금융시장을 서서히 개방했다. 외국인 사업투자와 증권투자의 합계액은 1988년에 4억 달러에 불과했지만, 1989년 11억 달러, 1990년 15억 달러를 거쳐 1991년에는 41억 달러로 증가했다. 그러나 1992년만 해도 한국은 자본계정 자유화에 관한 OECD 규약에 있는 항목 중에 89%를 규제하고 있었는데, 그것은 OECD 국가의 평균인 17%보다 훨씬 높은 수준이었다.[47]

당시의 대외적 여건이 한국에게 불리한 것만은 아니었다. 소비에트연방이 와해되고 공산권 국가들이 시장경제체제를 도입하면서 기회의 창이 열렸던 것이다. 공산권 국가들의 대부분은 한국보다 북쪽에 몰려 있었기 때문에 이들과 교류하는 일은 '북방정책' 혹은 '북방외교'로 불렸다. 노태우 정부는 1989년 2월 헝가리를 시작으로 1990년 10월에는 소련, 1992년 8월에는 중국과 수교를 맺는 등 북방정책에 열을 올렸다. 노태우 대통령이 재임기간에 수교한 북방 국가는 무려 37개국이나 되었으며, 1991년 9월에는 남북한의 유엔 동시가입도 성사되었다. 북방 국가와의 경제교류는 급속히 상승하여 1991년에는 총교역액의 5.3%를 차지했으며, 투자규모도 총투자액의 5.1%로 확대되었다. 특히 중국과의 교역은 1988년 이후 연평균 30% 신장되어 1992년에는 82억 달러를 기록하는 등 한국 경제의 새로운 활로로 자리잡기 시작했다.[48]

3저 호황으로 인한 한국 경제의 상승세는 오래가지 않았다. 1989년부터 경제성장률은 한 자릿수로 둔화되었으며, 1990년에 들어서는 경상수지가 적자로 돌아서는 가운데 물가도 다시 불안해졌다(〈표 4-1〉 참조). 이미 중진국에 진입한 한국이 두 자릿수의 성장을 계속하기는 어려웠으므로 경제성장률이 떨어지는 것은 자연스러운 현상으로도 볼 수 있다. 문제는 경제성장률의 하락이 경상수지 적자와 물가불안을 동반했다는 점이다. 물가상승률이 다시 올라간 데에는 3저 호황 시절에 경상수지흑자로 인해 통화가 증발되었다는 점과 1987년 민주화 이후에 노동조합이 활성화되면서 실질임금이 상승했다는 점이 중요한 배경으로 작용했던 것으로 분석되고 있다. 경상수지가 적자로 돌아선 일차적 원인으로는 환율 인하가 거론되고 있다. 한국 정부가 미국의 압력을 수용하여 환율을 급속히 내리는 바람에 1986년 달러당 평균 881.3원이었던 환율이 1989년에 671.4원까지 떨어졌다는 것이다.[49]

다시 〈표 4-1〉을 보면, 경상수지 적자는 무역수지 적자에서 비롯된 것임을 알 수 있다. 1990~1992년에 경상수지 적자의 규모보다 무역수지 적자의 규모가 훨씬 컸던 것이다. 한국의 수출이 부진에 빠지게 된 배경으로는 임금 상승과 환율 인하를 들 수 있지만, 한국 제품의 기술경쟁력이 다른 국가에 비해 떨어진 점도 고려할 필요가 있다. 그것은 한국이 3저 호황의 시기에 기술집약적 산업으로 산업구조가 충분히 선진화되지 못했다는 점을 시사한다. 다시 말해 1990년대 초의 수출 부진은 임금 상승, 환율 인하, 산업구조조정의 지연 등이 복합적으로 작용한 결과라 할 수 있다. 3저 호황과 민주화의 시기에 임금을 인상하는 것에는 불가피한 측면이 있었다 하더라도 환율의 문제와 산업구조의 문제는 정부의 보다 적극적인 대응이 필요했던 것으로 판단된다. 결국 정책적 차원에서 보면 한국 경제가 1990년에 들어와 적자경제로 돌아선 이유는 1980년대 후반에 산업구조와 환율의 문제에 대한 대처가 소홀했다는 점에서 찾을 수 있을 것이다.

기술경쟁력의 강화가 시급한 문제로 대두되는 가운데 과학기술처는 1991년 4월 11일에 개최된 제6회 종합과학기술심의회에서 '2000년대 과학기술 선진 7개국권 진입 추진 기본방향'을 보고했다. 승산이 높은 소수의 전략기술을 선정하여 2000년까지 선진국 수준의 개발을 완료하겠다는 것이었다.[50] 이어 4월 30일에 노태우 대통령은 한국과학기자클럽이 주관한 간담회에서 21세기를 향한 과학기술정책의 방향을 밝혔다. 소위 '4·30 과학기술정책선언'을 통해 노태우 대통령은 선진국을 향한 오랜 꿈을 실현하기 위해서 2000년까지 한국의 과학기술을 선진 7개국 수준으로 발전시키고, 과학기술투자를 획기적으로 확대하여 2001년까지 국민총생산의 5% 수준으로 제고한다는 의지를 표명했다. 이와 함께 정부 주도로 핵심기술의 개발을 추진하고 세계적 수준의 과학기술인재를 양성하며 과학기술정책에 대한 종합조정을 강화한다고 밝혔다. 이에 대한 후속조치로 1991년 5월에는 국가과학기술자문회의가 설치되었으며, 1992년 1월에는 선도기술개발사업이 실시되었다.[51]

선도기술개발사업은 과학기술 선진 7개국 수준에 진입하기 위해 필요한 핵심기술을 계획적으로 개발하는 국가연구개발사업으로 일명 'G7 프로젝트'로 불린다. 특정연구개발사업과 공업기반기술개발사업이 특정 부처에 의해 주도되고 3년 내외의 연구개발과제에 집중되었던 반면, 선도기술개발사업은 범부처 차원에서 관리되고 5~10년의 중장기적 과제를 대상으로 삼았다는 특징을 가지고 있다. 선도기술개발사업은 1992~2001년의 10년 동안 제품기술개발사업과 기반기술개발사업으로 나누어 추진되었다. 제품기술개발사업은 2000년대 국제경쟁력 확보가 가능한 첨단제품의 핵심요소기술을 개발하는 것으로 광대역 종합정보통신망, 차세대 자동차, 주문형 반도체, 차세대 평판표시장치, 의료공학, 초소형 정밀기계, 고속전철, 신의약·신농약, 고선명 TV 등의 9개 세부사업으로 구성되었다. 기반기술개발사업은 2001년까지 첨단제품의 개발을 기대할 수는 없으나 국가적으로 중요한 원천기반기술을 개발하는 것으로 정보·전자·에너지 첨단소재, 첨단생산시스템, 신기능 생물소재, 환경과학, 신에너지, 차세대 원자로, 차세대 초전도토카막 장치, 감성공학, 차세대 반도체 기반기술 등의 9개 세부사업으로 구성되었다.[52]

3. 신경제와 세계화의 모색

1992년 12월 18일에는 제14대 대통령 선거가 실시되어 민주자유당 김영삼 후보가 민주당 김대중 후보, 통일국민당 정주영 후보 등을 눌렀다. 민주자유당은 1990년 2월 민주정의당, 통일민주당, 신민주공화당의 합당으로 탄생했으며, 김영삼의 당선은 3당 합당의 결과라 할 수 있다. 1993년 2월에 출범한 김영삼 정부는 '문민정부'라고 명명되었는데, 박정희, 전두환, 노태우와 같은 군인 출신의 대통령이 통치하는 시대가 지났다는 의미였다. 이와 함께 김영삼은 대통령 선거의 캐치프레이즈로 '변화와 개혁을 통한 신(新)한국 창조'를 내걸었으며, 대통령에 취임한 직후에 신한국 창조를 위한 4대 국정지표로 깨끗한 정부, 튼튼한 경제, 건강한 사회, 통일된 조국 등을 제시했다.[53] 김영삼 정부는 경제에서도 과거와의 결별을 시도했다. 집권 첫해에 경제개발 5개년계획이나 경제사회발전 5개년계획 대신에 '신(新)경제 5개년계획'이란 간판을 달았으며, 이듬해에는 경제기획원과 재무부를 통합하여 재정경제원을 출범시켰다. 개발연대의 상징이라 할 수 있는 경제개발계획과 경제기획원이 김영삼 정부에 들어와 폐지된

셈이었다.[54]

　김영삼 정부가 출범할 당시에 한국의 경제 사정은 매우 어려웠다. 김영삼 정부에서 초대 경제부총리를 지낸 이경식은 1993년 4월의 한 특강에서 한국 경제가 처한 상황에 대해 다음과 같이 평가했다.

　　1980년대 후반 이후 우리 경제는 경쟁력 약화와 함께 성장 활력이 크게 떨어졌다. 그 이유로 우선 대내적 요인은 다음과 같다. ① 정치 민주화에 상응하는 경제 윤리가 새롭게 정립되지 못했고, ② 부동산 투기 등 불로소득의 발생으로 계층간 갈등이 심화되었으며, ③ 정부 주도하의 개발 과정에서 누적되어 온 각종 규제로 인해 기업 의욕도 크게 위축되었고, ④ 과거 왕성했던 의욕과 자신감도 상실했다. 한편 대외적 요인으로는 ① 경제전쟁 시대, 기술보호주의 시대를 맞이하면서 선진 기술의 모방과 도입이 점점 어려워졌고, ② 금융, 유통, 자본 이동 등 모든 분야에서 개방·국제화의 요구가 증가하고 또 한편으로는 지역 블록화가 확산되고 있으며, ③ 특히 중국과 동남아 등이 강력한 경쟁 상대국으로 부상하고 있는 점을 들 수 있다. 지난해 하반기 이래의 성장률 둔화가 단기적, 경기 순환적 요인보다는 구조적 요인에서 비롯되었다는 데 문제의 심각성이 있다.[55]

　이러한 문제점을 해결하기 위해 김영삼 정부가 주창한 것은 '신경제 건설'이었다. 신경제에 대한 구상은 김영삼이 제14대 대통령 후보로 선출된 직후인 1992년 6월부터 시작되었다. 1993년 2월에는 '신경제론'이란 보고서가 마련되었는데, 이를 주도한 인물은 박재윤 서울대 교수였다. 그는 김영삼 후보의 경제특보를 맡았으며, 김영삼 정부의 초대 경제수석비서관을 지냈다. 1993년 4월부터는 '신경제론'을 토대로 본격적인 계획을 수립하는 작업이 추진되었고, 같은 해 7월 2일에는 '신경제 5개년계획(1993~1997년)'이 공표되었다. 이전의 5개년계획은 정부가 주도적으로 수립했던 반면 신경제 5개년계획의 경우에는 민간 부문에서 먼저 골격을 만든 후 정부가 계획을 완성하는 절차를 밟았다. 신경제 5개년계획이 마련됨으로써 1991년 11월에 수립된 제7차 경제사회발전 5개년계획(1992~1996년)은 백지화되었다.[56] 신경제 5개년계획이 공표되기 이전인 1993년 3월 22일에 '신경제 100일 계획'이 마련되어 6월 30일까지 시행되었다는 점도 흥미롭다. 신경제 100일 계획에는 공공금리 인하, 설비자금 공급 확대, 통화의 신축적 공급, 수출용 원자재 연지급 허용기간 확대, 공공사업예산의 조기 집행 등 전형적인 경기부양책이 포함되어 있었다.[57]

신경제 5개년계획은 변화와 개혁을 통해 새로운 발전의 원동력을 창출함으로써 한국 경제를 선진 경제권에 진입시키고 통일에 대비할 수 있는 튼튼한 경제로 만들어나가는 것을 목표로 제시하고 있다. 이처럼 신경제 5개년계획의 목표가 모호했기 때문에 신경제는 매우 다양한 방식으로 표현되었다. "과거와 다른 경제", "변화와 개혁을 지향하는 경제", "기업활동이 자유로운 경제", "국민의 참여와 창의가 발휘되는 경제", "온 국민이 함께 하는 경제" 등이 그것이다.[58] 신경제 5개년계획은 크게 '개혁' 부문과 '경제시책' 부문으로 구성되었다. 이 계획은 개혁 부문이 주를 이루고 있다는 점에서 과거의 계획과 차별화되었는데, 개혁 부문은 재정개혁, 금융개혁, 행정규제개혁, 경제의식개혁 등을 포괄했다. 경제시책 부문은 성장잠재력의 강화, 국제시장기반의 확충, 국민생활여건의 개선 등을 주요 과제로 제시했으며, 제7차 경제사회발전 5개년계획에 포함된 내용과 대동소이한 성격을 보였다.[59]

김영삼 정부는 연도별 중점추진전략을 도입하는 등 신경제 5개년계획의 추진에 강한 의지를 보였다. 1993년에는 국내부문 제도개혁 착수, 대외부문 제도개혁 기반조성, 시민의식 개혁 착수를, 1994년에는 국내부문 제도개혁 마무리, 대외부문 제도개혁 본격화를 추진한다는 일정이 제시되었다. 이어 1995~1996년에는 대외부문의 제도개혁을 마무리하면서 제도개혁의 미비점을 보완하는 가운데 정책의 중심을 국민생활의 질적 향상으로 이동해간다는 방침이 정해졌다.[60] 김영삼 정부는 신경제 5개년계획의 수립과 함께 국무총리를 위원장으로 하는 '신경제추진위원회'를 발족시켰고, 김영삼 대통령은 첫 두 해 동안 매달 신경제 5개년계획의 추진 상황을 직접 점검하는 열성을 기울였다. 그러나 1994년 10월에 경제수석비서관이 교체되고 같은 해 11월에 국가정책의 키워드가 '세계화'로 변경되는 것을 배경으로 신경제 5개년계획은 사실상 폐기되는 수순을 밟았다.[61]

신경제 5개년계획은 중도에 폐기되고 말았지만, 이 계획을 통해 제안된 몇몇 정책은 상당한 성과를 보이기도 했다. 그 대표적인 예로는 금융실명제를 들 수 있다. 금융실명제는 전두환 정부와 노태우 정부에서도 거론되어왔지만, 정치권의 반대와 경제적 부작용에 대한 우려로 10년이 넘는 세월 동안 계속 표류되고 있었다. 김영삼 정부는 1993년 8월 12일에 '대통령 긴급 재정 경제 명령' 제16호를 통해 금융실명제를 전격적으로 실시했다. 5천만 원 이상의 자금에 대해서는 추적을 실시하고 3천만 원 이상의 자금 인출은 국세청에 통보해야 한다는 내용이었다. 이후 금융실명제는 한국 사회에서 빠르게 정착되어 1997년 3월에는 대상 금액의 99.3%에 해당하는 402조7천억 원에 대한 실명이 확인되었다. 그러나 김영삼 정부의 금융실명제는 금융제도 개선이나 세금 감면 등의 보완책을 고려하지 않았다는 비판을 받기도 했다.[62]

경제행정 규제완화와 공기업 민영화에서도 소기의 성과가 있었다. 김영삼 정부는 1993년 3월에 경제부총리를 위원장으로 하는 민관 합동의 '경제행정규제완화위원회'를 설치했다. 정부부처 및 경제계에서 수집된 각종 규제조치 목록이 작성되었고, 소관 부처가 규제의 정당성을 입증하지 못하는 사안은 보완 혹은 폐지의 수순에 들어갔다. 이를 통해 경제행정규제완화위원회는 1993년 1,128건, 1994년 341건, 1995년 501건, 1996년 522건 등 4년 동안 2,492건의 과제를 처리했다.[63] 공기업 민영화에 관한 정책은 약 1년의 준비를 거쳐 1993년 12월에 '공기업 민영화 및 기능조정 방안'이 발표되는 것으로 이어졌다. 1994~1998년에 58개의 공기업에 대해 민영화를 단행하고 10개 공기업에 대해서는 통폐합을 실시한다는 내용이었다. 공기업 민영화 계획은 증권시장의 정체와 이해관계자의 반발 등으로 상당한 진통을 겪었지만, 1996년 6월을 기준으로 대한중석, 고속도로시설공단 등 7개사가 민영화를 완료했고 연합TV뉴스, 한국경제신문 등 9개사는 정부 보유지분을 매각했다.[64]

1993년 6월에는 우루과이 라운드(Uruguay Round, UR)의 타결에 대비하여 '제3단계 금융자율화 및 시장개방계획'이 발표되었다. 해외 금융기관의 외화증권 발행에 대해서 신고제로의 전환, 발행요건의 완화, 발행한도의 폐지 등의 자유화 조치가 이루어졌다. 이와 함께 국내 금융기관이 해외로 진출하여 국제금융을 취급할 수 있는 길도 열렸다. 1994~1996년에 국내 은행들은 28개의 해외지점을 개설했고, 24개의 금융투자회사가 종합금융회사로 전환되었다. 특히 1994년에 경기가 상승 국면에 진입하면서 기업의 투자수요가 증가하자 금융기관들은 단기외화차입을 늘려 이러한 수요에 대응했다. 당시에 정부는 외화대출의 용도에 대한 규제를 완화하고 장기외화차입에 대해서는 물량규제를 유지함으로써 국내 금융기관의 단기외화차입을 늘리는 데 유리한 여건을 제공했다. 이러한 과정을 통해 1996년 말이 되면 대량의 외국인자본이 국내의 주식시장과 은행시장에 진입한 상태가 되었다.[65]

UR 협상이 타결된 직후인 1994년 11월에 김영삼 대통령은 새로운 국 정방향으로 '세계화(Segyewha)'를 선언했다. 아시아태평양경제협력체(Asia Pacific Economic Cooperation, APEC) 정상회의를 끝내고 주변국을 순방하던 도중 호주 시드니에서 세계화에 대한 장기구상을 전격적으로 발표했던 것이다. 김영삼은 "세계가 우리의 역량을 요구하고, 우리도 세계 속에서 기회를 찾아야 한다."고 역설하면서 "국제사회에서 치열한 경쟁을 뚫고 차세대의 밝은 장래를 위해서는 새로운 준비가 필요하다."고 강조했다. 이어 그는 세계화의 5대 방향으로 ① 세계경영 중심국가로의 발전, ② 국가 간의 경쟁과 협력을 조화시킬 정책과 인력개발, ③ 세계화를 겨냥한 제도와 인식의 개혁추진, ④ 창의성을 가진 사회건설, ⑤ 물질적 번영에 못지않은 정신과 인성이 중시되는 사회건설을 제시했다. 김영삼의 시드니 구상을 구체화하기 위해 한국 정부는 1995년 1월에 '세계화추진위원회'를 민관 합동기구로 발족시켰다. 세계화추진위원회를 통해 도출된 12대 중점 과제에는 교육제도의 개혁, 노사관계의 선진화, 거시경제 및 산업정책의 개선, 산업인력의 양성, 정보화 촉진, 지역균형발전, 21세기 환경비전과 추진방향, 시민정치의식의 세계화, 언론의 역할, 여성의 사회참여 확대, 외국어교육 강화, 한국인의 이미지 제고 등이 망라되어 있었다.[66]

김영삼 정부는 세계화 담론을 확산시키면서 소위 '선진국 클럽'으로 평가되는 국제협력개발기구(OECD)에 가입하는 것을 서둘렀다. OECD 가입의 이점으로는 세계 경제환경의 변화에 효과적으로 대응할 수 있다는 점, 한국 경제정책의 투명성이 제고될 수 있다는 점, OECD의 기준에 맞추어 한국의 경제사회제도를 선진화할 수 있다는 점, 한국에 대한 외국인 투자자와 기업인의 인식을 제고할 수 있다는 점, OECD의 각종 자료와 정보를 신속하게 입수하여 활용할 수 있다는 점 등이 거론되었다.[67] 한국 정부는 1995년 2월 OECD에 가입을 신청했으며, 회원국 선정의 가능성을 높이기 위해 대외개방에 속도를 내는 한편 1인당 국민소득 1만 달러를 조기에 달성하고자 했다. 특히 정부는 무역수지 적자가 우려되었음에도 불구하고 달러에 대한 원화 가치를 계속 높게 유지했으며, 덕분에 1인당 국민소득은 1995년 말에 1만1,782달러를 기록할 수 있었다. 결국 한국은 1996년 12월에 OECD의 29번째 회원국이 되었는데, 아시아에서는 일본에 이은 두 번째 회원국이었다.[68]

김영삼 정부 때 정보통신정책의 위상이 대폭 강화되었다는 점도 주목할 만하다. 김영삼은 대통령 후보 시절에 '정보산업육성특별법'의 제정을 선거공약으로 내걸었다. 당시에 미국 정부는 초고속 정보통신망을 포함한 국가정보하부구조(National Information Infrastructure, NII)의 구축을 강조하고 있었다. 1993년 7월에 체신부는 '정보화 촉진 및 정보통신산업 발전 특별법'에 관한 입법을 추진했지만, 상공부와 과학기술처를 포함한 관계부처의 협조를 얻어내지 못했다. 그러던 중 1994년 11월에는 세계화 구상을 실천하기 위해서 '정보화촉진기본법'의 제정이 긴요하다는 의견이 제기되었고, 같은 해 12월에는 정부조직법이 개정되면서 체신부가 정보통신부로 확대 개편되었다. 이후에는 정보통신부의 주관으로 일련의 절차를 밟았으며, 1995년 8월에는 정보화촉진기본법이 제정되기에 이르렀다. 당시의 정보화촉진기본법은 정보화촉진기본계획의 수립, 정보통신산업의 기반 조성, 초고속 정보통신망의 고도화, 정보화촉진기금의 운용 등에 관한 사항을 담고 있었다. 정보통신부의 발족과 정보화촉진기본법의 제정을 계기로 그동안 여러 부처에 분산되어 있었던 정보통신정책은 보다 체계적으로 추진될 수 있는 체제를 갖추게 되었다.[69]

1993~1995년 동안 경제성장률, 1인당 국민소득, 물가상승률과 같은 경제지표는 양호한 상태를 보였다. GDP 성장률은 1993년에 6%대를 회복한 후 1994년과 1995년에는 8~9%로 증가했다. 1인당 GDP는 매년 1

천 달러를 초과하는 성장세를 보였고, 1995년에는 대망의 1만 달러를 넘어섰다. 소비자 물가상승률은 1993~1995년에 5% 내외를 기록하여 1990~1992년보다 안정된 수치를 보였다(〈표 4-1〉 참조). 특히 1995년에는 수출 1,000억 달러, 1인당 국민소득 1만 달러, 종합주가지수 1,000선을 돌파하는 성과를 달성했다. 한국이 선진국이 되었다고 생각하는 사람들도 나타나기 시작했다.[70]

그러나 한국 경제는 겉으로 드러난 몇몇 통계지표와는 달리 '고비용 저효율'이라는 심각한 병을 앓고 있었다. 이전에는 저렴한 비용으로 높은 생산성을 달성하는 것이 한국 경제의 장점이었는데, 1980년대 말부터 비용은 크게 증가한 반면 생산성이 떨어지는 경향이 지속되었다. 세계시장에서 고급제품은 일본에 당하지 못하고, 저급제품은 중국과 동남아에 밀리는 샌드위치 신세가 되었다. 전자나 자동차와 같은 대기업 중심의 산업은 경쟁력 약화가 덜한 편이었지만, 섬유산업이나 신발산업에 속한 중소업체들은 생산기지를 동남아로 이전해야 했다. 수출은 부진한데 소비재 수입이 급증하고 해외여행 붐까지 겹쳐 급기야 1996년에는 230억 달러에 육박하는 경상수지 적자를 기록했다.[71]

물론 경상수지 적자가 경제성장의 지속을 불가능하게 하는 조건은 아니었다. 경상수지 적자의 규모가 GDP 규모에 비해 크지 않았기 때문이다. 문제는 장기적으로 외채상환이 어려울 가능성보다는 단기적으로 유동성 부족을 겪을 가능성에 있었다. 〈표 4-3〉을 보면, 1993년 이전의 단기외채에 관한 통계는 신빙성이 다소 떨어지긴 하지만, 1990~1993년에는 외환보유고와 1년 안에 갚아야 하는 단기외채가 비슷해지는 경향을 보였다. 이어 1994~1997년에는 한국의 단기외채가 외환보유고를 훨씬 상회하는 국면을 맞이했다. 이런 상태에서 국내에 유입된 외국인자본이 급격히 유출될 경우에는 외환상의 위기가 발생할 가능성이 농후했다. 그러나 국

<표 4-3> 한국의 외채와 외환보유액 추이(1990~2002년)

단위: 백만 달러, %

연도	총외채	GDP 대비 총외채	단기외채	외환보유액	외환보유액 대비 단기외채
1990년	47,777	18.1	(14,341)	14,822	(97)
1991년	55,657	18.1	(17,237)	13,733	(126)
1992년	60,262	18.3	(18,511)	17,154	(108)
1993년	67,330	18.6	(19,165)	20,262	(95)
1994년	89,830	21.2	38,451	25,673	150
1995년	119,799	23.2	54,856	32,712	168
1996년	157,363	28.2	75,886	33,237	228
1997년	174,231	33.7	63,757	20,405	312
1998년	163,807	47.3	39,580	52,401	76
1999년	152,936	34.4	43,058	74,055	58
2000년	148,119	28.9	49,657	96,198	52
2001년	128,687	26.7	40,293	102,821	39
2002년	141,471	25.9	48,179	121,413	40

주: 1993년 이전의 단기외채에 관한 통계는 신빙성이 다소 떨어짐.
자료: 한국경제 60년사 편찬위원회, 『한국경제 60년사 Ⅰ』, 211쪽; 이제민,
"한국의 경제성장: 그 성공과 굴곡의 과정", 78쪽.

제금융의 경험이나 기법에 미숙한 한국의 금융기관들은 그 위험성을 잘 알지 못했다. 또한 대량의 해외 차입과 대출이 성행하고 있는 상황에서도 한국 정부는 그 수량을 파악하고 건전성을 감독하는 태세를 갖추지 못했다.[72]

1997년에는 한국 경제의 위기가 가시화되었다. 한보철강의 부도를 시작으로 삼미, 진로, 대농, 한신공영, 기아자동차, 쌍방울, 해태, 뉴코아, 한라가 연쇄적으로 도산했다. 모두 30대 그룹에 속한 대기업들이었다. 기업의 수익성은 악화되어 1997년 제조업의 부채비율은 396%에 이르렀다.[73] 특히 한보철강과 기아자동차의 처리는 '한보 사태'와 '기아 사태'로 불릴 정도로 한국 사회의 커다란 이슈가 되었다. 한보그룹의 부도는 권력형 비

리 사건으로 비화되면서 현직 대통령의 아들이 구속되는 상황으로 이어졌다. 기아자동차의 경우에는 1997년 7월에 한국 정부가 곧바로 부도 처리를 하지 않고 부도유예협약으로 미봉했으며, 야당과 시민단체들은 "기아는 국민기업으로 살려야 한다."면서 '기아 살리기 범국민운동연합'을 조직했다. 결국 1997년 10월에는 기아에 대한 부도 처리가 시행되었지만, 그사이에 한국에 대한 국제신인도는 크게 추락하고 말았다.[74]

대기업의 연쇄적인 부도는 금융기관의 부실문제로 연결되었다. 외국인 투자자들은 자금을 회수하기 시작했고 금융시장의 신용이 경색되는 현상이 발생했다. 게다가 태국, 인도네시아, 말레이시아 등 동남아 지역에서 발생한 외환위기가 전염되어 한국의 금융 상황은 더욱 악화되었다. 외국인 투자자들의 자금 회수가 가파르게 증가하는 가운데 그들이 1997년 10월 한 달 동안 매각한 주식 금액은 1조 원을 넘어섰다. 국내 금융기관들은 한국은행에 지원을 요청했으나 한국은행의 외환보유고도 곧 바닥을 드러낼 형편이었다. 1997년 11월을 기준으로 한국의 금융기관이나 기업이 외국에서 빌린 돈은 1,569억 달러였는데, 그중에서 단기외채는 922억 달러였다.[75]

결국 1997년 11월 22일에 한국 정부는 외환보유고의 부족으로 대외지불불능의 위기에 빠졌으며, 이를 수습하기 위해 국제통화기금(International Monetary Fund, IMF)에 구제금융을 신청하겠다고 발표했다. IMF는 한국 정부와의 협의를 거친 후 12월 3일에 350억 달러 규모의 지원 프로그램을 마련했다. 이어 미국 정부는 외국은행에 대한 한국의 채무상환을 유예시켰는데, 그 규모는 230억 달러에 달했다. 한국의 국가신용등급은 '안정적' 수준에서 '긍정적' 수준을 거쳐 1997년 12월에는 '투자부적격' 수준으로 내려갔다. 환율은 크게 올라 1997년 8월에 달러당 896원이었던 것이 1998년 1월에는 1,701원이나 되었다. 이를 배경으로 1997년 12월부터 1998년 2월까지 1만 개가 넘는 기업들이 부도를 냈고, 68만 명이 넘는 실업자가 발생했다. 한국은 이전에 한강의 기적을 칭송하던 해외 언론으로부터 "샴페인을 너무 일찍 터뜨렸다."는 조롱을 받아야 했다.[76]

기존 산업의 기술추격

1. 섬유

1970년대 말과 1980년대 초에 한국의 섬유산업은 상당한 어려움을 겪었다. 선진국은 다자간 섬유협정(Multi-Fiber Agreements, MFA)을 중심으로 섬유 수입에 대한 규제를 강화했으며, 중국, 태국, 인도네시아 등과 같은 후발 개도국의 추격도 본격화되기 시작했다. 특히 화학섬유산업은 1960~1970년대를 통해 급속한 성장세를 보였지만, 제2차 석유파동을 계기로 크게 위축되는 상황을 맞이했다. 이에 한국 정부는 1979년에 섬유공업근대화촉진법을 제정하여 생산설비의 신·증설 허용, 노후시설의 개체(改替), 기술개발 및 인력양성의 촉진 등을 추진했다.[77] 같은 해에는 한국섬유산업연합회가 결성되어 섬유산업의 당면과제를 공동으로 대처하기 위한 노력도 시도되었다.

한국의 섬유산업은 1983년에 들어와 회복세를 보이기 시작했다. 예를 들어, 섬유산업의 설비투자는 1977~1979년에 7,176억 원이었던 것이

1980~1982년에 3,951억 원으로 감소한 후 1983~1985년에 7,436억 원으로 회복되었다.[78] 한국 정부는 1986년에 공업발전법을 제정하면서 산업합리화 업종 지정제도를 실시하여 해당 업종의 구조조정을 추진했다. 섬유산업의 경우에는 직물업과 염색가공업은 경쟁력 상실 분야로 지정되어 신규 업체의 진입이 금지되는 가운데 노후시설의 개체, 신기술 및 신소재 개발, 패션 및 디자인 교육 강화 등에 대한 지원이 이루어졌다. 이와 같은 산업합리화가 추진되던 중에 때마침 3저 호황이 도래하여 한국의 섬유산업은 1987년에 단일 품목으로는 처음으로 수출 100억 달러를 달성하기도 했다.[79]

1980년대 한국의 섬유산업 중에서 구조고도화를 이끌었던 부문은 화학섬유라 할 수 있다. 다른 부문에 비해 상대적으로 노후설비가 적었던 화학섬유의 경우에는 지속적인 신증설로 생산설비의 규모가 세계적 수준으로 향상되어 규모의 경제 효과를 누릴 수 있게 되었다. 1983년에는 한국의 화학섬유산업이 생산설비 규모에서 세계 6위를 차지면서 전 세계 생산량의 11.6%를 기록하기에 이르렀다.[80] 또한 1980년대를 통해 화학섬유산업의 구조는 기존의 나일론과 아크릴에서 기능성이 우수한 폴리에스터를 중심으로 재편되었다. 1980년과 1990년의 생산량을 비교해보면, 나일론F는 11만8천 톤에서 19만8천 톤으로, 아크릴SF는 13만9천 톤에서 18만4천 톤으로 완만히 증가했던 반면, 폴리에스터F는 13만7천 톤에서 47만4천 톤으로, 폴리에스터SF는 14만 톤에서 40만8천 톤으로 급속히 증가했다.[81] 이와 함께 화학섬유업체들의 연구개발에 관한 노력도 본격화되기 시작했다. 1980년대에는 한국 정부의 연구개발에 관한 지원제도가 정비되면서 기업부설연구소 설립 붐이 생겨났는데, 화학섬유산업의 경우에는 1980년대 중반이 되면 거의 모든 업체들이 자체적인 연구개발조직을 확보하기에 이르렀다.[82]

이와 같은 화학섬유산업의 변화에 대하여 한국화섬협회가 1993년에 발간한 자료는 다음과 같이 쓰고 있다.

> 화섬공장들은 1980년대 이전까지 국제적으로 인정되는 효율성을 발휘할 수 있는 최소단위보다 작았다.… 화섬산업은 최초에는 효율성이 반드시 보장되지 않는 최소단위 이하의 규모를 가지고 시작했다가 규모를 키워나가고 미비한 기술을 도입하고 익히는 이러한 과정은 학습과정의 좋은 예라고 할 수 있다.… 특히 1980년대 여러 기업들이 자체연구소를 만들어 독자기술을 개발해내는 성과를 올리게 된 것은 초기 라이센스방식 등으로 개별시설 또는 단위공장을 도입해 운영하던 이른바 단순조립 또는 단순가공의 단계에서 크게 발전하여 이제는 미비된 기술을 자체적으로 개발하여 조달하는 체계를 갖추게끔 탈바꿈했다는 면을 보이는 것이라 하겠다.[83]

〈표 4-4〉는 1980년대를 통해 주요 화학섬유업체들이 전개했던 기술혁신활동의 몇몇 추이를 보여주고 있는데, 그 특징은 다음과 같이 요약할 수 있다. 첫째, 1980년대를 통해 화학섬유업체들의 자체적인 연구개발활동이 강화되어 특허등록 건수가 크게 증가했다. 특히 1970년대에 독립적인 연구개발조직을 설치했던 동양나이론, 코오롱, 삼양사, 선경합섬, 제일합섬 등의 특허등록 건수가 많았다. 둘째, 자체적인 연구개발활동이 강화되었다고 해서 기술도입 건수가 크게 줄어들지는 않았다. 화학섬유업체들의 기술능력이 확충됨에 따라 고급기술에 대한 수요가 늘어났으며, 그중 일부는 내부적으로 충족될 수 있었지만 여전히 상당 부분은 기술도입에 의존해야 했던 것이다. 셋째, 특허등록 건수와 기술도입 건수에서 공통적으로 나타나는 현상은 1980년대 중반을 전후하여 섬유 분야보다는 비

㈜섬유 분야의 비중이 크게 증가하기 시작했다는 점이다. 그것은 화학섬유업체들이 더욱 부가가치가 높은 제품으로 사업다각화를 추진했으며, 비섬유 분야에서 기술능력을 축적하기 위해 기술도입과 자체개발을 병행했다는 점을 의미한다.[84]

〈표 4-4〉 화학섬유업체들의 특허등록과 기술도입 추이(1982~1991년)

업종	기업명	특허등록 건수 (1982~1986년)		특허등록 건수 (1987~1991년)		기술도입 건수 (1982~1986년)		기술도입 건수 (1987~1991년)	
		섬유	비섬유	섬유	비섬유	섬유	비섬유	섬유	비섬유
나일론	코오롱	18	1	164	138	1	1	3	7
	동양나이론	11	19	31	15	3	7	6	11
폴리에스터	동양폴리에스터	2	0	7	3	2	0	0	1
	선경합섬	7	1	25	4	3	0	0	1
	삼양사	3	2	24	3	1	3	1	4
	제일합섬	11	3	16	27	6	0	3	1
아크릴	한일합섬	2	0	3	0	0	0	1	3
	태광산업	NA	NA	NA	NA	0	2	0	2

주: 선경합섬은 1988년에 선경인더스트리로 변경되었음.
자료: 이상철, "화학섬유산업의 기술혁신과 기술능력의 발전", 이근 외, 『한국산업의 기술능력과 경쟁력』(경문사, 1997), 240-241쪽을 재구성.

1980년대 화학섬유산업의 기술혁신은 의류용 기능성 섬유제품을 중심으로 이루어졌다. 코오롱은 1982년에 국내 최초의 이수축혼섬사(異收縮混纖絲, 수축률에 차이가 있는 두 유형을 혼합하여 가공한 실)인 실로드-3을 출시했으며, 1985년에는 극세사(micro fiber, 한 가닥의 굵기가 1데니어 이하인 섬유)를 이용한 부직포형 스웨드 인공피혁을 개발했다. 동양나이론은 1987년에 도전성 섬유인 애크론-S를 개발하여 특수용 작업복에 적용했고, 1988년에는 태광산업이 탄소섬유공장을 가동하기 시작함으로써 한국이 탄소섬유 생산국의 대열에 합류했다. 그 밖에 선경합섬은 1987년에 폴리에스터 원료공장을 준공함으로써 석유에서 섬유에 이르는 모든 공정을 보유하게 되었다.[85] 비(非)의류용 섬유제품의 경우에는 코오롱이 1979년부터 KIST의 윤한식 박사팀과의 공동연구를 통해 1984년에 세계에서 세 번째로 고강도 아라미드 섬유를 개발한 것이 대표적인 연구개발 성과로 꼽히고 있다.[86]

1990년을 전후해서는 한국의 섬유산업을 기술집약적 산업으로 전환하기 위한 방안도 강구되었다. 산업계, 학계, 연구계, 정부의 전문가로 구성된 섬유산업 구조개선 위원회가 1989년에 마련한 섬유산업 구조개선 7개년계획(1990~1996년)은 그 대표적인 예이다. 이 계획은 2000년까지 세계 1위의 섬유 수출국으로 도약한다는 기본목표를 설정한 후 섬유산업의 구조를 노동집약 중심의 양적 성장에서 기술집약 중심의 질적 성장으로 전환한다는 기본방향을 제안했다. 섬유산업의 구조개선을 위한 대책으로는 다품종 소량생산 체제의 정립, 기술혁신 및 패션의 국제화, 자동화 최신설비의 확대, 자체 브랜드에 의한 수출 촉진, 원사나 직물과 같은 상류 부문의 수출비중 제고 등이 도출되었다. 특히 이 계획은 한국 섬유업계의 숙원 사업인 (가칭)종합섬유기술연구소의 설립을 거론하고 있는데, 이는 1994년에 대구섬유기술진흥원이 한국섬유개발연구원(Korea Textile Development Institute)으로 확대·개편되는 것으로 이어졌다.[87]

그러나 한국의 섬유산업은 1990년대에 들어와 하락세에 접어드는 상황을 맞이했다. 1990년과 1997년을 비교해보면, 부가가치는 7조7,840억 원에서 15조9,850억 원으로, 수출액은 147억6,600만 달러에서 187억3,800만 달러로 증가했지만, 제조업 전체에서 차지하는 비중은 부가가치의 경우 11.0%에서 8.8%로, 수출액의 경우 22.7%에서 13.8%로 하락했다. 종업원 수는 상대적 비중이 20.1%에서 15.3%로 감소하는 것은 물론 절대적 규모에서도 60만7,145명에서 41만3,073명으로 줄어들었다.[88] 특히 한국의 섬유산업은 1988~1995년에 임금이 약 3배나 증가했음에도 불구하고 3D 업종으로 간주되어 기능인력을 확보하는 데 큰 어려움을 겪었으며, 중저가품목의 공장들은 인건비가 저렴한 후발개도국으로 이전하는 경향이 나타났다. 한국의 섬유산업은 1990년대를 통해 고가품시장에서는 선진국의 유명 제품에 뒤쳐지고, 중저가품 시장에서는 후발개도국에 밀리는 샌드위치 신세에 놓이게 되었다.[89]

이러한 상황에서 한국의 섬유업계는 기술혁신을 통한 제품의 고부가가치화에 더욱 많은 노력을 기울일 수밖에 없었다. 생산기술의 측면에서는 방사와 연신을 동시에 처리하는 스핀드로(spin draw) 방식이 보편화되었고, 분할사(分割絲)나 해도사(海島絲)를 활용한 극세사 제품도 본격적으로 생산되었다. 직물 분야에서는 새로운 감성과 기능을 갖춘 신제품이 계속 출시되었는데, 예를 들어 코오롱은 1992년에 인공피혁 생산공장을 설립하면서 '사무드'란 상표명으로 인조피혁 제품을 시판했다. 신소재 개발도 속속 진행되어 코오롱은 1991년에 물에 젖지 않는 초발수(超發水) 섬유소재인 'X2O'를 개발했고, 동양나이론은 1992년에 독자적인 기술개발을 바탕으로 스판덱스(spandex) 섬유사업에 진출했다.[90]

이와 같은 기술혁신을 바탕으로 한국 섬유산업의 기술수준은 점점 향상되었다. 1995년 통상산업부의 조사에 따르면, 한국 섬유산업의 선진국 대비 기술수준은 화학섬유 85%, 면방 70%, 제직 65%, 염색가공 60% 정도를 차지했다.[91] 1980년대 초반에 한국 섬유산업의 노동생산성이 면방 부문에서 선진국의 50~60% 수준, 화학섬유 부문에서 70% 수준에 이르렀다는 점을 감안한다면, 1990년대 중반에는 1980년대 초반보다 섬유기술의 각 영역에서 10~15% 내외로 기술수준이 더욱 향상되었다고 볼 수 있다. 또한 2002년을 기준으로 삼은 한국산업은행의 조사에 의하면, 화학섬유 90%, 면방 80%, 염색가공 65% 정도의 기술수준을 보였다. 해당 기술의 성격을 고려하면 생산기술, 제품품질, 소재·부품, 신제품개발, 생산설비 등의 순서로 기술수준이 조금씩 낮아지는 것으로 나타나고 있다 (〈표 4-5〉 참조).

〈표 4-5〉 한국 섬유산업의 기술경쟁력(2002년)

구분	신제품개발	소재·부품	생산기술	생산설비	제품품질	평균
화학섬유 (의류소재)	90	90	95	85	90	90
면방	70	70	90	70	85	80
염색가공	50	70	70	70	60	65

주: 선진국=100을 기준
자료: 한국산업은행, "국내 주요 전략산업의 기술경쟁력 분석 및 발전방안", 『산업기술정보』 25 (2002), 14쪽.

한국의 섬유산업에서 기술수준이 취약한 영역으로는 디자인기술과 산업용 섬유를 들 수 있다. 디자인기술은 1998년을 기준으로 제품개발 70%, 샘플제작 85%, 코디네이팅 70%, 디자이너의 자질 50% 등 선진국 대비 70% 정도로 평가되고 있다. 국내 패션의류제품은 이탈리아, 일본 등의 전시회나 잡지를 통해 얻은 정보를 바탕으로 모방 혹은 개량하는 정도에 그치고 있다. 산업용 섬유는 2002년을 기준으로 원료생산 50%, 섬유화 기술 70%, 집합화 기술 75%, 후(後)가공 45% 등으로 선진국 대비 평균 60%에 불과하다.[92] 이에 따라 2000년대 초에 미국, 일본 등의 선진국에서는 섬유산업에서 비의류용 제품이 차지하는 비중이 약 70%를 차지했던 반면 한국의 경우에는 약 20%에 머물렀다.[93]

한국산업기술진흥협회가 2009년에 발간한 자료는 1980~1990년대 한국 섬유산업의 기술혁신활동과 성과에 대해 다음과 같이 평가하고 있다.

1980년대부터 기술개발의 중요성이 크게 강조되면서 대기업 연구소를 중심으로 연구개발이 활발하게 진행되었으며, 매년 굵직한 기술개발 실적을 내놓을 수 있었다. 특히 의류용 화학섬유 분야에서는 일본과의 격차를 줄이면서 비록 창의적인 신제품에서는 일본에 뒤지지만 일반적인 품질에서는 일본과 거의 대등한 품질의 섬유제품을 내놓을 수 있었다. 그러나 산업용 섬유 분야의 비중이 낮고 핵심 산업용 섬유소재를 확보하지 못해 지속적으로 수익을 창출하는 데 한계가 있었다.[94]

2. 신발

한국의 신발산업은 1970년대 후반에 급속한 성장을 멈추면서 1980년대 중반까지 10% 내외의 상대적으로 낮은 성장세를 이어갔다. 신발산업의 성장세가 둔화된 데는 미국을 비롯한 수입국들이 한국의 신발제품에 대해 규제를 가했다는 점이 중요한 배경으로 작용했다. 특히 신발 수출액의 60% 이상을 차지했던 미국은 시장질서유지협정(orderly market agreement, OMA)을 통해 1977년 7월부터 1981년 6월까지 한국의 대미 수출량이 더 증가하지 못하도록 조치했다. 이에 한국 정부는 신발업체를 선별하여 수출물량을 할당하는 정책을 실시했다. 국제, 삼화, 진양, 태화 등의 4대 신발업체는 정부의 쿼터에 의해 전체 수출량의 80%를 담당하면서 오히려 막대한 이익을 얻게 되었다.

미국의 수입규제 조치가 해제되면서 수많은 중소업체들이 신발산업에 진입했으며, 이를 통해 수출물량을 수주하기 위한 치열한 경쟁이 벌어졌다. 그 결과 1982년 한 해 동안 20여 개의 공장이 문을 닫고 60여 개의 생산라인이 가동을 중지하는 사태가 발생하기도 했다. 이러한 혼란을 겪으면서 한국의 신발산업은 다시 안정을 찾아갔으며, 신발 수출액은 1980

년 9억4백만 달러에서 1985년 15억7,120만 달러로 증가했다.[95]

1980년대 전반에 한국의 신발산업은 이전과 같은 고도성장에는 미치지 못했지만, 몇몇 중요한 변화를 겪었다. 우선 나이키에 이어 리복(Reebok), 캔버스(Converse) 등 세계 유명 브랜드들이 한국으로 속속 진출했다. 특히 1982년 리복의 에어로빅화가 대대적인 성공을 거두면서 이후 3년 동안 한국의 주력 제품은 나일론 조깅화에서 에어로빅화로 바뀌기도 했다. 한국의 신발산업은 혁제 운동화에 특화된 양상을 이어갔고, 고무화류에 특화한 대만, 여성용 혁화에 특화한 브라질 및 이탈리아 등과 함께 세계 신발산업을 이끄는 중심축으로 자리잡았다.[96]

이보다 더욱 중요한 사건으로는 1981년에 한국 최초의 고유 브랜드인 프로스펙스가 국제상사에 의해 출시되었다는 점을 들 수 있다. OEM을 통해 제조기술을 충분히 축적했다고 판단한 국제상사는 부가가치를 더 높이고 해외 바이어에 대한 의존도를 줄이기 위해 고유 브랜드를 개발했던 것이다. OEM에서 ODM(own-design manufacturing)을 거치지 않고 곧바로 OBM(own-brand manufacturing)에 도전했던 셈이다. 프로스펙스가 국내 시장에서 좋은 반응을 얻자 국제상사는 1983년에 미국 시장에 진출했다. 그러나 국제상사는 유통망을 확보하는 데 실패했으며, 결국 3,000만 달러의 손실을 입고 미국시장에서 철수하고 말았다.[97] 이후 국제상사는 정치권과의 갈등으로 유동자금의 경색을 겪다가 1985년에 해체되는 비운을 맞이했는데, 당시 국제그룹은 재계 순위 7위를 기록하고 있었다.[98]

프로스펙스의 미국 시장 진출이 좌절된 표면상의 이유로는 유통망 확보에 실패했다는 점을 들 수 있다. 그러나 보다 근본적인 이유는 프로스펙스가 제품상에 기능적 차별성이 없었다는 점에서 찾을 수 있다. 이러한 점은 김석관이 1999년에 실시한 국제상사의 하영주 공장장과의 인터

<그림 4-2> 2017년에 LS네트웍스에 의해 부활된 프로스펙스 오리지널에 관한 광고

자료: "프로스펙스, 1981년 감성 재현한 오리지널 라인 출시", 《아주경제》, 2017. 5. 25.

뷰에서 단적으로 드러난다.

제품에서 뒤처진 것이 가장 큰 이유였습니다. 인체공학적 측면에서 기존의 제품을 훨씬 능가하는, 혁신적 기능을 갖춘 신발을 개발하기만 한다면 이름이 없는 브랜드라 할지라도 미국의 유명 마케터들이 달려들 것입니다. 그럼 그런 사람들과 손잡고 시장을 개척하면 되는 것이지요. 마케팅 능력이 부족해서 세계시장에 진출하지 못했다는 것은 절반의 진실도 못되는 말입니다. 다른 신발은 몰라도 적어도 운동화는 인체공학적으로 기능이 특출하지 않으면 시장에 진입할 수가 없습니다. 제품이 먼저이고 마케팅은 그 다음입니다. 나이키나 리복도 기능적으로 특출한 제품을 내놓고 여기에 마케팅이 뒷받침되었기 때문에 성공한 것입니다. 다른 회사들과 비슷한 신발을 만들었다면 그들도 결코

성공할 수 없었을 것입니다.[99]

결국 고유 브랜드의 미국시장 진출 실패는 혁신적 기능을 가진 신발을 고안할 수 있는 디자인 능력의 부재에서 비롯된 것으로 볼 수 있다. 당시 한국의 신발업체들은 개념설계(concept design) 능력이 부족했기 때문에 새로운 기능을 가진 혁신적 제품을 개발하기는 어려웠고, 주로 외국의 유명 브랜드 제품을 모방하는 트렌드 디자인(trend design)에 치중할 수밖에 없었다. 이에 따라 국제상사는 유명 브랜드와 유사한 제품을 가지고 미국 시장에 진출했지만, 브랜드 인지도도 전혀 없는 상태에서 차별성이 없는 제품으로 미국 소비자들의 관심을 끌기는 어려웠던 것이다.[100]

사실상 디자인 능력은 OEM 체제 하에서는 획득되기 어려운 성격을 가지고 있다. OEM 체제에서는 디자인과 생산의 역할 분담이 이루어지기 때문이다. 따라서 제대로 된 고유 브랜드를 시도하기 위해서는 자체적으로 디자인 능력을 확보할 수밖에 없다. 이를 위해서는 디자인 분야뿐 아니라 생체역학과 소재 분야의 본격적인 연구가 필수적이다. 그러나 한국의 신발업체들은 대부분 OEM 체제에 만족했고 고유 브랜드를 시도한 업체들도 신제품 개발을 위한 투자에 적극적이지 못했다. 사실상 주요 OEM 업체들은 모두 종합상사로의 변신에 주력하여 신발 OEM에서 얻어진 막대한 수익을 다른 사업 부문의 확장에만 쏟아붓는 경향을 보였다. 국제상사의 경우에는 1983년에 스포츠제품과학연구센터를 설립할 계획을 가지고 있었지만 그것은 뒤이은 부도와 그룹 해체로 인해 유명무실화되고 말았다.[101]

1986~1990년에 한국의 신발산업은 예전의 성장세를 회복하면서 생산과 수출의 측면에서 절정기를 맞이했다(〈표 4-6〉 참조). 1985년까지 10% 내외에 머물던 수출 증가율은 1986년부터 20~30%를 회복했으며, 1990

년에는 사상 최고액인 43억1,516만 달러를 기록했다. 그러나 한국의 신발 수출은 1990년을 정점으로 감소세로 전환되었다. 1990년 43억 달러에 달했던 수출고는 1998년에 8억 달러 정도로 급속히 줄어들어 1980년의 수준보다 낮아졌다. 그것은 임금 상승에 따른 가격경쟁력의 약화, 해외 바이어들의 하청생산기지 이전, 중국을 비롯한 신발 신흥수출국의 부상 등이 복합적으로 작용한 결과였다. 이러한 위기를 극복하기 위해 한국 정부는 1992년 2월부터 1995년 2월까지 신발산업에 대한 산업합리화 조치를 시행하여 설비 신증설의 억제, 노후설비의 감축, 자동화 설비로의 전환, 생산성 및 품질 향상 등을 추진하기도 했다.[102]

〈표 4-6〉 한국 신발산업의 수급 추이(1963~2002년)

단위: 백만 달러, %

구분		1963년	1970년	1975년	1980년	1985년	1990년	1995년	2002년
공급	생산	59	68	306	1,238	2,057	6,069	3,318	1,963
	수입	0	0	0	1	13	91	352	404
수요	내수	58	51	115	335	497	1,853	2,164	1,790
	수출	1	17	191	904	1,573	4,307	1,506	577
수출비율		1.7	25.0	62.4	73.0	76.5	71.0	45.4	29.4
수입비율		0	0	0	0.3	2.6	4.9	16.3	22.6

자료: 김기원·김청수·송정환, 『한국산업의 이해』 개정판 (한국방송통신대학교출판부, 2006), 187쪽.

한국 신발산업의 가격경쟁력이 떨어지면서 신발공장의 해외 이전도 가속화되었다. 신발공장의 해외 이전은 1987년부터 시작되었으며 1995년을 기준으로 인도네시아 10개, 태국 2개, 필리핀 3개, 중국 25개, 베트남 5개를 포함하여 50여 개의 신발업체가 생산기지를 이전한 상태였다. 흥미로운 점은 이러한 국가들에 미국 기업들이 직접 진출하지 않고 한국이나 대만의 기업들이 진출했다는 사실이다. 새로운 생산기지로 물색된 국가들은 저임금, 약한 노동조합, 낮은 관세 등과 같은 좋은 조건을 갖추고 있었지만, 한국이나 대만과 달리 신발 생산을 위한 산업적·기술적 기반이 부족했다. 이에 따라 선진국의 빅 바이어들은 한국의 경영자들을 종용해서 해당 국가에 현지법인을 설립하고 공장을 운영하도록 하는 방법을 활용했다. 한국에서 가져온 설비, 원자재, 부품을 가지고 한국 경영진과 기술진의 지도하에 현지 근로자를 이용한 또 다른 형태의 국제 분업이 이루어졌던 것이다.[103]

생산설비의 해외 이전과 국내 생산기반의 공동화가 급속히 진행되면서 국내 신발산업의 지형도도 크게 달라졌다. 무엇보다 한국 신발산업의 OEM 생산이 크게 줄어들었다. 〈표 4-6〉에서 보듯이, 신발 생산액에서 수출액이 차지하는 비중은 1990년에 71.0%를 기록한 후 1995년의 45.4%를 거쳐 2002년에는 29.4%로 떨어졌다. OEM의 규모가 축소되는 것과 함께 OEM을 주도하는 기업도 바뀌었다. 이전에 신발 수출을 이끌었던 5대 OEM 기업들은 1980년대와 1990년대를 통해 경영 악화로 도산하거나 수출 전선에서 물러났고, 태광실업, 세원, 대신교역, 삼양통상 등과 같은 중견업체들이 OEM의 주역으로 부상했다. 이러한 기업들은 대부분의 주문량을 해외에 설립한 공장에서 소화하고 있으며, 국내 공장의 경우에는 시제품 개발이나 일부 고가품의 생산만 담당하고 있다.[104]

1990년대 이후에 한국의 신발산업에 나타난 또 다른 특징으로는 틈새시장을 공략하거나 부품소재에 특화된 중소업체의 선전을 들 수 있다.[105] 자체 브랜드인 '비트로(Vitro)'를 출시하여 테니스화를 비롯한 스포츠화를 전문적으로 생산하는 학산, 축구화에서 두각을 나타내고 있는 키카, '트렉스타(Trekstar)'라는 자체 브랜드를 통해 경량 등산화 시장을 공략한 후 아웃도어 전문업체로 성장한 성호실업(현재의 트렉스타), 싸이클화 전문업체로 '시마노(Shimano)'라는 일본 브랜드에 ODM으로 납품하고 있는 우연, 프레스 방식 대신에 사출 방식으로 우수한 품질의 중창을 생산하고 있는 성신신소재, 경량성과 충격흡수력이 탁월한 안창 생산에 특화된 영창산업(현재의 영창에코) 등은 그 대표적인 예이다.[106] 이러한 업체들은 대부분 한국의 신발산업이 사양세를 보이기 시작한 1980년대 말에 설립되었고, 최고경영자가 기존 OEM 업체에서 경험을 쌓았다는 공통점을 가지고 있다.

트렉스타의 권동칠 사장은 2016년에 발간한 책자에서 자체 브랜드의 의미에 대해 다음과 같이 쓰고 있다.

> 아웃도어업계에서는 자가 브랜드를 가지는 것이 쉽지 않다. 단순히 로고를 정하고 상표 등록을 한다고 해서 브랜드가 만들어지는 것은 아니다. 무엇보다 브랜드에는 다른 상표와는 차별화된 이야기가 담겨야 한다. 소비자가 원하는 제품과 가격, 소비자가 원하는 유통과 판촉 활동을 통해 브랜드 고유의 스토리를 담아내야 한다. 물론 자가 브랜드를 갖기까지의 기술력과 상품성이 전제되어야 하는 것은 당연한 일이다. 브랜드의 가치는 타사 제품과의 뚜렷한 차별성에서 온다. 이런 차별성은 끊임없는 노력과 개발 없이는 불가능한 일이다.[107]

1987년에 신발산업의 기술능력을 제고하기 위해 한국신발연구소가 부산에 설립되었다는 점도 주목할 만하다.[108] 한국신발연구소는 소재 및 부품 개발, 생산자동화 연구, 디자인 연구, 분석시험 및 기술지도 등을 수행해왔다. 이 연구소는 1999년 말을 기준으로 204건의 과제를 완료하는 가운데 52건의 과제를 진행하고 있었고, 2001년 말에는 완료 과제가 363건, 진행 과제가 204건으로 늘어났다. 연구소 운영비용의 절반 정도는 중앙정부나 부산시를 통해 지원받고 있으며, 나머지 절반은 기업체의 수탁연구를 통해 충당하고 있다. 앞서 언급한 키카, 성신신소재, 영창산업 등

은 한국신발연구소를 활용하여 디자인 개발이나 신소재 개발을 추진한 바 있다.[109]

1998년에 한국신발피혁연구소는 한국 신발산업의 기술수준에 대한 조사를 실시했는데, 그 결과는 〈표 4-7〉과 같다. 당시에 한국 신발산업은 조립가공의 측면에서 선진국의 95% 수준에 이르렀지만, 자체적 설계에 의한 생산은 여전히 부족한 것으로 평가되었다. 또한 소재의 물성은 90%, 공정설계는 80%, 신소재개발은 75%, 금형은 70%의 기술수준을 보유했고, 자동화와 디자인은 선진국의 60% 정도에 지나지 않았다. 한국은 경쟁국인 대만에 비해 조립가공과 소재의 물성을 제외한 다른 영역에서는 모두 기술수준이 뒤떨어지는 양상을 보였다. 물론 1990년대 이후에 몇몇 중소업체들이 우수한 기술력으로 세계시장을 공략하기도 했지만, 그것은 대부분 특수화나 부품소재와 같은 틈새시장에 국한되어 있었다. 한국의 업체들은 신발산업의 주류에 해당하는 운동화 완제품에서는 계속해서 고전을 면치 못했던 것이다.

〈표 4-7〉 한국 신발산업의 기술수준(1998년)

구분	선진국	경쟁국	한국	기술격차 내용
신소재개발	100	85	75	소재의 다양성과 품질 열위
소재의 물성	100	85	90	소재의 형태 안정성과 성능
자동화	100	70	60	기계제작 능력 부족
금형	100	90	70	정밀 설계기술과 활용성
공정설계	100	90	80	시스템 개발능력 부족
조립가공	100	90	95	자체적 설계에 의한 제작생산
디자인	100	70	60	디자인 창출능력과 인력

주: 선진국은 일본과 이탈리아, 경쟁국은 대만임.
자료: 이재덕 외, 『섬유·생활산업의 발전전략』(산업연구원, 1999), 77쪽.

3. 석유화학

한국의 석유화학산업은 1979년부터 1982년까지 상당한 시련을 경험했다. 1979년에 촉발된 제2차 석유파동으로 국제유가는 3배 이상 치솟았고, 1970년대에 20~30%의 높은 성장세를 보였던 내수시장도 급속히 위축되었으며, 세계 석유화학제품의 공급 과잉으로 외국산 제품의 덤핑 수출이 일반화되었다. 이에 따라 한국의 석유화학업체들은 1980~1982년에 약 2천억 원의 경영수지 적자를 나타내는 등 심각한 경영난에 빠져들었다. 이러한 상황에서 한국 정부는 1978년부터 추진해온 제3석유화학공업단지 건설계획을 백지화했으며, 나프타의 국산 가격을 국제 가격에 연동하는 제도를 도입하기도 했다.[110]

1983년에 접어들면서 국제유가의 안정과 국내경기의 회복에 힘입어 석유화학제품에 대한 수요가 다시 증가하기 시작했다. 특히 미국, 유럽, 일본 등 선진국의 석유화학업체들이 생산시설을 지속적으로 감축함으로써 공급 부족의 조짐마저 나타났다. 이를 배경으로 1984년 11월에 한국 정부는 울산단지와 여천단지의 설비를 신설 혹은 증설하여 에틸렌 기준 연산 50만5천 톤에서 100만 톤으로 확장한다는 계획을 발표했다. 그러나 국내 업체들은 신증설에 선뜻 뛰어들지 않고 국내외 시장의 수급 추이를 지켜보는 신중한 자세를 취했다.[111]

1980년대 중반에 들어서는 소위 3저 현상의 여파로 석유화학제품에 대한 수요가 급증하면서 가격도 상승하는 등 수급 여건이 크게 개선되었다. 당시에 한국 정부는 석유화학사업의 관리에 직접적으로 개입하던 방식에서 업계의 자율적 판단에 맡기는 방식으로 정책기조를 바꾸기 시작했다. 1985년에는 석유화학제품 제조업에 외국인 투자가 가능하도록 조치했으며, 1988년에는 석유화학 관련 45개 전 품목에 대해 수입자유화

조치를 단행했다. 특히 1986년에 석유화학공업육성법이 폐지되고 공업발전법이 제정되는 것을 계기로 석유화학산업에 대한 투자가 자유화되면서 대규모 설비투자가 예고되기에 이르렀다.[112]

한국 정부는 1987년 10월에 유공(대한석유공사의 후신)과 대림산업(호남에틸렌의 후신)의 나프타분해설비(NCC)를 증설하는 것 이외에 연산 35만 톤 규모의 공장을 신설하기로 결정했고, 같은 해 12월에는 신규 사업의 실수요자로 럭키석유화학(현재의 LG화학)이 선정되었다. 당시에 석유화학산업은 "황금알을 낳은 거위"에 비유되면서 투자 과열의 기미를 보였다. 수많은 업체들이 설비 신증설에 대한 사업계획서를 제출하는 가운데 한국 정부는 1988년 5월에 석유화학공업발전 민간협의회를 소집하여 투자지도방안을 협의하도록 요구했다. 그러나 같은 해 10월에 제출된 보고서는 시설 확장의 단계적 추진, 기초유분의 수급 불균형 개선, 민간 투자의 자율성 보장 등과 같은 원론적 내용을 확인하는 데 그쳤다. 이어 1988년 11월에는 한국 정부가 '석유화학공업의 투자지도방침'을 확정했는데, 거기에는 1989년까지 행정지도를 통해 과잉투자를 방지한다는 점, 1990년부터는 신규 투자를 완전 자유화한다는 점, NCC에 대한 투자업체를 조속히 선정한다는 점 등이 포함되어 있었다. 이와 같은 정부의 방침에 의거하여 울산단지의 대한유화와 여천단지의 호남석유화학이 NCC에 대한 투자업체로 선정되었다. 대한유화는 연산 25만 톤, 호남석유화학은 연산 35만 톤 규모의 NCC를 건설하는 데 필요한 기술도입계획을 작성하여 한국 정부에 제출했다.[113]

당시에 삼성종합화학(현재의 한화종합화학)과 현대석유화학은 석유화학산업에 대한 신규 진출에 매우 적극적인 자세를 보였다.[114] 기존 업체와 신규 업체의 갈등이 고조되는 가운데 정부는 1990년에 생산량의 50% 이상을 수출한다는 조건을 달아 삼성과 현대의 신규 참여를 허용했다.

사실상 삼성과 현대는 이미 1988년부터 충남 서산군 대산면에 대규모 석유화학단지를 건설하는 작업을 전개해왔다. 1991년에 완공된 대산 제3석유화학단지는 3개의 공단으로 구성되었는데, 제1공단은 삼성종합화학, 제2공단은 현대석유화학, 제3공단은 극동정유(현재의 현대오일뱅크)가 조성했다. 대산단지 건설사업을 통해 삼성종합화학과 현대석유화학은 각각 연산 35만 톤 규모의 NCC를 가동하기 시작했으며, 1992년을 기준으로 한국 전체의 에틸렌 생산능력은 325만5천 톤으로 크게 늘어나 세계 5위의 생산규모를 보유하게 되었다.[115]

한국 석유화학산업의 발전과정을 자세히 연구한 김승석은 대산단지가 가진 특징으로 다음의 네 가지를 들고 있다. 첫째, 대산단지는 기존 석유화학업계의 반대에도 불구하고 삼성과 현대에 의해 주도적으로 조성되었다. 둘째, 울산단지와 여천단지를 건설할 때에는 정부가 기반시설을 조성해주었지만, 대산단지의 경우에는 진입로를 제외하면 모든 기반시설을 삼성과 현대가 스스로 해결했다. 셋째, 울산단지와 여천단지의 경우에는 각각 18개 사와 9개 사가 공동으로 콤비나트를 구성하고 있었던 반면, 대산단지의 경우에는 삼성과 현대 2개 사가 각각 일관생산체계를 갖추었다. 넷째, 울산단지와 여천단지는 수입을 대체하여 석유화학제품을 자급한다는 목표로 건설되었지만 대산단지는 상당한 정도 수출을 염두에 둔 포석이었다.[116]

1990년대에 들어와 한국의 석유화학산업은 부침을 거듭했다. 1991년에는 그동안 우려되었던 공급과잉이 현실로 나타나기 시작했고, 정부는 1992년에 석유화학공업에 대한 투자합리화 방안을 발표하여 1995년까지 주요 석유화학제품에 대한 신증설을 억제했다. 1993년에는 한국의 석유화학산업이 역사상 처음으로 무역흑자를 기록했는데, 그것은 1992년 8월에 한·중수교가 이루어지면서 중국에 대한 수출이 크게 증가했기 때문이었다. 1994년에는 국제유가가 안정세에 들어서고 세계 경제가 빠른 속도로 회복되면서 세계 석유화학제품의 수급이 공급과잉에서 공급부족으로 전환되었다. 국내 석유화학업계는 1993년의 1조 원 적자에서 1994년의 3천억 원 흑자로 돌아섰고, 1995년에 다시 새로운 설비투자에 나섰다. 그러나 1996년에 국제유가가 상승하고 후발 개도국의 공장이 가동되면서 국내 석유화학업계의 채산성은 다시 악화되기 시작했다.[117]

〈표 4-8〉 석유화학제품의 수급 추이(1982~1996년)

단위: 천 톤

품목	구분	1982년	1986년	1992년	1994년	1998년
에틸렌	생산능력	505	505	3,255	3,570	5,000
합성수지	생산능력	985	1,389	4,932	6,068	8,153
	생산	796	1,476	4,792	5,855	7,921
	수입	77	151	128	130	65
	수출	206	244	1,912	2,306	5,161
	내수	667	1,039	3,008	3,679	2,825
합섬원료	생산능력	335	365	1,880	2,005	5,665
	생산	316	354	2,005	786	3,850
	수입	410	869	3,291	158	5,073
	수출	–	2	5,665	2,427	866
	내수	726	1,221	6,215	2,128	1,238
합성고무	생산능력	101	125	245	245	458
	생산	64	114	207	263	420
	수입	13	19	48	41	21
	수출	4	19	83	112	272
	내수	73	114	172	192	169

자료: 한국석유화학공업협회, 『통계로 보는 석유화학산업 40년사』(2010), 33~34쪽.

한국의 석유화학산업은 1990년대에 들어와 상당한 구조적 변화를 경험했다. 우선 한국의 석유화학산업은 1990년대를 통해 내수산업에서 수출산업으로 전환되었다. 특히 한국의 석유화학산업은 1992년까지 무역적자의 기조를 유지했지만 1993년에는 1,543만 달러의 무역흑자를 기록했고 이후 매년 흑자폭이 증가하여 1996년의 무역흑자는 5억7천만 달러에 이르렀다.[118] 또한 한국의 석유화학산업은 1980년대까지는 1사 1공장주의 혹은 1사 1품목의 원칙이 전반적으로 유지되고 있었으나 1990년대에 들어서는 해당 단지에서 동일한 제품을 생산하는 업체가 2~3개에 이르렀다. 특히 상류 부문의 업체들과 하류 부문의 업체들이 상호 교차진출을 도모하고 삼성과 현대가 처음부터 일관생산체제를 구축하는 등 여러 단계로 나누어졌던 생산체제가 각 단계의 연결이 강화된 연속적인 생산체제로 바뀌게 되었다.

한국 석유화학산업이 세계적 규모로 성장하면서 국내 업체들의 기술적 노력도 더욱 강화되기 시작했다. 1980년대 중반 이후에 이루어진 설비의 신증설은 대부분 외국 업체의 기술을 도입하여 이루어졌다. 기본설계의 경우에는 여전히 외국 업체에 의존했지만, 이전에 비해 상세설계와 설비시공에 대한 국내 업체의 기술능력은 점점 향상되었다.[119] 또한 설비의 신증설을 통해 다양한 유도품 생산이 가능해지면서 이에 대한 제조기술을 확보하거나 신제품을 개발하는 시도도 빈번해졌는데, 예를 들어 대림산업은 1984년부터 한국화학연구소의 백행남 박사팀과 공동연구를 추진하여 1990년에 폴리부텐 제조기술을 확보한 후 1993년부터 상업적 생산에 진입했다.[120] 1990년대에 들어서는 고분자 신소재를 중심으로 활발한 기술개발이 이루어졌으며, CFC 대체물질에 견딜 수 있는 ABS 수지의 개발, 충격보강제를 포함한 고분자 알로이(polymer alloy)의 개발, 다기능, 고성능, 열가소성을 겸비한 탄성체의 개발 등이 이러한 예에 속한다.[121]

이와 같은 몇몇 기술적 성과에도 불구하고 한국 석유화학산업의 전반적인 기술수준은 생산기술과 범용제품의 품질을 제외하면 그다지 높지 않았다. 1996년을 기준으로 공정운영기술은 선진국 대비 95%, 범용

제품의 품질수준은 90% 수준이었지만, 공정설계기술과 공정개발기술은 50~60%, 핵심소재기술은 30~60%, 촉매기술은 30~50%에 불과했다.[122] 2002년을 기준으로 하면, 범용제품의 경우에는 생산설비 85%, 생산기술 85%, 제품품질 85%, 소재·부품 자급도 80%, 신제품개발능력 70% 등으로 종합 80% 수준을 기록하고 있는 반면, 기능성제품의 경우에는 생산설비 45%, 생산기술 40%, 제품품질 50%, 소재·부품 자급도 50%, 신제품개발능력 50% 등으로 종합 50% 수준으로 평가되고 있다.[123]

사실상 1980~1990년대 한국 석유화학산업의 가장 중요한 쟁점은 설비의 신증설이었다. 이전에 비해 설비의 내역이 선진화되고 부분적인 국산화가 이루어지기도 했지만 계속해서 외국 업체에 의존하는 경향을 보였다. 1980~1990년대의 설비 신증설은 외국 업체가 제공한 기본설계를 바탕으로 국내 업체가 상세설계를 수행한 후 생산현장에 적용하는 패턴에 입각하고 있었던 것이다. 이와 관련하여 삼성경제연구소가 2002년에 발간한 책자는 한국 석유화학산업의 기술도입에 대해 다음과 같이 쓰고 있다.

국내 업체는 선진 업계가 고부가가치 창출의 원천으로 하고 있는 기초연구 분야의 능력이 저조하여 이와 관련된 기술은 전적으로 선진국으로부터 도입하고 있는 실정이다. 바꾸어 말하면, 국내 석유화학업계의 생산설비는 전적으로 도입기술에 의존하여 설계되어 있고, 더욱이 도입기술이 플랜트에 체화되어 있기 때문에 기존 플랜트를 떠나 독자 기술력을 확보할 수 있는 수단도 부족하였다. 그 결과… 기술의 변화에 수동적으로 대응하고 신규 사업을 추진할 경우 범용 기술을 반복적으로 도입하는 패턴을 계속하게 되었다.[124]

4. 철강

포스코는 1980년대에 들어와 광양제철소 건설사업과 포항제철소 설비 합리화사업을 추진했다.[125] 광양제철소 건설사업은 1기(1985~1987년), 2기 (1986~1988년), 3기(1988~1990년), 4기(1991~1992년)에 걸쳐 지속적으로 전 개되었으며, 포항제철소 설비합리화사업은 1984~1986년, 1987~1988년, 1989~1992년의 3단계로 나누어 실시되었다.[126] 이를 통해 포스코는 포항 제철소의 940만 톤과 광양제철소의 1,140만 톤을 포함하여 총 2,080만 톤의 생산능력을 구비하게 되었고, 1990~1992년에는 일본의 신일본제철 과 프랑스의 유지노사실로(Usinor-Sacilor)에 이어 세계 3위의 철강업체로 부상했다. 또한 일관제철소의 생산원가가 500~600만 톤까지 현저하게 감소하고 1,000만 톤 내외의 경우에 가장 낮다는 점을 고려한다면, 포스 코가 보유한 두 개의 제철소는 규모의 경제 효과를 충분히 누릴 수 있었 다고 평가할 수 있다.[127]

포스코는 광양제철소 건설사업에 필요한 기술계획을 자체적으로 수립 했으며, 설비 간 호환성을 보장하는 것과 최신예 설비를 도입하는 것을 원칙으로 삼았다. 포스코는 네 차례의 광양제철소 건설사업을 통해 동일 한 사양의 고로와 전로를 선택함으로써 높은 수준의 기술학습을 반복적 으로 수행하여 기술능력을 더욱 발전시킬 수 있는 계기를 마련했다. 그것 은 광양제철소 4기 사업의 연간 생산능력이 270만 톤에서 330만 톤으로 상향조정되었다는 점에서 단적으로 드러난다. 그동안의 반복학습으로 조 업기술이 지속적으로 향상되자 포스코는 3고로의 생산능력을 30만 톤 증가시키고 4고로의 생산능력을 300만 톤으로 조정함으로써 4기 사업에 서는 330만 톤 규모의 제철소를 건설할 수 있었던 것이다.[128]

구분	1기	2기	3기	4기
생산능력 (누계)	270만 톤	270만 톤 (540만 톤)	270만 톤 (810만 톤)	330만 톤 (1,140만 톤)
착공일	1985. 3. 5	'86. 9. 30	1988. 11. 1	1991. 1. 5
준공예정일	1987. 6. 30	1988. 10. 15	1991. 1. 31	1992. 10. 31
준공일	1987. 5. 7	1988. 7. 12	1990. 12. 4	1992. 10. 2
건설공기	26개월	21개월	25개월	21개월
공기단축	54일	95일	57일	29일

자료: 송성수, "한국 철강산업의 기술능력 발전과정", 184쪽.

또한 포스코는 광양제철소 건설사업을 통해 당시에 시험적인 차원에서 개발되었던 새로운 설비들을 본격적으로 설치했다. 제선 부문의 미분탄취입법(pulverized coal injection, 저렴한 일반탄을 고로에 직접 취입하는 방법), 열연 부문의 열간직접압연법(hot direct rolling, 연주와 열연 사이의 중간 공정을 모두 생략하는 방법), 냉연 부문의 연속냉간압연법(tandem cold rolling, 산세처리가 끝난 코일을 연속적으로 압연하는 방법) 등은 그 대표적인 예이다. 이와 함께 광양제철소 건설사업에서는 100% 연주설비가 도입되었으며, 그 결과 한국은 1990년부터 세계 최고의 연주비율을 기록하게 되었다. 이와 같은 우수한 설비의 대폭적 도입을 바탕으로 광양제철소는 설비신예도에서 세계 최고의 제철소로 부상했다.[129]

포스코는 광양제철소를 효과적으로 운영하기 위해 첨단 설비의 활용에 필요한 기술을 확보하는 데 많은 노력을 기울였다. 그러나 이러한 기술들은 선진국에서 이전을 기피하거나 외국의 선진 제철소에서도 적용되기 시작하는 단계에 있었다. 이에 따라 과거와 같이 기술을 일괄적으로 제공받는 것은 매우 어려워졌고 해당 기술을 자체적으로 개발하여 선진기술을 조기에 추격하는 것이 요구되었다. 이러한 배경에서 1980년대 이후에는 해당 기술을 부분적으로 도입하여 이를 포스코에 적합한 형태로 완성하거나 외국에서 공식적으로 기술을 도입하지 않고 포스코가 자체적으로 기술을 개발하는 사례가 크게 증가했다.

더 나아가 포스코는 1977년에 설립했던 기술연구소를 대폭적으로 재편하여 새로운 연구개발체제를 구축하는 작업을 추진했다.[130] 1986년에는 포항공과대학(Pohang Institute of Science and Technology, POSTECH), 1987년에는 산업과학기술연구소(Research Institute of Industrial Science and Technology, RIST, 1996년에 포항산업과학연구원으로 변경됨)가 설립되었던 것이다. 이로써 포스코는 기업과 연구소는 물론 대학을 연결하는 '삼각(三角) 연구개발 협동체제'를 구축한 국내 최초의 기업이 되었다. 또한 포항공대와 RIST의 경우에는 기업이 설립을 주도했지만 연구중심대학이나 독립법인연구소와 같은 새로운 개념에 입각하고 있었다. 특히 포스코, RIST, 포항공대는 지리적으로 근접한 곳에 위치하고 있어서 실질적인 산학연 협동이 가능한 조건을 가지고 있다.[131]

이와 함께 포스코는 1980년대 이후에 기술능력의 발전에 초점을 둔 전사적 차원의 경영전략을 추진했는데, 기업체질강화 계획과 중장기 기술발전 계획이 여기에 해당한다. 1981~1984년과 1984~1987년의 두 단계를 통해 전개된 기업체질강화 계획은 자원 절약, 에너지 절약, 노동생산성향상, 건설공사 향상 등과 같은 생산비 감축의 영역과 기술개발 강화, 설비관리 효율화, 인력 정비 및 개발, 전산시스템 개선 등과 같은 경쟁력 향상의 영역으로 나누어 추진되었다. 또한 1982~1993년에는 중장기 기술발전 계획이 세 차례에 걸쳐 수립되어 공정별 요소기술의 확보, 고급강의전략적 개발, 당면 기술과제의 해결 등이 집중적으로 도모되었다. 이러한계획을 통해 포스코는 생산성이나 기술수준에 대한 지표를 체계적으로관리했으며, 1980년대 중반이 되면 포스코의 해당 지표가 현저하게 향상되기 시작했다.[132]

포스코가 1980년대에 기술활동을 전개하는 과정에서는 당시 세계 최고의 철강기술국이었던 일본을 추격하는 것이 중요한 기준으로 작용했다. 공식적인 문헌이나 비공식적인 접촉을 통해 일본이 달성했던 기술적 업적이 알려지면 그것을 따라잡기 위해 수많은 노력이 기울여졌다. 일본은 1980년대부터 공식적인 기술이전을 기피하기 시작함으로써 포스코의 기술수준 향상에 직접적으로 기여하지는 못했지만 기술적 업적에 대한 정보를 통해 포스코의 기술활동에 많은 자극과 위기를 제공하는 간접적인 역할을 담당했던 것이다. 이에 대해 1980년대에 포스코의 설비기술본부장과 기술담당 부사장 등을 역임했던 백덕현은 다음과 같이 회고한 바 있다.

> 세계 최고의 철강기술 강국인 일본이 옆에 있어서 많은 자극을 받았으며 그것을 극복하는 것이 절체절명의 과제로 간주되었다. 특히 일본이 달성한 기술적 업적이나 생산성에 대한 지표는 결과로만 알려졌기 때문에 우리는 그에 상응하는 기술수준을 달성하기 위해 수많은 노력을 했다. 이러한 방식에 입각한 일본과의 경쟁은 포항제철의 기술노력에 가장 중요한 추동력으로 작용하였다.[133]

포스코는 1980년대에 들어와 기술추격에 필수적인 선진 기술정보를 획득하기 위하여 각종 문헌과 자료를 조사하고 분석하는 작업을 본격적으로 전개했다. 포스코와 RIST는 기술정보에 대한 수집과 분석을 바탕으로 제선, 제강, 제어, 에너지, 강재, 특수강, 용접, 표면처리 등의 모든 부문에 걸쳐 연구개발활동에 필요한 참고자료를 지속적으로 발간했다. 문헌조사로 포괄되지 않는 부분은 해외연수와 기술교류를 통해 보완되었다. 1980년대 이후에는 포스코의 기술수준이 향상됨에 따라 해외연수의 중요성이 감소하는 가운데 선진 업체의 기술동향과 경영실태를 파악하기 위한 해외체험교육의 비중이 크게 증가했다. 포스코의 해외연수요원들은 귀국 후에 연수보고서를 작성하여 제출했으며, 그것은 선진 업체의 기술활동과 성과를 검토할 수 있는 자료로 활용되었다. 또한 1979년부터 외국 철강업체와의 업무협정을 바탕으로 기술을 교류하는 공식적인 제도가 구축되었다. 그것은 해당 분야별로 기술자를 교환하고 기술간담회를 개최하는 방식으로 전개되었으며 새로운 기술정보를 획득하는 통로로 활용되었다.[134]

1980년대에 선진 철강업체들은 포스코를 견제하기 시작하면서 기술정보를 제공하는 데 인색한 모습을 보였다. 이에 따라 포스코가 실질적인 기술정보를 획득하는 과정에는 개인적인 관계를 통한 비공식적인 방법이 활용되는 경우가 많았다.[135] 예를 들어 1983년부터 설비계획2부장으로서 포항 2냉연공장과 광양 3냉연공장에 대한 기술기획을 담당했던 심장섭은 1982년에 사적인 친분을 통해 히로하다제철소의 냉연공장을 견학했던 것이 포스코의 최신예 공장을 설계하는 데 많은 도움이 되었다고 회고했다.[136] 또한 1981년부터 기술연구소에 근무했던 신영길은 일본에 출장을 가서 비공식적인 방법으로 연주조업에 관한 데이터와 연주설비에 대한 사양을 알아낼 수 있었으며, 그것이 포스코의 연주기술을 향상시키는 중요한 기준으로 작용했다고 평가했다.[137] 이와 같은 자료 수집이나 설비 관찰이 효과적으로 활용될 수 있었던 것은 포스코가 이미 상당한 지식기반을 확보하고 있었기 때문이라고 풀이할 수 있다.

포스코는 기술개발을 효과적으로 추진하기 위하여 핵심적인 기술과제를 대상으로 태스크포스팀(task force team, TFT)을 구성하여 집중적으로 관리하는 방법을 활용했다. 태스크포스팀은 기술개발기간과 시장진입기간을 단축시키기 위해 연구개발, 시제품개발, 양산기술개발을 순차적으로 진행하지 않고 병렬적으로 추진했다. 또한 태스크포스팀은 포스코는 물론 RIST, 포항공대, 수요업체를 포괄하는 경우가 많았기 때문에 보다 종합적인 차원에서 문제점을 해결할 수 있었으며 이를 통해 관련된 집단이 공동연구개발을 추진할 수 있는 분위기가 조성되었다. 포스코는 태스크포스팀을 운영하면서 해당 목표를 단기간에 달성한 조직에게 파격적인 상금을 부여하고 이를 적극적으로 홍보하는 전략을 구사함으로써 조직 간 경쟁을 유발하고 기술개발속도를 가속화시켰다. 이에 따라 해당 구성원들의 노동강도는 매우 높아졌지만 그것은 포스코가 짧은 기간에 선진기술을 추격하는 데 크게 기여했다.[138]

특히 여러 영역에 걸쳐 있는 기술과제의 경우에는 해당 조직이 모두 참여하는 방법이 사용되었다. 예를 들어 1985~1987년에는 자동차용 초심가공용 강판(extra deep drawing steel)의 생산에 필요한 요소기술을 개발하는 활동이 제강, 연주, 열연, 냉연 부문에서 동시적으로 전개되었다. 우선 제강 부문에서 탈가스 설비를 보완하고 취련 및 탈탄 패턴을 정립하여 초심가공용 강판의 소재가 되는 IF강(interstitial element free steel)을 제조하기 위한 기본적인 기술이 확보되었다. 또한 열연 부문에서는 압연기의 모터 능력을 증가시키고 경로 및 속도를 조정하여 압연온도의 하락을 방지했으며, 냉연 부문에서는 연속소둔설비(continuous annealing line)를 설치한 후 이에 적합한 열처리 패턴을 도출하여 적용함으로써 재질 편차를 축소하고 결함 발생률을 감소시켰다. 이에 따라 1987년 말에는 전후공정 간 요소기술이 완전히 확보되어 초심가공용 강판을 생산할 수 있는 준비가 갖추어졌고, 포스코는 자동차업계와 강종개발위원회를 구성하여 초심가공용 강판을 개발하는 작업을 본격적으로 추진함으로써 1년 만에 외국 제품에 근접한 가공품질을 재현할 수 있었다.[139]

1980년대에 포스코가 전개했던 기술활동의 구체적인 유형은 다음의 세 가지로 구분할 수 있다. 첫째는 외국에서 기술을 도입하여 더욱 발전시킨 경우로서 미분탄취입 기술과 슬래브 품질향상 기술이 여기에 해당한다. 둘째는 선진국이 기술이전을 회피하여 자체적으로 기술을 개발한 경우로서 앞서 언급한 초심가공용 강판과 가속냉각법(thermo mechanical control process, TMCP)이 여기에 해당한다. 세 번째 유형은 포스코에 적합한 기술이 국내 기술진에 의해 개발된 경우로서 고로 조업의 전산화가 그 대표적인 예이다.[140]

이처럼 1980년대의 기술활동은 다양한 형태를 띠고 있었지만 전체적으로는 기술혁신의 범위가 철강기술의 거의 모든 영역을 포괄하는 것으로 나아갔다고 평가할 수 있다. 그것은 포스코가 1981년과 1993년에 발간한 공식 자료가 기술개선의 사례로 제시하고 있는 내역을 비교해보면 명확해진다. 즉 1981년의 자료는 몇몇 기술개선의 사례를 산발적으로 거론하고 있는 반면, 1993년의 자료는 철강산업의 주요 부문별로 해당되는 기술을 포괄적이고 체계적으로 논의하고 있는 것이다(〈표 4-10〉 참조).

〈표 4-10〉 포스코의 기술혁신 내역: 1970년대와 1980년대의 비교

구분	제선	제강	열연
1970년대	—계측 및 제어 기술 —조업지수 관리 —수명연장 대책 —중유 취입량 감소	—고탄소강 취련패턴 확립 —출강 후 슬래그 유입 방지 —대형 슬로핑 발생 억제 —잔괴율(殘塊率)의 안정	—가열로 고압배관 설치 —조압연 실린더 리테이너 (Retainer) 탈락 방지 —냉각수 라인 개조
1980년대	—보조연료 취입기술 —장입물 분포제어 기술 —고로조업 전산화 —고로 노벽보수 기술 —고로개수 기술	—용선 예비처리 기술 —전로 조업기술 —노외 정련기술 —분체취입 기술 —용강승온 기술	—가열로 연소제어 기술 —치수 정도 향상기술 —형상제어 기술 —온라인 롤 연삭기술 —재질예측 기술

자료: 『포항제철 850만톤 준공사』(1981), 189–190, 213–214, 230–231쪽;
『포항제철 25년사: 기술발전사』(1993), 46–54, 73–78, 101–106쪽.

포스코는 포항제철소에 이어 광양제철소를 효과적으로 운영함으로써

세계적 수준의 기술을 갖춘 철강업체로 성장하기 시작했다. 제철소 설비의 정상조업도 달성기간은 더욱 단축되어 세계 신기록을 보유하게 되었다. 예를 들어 대부분의 고로는 화입에서 정상조업도로 이행하는 데 30일 정도가 소요되지만 광양 1~4고로의 경우에는 그 기간이 23일, 18일, 18일, 7일로 단축됨으로써 세계 신기록이 계속해서 갱신되었다. 제강 부문에서는 광양 1제강 신설, 1제강 확장, 2제강 신설을 통해 정상조업도 달성기간이 25일, 15일, 16일로 변화했는데 광양 1제강 확장의 경우에는 세계 신기록에 해당했다. 또한 포스코는 1980년대에 들어와 100~110% 내외의 공장가동률을 보임으로써 설비의 설계용량을 초과하여 제품을 생산하기도 했다.[141]

포스코가 보유한 조업기술의 전반적인 수준은 생산성과 관련된 주요 지표를 통해 살펴볼 수 있다. 종합실수율은 1970년대에 80% 정도에 머물렀던 것이 1987년을 계기로 90%를 넘어섰으며 1992년에는 94.4%를 기록하여 일본의 94.8%와 거의 유사한 수준을 달성했다. 또한 1992년 기준으로 1인당 제품 생산량은 880톤으로서 일본의 1,102톤에 이어 세계 2위를 차지했으며 에너지원단위는 529만kcal로서 일본의 589만kcal보다 효율적인 성과를 보였다.[142] 이러한 점을 종합적으로 고려해볼 때 포스코는 1990년대 초반에 일본과 대등한 세계 최고 수준의 생산성을 보였다고 평가할 수 있다.

설비 및 공정혁신의 경우에는 1970년대에 부분적인 성과를 보이는 데 그쳤지만 1980년대 중반 이후에는 보다 근본적인 개선으로 나아가기 시작했다. 포항제철소 설비합리화 사업과 광양제철소 건설사업을 통해 기존 설비를 교체하거나 새로운 설비를 설치하는 작업이 빈번해지면서 설비의 구조와 작동원리에 대한 이해가 촉진되었기 때문이다. 포스코는 각종 기자재를 체계적으로 관리하면서 노재(爐材) 재질의 향상과 설비구조의 변경을 촉진했고, 자신의 의도에 따라 생산공정을 재구성하여 독자적인 생산시스템을 정립하기도 했다. 더 나아가 포스코가 주요 설비를 개선하거나 자체적으로 설계하는 사례도 있었는데, 예를 들어 1988년에 고로개수실이 설치되면서 고로 개수를 국내 기술진이 수행하기 시작했으며 광양제철소 2기 사업부터는 국내 기술진이 설계한 연주기가 채택되었다. 이러한 과정을 통해 축적된 기술은 1990년대 초반부터 포스코가 주요 공정 및 설비를 자체적으로 개선하고 설계할 수 있는 기반으로 작용했다.[143]

1980년대에 들어서는 새로운 제품을 개발하는 활동도 본격적으로 추진되었다. 그 결과 1981년에는 포스코의 신강종 개발수가 일본의 절반에도 미치지 못했지만 1992년에는 일본의 90%를 넘어서는 강종을 보유하게 되었다. 또한 포스코의 고급강 생산비율은 1983년에 8.6%였던 것이 1990년에는 20%를, 1991년에는 25%를 넘어서기 시작했다. 그러나 포스코의 제품기술에 대한 수준은 1990년대 초반에도 일본에 비해 여전히 뒤떨어져 있었다. 열연제품의 경우에는 세계 최고의 기술수준을 확보하고 있었지만, 냉연제품이나 도금제품의 기술수준은 일본에 비해 70% 정도에 불과했다. 또한 포스코의 고급강 생산비율은 1992년을 기준으로 26.2%로 35.0%를 기록하고 있던 일본의 3/4 정도에 머물러 있었다.[144]

5. 조선

한국의 조선산업은 1970년대에 현대, 대우, 삼성과 같은 재벌기업들이 잇달아 대형 조선소의 건설을 추진함으로써 급속한 성장을 경험했다. 한국은 1981년에 생산규모의 측면에서 세계 2위의 조선국으로 발돋움했으며, 현대중공업은 1983년에 세계 조선시장 발주량의 10.3%를 수주해 세계 최고의 실적을 달성하기도 했다. 그러나 1980년대에 들어와 세계 경제가 하강 국면을 맞이하면서 전 세계적으로 신조(新造) 수주량이 감소하는 경향을 보였다. 이에 따라 한국의 조선업체들은 고정비용이 높은 대형 설비의 가동률을 높이기 위해 저가 수주와 같은 공격적인 영업활동을 전개해야 했다. 이를 통해 1980~1986년에 연평균 250만 톤을 수주하여 건조능력 대비 약 60%의 물량을 확보할 수 있었지만, 판매가격이 원가 수준에 불과하여 한국 조선업계의 재무구조가 크게 악화되기에 이르렀다.

1980년대 중후반에 한국의 조선산업은 부침을 거듭했다. 1985년을 바닥으로 세계 조선시장은 서서히 회복되기 시작했으며, 1986년에는 엔고의 영향으로 일본의 가격경쟁력이 떨어지면서 신조 상담이 한국으로 몰리게 되었다. 이에 따라 세계 수주량에서 일본이 차지하는 비중은 1983년 56.5%에서 1987년 34.7%로 대폭 감소했지만, 한국의 비중은 같은 기간에 19.2%에서 30.2%로 증가했다. 그러나 1987년 이후에는 임금이 상승하는 가운데 조업 중단이나 납기 지연의 사례도 발생하여 한국 조선업계의 경영 상태가 다시 악화되었다. 다행히도 세계 조선시장이 1989년부터 호황 국면으로 접어들면서 1990년대의 전망도 밝아 보였다.[145]

한국 조선업체의 고용인력은 1984년에 약 7만5,700명까지 증가한 후 1988년에는 약 4만8천 명으로 연평균 10.2%의 감소세를 보였다.[146] 흥미로운 점은 조선업체들의 고용인력 중에서 사무직이나 기능직보다는 기술직의 상대적 비중이 증가세를 보였다는 점이다.[147] 특히 1980년대 중반의 불황기에 일본이 생산단가를 낮추기 위해 선박의 표준화를 추진하면서 설계인력을 대폭 감축했던 반면, 한국의 경우에는 설계인력의 양성에 대한 지속적인 투자를 아끼지 않았다. 그 결과 일본은 설계능력이 크게 약화되어 표준화된 선박의 수주에 치중하게 되었던 반면, 한국은 우수한 설계인력을 바탕으로 차별화된 기능의 선박을 다양하게 수주·건조하기 시작했다. 그것은 한국이 1990년대 이후에 다른 국가에 비해 선주의 요구에 재빠르게 대응하여 이를 반영할 수 있는 능력을 발휘하게 되는 기반으로 작용했다.[148]

1980년대에 들어와 한국의 조선업체들은 기술능력 향상을 위해 다각도의 노력을 기울였다. 외국으로부터의 기술도입은 1971~1979년에 32건이었던 것이 1980~1986년에는 130건으로 증가했는데, 그 내역은 조선소 운영이나 선박 건조에서 설계기술과 기자재 등으로 선진화되었다.[149] 현대중공업과 달리 조선산업에 늦게 진입한 대우조선과 삼성중공업에게는 해외연수도 중요하게 고려되었다. 특히 삼성의 경우에는 1986년에 일본의 사노야스 사와 기술협력 계약을 체결한 후 1987~1989년에 총 288명의 인원을 파견하는 적극성을 보였다.[150] 이와 함께 한국 조선업계의 기술자들은 해외 출장을 통해 비공식적인 방법으로 자료를 입수하는 활동도 전개했다.[151]

1980년을 전후하여 한국의 조선업체들이 일본인 퇴직기술자를 기술고문으로 활용한 것도 주목할 만하다. 당시에 일본의 조선산업은 대대적인 감축의 국면을 맞이하고 있었고, 한국의 조선업체들은 퇴직한 일본인 기술자들을 적극적으로 활용했던 것이다. 삼성중공업은 1979년부터 일본인 퇴직기술자들을 영입하여 시스템 운영, 건조과정의 문제점 해결, 각종 선진지표 파악 등에 도움을 받았다. 특히 1986년 이후에는 제품의 성능 향상, 고유모델의 개발, 신규 사업의 추진 등으로 기술고문의 활용 범위가 더욱 넓어졌다. 대우도 일본인 기술고문을 일찍부터 활용했으며, 현대는 1988년에 이를 뒤따랐다. 일본인 고문들은 한국의 조선소 현장이 가진 문제점을 분석하고 이에 대한 해결책을 제안함으로써 해당 기술의 조기 습득과 현장 적용에 많은 도움을 주었다.[152]

무엇보다도 한국의 조선산업이 선진국 수준에 도달하기 위해서는 진일보된 기술을 독자적으로 개발할 수 있는 능력이 필요했다. 이러한 문제의식은 1980년대를 통해 한국의 조선업체들이 잇달아 연구개발체제를 정비하는 것으로 이어졌다. 현대중공업은 1983년에 용접기술연구소를, 1984년에는 선박해양연구소를 설립했고, 대우조선은 1984년에 선박해양기술연구소를 설립했으며, 삼성중공업은 1984년에 종합기술연구소 내에 선박연구실을 설치한 후 1986년에 선박해양연구소로 확대·개편했다. 여기에는 한국 정부가 1980년대 이후에 민간기업의 연구개발활동을 촉진하기 위해 금융, 세제, 인력 등에 대한 지원시책을 대폭적으로 강화해왔다는 점이 중요한 배경으로 작용했다.[153]

특히 현대가 1984년에 선박해양연구소를 설립하면서 예인 수조(towing tank)와 2개의 작은 수조를 건설했다는 점은 주목할 만하다. 최적 선형을 만들기 위해서는 적정 비율로 축소시킨 모형선을 실제 해상조건과 유사한 수조에서 각종 시험을 실시해야 한다. 과거에는 이러한 모형시험을 외국의 연구소에 의뢰했기 때문에 물적·시간적 손실은 물론 노하우 유출도 심각했다. 그러나 현대는 1984년부터 모형시험을 자체적으로 실시함으로써 각종 시험비용을 절감하는 것은 물론 적기에 시험결과를 설계에 반영하고 관련된 자료를 축적할 수 있었다. 이와 같은 자료의 축적은 유사한 선형이나 새로운 선형을 개발하는 데 큰 도움이 되었으며, 대외적인 신뢰도를 높일 수 있는 중요한 기반으로 작용했다.[154]

이러한 연구개발체제의 정비를 바탕으로 한국의 조선업체들은 설계기술과 생산기술을 중심으로 선진국을 본격적으로 추격하기 시작했다. 설계기술의 경우에는 유럽식 기본설계와 일본식 생산설계를 바탕으로 이를 점진적으로 개선함으로써 유조선이나 벌크화물선과 같은 일반 상선에 대해서는 자체적인 설계가 가능해졌다. 그러나 LNG운반선을 비롯한 고부가가치 선박에 대한 설계기술은 아직 확보하지 못한 상태였는데, 한국의 조선업체들은 LNG운반선에 대한 기술을 도입하고 주요 부분의 실물모형을 시험제작하여 이에 대한 국제적 인증을 받는 등 고부가가치 선박시장에 대한 진출을 착실히 준비했다.[155] 현대중공업이 그동안 축적된 설계기술을 바탕으로 당시 선가의 1/2 내지 2/3 수준으로 건조할 수 있는 표준형선을 개발하고, 코리아타코마조선이 압축된 공기를 수면으로 강하게 내뿜어서 선체를 띄우는 공기부양선(surface effect ship, ESE)을 개발한 것도 1980년대의 중요한 성과였다.[156]

생산기술의 측면에서는 1980년대 이후에 다양한 장치와 기법을 활용함으로써 선박생산의 효율성을 제고했다. CAD/CAM 기술이 활용되어 컴퓨터를 활용한 선박의 설계와 생산이 이루어지기 시작했고, 레이저 절단설비가 채택되어 절단작업의 정확도와 속도가 크게 제고되었으며, 이산화탄소 용접기법과 플럭스 피복(flux cored wire) 용접기법이 보급되어 용접능률이 대폭적으로 향상되었다. 이와 함께 평블록(panel block)을 이동시키며 선체를 조립하는 패널 라인이 설치되었고, 선체블록을 완성한 후에 블록 전체를 공장 내에서 도장을 실시하는 방법이 적용되었으며, 배관과 기기 설치를 포함한 의장작업도 선체블록을 도크에서 탑재하기 전에 대부분 이루어지게 되었다.[157]

생산관리에서는 일본의 전문가를 초청하여 이론적 계획관리기법을 도입한 후 이를 전산화하여 각 조선소의 실정에 맞게 개선하고 보완하는 작업이 이루어졌다.[158] 현대중공업의 경우에는 1978~1989년의 12년에 걸쳐 생산관리를 고도화하는 작업이 지속적으로 전개되었다. 현대중공업은 블록의 탑재 순서를 고려하여 탑재 네트워크(load network)를 작성하는 것을 시작으로 일정표와 품셈표(estimating standards)의 표준화, 공간별 작업공사표의 작성, 설계도면 코드와 작업단위 코드의 연결, 공정별 온라인 시스템의 개발 등을 추진했다. 1989년에는 이와 같은 성과를 바탕으로 종합생산관리시스템이 구축됨으로써 공정의 계획과 관리, 자재관리, 도면관리, 예산관리, 작업지시, 실적관리 등 거의 모든 생산관리가 온라인으로 가능해졌다.[159]

한국조선공업협회가 2005년에 발간한 자료는 1980년대에 이루어진 한국 조선업체의 기술혁신활동을 다음과 같이 정리하고 있다.

> 1970년대의 대형 조선소 건설 이후 정상적인 운영체계가 정착되면서 기술적 기반이 어느 정도 갖추어지게 되었으며, 1980년대부터는 세계 조선산업 선도국이던 일본과의 양적·질적 차이를 줄여갈 수 있게 되었다. 당시 한국의 조선기술은 일본에 비해 설계기술과 생산기술 면에서는 약간 뒤져 있었고, 관리기술의 면에서는 상당히 뒤져 있었기 때문에 현장 조선기술의 개발과 보급에 많은 노력이 투입되었다. 또한 대형 조선소들은 조선기술을 자체적으로 개발할 수 있는 능력을 확보하기 위해 기업 연구소를 설립하고, 신형 시험시설, 용접 연구장비 등을 구비하면서 연구개발체제를 갖추었다.[160]

1989년 8월에 한국 정부는 조선업계의 경영정상화를 추진하고 향후 조선산업의 성장에 대비하기 위하여 조선산업 합리화 조치를 단행했다.[161] 정부는 조선업계의 경영부실이 과잉시설투자로 인해 발생했다고 진단하면서 1993년까지 신규 진입이나 시설 확장을 금지했으며, 대우조선, 인천조선, 대한조선공사를 합리화 대상 업체로 지정했다. 대한조선공사는 1990년에 한진그룹에 인수되면서 한진중공업으로 개편되었고, 한진중공업은 동해조선, 부산수리조선, 코리아타코마를 잇달아 합병했다. 인천조선의 경우에는 한라그룹에 인수된 후 한라중공업(현재 현대삼호중공업)으로 상호가 변경되었다. 한진중공업과 한라중공업에는 부실기업을 인수한 대가로 세제 혜택이 주어졌다. 대우조선에 대해서는 일부 계열사의 통폐합과 같은 자구노력을 전제로 하여 대출금 상환 유예와 신규 대출금 제공이 이루어졌다.[162]

1990년대 초반에는 대체 수요를 중심으로 한 세계 조선경기가 호조되면서 설비의 신증설이 활발하게 추진되었다. 특히 그동안 조선산업 합리화 조치로 인해 한시적으로 억제되었던 설비의 신증설이 1993년에 해제됨에 따라 삼성중공업을 필두로 현대중공업, 한라중공업, 대동조선(현재의 STX조선) 등이 연이어 도크의 신증설을 추진했다. 이러한 설비 확장은 1990년대 후반부터 세계적으로 조선 수요가 확대될 것이며 그 속에서 한국의 조선산업이 높은 국제경쟁력을 확보할 수 있다는 기대에서 비롯되었다. 1993년에는 엔화가치가 높게 평가되는 것을 배경으로 한국이 기존의 500만~600만 톤 수준을 훨씬 넘어선 950만 톤의 선박을 수주하여 일본을 제치고 세계 1위의 수주국으로 부상하기도 했다.[163] 1988년과 1995년을 비교해보면, 선박 건조량은 337만7천 톤에서 566만3천 톤으로, 선박 수출량은 292만8천 톤에서 464만7천 톤으로 증가했다(〈표 4-11〉 참조).

〈표 4-11〉 한국 조선산업의 수급 추이(1975~1995년)

단위: 천 톤, %

구분		1975년	1982년	1988년	1995년
수요	내수	508	1,259	505	1,416
	수출	416	1,216	2,928	4,647
계		924	2,475	3,433	6,063
공급	생산	612	1,790	3,377	5,663
	수입	312	68.5	56	40.0
내수의 수입비율		61.4	54.5	11.1	28.2
생산 중 수출비율		68.0	67.9	86.7	82.1

세계에서의 위치		14위	2위	2위	2위
국내 산업에서의 비중	생산	2.0	3.8	1.6	1.5
	수출	2.4	13.0	2.9	3.1

자료: 산업연구원, 『한국의 산업: 발전역사와 미래비전』(1997), 381쪽.

선박 건조량이 증가하면서 조선기자재에 대한 수요도 확대되었다. 한국의 조선기자재 생산량은 1985년에 6억3,800만 달러였던 것이 1990년의 10억820만 달러를 거쳐 1995년에는 21억1,220만 달러로 크게 증가했다. 이와 함께 조선기자재의 국산화도 활발히 추진되어 조선기자재의 수입의존도는 1985년에 40.0%였던 것이 1990년 31.2%, 1995년 24.2%로 점점 감소되었다. 이에 따라 조선기자재업체의 전업도로 1986년 20.5%에서 1996년 32.3%로 지속적으로 상승하는 경향을 보였다. 이를 통해 한국의 조선산업은 선박 건조량이 증가하면 조선기자재의 수입비중도 높아지는 과거의 경향에서 벗어날 수 있었다.[164]

1994년 5월에는 현대중공업, 대우조선, 삼성중공업, 한진중공업, 한라중공업 등 5대 조선업체와 한국기계연구소 선박해양공학연구센터의 참여를 바탕으로 한국조선기술연구조합이 결성되었다. 한국조선기술연구조합은 산학연 연구개발 협력체계를 구축하여 조선산업 분야의 공통 애로기술과 관련 첨단기술에 관한 기술적 과제를 해결하는 것을 목적으로 삼고 있다. 이와 함께 1996년 10월에는 중소 조선업체의 구조 고도화와 기술경쟁력 제고를 위해 한국중소조선기술연구소(현재 중소조선연구원)가 부산에 설립되었다. 과거에는 조선업체별로 사내 연구소를 설립하여 기술경쟁력을 강화해왔던 반면, 1990년대 중반 이후에는 연구조합이나 전문 연구소를 통해 협동적 기술개발을 추진했던 것이다.[165]

조선산업에 정보기술을 접목하는 작업도 활발히 전개되어 한국조선기술연구조합을 중심으로 대형 조선업체들이 컨소시엄을 구성하여 조선

CIMS(computer integrated manufacturing system) 개발사업이 추진되었다. 생산기술에서는 조립공정과 용접공정에 로봇이 널리 사용되기 시작했으며, 3차원 대형 블록을 정확하게 측정하는 기술이 개발되어 노 마진(no-margin)으로 여유를 두지 않고 가공하더라도 조립이 가능하게 되었다. 선체 블록의 대형화도 더욱 촉진되어 중량 2,500톤 급의 초대형 블록 생산체제도 구축되었다. 이와 함께 설계, 생산, 검사, 인도 및 사후관리에 이르는 전 과정에 걸쳐 ISO 9000 인증을 취득하여 국제적 신뢰성도 높아졌다.[166]

이러한 기술혁신활동을 바탕으로 한국의 조선업체들은 세계 조선산업을 선도하고 있던 일본과의 기술격차를 빠른 속도로 줄여나갈 수 있었다. 한국 조선산업의 기술수준은 1980년대 초반에는 일본의 40% 정도에 불과했지만 1990년대 초반에는 70% 내외, 2000년에는 90% 이상으로 향상된 것으로 평가되고 있다. 1992년에 있었던 상공자원부의 조사에 따르면, 일본을 기준으로 한국의 설계기술은 71%, 생산기술은 75%, 관리기술은 68%의 수준을 보였다.[167] 또한 2000년에 실시된 산업연구원의 조사에 따르면, 일본을 기준으로 한국의 설계기술은 92%, 생산기술은 97%, 관리기술은 90%의 수준으로 평가되었고, 중국의 경우에는 각각 60%, 65%, 60%의 수준을 기록했다.[168]

6. 자동차

현대자동차는 포니 프로젝트를 통해 1970년대 후반에 국내 자동차시장의 주도권을 장악하면서 대대적인 호황을 누렸다. 그러나 1979년부터 제2차 석유파동과 정치적 혼란 등으로 국내 경제가 불황 국면에 접어들었고, 특히 석유가격에 민감한 반응을 보일 수밖에 없는 자동차산업은 심각한 타격을 받았다. 이로 인해 1978년까지 설비 증설에 힘써왔던 국내 자동차업계의 가동률이 급격히 하락하여, 가장 상황이 양호했던 현대의 경우도 50%를 밑도는 사상 최저 수준으로 떨어졌다. 그 결과 1980~1981년의 2년간 국내 자동차 3사는 무려 1,438억 원의 적자를 기록하기에 이르렀다.[169]

이에 정부는 중화학 투자조정의 일환으로서 "국내 기업간 과당경쟁 억제와 가동률 제고를 위한 차종별 전문화"를 골자로 하는 자동차산업의 구조개편을 추진했다. 1980년 8·20조치의 주요 내용은 ① 현대와 새한의 통합으로 승용차 생산 일원화 및 1~5톤급 상용차 생산 금지, ② 기아의 승용차 생산 금지 및 1~5톤급 상용차 독점 생산, ③ 5톤 초과의 트럭과 버스는 모든 업체가 생산하도록 하는 데 있었다. 이 중에서 가장 핵심적인 것은 현대와 새한의 통합이었으나 한국 자동차산업을 둘러싼 현대와 GM 사이의 갈등으로 무산되었고 결국 승용차 생산은 현대와 새한으로 이원화되었다. 또한 정부는 1981년에 1~5톤 버스 및 트럭에 대한 기아와 동아의 통합, 그리고 일부 특장차에 대한 동아의 독점생산을 조치했으나 1982년에 들어와 모두 철회되고 말았다.[170]

자동차산업의 재편에 대한 논의가 일단락되면서 현대는 1978년부터 모색해왔던 'X카 프로젝트'를 본격적으로 추진했다. 1981년 10월 발표된 X카 프로젝트의 골자는 미쓰비시와의 기술제휴 및 합작투자를 통해 1985년까지 전륜구동형 소형승용차인 엑셀을 연간 30만 대 생산할 수 있는 공장을 건설하고 생산된 승용차를 선진국시장에 대량으로 수출한다는 데 있었다.[171] 당시 한국의 승용차 보유 대수가 26만 대에 불과했다는 사실을 감안한다면 30만 대 규모의 X카 프로젝트는 매우 야심찬 것이었다고 평가할 수 있다.

현대가 이와 같은 공격적 전략을 채택한 것은 포니로 대표되는 초기 고유모델의 한계에서 비롯되었다. 포니의 경우 처음부터 정상적 가격으로는 수출이 불가능하여 정책적으로 설정된 출혈가격에 의해서만 수출이 가능했다. 그것은 포니의 연간 생산규모가 5~10만 대 수준으로 규모의 경제 효과를 누릴 수 있는 연산 30만 대에 크게 미달했다는 점에서 기인했다. 이러한 의미에서 포니와 같은 초기 고유모델은 수출을 지향하기는 했으나 정상적으로는 수출시장에 진출하기 어려웠던 '수출지향적 수입대체단계'라 할 수 있다.[172]

현대의 경쟁사인 기아와 대우도 전륜구동형 소형승용차의 양산체제 확립과 미국 수출을 추진했다. 기아의 프라이드와 대우의 르망이 그것이다. 주목할 점은 전륜구동형 소형승용차의 경우에도 현대와 다른 업체들 사이에는 뚜렷한 차이가 있었다는 사실이다. 우선 프라이드와 르망은 마쓰다와 오펠이 개발한 페스티바와 카데트의 완성된 도면을 도입해 국내에서 제조한 것에 불과했다. 이처럼 개발이 완료된 차종을 들여와 국내에서 생산할 경우에는 제품기술의 영역에서 국내 기술인력이 참여할 여지가 거의 없게 된다. 또한 수출전략에서 현대는 자신의 고유 상표를 활용하는 데 반해, 기아와 대우는 각각 포드와 GM의 상표로 수출하는 방식을 택했다. 프라이드와 르망의 경우에는 기술/제조/판매의 각 영역을 마쓰다/기아/포드 혹은 오펠/대우/GM이 담당하는 3국간 분업체제에 기초하고 있었다. 이에 따라 기아와 대우의 책임은 제조에 관한 사항으로 국한되었지만, 현대의 경우에는 제조는 물론 제품설계상의 품질보장과 배기 및 안전규제의 충족 등을 포함한 모든 문제를 스스로 해결해야 했던 것이다.[173]

현대는 X카 프로젝트를 추진하면서 새로운 기술변화의 추세에 적극적으로 대응하는 모습을 보였다. 포니에 활용한 후륜구동 방식을 폐기하고 엑셀에는 전륜구동이라는 새로운 플랫폼을 적용했으며, 기존의 프레임도 어 대신에 도어 전체를 용접 없이 하나의 패널로 만드는 풀도어 방식을 선택했다.[174] 그보다 더욱 중요한 문제는 미국시장에 진출하기 위해서는 엄격한 배기가스 규제를 충족시켜야 한다는 데 있었다. 이 문제는 카뷰레터 방식의 기존 엔진에 외부 정화장치를 부착하는 것만으로는 해결될 수 없었기 때문에 현대는 특별기술료까지 지불하면서 미쓰비시로부터 전자분사 방식의 초기 형태인 FBC(feed-back carburetor) 엔진을 도입했다.[175] 그 밖에 현대는 1982년에 설계 부문의 전산화를 위해 CAD/CAM 시스템을 구축했으며, 1984년에는 시험생산과정을 체계화하기 위해 종합시험 주행장을 건설했다.[176]

1985년 2월에는 X카 프로젝트가 성공리에 마무리되었다. 미국의 배기가스 테스트를 통과했으며, 30만 대 공장 준공식이 열렸던 것이다. 엑셀의 미국 수출량은 1986년 16만3천 대, 1987년 26만3천 대, 1988년 26만 대를 기록했고,[177] 미국 경제지 《포춘(Fortune)》은 1986년에 엑셀을 '히트 상품 베스트 10'에 선정하기도 했다. 그러나 핵심기술을 외국에 의존한 상태에서 대량생산을 도모했기 때문에 기술도입에 따른 재정적 부담이 크게 늘어났다. 현대는 미쓰비시에게 선불금 6억5천만 엔과 보수용 부품 순판매가의 3%에 해당하는 기술료를 지불했으며, 엑셀 1대를 출시할 때마다 엔진 5,000엔, 트랜스액슬(transaxle) 2,000엔, 섀시 2,500엔, 배기제어장치 5,000엔 등 14,500엔의 로열티를 약정했던 것이다.[178] 이에 대처하여 현대는 1980년대 초반부터 연구개발투자를 크게 증대시키는 한편 기업 내 연구개발조직을 대폭적으로 확충함으로써 기술도입을 대체할 수 있는 자체개발의 기반을 구축하기 시작했다.

현대는 1984년 11월에 경기도 용인에 마북리연구소를 신설하면서 연구개발체제를 대폭적으로 정비하기 시작했다. 마북리연구소는 양산 일정에 상대적으로 구애받지 않으면서 자동차의 핵심부품인 엔진과 변속기, 즉 파워트레인(powertrain)을 독자적으로 개발하기 위한 목적으로 설립되었다. 울산의 제품개발연구소는 수입한 기술을 다소 수동적인 방식으로 모방하고 적용하는 데 익숙해져 있었기 때문에 독자적인 엔진을 개발하는 새로운 임무를 맡기기에는 적합하지 않다고 여겨졌던 것이다. 현대는 독자엔진의 개발에 필요한 고급인력을 확보하기 위해 마북리연구소를 서울 근교에 설치했으며, 극소수의 인원을 제외하고는 대부분의 연구인력을 신규 채용에 의해 충원했다.[179]

또한 현대는 엑셀의 미국시장 진출을 계기로 신차종 발표에 따른 현지 인증, 배기 및 안전규제와 관련한 기술개발, 경쟁사의 기술개발동향에 관한 정보수집의 필요성이 증가함에 따라 1986년 5월 미국에 현지연구소인 HATCI(Hyundai American Technical Center Inc.)를 설립했다. 이어 1987년 1월에는 제품개발연구소가 승용제품개발연구소와 상용제품개발연구소로 분리됨으로써 현대의 연구개발체제는 마북리연구소, 승용제품개발연구소, 상용제품개발연구소, HATCI의 4원 체제를 갖추게 되었다.[180]

1980년대에 걸쳐 지속적으로 이루어진 연구개발체제의 정립과정의 일차적 성과로는 고유모델 풀 라인업(full line-up) 체제를 갖추게 되었다는 점을 들 수 있다. 이전에는 포니가 유일한 고유모델 승용차였으나 1983년, 1985년, 1988년, 1992년에 각각 스텔라, 엑셀, 소나타, 뉴그랜저를 고유모델로 생산함으로써 현대는 소형차, 중형차, 대형차의 모든 차종을 고유모델로 구비하게 되었다. 1개 차종의 평균수명이 5년 정도이므로 5개 차종의 고유모델을 동시에 생산한다는 것은 1년에 1개 정도의 새로운 차종을 개발하는 능력이 구비되지 않고서는 불가능하다. 이러한 점에 비추어볼 때 현대는 1990년을 전후로 모델 변경을 자체적으로 수행해낼 수 있는 능력을 확보했다고 평가할 수 있다.

이와 함께 현대는 1980년대를 통해 기술도입에 대한 의존도를 점차적으로 감소시켜왔다(〈표 4-12〉 참조). 1980년대 초반까지만 해도 현대가 기술도입을 대체한 영역은 차체설계와 섀시디자인 등에 국한되어 있었지만, 1988년의 소나타 개발을 계기로 스타일링 부문에서도 기술도입을 대체하는 현상이 나타나기 시작했던 것이다. 물론 소나타(Y-2)부터 뉴엑셀 후속차종(X-3)에 이르기까지 뉴엑셀을 제외한 모든 차종에 대해 현대는 이탈디자인에 스타일링 용역을 의뢰했다. 그러나 소나타의 경우에는 처음에 후륜구동 방식으로 개발을 추진하여 이탈디자인의 스타일링에 따라 차체설계를 진행했으나 해외 수출을 위해 전륜구동 방식으로 개발방향을 전환하게 되면서 이탈디자인의 스타일링을 폐기하고 자체적으로 재설계하는 과정을 거쳤다. 후속 모델인 스쿠프와 엘란트라의 경우에도 기술용역이 있었지만, 유럽의 유행과 디자인 개념을 참조하기 위한 것이었을 뿐 실제 스타일링은 이와는 별개로 독자적으로 수행되었다.[181]

〈표 4-12〉 현대 고유모델 승용차의 기술도입 의존도 추이

차종	포니	스텔라	X-1	Y-2	X-2	SLC	J-1	SLCα	L-2	Y-3	X-3	J-2
개발시기	1976년	1983년	1985년	1988년	1989년	1990년	1990년	1991년	1992년	1993년	1994년	1994년
스타일링	×	×	×	○	○	○	○	○	○	○	○	○
차체설계	×	○	○	○	○	○	○	○	○	○	○	○
엔진 및 변속기	×	×	×	×	×	×	×	○	×	△	○	○
섀시디자인	×	△	△	△	△	△	△	○	△	△	○	○

주1: ×는 기술도입에 의존, △는 기술도입 위주에 자체개발 보완, ○는 독자개발을 뜻함.
주2: X, Y, SCL, J, L은 각각 엑셀, 소나타, 스쿠프, 엘란트라, 그랜저의 코드명임.
자료: 김견, "1980년대 한국의 기술능력발전과정에 관한 연구", 218쪽.

이러한 기술능력을 바탕으로 현대는 국내 자동차산업에서 선두주자의 지위를 계속 유지하면서 기술수준, 생산실적, 수출실적 등을 꾸준히 향

상시켜왔다. 1990년을 기준으로 현대의 제품기술수준은 선진국의 80%에 해당하는 반면, 기아와 대우의 경우에는 이에 훨씬 못 미치는 25%와 20%로 평가되고 있다.[182] 또한 한국의 자동차 생산량 및 수출량은 1988년을 계기로 각각 100만 대와 50만 대를 돌파하여 세계 10위의 자동차 생산국으로 부상했다. 현대는 1980년대를 통해 국내 승용차 생산량의 60% 이상을 유지해왔으며, 자동차 수출량에서는 1984~1986년에 국내 수출량의 90% 이상을 차지하는 기록적인 성과를 달성하기도 했다.[183]

한국의 자동차산업은 현대가 1991년에 알파엔진을 자체적으로 개발함으로써 개발도상국으로서는 처음으로 독자모델의 단계에 진입했다.[184] 현대의 알파 프로젝트는 1984년 6월부터 1991년 1월까지 진행되었으며, 투입된 연구개발비는 1,000억 원을 넘어섰다.[185] 현대는 알파 프로젝트를 추진하기 위해 부사장이 총괄하는 태스크포스팀을 구성했는데, 그것은 다음과 같은 몇 개의 연구그룹으로 나누어졌다. 첫째, 유체역학, 열역학, 연료공학, 배기조종 및 윤활 등에 대한 연구, 둘째, 엔진 동역학, 자동차설계, CAD에 대한 연구, 셋째, 진동 및 소음에 관한 연구, 넷째, 신소재에 관한 연구, 다섯째, 전자공학 및 제어장치에 관한 연구, 여섯째, 생산관리 및 CAM에 관한 연구 등이었다.[186]

알파 프로젝트를 진행하기 위해서는 무엇보다 우수한 인력을 확보하는 것이 필요했다. 이를 위해 현대는 1984년 4월에 GM에서 엔진을 연구하던 이현순 박사를, 같은 해 11월에는 크라이슬러에서 연구원으로 일하던 이대운 박사를 영입했다. 이와 함께 현대는 국내의 고급인력을 확보하기 위해 몇몇 대학에 연구비를 지원하면서 실력 있는 대학원생들을 채용하는 데 많은 노력을 기울였다. 흥미로운 점은 알파 프로젝트에 투입된 연구원의 평균 연령이 31세에 불과했다는 사실이다. 연구원의 대부분은 대학원을 갓 졸업한 신입사원이었으며, 경력사원의 선발이나 배치는 의도적으로 배제되었던 것이다. 당시 현대의 경영진은 알파 프로젝트가 이전의 프로젝트와 기술적 개념에서 상당한 차이를 가지고 있는데, 경력자들의 경우에는 기존의 것을 모방하고 새로운 것을 배척하는 경향이 많다고 판단했다.[187]

알파 프로젝트의 목표로는 다중분사(multi-point injection, MPI) 방식의 1.5리터급 엔진이 선정되었다. 현대는 소형승용차에 사용되는 엔진에 주력하는 것이 무난하다는 판단을 바탕으로 1.5리터급을 선택했다. 엔진에 연료를 공급하는 방식으로는 카뷰레터 방식 대신에 연료분사(fuel injection) 방식의 일종인 MPI가 선택되었다. 당시만 해도 카뷰레터 방식이 지배적이었고 몇몇 고급 승용차만 연료분사 방식을 채택하고 있었지만, 현대의 개발팀은 향후에는 소형 엔진에도 연료분사 방식이 적용될 것으로 예상하면서 기화기 방식을 건너뛰고 연료분사 방식에 도전하기로 결정했다. 당시로서는 독자엔진의 개발에 어느 정도의 기간이 소요될지 짐작하기 어려웠기 때문에 개발 완료의 시점에서 경쟁력을 갖추기 위해서는 새로운 방식의 엔진에 도전하는 것이 현명하다고 판단했던 셈이다.[188]

독자모델이라고 해서 기술도입이 전혀 없었던 것은 아니었다. 현대는 1984년 6월에 영국의 기술용역업체인 리카르도 엔지니어링(Ricardo Engineering)과 기술용역계약을 체결했는데, 그 내용은 리카르도가 개념설계에서 상세설계, 시작, 성능시험에 이르는 엔진개발의 모든 과정을 1회에 국한하여 책임지고 수행하는 데 있었다. 현대는 효과적인 기술학습을 위해 노일현 과장, 박성현 대리, 박정국, 한기복, 조성호 사원 등을 리카르도에 파견했다. 그들은 리카르도에서 개념을 설계하고 구조강도를 계산하는 교육을 받았으며, 리카르도의 지도를 바탕으로 상세설계와 성능시험을 직접 수행하는 기회도 가졌다. 또한 리카르도에 파견된 기술진은 자신들이 습득한 내용을 정리하여 마북리연구소에 지속적으로 송부했으며,

이를 바탕으로 국내 연구원들은 토론을 벌이면서 질의사항을 회신하기도 했다. 이러한 과정을 통해 축적된 기술능력은 알파엔진의 개발을 성공으로 이끈 가장 중요한 기반으로 작용했다.[189]

그러나 리카르도의 협조로 개발된 1단계 엔진은 최종적으로 개발된 알파엔진과는 매우 다른 것이었다. 리카르도는 엔진 생산업체가 아니라 기술용역업체였기 때문에 리카르도가 설계한 엔진에는 원가 개념이 반영되지 않아 굉장히 무거웠고 생산성도 매우 떨어졌다. 사실상 현대가 양산했던 알파엔진은 세 번에 걸친 전면적 설계 변경과 수많은 시행착오를 거쳐 개발될 수 있었다. 물론 이러한 과정에서 현대가 채용한 리카르도 출신의 미어스(Collin R. Mears)가 많은 시사점을 제공하기는 했지만, 시험의 구체적 내용과 절차를 설계하고 실제로 시험을 수행하여 그 결과를 해석하고 개선방안을 찾아내는 모든 활동은 국내 기술진에 의해 주도되었다.[190]

결국 알파엔진 개발과정에서 현대가 리카르도로부터 얻고자 했고 실제로 얻은 것은 완성된 설계도면이 아니라 국내 기술진의 실습에 의한 노하우였다. 공식적인 기술도입계약은 설계가 완료된 도면과 1차 시작품을 현대가 인수하면서 종결되었다. 만일 현대가 독자엔진 1기종을 개발하는 것을 목표로 삼았더라면 개발과정 전체를 외부에 의뢰하는 편이 훨씬 경제적이었을 것이다. 이러한 점에서 현대는 처음부터 기술도입을 적극적인 기술학습의 기회로 간주하고 완성도면을 획득하는 방법 대신에 개발과정에 직접 참여하는 전략을 취했다고 볼 수 있다.[191]

알파엔진은 자연흡기식(N/A) 엔진과 터보차저(T/C) 엔진의 두 유형으로 개발되었다. 자연흡기식 엔진은 기술적 난이도가 상대적으로 높지 않았기 때문에 비교적 무난하게 진행되었지만, 터보차저 엔진의 경우에는 내구성 시험에서 엔진이 파손되는 상황이 발생하여 상당한 어려움을 겪기도 했다.[192] 현대의 공식기록에 따르면, 두 엔진 모두 일본의 경쟁모델에 비해 성능이 우수했다. 추월가속, 발진가속, 정속연비 등에서 자연흡기식 알파엔진은 혼다의 CRX 3V, 터보차저 알파엔진은 미쓰비시의 미라지 1.6을 약간 능가했다는 것이다.[193] 물론 이러한 평가에는 과장된 측면이 있겠지만, 알파엔진의 성능이 일본의 경쟁모델에 뒤지지 않았다는 점은 분명해 보인다.

현대는 알파 프로젝트를 통해 엔진은 물론 변속기의 자체개발도 진행했다. 수동변속기의 개발은 1984년 11월에, 자동변속기의 개발은 1987년 9월에 시작되었다. 변속기 개발의 경험이 없었던 현대의 연구진은 직접 부딪쳐가면서 변속기에 대한 학습을 스스로 수행해야만 했다. 수동변속기의 경우에는 포니의 수동변속기와 도요타의 수동변속기를 직접 분해하고 분석해가면서 설계를 진행했다. 그 밖에 선진 업체들의 샘플 변속기 몇 대와 미쓰비시에서 가져온 변속기 도면도 참조했다. 자동변속기의 경우에는 난이도가 높아 다른 업체의 기술을 구매하자는 의견도 있었지만 결국은 기술자립을 위해 직접 설계하는 것으로 결정되었다. 당시에 미쓰비시는 3축 변속기를 사용하고 있었는데, 현대의 연구진은 세계적인 추세를 감안하여 2축 변속기에 도전했다. 미쓰비시의 자동변속기를 2축용으로 개조해서 사용하기로 했던 것이다. 수많은 설계를 통해 시작제품을 만들고 시험과정을 거친 다음, 시험결과를 분석해서 다시 설계하는 과정이 반복되었다.[194]

『모방에서 혁신으로』의 저자인 김인수는 현대가 알파 프로젝트를 추진하면서 겪었던 시행착오에 대해 다음과 같이 분석하고 있다.

현대의 엔지니어들은 최초의 견본을 만들어 내기까지 14개월 동안 수많은 시도와 실패를 되풀이했다. 엔진 블록의 첫 번째 테스트는 실패했다. 신형 엔진 견본이 거의 매주 만들어졌으나, 테스트를 통과하지 못했다.… 테스트를 통과하는 엔진이 나타나기까지 개발팀은 11개의 견본들을 더 망가뜨려야 했다. 엔진 디자인이 288번 바뀌었으며, 1986년 한 해만 해도 156번이나 바뀌었다. 현대가 본래 의도했던 터보차지 엔진을 만들기까지 97개의 테스트엔진이 만들어졌다. 그리고 내구성 개선을 위해 53개, 차형 개발을 위해 26개, 기타 검사를 위해 60개 등 총 324개의 테스트엔진이 만들어졌다. 아울러 200개 이상의 트랜스미션과 150개의 시험자동차를 변경하고 나서야 1991년에 개발을 완료하게 되었다.[195]

현대는 독자적으로 개발한 알파엔진과 변속기를 1991년 5월에 스쿠프 차종에 탑재하여 시장에 출하했다.[196] 현대는 알파 프로젝트를 매개로 본격적인 기술자립의 단계로 나아갔다. 그동안 현대가 생산한 자동차는 엔진 및 변속기가 일본의 제품이었기 때문에 "고유의 한국차가 아니라 준(準)일본차나 다를 바 없다."는 비판이 있었는데, 이러한 비판은 현대가 알파 프로젝트를 성공적으로 마무리함으로써 말끔히 해소될 수 있었다.[197] 특히 현대는 생산기술, 차체설계, 스타일링에 이어 엔진과 변속기를 포함한 파워트레인에 관한 기술능력을 축적함으로써 자동차기술의 거의 모든 영역에서 선진 업체를 추격하기에 이르렀다.

알파 프로젝트는 현대가 이후에 다른 독자엔진을 자체적으로 설계·개발할 수 있는 기술능력을 배양하는 계기로 작용하기도 했다. 그것은 감마엔진(1993년), 뉴 알파엔진(1994년), 베타엔진(1995년) 등과 같은 후속 프로젝트에서 기술도입의 범위가 점점 축소되었다는 점에서 잘 드러난다. 알파엔진에서는 엔진개발의 1회 사이클 전체가 기술도입의 대상이었던 반면, 감마엔진의 경우에는 오스트리아의 AVL이 개념설계를 수행한 것

자료: 위키백과(현대 알파엔진)

이 현대가 도입한 기술의 전부였다. 더 나아가 뉴 알파엔진과 베타엔진의 개발은 외부의 기술도입 없이 전적으로 자체 연구인력에 의해 수행되었다.[198] 현대는 1994년에 뉴 알파엔진을 탑재한 액센트를, 1995년에는 베타엔진을 탑재한 아반떼를 출시했다.[199]

현대의 기술능력 발전은 특허활동의 추이에서도 잘 나타난다. 〈표 4-13〉에서 보듯이, 1988년까지만 해도 연간 10건 정도에 불과했던 현대의 특허등록 건수는 1989년부터 급속히 증가하여 1991년에는 124건, 1992년에는 348건, 1993년에는 659건에 이르렀던 것이다. 이러한 점에 비추어볼 때 현대의 연구개발활동의 수준은 1990년대 전반을 계기로 질적으로 향상되었다고 평가할 수 있다. 이러한 현대의 특허등록 건수는 국내 경쟁사와는 비교할 수 없을 정도로 많은 것으로서 현대가 다른 기업들에 앞서 독자모델 단계에 진입하는 공격적인 전략을 구사했기 때문으로 풀이된다.

〈표 4-13〉 국내 자동차 3사의 특허등록 추이

단위: 건

	1979~82년	1983~85년	1986년	1987년	1988년	1989년	1990년	1991년	1992년	1993년
현대	0	1	3	15	11	40	90	124	348	659
기아	1	3	1	1	0	19	24	40	74	158
대우	0	0	0	0	0	0	5	27	34	118

자료: 김성훈, "정부의 산업정책과 기업의 기술혁신전략", 109쪽.

이상과 같은 기술혁신에 힘입어 현대는 1995년에 121만 대의 자동차를 생산하여 생산대수 기준으로 세계 13위의 지위에 올라섰으며, 한국은 1995년에 총 250만 대를 생산함으로써 미국, 일본, 독일, 프랑스에 이어 세계 5위의 자동차 생산국으로 부상했다. 또한 한국은 1996년에 121만 대의 완성차를 수출함으로써 세계 6위의 자동차 수출국 대열에 합류했는데, 이로써 한국의 자동차산업은 1976년에 포니 1,000대가 수출된 이후 20년 만에 수출실적이 무려 1,000배로 신장되는 성과를 보였다.[200] 이러한 점은 신흥공업국의 자동차업체들이 대부분 완성차 메이커로 발전하지 못하고 국제적인 부품공급 창구로 전락하거나 완성차를 생산하는 경우에도 국제경쟁력의 확보가 불가능해 내수용 제품의 생산에 머물고 있는 것과는 상당히 대조적인 양상이라 할 수 있다.

첨단기술에 대한 도전

1. 반도체

한국의 반도체산업이 성장해온 과정은 매우 극적이어서 '신화'라는 표현이 자주 사용된다.[201] 한국의 반도체산업은 1960년대 중반에 시작된 후 1980년대 이후에 D램(dynamic random access memory, DRAM)을 중심으로 급속히 성장했다. 특히 삼성은 64K D램부터 시작하여 선진국을 급속히 추격한 후 64M D램 이후에는 세계를 주도하는 반도체업체로 부상했다(〈표 4-14〉 참조). 삼성은 1992년부터 D램에서, 1993년부터는 메모리반도체에서 세계 1위를 기록하고 있다. 한국 전체로는 1998년부터 D램에서, 2000년부터 메모리반도체에서 세계 1위가 되었다.[202]

구분	64K	256K	1M	4M	16M	64M	256M	1G
개발시기	1983년 11월	1984년 10월	1986년 7월	1988년 2월	1990년 8월	1992년 9월	1994년 8월	1996년 10월
소요기간	6개월	8개월	11개월	20개월	26개월	26개월	30개월	29개월
개발비용	7.3억	11.3억	235억	508억	617억	1,200억	1,200억	2,200억
선진국과의 격차	5.5년	4.5년	2년	6개월	동일	선행	선행	선행
선폭	2.4μm	1.1μm	0.7μm	0.5μm	0.4μm	0.35μm	0.25μm	0.18μm

자료: 삼성비서실, 『삼성60년사』(1998), 391쪽을 일부 보완함.

64K D램의 개발

1980년대에 들어와 삼성, 현대, 금성(현재의 LG)과 같은 재벌그룹들은 반도체를 집중적으로 공략하기 시작했다. 당시에 재벌그룹들은 전자산업의 불황을 극복하기 위한 방안으로 반도체에 주목하면서 대규모 투자를 계획했으며, 한국 정부도 1981년 9월에 반도체 육성 장기계획(1982~1986년)을 수립하면서 전자산업의 육성이 반도체 부문에 집중될 것이라고 강조했다. 전자제품에 널리 사용되는 반도체를 대부분 일본에서 수입하고 있었기 때문에 반도체기술의 자립이 없이는 전자산업의 발전이 어렵다고 판단했던 것이다. 1982년 1월에 삼성과 금성은 향후 5년간 1천억 원을 반도체에 투자한다고 발표했으며, 같은 해 4월에는 현대가 반도체에 3천억 원을 투자한다는 파격적인 계획을 수립했다.[203]

삼성은 1982년 9월에 반도체에 관한 전담팀을 구성하여 과거의 실적을 평가하면서 새로운 사업을 모색하기 시작했다. 전담팀은 그동안의 사업성과, 향후의 시장 전망, 기술발전의 추이, 기업의 수준 정도 등을 본격적으로 검토했다. 국내에서의 업무 추진이 일단락되자 삼성은 1983년 1월에 미국 출장팀을 구성했다. '반도체 신사유람단'이란 별명을 얻은 그 팀은 대학, 연구소 등을 조사하면서 반도체에 대한 최신 정보를 수집하는 한편 구체적인 사업계획서도 작성했다. 미국 출장팀의 보고서를 검토한 후 이병철 회장은 1983년 2월 8일에 소위 '동경(東京) 구상'을 통해 반도체사업에 대한 대대적인 투자를 공표하기에 이르렀다.[204]

그러나 이병철의 동경 구상에 대해서는 수많은 우려와 비판이 제기되었다. 반도체처럼 위험한 사업에 대규모로 투자를 했다가 실패하면 국민경제에 심각한 악영향을 미친다는 것이었다.[205] 삼성의 공식 자료도 선진국과의 격심한 기술격차, 막대한 투자재원조달의 부담, 고급 기술인력의 부족, 특수설비공장 건설의 어려움 등과 같은 수많은 문제들이 산적해 있었다고 기록하고 있다.[206] 이와 같은 불확실성에도 불구하고 삼성이 첨단반도체에 도전했던 데는 이병철의 신념이 결정적인 역할을 했던 것으로 판단된다. 그는 1985년에 탈고한 『호암자전(湖巖自傳)』에서 다음과 같이 회고한 바 있다.

인구가 많고 자원이 없는 우리나라가 살아남을 길은 무역입국(貿易立國)밖에는 없다. 삼성이 반도체사업을 시작하게 된 동기는, 세계적인 장기불황과 선진국들의 보호무역주의 강화로 값싼 제품의 대량수출에 의한 무역도 이젠 한계에 와 있어 이를 극복하고 제2의 도약을 하기 위해서는 첨단기술개발밖에 없다고 판단했기 때문이다.[207]… 또 우리 주변의 모든 분야에서 자동화, 다기능화, 소형화가 급속히 추진되고 여기에 필수적으로 사용되는 반도체 비중이 점차 커져 국제경쟁력을 확보하기 위해서는 피나는 반도체개발 전쟁에 참여해야만 한다. 반도체는 제철이나 쌀과 같은 것이어서 반도체 없는 나라는 고등기술의 발전이 있을 수 없다.[208]… 생각하면 생각할수록 난제는 산적해 있다. 그러나 누군가가 만난(萬難)을 무릅쓰고 반드시 성취해야 하는 프로젝트이다. 내 나이 칠십삼 세. 비록 인생의 만기(晩期)이지만 이 나라의 백년대계를 위해서 어렵더라도 전력투구를 해야 할 때가 왔다. 이처럼 반도체개발의 결의를 굳히면서 나는 스스로 다짐했다.[209]

첨단반도체에 진출한다는 결정이 내려진 후 삼성이 당면했던 가장 큰 문제는 주력 제품을 선택하는 데 있었다. 삼성은 비(非)메모리반도체 대신에 메모리반도체에 주목했는데, 그것은 메모리 제품이 그 자체로 수익을 낼 수 있을 뿐만 아니라 단기간에 선진국과의 경쟁이 가능할 것으로 판단되었기 때문이다. 여기에는 일본의 대기업들이 메모리반도체에 집중적으로 투자하여 미국을 능가하는 성과를 거둔 것도 상당한 자극으로 작용했다. 메모리반도체 중에서는 비록 치열한 경쟁이 예상되지만 시장 규모가 가장 크고 기술개발을 선도하고 있는 D램을 선택했다. 삼성은 D램을 주력 품목으로 선정하면서 64K D램을 개발한다는 목표를 세웠다. 1K, 4K, 16K D램을 생략하고 곧바로 64K D램에 도전한다는 야심찬 목표였다. 그것은 선진국이 밟아왔던 단계를 모두 거쳐서는 계속해서 선진국에 뒤질 수밖에 없다는 판단에 입각하고 있었다.[210]

이와 함께 삼성은 외국에 있는 한국계 과학기술자들을 영입하는 데도 적극적인 노력을 기울였다. 특히 이임성, 이상준, 이일복, 이종길, 박용의 등과 같이 미국의 우수한 대학에서 박사학위를 받고 반도체 관련 업계에서 실무경험을 축적한 사람들이 스카우트의 대상이 되었다. 그들에게는 연봉 20만 달러라는 파격적인 조건이 제시되었다고 한다. 삼성은 스카우트한 재미 과학기술자들을 중심으로 1983년 7월에 미국 산호세에 현지법인을 설립했다. 미국 현지법인은 신제품 및 신기술 개발, 국내 기술인력의 현지연수, 미국시장에 대한 수출창구, 최신 정보의 입수 등과 같은 역할을 담당했다.[211]

삼성은 1983년 5월부터 64K D램을 개발하는 작업에 착수했다. 당시에

자료: 오동희, "삼성전자, 위대한 기술기업의 40년 여정(1)",
《머니투데이》, 2009. 10. 29.

삼성은 선진국에 비해 크게 뒤떨어지지 않는 조립생산기술은 자체적으로 개발하는 한편, 국내에 전혀 확보되어 있지 않은 설계기술과 검사기술은 선진국으로부터 도입한다는 방침을 세웠다. 이를 위하여 삼성은 D램 산업을 주도하고 있었던 미국과 일본의 선진 업체들에 접근했지만 그들은 모두 기술이전에 인색한 자세를 보였다. 우여곡절 끝에 선택된 기업은 미국의 벤처기업인 마이크론 테크놀로지(Micron Technology)와 일본의 중견 기업인 샤프(Sharp)였다.[212]

삼성은 효과적인 기술습득을 위해 유능한 신입사원을 중심으로 기술연수팀을 구성했다. 기술연수팀은 각자가 맡은 부분의 목표를 숙지하면서 6개월 동안 철저한 준비교육을 받았는데, 교육 내용에는 반도체기술에 대한 기본적 지식은 물론 외국어 회화와 국제 에티켓에 관한 것도 포함되어 있었다. 더 나아가 삼성은 기술연수팀의 구성원들에게 현재 자기가 맡은 일이 얼마나 중요한 일인지에 대하여 철저한 정신무장을 시켰다. 당시에 삼성은 64K D램에 대한 각오와 팀워크를 다지는 특별훈련으로 '64km 행군'을 실시하기도 했다. 저녁을 먹은 후 무박 2일 동안 실시된 이 행군은 산을 넘고 공동묘지를 지나면서 갖가지 과제를 수행하는 훈련이었다. 행군 도중에 꺼낸 도시락에는 D램 개발에 성공해야 하는 이유를 담은 편지 한 통이 있었던 것으로 전해진다.[213]

삼성은 이윤우 개발실장을 비롯한 7명으로 팀을 구성하여 마이크론에 기술연수를 보냈다. 그러나 삼성의 기술연수팀은 별로 환영받지 못했다. 마이크론은 삼성을 미래의 경쟁자로 생각하면서 기술이전에 적극적인 자세를 보이지 않았던 것이다. 특히 연수 자료나 설계도면에서 잘 드러나지 않는 노하우에 대해서는 더욱 인색한 태도를 보였다. 이에 삼성의 기술연수팀은 자신이 맡은 공정의 구조와 내역을 암기한 후 일과 후에 숙소에 모여 각자의 기억을 바탕으로 짜깁기를 하여 전체적인 그림을 만들었다. 또한 반도체기술을 조기에 습득해야 한다는 일념으로 자료를 몰래 뒤지거나 개인적인 친분을 쌓는 방법을 통해 정보를 얻어내는 일도 마다하지 않았다고 한다.[214]

삼성은 마이크론으로부터 64K D램 칩을 제공받은 후 이를 재현하는 작업을 추진했다. 그것은 완제품을 사다가 이를 분해하여 해석함으로써 기술을 익히는 방법으로서 흔히 '역행 엔지니어링'으로 불린다. 조립생산기술이 어느 정도 정립된 후에는 미국 현지법인의 이상준 박사와 이종길 박사, 그리고 마이크론에서 연수를 받았던 이승규 부장을 중심으로 웨이퍼 가공에 관한 기술을 확보하는 작업도 병행되었다. 이러한 과정에서 제대로 된 생산조건을 확립하고 불량의 원인을 밝히는 데는 수많은 시행착오가 반복되었다. 한 공정의 문제가 해결되었다 하더라도 다른 공정과 적절히 연결되지 않아 처음부터 다시 시작하는 경우도 있었다.[215] 당시의 개발팀은 효과적인 기술학습을 위하여 '일레븐 미팅'을 개최하기도 했다. 각자 맡은 일을 수행하다가 밤 11시에 모여서 그날의 성과와 진척도를 점검하는 한편, 다음 날 진행시켜야 할 부분을 종합적으로 조정했던 것이다.[216]

"6년과 같았던 6개월"로 표현될 정도로 수많은 난관을 헤쳐가면서 삼성은 착수 6개월 만인 1983년 11월에 64K D램을 개발하는 데 성공했다. 그것은 "한국의 기술수준으로는 1986년까지라도 개발할 수 있으면 대단한 성공"이라는 외국 업계의 공언을 무색하게 했다. 사실상 미국은 4K, 16K, 32K, 64K D램의 개발단계를 거치면서 20여 년의 세월을 보냈고, 일본의 경우에도 64K D램을 개발하는 데 6년의 기간이 소요되었다. 64K D램의 개발을 통해 한국 반도체산업의 수준은 LSI급에서 VLSI급으로 격상되었고, 한국은 미국, 일본에 이어 세계 3번째의 VLSI 생산국으로 부상하게 되었으며, 선진국과 10년 이상의 격차가 났던 한국의 반도체 기술수준은 3년 내외로 크게 단축되었다.[217]

64K D램의 개발에 참여했던 이종길은 짧은 기간 내에 성공할 수 있었던 요인에 대해 다음과 같이 회고했다.

첫째는 그동안 삼성에 반도체 기술이 어느 정도 축적되어 있었기 때문에 가능했어요. 부천공장에는 시계 칩을 만드는 조립라인이 있었고 클린룸도 갖춰져 있었는데, 거기에다 D램 공정을 아는 사람[들]이 가담해서 열심히 노력했기 때문이에요. 둘째는 이병철 회장이 D램 개발사업을 직접 챙기며 적극 지원해 주었던 게 큰 힘이 되었습니다. 셋째는 마이크론사로부터 기술이전이 있었기 때문에 가능했던 겁니다. 마이크론사로부터는 기술전수를 제대로 받지는 못했지만, 뼈다귀 기술은 가져왔으니까요. 넷째는 미국에서 반도체 개발 경험을 쌓은 기술자들이 참여했기 때문에 가능했어요. 그들의 기술과 경험이 가장 중요한 요인의 하나가 된 것은 사실입니다.[218]

삼성은 64K D램을 개발하면서 양산 공장을 건설하는 데에도 박차를 가했다. 한쪽에서 반도체를 개발하는 동안 다른 한쪽에서는 반도체공장을 지었던 것이다. 반도체 장비는 약간의 먼지나 진동에도 오류를 일으킬 만큼 민감하기 때문에 반도체공장을 건설하는 것은 쉬운 일이 아니었다. 이 때문에 선진국에서는 반도체공장을 건설하는 데 18개월 정도가 걸렸다. 그러나 1983년 9월에 경기도 기흥에서 열린 기공식에서 이병철 회장은 "6개월 만에 공장건설을 완료하라."는 지시를 내렸다. 후발주자인 삼성이 선진 업체와 경쟁하기 위해서는 조기에 공장을 건설하여 D램 시장에 진입해야 한다는 것이었다. 이런 상황에서 건설현장의 직원들은 추운 날씨에도 24시간 내내 일하다시피 했으며, 결국 착공 6개월 만인 1984년 3월에 기흥 반도체공장을 완공하기에 이르렀다. 당시에 기흥공장 건설현장에 붙여진 별명은 '아오지탄광'이었다.[219]

삼성이 64K D램의 개발에 성공할 수 있었던 필요조건 중의 하나로는 반도체개발에 대한 경험을 들 수 있다. 우선, 트랜지스터 및 IC의 제조공정은 D램의 제조공정과 기본적으로는 동일하므로 트랜지스터와 IC를 개발하는 과정에서 여러 문제점을 파악한 것은 D램을 개발할 때 매우 유익한 자산으로 활용되었다. 또한 삼성의 기술인력은 트랜지스터와 IC를 개발하면서 반도체의 조립 및 공정기술에 대한 경험과 지식을 축적할 수 있었다. 반도체 제조공정을 설계, 가공, 조립으로 대별할 때 삼성은 D램 분야에 진입할 당시에 조립공정과 가공공정에 대해서는 일정 정도의 지식기반을 갖추고 있었다고 평가할 수 있다.

과거의 기술적 경험이 새로운 기술개발에서 차지하는 역할은 현대전자의 사례에서 분명히 드러난다. 1983년에 반도체산업에 신규로 진입한 현대는 단시일 내에 사업을 정상화시키기 위하여 과감한 설비투자, 적극적인 기술도입, 고급인력 스카우트, 미국 현지법인의 설립 등의 다각적인 노력을 경주했다. 이러한 노력은 삼성의 경우와 표면적으로는 흡사하지만, 삼성과 달리 반도체산업에 대한 경험이 전혀 없었던 현대는 반도체사업을 정상궤도에 올려놓는 데 수많은 시행착오를 겪었다. 현대 스스로가 "기술이 안정되지 못했음은 물론 장비운용도 안정되지 못했고" "오퍼레이터들의 자세가 달라지지 않아 수율이 부진했다"고 인정한 것처럼, 현대는 단기간에 도입된 많은 설비와 서로 다른 경험을 가진 다양한 기술인력을 통합적으로 관리하는 데 문제점을 노출했으며, 노하우에 대한 인식이 결여되어 경쟁력 있는 수율을 확보하는 데 큰 어려움을 겪었던 것이다.[220]

선택과 경쟁을 통한 기술추격

삼성은 64K D램 생산라인인 제1라인에 착공한 지 2개월 후인 1983년 11월에 256K D램 생산라인인 제2라인의 내역을 검토했다. 제1라인은 4인치 웨이퍼를 사용할 예정인데 제2라인의 경우에는 웨이퍼의 크기를 얼마로 할 것인가 하는 것이 문제였다. 당시에 미국과 일본에서는 대부분 5인치 라인을 갖추고 있었고 6인치 라인을 갖춘 업체는 3개 업체밖에 없었다. 삼성에서는 5인치 라인과 6인치 라인을 놓고 논쟁이 벌어졌다. 5인치 라인을 주장하는 진영은 4인치에 겨우 익숙한 현장기술자와 작업공이 5인치에 대한 경험 없이 6인치로 곧바로 갈 경우에 기술을 충분히 습득할 수 없다고 판단했다. 또한, 아직 256K D램 생산기술이 개발되지 않은 상태인데 만약 생산공정에서 문제가 발생하면 그 원인이 기술의 미숙에 있는지 아니면 장비의 결함에서 온 것인지 판단하기 어려운 문제도 있었다. 그러나 이러한 문제점에도 불구하고 삼성은 6인치 웨이퍼를 사용하기로 결정했다. 선진 업체를 하루빨리 따라잡기 위해서는 보다 공격적인 전략을 구사해야 한다는 것이었다.[221]

삼성은 1984년 3월에 256K D램을 개발하는 데 착수했다. 256K D램의 경우에는 기술도입과 자체개발을 병행하는 양면적 전략(dual strategy)이 시도되었다. 국내에서는 이윤우 이사를 중심으로 설계기술의 도입을 통해 256K D램을 개발하는 한편, 미국 현지법인에서는 이일복 상무를 중심으로 설계기술부터 독자적으로 개발하기로 했던 것이다. 국내 연구팀은 마이크론에서 설계기술을 도입하여 1984년 10월에 256K D램을 개발하는 데 성공했고, 미국의 현지법인은 1985년 4월에 설계를 완료한 후 같은 해 9월에 양품(良品)을 확보하는 성과를 거두었다. 처음에 삼성은 국내 연구팀이 개발한 256K D램을 생산하다가 나중에는 미국의 현지법인이 개발한 제품으로 바꾸었다. 미국 현지법인의 제품이 몇 가지 측면에서 국내에서 개발된 제품보다 우수한 것으로 판명되었던 것이다.[222]

256K D램을 개발하는 과정에서 삼성의 국내 인력은 미국 현지법인에서 기술연수를 받기도 했다. 삼성은 미국 현지법인의 연구진 수와 동일한 32명의 젊고 유능한 사원을 선발했으며, 그들이 현지법인의 연구진과 일대일로 짝을 지어 D램 제조기술을 체계적으로 배울 수 있게 했던 것이다. 당시에 파견된 사원들은 현지법인의 연구원을 그림자처럼 따라다니면서 기술을 습득하는 데 많은 노력을 기울였다. 일과가 끝난 후에도 연수팀은 개인적인 시간을 제약하면서 당일 교육의 성과와 문제점에 대한 토론회를 개최하여 기술학습의 효과를 제고했다. 당시에 미국 현지법인에서의 기술연수를 받았던 사원들은 이후에 국내에서 D램 개발을 담당하는 핵심 세력이 되었다.[223]

삼성은 첨단반도체사업에 진출하면서 미국의 현지법인이 핵심기술을 개발하고 국내에서는 양산을 담당하는 것을 기본방침으로 삼았다. 그러나 1M D램을 개발할 무렵에는 상황이 달라졌다. 256K D램을 개발할 때 미국에 기술연수를 다녀왔던 사람들이 귀국하면서 국내 연구팀이 1M D램을 직접 개발하겠다고 나섰던 것이다. 이에 따라 미국의 현지법인과 국내 연구팀 중에 누가 기술개발을 주도할 것인가를 놓고 상당한 논쟁이 벌어졌다. 결국 삼성은 1985년 9월에 이일복 상무를 중심으로 하는 현지법인팀과 박용의 박사를 팀장으로 하는 국내팀이 동시에 1M D램을 개발하기로 결정했다. 두 팀이 동시에 연구개발에 착수하면 비용은 두 배로 들겠지만 성공할 확률은 더욱 높아질 수 있었다. 이와 함께 두 팀이 경쟁적으로 연구개발을 추진함으로써 시간을 단축하는 효과도 기대되었다.[224]

1M D램 개발팀은 제품사양을 결정하는 단계부터 예상치 못한 어려움에 직면했다. 삼성은 지금까지 선진 업체의 샘플을 입수·분석하여 기술흐름을 파악하고 이를 자사의 관련 자료와 비교·검토함으로써 최적의 제품사양을 결정해왔다. 그런데 1M D램의 시제품을 발표한 바 있는 미국과 일본의 업체들이 삼성에 샘플을 제공하는 것을 기피하기 시작했다. M급 D램의 개발을 계기로 선진 업체들은 삼성을 본격적인 경쟁상대로 간주했던 것이다.[225]

선진 업체의 삼성에 대한 견제는 특허권 침해 소송으로 이어졌다. 1986년 2월에 미국의 텍사스 인스트루먼트(Texas Instruments)는 일본의 8개 업체와 한국의 삼성이 자기 회사의 특허를 침해했다고 국제무역위원회에 제소했다. 당시에 일본의 업체들은 자신들이 보유하고 있던 메모리 분야의 개량 특허를 근거로 텍사스 인스트루먼트에 대항했다. 결국 텍사스 인스트루먼트와 일본의 업체들은 1987년 5월에 특허 사용료를 지불하는 조건으로 크로스라이센싱(cross-licensing)을 체결함으로써 화해를 도출할 수 있었다. 반면 삼성은 D램에 관한 특허를 보유하고 있지 않았기 때문에 판결에서 패배하여 엄청난 경제적 손실을 입었다.[226]

1M D램을 개발하는 과정에서도 기술선택의 문제가 제기되었다. 당시 반도체기술의 경향은 N-MOS에서 C-MOS로 이행하고 있었다. 반도체회로를 설계하는 방식에는 전자(electron)의 흐름을 이용하는 N-MOS와 홀(hole)의 흐름을 이용하는 P-MOS가 있으며, C-MOS는 N-MOS와 P-MOS를 모두 사용하는 방식이다. 삼성에서는 1M D램은 이전과 같이 N-MOS를 토대로 삼자는 주장과 1M D램부터 C-MOS를 채택하자는 주장이 팽팽히 맞섰다. 결국 삼성은 자신이 보유하고 있던 기술을 과감히 버리고 당시의 추세에 부응하여 C-MOS로 설계를 변경했다. 이때 채택된 C-MOS는 이후의 제품에서도 지배적인 위치를 차지함으로써 삼성은 선진 업체들과의 기술격차를 크게 단축할 수 있었다.[227]

1M D램에 대한 국내팀과 현지법인팀의 경쟁은 예상을 깨고 국내팀의 승리로 끝났다. 국내팀은 1M D램의 개발에 착수한 후 11개월 만인 1986년 7월에 양품을 생산했던 반면 현지법인팀은 이보다 4개월 뒤진 1986년 11월에 1M D램의 개발에 성공했던 것이다. 더구나 국내팀이 개발한 제품의 성능이 현지법인팀에 비해 더 우수한 것으로 판명되었다. 이 사건을 계기로 국내팀은 기술적 측면에서도 상당한 자신감을 가지게 되었다.[228]

1987년은 삼성에게 행운을 가져온 해였다. 사실상 삼성의 반도체사업은 상당 기간 동안 고전을 면치 못했다. 삼성은 1984년 9월부터 D램을 세계시장에 수출하기 시작했지만 같은 해 말부터 공급과잉으로 인한 불황이 닥쳤다. 이에 대응하여 일본의 업체들은 가격덤핑을 시도했고 그 결과 D램 가격이 폭락하는 상황이 빚어졌다. 첫 출하 때 3달러였던 64K D램 가격이 1985년 8월에는 생산원가인 1.7달러에 크게 미치지 못하는 30센트까지 떨어지기도 했다. 더욱이 1986년에 삼성은 텍사스 인스트루먼트의 특허제소로 9천만 달러의 배상금을 물어야 했다. 이에 따라 1985~1986년에 반도체공장의 가동률은 30%에 지나지 않았고, 2년 동안 삼성이 입은 손실은 1천억 원을 넘어섰다.[229]

이러한 사태는 1985년 말에 미·일 반도체 무역협정에 의거하여 공정거래가격이 설정되고 일본이 생산량을 축소하면서 서서히 해소되기 시작했다. 게다가 1987년부터는 세계경제가 활기를 되찾고 제2의 PC 붐이 발생하여 256K D램을 중심으로 반도체시장이 급속히 호전되었다. 당시에 일본과 미국의 업체들은 256K D램을 구형제품이라고 간주하면서 1M D램의 생산에 열을 올리고 있었는데, 갑자기 삼성의 주력 제품이던 256K D램의 수요가 폭발적으로 증가했던 것이다. 더욱이 미·일 반도체 무역협정으로 공정거래가격이 설정되어 있었기 때문에 256K D램의 가격이 실질적으로 상승하는 효과까지 있었다. 이로 인해 삼성은 1987년을 계기로 3년 동안 누적된 적자를 말끔히 해소할 수 있었다.[230]

텍사스 인스트루먼트의 특허제소 사건을 계기로 국내의 반도체업체들은 독자적인 기술을 보유하는 것이 얼마나 중요한지를 절감할 수 있었다. 이에 삼성전자, 현대전자, 금성반도체는 1986년 4월에 한국반도체연구조합을 결성한 후 정부에 공동연구개발사업을 제안하기에 이르렀다. 1986년 7월부터 1989년 3월까지 추진된 4M D램 공동연구개발사업에는 총 879억 원이 투입되었으며, 정부, 한국전자통신연구소(ETRI)가 총괄연구기관을, 삼성, 현대, 금성과 함께 서울대 반도체공동연구소가 참여연구기관을 맡았다. 국내 업체들은 4M D램을 공동으로 개발하기 위해 연구개발컨소시엄을 구성하여 경쟁과 협력을 함께하면서 당초의 목표를 달성할 수 있었다. 4M D램 공동연구개발사업은 참여 기업의 본격적인 연구개발 활동을 촉진하는 데 크게 기여한 것은 물론 삼성의 기술이 다른 기업으로 이전되는 효과도 낳았다. 이러한 국가공동연구개발사업은 16M, 64M, 256M D램을 개발할 때에도 지속적으로 추진되어 1990년대 이후에 현대전자와 LG반도체가 세계적인 반도체업체로 성장할 수 있는 밑거름으로 작용했다.[231]

〈표 4-15〉 반도체 기술개발에 관한 국가공동연구개발사업의 개요

단위: 억 원

사업명	개발목표	연구기간	총연구비	정부지원금	총괄연구기관	비고
초고집적반도체 기술공동개발사업	4M D램	1986. 7~ 1989. 3	879	300	한국전자 통신연구소	특정연구 개발사업
	16M/64M D램	1989. 4~ 1993. 3	1,900	750		
차세대반도체 기반기술개발사업	256M D램	1993. 11~ 1997. 11	1,954	914	차세대반도체 연구개발사업단	선도기술 개발사업 (G7)
주문형반도체 기술개발사업	주문형반도체	1995. 1~ 1999. 12	1,024	512	전자부품종합 기술연구소	

주: 차세대반도체기반기술개발사업은 1997년 11월까지 진행하도록 계획되어 있었지만 조기에 256M D램이 개발됨에 따라 1994년 12월에 종료되었음.
자료: 조현대, "한국 반도체 산업의 기술혁신사례: 국가R&D콘소시움의 구성·추진을 중심으로", 연구개발정책실 편, 『연구개발 성공사례 분석 (II)』 (과학기술정책관리연구소, 1997), 297-343쪽.

삼성이 4M D램을 개발하는 과정에서도 국내팀과 현지법인팀의 경쟁이 있었다. 국내팀의 1M D램 기술이 채택되자 현지법인팀은 크게 반발했고 이에 삼성의 경영진은 4M D램의 개발에서도 경쟁체제를 적용했던 것이다. 현지법인팀이 다시 국내팀에 뒤질 경우에는 향후에 D램 개발사업을 맡지 않는다는 것이 전제조건이었다.[232] 그러나 두 번째 경쟁도 국내팀의 승리로 끝났다. 두 팀은 모두 1986년 5월에 4M D램의 개발에 착수했지만 1988년 2월에 국내팀이 먼저 양품을 생산하는 데 성공했다.[233]

국내팀이 현지법인팀과의 경쟁에서 계속해서 승리할 수 있었던 이유는 국내팀이 보여준 엄청난 성실성에서 찾을 수 있다. 이에 대하여 당시에 삼성전자 회장을 맡고 있던 강진구는 다음과 같이 회고한 바 있다.

미국 현지법인에 스카우트된 개발요원들은 모두가 메모리 반도체의 디자인부문과 공정부문에서 경험을 쌓아온, 말하자면 그 분야의 전문가들이다.… 나이도 40대가 대부분이었다.… [그들은] 미국의 생활양식에 익숙해 있으며,… 일과 시간 중에는 자신에게 부과된 연구개발에 몰두하지만, 일과 시간 외엔 자기의 개인생활을 철저히 지킨다.… 그런데 국내의 분위기는 그와 정반대였던 것이다. 토요일도 없고 일요일도 없다. 그뿐만 아니라 밤낮의 구별조차 없다. 일단 개발에 착수하면 몇 달씩 연구소에서 떠날 줄을 모른다.… 미국의 현지팀은 고도의 전문지식과 기술을 가지고 있었지만, 한국에서처럼 24시간, 아니 몇 개월씩 모든 것을 희생하면서 연구개발에 몰두할 수가 없었다. 이에 비해 국내의 젊은 팀은 전문지식이나 기술의 핸디캡을 젊음을 불사르며 극복할 수 있었다. 자신과 가족의 희생도 당연시하는 그런 분위기였던 것이다. 그러기에 문자 그대로 "불철주야" 강행군이 가능했던 것이다.[234]

4M D램을 개발하는 과정에서도 또 다른 선택의 문제가 발생했다. 1M D램까지는 칩의 평면만을 사용하는 플래너(planar) 방식으로도 필요한 셀을 충분히 만들 수 있었지만, 4M D램의 경우에는 평면 구조로는 부족하여 지하층을 더 만들든지 고층을 쌓아올려야 했다. 지하층을 만드는 트렌치(trench) 방식은 칩의 크기를 소형화할 수 있지만 생산공정이 길어져서 실제 제작이 어려운 문제점이 있었다. 이에 반해 고층을 쌓아올리는 스택(stack) 방식은 공정이 상대적으로 짧고 대량생산이 가능하지만 미세가공이 곤란하고 칩의 면적을 축소하기 어려웠다. 당시에 IBM을 비롯한 미국 업체들은 대부분 트렌치 방식을 채택하고 있었고, 일본의 경우에는 도시바와 NEC는 트렌치 방식을, 히타치, 미쓰비시, 마쓰시타는 스택 방식을 채택하고 있었다.

이와 같은 기술선택의 불확실성을 놓고 삼성은 두 가지 방식의 기술개발을 동시에 진행하는 전략을 구사했다. 1986년 5월에 미국의 현지법인 팀은 트렌치 방식, 진대제 박사가 중심이 된 국내팀은 스택 방식으로 4M D램의 개발에 착수했던 것이다. 그런데 우연한 기회에 김광호 부사장이 일본 업체들이 트렌치 방식으로 칩 크기를 수축하는 데 상당한 어려움을 겪고 있다는 중요한 정보를 입수했다. 이를 계기로 삼성 내부에서는 4M D램의 개발방식을 놓고 격렬한 논쟁이 전개되었지만, 사실상 어느 것이 정답인지는 양산 단계에서나 확인할 수 있는 문제였다. 하지만 기술경로의 선택에 대한 의사결정을 더 이상 미룰 수는 없었는데, 그것은 미국과 일본의 몇몇 업체들이 시제품을 속속 내놓고 있었기 때문이다. 당시에 진대제와 권오현은 트렌치 방식으로는 구멍 속을 볼 수가 없어 하자가 발생했을 때 속수무책이라는 의견을 제시했고, 이러한 보고를 받은 이건희 회장은 "설사 일본이 스택을 선택하지 않았다 하더라도, 우리는 스택으로 갑시다."라는 의사결정을 내렸다.[235]

삼성이 스택 방식을 선택한 결정은 사후적으로 정당화될 수 있었다. 트렌치 방식을 선택했던 업체들은 대량생산으로 전환하는 과정에서 수율 하락을 경험했고 이를 해결하지 못했다. 스택 방식은 4M D램은 물론 이후의 제품에서도 기술주류를 형성함으로써 트렌치 방식을 택한 업체들은 2군으로 밀려나고 스택 방식을 택한 업체들은 1군으로 성장하는 결과를 가져왔다. 당시에 공동연구개발사업에 참여했던 현대와 금성도 처음에는 트렌치 방식을 선택했다가 1989년에 스택 방식으로 전환했다. 현대와 금성이 조기에 기술경로를 바꾸었던 것은 공동연구개발사업의 기술교류회를 통해 삼성이 스택 방식으로 진행하는 상황을 파악할 수 있었기 때문이다. 현대와 금성은 공동연구개발사업을 통해 삼성의 기술을 모방할 수 있었으며, 이를 통해 삼성을 급속히 추격할 수 있는 발판을 마련했던 것이다.[236]

세계 1위로의 도약

앞서 살펴보았듯, 삼성은 1982년에 첨단반도체사업에 진출한 후 6년이라는 짧은 기간 동안에 64K, 256K, 1M, 4M D램을 잇달아 개발했다. 그러한 과정에서 선진국과의 기술격차도 5.5년, 4.5년, 2년, 6개월로 점차 단축되었다(《표 4-14》 참조). 4M D램까지 삼성은 외국의 기술을 도입하거나 신제품에 대한 정보를 입수하여 선진 업체를 신속히 추격하는 데 초점을 두었다. 물론 1M과 4M D램을 개발할 때에는 선진 업체로부터 샘플을 입수하는 것도 어려웠지만, 이 경우에도 C-MOS나 스택 방식과 같이 기술경로에 대한 선택지는 제공되고 있었다. 이에 반해 삼성이 1988년부터 추진했던 기술혁신활동은 이전과 달리 선행주자와 모범사례가 없는 상태에서 무형의 목표에 도전하는 것이었다.

삼성은 1988년 11월에 경기도 기흥에 D램을 전담하는 연구소를 설립하는 작업에 착수한 후 1989년 11월에 준공했다. 기흥연구소는 선진국과 치열한 경쟁을 벌일 것으로 예상되는 16M D램 이상의 반도체를 개발하는 데 필요한 기초기술, 제품기술, 공정기술에 대한 연구개발활동을 집중적으로 수행하기 위한 목적에서 설립되었다.[237] 이와 함께 삼성은 선례가 없는 무형의 목표에 효과적으로 대응하기 위하여 1989년 4월부터 '수요공정회의'라는 제도를 도입했다. 반도체를 담당하는 임원과 간부들이 매주 수요일 오후 7시에 모여서 자유로운 난상토론을 통해 차세대 신제품의 개발에 대한 전략을 수립하자는 것이었다. 수요공정회의를 통해 삼성은 기술개발이 진척되는 정도를 사전에 점검할 수 있었을 뿐만 아니라 기술개발의 방향이나 방식에 대한 의견 차이도 극복할 수 있었다.[238]

삼성은 1988년 6월에 16M D램의 개발에 착수한 후 1990년 8월에 시제품을 개발하는 데 성공했다. 당시에는 16M D램의 시제품을 생산하는 해외 업체가 없었기 때문에 설계기술과 공정기술을 독자적으로 확립하는 것은 물론 감광재료나 노광장비의 일부도 자체적으로 개발해야 했다. 이에 따라 과거에는 경험하지 못했던 새로운 기술적 문제에 직면하고 이를 극복하는 과정이 계속되었다. 특히 'C형 반달무늬'로 불린 특이한 불량을 해결하기 위하여 삼성은 국제특허까지 신청한 방식을 과감하게 포기하기도 했다. 삼성보다 약간 앞서거나 비슷한 시기에 일본의 히타치, 도시바, 미국의 IBM 등이 16M D램을 개발했다고 발표했다. 16M D램의 개발을 계기로 일본과 미국의 업체들은 삼성의 독자적인 기술력을 공식적으로 인정하기 시작했다.[239]

이에 대해 16M D램의 개발을 주도했던 진대제는 다음과 같이 회고한 바 있다.

> 삼성의 16M D램 개발 성공은 회사는 물론 국가적으로도 엄청난 의의를 지닌다.… 노동집약형 산업에만 강세를 보여 온 한국이 선진국의 전유물이라 불리던 최첨단기술 분야인 반도체에서 제1군에 합류했음을 의미하는 것이었다. 남의 기술을 빌려오지 않고 오직 우리의 독자적 기술로 개발한 첫 메모리 반도체 제품이라는 데에도 큰 의의가 있었다. 비교하기조차 낯 뜨거웠던 선진국과의 기술격차는 이제 "제로 (0)". 마치 마라톤에서 꼴찌를 달리던 선수가 갑자기 막판 스퍼트를 내 순식간에 선두를 차지한 것과 같은 상황이라 할 수 있었다.[240]

삼성은 1991년 11월에 반도체 부문의 세 번째 공장인 온양공장을 준공했다. 온양공장은 반도체제품의 조립과 검사를 전담하는 공장으로서 다양한 패키지를 요구하는 반도체시장의 수요 추세에 대응하여 다품종 생산체제를 구축했을 뿐만 아니라 조립, 검사 및 제품의 입출고를 완전히 자동화했다. 이로써 삼성 반도체 부문의 생산공장은 기흥공장, 부천공장, 온양공장의 삼원(三元)체제를 형성하게 되었다. 기흥공장은 메모리 제품의 웨이퍼 가공을, 부천공장은 비메모리 제품의 웨이퍼 가공을 담당하고, 온양공장은 기흥공장과 부천공장에서 생산된 반제품을 최종제품으로 조립하는 역할을 맡았다.[241]

삼성은 16M D램의 개발을 목전에 두고 있던 1990년 6월에 권오현 박사를 중심으로 64M D램의 개발을 추진했다. 아직 16M D램의 개발이 완료되지 않았는데 차세대 제품인 64M D램에 착수했던 것이다. 그것은 삼성이 동시에 두 세대의 신제품을 동시에 개발하는 방식을 활용하기 시작했다는 점을 의미한다. 즉, 4M D램이 양산단계에 이르면 그것을 개발했던 팀이 64M D램의 개발에 착수하고, 다시 16M D램을 개발한 팀은 차차세대 제품인 256M D램의 개발에 투입되는 것이다. 이처럼 공격적인 방식을 활용하여 삼성은 1992년 9월에 세계 최초로 64M D램을 개발하는 데 성공했다.[242]

1991년은 삼성에게 또 한 번의 행운이 다가온 해였다. 당시 일본의 반도체 3강인 도시바, NEC, 히타치는 반도체산업의 주기적인 불황에 대비해 1M D램 생산라인의 증설을 중단하고 4M D램으로의 이동을 모색하고 있었다. 그런데 마이크로소프트의 윈도가 폭발적인 인기를 누리면서 불황으로 예상되었던 반도체시장이 뜻밖의 호황을 맞았다. 당시의 세계 각국의 컴퓨터업체들은 대량공급이 가능하고 가격이 저렴한 1M D램을 선호했다. 여기에 일본의 엔화 절상 사태까지 겹쳐 컴퓨터업체들의 구매 담당자들은 삼성으로 발길을 돌렸다. 덕분에 삼성은 일본의 도시바를 제치고 1992년부터 D램 분야에서, 1993년부터는 메모리반도체에서 세계 최고의 생산업체로 부상할 수 있었다.[243]

1991년에 삼성은 또 하나의 승부수를 띄웠다. 그것은 16M D램 양산라인을 8인치로 하는 데 있었다. 16M D램은 삼성이 처음으로 선진국과 비슷한 시기에 개발한 제품이었기 때문에 양산 속도가 빠를 경우에는 선진국에 앞서 반도체시장을 주도할 수 있는 절호의 기회가 되었던 것이다. 8인치 라인은 6인치 라인에 비해 생산성이 1.8배 높을 것으로 예상되었지만, 막대한 설비투자와 고도의 기술이 필요하기 때문에 대부분의 업체들은 8인치 라인의 도입을 주저하고 있었다. 당시에는 후지츠, 도시바, NEC, 히타치 등의 일본 업체들이 8인치 파일럿 라인을 보유하고 있는 정도에 불과했다. 특히 8인치 라인은 공정이 복잡하고 가공 중에 깨지기 쉬워서 품질의 균일성을 확보하기 어렵다는 과제를 안고 있었다. 삼성은 8인치 양산라인의 설치를 위해 NEC에 지원을 요청했지만 NEC는 비협조적인 자세를 보였다. 삼성은 1991년 1월에 파일럿 라인을 가동하여 제반 문제점을 검토한 후에 1993년 6월에 양산라인을 준공함으로써 세계 최대의 16M D램 생산공장을 확보했다.[244]

삼성은 1992년 1월부터 황창규 박사를 중심으로 256M D램을 개발하는 작업을 추진했다. 256M D램 개발사업에는 'TX(Technology eXcellent)'라는 암호가 붙여졌는데, 이를 통해 삼성은 경쟁사의 기술을 따라가던 모습을 바꾸어 우수한 자체기술로 256M D램을 개발하겠다는 각오를 표방했다. 사업추진의 전략으로는 처음부터 256M D램을 제작하지 않고 이미 개발된 16M D램에 256M D램의 사양을 적용하는 방식이 채택되었다. 16M D램을 통해 선폭을 축소하는 기술을 확보한 후에 이를 바탕으로 완전한 256M D램을 개발한다는 것이었다. 그것은 선폭의 축소와 용량의 증가를 동시에 추진하는 것이 기술적으로 매우 어렵기 때문에 채택된 우회적인 전략이었다. 삼성은 1992년 12월에 16M D램의 선폭을 $0.28\mu m$으로 축소하는 기술을 확보한 후 1994년 8월에는 선폭이 $0.25\mu m$인 256M D램을 세계 최초로 개발하는 데 성공했다.[245] 이처럼 삼성은 기존의 제품에 새로운 사양을 적용하고 이를 통해 차세대 제품을 개발하는 방식을 활용함으로써 16M D램의 성능을 향상시킴과 동시에 256M D램을 추가로 개발하는 일석이조의 효과를 누릴 수 있었다.

삼성은 '꿈의 반도체'로 불리는 G급 D램에서도 다시 한 번 세계 최고의 기술력을 입증했다. 삼성은 1996년 10월에 선폭이 0.18μm인 1G D램을 개발했고, 2001년 2월에는 선폭이 0.13μm인 4G D램의 시제품을 개발하는 데 성공했다. 이로써 삼성은 64M, 256M, 1G, 4G D램의 4세대를 연속해서 세계 최초로 개발한 기업이 되었다. 삼성의 G급 D램은 세계에서 최초로 개발된 것일 뿐만 아니라 가장 선폭이 좁은 초미세 가공기술을 적용하고 있다. 삼성은 경쟁업체보다 1년 내지 1.5년 앞선 기술력을 보유하고 있으며, 이를 바탕으로 제품의 생산시기를 주도적으로 결정하고 있다.[246]

삼성은 D램 개발에 대한 선발주자의 이점을 생산성의 향상에도 적극적으로 활용했다. 그 대표적인 예로는 집적도와 선폭이 일대일 대응의 관계를 유지한다는 통념을 넘어 차세대 설계 및 공정기술을 현세대 제품에 적용하는 독특한 방식을 채택했다는 점을 들 수 있다. 16M D램의 경우에는 1991년에 출하될 때에는 0.42μm의 선폭을 가지고 있었지만, 1995년 이후에는 64M D램을 개발하면서 확보한 0.35μm의 선폭이 적용되었다. 64M D램의 경우에도 0.35μm의 선폭에서 출발했지만, 단계적으로 256M, 1G, 4G에서 사용되었던 0.25μm, 0.18μm, 0.13μm의 선폭이 적용되었다. 이와 같은 방식을 통해 삼성은 생산비용을 크게 절감했을 뿐만 아니라 생산제품의 기술적 기반을 통일할 수 있었다.[247]

1980년대 말에 삼성은 D램에서 안정적인 기술적 기반을 확보하면서 D램 이외의 제품에도 관심을 기울이기 시작했다. S램, 비디오램, 마스크롬, EEP롬은 그 대표적인 예이다. S램은 D램과 달리 전원이 공급되는 동안 기억된 내용이 그대로 남아 있는 메모리반도체로서 1M S램은 4M D램과 같은 수준의 것으로 평가되고 있다. 삼성은 1988년 11월에 일본의 히타치에 이어 세계에서 두 번째로 1M S램을 개발한 후 1989년 10월부터 양산에 진입했다. 1990년 12월에는 1M 슈도 S램을 개발했는데, 그것은 D램의 기본구조를 갖추면서 재충전회로를 내부에 장착하여 집적도가 높은 D램의 장점과 소비전력이 낮은 S램의 장점을 겸비한 것이었다. 이어 삼성은 1992년 5월에 4M S램을, 같은 해 8월에는 4M 슈도 S램을 개발하는 데 성공함으로써 S램 분야에서 세계적인 기술수준을 확보했다. 삼성은 S램에서 1992년의 세계 7위, 1993년의 세계 6위를 거쳐 1995년부터는 히타치를 제치고 세계 1위의 기업으로 올라섰다.[248]

비디오램은 컴퓨터의 고속·고화질 그래픽 기능을 전담하는 제품으로서 삼성은 1990년에 도시바와 텍사스 인스트루먼트에 이어 세계에서 세 번째로 1M 비디오램을 생산했다. 마스크롬은 고객이 원하는 정보를 프로그램된 마스크를 이용해 고정시켜 영구히 보존하는 제품이다. 삼성은 처음에 OEM 방식으로 마스크롬을 생산하다가 1989년, 1991년, 1992년에 각각 4M, 16M, 32M 마스크롬을 개발하여 독자적인 브랜드로 출시했다. EEP롬은 롬과 램의 특성을 모두 가진 제품으로서 전기적인 신호로 정보를 지우거나 기억시킬 수 있다. 삼성은 1984년, 1988년, 1992년에 각각 16K, 256K, 1M EEP롬을 개발했으며, 이후에 EEP롬은 동일한 기능을 가진 플래시메모리(flash memory)로 발전했다.[249]

1990년대 전반에는 비메모리 분야에서도 몇몇 성과가 나타나기 시작했다. 각종 전자제품에 공통으로 사용할 수 있는 8비트 마이컴의 국산화, 영상기기의 스크린에 문자를 표시해주는 고성능 트랜지스터의 개발, 디지털 신호처리용 반도체인 DSP(digital signal processor)의 국산화, HDTV(high definition TV)에 사용되는 핵심부품의 개발, 팩시밀리용 고화질 화상처리 칩의 개발, 화합물 반도체사업의 추진 등은 그 대표적인 예이다.[250] 그러나 당시의 비메모리 분야는 여전히 전문인력과 검사장비가 부족한 상태였으며 계속해서 적자 상태를 벗어나지 못했다. 삼성은 메모리에서는 세계 1위의 기업이었지만 비메모리에서는 세계 20위권에 불과했던 것이다.[251]

2. 컴퓨터

한국의 컴퓨터 역사는 1967년에 경제기획원 통계국이 IBM 1401을 도입함으로써 시작된 것으로 평가되고 있다. 최초의 국산 컴퓨터로는 1973년에 KIST의 전자계산실(실장 성기수)이 개발한 '세종 1호'가 꼽힌다. 이에 앞서 1961년에 연세대의 한만춘 교수가 '연세 101 아날로그 전자계산기'를, 1964년에 한양대의 이만영 교수가 '아날로그 전자계산기 3호기'를 개발했지만, 그것은 연구용이나 실습용으로 사용되었을 뿐 상업화의 단계에는 이르지 못했다. 한국에서는 1967년 이후에 정부부처, 공공기관, 대기업, 대학, 은행 등을 중심으로 컴퓨터가 지속적으로 도입되었으며, 1971년에는 36대, 1976년에는 122대의 컴퓨터가 있었다고 한다.[252]

한국의 컴퓨터산업에 포문을 연 기업은 1975년에 설립된 동양전산기술(현재의 오리콤)이었다. 동양전산기술은 미국 DEC(Digital Equipment Corporation)의 'PDP 11'을 모델로 삼아 1976년에 '오리콤 540'이라는 소형컴퓨터를 생산하는 데 성공했다. 미국과 일본의 기업들이 생산한 중앙연산장치, 보조기억장치, 브라운관터미널 등의 부품을 구입하여 완성품으로 조립했던 것이다. 동양전산기술은 1979년까지 58대의 컴퓨터를 국내에 공급했는데, 그것은 1967년에 진출한 한국IBM이 1979년까지 공급한 75대에 이어 2위에 해당하는 기록이었다.[253]

동양전산기술이 기대 이상의 성공을 거두자 국내의 대기업들도 컴퓨터

산업에 진입하기 시작했다. 금성전기는 NEC(Nippon Electric Corporation)와의 합작을 바탕으로 소형컴퓨터의 조립생산을 검토했고, 대한전선은 후지츠의 '파콤' 시리즈 생산을 추진했으며, 금성통신과 동양정밀은 한국시스템산업을 설립하여 외국 기업과의 기술제휴를 모색했다. 이보다 더욱 중요한 흐름은 외국 기업의 대리점 사업을 전개하는 데 있었다. 1976년에는 삼성전자가 휴렛팩커드(HP)와 판매대리점 계약을 체결하는 것을 필두로 금호실업, 오리콤, 동양정밀, 한국화약, 동양나이론 등이 가세했고, 1979년에는 금성사가 하니웰(Honeywell)의 제품을 국내에 공급하면서 컴퓨터사업을 시작했다.[254] 이처럼 한국의 대기업들은 외국 업체의 대리점 역할을 담당하면서 컴퓨터의 판매, 유지, 보수를 직접 수행했으며, 이러한 활동을 통해 컴퓨터에 관한 초보적인 지식을 습득할 수 있었다. 당시에 대기업들은 텔레비전을 비롯한 가전제품에서 축적된 기술을 활용하여 터미널이나 모니터를 개발하기도 했지만, 컴퓨터 본체를 제작하는 것으로 이어지지는 못했다.[255]

개인용 컴퓨터(PC)의 경우에도 대기업이 아니라 중소기업이 개척했다. 삼보컴퓨터, 큐닉스 등 청계천 세운상가의 컴퓨터 전문 중소기업들이 1981년에 애플II를 복제하여 국내 최초로 PC를 제작했던 것이다.[256] 이와 같은 중소기업의 성공을 목격한 이후에는 대기업들도 PC 분야에 진입하는 양상을 보였다. 금성사는 1982년, 삼성전자와 대우통신은 1983년에 PC 제조를 시작했던 것이다. 당시의 PC 제조는 외국 기종을 그대로 복제하여 보드(주기판)를 제작하고 부품을 들여다가 조립하는 수준에 불과했다. 그나마 조립기술도 충분치 않아 불량률이 매우 높았는데, 예를 들어 번인 테스트(burn-in test)에서 합격률은 50%를 밑돌았을 정도였다. 주변기기 분야에의 진출은 더욱 확대되어 터미널과 모니터 이외에도 FDD(floppy disc drive)와 프린터가 SKD(semi-knockdown) 방식으로 생산되

기 시작했다.[257]

　다른 산업과 달리 컴퓨터산업에서는 외국 기업과의 합작에 의한 기술 획득이 그다지 이루어지지 못했다. 합작업체들은 제조기술의 이전을 꺼렸으며, 자신들의 제품을 한국에 판매하는 데에만 관심을 기울였다. 당시에 한국의 업체들은 주로 '역행 엔지니어링'을 통해 PC 제조에 관한 기술을 획득했다. 이미 개발된 외국 업체의 PC를 분해하여 이를 그대로 복제하는 방식으로 PC를 제조했던 것이다. 당시의 PC는 8비트 기종이 대부분이었는데, 이 경우에는 단층 인쇄회로기판을 이용해 컴퓨터회로를 어렵지 않게 복제할 수 있었다.[258]

　한국 기업들이 PC에 대한 라이선스를 본격적으로 도입한 것은 1984년 이후였다. 1984년에 들어서는 국내의 PC도 16비트 기종으로 전환되었는데, 16비트 기종부터는 5층 인쇄회로기판이 이용되어 보드의 복제가 어려워졌기 때문이다. 이와 함께 작은 규모이긴 하지만 OEM 방식의 수출도 이루어졌다. OEM은 시장 확보의 수단에만 머물지 않았으며, 기술학습을 위한 주요한 통로가 되었다. OEM 업체들은 발주기업이 요구하는 사양서를 통해 기술의 내용을 파악할 수 있었던 것이다.[259]

　1980년대에 한국 정부는 컴퓨터산업의 발전을 위해 다양한 정책을 추진했다. 1982년에는 소형컴퓨터, PC, 주변기기 등이 국산화개발 추진 품목으로 지정되어 수입이 제한되었으며, 특히 PC의 경우에는 1984~1986년에 일괄적으로 수입이 금지되었다. 또한 정부는 1983년을 '정보산업의 해'로 선포한 후 교육용 컴퓨터 보급정책과 국가기간전산망 구축계획을 잇달아 추진하여 국내 컴퓨터시장을 창출하기도 했다. 이와 함께 정부는 각종 기금을 활용하여 컴퓨터업계에 금융혜택을 제공하는 한편 국가연구개발사업을 통해 컴퓨터 국산화 및 기술개발을 적극적으로 지원했다. 1995년에는 한국컴퓨터연구조합이 결성되어 컴퓨터업체들의 공동연구가

추진되기 시작했다.[260]

1980년대 중반에 들어와 세계 컴퓨터산업은 상당한적 구조 변화를 보였다. 1981년에 IBM이 PC를 개발하면서 사양을 공개한 후 1985년에는 피닉스테크놀로지가 자사의 BIOS(Basic Input/Output System)를 PC 제조업체에게 라이선스하기 시작했던 것이다. 이를 통해 IBM PC의 호환업체들이 급속히 증가하는 가운데 소위 'PC의 범용화(commoditization)'가 이루어졌다. PC가 특정한 고객에게 주문을 받아 공급하던 기계에서 일반 사람들을 위해 시장에 내다놓고 파는 물건으로 변했던 것이다. 이에 따라 컴퓨터산업에서는 가격이 가장 중요한 변수로 떠올랐고, 비용을 좌우하는 조립 및 생산단계의 중요성이 커지게 되었다.[261]

〈표 4-16〉 한국 컴퓨터산업의 생산 추이(1982~1993년)

단위: 백만 달러, %

구분		1982년	1983년	1984년	1985년	1986년	1987년	1988년	1989년	1990년
컴퓨터 전체		47	203	434	530	881	1,459	2,456	3,224	3,171
PC	생산(A)	–	39	108	183	436	479	1,010	1,733	1,328
	수출(B)	–	19	66	148	395	353	807	971	632
	수출비율 (B/A)	–	48.7	61.1	80.9	90.6	73.7	79.9	56.0	47.6
기타 컴퓨터		5	30	43	35	51	69	158	68	12
주변기기		42	134	283	312	394	912	1,288	1,423	1,831

자료: 김용복, "한국 전자산업의 발전메커니즘에 관한 연구" (서울대학교 박사학위논문, 1995), 156쪽.

이와 같은 경쟁 환경의 변화는 한국의 컴퓨터업계에 매우 유리하게 작용했다. 국내 업체들은 외국의 호환업체들과 OEM 수출계약을 체결하여 해외시장에 본격적으로 진출했다. 이를 통해 그동안 유치산업의 범주를 벗어나지 못했던 한국의 컴퓨터산업은 1986년경부터 고도성장의 단계에 진입할 수 있었다. 한국의 컴퓨터 생산액은 1986년 8억8,100만 달러에서

1989년 32억2,400만 달러로 증가하여 3년 동안 연평균 80%가 넘는 성장세를 보였다(〈표 4-16〉 참조). 이와 함께 국내 컴퓨터산업에서 대기업의 비중이 커졌으며, 중소기업의 비중은 점차로 감소하기 시작했다. 당시에 금성사, 대우통신, 대우전자, 삼성전자, 현대전자, 삼보컴퓨터는 6강 체제를 형성했으며, 규모의 경제를 추구하면서 PC의 조립으로 특화하는 경향을 보였다.[262]

1980년대 중후반에 한국의 컴퓨터업계는 대량생산의 경험과 자동화설비의 도입을 바탕으로 PC 조립에 관한 기술능력을 급속히 발전시킬 수 있었다. 이와 더불어 보드의 설계능력도 축적되어갔는데, 이미 PC의 사양이 공개되어 있었기 때문에 사용부품에 맞춰 약간의 개선만 하면 보드를 설계할 수 있었다. 이러한 기술능력 향상을 바탕으로 한국의 컴퓨터업계가 PC를 제조하는 방식은 OEM에서 ODM으로 전환되었다. 발주업체의 상표를 붙이는 것은 동일했지만, 생산에 이어 디자인도 국내 업체가 담당했던 것이다. 그러나 발주업체들은 외국 기업들의 특정한 부품을 사용하도록 지정함으로써 국내 기업들이 부품개발에 나서는 것을 제한하는 경향을 보였다.[263] 또한 당시 외국계 기업들은 품질이 좋은 부품들을 한국에 높은 가격으로 판매하다가 부품의 국산화가 이루어지면 이전보다 훨씬 낮은 가격으로 덤핑 공세를 펼쳐 국산 제품에 맞서곤 했다.[264]

1990년을 전후하여 한국의 컴퓨터산업은 침체의 국면에 진입하기 시작했다. 한국 의 컴퓨터 생산액은 1983~1988년에 연평균 63.6%의 증가율을 보였지만, 1990~1993년에는 10.1%를 기록하는 데 그쳤다. 컴퓨터 수출액의 경우에는 같은 기간에 연평균 증가율이 91.6%에서 12.5%로 더욱 빠른 속도로 감소했다.[265] PC로 국한하면 이러한 경향이 더욱 심화되었는데, PC의 수출액은 1989년에 9억7,100만 달러로 정점을 찍은 후 1990년 6억3,200만 달러, 1991년 7억1,500만 달러를 거쳐 1992~1998년에

는 2~3억 달러 내외로 부침을 거듭했다.[266]

이러한 현상이 발생한 이유는 컴퓨터산업의 구조적 변화로 인해 조립기술과 규모의 경제에 기초한 대량생산 방식의 우위가 소멸되었기 때문이다. 우선, 칩셋(chip set)의 개발로 PC를 조립하는 공정이 크게 단순화되었다. 이에 따라 간단한 장비를 통해 소규모로 조립생산하는 것과 자동화된 대규모 설비에서 조립생산하는 것은 비용의 측면에서 그다지 큰 차이가 없게 되었다. 또한 PC의 제품수명주기가 단축되어 특정한 품목의 대량생산보다는 새로운 제품으로의 전환이 중요해졌음에도 불구하고 국내의 대규모 컴퓨터업체들은 이에 유연하게 대처하지 못했다. 국내 업체들은 세계 PC시장이 286급에서 386급으로 급속히 전환된 것에 신속하게 대응하지 못한 채 286급 PC의 생산에 안주하고 말았던 것이다.[267]

이에 반해 중소기업 위주로 구성된 대만의 컴퓨터업체들은 새로운 제품을 매우 빠른 속도로 출시하는 경향을 보였다. 예를 들어 미국의 인텔이 386칩을 선보였을 때 대만 업체들은 6개월 만에 보드를 상품화했으며, 펜티엄의 경우에는 그 기간이 2개월로 단축되었다. 또한 한국의 컴퓨터업체들은 수출선에 따라 각기 다른 부품을 사용하는 방식을 답습했지만, 대만의 경우에는 전문 부품업체들과의 협력을 바탕으로 부품의 표준화와 부품의 공동구입 등을 통해 생산비용을 절감할 수 있었다. 이에 따라 과거에 한국의 업체에 OEM 발주를 했던 IBM과 컴팩 등은 1990년경부터 대만의 업체로 수주선을 전환하기에 이르렀다. 1992년을 기준으로 미국 컴퓨터시장의 점유율은 대만이 32%인 데 반해 한국은 3%에 불과했다.[268]

한국의 컴퓨터업계가 새로운 환경 변화에 적응하지 못한 이유는 지배구조의 특성에서 찾을 수 있다. 재벌 대기업의 특성인 위계적 조직과 수직적 의사결정이 1980년대에는 컴퓨터의 대량생산과 수출의 기초로 작용했지만, 1990년대에 들어서는 컴퓨터 기술의 패러다임 변화 속에서 오히려 약점으로 작용했던 것이다.[269] 황혜란이 수행한 컴퓨터업체 엔지니어와의 다음과 같은 인터뷰는 대기업의 위계적인 의사결정 구조가 제품 개발에 미치는 영향을 잘 드러내고 있다.

> 한국 재벌기업의 조직적 구조는 수직적 의사결정 구조입니다. 어떤 때는 결재라인이 10~11개까지 올라가는 경우까지 있습니다. 이런 상황에서는 대만이나 다른 서구 기업과 의사결정의 신속성이라는 측면에서 경쟁을 얘기할 수가 없습니다. 우리가 벤치마킹한 결과를 보면 대만 기업들의 경우 개발팀 팀장이 제품개발에 대한 권한을 가지고 결정하고 그에 관련된 투자결정까지 일부는 내릴 수 있다고 합니다. 그런데 우리의 경우는 제품개발에 대한 결정을 실무선에서 할 수 없고 아주 윗분들에게까지 올라가야 하는 경우가 많습니다.[270]

1990년대를 통해 한국의 컴퓨터산업은 상당한 구조적 변화를 경험했다. 우선, 컴퓨터시장이 수출 위주에서 내수 위주로 재편되었는데, 국내 PC 판매대수는 1992~1993년에 70~80만 대였던 것이 1994년에 100만 대를 돌파한 후 1995년에는 150만 대에 육박하게 되었다. 또한 외국인 투자기업의 국내 판매활동 제한조치가 해제되는 등 유통시장이 잇달아 개방됨으로써 한국IBM을 비롯한 외국계 제조업체들의 한국 시장에 대한 공략이 본격화되었다. 이와 함께 국내외 컴퓨터업계들이 내수시장을 놓고 치열한 경쟁을 벌이면서 시장집중도도 강화되었다. 중견 컴퓨터업체들이 잇달아 도산하고 용산전자상가의 조립업체 비중이 감소하는 가운데 대기업의 경우에는 기존의 6강 체제가 무너지고 삼성전자와 삼보컴퓨터의 2개 사가 컴퓨터시장을 지배하는 양상이 나타났다.[271]

기술적인 측면에서는 PC 본체의 침체 속에서 주변기기 분야에 대한 진출이 더욱 확대되었다. HDD의 국내 조립생산, 도트프린터 헤드의 국산화, 레이저프린터 엔진의 국산화, CD롬 드라이브의 국산화 등이 이러한 사례에 속하는데, 완전한 국산화는 아니었고 핵심부품은 수입에 의존하고 있었다.[272] 이와 함께 멀티미디어 제품이나 중대형컴퓨터와 같은 상위 기종에 대한 진출도 모색되었다. 멀티미디어 제품으로는 금성사의 심포니, 대우통신의 윈프로, 삼보컴퓨터의 뚝딱Q, 삼성전자의 매직 스테이션 등이 출시되었다.[273] 중대형컴퓨터는 정부가 주도한 국가기간전산망 사업을 통해 모습을 드러내기 시작했는데, 1987~1991년의 1단계 사업에서는 외국산 기종인 톨러런트, 국산 기종인 타이컴과 같은 중형컴퓨터가 개발되었으며, 1992~1996년의 2단계 사업에서는 고속 중형컴퓨터가 개발되는 가운데 슈퍼컴퓨터의 개발도 추진되었다.[274]

한국 컴퓨터산업의 기술수준은 1994년에 선진국 대비 38.9%에 불과했지만 1999년에는 68.1%로 향상된 것으로 평가되고 있다.[275] 1994년의 경우를 내역별로 살펴보면, 마이크로프로세서 설계기술은 3%, 마이크로프로세서 생산기술은 20%, 칩셋 설계기술은 10%, 칩셋 생산기술은 30%, BIOS 기술은 10%, 마더보드 설계기술은 50%, 마더보드 생산기술은 80% 정도인데, 이에 반해 대만은 각각 5%, 20%, 60%, 30%, 50%, 95%, 100% 정도로 조사된 바 있다.[276] 이러한 조사결과는 한국의 컴퓨터산업이 원천기술이나 설계기술보다는 생산기술의 개발에 주력해왔고, 1990년대를 통해 기술 추세나 경쟁 환경의 변화에 유연하게 대처해오지 못했다는 점을 시사하고 있다.

한국 컴퓨터산업의 난관은 2000년대에 들어와 극복되기 시작했다. 인터넷이 급속히 보급되면서 컴퓨터 사용환경이 아날로그에서 디지털로 변모하는 가운데 삼성전자를 중심으로 데스크톱 대신에 노트북을 공략하는 양상이 나타났던 것이다. 삼성전자는 1995년에 센스(Samsung Electronics Notebook System, SENS) 시리즈의 첫 모델을 개발한 후 2002년에는 서브노트북에 해당하는 '센스Q'를 출시하여 좋은 반응을 얻었다. 2003년에는 인텔이 무선랜으로 데이터를 송수신할 수 있는 센트리노(Centrino) 플랫폼을 발표했는데, 이듬해에 삼성전자는 세계 최초로 무선인터넷 접속 기능이 내장된 센트리노 노트북인 '센스X10'을 출시했다. 이를 계기로 삼성전자는 국내를 넘어 해외로 진출하는 발판을 마련했으며, 이후에도 지속적인 신제품개발과 공격적인 마케팅을 통해 노트북시장의 점유율을 높여나갔다.[277] 삼성전자는 2007년에 노트북 수출 100만 대를 돌파했으며, 세계 노트북시장에서 2007년 세계 11위, 2008년 세계 10위, 2009년 세계 9위를 기록했다.[278]

3. 통신

오늘날 한국은 정보통신기술을 선도하는 국가로 발돋움했지만, 1970년대 중반만 하더라도 통신수단이 절대적으로 부족한 형편이었다. 한국이 정보통신강국으로 도약할 수 있었던 것은 두 개의 국책사업 덕분에 가능했다고 볼 수 있다. 1977~1991년에 추진된 전전자(全電子)교환기 기술개발사업과 1989~1996년에 추진된 디지털 이동통신기술개발사업이 그것이다. 전자는 시분할교환(time division exchange, TDX) 방식의 기술을 개발하는 사업으로 일명 'TDX 기술개발사업'으로 불리며, 후자는 코드분할다중접속(code division multiple access, CDMA) 방식의 기술을 개발하는 사업으로 일명 'CDMA 기술개발사업'으로 불린다. 한국은 TDX 기술개발사업을 통해 통신기술을 국산화하는 단계에 진입했으며, CDMA 기술개발사업을 통해 정보통신기술을 선도하는 국가로 부상하기 시작했다.

전전자교환기의 국산화

한국은 1960년대 이후에 경제개발계획의 지속적 추진을 배경으로 본격적인 산업화의 국면에 진입했으며, 이에 병행하여 도로, 에너지 등과 같은 하부구조의 발전도 있었다. 그러나 통신하부구조의 발전은 지체되어 전화 수요의 급속한 확대에 적절히 대응할 수 없었고, 만성적인 전화적체와 통화품질의 불량 등이 중요한 사회적 문제로 부상하기 시작했다. 이에 한국 정부는 1970년 9월에 전기통신법을 개정하면서 새로 공급되는 전화는 매매를 금지하되 이미 설치되어 있는 전화는 자유로운 매매가 가능하도록 조치했다. 당시에는 가입전화에 대한 원부의 색깔에 따라 신규 전화는 '청색전화', 기존 전화는 '백색전화'로 불렸는데, 백색전화의 가격이 260만 원까지 치솟아 서울에서 잘산다는 동네의 집값과 맞먹을 정도로 전화 공급량이 매우 부족했다. 1975년에는 전화가입자가 100만 회선을 돌파했지만, 전화청약을 해놓고 기다리는 사람이 17만여 명에 이르렀다. 이러한 문제를 해결할 수 있는 근본적인 방법은 교환시설을 현대화하여 전화가입자 회선을 늘리는 데 있었다.[279]

당시에 한국의 주요 전화교환기 생산업체로는 금성사와 동양정밀(OPC)이 있었다. 동양정밀은 1962년에 스트로저(Strowger) 전화교환기를 국산화했으며, 금성사는 1964년부터 독일 지멘스의 제품인 EMD(Edelmetal Motor Drehwhler)를 생산했다. 그러던 중 1971년에 몇몇 기업들은 크로스바(Crossbar) 방식의 전화교환기를 국산화할 것을 정부에 건의했다. 전화교환기의 방식을 놓고 많은 논쟁이 전개되는 가운데 1972년에 한국 정부는 전자식 교환기(Electronic Switching System, ESS)의 개발을 추진하기

<그림 4-5> 전화기근현상에 대한 보도기사(1979년 2월)

자료: "1년 기다리고 2년도 기다리고… ",
《경향신문》, 1979. 2. 12.

로 결정했다. 이에 따라 전자식 교환기가 개발되기 전에는 기계식 교환기
만 공급되었기 때문에 전화적체 현상은 더욱 심화될 수밖에 없었다. 그
러나 장기적인 관점에서 보면, 중간 단계의 기술인 크로스바 방식을 건너
뜀으로써 통신망 현대화와 기술도약의 발판이 마련되었다고 평가할 수
있다.[280]

1974년에 체신부는 연구소와 기업의 전문가들을 동원하여 '전자교환
방식 공동추진계획'을 수립했다. 이 계획의 주요 내용은 선진국에서 현재
실용화 단계에 있거나 테스트 중인 전자교환기 방식 가운데 기존 기종
과 정합성을 갖추고 개발이 용이한 방식을 선택하여 국산화한다는 데 있
었다. 이에 대해 박정희 대통령은 보다 진취적인 자세를 주문하면서 국내
기술진을 총동원해서라도 독자적인 교환기를 개발하라고 지시했다. 한국
정부는 1976년 2월에 열린 제7차 경제장관 간담회에서 시분할교환(time
division exchange, TDX) 방식의 전자교환기를 국내에서 직접 개발한다는

방침을 결정했다. 또한 국산 기종이 보급되기 전에는 외국의 전자교환기를 도입하기로 하고 이에 관한 실무를 KIST에 맡겼다. KIST는 경상현 박사를 중심으로 실무팀을 구성하여 해외입찰을 진행시키기도 했지만, 전자교환기 도입을 둘러싼 업체들 사이의 갈등으로 별다른 진척을 보지 못했다.[281]

이에 한국 정부는 TDX 기술개발사업을 담당할 별도의 조직을 구성하기 시작했다. 1976년 9월에는 교환기 도입 및 통신망 현대화를 위한 정책결정을 담당하는 전자통신개발추진위원회(Telecommunication Development Task Force, TDTF)가 발족되었다. TDTF는 체신부 차관을 위원장으로, 관련 부처의 차관보급 관료들을 위원으로 삼았다. 또한 같은 해 12월에는 KIST 부설로 한국전자통신연구소가 설치되었는데, 그것은 1977년 12월에 한국통신기술연구소로 독립되었다.[282] 연구소는 교환기 도입을 위한 입찰규격의 제시, 제안서 평가 및 도입협상을 지원하고 체신부와 통신기기업체의 인력에 대한 교육훈련을 담당했다. 이와 함께 1977년 2월에는 전자교환기 본체의 생산을 목적으로 하는 국영기업체인 한국전자통신(KTC)이 설립되었다.

TDX 기술개발사업은 선진국에서 상용화된 아날로그 교환기를 도입하는 작업과 디지털 교환기의 자체개발을 준비하는 작업을 병행하는 식으로 시작되었다. 아날로그 교환기의 도입과 생산은 한국전자통신과 금성반도체가 담당했다. 한국전자통신은 벨기에로부터 기술을 도입한 후 1979년부터 구미공장에서 전자교환기 조립에 착수했으며, 1979년에 설립된 금성반도체는 1980년부터 미국의 교환기 기술을 도입하여 전자교환기 생산에 참여했다. 두 기업이 기술도입을 바탕으로 생산한 아날로그 교환기는 주로 전화적체 현상이 심했던 도시 지역에 공급되었다. 이러한 전자교환기의 도입은 한국의 전자산업이 가전제품 중심에서 산업용 전자로

고도화되는 계기로 작용하기도 했다.[283]

1978년부터는 디지털 교환방식에 대한 조사연구도 시작되었다. ETRI는 교환기 시스템의 기본규격을 마련하여 세 차례에 걸쳐 시험모델 교환기를 제작했다. 그러나 기술, 자금, 인력의 부족으로 인해 교환기 구조를 이해하고 개발가능성을 확인하는 정도에 그쳤으며 시험모델 교환기도 기본적인 신호처리 기능을 실현한 것에 불과했다.[284] 이처럼 아날로그 교환기의 생산과 디지털 교환기에 대한 연구가 꾸준히 추진되었지만 전화적체 현상은 쉽게 해소되지 않았다. 1980년 5월 체신부 집계에 따르면, 전국의 전화청약적체 건수는 61만3,477건으로 이 중 2년 이상 대기한 건수가 7,436건이나 되었다.[285]

한국 정부는 1981년에 전자공업 육성방안을 마련하면서 반도체, 컴퓨터와 함께 전자교환기를 3대 전략품목으로 선정했다. 이어 제5차 경제사회발전 5개년계획(1982~1986년)을 수립하면서 '1가구에 1전화'를 공급하고 '광역자동화'를 달성하는 것을 통신 부문의 주요 목표로 삼았다. 여기서 광역자동화는 시내통화로 연결되는 지역의 범위를 확장함과 동시에 농촌에 남아 있는 수동식 교환기를 모두 자동식 교환기로 대체하는 것을 의미했다. 이와 같은 야심찬 목표를 달성하기 위해 한국 정부는 1982년부터 5년 동안 약 240억 원의 예산을 투입하여 TDX 기술개발사업을 본격적으로 추진하기로 결정했다.[286]

TDX 기술개발사업을 효과적으로 추진하기 위한 체제도 정비되었다. 우선 통신사업 운영의 효율성을 제고하는 동시에 기술혁신을 촉진할 목적으로 한국전기통신공사(현재의 KT)를 설립했다. 당시에 체신부는 전기통신사업자가 연간 매출액의 3% 이상을 연구개발비로 투자해야 한다는 규정을 만들어 TDX 개발비용을 조달했다. 또한 체신부 내에 통신정책국을 조직하고 전자통신개발추진위원회 내에 TDX 개발추진위원회를 설치함으로써 TDX 연구개발사업에 대한 효과적인 정책결정을 도모했다. 실제적인 연구개발은 ETRI가 구심점이 되어 생산업체와 공동으로 추진했는데, 생산업체로는 금성반도체, 대한통신, 동양정밀, 삼성반도체통신 등 4개 업체가 선정되었다.[287]

TDX 기술개발사업의 추진에 대해 반대하는 여론도 있었다. 전자교환기를 공급하는 외국 업체의 방해도 있었지만, 한국 정부가 처음으로 추진하는 대규모 연구개발사업에 대한 신뢰도 높지 않았다. 심지어 실패할 확률이 높은 TDX를 개발하는 것보다는 한강에 다리를 놓는 편이 더 좋을 것이라는 주장도 있었다.[288] 이러한 상황에서 당시 ETRI의 연구진은 "만약 개발에 실패할 경우 어떠한 처벌이라도 달게 받겠다."는 요지의 서약서를 썼는데, 이는 후일 'TDX 혈서'로 불렸다. TDX 혈서가 작성된 경위에 대해 1980년대 정보통신산업의 역사를 정리한 이기열은 다음과 같이 쓰고 있다.

> 한국통신이 발족된 직후인 1982년 2월 최[광수] 장관은 전자교환기 개발 문제에 대해 최종 결론을 내리기로 하고, 참모들을 거느리고 금성, 삼성, OPC, 대한통신 등 4개의 교환기 생산업체를 순방하였다.… 인근의 식당으로 자리를 옮긴 최 장관은 참석자 개개인에게 "정말 시분할전자교환기를 개발할 수 있다고 생각하느냐?"고 묻고 대부분의 참석자들이 긍정적으로 대답하자, "그렇다면 시분할전자교환기 개발계획을 확정짓는다."고 선언한 다음, 전자통신연구소 간부들에게 "어떠한 일이 있더라도 시분할전자교환기를 개발해 내겠다."는 서약서를 작성하여 체신부에 제출하도록 명령하였다. "저희 연구소 연구원 일동은 최첨단기술인 시분할전자교환기의 개발을 위해 최선을 다할 것이며, 만약 개발에 실패할 경우 어떠한 처벌이라도 달게 받을 것을 서약합니

다." 연구소는 이와 같은 서약서를 작성하여⋯ 체신부에 제출하는 한편, 그 사본을 연구원들에게 회람시킴으로써 연구개발 의지를 북돋웠다. 뒷날 한국통신의 TDX 사업단장으로 임명되어 TDX 개발에 큰 공을 세운 서정욱이 그 서약서를 보고 "진짜 대단한 혈서를 썼구먼!" 하고 감탄을 했는데, 그 후 그 서약서를 'TDX 혈서'라 부르게 되었다.[289]

ETRI는 1978년부터 세 차례에 걸쳐 시험용 전자교환기를 개발했으며, 1982년 봄에는 500회선 규모의 3차 시험기의 제작을 완료했다. ETRI는 1982년 7월에 3차 시험기를 용인군 송전우체국에 설치한 후 362명의 가입자를 수용해 시험운용을 실시했다. 처음에는 고장이 잦아 KT는 완전한 실패작이라고 비난했지만 ETRI는 계속 성능을 보완하겠다는 자세를 취했다. ETRI는 1983년 12월까지 3차 시험기에 대한 시험운용을 하면서 3천 회선의 용량을 실현할 수 있었다. 이와 같이 성능이 보완된 3차 시험기는 훗날 TDX-1X로 불렸는데, 여기서 X는 실험(experiment)을 뜻하는 것이었다.[290]

TDX-1X에 대한 시험이 진행되는 동안에는 추진체제가 다시 정비되기도 했다. 1983년 6월에 체신부는 ETRI에 TDX 개발단을, KT에 TDX 사업단을 설치하라는 공문을 보냈다. ETRI는 1983년 9월부터 TDX 개발단(단장 양승택)을 잠정적으로 운영하다가 1984년 1월에 정식 기구로 발족시켰다. 여기에는 ETRI 연구진은 물론 교환기 생산업체와 KT의 기술요원이 공동으로 참여했는데, 생산업체와 KT의 기술요원들은 TDX 개발이 완료된 후에 관련 기술을 이전하는 데 중요한 역할을 담당했다. 이와 함께 KT는 1984년 1월에 사장 직속으로 TDX 사업단(단장 서정욱)을 설치하여 TDX 기술개발사업에 대한 관리, 예산지원, 구매규격 제정, 공급계획 작성 및 시행 등을 맡았다. 특히 서정욱은 기술개발의 목표를 명확히 설정하고 이에 대한 평가기준을 마련함으로써 TDX와 같은 시스템 개발에서 품질보증의 개념이 정착하는 데 크게 기여했다.[291]

TDX 개발단과 TDX 사업단과 같은 전담조직을 설치하게 된 경위에 대해 당시 체신부 차관을 맡았던 오명은 다음과 같이 회고한 바 있다.

연구소에 TDX 프로젝트로 많은 돈을 대주면 그 돈이 연구소 전체의 연구개발 자금으로 흩어져 버려 본연의 사업이 흐지부지될 염려가 있었습니다. 그래서 양승택 박사를 단장으로 하는 개발단에 연구자금을 몰아주고 개발단장이 전권을 가지고 그 프로젝트를 수행해 나가도록… 했던 것인데, 처음에는 연구소가 잘 응하지 않았어요.… 또 포병용 컴퓨터 개발 과정에서 보면, 개념 정립을 하는 데는 6개월밖에 안 걸렸는데, 실제로 군에서 채택하는 데에는 4~5년이 걸렸어요.… 그런 경험이 있기 때문에 연구소에서 만든 제품만 가지고는 안 된다고 판단했던 겁니다. 즉, 개발단에서 만든 제품만으로는 안 되고 쓰는 사람의 입장에서 필요한 제품을 만들어야 하기 때문에 한국통신에 TDX 사업단을 두어야 한다고 했던 것인데, 한국통신에서 움직여 줘야죠. 그래서 할 수 없이 문서로 지시해서 억지로 만들게 했던 겁니다.[292]

개발단과 사업단이 출범하는 것을 계기로 TDX 기술개발사업은 활기를 띠기 시작했다. TDX 개발단은 1983년 말에 9,600회선 규모의 새로운 모델을 제작하는 데 성공했고, TDX 사업단은 1984년 4월부터 현장 운용에 대한 경험을 축적하는 작업에 들어갔다. 이 기종은 처음에 서정욱에 의해 '시험인증기'로 명명되었으며, 시험평가를 마친 후에는 TDX-1 이란 이름을 가지게 되었다. 1984년 8월에는 ETRI가 금성반도체, 대우통신, 동양전자통신, 삼성반도체통신 등 4개의 생산업체들과 TDX-1 개발사업 기본협약을 체결했으며, 4개 업체들은 회사별로 10명의 인원을 ETRI에 파견하여 TDX-1 개발에 필요한 교육훈련을 받도록 했다. 같은 해 10월에는 ETRI가 참여업체들과 기술전수계약을 체결하여 TDX-1 시험생산기 제작에 필요한 각종 기술을 전수하기 시작했다. 이를 바탕으로 4개 업체들은 시험용 제품을 제작한 후 1985년 말에 상용화 시험을 실시했고, 1986년 3월에는 TDX-1이 가평, 전곡, 무주, 고령 등 4개 지역에 총 24,000회선이 설치되었다. 이를 계기로 TDX는 전국 각지의 전화국에 대량으로 보급되기 시작하여 몇 년 후에는 국내 교환기의 주종을 이루게 되었다.[293]

곧이어 KT는 전전자교환기를 대량생산하는 작업에 착수했다. TDX-1을 운용하는 과정에서는 몇 가지 기능상의 문제점이 드러났고, 1986년 말에는 이를 보완한 양산기종이 개발되었다. 1만240회선 규모의 양산기종은 TDX-1A으로 불렸으며, 1987년 2월에 전국 36개 지역에 18만9천 회선이 개통되었다.[294] TDX-1A의 상용서비스를 개시하면서 한국의 전화 적체율은 처음으로 10%대로 낮아졌으며, 1987년 9월 30일에는 한국 전체의 전화시설이 1천만 회선을 돌파함으로써 본격적인 1가구 1전화 시대에 진입할 수 있었다. 또한 전국 어디서나 교환수를 거치지 않고 전화가 가능해졌고, 전화 가설을 신청하면 24시간 이내에 전화 통화를 할 수 있었다.[295]

제6차 경제사회발전 5개년계획이 추진된 1987~1991년에는 TDX 기술개발사업이 더욱 확대되었다. 해당 기간 동안 이루어진 TDX 기술개발사업은 크게 두 가지 방향으로 구분할 수 있다. 첫째는 TDX-1A의 용량을 확대하고 기능을 개선하는 것으로 중용량 교환기인 TDX-1B의 개발로 구체화되었다. 둘째는 종합정보통신망(integrated services digital network, ISDN)에 적합한 대용량 교환기를 개발하는 작업으로 TDX-10의 개발로 이어졌다.[296] 이처럼 TDX 기술개발사업은 파급효과가 큰 제품을 선정한 후 소용량 교환기와 중용량 교환기를 거쳐 대용량 교환기로 나아가는 단계적인 절차를 밟았다.

TDX-1A는 원래 농어촌용으로 개발되었기 때문에 수요가 훨씬 많은 도시 지역의 통신망으로 사용하기에는 적합하지 않았다. 그렇다고 해서 1991년까지 개발하기로 되어 있는 TDX-10을 기다리기에는 국내의 전화 사정이 여유롭지 못했다. 이러한 문제점을 해결하기 위한 방안은 2만 회선의 수용능력을 갖춘 TDX-1B를 개발하는 데 있었다. TDX-1B의 경우에는 기술개발체제에도 상당한 변화가 있었다. 당시까지 교환기 개발을 주도했던 ETRI가 담당하는 것이 아니라 ETRI의 지원에 의해 기술을 축적해온 교환기 생산업체가 주된 역할을 맡게 되었다. KT가 주축이 되고 ETRI의 지원 하에 4개 업체가 분담하여 개발하는 방식이 채택되었으며, 4개 업체들은 담당한 부분을 개발한 후 기술과 자료를 서로 공개하여 같은 제품을 생산하기로 했던 것이다. TDX-1B는 1986년 7월부터 1988년 12월까지 2년 6개월 동안 여러 차례의 시험평가를 거쳐 개발이 완료되었다. TDX-1B는 1989년 4월에 주문진, 경산, 안중, 칠곡 등 4개 지역에서 개통되었으며, 1990년부터는 외국에 수출되기도 했다.[297]

1987년부터 시작된 TDX-10 개발의 목표는 대도시 지역에도 보급이 가능한 10만 회선의 용량을 갖는 종합정보통신망을 구축하는 데 있었다. TDX-10의 경우에는 새롭게 TDX 개발단장으로 임명된 박항구 박사를 중심으로 ETRI, 생산업체, KT 등이 본격적인 공동연구체제를 형성했다. KT는 교환시스템에 대한 규격과 요구사항을 제시했고, ETRI는 전체 시스템을 설계하고 공통적으로 활용하는 부분의 개발을 담당했으며, 생산업체들은 분담 또는 경쟁에 의해 하위 시스템을 개발하는 역할을 맡았다.[298] TDX-1의 개발에서는 생산업체가 연구인력을 파견하는 정도에 머물렀지만, TDX-1B의 경우에는 생산업체들이 분담하여 개발하는 체제가 구축되었고, TDX-10에서는 연구소, 생산업체, 구매자가 협력하여 공동으로 개발하는 형태로 진화했던 것이다.

1987~1988년에는 TDX-10 개발을 위한 타당성 조사와 기초연구가 이루어졌고, 1989년에는 소프트웨어와 하드웨어 양쪽에 짝이 맞는 골격이 형성되었으며, 1990년에는 계속적인 실용시험을 통해 시스템을 보완하는 작업이 추진되었다. 그중 실용시험의 경우에는 TDX-10의 소프트웨어가 매우 방대했기 때문에 한꺼번에 시험을 하는 대신에 몇 개의 단계로 나누어 한 단계의 시험과 개량이 끝나면 다음 단계로 나아가는 식으로 진행되었다. 이어 1991년에는 상용시험과 함께 곧바로 발주에 들어가 같은 해 11월에 최초의 TDX-10이 개통되기에 이르렀다.[299]

TDX 기술개발사업은 당시로서는 기술개발과 관련된 국책사업 중 가장 규모가 큰 것이었다. 1982~1986년에는 240억 원의 연구개발비에 연인원 1,060명이, 1987~1991년에는 연구개발비 560억 원과 연인원 1,300명이 투입되었던 것으로 집계되고 있다. TDX 기술개발사업의 성공적 추진을 배경으로 한국은 세계에서 10번째로 디지털교환기술을 보유한 국가이자 6번째로 전자교환기를 수출한 국가로 부상했다.[300] 또한 한국 정부는 TDX 기술개발사업을 통해 대규모 연구개발과제를 관리하는 경험을 축적할 수 있었고, 그것은 이후에 추진된 다른 국가연구개발사업에도 널리 활용되었다.[301]

이상에서 살펴본 TDX 기술개발사업의 주요 내용을 정리하면 〈표 4-17〉과 같다.

구분	TDX–1X	TDX–1	TDX–1A	TDX–1B	TDX–10
성격	시험기	시험인증기	소용량 양산기종	중용량 양산기종	대용량 양산기종
용량	3천 회선	9,600회선	10,240회선	2만 회선	10만 회선
개발기간	1982~1983년	1982~1983년	1984~1986년	1986~1988년	1987~1991년
개발주체	ETRI	ETRI	ETRI	생산업체	ETRI, 생산업체
개통실적	시험운용	4개 지역	농어촌 지역	중소도시	대도시
비고	3차 시험기의 개선	개발단과 사업단의 설치	1가구 1전화 시대에 진입	TDX–1A의 용량 확대	공동개발의 본격 시행

자료: 종합정리.

디지털 이동통신의 상업화

이동통신서비스는 통신시스템의 성격에 따라 아날로그 방식의 제1세대, 디지털 방식의 제2세대, PCS(personal communication service)에 해당하는 제2.5세대, IMT-2000(international mobile telecommunication 2000)에 입각한 제3세대 등으로 구분된다. 1980년대에 들어와 선진국들은 제1세대에서 제2세대로 전환하는 것을 모색했는데, 그 선택지에는 TDMA(time division multiple access)와 CDMA(code division multiple access)가 있었다. 유럽은 TDMA에 기반한 GSM(global system for mobile communications)을 1982년에 표준으로 채택한 후 1983년에 상용화 단계에 진입했고, 미국은 TDMA에 입각한 시스템 개발을 거의 완료하는 가운데 CDMA의 가능성도 검토하고 있었다.[302] 이러한 상황에서 한국 정부는 1989년부터 디지털 이동통신시스템 개발사업을 추진했는데, 그 사업은 결국 CDMA를 표준으로 선택했기 때문에 흔히 'CDMA 기술개발사업'으로 불리고 있다.

CDMA 기술개발사업은 CDMA 방식의 이동전화시스템과 단말기를 개발하는 국가연구개발사업에 해당한다. 이를 통해 그동안 수입에 의존했던 이동통신시스템과 단말기를 대체하고, 주파수 사용 효율성을 높인 디지털 방식의 서비스를 제공하며, 급격히 늘어나는 이동통신서비스 수요에 대응한다는 것이었다. CDMA 기술개발사업은 1989년부터 1996년까지 추진되었으며, 996억 원의 연구개발비와 연인원 1,042명이 투입되었다. 그 사업이 성공적으로 마무리됨으로써 한국은 1996년 1월부터 CDMA 시스템과 단말기를 이용한 이동통신서비스를 세계 최초로 이루어낼 수 있었다.[303]

한국에서는 1980년대 후반에 새로운 이동통신시스템에 대한 논의가 시작되었다. 1988년에는 한국전자통신연구소(ETRI)가 디지털 무선통신시스템 개발이란 연구과제를 수행하기 시작했으며, 1년 뒤인 1989년에 한국 정부는 디지털 이동통신시스템 개발사업을 국책사업으로 선정했다. 한국통신(KT)과 한국이동통신(KMT)의 출연금을 바탕으로 ETRI를 통해 디지털 이동통신시스템을 자체적으로 개발한다는 것이었다. 당시 한국은 아날로그 이동통신시스템을 개발한 경험조차 없었기 때문에 이러한 시도는 상당히 무모한 도전으로 비춰지기도 했다. 그러나 한국 정부는 TDX 기술개발사업을 성공적으로 이루어낸 경험과 TDX를 이동통신의 인프라로 활용할 수 있다는 판단을 바탕으로 디지털 이동통신시스템 개발사업을 적극 추진하기에 이르렀다.[304]

ETRI는 1989년부터 선진국의 기술동향을 조사하면서 연구개발의 방향을 정립하는 작업을 수행했다. ETRI는 체신부(1994년 12월에 정보통신부로 확대·개편됨)와의 의견교환을 통해 미국을 모델로 삼는 것이 좋겠다는 결론을 내린 후 TDMA 시스템을 개발하고 있던 AT&T, 모토로라, 노던텔리컴을 접촉했다. 특히 ETRI는 모토로라와 집중적인 교섭을 전개했는데, 당시에 모토로라는 가장 뛰어난 기술력을 보유하고 있었고 한국 시장의 진출에도 적극적인 관심을 가지고 있었다.[305]

그러던 중 1990년 11월에 연구책임자인 이원웅 부소장이 미국 출장을 갔는데, 퀄컴(Qualcomm) 사가 CDMA 시스템을 성공적으로 개발하고 있다는 사실을 알게 되었다. ETRI는 CDMA 방식을 다각도로 분석한 결과 그것이 TDMA 방식보다 상당한 장점을 가지고 있다는 결론을 내렸고, 1991년 1월에 퀄컴과 CDMA 실용화 기술의 개발에 관한 국제공동연구를 추진하기로 합의했다. 당시 한국에는 CDMA와 관련된 원천기술이 없었기 때문에 퀄컴으로부터 원천기술을 전수받은 후 이를 바탕으로 시스템과 단말기를 개발하고자 했던 것이다. ETRI와 퀄컴은 1991년 5월에 공동기술개발계약을 체결했는데, 그것은 ETRI가 1,695만 달러의 공동연구개발비를 부담하고 퀄컴은 일정액의 연구개발비와 원천기술을 제공하여 CDMA 이동통신시스템을 공동으로 개발한다는 내용을 담고 있었다.[306]

퀄컴은 1985년에 창업한 벤처기업으로 군사통신을 위해 개발한 CDMA 기술을 이동전화에 응용하는 작업을 추진하고 있었다. 그러나 1991년만 해도 퀄컴이 제안한 CDMA 방식이 미국에서 표준으로 선정될 수 있는지, 통신사업자들이 그것을 바탕으로 상용서비스를 제공할 것인지가 확실하지 않았다. 또한 퀄컴은 CDMA 방식의 원천기술만을 가지고 있었기 때문에 이동전화시스템을 상용화하기 위해 필요한 전자교환기와 관련된 기술이 취약했으며, 대량생산기술과 제조기술도 낮은 수준이었다. 이러한 상황에서 공동기술개발에 대한 자금을 지원해줄 능력이 있고 TDX라는 전자교환기에 대한 기술을 보유하고 있던 한국의 제안은 퀄컴에게 좋은 기회로 여겨졌다.[307]

ETRI가 CDMA를 선택한 것에 대해 CDMA가 TDMA에 비해 해외시장 진출이 곤란하다는 반론도 제기되었다. 당시로는 TDMA 방식을 채택한 국가들이 많았기 때문에 TDMA 시장의 규모가 큰 것이 사실이었다. 그러나 TDMA 시장은 해외의 선발업체들이 거의 선점한 상태였고, 후발국인 한국이 TDMA를 선택할 경우 해외진출은 더욱 기대하기 어려운 목표일 수밖에 없었다.[308] 게다가 TDMA 기술을 도입하는 것도 쉽지 않았다. 완제품을 판매하겠다는 기업은 있어도 공동개발에 호의적인 기업은 없었다. 이에 반해 퀄컴은 CDMA에 대한 원천기술을 제공하고 공동개발을 추진하는 데 적극적인 자세를 보였다.[309]

퀄컴과의 공동연구는 시작되었지만 1992년까지도 기술개발은 본격적으로 추진되지 못했다. 퀄컴이 제시한 시스템의 개념설계는 일관성이 부족했으며 명확한 틀을 가지고 있지 않았다. 또한 퀄컴은 연구개발의 초점을 상용 시스템을 설계·제작하는 것보다 시험용 시스템과 부품을 개발하는 데 맞추고 있었다. ETRI의 경우에도 CDMA 기술을 충분히 이해하지 못했기 때문에 본격적인 기술개발을 수행할 수 없었다. 이와 함께 1997년까지 상용화하겠다는 당시의 계획은 연구원들에게 CDMA 기술개발을 먼 미래의 일로 간주하게 하여 큰 부담감을 주지 않았다. 당시에 ETRI의 연구인력 6명이 퀄컴에 파견되었지만 그들의 활동은 퀄컴이 수행하는 몇 가지 시험에 참여하거나 퀄컴의 연구원들과 토론하는 정도에 지나지 않았다.[310]

이런 와중에 1992년 12월에는 CDMA 기술개발사업에 참여할 기업들이 선정되었다. 이동통신시스템 개발업체로는 삼성전자, 금성정보통신, 현대전자가, 단말기 개발업체로는 삼성전자, 금성정보통신, 현대전자, 맥슨전자가 선정되었다. 처음에는 삼성전자와 금성정보통신이 퀄컴에 지급해야 할 기술사용료와 연구개발사업에 분담해야 할 민간출연금이 과다하다는 이유로 불참할 뜻을 비치기도 했다. 이에 ETRI는 국내 통신시장에 새롭게 진출할 기회를 잡은 현대전자를 설득하여 우선적으로 공동기술개발계약을 체결했다. 현대전자의 계약은 다른 업체들에게 이동통신시스템 시장에서 배제될 수도 있다는 위기감을 조성했으며, 결국 삼성전자와 금성정보통신도 ETRI와 공동기술개발계약을 체결하게 되었다.[311]

1993년 3월에 ETRI는 퀄컴이 제시한 설계를 바탕으로 시스템의 구조를 설정한 후 시험시제품인 KSC-1(Korean Cellular System One)의 개발에 착수했다. 일반적으로 통신시스템을 개발하는 단계는 시험시제품 개발, 실용시제품 개발, 상용시제품 개발로 구분되는데, 퀄컴과의 공동연구개발이 시작된 지 2년이 넘어서야 시험시제품의 설계가 확정되어 개발에 들어가게 된 것이었다. KSC-1은 ETRI가 확보하고 있었던 교환기기술인 TDX-10에 이동시험시스템(Roving Test System, RTS)을 결합한 성격을 띠고 있었다. KSC-1은 시험시제품이었기 때문에 이동통신시스템의 기본기능을 확인하고 개발의 위험성을 최소화할 수 있는 정보를 제공해줄 수는 있었지만 경제성이 결여된 문제점을 가지고 있었다.[312]

이에 대해 제조업체들은 ETRI가 제시한 시험시제품에 대한 설계가 상용제품을 제작하고 생산하는 데 별로 도움이 되지 않는다는 문제를 제기했다. ETRI가 제시한 설계는 사양도 정확하지 않고 기능과 성능도 불분명하다는 것이었다. 이러한 문제제기는 제조업체들의 기술능력이 어느 정도 축적되어 있었기 때문에 나타난 결과이기도 했다. 과거 TDX 기술개발사업이 추진된 1980년대 초만 해도 기술공급의 원천인 ETRI는 제조업체들에게 절대적인 존재였다. 그러나 그동안 기업들은 활발한 연구개발 활동을 바탕으로 일정 정도의 기술능력을 축적했기 때문에 ETRI가 기술개발을 조정하는 과정에서 이전과 같은 권위를 행사하기는 어려워졌다.[313]

CDMA 기술개발사업에 적색 신호가 들어오기 시작하자 정부가 개입하여 이를 해결하는 역할을 맡았다. 1993년 6월 체신부는 제2이동전화사업자가 디지털 방식인 국산장비를 사용하여 1995년부터 서비스를 제공할 것이라고 발표했다. 그리고 디지털 이동전화의 국가표준은 CDMA 방식이며 원활한 서비스 제공을 위해 CDMA 기술개발사업의 완료시기를

2년 앞당긴다는 결정을 했다. 이와 함께 디지털 방식으로 서비스하는 데에는 시간적 여유가 있으므로 제2사업자 선정은 1994년으로 연기한다는 계획을 발표했다.[314]

이와 같은 의사결정은 당시의 정치적 상황과 정부부처 간 경쟁에서 비롯된 것이었다. 1992년 체신부는 급속히 증가하는 이동전화 수요에 대응하기 위해 한국이동통신 이외의 신규 사업자를 선정하는 계획을 추진하여 우여곡절 끝에 선경을 제2사업자로 선정했다. 그러나 선경이 노태우 대통령과 사돈관계에 있어 상당한 정치적 파문을 일으켰고 결국 선경은 배정받은 사업권을 반납하기에 이르렀다. 이러한 상황에서 재벌에 대한 특혜 시비를 불러일으킬 수밖에 없는 제2사업자 선정을 곧바로 추진하는 것은 정책적 실패로 이어질 가능성이 많았다.

다른 한편으로는 이동통신산업의 주도권을 둘러싸고 정부부처 간 경쟁이 벌어지고 있었다. 당시 상공자원부는 CDMA 방식으로는 해외시장을 형성하기 어렵기 때문에 제품 판매가 국내에 국한될 수 있다고 주장하면서 TDMA 방식의 기술개발사업을 추진했다. 이와 함께 상공자원부는 국내에서 개발된 이동통신장비를 활용하기 위해서는 1994년으로 예정되어 있는 제2사업자의 서비스 시점을 연기해야 한다고 주장했다. 이러한 정치적 난관과 상공자원부의 견제를 돌파하기 위하여 체신부는 1993년 6월에 사업자 선정, 서비스 방식, 기술개발 시기 등을 서로 연계시키는 정책을 제시했던 것이다.[315]

이러한 체신부의 정책은 CDMA 기술개발사업에 관한 주체들에게 커다란 위기를 안겨주었다. 만약 1995년까지 CDMA 기술개발사업이 성공적으로 추진되지 않는다면 국산 장비로 서비스를 제공하기 위해 사업자 선정 시기를 연기한다는 정책은 완전한 실패가 되는 것이었다. 또한 정부의 전폭적인 지원을 받고 있었던 ETRI는 정해진 기간 내에 상용제품을 개발하지 못한다면 그 존립 근거에 심각한 상처를 입을 수밖에 없었다. 참여업체들의 경우도 막대한 자금과 인력을 투여한 사업이 실패하면 엄청난 손실을 감수해야만 했다. 1995년까지 국산 제품이 개발되지 못한다면 제2사업자가 외국 제품을 들여와 서비스를 시작할 것이며, 그럴 경우에는 국산 제품으로 대체하는 것이 매우 어려워지게 되는 것이었다.[316]

체신부의 정책결정과 그에 따른 위기의 도래는 CDMA 기술개발사업의 추진과정에 커다란 변화를 가져왔다. 우선 1993년 6월에는 CDMA 기술개발사업을 조정하고 상용화를 촉진하기 위해 한국이동통신 내에 이동통신기술개발 사업관리단이 설치되었으며, 단장으로는 과거 TDX 기술개발사업을 효과적으로 관리했던 서정욱 박사가 선임되었다.[317] 또한 ETRI 소장과 이동통신기술개발 사업관리단장은 매월 정기적으로 CDMA 기술개발사업의 추진상황을 체신부 장관인 오명에게 보고하는 체제가 도입되었다. 체신부 장관이 기술개발사업에 대해 정기적으로 보고를 받으면서 직접적인 관심을 보인 것은 매우 이례적인 일이었다. 이와 함께 ETRI에서는 기술개발사업의 추진현황을 매주 소장에게 보고하는 주간보고제도가 도입되었는데, 이 제도도 ETRI의 역사상 처음 시도된 것이었다. 이러한 배경에서 CDMA 기술개발사업은 ETRI의 핵심 사업으로 선정되어 다른 기술개발사업에 비해 물적·인적 자원을 최우선적으로 배분받을 수 있었다.[318]

1993년 8월에 ETRI는 퀄컴과 동일한 시스템을 구축한다는 계획을 포기하면서 독자적인 설계를 통해 시스템 개발을 추진한다는 방침을 세웠다. 당초의 공동기술개발계획은 퀄컴이 단말기, 기지국, 제어국의 기술을 토대로 전체적인 설계를 제시하고, ETRI는 이를 바탕으로 시스템을 설계·개발하여 퀄컴과 ETRI가 동일한 사양의 시스템을 개발하는 것이었다. 그러나 연구기간이 2년이나 단축되면서 ETRI는 퀄컴이 완전한 설계를 제시할 때까지 기다릴 수만은 없게 되었다. 이에 ETRI는 퀄컴이 명확히 제시하지 못한 부분은 외국의 기술을 도입해서라도 빨리 개발해야 한다고 결정했으며, 퀄컴에는 ETRI가 제시한 시스템 구조를 적극 지원해줄 것을 요청했다.[319]

이러한 과정을 거쳐 ETRI는 CMS-2(CDMA Mobile System Two)에 대한 시스템 설계를 시작했다. CMS-2는 KCS-1과 달리 상용시제품으로서 경제적인 측면들을 고려한 시스템이었다. KCS-1이 퀄컴의 설계를 활용한 시험시제품이었다면, CMS-2는 ETRI의 독자적인 설계에 입각한 상용시제품이었다. 이와 함께 ETRI는 연구개발기간을 단축시키기 위해 CMS-2와 KCS-1을 동시에 개발하는 소위 동시공학(concurrent engineering)을 시도했다. KCS-1은 CDMA 시스템의 기본기능을 확인하기 위한 시험무대로 사용하는 한편, 시스템의 부분별로 경제성 있는 개량모델을 CMS-2에서 개발하여 효율적이고 안정적인 상용모델을 구축하는 작업이 이루어졌던 것이다.[320]

ETRI가 독자설계의 상용시스템을 개발하겠다고 계획을 바꾼 것은 연구개발기간을 단축한다는 결정에 의해 촉발되었지만, 기술학습의 과정에서도 커다란 의미를 갖는 것이었다. 퀄컴으로부터 수동적으로 기술을 이전받고 개발하던 방식에서 주체적으로 자신의 통제 하에 기술을 개발하는 방식으로 전환하게 되었기 때문이다. 이러한 상황이 전개되면서 과거 TDX 기술개발사업을 수행하면서 축적된 지식기반과 기술관리능력이 CDMA 기술개발사업에 본격적으로 활용되기 시작했다. 1994년 3월에는 TDX-10 기술개발사업을 총괄했던 박항구 박사가 이동통신기술개발사업의 책임자가 되었으며, TDX-10 기술개발사업에 참여한 인력들이 CDMA 기술개발사업의 하부 프로젝트를 책임지는 팀장을 맡게 되었다.[321]

당시에 ETRI를 바라보는 외부의 시선은 달갑지 않았다. ETRI가 정해진 기간 내에 CDMA 상용시스템을 개발하는 것은 불가능하다는 기사들이 보도되었고, 용량 면에서 CDMA가 TDMA보다 뒤떨어진다는 논문들이 발표되기도 했다. 이러한 상황에서 ETRI의 연구원들은 "우리가 이룩할 결과로서 보여주겠다."는 의지로 서로 격려하면서 밤을 새워가며 기술개발에 몰두했다.[322] 이에 대하여 ETRI의 한 연구원은 당시의 기술개발 분위기에 대해 다음과 같이 회고했다.

> 개발이 본격적으로 추진되기 시작한 93년 말부터 이동통신 시스템에 관련된 모든 연구원들은 휴일에 상관없이 밤낮으로 정말 열심히 연구에 임했다. 15년 만의 더위라는 94년 그 더웠던 여름도 더운 줄 모르고 모두 STP[System Test Plant]실에서 개발에 열중했다. 애가 아파서 병원에 가더라도 저녁 늦게 다시 연구소로 출근하여 밤을 새워 가면서 시스템 개발에 최선을 다했다. 그리고 언제라도 필요시 담당 연구원을 호출하기 위해서 모든 연구원들에게 삐삐(pager)를 나누어주어 언제라도 문제가 발생하면 담당 연구원이 실험실로 와서 문제를 해결했기 때문에 일의 추진이 나날이 빨라져 갔다.
>
> 연동 시험이 계속되면서 시스템 관련 연구원들이 모두 야근을 하기 시작했고, 시험을 진행하다보면 식사시간을 놓치는 경우도 많았다. 연구원들의 이런 사정을 잘 아신 한 보직자께서 저녁에 실험실에 있는 연구원들을 위해서 돼지족발을 사 오셨다. 정말 이때 먹은 돼지족발은 그 언제 먹은 돼지족발보다 더 맛있게 먹었고, 밤이 늦고 다음날 새벽이 올 때까지 연동 시험에 시간가는 줄 몰랐다. 이렇게 모든 보직자들과 연구원들이 한마음으로 서로를 생각해 주었으며, 개발이 본격화되면서 연동 시험의 진척에 가속이 붙었다.[323]

한편 이동통신기술개발 사업관리단은 1993년 12월에 사용자의 입장에서 시스템이 구현해야 할 내용과 구성들을 구체화한 '사용자 요구사항'을 제시함으로써 CDMA 기술개발사업의 방향을 잡아주었다. 즉 시스템이 수용할 수 있는 회선용량과 동시통화가 가능한 회선수 등을 결정해줌으로써 기술개발상에서 연구소와 업체들이 공동으로 준수해야 할 규칙을 제시했던 것이다. 이를 통해 ETRI와 업체들 사이에 전개되었던 제품의 설계명세를 둘러싼 갈등이 어느 정도 해소될 수 있었다. 이렇게 기술개발의 방향성이 제시되고 공동의 설계규칙이 마련되자 ETRI는 물론 참여업체들의 기술개발활동에도 가속도가 붙기 시작했다.[324]

이동통신기술개발 사업관리단은 업체들과 여러 차례의 협의를 거쳐 사용자 요구사항을 보완하여 정식 규격으로 발전시켰다. 사업관리단은 1994년 7월에 1,000여 개의 상용시험 항목을 업체에 통보했으며, 삼성, 현대, 금성 등은 같은 해 8월에 예비시험을 통과한 후 상용시험기를 잇달아 가동했다. 1995년 1월에는 CDMA 시스템이 상용시험의 국면에 진입했고, 같은 해 5월에는 서울을 비롯한 수도권에서 시범운용에 들어갔다. 당시에 참여업체의 연구원들은 1일 3교대로 밤낮없이 상용제품을 개발하는 데 몰두하는 모습을 보였다. 그 결과 당초의 계획대로 1995년에는 상용제품의 개발이 완료될 수 있었고, 1996년부터 한국에서는 세계 최초로 CDMA 방식으로 이동통신서비스가 이루어지게 되었다.[325]

4. 휴대전화

한국에서는 1961년 8월에 차량전화(카폰)가 사용되면서 이동통신기기가 모습을 드러내기 시작했다. 당시의 카폰은 '가입이동무선전화'라는 이름으로 공급되었으며, 교환원을 거치는 수동식을 채택하고 있었다. 그로부터 12년 뒤인 1973년에는 MTS(Mobile Telephone Service)가 개통되어 교환원을 거치지 않는 기계식 차량전화가 가능해졌다. 이어 1975년에는 MTS를 약간 개선한 NMTS(New Mobile Telephone Service)가 도입되었으며, 1976년에는 반(半)전자식 차량전화인 IMTS(Improved Mobile Telephone Service)가 개통되었다. 1970년대 중반까지 이동전화는 대부분 청와대를 비롯한 정부기관에서 사용되었으며, 이동전화 가입자 수는 1965년에 78명이었던 것이 1976년에는 348명으로 증가했다.[326]

이 무렵 선진국에서는 셀룰러 시스템(Cellular System)이라는 전자식 이동전화 방식이 모색되고 있었다. 특히 AT&T와 모토로라를 비롯한 미국의 업체들은 1947년에 벨연구소가 개발했던 AMPS(Advanced Mobile Phone System)를 상용화하는 작업을 적극 추진했다. 한국 정부는 1979년부터 셀룰러 시스템의 개발 동향을 지켜보다가 1981년에 들어와 셀룰러 시스템의 도입을 본격적으로 검토하기 시작했다. 1981년에는 서울이 1988년 올림픽과 1986년 아시안게임의 개최지로 선정되면서 이동통신의 현대화가 중요한 과제로 부상했던 것이다.[327]

한국 정부는 1982년부터 한국통신을 활용하여 '이동무선전화 현대화 계획'을 추진했다. 한국통신은 모토로라, AT&T, NEC, 에릭슨 등을 불러 각 업체의 이동통신 방식에 대한 설명회를 개최한 후 1982년 11월에 모토로라의 EMX(Electronic Mobile Exchange) 기종을 도입하기로 결정했다. 1984년 3월에는 한국통신의 자회사로 이동통신을 전담하는 한국이동통신서비스가 설립되었고, 같은 해 5월에는 서울에 설치된 10개의 기지국을 통해 수도권 지역에 셀룰러 이동전화서비스가 제공되기 시작했다.[328]

당시에 국내 단말기 시장은 모토로라가 석권하고 있었으며, 이동전화는 곧 모토로라로 통하고 있었다. 국내 업체들은 대부분 모토로라와 총판계약을 맺어 제품을 출하하는 정도에 지나지 않았다. 이러한 상황에서 이동전화의 국산화에 처음 뛰어든 국내 기업은 삼성전자였다. 삼성전자는 1984년에 이기태 상무와 천경준 부장을 중심으로 무선개발팀을 편성한 후 일본의 도시바로부터 기술을 도입하여 카폰을 개발하기 시작했다. 도시바의 카폰을 분석하고 부품을 구매한 후 이를 조립하는 방식이었다. 삼성전자는 1986년에 최초의 국산 카폰인 SC-100을 개발했지만 품질이 확보되지 않아 쓰라린 실패를 맛보았다.[329] 이어 금성정보통신은 1987년에 미국의 폰테크와 기술도입계약을 체결한 후 GM-5000이라는 카폰을 개발하여 미국 시장에 진출했으며, 1989년부터 모델명을 GF-8100N으로 변경하여 국내시장에 판매했다.[330]

1988년 7월에는 한국이동통신이 서울올림픽을 겨냥해 휴대전화 서비스를 개시했다. 당시에 모토로라는 '흰색 벽돌'이란 애칭을 가진 다이나택 8000을 출시했는데, 그것의 크기는 127×228×45mm, 무게는 1.3kg이었고 가격은 240만 원에 달했다.[331] 삼성전자는 최초의 국산 휴대전화에 해당하는 SH-100 모델을 준비하여 서울올림픽 때 시험운영을 실시했으며, 1988년 12월에 개발을 완료한 후 1989년 5월부터 시판에 들어갔다. SH-100은 어른 손바닥의 크기에 450g의 무게를 갖추고 있었지만, 모토로라에 필적하는 통화 품질을 보장하지는 못했다. 곧이어 삼성전자는 후속 모델인 SH-200의 개발을 추진했다가 제품구조상의 결함으로 인하여 프로젝트 자체를 중단하는 우여곡절을 겪기도 했다. 세 번째 모델인 SH-300은 1992년 2월에 출시되었는데, 그 무게는 270g이었고 최장 90분 동안의 통화가 가능했다.[332]

국산 휴대전화가 본격적으로 출시되기 시작한 시기는 1991년이라고 할 수 있다. 삼성전자에 이어 금성정보통신, 현대전자 등에 의해 국산 단말기가 본격적으로 공급되었던 것이다. 그러나 삼성전자를 비롯한 국내 업체들은 모토로라에 밀려 고전을 면치 못했다. 예를 들어, 1992년을 기준으로 국내 이동전화 단말기에 대한 시장점유율은 모토로라 45.4%, 삼성전자 19.4%, 금성정보통신 8.6%, 현대전자 7.8%를 기록했다. 모토로라가 뛰어난 기술력과 인지도를 바탕으로 계속해서 새로운 제품을 출시했던 반면, 국내 업체가 개발한 휴대전화의 경우에는 통화감도가 떨어지고 고장도 자주 발생했다. 사실상 당시 국내 업체들은 핵심부품을 수입에 의존한 채 외장품이나 주변기술만 국산화하는 정도에 지나지 않았다.[333]

삼성전자는 휴대전화 사업이 기대에 미치지 못했지만 지속적으로 신제품 개발을 추진했다. 그것은 강진구 사장이 휴대전화가 소위 '될 상품'이라는 믿음을 가지고 지속적으로 무선개발팀을 지원했기 때문에 가능했다. 이러한 지원을 바탕으로 삼성의 무선개발팀은 독자적 설계에 입각한 휴대전화를 3년 내에 개발하여 모토로라를 능가한다는 야심찬 목표를 세웠다. 개발팀은 과거 모델에 대한 문제점을 분석하고 모토로라 제품을 철저히 분석하는 작업을 추진했으며, 그 과정에서 인구밀도가 높고 산이 많은 한국적 지형에 적합한 제품을 개발해야 한다는 개념을 잡게 되었다.[334]

당시 삼성전자의 무선개발팀이 수행한 활동에 대해 천경준은 다음과 같이 회고한 바 있다.

지피지기면 백전백승이라고 했던가. 적을 이기기 위해서는 나를 알고 적을 알아야 하는 법. 우선 나를 알기 위해 대리점과 사용자를 찾아다니며 우리의 약점이 무엇인가를 철저히 조사했다. 통화가 자주 끊긴다, 통화가 잘 안 터진다 등의 의견이 제시됐다. 그 다음 적을 알기 위해 대당 300만 원이나 하는 모토로라 휴대폰 10대를 구입했다. 모토롤라의 약점과 강점을 찾아내기 위해 구입한 모토롤라 휴대폰을 분해

해 보기도 하고, 고장날 때까지 점점 높은 곳에서 떨어뜨려 보기도 하고, 파손될 때까지 수백 킬로그램까지 눌러도 보고… 그리하여 모토롤라를 극복하기 위한 20가지 아이디어를 도출해 이 중 상당 부분을 이미 개발해 놓은 상태라 마무리만 잘하면 모토롤라보다 품질이 우수할 것이라는 자신감[을 가질 수 있었다.]335

그러던 중 1993년 6월에는 독일 프랑크푸르트에서 삼성그룹의 '신경영 회의'가 개최되었다. 그 회의에서 이건희 회장은 1994년까지 모토로라에 필적하는 휴대전화를 생산할 것을 목표로 제시하면서 이를 달성하지 못하면 삼성이 휴대전화 사업에서 철수하겠다는 강경한 입장을 밝혔다. 이와 같은 입장 발표를 통해 이건희 회장은 위기를 조성하고 기술개발에 대한 긴장감을 불어넣었던 것이다. 삼성전자의 무선개발팀은 신경영정신을 담은 첫 작품을 만들겠다는 각오를 다지면서 휴대전화 개발에 박차를 가했다. 제품의 소형화와 경량화를 추구했고, 배터리 성능을 높이면서 디자인을 고급화했으며, 독자적으로 개발한 더블 안테나를 채택해 통화 성공률을 높이고자 했다. 그 결과 1993년 10월에는 국산 제품으로는 최초로 100g대의 무게를 가진 SH-700이 탄생할 수 있었다.336

삼성전자의 무선개발팀은 SH-700을 가지고 전국을 돌아다니면서 5천여 회의 통화를 실시한 결과 통화품질이 모토로라에 뒤지지 않는다는 판단을 내렸다. 또한 삼성전자의 마케팅팀은 SH-700의 판매를 촉진하기 위해 무료통화 시연회 개최, 전문 대리점의 증설, 구형 모델과의 보상 교환 등을 실시했다. 특히 1994년 1월에는 일명 '천왕봉 프로젝트'를 통해 등산객을 직접 만나 통화품질을 확인하는 작업을 전개했다.337 SH-700은 시판 초기부터 상당한 호응을 받았으며, 1994년 4월에는 한 달 동안 1만6천 대를 넘어서는 판매고를 기록하기도 했다. SH-700의 잠재력

을 확인한 삼성전자는 후속 모델인 SH-770의 개발을 추진했다. SH-770
은 통화성공률을 더욱 높이면서 수소 배터리를 채용하는 식으로 준비되
었다.[338]

삼성전자는 1994년 3월에 SH-770 시제품을 제작한 후 대대적인 선전
활동에 나섰다. 우선 국내 지형의 70% 이상이 산악으로 구성되어 있는
데 반해 외국 휴대전화의 성능은 평야 지역에서 검증되었다는 점을 부각
시키기 위해 "한국 지형에 강하다."는 슬로건을 만들었다. 또한 천왕봉 프
로젝트를 확대하여 1994년 5월에 설악산, 한라산, 계룡산, 북한산, 관악
산 등에서 무료통화 시연회를 실시했으며, 같은 해 11월까지 유명인사를
기용하여 15곳의 명산, 4곳의 섬, 4곳의 바닷가, 경북 경주 등에서 총 24
회의 캠페인을 벌였다.[339]

1994년 7월에는 삼성전자가 SH-770에 대한 브랜드를 공모하여 5천 건
이 넘는 제안을 받았다. 처음에는 '애니텔'이 브랜드의 후보로 거론되었지
만, 미국의 한 회사가 이미 상표권을 가지고 있다는 문제점이 있었다. 같
은 해 8월에 삼성전자의 사업팀은 내부 회의를 통해 '애니콜(Anycall)'이라
는 개념을 만들었다. 애니콜은 언제(anytime) 어디서나(anywhere) 통화(call)
가 가능한 휴대전화라는 의미를 가지고 있었다. 결국 삼성전자는 SH-
770의 브랜드로 '삼성 애니콜'을 확정했는데, 그것은 '삼성'을 통해 회사의
신뢰감과 안정감을, '애니콜'을 통해 우수한 품질의 이미지를 전달하려는
전략에 입각하고 있었다.[340]

이러한 과정을 거쳐 1994년 10월에는 SH-770이 삼성 애니콜이란 이름
으로 출시되었다. 당시에 삼성전자가 애니콜의 제1차 공략 대상으로 삼았
던 집단은 모범택시 기사들이었다. 휴대전화 사용량이 많고 다수의 사람
들과 접촉하는 택시기사들을 적절히 활용하면 마케팅 효과가 클 것으로
판단했기 때문이었다. 택시기사들은 애니콜이 "잘 터진다."는 경험담을

주변 사람들에게 전했고 이를 통해 애니콜에 대한 우호적인 이미지가 형성될 수 있었다. 이와 함께 삼성전자는 '애니콜 안심보험'을 개발하여 애니콜을 구입한 지 1년 안에 분실, 도난, 화재피해 등을 입으면 새로운 상품으로 보상해주기도 했다.[341] 이처럼 1994년에는 SH-770에 대한 광고활동이 대대적으로 전개되었는데, 이를 통해 삼성전자의 휴대전화에 대한 광고비는 1993년 8억 원에서 1994년 56억 원으로 크게 증가했다.[342]

삼성전자의 휴대전화는 1994년 이후에 매출액과 시장점유율에서 현격한 성장을 보였다. SH-770을 출시한 1994년 10월에는 삼성전자의 국내 시장 점유율이 25.8%로 모토로라의 52.5%에 상당히 뒤처져 있었다. 그러나 1995년 6월에는 41.2% 대 43.5%로 근접했으며, 같은 해 8월에는 51.5% 대 42.1%로 삼성전자가 모토로라를 앞서게 되었다. 이어 1996년에는 삼성전자가 연간 시장점유율에서도 모토로라를 제치고 국내 휴대전화시장의 1위로 올라섰다(〈표 4-18 참조〉). 이로써 애니콜은 출시 1년 만에 한국 휴대전화의 대명사로 떠올랐으며, 모토로라가 유독 한국의 휴대전화시장에서만 1위 자리를 유지하지 못하는 상황이 빚어졌다. 이른바 '애니콜 신화'가 시작되었던 것이다.[343]

〈표 4-18〉 국내 휴대전화시장의 기업별 점유율 변화(1991~1998년)

단위: %

기업명	1991년	1992년	1993년	1994년	1995년	1996년	1997년	1998년	1999
모토로라	42.0	45.4	57.4	51.9	51.9	20.8	–	2.0	13.6
삼성전자	20.0	19.4	14.0	19.7	30.0	44.5	58.9	52.8	45.0
LG정보통신	9.2	8.6	5.0	4.0	3.8	14.8	33.3	26.4	21.8
현대전자	9.4	7.8	–	1.3	0.3	6.5	4.2	11.9	8.6
기타	19.4	18.8	23.6	23.1	14.0	13.4	3.5	6.9	11.0

자료: 한국전자통신연구원, 『차세대 이동통신 관련 산업의 발전전망 및 추진전략 연구』(1997), 140쪽; 이상오, "이동전화단말기" 한국정보통신정책연구원, 『정보통신산업동향』(2000), 47쪽.

애니콜 신화가 가능했던 조건 중의 하나는 엄격한 품질관리에서 찾을 수 있다. 이에 관한 유명한 일화로는 1995년 3월 9일에 거행된 '불량제품 화형식'을 들 수 있다. 이 사건은 삼성전자가 임직원들에게 명절 선물로 나누어준 휴대전화 중 일부가 불량제품으로 판명되면서 시작되었다. 이건희 회장은 시중에 유통 중인 제품을 모두 회수하여 화형식을 거행할 것을 지시했고, 삼성전자 구미사업장 운동장에서는 2천여 명의 직원들이 모인 가운데 15만 대의 불량제품을 불로 태우는 일이 벌어졌다. 당시에 화형식을 당한 제품의 총액수는 500억 원에 달했는데, 그것은 삼성전자 총이익의 5.3%에 이르렀다고 한다.[344]

삼성전자의 애니콜이 성공을 거두자 다른 국내 업체들도 독자적 브랜드의 휴대전화를 개발하기 시작했다. 예를 들어, LG정보통신은 1995년 2월에 '시원하게 통화한다.'는 의미를 가진 '화통(話通)'이라는 휴대전화를 선보였다. LG정보통신은 산악지형에 강하다는 애니콜을 겨냥하여 화통을 빌딩이 많은 도시지형에 적합한 제품이라고 선전했다.[345] 삼성전자도 후속 모델의 개발을 지속적으로 추진하여 1995년에 SH-800과 SH-870을 출시했다. SH-770의 무게는 187g이었지만, SH-800과 SH-870의 경우에는 각각 150g과 140g으로 줄어들었다.[346] 이런 식으로 애니콜의 성공은 한국의 기업들이 휴대전화사업을 경쟁적으로 전개하는 계기로 작용했으며, 이를 배경으로 2000년대에 들어서서는 한국이 세계 휴대전화시장을 선도하는 국가의 반열에 오르게 된다.

4절

종합적 고찰

1980~1997년은 전두환 정부, 노태우 정부, 김영삼 정부가 집권한 시기에 해당하며, 각 정부를 상징하는 키워드로는 안정화, 민주화, 세계화를 들 수 있을 것이다.

전두환 정부의 경제정책에서 가장 핵심적인 기조를 이룬 것은 안정화였다. 전두환 정부는 만성적인 인플레이션을 극복하기 위해 물가안정을 위한 온갖 수단을 동원했으며, 실제로 한국의 물가상승률은 1983~1987년에 2~3%대를 기록했다. 그러나 본문에서 지적했듯, 전두환 정부의 안정화 정책은 물가안정에 국한되지 않았고 이전 정부와 마찬가지로 경제성장도 중요한 과제로 삼았다. 전두환 정부는 단순한 물가안정이 아니라 '안정 속의 성장'을 도모했던 셈이다. 기존의 경제사 서술에서는 그다지 중요하게 고려되지 않았지만, 전두환 정부가 경제성장의 주된 동인으로 간주한 것은 기술혁신이었다. 그것은 전두환 정부가 수출드라이브 정책 대신에 기술드라이브 정책을 천명했으며, 법적 근거가 없었음에도 불구하고 기술진흥확대회의를 지속적으로 개최했다는 점에서 잘 드러난다.

이러한 맥락에서 전두환 정부 때 국가연구개발사업이 등장했다는 점도 부각될 필요가 있다. 1982년에 과학기술처가 출범시킨 특정연구개발사업과 1987년에 상공부가 시작한 공업기반기술개발사업이 그러한 예에 속한다. 한국의 과학기술정책은 1970년대까지는 전략산업의 발전과정에서 발생하는 기술수요를 간접적으로 충족시키는 정도에 머물렀던 반면, 1980년대부터는 핵심기술을 원활하게 개발하기 위해 정부가 국가연구개발사업을 통해 관리하는 보다 직접적인 형태를 띠었던 것이다. 1990년대에 들어와 국가연구개발사업은 정부부처별로 다원화되어 정보통신연구개발사업, 환경기술개발사업, 건설교통기술개발사업, 농림수산기술개발사업, 보건의료기술연구개발사업 등이 잇달아 시작되었다. 그것은 국가의 모든 정책 분야에서 연구개발의 위상이 강화되었다는 점을 반영하는 동시에 연구개발과 관련된 국가의 정책이 분산적인 방향으로 추진되었다는 점을 의미하고 있다.[347] 국가연구개발사업은 전두환 정부 때 시작된 이후 오늘에 이르기까지 계속해서 한국 정부가 각종 연구개발을 추진하는 중요한 정책수단으로 자리잡고 있다.

노태우 정부는 1987년에 발생한 6월 항쟁을 배경으로 탄생했다. 6월 항쟁은 범국민적 차원에서 전개된 민주화운동을 상징하는 사건이며, 한국은 매우 짧은 기간에 산업화와 민주화를 동시에 이룬 예외적인 국가로 평가되기도 한다. 여기서 민주화와 호황을 연결시켜 논의한다면, 1980년대 후반 한국의 민주화는 3저 호황이라는 경제적 여건 속에서 가능했다고 평가할 수 있다. 만약 당시의 한국 경제가 불황의 국면에 놓여 있었다면 정부가 노동자를 포함한 국민의 저항이나 요구를 수용하기 어려웠을 것이기 때문이다. 다른 각도에서 보면, 노태우 정부는 호황의 국면에서 경제의 내실을 다지는 작업을 소홀히 했으며, 그것은 1990년대에 들어와 한국 경제가 적자로 돌아서는 상황으로 이어졌다고 볼 수 있다. 이와 관련하여 1994년에 발간된 경제기획원의 역사에 관한 문건은 다음과 같이 쓰고 있다.

> 3저 현상으로 인한 경제여건의 변화는 80년대 초 이후 추진되어온 산
> 업구조조정을 지연시키는 결과를 가져왔으며, 또한 흑자로 인한 여유
> 재원을 전반적인 산업구조조정을 촉진함으로써 원화절상을 보다 적극
> 적으로 시행하는 등 우리 경제의 기반을 보다 내실 있게 다지는 데 유
> 용하게 활용하지도 못했다.… 적절한 환율정책과 안정기조 하에서의
> 구조조정정책의 일관된 시행이 요청되었으나 90년에 정부는 조급한
> 내수진작을 중심으로 하는 경제활성화 정책을 씀으로써 국제수지를
> 더욱 악화시키고 물가안정을 위태롭게 했다.[348]

1987년은 한국 사회 전반에 걸쳐 구조적 변화를 가져온 전환점으로 평가되고 있으며, 이후에 등장한 한국의 사회체제는 '87년 체제'로 불리기도 한다.[349] 87년 체제는 군사독재가 무너지고 민주적인 선거에 의해 정부가 수립되면서 형성되었다. 87년 체제에서는 정치적 측면은 물론 한국 경제가 작동하는 방식에도 상당한 변화가 있었다. 과거에는 정부와 기업이 주된 경제주체였지만, 1987년 이후에는 정부와 기업 이외에 노동조합과 시민단체가 경제정책에 중요한 영향을 미치는 이해관계자로 등장했다. 또한 경제적 자율성이 확대되면서 기업이 자체적인 투자를 확대하고 급속한 성장세를 보였으며, 한국 경제는 빠른 속도의 개방으로 글로벌 체제에 편입되기 시작했다. 그러나 정치적 민주화와 경제의 자율화·개방화를 효과적으로 결합하는 것은 쉬운 일이 아니었다. 1987년 이후에 성장 대 분배, 개방 대 보호, 규제완화 대 정부규제 등과 같은 담론이 반복적으로 제기되어왔지만, 이에 대한 국가적 차원의 선택이나 해결은 큰 진전

을 보이지 않고 있다.[350]

 김영삼 정부는 1994년 11월부터 세계화 정책을 대대적으로 추진했는데, 그것은 경제는 물론 정치, 교육, 문화 등을 망라하는 성격을 띠고 있었다. 예를 들어, 김영삼 정부는 세계화를 빌미로 하여 민주자유당 내의 특정 계파를 축출하거나 임금협상 중인 한국통신 노동조합을 탄압하는 도구로 활용하기도 했다.[351] 물론 김영삼 정부는 대외개방에 속도를 내면서 경제적 측면에서도 세계화를 진전시켰다. 세계화 정책이 추진되는 동안 무역과 외환거래는 더욱 자유로워졌고, 금융과 서비스업에 대한 외국인 투자도 크게 증가했던 것이다. 그러나 김영삼 정부 시기의 세계화를 통해 한국의 각종 경제적 제도가 소위 '글로벌 스탠더드(global standard)'에 부합하는 것으로 나아가지는 못했다. 그것은 한국의 금융기관들이 국제금융의 기준이나 기법에 미숙했으며 정부도 금융시스템을 적절히 관리하거나 감독하지 못했다는 점에서 단적으로 드러난다. 한국에서는 글로벌 스탠더드가 외환위기를 계기로 외부적으로 강제되었던 것으로 판단된다.[352]

 한국의 외환위기가 왜 발생했는가에 대해서는 아직 합의된 설명이 없다.[353] 초기의 연구들은 외환위기의 원인을 주로 한국 경제의 구조적 모순에서 찾았다. 외환위기 이전에 한국 경제는 정부의 지나친 개입, 정부와 기업의 결탁, 비효율적인 재벌 구조 등을 특징으로 삼는 '정실 자본주의(crony capitalism)'의 성격을 띠고 있었다는 것이다.[354] 이에 반해 한국의 외환위기에 대한 최근의 논의는 단기적인 유동성 부족에 주목하는 경향을 보이고 있다. 한국 경제가 외환위기를 불러올 만큼 내부적인 문제를 가지지는 않았으며, 단기 외채를 제대로 관리하지 못했기 때문에 외환위기가 발생했다는 것이다. 특히 1997년 여름에 일본을 비롯한 외국의 은행들이 자금을 회수하기 시작했을 때 한국 정부가 외환보유액이 매우 적었음에도 불구하고 국내 은행의 외채에 대해 지급보증을 했다는 점은 외환위기를 촉발한 직접적 계기로 간주되고 있다.[355] 1997년의 외환위기가 국내적 금융위기에 국한되지 않고 대외적 지불불능의 위기로 발현되었다는 점을 감안한다면, 외부적 요인의 문제와 이에 대한 대응방식에 초점을 두는 분석이 한국 경제의 내부적 문제를 부각시키는 논의보다 더욱 설득력을 가진 것으로 판단된다.[356]

1980년대 이후 한국 경제의 특징을 설명하기 위해 자주 등장하는 개념으로는 '민간주도'를 들 수 있다. 정부주도에서 민간주도로 전환된 인상적인 사례는 석유화학산업일 것이다. 1970년대만 해도 석유화학산업의 사업주체는 공기업 혹은 그 계열사였지만, 1980년대 중반 이후에는 LG, 삼성, 현대와 같은 민간 재벌이 석유화학산업에 대한 투자를 주도했다. 이와 병행하여 석유화학산업에 대한 정부의 주된 역할은 공기업을 통한 투자에서 민간기업에 대한 간접적 지원으로 변화하는 양상을 보였다.[357] 철강산업의 경우에는 공기업인 포스코가 계속해서 사업주체를 맡았지만, 포스코의 기업경영에 대한 자율성이 지속적으로 강화되었다는 점에도 주목할 필요가 있다. 1980년대 중반 이후에 포스코는 정부의 지원이 크게 감소하는 가운데 재정자립도의 향상, 경영다각화의 추진, 해외시장의 개척 등을 통해 기업 자율성을 강화할 수 있는 기반을 구축했던 것이다.[358]

이보다 더욱 적극적인 민간주도의 사례로 거론되어온 것은 반도체산업이다. 1980년대 초반에 삼성을 비롯한 한국 기업들이 64K D램에 도전한 것은 독자적인 판단에서 비롯되었다. 당시에 한국 정부는 국내 기업들이 1K D램에서 시작하는 것을 기본 방침으로 삼았다고 한다.[359] 또한 삼성은 반도체 부문에서 1987년까지 상당한 적자를 기록했음에도 불구하고 다른 계열사의 자금을 활용하여 지속적인 투자를 감행했다. 그러나 민간주도를 지나치게 강조하다 보면 정부의 지원을 경시하는 논의로 이어질 위험성이 있다. 예를 들어 삼성의 사례를 통해 기업주도론을 부각시킨 김인영은 "연구기술인력의 훈련을 위한 정부의 보조를 제외하고는 정부의 지원이 반도체산업 발전에 중요한 역할을 했다는 흔적을 발견하기 힘들다."고 평가한 바 있다.[360] 1980년대 이후에 반도체산업은 민간이 주도하긴 했지만, 이에 상응하는 정부의 지원이 있었다는 점에도 유념해야 한다. 사실상 삼성이 반도체공장의 부지를 조성하거나 도로와 용수를 비롯한 사회간접자본을 확충하는 데에는 상당한 정부의 지원이 있었다고 볼 수 있다.[361] 또한 한국 정부는 1986~1989년에 초고집적반도체기술공동개발사업, 차세대반도체기반기술개발사업, 주문형반도체기술개발사업 등 국가공동연구개발사업을 통해 약 2,476억 원을 지원한 바 있다.

게다가 TDX와 CDMA의 사례는 민간주도라기보다는 정부주도에 가까운 성격을 띠고 있었다. TDX 기술개발사업과 CDMA 기술개발사업은 모두 국책사업의 일환으로 추진되었다. 정부는 이에 소요되는 자금의 대부분을 지원했을 뿐만 아니라 기술경로를 선택하거나 추진체제를 구축하는 데에도 깊숙이 개입했다. 한국 정부는 한국전자통신연구소(ETRI)와 같은 공공부문을 활용하여 기술경로를 결정했으며, 개발단이나 사업단과 같은 전담조직을 설치하여 이를 적극적으로 관리했다. 물론 민간기업도 TDX 기술개발사업과 CDMA 기술개발사업에 가세했지만, 두 사업에서 민간기업의 역할은 연구개발의 과정에 참여하거나 연구개발의 결과를 상업화하는 데 초점이 주어졌다. 이처럼 한국 정부는 TDX 기술개발사업과 CDMA 기술개발사업을 통해 사업방향의 설정, 자금의 집중 투자, 사업진척도의 관리 등의 역할을 담당했는데, 그것은 1970년대에 선별적 산업정책을 추진할 때와 거의 유사한 내역이라고 볼 수 있다.

이처럼 산업의 성격이나 수준에 따라 정부 개입의 정도가 다르기 때문에 1970년대까지는 정부주도, 1980년대 이후는 민간주도라고 단순히 결론짓기는 어렵다. 물론 1980년대 이후에 기업의 역할과 자율성이 강화되는 경향은 있지만, 그렇다고 해서 정부의 개입이나 지원이 축소되지는 않았다. 한국 정부의 개입 정도가 약화된 것이 아니라 개입 형태가 선별적 산업정책에서 기능별 지원정책으로 전환되기 시작했다고 평가하는 것이 적절해 보인다. 그것은 1980년대 이후에 기업이 연구개발활동을 확대하는 배경으로 작용했으며, 1986년에 제정된 공업발전법이 내세웠던 취지이기도 했다. 굳이 정부주도나 민간주도와 같은 표현을 사용한다면, 1970년대까지는 '정부주도와 민간추종', 1980년대 이후에는 '민간주도와 정부지원'의 성격을 보였다고 규정할 수도 있을 것이다.

한국의 기술활동은 1970년대까지 주로 성숙기 기술을 대상으로 삼았던 반면, 1980년대에 들어서는 성장기 기술로 나아가기 시작했다. 성숙기 기술이 선진국에서 이미 보편적으로 활용되고 있었던 기술이라면, 성장기 기술은 개발이나 상업화는 이루어졌지만 선진국에서도 발전가능성이 높은 기술에 해당한다. 포스코는 광양제철소 건설사업을 추진하면서 당시의 첨단설비를 대폭 채용하여 성장기 기술의 확보를 도모했고, 현대는 X카 프로젝트와 알파 프로젝트를 통해 기술변화의 추세에 적극 대응하는 모습을 보였다. 1980년대 초반에 삼성이 진출한 D램 사업이나 정부가 추진한 TDX 기술개발사업도 몇몇 선진국을 중심으로 성장세를 구가하던 기술을 대상으로 전개되었다고 볼 수 있다.

한국의 기업들이 성장기 기술을 확보하는 것은 성숙기 기술에 비해 훨씬 어려웠다. 그것은 1970년대 초반에 있었던 포스코의 기술연수와 1980년대 초반에 있었던 삼성의 기술연수를 비교해보면 분명히 드러난다. 1970년대에 일본의 철강업체들은 포스코에 기술을 전수하는 데 적극적으로 협조했지만, 1980년대에 미국과 일본의 반도체업체들은 모두 삼성에 대한 기술이전에 인색한 자세를 보였다. 선진 업체의 입장에서는 보편화된 성숙기 기술은 이전하고 경쟁이 치열한 성장기 기술은 보유하고 있어야 경제적 이득을 보장받을 수 있는 것이다. 이에 따라 한국의 기업들은 1970년대만 해도 원하는 기술을 외국 업체로부터 일괄적으로 도입할 수 있었지만, 1980년대 이후에는 필요한 기술을 부분적으로 도입하거나 비공식적인 방법으로 정보를 입수하여 핵심기술을 자체적으로 개발해야 하는 상황을 맞이했다.

1980년대에 들어와 한국의 기술활동은 선진국과의 기술격차를 의식적으로 축소하려는 기술추격의 성격을 띠기 시작했다. 기술습득의 단계에서는 지식기반이 거의 없는 상태에서 선진국으로부터 도입한 기술을 배우고 익히는 것이 강조되었던 반면, 기술추격의 단계에서는 어느 정도의 지식기반을 갖춘 상태에서 선진국의 기술수준을 따라잡기 위한 활동이 전개되었던 것이다. 기술추격의 단계에서는 선진국이 달성한 기술적 성과에 대한 정보를 입수하면 이에 상응하는 기술수준을 달성하기 위해 수많은 노력이 기울여지기도 했다. 또한 기술습득의 단계에서는 주로 생산기술의 영역에 초점이 주어졌던 데 비해 기술추격의 단계에서는 생산기술은 물론 제품기술이나 설계기술에도 도전하는 양상이 나타났다. 다시 말해 한국의 기업들은 진입장벽이 낮은 생산기술의 영역에서 시작한 후 점차적으로 난이도가 높은 제품기술이나 설계기술에 도전하는 모습을 보였던 것이다. 1990년대 중반을 기준으로 할 때 한국의 주요 산업은 생산기술에서 선진국과 거의 대등한 수준을 확보했지만, 제품기술이나 설계기술의 경우에는 선진국 수준에 미치지 못하는 경향을 보였다.

기술추격의 단계는 기본적으로 선진국이 선례를 남겼거나 수행 중인 기술경로를 따라가는 성격을 띠고 있다. 이러한 상황에서는 무엇이 문제가 되는가도 이미 알려져 있고 그 문제에 대한 해답도 예상할 수 있다. 이처럼 기술추격의 단계에서는 문제와 해답을 모두 알 수 있기 때문에 얼마나 빠른 속도로 과제를 수행할 수 있는지가 관건으로 작용한다. 한국의 과학기술자들은 선진국에서는 찾아보기 어려운 엄청난 성실성을 발휘하여 연구개발기간을 단축하는 모습을 보였는데, 그것은 연구개발에 관한 각종 일화에서 "밤낮을 가리지 않고" 혹은 "휴일까지 반납하고" 등과 같은 표현이 자주 등장한다는 점에서 확인할 수 있다. 심지어 한국의 기업이나 정부가 기술개발의 속도를 높이기 위해 위기를 인위적으로 조성하는 경우도 있었다. 예를 들어 삼성이 64K D램의 개발에 도전할 때에는 무박 2일의 '64km 행군'이 실시되었고, 한국 정부가 TDX 기술개발 사업을 추진할 때에는 'TDX 혈서'로 불린 서약서가 작성되었던 것이다.

한국의 몇몇 기업들은 선진국의 기술을 효과적으로 추격하기 위해 핵심적인 기술과제를 대상으로 태스크포스팀을 구성한 후 연구개발, 시제품개발, 양산기술개발을 병렬적으로 추진했다. 이를 통해 한국의 기업들은 기술개발의 기간을 단축하는 것은 물론 보다 시장성이 높은 기술을 개발할 수 있었다. 그러나 이와 같은 병렬적 개발시스템을 한국 기업의 고유한 특성으로 보기는 어렵고, 오히려 일본이 먼저 시작한 방법을 한국 기업이 자사의 여건에 맞게 활용 혹은 보완했다고 해석하는 것이 무난해 보인다.362 물론 한국 기업이 일본 기업에서 찾아보기 어려운 새로운 형태의 병렬적 개발시스템을 구축하기도 했는데, 그 대표적인 예로는 삼성이 D램을 개발할 때 사용했던 몇몇 방식을 들 수 있다. 신제품의 개발과 생산라인의 건설을 병렬적으로 추진하는 방식, 한국의 본사와 미국의 현지법인이 동일한 제품을 병행해서 개발하는 방식, 여러 세대의 제품에 대한 연구개발을 동시에 추진하는 방식 등이 여기에 속한다.

기술추격이 이루어진 정도는 산업별로 상당한 차이가 있었는데, 그것은 다음과 같은 세 가지 유형으로 구분할 수 있다. 첫째는 기술추격이 미진한 경우로 섬유, 신발, 석유화학, 컴퓨터 등이 여기에 속한다. 이러한 산업에서는 종합적인 기술수준이 해당 선진국의 1/2~2/3 내외에 머무르거나 기술추격의 도중에 그 속도가 둔화되는 경향이 나타났다. 둘째는 기술추격이 상당히 진척된 유형으로 철강, 조선, 자동차, 휴대전화 등이 포함된다. 이 유형에서는 기술수준이 선진국의 80~90% 내외에 이르거나 해당 산업에서 선진 업체의 경쟁상대로 부상하는 양상을 보였다. 셋째는 추격을 넘어 추월로 나아간 경우로 반도체와 통신을 그 예로 들 수 있다. 삼성은 64K D램에서 4M D램까지는 추격의 상태에 있었지만 64M D램부터는 세계 최초의 개발자로 부상했으며, 통신의 경우에는 TDX 기술을 통해 선진국을 추격한 후 CDMA 기술을 세계 최초로 상용화하는 것으로 이어졌다. D램과 CDMA의 경우에는 제5장에서 논의할 사례와 달리 이미 1990년대 중반에 세계 기술을 선도하기 시작했다는 점에도 주목할 필요가 있다. 또한 산업별로 기술추격이 이루어진 정도가 다르므로 추격에서 선도로 나아가자는 논변도 주의 깊게 적용될 필요가 있다. 추격이 상당히 진척된 산업은 선도를 지향할 수 있겠으나 그렇지 않은 산업은 추격의 내실화에 노력을 기울여야 하는 것이다.

산업별 기술추격의 차이에서 주목할 만한 현상으로는 '지체(delay)'와 '비약(leapfrogging)'을 들 수 있다. 기술지체는 기술추격의 속도가 현격히 둔화되는 것을 의미한다면, 기술비약은 기술수준이 갑자기 빠른 속도로 향상되는 것을 뜻한다. 기술지체의 예로는 신발과 컴퓨터를 들 수 있다. 신발산업의 경우에는 고유 브랜드로의 전환이 시도되었으나 기능적 차별성이 부족하고 개념설계능력이 확보되지 않는 바람에 미국 시장에 대한 진출이 실패로 끝났다. 컴퓨터산업의 기술지체는 기술추세와 조직구조가 부정합(mis-match) 관계를 형성했기 때문에 발생했다. PC의 제품수명주기가 단축되어 새로운 제품으로의 신속한 전환이 중요해졌음에도 불구하고 국내의 대규모 컴퓨터업체들은 위계적인 의사결정 구조를 가지고 있어 이러한 변화에 유연하게 대처하지 못했던 것이다. 이처럼 핵심기술을 확보하지 못한 상태에서 무리한 도전을 시도하거나 기술패러다임의 변화에 적절히 대응하지 못할 경우에는 기술추격이 지체될 수 있다.

기술비약에 대해서는 흥미로운 가설이 제안된 바 있다. 서론에서 언급했듯, 이근과 임채성은 기술추격의 유형을 경로추종형, 단계생략형, 경로개척형으로 구분한 후 경로생략형이나 경로개척형에서 기술비약이 일어날 수 있다고 평가했다. 그리고 경로생략형의 예로 자동차와 반도체를, 경로개척형의 예로 CDMA를 들었다. CDMA의 사례는 기술패러다임이 전환되는 시기에 새로운 경로를 개척하는 양상을 보였으며 기술비약을 설명하는 전형적인 유형이 될 수 있다. 이에 반해 단계생략형은 동일한 기술패러다임 하에서 몇몇 단계를 뛰어넘는 것에 해당하는데, 이근 등은 현대자동차가 카뷰레터 방식을 건너뛰고 연료분사 방식으로 나아갔다는 점과 삼성전자가 D램 분야에 진출하면서 곧바로 64K D램에 도전했다는 점에 주목하고 있다. 물론 이러한 두 가지 사건도 선진기술을 급속히 추격할 수 있는 발판이 되었지만, 필자는 현대자동차의 경우에는 알파 프로젝트를 계기로 독자 엔진을 개발하는 단계에 진입했다는 점이, 삼성전자의 경우에는 4M D램을 개발할 때 스택 방식을 채택했다는 점이 해당 기업의 기술비약에 주된 계기로 작용했다고 판단한다. 이러한 점을 수용한다면, 후속 연구개발의 바탕이 되는 핵심기술을 자체적으로 확보하거나 기술경로가 경합하는 상황에서 적절한 선택이 이루어지는 경우에는 단계생략의 여부와는 관계없이 기술비약이 일어날 수 있다는 주장이 가능해진다.

한국 경제의
전환과
기술선도

제5장에서는 외환위기 이후 약 10년을 대상으로 한국의 경제변동과 기술발전에 대해 다룬다. 1997년 외환위기는 "한국전쟁 이후 최대의 국난"으로 평가될 정도로 그 자체가 커다란 사건이었을 뿐만 아니라 당시에 이루어진 체제 변화가 이후 한국 경제의 모습을 규정하고 있다고 해도 과언이 아니다.[1] 1절에서는 외환위기를 극복하는 과정과 경제체질을 개선하기 위한 노력을 중심으로 1998~2007년의 한국 경제에 대한 주요 사건과 정책을 살펴본다. 2절에서는 '기술선도'를 키워드로 하여 해당 시기의 기술발전에 관한 사례를 검토할 것인데, 여기에는 철강, 조선, 자동차, 반도체, 디스플레이, 휴대전화 등이 포함된다. 이어 3절에서는 1998년 이후의 경제성장과 기술발전에 대한 몇몇 쟁점들을 논의할 것이다.

외환위기 이후의 한국 경제

1. 외환위기의 극복

1997년 말에는 외환위기의 상황 속에서 제15대 대통령 선거가 준비되었다. 한나라당 이회창 후보, 새정치국민회의 김대중 후보, 국민신당 이인제 후보 등이 출마했는데, 김대중은 자유민주연합 김종필과 함께 소위 'DJP연합'을 결성했다. 당시에는 옥외 군중집회가 사라지는 대신 TV토론회가 도입되었으며, 세 차례의 TV토론회에서는 외환위기와 관련된 '경제파탄 책임론'이 가장 중요한 이슈가 되었다. IMF는 이회창, 김대중, 이인제 후보에게 김영삼 정부의 약속을 계승하겠다는 각서를 요구하기도 했다. 1997년 12월 18일에 실시된 제15대 대통령 선거는 김대중 후보의 승리로 끝났다. 김대중의 당선은 한국에서 처음으로 선거에 의해 여야 정권이 교체된 사건이었다. 김대중은 1998년 2월 25일에 대통령으로 취임하면서 국민을 존중하는 정부가 되겠다는 뜻으로 새 정부에 '국민의 정부'라는 이름을 붙였다.[2]

자료: 대한민국역사박물관

　김대중은 당선자 신분이던 66일 동안 사실상의 대통령으로서 IMF와
의 협상을 주도했다. 외환위기는 김대중의 대통령 당선에 많은 도움이 되
었을 뿐 아니라 그에게 리더십을 발휘할 수 있는 기회도 제공했다.[3] 1998
년에 들어와 한국 정부는 외환유동성을 확보하기 위해 본격적인 노력을
기울이기 시작했다. 당시에 한국 정부는 금융기관이 안고 있던 단기외채
의 만기연장을 완료한 후 외화표시 국채의 해외발행을 추진하는 순차적
방법을 채택했다. 또한 외환보유고를 적절한 수준으로 유지하기 위해 한
국은행의 금융기관에 대한 외화지원을 엄격히 제한했으며 지원 금리를
단계적으로 인상했다. 한국 국민들도 금모으기 운동에 참여하는 등 외환
위기 극복에 적극적으로 동참했으며, 그것은 한국의 대외신인도를 회복
하는 데 크게 기여했다.[4]

　1998년 2월에 출범한 김대중 정부는 정부조직법의 개정을 통해 대대적
인 정부조직 개편을 단행했다. 부총리제가 폐지되면서 재정기획원은 재

정경제부로, 통일원은 통일부로 개편되었다. 재정경제부 산하에는 예산청이 설치되었고, 대통령 직속기구로 기획예산위원회가 신설되었으며, 금융감독위원회의 설치가 고려되었다. 내무부와 총무처는 행정자치부로 통합되었고, 국무총리실에 법제처와 국가보훈처가 차관급 부서로 흡수되었다. 외무부는 통상교섭본부를 신설하면서 외교통상부로 개편되었으며, 통상산업부는 산업자원부로 바뀌었다. 과학기술처는 과학기술부로 격상되었고, 보건복지부에는 식품의약품안전청이 설치되었다. 이어 1998년 4월에는 금융정책에 대한 최고의사결정기구로 금융감독위원회가 출범했다. 이상의 정부조직 개편은 작지만 강력한 정부를 지향하는 김대중 대통령의 의지에서 비롯되었지만, 예산청과 기획예산위원회가 별도의 기구로 설치되는 등 몇몇 파행적 결과가 수반되기도 했다.[5] 김대중 대통령이 경제 분야의 경우에는 정치적 관계보다는 경제적 전문성을 기준으로 관료를 발탁함으로써 외환위기에 대한 현실적인 대응력을 높이고자 했다는 점도 주목할 만하다.[6]

외환위기를 극복하기 위해 김대중 정부는 외환유동성을 확보하는 것은 물론 한국 경제의 구조를 개혁하는 작업도 추진했다. 경제구조 개혁은 금융부문, 기업부문, 노동부문, 공공부문으로 나누어 추진되었으며, '4대 부문의 구조개혁' 혹은 '4대 구조조정' 등으로 불린다. 한국 정부의 경제구조 개혁은 시기적으로 두 단계로 구분할 수 있다. 1단계는 외환위기 발생 이후 2000년 초반까지로 이 기간에는 금융과 기업의 부실을 제거하고 구조조정의 여건을 마련하는 데 주력했다. 2000년 이후의 시기에 해당하는 2단계에서는 경쟁력 강화를 위한 경제시스템을 구축하는 데 구조개혁의 초점이 맞추어졌다. 이와 함께 구조조정의 과정에서 불가피하게 발생하는 각종 사회문제를 완화하기 위한 대책도 강구되었다.[7]

금융부문의 구조조정은 금융부실의 처리와 금융안전망의 정비를 중심으로 추진되었다. 1998년 4월에는 금융기관 구조조정의 근거로 '적기시정조치'가 채택되었으며, 은행 및 종금사, 증권사, 보험사, 상호저축은행 등의 순서로 구조조정이 실시되었다. 이와 함께 일정 규모 이상의 금융기관에 대해서는 사외이사, 감사위원회, 준법감시인 제도 등이 의무화되었고, 금융기관의 대형화를 촉진하기 위해 금융지주회사제도가 도입되었다. 부실금융기관의 구조조정은 퇴출, 합병, 해외매각, 외자유치, 증자 등의 방법을 통해 이루어졌으며, 2003년 1월까지 전체 금융기관의 31.4%인 659개사가 정리되었다. 금융기관의 부실채권 규모는 1997년 43조6천억 원에서 1999년 66조7천억 원으로 증가한 후 2002년에는 31조8천억 원으로 축소되었다. 국제결제은행(Bank for International Settlement, BIS)이 정한 위험자산(부실채권) 대비 자기자본비율도 개선되었다. 한국 금융기관의 BIS 자기자본비율은 1997년 말에 국제 기준인 8%에 미치지 못하는 7.04%에 그쳤지만, 1998년에 8.23%를 기록한 후 2002년에는 10.50%로 증가했다. 한국 정부는 금융부문 구조조정을 위해 1997년 11월부터 2002년 말까지 총 159조 원의 공적자금을 투입했으며, 2002년 12월을 기준으로 총 53조8천억 원의 공적자금을 회수했다.[8]

기업부문의 구조조정은 부실기업의 처리와 시장규율의 강화에 중점을 두고 추진되었다. 1998년 2월에는 정부와 재계가 기업경영의 투명성 제고, 상호채무보증 해소, 부채비율 200% 이내의 재무구조 개선, 핵심주력사업으로의 역량 집중, 지배주주와 경영자의 책임성 강화와 같은 5대 핵심과제에 합의했다. 이어 1999년 8월에는 순환출자 및 부당내부거래 억제, 제2금융권 지배구조 개선 및 금융지배 차단, 변칙상속 및 증여 방지와 같은 3대 보완과제가 추가됨으로써 '기업구조개혁 5+3 원칙'이라는 큰 틀이 마련되었다. 기업부문의 구조조정은 크게 기업퇴출판정, 기업개선작업(워크아웃), 대규모 사업교환(빅딜) 등으로 나누어 진행되었다. 정부는 5대 기업집단에 대해서는 사업교환과 재무구조개선약속을 주로 사용하는 한편, 6~64대 기업집단의 경우에는 기업개선작업과 자율적 구조조정 추진을 병행했다. 또한 기업경영의 투명성 제고와 기업의 지배구조 개선을 촉진하기 위해 기업집단의 결합재무제표 작성 의무화, 세계적 수준의 기업회계기준 적용, 상장법인의 사외이사 선임 의무화, 소액주주의 권한 강화 등이 추진되었다.[9]

노동부문의 경우에는 1998년 1월에 노사정위원회가 출범하여 '경제위기 극복을 위한 사회협약'을 도출하는 가운데 정리해고제와 파견근로제의 도입에 합의했다. 이어 노사정위원회는 노동조합의 정치활동 보장, 교원노조 허용, 공무원 직장협의회 결성 허용 등 노동계가 오랫동안 제기해 왔던 요구를 수용했다. 2000년 10월에는 법정 근로시간의 단축을 위해 '주 40시간 근무제 도입을 위한 노사정 합의문'이 채택되기도 했다. 외환위기 이후 발생한 대량 실업사태에 대처하기 위한 범정부 차원의 노력도 전개되었다. 단기적 대책으로는 공공근로사업의 확충, 실업급여의 지급, 실직자 생활안정자금의 대출 확대 등이 있었으며, 장기적 대책으로는 실업자 능력개발, 취업지원센터의 건립, 고용안정정보망의 도입, 고용보험의 적용범위 확대 등이 추진되었다. 이와 함께 여성근로자의 모성보호와 사회적 진출을 촉진하기 위한 정책도 시행되었다.[10]

공공부문의 구조조정에서는 앞서 언급한 정부조직 개편 이외에도 정부출연연구기관 경영혁신, 정부운영시스템 개선, 공기업 민영화 등이 추진되었다. 1999년 1월에는 '정부출연연구기관 등의 설립 및 육성에 관한 법률'이 공포되면서 해당 연구기관들의 소속이 개별 정부부처에서 국무총리실 산하의 5개 연합이사회(research council)로 변경되었다. 이와 함께 연구기관장 공모제를 실시하고 연구원들의 성과급제를 도입하는 등 운영시스템 혁신도 도모되었다. 정부운영시스템 개선을 위해서는 개방형 임용제의 실시, 성과주의 예산제도의 시범적 도입, 규제개혁위원회의 설치와 운영 등이 추진되었다. 공기업 민영화의 경우에는 2002년 말을 기준으로 국정교과서, 종합기술금융, 포항제철, 한국중공업, 한국종합화학, 대한송유관, 한국통신, 담배인삼공사 등이 민영화를 완료했지만, 지역난방공사, 한국가스공사, 한국전력 등은 이해관계자들의 반발로 인해 목표를 달성하지 못했다. 공기업의 경영혁신을 위한 제도로는 경영계약제도, 고객헌장제도, 경영공시제도 등이 잇달아 도입되었다.[11]

이와 같은 4대 부문의 구조개혁은 외형적으로 상당한 성과를 거두었다. 무엇보다도 구조개혁 자체가 한국의 대외신인도를 높여줌으로써 외환유동성 위기를 극복하는 데 큰 도움이 되었다. 또한 금융기관과 기업의 부실이 상당 부분 제거되는 가운데 건전성이나 수익성이 제고되는 양상을 보였다. 은행의 BIS 자기자본비율이 7% 수준에서 10% 이상으로 개선되는 가운데 400%에 근접하던 제조업의 부채비율도 130% 수준으로 떨어졌던 것이다.[12] 결국 한국은 2001년 8월에 IMF에서 차입한 195억 달러를 전액 상환했으며, 이로써 약 4년에 걸친 외환위기 사태는 막을 내렸다.[13]

이러한 외형적 성과에도 불구하고 구조개혁의 과정에는 엄청난 비용이 수반되었다. 금융부문의 구조조정에서는 2002년을 기준으로 공적자금의 회수율이 33.9%에 불과해 상당 부분이 재정 부담으로 전가될 가능성이 높아졌다. 또한 1997~1998년에 4만 개가 넘는 기업이 부도를 내었고, 그것은 실업자의 양산으로 이어졌다. 실업률은 1997년의 2.6%에서 1998년의 7.0%로 급증했으며, 1999년과 2000년에도 각각 6.3%와 4.1%를 기록했다.[14] 시행착오도 여러 곳에서 나타났다. 기업부문의 구조개혁에서는 사업교환의 무리한 추진, 기업퇴출 판정기준에 관한 논란, 부채비율 200% 기준의 경직된 적용 등에서 비판을 받았다. 노동부문에서는 정리해고제를 비롯한 정책이 시행상의 일관성이 결여되거나 실질적인 성과를 거두지 못했으며, 공공부문에서는 개혁이 지연되거나 유보되는 상황이 발생하여 당초 목표를 달성하지 못했다.[15]

구조개혁의 과정에서 가장 논란이 되었던 사안은 대우그룹을 처리하는 문제였는데, 그것은 '대우사태' 혹은 '대우쇼크'로 표현될 정도로 한국 경제에 큰 충격을 주었다. 소위 '세계경영'을 통해 해외 영업을 크게 확장했던 대우그룹은 1997년에 외환위기가 발생하면서 심각한 타격을 받기 시작했다. 그러나 대우그룹은 1998년 4월에 쌍용자동차를 인수하여 재계 서열 2위로 올라서는 등 공격적인 경영을 계속해서 전개했다. 1999년 3월에 대우그룹은 400%가 넘는 부채비율을 기록했으며, 연 20%가 넘는 금리를 감당할 수 없는 상태가 되었다. 같은 해 5월에 한국 정부는 금융기관을 통해 대우그룹에 4조 원의 긴급자금을 지원했지만, 대우그룹의 회사채와 수익증권에 대한 환매 요구가 쇄도하여 한 달도 되지 않아 4조 원이 증발해버리고 말았다. 게다가 앞으로 만기가 돌아오는 채권이 10조 원이 넘을 것으로 예상되었고, 결국 한국 정부는 1999년 7월에 대우그룹을 부도로 처리할 수밖에 없었다. 이처럼 한국 정부는 1999년 5월만 해도 대우그룹의 생존가능성에 무게를 두었지만, 그로부터 2개월이 지난 후에 대우그룹이 몰락하는 사태가 발생했던 것이다.[16]

게다가 외환위기를 극복하는 과정에서 한국의 자산은 대규모로 외국인에게 넘어갔다. 고금리 정책과 급속한 구조조정이 이루어진 결과 한국의 자산가격이 폭락했을 뿐만 아니라 자본시장이 완전히 개방되면서 한국의 자산 매입에 대한 제한이 사라졌다. 외환위기를 계기로 한국의 자산이 대규모 헐값투매(fire sale)를 통해 외국 자본에 넘어가는 조건이 형성되었던 것이다. 게다가 국내 자본은 구조조정의 대상이 되어 부채 규모를 줄이기 위해 자산을 팔아야 하는 입장에 놓여 있었다. 외국인에 대한 자산 매각은 외환유동성 위기가 끝난 이후에도 계속되었고, 그 결과 2004년이 되면 외국 자본이 상장기업의 시가 총액에서 차지하는 비중이 42%에 이르렀다. 우량기업의 경우에는 대부분 외국인 지분이 50%를 상회했으며, 은행의 경우에는 국책은행을 제외하고는 모두 외국인이 다수 주주가 되었다. 국내 자산의 외국인 소유라는 측면에서 한국은 외환위기 이전에 세계 최하위 수준이었지만 외환위기를 계기로 세계 최상위 수준으로 올라갔던 것이다.[17]

한국 경제의 양극화 현상도 중요한 화두로 부상하기 시작했다. 외환위기에서 살아남은 자와 그렇지 못한 자의 격차는 더욱 벌어졌다. 외환위기 직전인 1997년 4월과 그로부터 10년 뒤인 2007년 4월의 30대 기업집단 순위를 비교해보면, 13개 기업집단의 이름이 사라졌으며 명맥을 그대로 유지한 기업집단은 13개에 불과했다(〈표 5-1〉 참조). 1997~2002년에 상장 기업 중 금융업을 제외한 상위 10대 기업이 총자산에서 차지하는 비중은 40% 내외를 유지했지만, 시가 총액에서는 같은 기간에 46.4%에서 61.1%로 크게 증가했다. 또한 2002년을 기준으로 상장 제조업체 중에 이자보상배율이 1을 밑도는 잠재적 부실업체는 26.3%, 이자보상배율이 2를 넘는 우량업체는 55.2%를 차지하는 등 안정성의 측면에서도 우량기업과 하위기업 사이의 격차가 심화되었다.[18] 이와 함께 외환위기를 극복하는 과정에서 상용직 근로자의 비중은 줄어들고 임시직과 일용직 근로자가 크게 증가하여 고용구조의 안정성도 저해되었다. 임시직이나 일용직과 같은 비정규직이 전체 임금근로자 중에서 차지하는 비중은 1997년에 45.7%였던 것이 1999년을 기점으로 50%를 넘어선 후 2002년에는 51.6%를 기록하기에 이르렀다.[19]

<표 5-1> 외환위기 직전과 10년 후 30대 기업집단 내역

단위: 조 원

순위	1997년 4월	2007년 4월	순위	1997년 4월	2007년 4월
	기업집단(자산규모)	기업집단(자산규모)		기업집단(자산규모)	기업집단(자산규모)
1	현대(53.6)	삼성(129.1)	16	한솔(4.4)	LS(9.9)
2	삼성(51.7)	현대자동차(66.2)	17	효성(4.1)	현대(8.8)
3	LG(38.4)	LG(52.4)	18	동국제강(4.0)	동부(8.7)
4	*대우(35.5)	SK(50.4)	19	*진로(4.0)	CJ(8.4)
5	선경(22.9)	롯데(40.2)	20	코오롱(3.9)	대림(7.5)
6	*쌍용(16.5)	포스코(32.7)	21	*고합(3.7)	GM대우(7.3)
7	한진(15.3)	KT(27.5)	22	동부(3.7)	대우조선해양(6.1)
8	*기아(14.3)	GS(25.1)	23	동양(3.4)	현대건설(6.1)
9	한화(11.0)	금호아시아나(22.9)	24	*해태(3.4)	STX(5.9)
10	롯데(7.8)	한진(20.7)	25	*뉴코아(2.8)	동국제강(5.8)
11	금호(7.5)	현대중공업(20.6)	26	*아남(2.7)	이랜드(5.4)
12	*한라(6.6)	한화(18.0)	27	*한일(2.6)	현대백화점(4.9)
13	*동아건설(6.5)	두산(14.4)	28	*거평(2.5)	코오롱(4.9)
14	두산(6.4)	하이닉스(13.7)	29	미원(2.2)	동양(4.8)
15	대림(6.2)	신세계(9.9)	30	*신호(2.2)	KCC(4.8)

주: *는 몰락한 기업집단에 해당함.
자료: 정구현 외, 『한국의 기업경영 20년』, 69쪽.

　　외환위기 이후 생계를 위협받는 국민들이 증가하면서 김대중 정부는 1999년 9월에 국민기초생활보장법을 제정한 후 2000년 10월부터 시행했다. 소득이 최저생계비보다 적은 사람이나 가구에게 생계를 유지하는 데 필요한 자금을 지원하는 국민기초생활보장제도가 실시되었던 것이다. 기초생활보장제도는 1998년 7월에 참여연대를 비롯한 19개 시민단체가 국민청원을 통해 제안한 것으로 2001년을 기준으로 기초생활보장 대상자는 전체 인구의 3% 정도에 해당하는 142만 명이었다. 기초생활보장제도 이외에도 김대중 정부는 국민의 복지에 많은 노력을 기울였다. 1998년 7월에는 소득이 기준금액 이하인 65세 이상의 국민을 대상으로 경로연금제를 실시했으며, 1999년 8월에는 학교급식법을 개정하여 결식아동에게 점심을 지원하는 제도를 만들었다. 또한 2000년 1월에는 '장애인 고용촉진 및 직업재활법'을 개정하여 근로능력을 보유한 모든 장애인들에게 일자리를 제공할 수 있는 기틀을 마련했다.[20]

김대중 정부가 외환위기 극복과 함께 중요한 치적으로 내세운 것은 북한과의 교류와 협력을 증대시키기 위한 '햇볕정책'이었다. 한국 정부는 1998년 4월 30일에 남북경제협력 활성화 조치를 단행하여 대북한 투자 규모의 제한을 완전히 폐지하고 투자제한 업종도 최소화했다. 현대그룹의 정주영 회장은 6월 16일에 소떼를 몰고 판문점을 통해 북한을 방문하여 세계적인 주목을 받았으며, 10월 27일에 다시 북한을 방문하여 금강산관광사업에 대한 합의서를 체결했다. 2000년 6월 15일에는 분단 이후 처음으로 남북정상회담이 열렸고, 통일문제의 자주적 해결, 남북교류 활성화, 이산가족 문제의 조속한 해결 등을 골자로 하는 '6·15 남북공동선언'이 이루어졌다. 이어 2000년 8월에는 남북한이 개성공업지구(개성공단)를 조성하는 사업에 합의함으로써 남북경제협력은 획기적인 전환의 국면을 맞이했다. 2003년 6월에는 개성공단 착공식이 거행되었으며, 2004년 12월에는 개성공단 생산품 제1호가 탄생했다. 햇볕정책으로 남북화해를 이끈 공로를 인정받아 김대중 대통령은 2000년 12월에 노벨 평화상을 수상하기도 했다.[21]

김대중 정부는 외환위기를 극복하는 과정에서 일자리 창출의 효과가 클 것으로 판단된 벤처기업의 육성에도 열을 올렸다. 1997년 8월에 제정된 '벤처기업육성에 관한 특별조치법'을 바탕으로 1998~1999년에는 벤처기업의 창업을 촉진하기 위해 7,500억 원의 자금을 지원했으며 120여 개의 창업보육센터를 설립했다. 메디슨과 미래산업을 필두로 안철수연구소, 휴맥스, 레인콤, 엔씨소프트 등과 같은 벤처기업들이 잇달아 성공을 거두었고, 테헤란 밸리를 중심으로 벤처 대박의 신화가 화젯거리로 등장하면서 벤처 창업과 벤처 투자의 열풍이 불었다. 그 결과 한국의 벤처기업 수는 1998년에 2,042개에 불과했던 것이 2001년에는 1만 개를 넘어섰으며, 코스닥지수는 1999년 2월 24일에 708.7이었던 것이 2000년 3월 10일에는 2,925.2를 기록했다. 그러나 2000년에 들어와 미국의 정보통신산업이 붕괴하는 양상을 보이면서 한국의 벤처기업에 대한 거품도 꺼지기 시작했다. 코스닥지수는 2000년 3월 이후에 내리막길을 걸었으며 2001년에 약간의 반등세를 보였지만 2002년과 2003년에도 부진을 면치 못했다. 벤처기업의 침체가 장기화되면서 구조조정의 물결이 휘몰아치는 가운데 정치권력과 벤처기업가 사이의 유착관계도 잇달아 드러났다.[22]

김대중 정부는 외환위기의 여파로 얼어붙은 국내 소비를 진작시키기 위해 신용카드의 이용을 활성화하는 정책도 구사했다. 1999년 2월에는 카드사 신용판매 취급 비중에 대한 규제가 폐지되었고, 같은 해 5월에는 신용카드 현금서비스 이용한도가 폐지되었으며, 6월에는 신용카드 사용액에 대한 소득공제 제도가 도입되었다. 2000년에는 국세청이 신용카드영수증 복권 제도를 실시했는데, 자영업자들의 매출이 드러나 세금을 용이하게 걷을 수 있는 효과도 고려되었다. 당시에 재벌기업들이 금융시장에 경쟁적으로 뛰어든 것도 신용카드 산업이 급속하게 성장하는 배경으로 작용했다. 신용카드 발급 수는 급속히 증가하여 1990년에 약 1천만 장이었던 것이 2002년에는 1억 장을 돌파함으로써 경제활동인구 1인당 4.6장의 신용카드를 보유하게 되었다. 신용카드 이용 금액도 2000년의 225조 원에서 2001년과 2002년에는 각각 443조 원과 623조 원으로 전년 대비 97.1%와 40.5%의 높은 증가세를 보였다. 그러나 무분별한 신용카드의 발급으로 인해 카드연체율이 증가하면서 신용카드 불량자들이 양산되고 카드회사들이 부실에 빠지는 부작용이 나타나기 시작했다.[23]

김대중 정부는 외환위기를 극복하는 과정에서 부동산 규제의 완화도 적극 추진했다. 분양가 전면 자율화 및 분양권 전매 허용, 양도세 한시적 면세, 민영아파트 재당첨 제한기간 폐지, 임대주택사업자 요건 완화 등 다양한 정책이 잇달아 등장했다. 이러한 정책은 3~4%대의 낮은 금리와 결합되어 부동산 투기로 이어졌다. 2001년에 전년 대비 3.9%의 상승세를 보였던 전국 주택가격은 2002년과 2003년에 각각 전년 대비 16.7%와 9.0%의 높은 증가세를 보였다. 특히 서울 강남 지역의 주택가격이 급등했는데, 2002년과 2003년에 각각 29.6%와 13.4%의 상승률을 기록할 정도였다. 큰 폭으로 늘어난 가계대출은 가계부채의 급등으로 이어졌다. 가계의 총부채는 1998년 184조 원에서 2002년 439조 원으로 4년 만에 255조 원이 증가했다.[24]

김대중 정부는 외환위기를 극복한다는 명분하에 경기 부양을 위한 단기적 처방을 실시하는 한편, 한국 경제의 체질을 개선하기 위한 중장기적 전략에도 주의를 기울이기 시작했다. 당시에 한국 정부가 주목한 것은 OECD와 세계은행을 포함한 국제기구를 통해 회자되고 있었던 '지식기반경제(knowledge-based economy)'에 대한 논의였다. 한국 정부는 한국개발연구원(KDI)을 비롯한 정부출연연구기관을 활용하여 지식기반경제 발전 종합계획을 수립하는 작업을 추진했고, 그 결과 1999년 9월에는 『새 천년의 패러다임: 지식기반경제 발전전략』이라는 보고서가 발간되었다. 이 보고서는 미국, 일본, 독일, 프랑스, 영국 등 5개 선진국의 평균을 100으로 할 때 한국의 지식투입지수는 90.2에 해당하지만 지식성과지수는 32.7에 불과하다고 진단했다. 또한 OECD의 기준에 따라 산업군을 고위 기술산업, 중고위 기술산업, 중저위 기술산업, 저위 기술산업으로 분류한 결과 고위 기술산업과 중고위 기술산업의 경우에는 한국의 연구개발집약도가 OECD 평균에 훨씬 미치지 못하는 경향을 보였다. 이러한 진단을 바탕으로 보고서는 지식기반경제로 이행하기 위한 비전, 발전전략, 핵심

정책과제 등을 도출했다. 비전으로는 "삶의 질 향상과 국가경쟁력 확보"가 제시되었고, 발전전략으로는 시장경제 기초질서 확립, 내부 혁신기반 강화, 개방과 다국적기업 유치 등에 주목했다. 핵심 정책과제는 ① 창의적 인력의 양성, ② 창의적 연구개발체계, ③ 지식집약적 산업구조, ④ 정보인프라 확충, ⑤ 지식시장 활성화 등을 포괄하고 있었다.[25]

1990년대 후반에 들어와 과학기술정책의 새로운 방향이 모색되었다는 점도 주목할 만하다. 그 과정에서 중요한 역할을 담당한 개념은 '국가혁신체제(national innovation system, NIS)'로 그것은 국가경쟁력의 원천을 기술혁신에서 찾고 있으며 기술혁신의 전 과정이 시스템의 차원에서 접근되어야 한다는 점을 강조하고 있다.[26] 국가혁신체제의 개념은 1997년 이후에 과학기술정책에 대한 주요 법률과 계획을 정비하는 데에도 활용되었다. 1967년 이후에 30여 년 동안 과학기술진흥법이 과학기술정책에 대한 종합적인 법률로 유지되어왔지만, 1997년에는 과학기술혁신을 위한 특별법이 제정되었고 1999년에는 같은 법이 개정되었으며 2000년에는 과학기술기본법이 제정되었다. 이어 이러한 법률에 의거하여 각각 과학기술혁신 5개년 계획(1997~2002년), 과학기술혁신 5개년 수정계획(2000~2002년), 과학기술기본계획(2002~2006년)이 수립되었다.[27]

1990년대 후반 이후 한국의 과학기술정책은 과거와는 다른 몇 가지 특징을 보이고 있다.[28] 첫째, 과학기술정책을 종합적으로 조정할 수 있는 실질적인 제도적 장치가 마련되었다. 1999년에 대통령을 위원장으로 하는 국가과학기술위원회가 설치되었고, 국가연구개발사업을 조사·분석·평가하는 사업이 추진되었던 것이다.[29] 둘째, 모방형 발전전략 대신에 창조적 발전전략이 강조되기 시작했다. 특히 한국 정부는 정보기술(IT), 생명공학기술(BT), 나노기술(NT), 환경기술(ET), 우주항공기술(ST), 문화기술(CT) 등과 같은 미래유망기술을 발굴하고 지원하는 것을 강조했다. 셋째, 과거에 상대적으로 소홀히 다루어져왔거나 별로 부각되지 못했던 과학기술정책 분야가 새롭게 부상했다. 벤처기업의 육성, 지방과학기술의 진흥, 과학기술문화의 창달 등은 그 대표적인 예이다.[30]

김대중 정부 기간인 1998~2002년의 한국 경제에 관한 주요 지표는 〈표 5-2〉와 같다. 1999년의 경제성장률은 10.7%로 1998년의 -5.7%보다 큰 폭으로 증가했지만, 그것은 기본적으로 1998년의 경제 사정이 매우 좋지 않았다는 점에서 기인했다. 경제성장률은 2000년 8.8%, 2001년 4.0%로 다시 낮아졌다가 2002년에는 7.2로 회복되었다. 이처럼 1998~2002년에 한국 경제는 마치 롤러코스터를 탄 것처럼 침체, 회복, 침체, 회복을 반복하는 가운데 연평균 5.0%의 성장률을 보였다. 1인당 GDP는 외환위기 이전인 1995~1997년에 1만 달러를 넘어섰다가 1998년에는 7,739달러로 급감한 후 1999년부터 증가세에 진입하여 2000~2002년에는 1995~1997년의 수준을 회복했다. 다행스럽게도 김영삼 정부 시절에 계속해서 적자에 머물렀던 무역수지는 김대중 정부 기간에 5년 연속으로 흑자를 기록했다(〈표 4-1〉 참조).

1998~2002년에는 내수 사정이 불안정했으므로 해당 시기에 한국의 경제성장을 꾸준하게 견인했던 부문은 수출이라고 볼 수 있다(〈표 5-3〉 참조). 한국의 수출은 1960년대 이후 지속적으로 증가하다가 1998년에는 전년 대비 2.8%가 감소하는 상황을 맞이했으며, 1999~2000년 증가, 2001년 감소, 2002년 회복 등을 거쳤다. 김대중 정부 기간을 전체적으로 고려하면 한국의 수출총액은 1998년에 1,323억 달러였던 것이 2002년에는 1,625억 달러로 증가했다. 외환위기를 전후해서는 수출시장과 수출품목에서도 상당한 변화가 있었다. 외환위기 이전에 한국의 수출은 미국, 일본, EU 등 선진국 시장을 중심으로 이루어졌지만, 외환위기 이후에는 중국이 미국에 이어 제2의 수출시장으로 부상했다. 2002년을 기준으로 하

연도	GDP성장률 (%)	1인당GDP (달러)	소비자물가상승률 (%)	경상수지 (백만 달러)	무역수지 (백만 달러)
1998년	−5.7	7,739	7.5	42,644	39,031
1999년	10.7	9,902	0.8	24,479	23,933
2000년	8.8	11,349	2.3	14,803	11,786
2001년	4.0	10,655	4.1	8,428	9,341
2002년	7.2	12,093	2.8	7,542	10,344
2003년	2.8	13,448	3.5	15,584	14,991
2004년	4.6	15,038	3.6	32,312	29,382
2005년	4.0	17,547	2.8	18,607	23,180
2006년	5.2	19,693	2.2	14,083	16,082
2007년	5.1	21,655	2.5	21,770	14,643
2008년	2.3	13,152	4.7	3,198	−13,267
2009년	0.2	17,086	2.8	32,791	40,449
2010년	6.2	20,500	3.0	29,394	41,172

자료: 이장규, 『대통령의 경제학』, 525쪽.

면 중국 수출이 총수출의 14.6%를 차지하여 9.3%를 기록한 일본 수출을 크게 넘어섰다. 수출품목의 경우에는 정보통신 부문의 약진이 가시화되기 시작했다. 중화학제품을 정보통신제품(IT 부문)과 전통주력제품(비IT 부문)으로 구분해보면, 1996~2002년에 전통주력제품이 총수출액에서 차지하는 비중은 50% 내외로 큰 변화가 없었던 반면, 같은 기간에 정보통신제품의 비중은 20.2%에서 30.0%로 증가했다. 특히 반도체는 2001년을 제외하면 총수출액의 10%가 넘는 비중을 차지했으며, 정보통신기기의 수출은 1999년 이후에 크게 증가하는 양상을 보였다.[31]

연도		1996년	1997년	1998년	1999년	2000년	2001년	2002년
수출 총계		1,297.2 (100.0)	1,361.6 (100.0)	1,323.1 (100.0)	1,436.9 (100.0)	1,722.7 (100.0)	1,504.4 (100.0)	1,624.7 (100.0)
경공업제품		276.8 (21.3)	277.7 (20.4)	249.0 (18.8)	260.2 (18.1)	280.6 (16.3)	247.6 (16.5)	241.5 (14.9)
중화학제품		930.2 (71.7)	985.4 (72.4)	969.8 (73.3)	1,113.1 (77.5)	1,394.3 (80.9)	1,215.7 (80.8)	1,343.4 (82.7)
IT 부문		262.5 (20.2)	304.6 (22.4)	301.6 (22.8)	420.1 (29.2)	550.6 (32.0)	406.0 (27.0)	487.9 (30.0)
	반도체	152.4 (11.7)	174.2 (12.8)	170.1 (12.9)	188.5 (13.1)	260.1 (15.1)	142.6 (9.5)	166.3 (10.2)
	IT기기	85.9 (6.6)	96.6 (7.1)	89.2 (6.7)	167.4 (11.7)	233.9 (13.6)	219.4 (14.6)	269.1 (16.6)
비(非)IT 부문		667.7 (51.5)	680.8 (50.0)	668.2 (50.5)	693.0 (48.2)	843.7 (49.0)	809.7 (53.8)	855.6 (52.7)
	승용차	82.6 (6.4)	86.4 (6.3)	81.2 (6.1)	94.2 (6.6)	111.0 (6.4)	114.5 (7.6)	134.7 (8.3)
	선박	71.3 (5.5)	65.2 (4.8)	80.1 (6.1)	74.9 (5.2)	82.3 (4.8)	97.0 (6.4)	108.7 (6.7)

자료: 김경원·권순우 외, 『외환위기 5년, 한국 경제 어떻게 변했나』, 50쪽.

2. 경제체질 개선의 추구

2002년 12월 19일에는 제16대 대통령 선거가 실시되어 새천년민주당 노무현 후보가 한나라당 이회창 후보를 득표율 2.3% 차이로 눌렀다. 제16대 대통령 선거의 특징 중 하나는 한국 선거 사상 처음으로 세대 간 지지 후보가 달랐다는 점이다. 20대와 30대는 개혁 성향의 노무현 후보를 지지했던 반면, 50대 이상은 보수 성향의 이회창 후보를 지지했던 것이다. 구세대 정치인들에게 염증을 느낀 젊은 세대는 새천년민주당 경선에서 이인제 후보를 따돌리면서 돌풍을 일으킨 노무현 후보에게 신선함을 느꼈다. 젊은 세대는 자발적으로 선거자금을 모았으며, 선거운동에 열성적으로 참여했다. 대통령직인수위원회는 온라인과 오프라인을 통해 여론을 수렴한 뒤 새 정부의 명칭을 '참여정부'로 확정했다. 한국의 민주주의를 국민의 참여가 일상화되는 참여민주주의의 단계로 발전시키겠다는 의미였다.[32] 2003년 2월 25일에 출범한 노무현 정부는 국정목표로 ① 국민과 함께하는 민주주의, ② 더불어 사는 균형발전사회, ③ 평화와 번영의 동북아시대 등을 내걸었다.

노무현 정부는 새로운 국정목표에 도전하기에 앞서 현안 과제를 해결해야 하는 부담을 가졌다. 김대중 정부가 경기 회복을 위해 실시했던 부양책의 후유증이 심각했던 것이다.[33] 부실카드사의 문제는 금융기관의 연쇄부도와 금융시장의 대혼란을 가져올 위험요인이었다. 노무현 정부는 2003년 3월 17일에 '신용카드사 종합대책'을 발표했는데, 그것은 카드사의 강도 높은 자구노력을 전제로 신용카드 규제를 일부 완화해 자금조달을 지원한다는 내용을 담고 있었다. 이어 4월 3일에는 카드채 만기를 연장하고 투신사 환매자금을 지원하며 카드사의 증자 규모를 기존의 2조 원에서 4조6천억 원 수준으로 늘리도록 유도한다는 대책을 내놓았다. 특히 부실이 가장 심각했던 LG카드의 경우에는 LG그룹의 자금 지원과 함께 채권은행의 인수를 통해 문제를 해결했다. 그 결과 2004년 초에는 카드대란이 위험한 고비를 넘겼고, 2004년 하반기에는 카드업계의 경영정상화가 이루어질 수 있었다.[34]

신용불량자 대책은 채무자의 도덕적 해이를 방지하면서 금융기관 간 협의를 바탕으로 적정한 지원을 제공하는 방향으로 추진되었다. 노무현 정부는 신용불량자에 대한 대대적인 실태조사를 바탕으로 2004년 3월 10일에 '신용불량자 종합대책'을 발표했다. 신용불량자가 되기 직전의 한계채무자에 대해서는 만기연장을 통해 신용회복의 기회를 제공했고, 여러 금융기관에 빚을 진 다중 신용불량자의 채무 재조정을 지원하는 등

개인워크아웃도 활성화했다. 금융기관 차원에서 해결되지 않는 문제는 법원의 개인회생제도와 개인파산제도를 적극적으로 활용하도록 유도했다. 또한 신용불량자에 대한 취업 알선을 강화하여 일자리와 연계한 신용회복을 추진했으며, 개인신용평가회사(credit bureau, CB)를 활성화하여 개인신용도에 따라 금융거래 조건을 차별화하는 체제를 구축했다. 그 결과 2004년 4월에 382만 명까지 늘어났던 신용불량자의 수는 2005년 말에는 300만 명 아래로 떨어졌다.[35]

부실카드사 문제와 신용불량자 문제는 어느 정도 해결되었지만, 부동산 투기의 문제에 대한 해법을 찾기는 쉽지 않았다. 이러한 점은 노무현 정부가 주택시장 안정 종합대책(2003년 10월 29일), 서민주거 안정과 부동산 투기 억제를 위한 부동산 제도 개혁(2005년 8월 31일), 서민주거복지 증진과 주택시장 합리화 방안(2006년 6월 30일), 부동산시장 안정화 방안(2006년 11월 15일), 부동산시장 안정을 위한 제도개편 방안(2007년 1월 11일), 주택시장 안정과 주거복지 향상을 위한 공공부문 역할 강화 방안(2007년 1월 31일) 등 적어도 여섯 차례에 걸쳐 부동산대책을 잇달아 내놓았다는 사실에서 잘 드러난다. 이를 통해 노무현 정부는 종합부동산세의 도입을 통한 보유세 인상, 3주택 이상 보유자에 대한 양도세 강화, 주택담보인정비율(Loan To Value ratio, LTV)의 하향 조정, 서민들을 위한 임대주택 확대, 총부채상환비율(Debt To Income ratio, DTI)의 적용 등을 추진했다. 노무현 정부의 부동산 정책은 실제적인 부동산 가격의 안정화로 이어지지는 못했지만, 부동산 거래시장을 투명하게 만드는 데는 크게 기여했다고 볼 수 있다.[36]

노무현 정부는 김대중 정부가 남긴 문제에 대한 해결책을 강구하는 것은 물론 한국 경제의 체질을 개선하는 데에도 많은 노력을 기울였다. 노무현 정부는 인위적 경기부양과 같은 단기적 실적주의를 지양하고 보다

중장기적 관점에서 경제시스템을 개혁하기 위한 정책을 꾸준히 추진했다. 노무현 정부의 경제정책 기조에 대해 참여정부 국정브리핑 특별기획팀이 2008년에 발간한 책자는 다음과 같이 쓰고 있다.

> 경제정책의 궁극적 목표는 분명 민생이다. 하지만 경제정책과 민생을 등치할 경우 '단기 실적주의'의 함정에 빠질 위험이 있다.… 역대 정부가 경제체질 개선이라는 '가장 중요하지만 덜 시급한' 과제를 뒷전으로 미룬 이유가 여기에 있다.… 하지만 IMF 외환위기가 우리에게 준 교훈은 경제체질의 개선과 개혁을 미룰수록 경제위기가 커진다는 점이었다. 참여정부는 이 역사적 교훈을 따르기로 했다. 국내외 여건의 변화 속에서 역사적으로 제기된 경제개혁과제를 일관성 있게 추진하는 것을 경제정책의 원칙으로 삼았다. 참여정부는 이런 원칙에 따라 역대 정부의 고질병이었던 인위적 경기부양의 유혹을 참아내고 경제의 위기관리능력을 키웠다.[37]

노무현 정부는 대통령비서실과는 별도로 대통령정책실을 설치하는 것을 시작으로 경제체질을 개선하기 위한 정책의 기획과 집행에 많은 노력을 기울였다. 특히 노무현 정부는 '위원회 정부' 혹은 '로드맵 정부'라는 별명을 얻을 정도로 주요 정책을 구상하고 추진함에 있어 위원회와 로드맵을 적극 활용했다. 정부관료와 각계 전문가를 중심으로 위원회를 구성하고 정책과제와 추진일정을 담은 로드맵을 제시했던 것이다. 참여정부 국정브리핑 특별기획팀이 작성한 '참여정부 경제정책 연표'를 보면, 노무현 정부는 집권 1년 만에 적어도 6개의 로드맵을 작성했다는 점을 알 수 있다. 동북아 물류허브 로드맵(2003년 8월 27일), 자유무역협정(Free Trade Agreement, FTA) 로드맵(2003년 9월 2일), 노사관계 로드맵(2003년 9월 4일),

동북아 금융허브 로드맵(2003년 12월 11일), 시장개혁 3개년 로드맵(2003년 12월 30일), 산업자본의 금융지배에 따른 부작용방지 로드맵(2004년 1월 2일) 등이 그것이다.[38] 노무현 정부는 이러한 로드맵을 바탕으로 정책을 추진하면서 필요한 사항을 계속 보완하는 식으로 국정을 운영했다.

노무현 정부는 출범과 함께 '사회통합적 노사관계'를 주요 정책방향으로 제시했고, 2003년 5월에는 노사관계선진화연구위원회가 구성되었다. 이 위원회의 보고 내용을 바탕으로 노무현 정부는 2003년 9월에 노사관계 로드맵으로 불리는 '노사관계 개혁방향'을 발표했는데, 그것은 ① 노사갈등으로 인한 사회적 비용의 최소화, ② 유연하고 안정된 노동시장의 구현, ③ 근로계층 간 격차 완화 등을 3대 목표로 삼았다. 노사관계 로드맵은 노사정위원회의 안건으로 상정되었지만, 단결권, 근로조건, 노동위원회 등에 관한 쟁점이 타결되지 않아 실질적인 논의의 진전이 거의 없었다. 정부와 노동계의 관계가 악화되는 가운데 노무현 대통령은 노사정위원회 자체에 회의적인 시각을 보이기도 했다. 그러던 중 2006년 4월에는 지역별·업종별 노사정협의체를 활성화하고 시의성 있는 의제별로 탄력적으로 운영하는 것을 골자로 한 노사정위원회 개편에 대한 합의가 도출되었다. 이후 수십 차례의 논의를 거쳐 2006년 9월에는 노사관계 선진화 입법에 관한 노사정 대타협이 도출되었고, 이를 토대로 같은 해 12월에는 노동조합 및 노동관계 조정법(노조법), 근로기준법, 노동위원회법 등에 대한 개정이 이루어졌다. 그리고 2007년 6월에는 OECD가 1996년부터 한국을 대상으로 수행해왔던 노동법 및 노사관계 진전 상황에 대한 모니터링을 종료하기로 결정했다.[39]

노무현 대통령은 2003년 4월에 시장개혁 3개년계획의 비전을 제시했고, 이를 바탕으로 같은 해 12월에는 시장개혁 3개년 로드맵이 마련되었다. 그것은 '재벌개혁' 대신에 '자유롭고 공정한 시장질서(자공시) 확립'을 내세움으로써 정부의 직접규율보다는 시장의 자율감시에 방점을 두었다. 시장개혁 3개년 로드맵의 목표로는 ① 기업집단 소유지배구조의 개선, ② 투명·책임 경영 강화, ③ 시장경쟁 제고 등이 도출되었다. 기업집단의 지배구조 개선을 위해서는 기업집단의 지분보유에 관한 정보 공개, 출자총액제한제도의 합리적 개선, 선진국형 지주회사체제로의 전환 등이 추진되었다. 투명·책임 경영을 강화하기 위한 과제로는 기업 내·외부 견제시스템의 보완, 지배주주의 책임강화 방안 강구, 산업자본의 금융지배에 따른 폐해 차단 등이 제시되었다. 시장경쟁 제고의 경우에는 경쟁을 제한하는 규제의 개혁, 민사상 손해배상청구 활성화, 소비자피해 구제장치 검토 등이 도모되었다. 노무현 정부의 시장개혁을 위한 과제들은 상당 부분 진척되었지만, 출자총액제한제도가 대폭 완화되고 금산분리에 대한 논란이 계속되는 한계를 보였다.[40]

노무현 정부는 수도권 집중에 따른 폐해를 막기 위해 균형발전정책도 지속적으로 추진했다. 2003년 4월에는 대통령 직속의 국가균형발전위원회가 설치되었고, 같은 해 7월에는 '지방분권 로드맵' 7대 분야 20대 과제가 발표되었다. 그것은 ① 국가균형발전특별법, 신행정수도특별법, 지방분권특별법 등 3대 특별법과 국가균형발전 특별회계 설치로 법적·제도적 기반 마련, ② 공공기관 지방이전 및 이와 연계한 혁신도시 건설, ③ 연구개발예산의 지방지원 비율 확대 및 지방대학 집중 육성, ④ 지역혁신체제 시범사업 추진 및 지역산업정책 추진체계 전면 개편, ⑤ 자립형 지방화를 위한 국가균형발전 5개년계획 수립, ⑥ 지역특화발전특구법 제정으로 지역경제 발전의 토대 구축, ⑦ 신(新)활력사업을 통한 낙후지역 특별대책 추진 등으로 구성되었다. 그중 신행정수도특별법은 헌법재판소의 위헌 판결을 받아 2005년 3월에 행정중심복합도시특별법으로 수정된 후 2007년 7월에 세종시 건설이 시작되는 것으로 이어졌다.[41]

2003년 9월에 마련된 자유무역협정(FTA)에 관한 로드맵은 부담이 적은 국가와 FTA를 먼저 추진한 후 이를 바탕으로 미국, 유럽, 중국 등으로 옮겨가는 것을 골자로 삼고 있었다. 한국은 이미 1998년 11월에 칠레와의 FTA를 추진하기 시작했고, 2004년 4월에는 한·칠레 FTA가 발효되었다. 칠레에 이어 한국은 싱가포르, 유럽자유무역연합(EFTA), 아세안(ASEAN), 일본 등과의 FTA를 추진했다. 그러나 한일 FTA가 난항을 겪으면서 2004년 5월에는 기존의 로드맵이 대폭 수정되었다. 원교근공(遠交近攻)의 전략에 입각하여 거대경제권과의 FTA를 우선 추진한다는 것이었는데, 이를 계기로 미국과의 FTA 체결이 핵심 과제로 부상했다. 한미 FTA 협상은 2006년 6월에 시작된 후 2007년 4월에 타결되었고, 이후에는 EU, 일본, 중국 등도 한국과의 FTA 협상에 적극적인 자세를 보이기 시작했다. 그러나 한미 FTA는 쌀, 쇠고기, 자동차 등에 대한 협상에서 숱한 우여곡절을 겪었으며, '한미 FTA 저지 범국민운동본부'가 발족되는 등 많은 국민들의 저항에 부딪혔다.[42]

노무현 정부는 소위 '4대 재정개혁'을 통해 국민의 세금을 계획적으로 사용하기 위한 시스템을 구축하기도 했다. 5년 단위 국가재정운용계획, 총액예산배분제도, 성과관리제도, 디지털 예산회계시스템 등이 그것이다. 5년 단위 국가재정운용계획 혹은 중기재정계획은 이전과 같이 1년 단위 위주로 예산을 편성하는 것으로는 국가적 과제를 효과적으로 추진하기 어렵다는 판단을 바탕으로 준비되었다. 노무현 정부는 많은 시행착오를 거쳐 2004년 9월에 5년 단위 국가재정운용계획(2004~2008년)을 발표했으며, 이를 계기로 국가재정운용계획에 따라 1년 단위의 예산계획을 도출하는 체제가 마련되기 시작했다. 총액예산배분제도 혹은 톱다운 예산편성 제도는 기획예산처가 부처별 총액 기준을 제시하면 각 부처가 배분받은 한도 내에서 자율적으로 예산을 편성하는 제도였다. 또한 각 부처의 예산편성 자율권이 확대되면서 책임성을 강화할 필요성이 제기됨에 따라 예산집행의 사후평가를 실시한 후 그 결과를 예산편성에 반영하는 성과관리제도가 도입되었다. 이와 함께 분산된 재정정보를 통합해 실시간으로 분석·활용할 수 있는 통합재정정보시스템이 구축되어 정책의 시의성을 확보하는 것은 물론 정부예산에 대한 국민감시도 용이해졌다.[43]

노무현 정부에서 과학기술의 위상이 현격히 제고되었다는 점도 주목할 만하다. 노무현 정부는 '과학기술 중심사회 구축'을 12대 국정과제 중에 포함시켰으며, 국가혁신체제(NIS)의 개념을 바탕으로 과학기술정책을 종합적으로 진단하고 구상하는 데 많은 노력을 기울였다. 2003년 8월에는 혁신주도형 성장에 대한 논의를 바탕으로 10대 차세대 성장동력 산업이 선정되었는데, 여기에는 지능형 로봇, 미래형 자동차, 차세대 반도체, 디지털 TV 및 방송, 차세대 이동통신, 디스플레이, 지능형 홈네트워크, 디지털 콘텐츠 및 SW솔루션, 차세대 전지, 바이오 신약 및 장기 등이 포함되었다. 이어 2004년 10월에는 과학기술부총리제의 도입과 과학기술혁신본부의 설치를 골자로 하는 과학기술행정체제의 개편이 이루어져 정부의 각 부처가 수행 중인 과학기술에 관한 정책이나 사업을 실질적으로 조정할 수 있는 제도적 장치가 마련되었다. 이와 함께 2007년 8월에는 '기술기반 삶의 질 향상 종합대책'이 마련되어 삶의 질 향상을 위한 연구개발사업도 모습을 드러내기 시작했다.[44]

〈표 5-4〉 미래유망기술(6T)의 연구개발예산 추이(2003~2007년)

단위: 억 원, %

구분	2003년	2004년	2005년	2006년	2007년
정보기술(IT)	10,375 (21.2)	13,673 (22.8)	14,748 (20.4)	16,260 (20.2)	19,079 (21.8)
생명공학기술 (BT)	5,356 (10.9)	7,717 (12.9)	10,967 (15.2)	13,019 (16.2)	15,063 (17.2)

나노기술(NT)	2,004 (4.1)	3,041 (5.1)	3,191 (4.4)	3,432 (4.3)	4,186 (4.8)
환경기술(ET)	3,485 (7.1)	5,468 (9.1)	6,842 (9.5)	9,440 (11.7)	10,817 (12.3)
우주항공기술 (ST)	1,916 (3.9)	2,550 (4.3)	4,270 (5.9)	6,745 (8.4)	5,960 (6.8)
문화기술(CT)	442 (0.9)	531 (0.9)	541 (0.7)	483 (0.6)	623 (0.7)
소계	23,578 (48.1)	32,980 (55.1)	40,560 (56.2)	49,380 (61.4)	55,727 (63.5)
기타	25,458 (51.9)	26,867 (44.9)	31,658 (43.8)	31,013 (38.6)	31,977 (36.5)
총계	49,036 (100.0)	59,847 (100.0)	72,218 (100.0)	80,393 (100.0)	87,704 (100.0)

자료: 교육과학기술부, 『2008 과학기술연감』(2009), 551쪽.

노무현 정부에서는 소위 '6T'로 불리는 미래유망기술에 대한 연구개발예산이 크게 확대되었다. 미래유망기술에 대한 투자는 2003년 2조 3,578억 원에서 2007년 5조5,727억 원으로 증가했으며, 전체 연구개발예산에서 차지하는 비중도 2003년 48.1%에서 2007년 63.5%로 늘어났다. 2003~2007년에 정보기술(IT)은 계속해서 20%가 넘는 비중을 차지했으며, 생명공학기술(BT)은 10.9%에서 17.2%로, 환경기술(ET)은 7.1%에서 12.3%로 지속적인 증가세를 보였다(〈표 5-4〉 참조). 특히 노무현 정부의 정보통신정책은 2004년 3월에 제안된 'IT839 전략'에 의해 종합되었는데, 그것은 휴대인터넷(와이브로), 디지털미디어방송(DMB), 텔레매틱스 등의 8대 서비스, 광대역통합망, 유비쿼터스센서네트워크, 인터넷주소체계를 포함한 3대 인프라, 차세대 이동통신, 디지털 TV, 차세대 PC, 디지털 콘텐츠 등의 9대 신제품으로 구성되었다. 이에 힘입어 한국은 2004년 12월에 세계 최초로 와이브로 시제품을 개발했으며, 2005년 12월에는 세계 최초의 지상파 DMB를 실시하기에 이르렀다.[45]

노무현 정부는 양극화 문제를 중요한 정책의제로 부각시키고 이를 완화하기 위한 대책을 지속적으로 강구하기도 했다.[46] 노무현 대통령은 2003년에 한국 경제가 약 3% 성장했는데 일자리가 약 3만 개 줄었다는 보고를 접하면서 큰 충격을 받았다. 과거에는 경제가 성장하면 일자리가 늘어났지만, 이제는 '고용 없는 성장(jobless growth)'이 가시화되었던 것이다. 게다가 외환위기 이후에 비정규직 노동자가 증가하면서 정규직과 비정규직의 임금격차가 벌어졌고, 영세자영업도 공급과잉 상태가 되면서 영세자영업자들의 생활수준이 빈곤선 이하로 떨어지는 문제가 발생했다. 이에 노무현 정부는 일자리 창출이 성장잠재력을 끌어올리는 동시에 복지를 실현하는 가장 확실한 정책이라는 판단을 바탕으로 2004년 2월에 '일자리 창출 종합대책'을 내놓았다. 그 대책은 처음에는 연간 40만 개의 일자리 창출을 목표로 삼았지만 2005년에는 연간 30만 개로 하향조정되었으며, 이에 관한 실적은 2004년 41만8천 개, 2005년 29만9천 개, 2006년 29만5천 개, 2007년 28만2천 개를 기록했다.[47]

양극화의 문제는 일자리 양극화에만 국한되지 않았다. 대기업과 중소기업의 양극화, 청년실업의 문제, 교육기회의 불평등 등 양극화로 인한 문제는 훨씬 광범위하고 심각했다. 2004년 9월에 노무현 정부는 한국개발연구원과 한국보건사회연구원을 포함한 정부출연연구기관을 통해 양극화에 대한 연구를 추진했으며, 이를 통해 양극화 문제를 해결하는 방향으로 '동반성장'의 개념이 탄생했다. 양극화의 악순환을 끊어내려면 성장주의나 분배주의 한쪽만을 추구해서는 안 되며, 성장과 복지의 선순환 구조를 만들어내야 한다는 것이었다.[48] 노무현 정부는 동반성장을 실현하기 위해 다양한 후속조치를 강구했다. 2005년 1월에는 중소기업을 중심으로 부품소재산업을 육성하기 위해 '부품소재 발전전략'을 마련했고, 같은 해 3월에는 금융, 법률, 교육, 문화 등 지식기반서비스산업을 육성하기 위해 '서비스산업 경쟁력 강화 추진방안'을 내놓았으며, 2006년 9월에는 간병인, 방과후학교 지도교사, 보육인 등 사회서비스 일자리를 확충할 목적으로 '사회서비스 확충전략'을 발표했다.[49] 이와 함께 2005년 5월에 대·중소기업 상생협력대책회의가 개최된 후 상생협력에 관한 정책과제가 체계화되기 시작했으며, 2006년 3월에는 대·중소기업 상생협력 촉진에 관한 법률이 제정되었다.[50]

노무현 정부 시기인 2003~2007년에 한국 경제의 평균 성장률은 4.3%를 기록했다. 2003년의 2.8%를 제외하면 2004~2007년에는 모두 4~5%대의 성장률을 보였다. 노무현 대통령이 후보 시절에 공약했던 7%에 미치지 못하는 낮은 성장률이었다. 이에 반해 물가상승률은 2~3%대로 정착되었고, 무역수지와 경상수지는 계속해서 흑자를 기록했다(《표 5-2》 참조). 또한 환율이 900~1,000원으로 낮아지고 GDP가 점점 증가하면서 2007년에는 1인당 GDP가 2만 달러를 넘어섰다. 한국의 1인당 GDP가 1995년에 1만 달러를 넘어선 후 2만 달러가 되는 데에는 12년이 걸렸던 셈이다. 그 밖에 수출은 5년 내내 두 자릿수 증가율을 보였고, 주가도 1989년에 1,000을 넘어선 후 18년 만인 2007년에 2,000을 돌파했다.[51]

주요 산업의 기술선도

1. 철강

포스코는 1993년 이후에 최고경영진의 교체와 경쟁 환경의 변화를 경험하면서 경영다각화, 해외 거점 확보, 조직·인사 혁신, 사업구조조정 등을 계속해서 추진해왔다. 경영혁신의 타이밍과 관련하여 포스코는 1990년대 중반에 대대적인 경영혁신을 단행함으로써 그동안 축적된 여유 자원을 충분히 활용할 수 있었고, 1990년대 말에 구조조정을 추진했던 다른 기업에 비해 이해관계자들 사이의 갈등을 비롯한 사회적 비용을 적게 부담할 수 있었다. 이와 함께 포스코가 가급적 낙하산 인사를 배제하면서 내부승진에 입각하여 최고경영진을 구성하는 전통을 유지해왔다는 점도 주목할 만하다. 그동안 포스코를 거쳐간 회장과 사장 중에 외부 인사에 해당하는 사람은 1994~1998년에 회장으로 재임했던 김만제밖에 없었다.[52]

세계 철강산업은 1990년을 전후로 급격한 기술변화의 국면에 접어들기 시작했다. 이전에 분리되어 있던 생산공정을 생략하거나 직결화할 수 있는 차세대 혁신철강기술이 출현했던 것이다. 차세대 혁신철강기술은 신(新)제선기술과 신(新)주조기술로 구분된다. 전자에는 직접환원법(direct reduction)과 용융환원법(smelting reduction), 후자에는 박슬래브주조법(thin slab casting)과 박판주조법(strip casting)이 포함된다. 직접환원법은 고철의 공급 부족이 심화됨에 따라 고철대체재를 생산하기 위한 기술이고, 용융환원법은 용융 상태의 철광석을 환원하여 직접 선철이나 용선을 제조하는 방법이다. 박슬래브주조법은 연주공정과 열연공정의 일부를, 박판주조법은 연주공정과 열연공정의 전체를 통합한 것에 해당한다.[53]

〈그림 5-2〉 차세대 혁신철강기술의 개요

구분	제선			제강	연주	열연			냉연
	코크스	소결	고로			가열로	조압연	사상압연	
용융환원법									
박슬래브주조법									
박판주조법									

주: 음영부분은 생략되거나 통합될 수 있는 공정임.
자료: 송성수, "기술능력 발전의 시기별 특성: 포항제철 사례연구", 191쪽.

포스코는 차세대 혁신철강기술의 개발을 위하여 프로젝트팀 형태의 조직을 구성하면서 우수한 연구인력을 충원했다. 프로젝트팀은 1980년대에 구성되었던 태스크포스팀이 더욱 발전된 형태라 볼 수 있다. 태스크포스팀이 비교적 짧은 기간에 운영되었던 반면 프로젝트팀은 10년 이상의 장기적 안목에서 구성되었다. RIST는 1987년부터 용융환원법과 신주조기술에 대한 기초연구를 실시해왔으며 1990년 3월과 1991년 2월에 각각 스트립캐스팅(S/C) 프로젝트팀과 용융환원(S/R) 프로젝트팀을 발족시켰다. 스트립캐스팅 프로젝트와 용융환원 프로젝트 팀장은 상당 기간 동안 신영길과 이일옥이 맡았다. 프로젝트팀의 연구원은 연구 경험이 풍부하거나 우수한 자질을 갖춘 박사급 인력을 중심으로 구성되었다.[54]

포스코가 차세대 혁신철강기술에 대한 연구개발을 추진하는 과정에는 과거에 비해 현격히 증가된 투자가 동반되었다. 예를 들어 스트립캐스팅 프로젝트에는 1989~2000년에 817억 원이 소요되었으며 용융환원 프로젝트의 경우에는 1990~2000년에 600억 원이 투자되었다. 1980년대에는 대형 기술개발 프로젝트의 경우에도 십억 대의 금액이 소요되었던 반면 1990년대에 추진되었던 차세대 혁신철강기술에 대한 프로젝트에는 백억 대의 금액이 투자되었던 것이다. 이에 따라 막대한 연구개발자금을 조달하는 것이 중요한 과제로 부상했다. 용융환원 프로젝트의 경우에는 한국 신철강기술연구조합의 과제로 추진되었기 때문에 정부로부터 222억 원을 지원받을 수 있었지만, 포스코가 단독으로 추진했던 스트립캐스팅 프로젝트는 상당한 논란을 거친 후에야 최고경영진의 승인을 받을 수 있었다.[55]

차세대 혁신철강기술을 개발하는 작업은 기술정보를 수집하는 것에서 시작되었다. 당시에는 몇몇 공법을 대상으로 상업화가 시도되는 단계에 있었으며 확실한 성과가 도출되지 않고 있었기 때문에 연구개발의 추진 방향을 정립하는 데 많은 어려움이 수반되었다. RIST의 연구진은 차세대 혁신철강기술에 대한 연구개발활동을 전개하고 있던 선진국 업체의 관계자들과 개별적으로 접촉하여 기술개발의 현황과 문제점에 대한 정보를 수집했다. 당시에 선진국에서 입수할 수 있는 정보는 부분적이었을 뿐만 아니라 충분한 신빙성을 가지고 있지 않았기 때문에 실험실 수준의 테스트를 통해 그것을 수정하고 보완하는 작업이 지속적으로 전개되었다. 과거의 기술활동과는 달리 선진국의 업적도 분명하지 않아 연구개발의 구체적인 목표를 설정하는 데에는 별도의 작업이 필요했던 것이다.[56]

특히 차세대 혁신철강기술의 경우에는 '철강기술의 르네상스 시대'라고 부를 수 있을 정도로 과거와는 달리 매우 다양한 공법이 출현하는 경향이 나타나고 있었다. 용융환원법에는 COREX(coal ore reduction), DIOS(direct iron ore smelting reduction), HISMELT(high intensity smelting), CCF(cyclone converter furnace) 등이, 박슬래브주조법에는 CSP(compact strip production), ISP(in-line strip production), FTSC(flexible thin slab casting), QSP(quality strip production) 등이 있었던 것이다. 그중에서 상업화가 시도되고 있는 것은 코렉스(COREX) 공법과 CSP 공법밖에 없었다. 코렉스 공법의 경우에는 1985년 초에 오스트리아의 푀스트(Vöest)가 원천기술을 개발한 후 1987년 11월에 남아프리카공화국 이스코르(Iscor)의 프레토리아 제철소에 연산 30만 톤 규모의 공장이 완공되었다. 이스코르는 1989년 11월부터 정상조업의 단계에 진입했지만, 기존의 고로법에 비해 경제성이 떨어지는 상태에 놓여 있었다. CSP 공법의 경우에는 1986년 12월에 독일의 슐레만 지마그(Schloemann Siemag)가 원천기술을 개발한 후 1989년 7월에 미국의 뉴코어(Nucor)의 크로포드스빌 제철소에 연산 60만 톤 규모의 공장을 완공한 후 1994년에 180만 톤으로 확장할 계획을 가지고 있었다.[57]

이와 같은 다양한 후보군 중에 포스코는 코렉스 공법과 ISP 공법을 선택했다. 용융환원법의 경우에는 코렉스 공법을 선택하되 규모의 경제 효과를 누릴 수 있는 60만 톤으로 확대하기로 했으며, 박슬래브주조법의 경우에는 CSP 공법보다 생산공정이 단축되어 설치비용이 저렴한 ISP 공법으로 180만 톤 규모의 공장을 건설하기로 결정했다.[58]

1990년을 전후하여 포스코는 시험설비(pilot plant)를 구축하여 상업화에 필요한 기술을 확보하기 위한 활동을 추진했다. 시험설비의 설계와 제작은 외국의 기술진과 국내 기술진이 공동으로 수행했으며 설비설계는 외국 기술진이, 설비제작은 국내 기술진이 주도했다. 용융환원에서는 푀스트가, 스트립캐스팅에서는 영국의 데이비 디스팅턴(Davy Distington)이 공동연구개발의 형태로 참여했다. 용융환원 시험설비는 푀스트가 이미 관련 경험을 축적하고 있었기 때문에 상대적으로 쉽게 제작될 수 있었지만, 스트립캐스팅 시험설비의 경우에는 데이비의 능력 부족과 잦은 설계 변경으로 상당한 어려움이 수반되었다. 당시에 데이비가 선택된 이유는 만네스만 데마그(Mannesman Demag)를 비롯한 세계 유수의 설비제작업체들이 포스코와의 협력을 거부했기 때문이다.[59]

시험설비가 제작된 후에는 수십 차례의 시험조업을 통해 생산규모 확대, 품질향상, 설비개선 등이 도모되면서 실제 공장에 적용할 수 있는 설비사양과 조업조건을 도출하는 작업이 전개되었다. 이를 바탕으로 포스코는 1992년 12월에 뉴 프로젝트 추진본부를 구성하여 실제 공장을 건설하고 가동하는 사업을 준비했다.

코렉스 공법을 적용한 연산 60만 톤 규모의 신(新)제선공장은 포항제철소에서 1993년 11월에 착공되어 1995년 11월에 완공되었다. 신제선공장에서는 가동 후 3개월 동안 환원로가 막히는 일이 빈번히 발생했으나 추진본부에 소속된 현장 기술진들의 노력을 바탕으로 문제점이 점차 완화될 수 있었다. 포스코는 1996년 12월부터 신제선공장을 정상적으로 가동시킨 후 1998년 초에 코렉스 운용기술을 남아프리카공화국의 살다나(Saldanha)와 인도의 JVSL(Jindal Vijaynagar Steel Ltd.)에 수출하기도 했다.[60]

연산 180만 톤 규모의 1미니밀 건설사업은 광양제철소에서 1994년 12월부터 1996년 10월까지 전개되었다. 포스코가 선택한 ISP법은 CSP법에 비해 기술적으로 안정되지 않은 것이었기 때문에 용강 누출과 품질 불량 등의 문제가 빈번히 발생했다. 이에 따라 1미니밀은 약 3년 동안의 시행착오를 거쳐 1999년 7월에 완전 가동에 진입할 수 있었다. 포스코의 박 슬래브 제조기술은 설비공급선인 만네스만 데마그로부터 인정을 받았

으며, 1999년 10월에는 네덜란드의 후고벤스에 판매하는 성과를 거두었다.[61]

이처럼 포스코는 용융환원법과 박슬래브주조법에 대한 조업기술을 확보하여 그것을 해외에 수출하는 단계에 도달했다. 퓌스트 혹은 만네스만데마그가 보유한 설비제작기술과 포스코가 확보한 조업기술이 결합되어 용융환원법과 박슬래브주조법에 대한 기술이 집합적 형태로 다른 외국업체에 수출되고 있다. 과거에는 포스코가 선진국으로부터 직접적 혹은 간접적으로 기술을 이전받았던 반면 최근에는 선진국의 일류 업체와 동등한 자격으로 기술협력을 추진하고 있는 것이다. 이러한 성과는 포스코가 '보완적 자산(complementary assets)'을 확보하고 있었기 때문에 가능했다고 평가할 수 있다.[62]

더 나아가 포스코는 코렉스 공법을 개발하는 과정에서 새로운 개념을 제안하기도 했다. 코렉스 공법은 용기 내부에 반응가스가 잘 통과할 수 있도록 입경이 8~35mm인 펠릿(pellet)을 별도로 만들어 원료로 사용해야 한다는 단점을 가지고 있다. 이러한 점을 보완하기 위하여 입경 8mm 이하의 분광석을 원료로 사용할 수 있는 새로운 공법이 모색되었고 그것은 파이넥스(fine iron ore reduction, FINEX) 공법으로 명명되었다. 파이넥스 공법은 분광석을 환원시킨 후 성형철(hot compacted iron, HCI)을 만드는 공정, 일반탄을 성형탄(briquette coal)으로 가공하는 공정, 그리고 성형탄과 성형철을 용융하여 쇳물을 생산하는 공정으로 구성되어 있으며, 이전과 같이 소결공장이나 코크스공장을 별도로 거치지 않는 특징을 가지고 있다.[63]

포스코는 점차적으로 규모를 증가시키는 과정을 통해 파이넥스 공법을 개발했으며, 그것은 모델 플랜트, 파일럿 플랜트, 데모 플랜트, 상용화 설비의 네 단계로 구분할 수 있다. 포스코는 1999년 8월에 일산 150톤 규모의 파일럿 플랜트를 만들어 시험가동에 성공한 후 같은 해 11월에는 푀스트와 함께 데모 플랜트를 공동으로 개발하기 시작했다. 연산 60만 톤 규모의 파이넥스 데모 플랜트는 2003년 5월에 완공되었으며, 상용화를 위한 설비기술을 확보하고 조업 및 정비기술을 완성하는 과정을 밟았다. 이러한 과정에서 포스코는 분광석을 환원하는 데 적정한 온도와 압력을 찾았고, 성형철 설비와 성형탄 제조법을 자체적으로 개발하는 성과를 거두었다. 연산 150만 톤 규모의 파이넥스 상용화 설비는 2004년 8월에 착공하여 2007년 5월에 준공되었다. 총 1조600여억 원이 투자되었으며, 기본설계는 푀스트가, 상세설계 및 시공은 포스코건설이 수행했다. 포스코는 2007년 9월에 파이넥스 상용화 설비에서 일일 4,300톤의 용선을 생산하여 정상조업도를 달성했다.[64]

〈표 5-5〉 파이넥스 공법의 개발 단계

단계	모델 플랜트	파일럿 플랜트	데모 플랜트	상용화 설비
규모	일일 15톤	일일 150톤 (연산 3만 톤)	연산 60만 톤	연산 150만 톤
전단계 대비 배율	–	10배	20배	2.5배
건설 시기	1996. 5	1998. 2~1999. 8	2001. 1~2003. 5	2004. 8~2007. 5
주요 활동	실험실 수준의 테스트	기술적 실현가능성 검증	주요 기술의 완성과 경제성 검증	파이넥스 공법의 상업적 적용

자료: 송성수·송위진, "코렉스에서 파이넥스로: 포스코의 경로실현형 기술혁신", 708쪽.

이상의 과정을 통해 포스코는 파이넥스 공법에 대한 공정기술과 조업기술을 모두 확보할 수 있었다. 공정기술로는 유동환원기술, 성형철 설비기술, 성형탄 제조기술 등이 개발되었고, 파이넥스 상용화 설비의 가동을 통해 이에 대한 조업기술도 축적되고 있는 것이다. 특히 코렉스 공법의 개발자는 오스트리아의 푀스트였던 반면, 파이넥스 공법은 푀스트와 포스코가 공동으로 개발했다는 점에 주목할 필요가 있다. 코렉스 공법의 경우에는 푀스트가 설비를 제작한 후 포스코가 이에 대한 조업기술을 개발하는 식으로 추진되었다. 이에 반해 파이넥스 공법의 경우에는 포스코와 푀스트가 공동으로 설비를 제작했으며, 조업기술은 포스코가 단독으로 확보했다. 이로써 포스코는 파이넥스 공법에 관해서는 설비제작에서 공장조업에 이르는 모든 측면에서 기술혁신 선도자(innovation leader)의 자격을 갖추게 되었다.

파이넥스 공법의 장점으로는 소결공장과 코크스공장이 필요 없기 때문에 자본적 지출이 줄어든다는 점, 가격이 저렴하고 매장량이 풍부한 가루 철광석과 일반 유연탄을 사용하기 때문에 운영비용이 적게 소요된다는 점, 파이넥스 공법이 용광로 공법에 비해 환경오염물질을 훨씬 적게 배출한다는 점 등이 거론되고 있다.[65] 그러나 파이넥스 공법이 용광로 공법을 대체할 것인지, 그 시점은 언제인지 등을 예측하기는 쉽지 않다. 파이넥스 공법의 대용량 생산능력이나 파이넥스 공법에 의한 쇳물의 품질이 충분히 검증되지 않은 상태이고 기존의 용광로 공법도 계속해서 개선되고 있기 때문이다.

2. 조선

1997년에 발생했던 한국의 외환위기는 역설적이게도 조선산업의 경쟁력을 높일 수 있는 계기로 작용했다. 원화환율이 큰 폭으로 상승하여 가격경쟁력이 제고되었고 수주 받은 선박의 선수금과 대금이 달러로 유입되어 환차익이 발생했던 것이다. 물론 외환위기는 차입금에 의한 타격이 컸기 때문에 한라중공업과 대동조선은 부도 사태를 맞이했고 대우중공업은 그룹 차원의 파탄으로 화의 절차를 밟게 되었지만, 한국의 조선산업 전체로는 외환위기가 호기로 작용했다. 세계 조선시장도 연간 발주량이 2,200만~3,700만 톤에 이르는 등 호조세가 계속되어 한국의 조선업체들은 외환위기를 빠르게 극복할 수 있었다.[66]

여기서 주목할 점은 일본이 20세기 말부터 조선산업이 불황으로 접어들 것으로 예측하여 건조시설을 축소했다는 점이다. 이와 관련하여 1990년대 초반에 조선산업의 호황기가 도래했을 때 몇몇 조선전문가들은 호황이 10년 정도 갈 것이며 이후에는 조선산업의 수요가 감소할 것으로 예측하기도 했다. 그러나 이른바 '중국 효과(China effect)'로 인하여 세계 조선산업은 지속적인 호황을 맞이하면서 선박에 대한 주문이 폭주했다. 일본이 이를 소화하지 못하는 가운데 한국은 세계 1위의 조선강국으로 발돋움하게 되었고 중국도 대대적인 조선산업의 육성에 나섰다.[67]

한국은 2001년을 제외하면 1999~2007년에 수주량 기준의 세계시장 점유율에서 계속해서 1위를 차지했다. 한국 조선산업의 위상은 세계 조선업체의 순위에서도 잘 드러난다. 2006년 9월의 수주잔량을 기준으로 세계 10대 조선업체 중에는 한국의 조선업체가 7개나 포함되어 있었다. 현대중공업, 삼성중공업, 대우조선해양, 현대미포조선, 현대삼호중공업, STX조선, 한진중공업이 그것이다. 현대중공업이 모든 선종에서 세계적인 경쟁력을 보이면서 1위를 차지하는 가운데 삼성중공업과 대우조선해양이 초대형 컨테이너선과 LNG선을 중심으로 세계 2위를 놓고 경쟁하는 양상이었다.[68]

<표 5-6> 주요국의 세계 조선시장 점유율 추이(1997~2007년)

단위: 천 CGT(Compensated Gross Tonnage), %

구분	1997년	1999년	2001년	2003년	2005년	2007년
세계시장	36,480	28,940	36,667	74,041	161,331	167,522
한국 (비중)	6,764 (29.2)	6,325 (33.3)	6,990 (29.6)	18,810 (42.9)	13,571 (32.4)	32,861 (37.7)
일본 (비중)	8,790 (37.9)	4,934 (26.0)	7,932 (33.5)	12,335 (28.1)	9,446 (22.6)	10,017 (11.5)
중국 (비중)	1,211 (5.2)	1,924 (10.1)	2,802 (11.8)	6,107 (13.9)	6,606 (15.8)	31,382 (36.0)

주: 수주량 기준이며, ( )는 세계시장에서 차지하는 비중임.
자료: 송성수, "육상건조공법: 현대중공업", 최영락 외, 『차세대 기술혁신 시스템 구축을 위한 정부의 지원시책』, 60쪽; 배용호, "조선산업의 혁신경로 창출능력", 이공래 외, 『한국 선도산업의 기술혁신경로 창출능력』(과학기술정책연구원, 2008), 130쪽.

한국의 조선업체들은 그동안 축적된 기술과 연구개발체제의 정비를 바탕으로 1990년대 이후에 우수한 성능과 높은 부가가치를 갖춘 선박을 설계하고 이를 경쟁력 있게 생산할 수 있는 능력을 확보했다. 특히 한국은 단순히 일본을 따라가는 데 그치지 않고 기술경로를 차별화함으로써 2000년대에 들어서는 기술적인 측면에서도 세계를 선도하기 시작했다. 그것의 결정적인 계기는 LNG선 시장에서 새로운 기술표준을 선점했다는 점에서 찾을 수 있다.

LNG선은 '조선기술의 꽃'으로 불릴 정도로 최첨단의 기술능력을 요구하며 한 척에 1억 달러가 넘는 초고가 선박에 해당한다. LNG선은 LNG를 싣는 탱크인 화물창의 구조에 따라 모스(moss)형과 멤브레인(membrane)형으로 나뉜다. 선체와 LNG 탱크가 분리된 모스형은 극저온으로 인해 선체가 파손될 위험이 적은 반면 용량의 확장이 어렵고, 선체와 탱크가 일체화된 멤브레인형은 상대적으로 안전성이 떨어지지만 대용량을 운반할 수 있는 장점을 가지고 있다. 모스형은 노르웨이의 모스 로젠버그(Moss Rosenberg) 사가 개발한 후 일본에서 상업화되었으며, 멤브레인형의 경우에는 프랑스의 가즈 트랜스포트(Gaz Transport, GT)와 테크니가즈(Technigaz, TGZ)가 기초기술을 보유하고 있었다.[69]

한국의 조선업체들은 1990년 이후에 LNG선 시장에 진출하면서 모스형과 멤브레인형을 놓고 치열한 경쟁을 벌였다. 세계 최고의 조선국인 일본이 채택하고 있는 모스형을 추종해야 한다는 주장과 앞으로 세계 LNG선 시장에서 일본과 경쟁하기 위해서는 멤브레인형을 개척해야 한다는 주장이 팽팽히 맞섰다. 1990년에는 모스형의 국내 건조권을 독점하고 있던 현대중공업의 입장이 수용되어 모스형 LNG선이 발주되었다. 그러나 1992년 이후에는 한진중공업, 대우조선해양, 삼성중공업이 추진한 멤브레인형 LNG선도 동시에 발주되는 양상을 보였는데, 한진과 대우는 GT형을, 삼성은 TGZ형을 선택했다.[70]

특히 대우조선해양은 멤브레인형 LNG선에 도전하면서 건조기술의 혁신에 박차를 가했다. LNG선 건조를 위해 외국에서 들여온 장비들은 국내의 작업환경과 잘 맞지 않았기 때문에 새로운 작업 프로세스를 연구하고 이에 적합한 장비를 개발하는 데 집중했던 것이다. 이를 통해 LNG선 전용 자동용접기, 단열박스 자동조립장치, 보온재 자동 주입장치 등과 같은 주요 장비가 모두 국산화되었다. 특히 대우조선해양은 LNG선 통합자동화시스템(integrated automation system, IAS)을 자체적으로 개발했는데, 그것은 최적화된 그룹 개념을 도입하여 복잡하게 얽혀 있는 각종 장비들을 통합적으로 관리할 수 있게 함으로써 운전 및 유지보수의 효율성을 제고하는 데 크게 기여했다.[71]

일본이 개발한 모스형 기술을 빌리지 않고 멤브레인형 LNG선의 상업화를 독자적으로 추진한 한국의 모험은 큰 성과를 거두었다. 멤브레인형의 약점으로 꼽혔던 안전성의 문제는 통신기기와 조선기자재의 발전을 배경으로 점점 완화되었고, 한국의 조선업체들이 인도한 멤브레인형

LNG선이 지속적으로 무사고 운항 기록을 세웠다. 멤브레인형의 우세에 결정적 계기로 작용했던 것은 LNG선을 비롯한 선박의 대형화 추세였다. 멤브레인형의 경우에는 탱크의 형상이 선박의 모형과 동일하기 때문에 빈 공간이 발생하지 않아 선박의 대형화에 거의 제한을 받지 않았다. 게다가 미국과 유럽 등이 대형 LNG선을 수용할 수 있는 기지를 신설하면서 한 번에 많은 용량을 운송할 수 있는 멤브레인형이 각광을 받았다. 이를 통해 멤브레인형은 LNG선의 새로운 표준으로 부상했으며, 한국의 조선업체들은 LNG선 시장의 주도권을 잡게 되었다. 뒤늦게 멤브레인형에 뛰어든 일본의 조선업체들이 한국의 기술을 도입하는 현상도 나타났다.[72]

이와 같은 멤브레인형 LNG선의 상업화는 한국 조선산업의 기술발전 패턴이 경로추종형에서 경로개척형으로 전환된 사례로 평가되기도 한다.

> 한국[의 조선]기업은 기존의 기술경로를 그대로 추종하는 것에 머무르지 않고 새로운 기술경로를 선도적으로 개척해 비약적인 기술추격을 이룩할 수 있었다. 그 계기가 된 것이 바로 LNG 선박 분야로의 진출이다. 만일 한국이 LNG선을 건조하기 위해 일본으로부터 관련 기술을 그대로 도입하고 모방했다면, 한국 기업의 관련 기술수준이 일본을 능가하기까지는 상당한 시간이 소요되었을 것이다. 그러나 한국 기업은 일본이 채택하고 있던 기술표준인 모스형 화물창이 아니라 당시 상용화되지 않았던 멤브레인 화물창을 채택하였고, 이는 한국 기업이 일본과 경쟁하기 위해 기존의 기술경로를 추종하기보다 새로운 기술경로를 개척했다는 것을 의미했다.[73]

2000년대에 들어와 한국 조선산업의 기술혁신활동은 더욱 가속화되었다. 이전에는 기본설계, 상세설계, 생산설계가 순차적으로 진행되어왔으나 최신 정보기술을 접목시켜 여러 단계를 동시에 최적으로 설계할 수 있는 기반이 조성되었고, 로봇의 소형화와 경량화가 이루어져 다양한 작업 지역에 투입됨으로써 생산공정의 자동화가 더욱 진척되었다. 또한 선박의 수주에서 인도에 이르는 모든 공정을 전산화하여 공정 간 정보교류를 원활히 하고 핵심기술의 개발과 연계하는 시스템이 마련되었으며, 국제적인 환경규제에 선제적으로 대응하고 연료의 효율을 높일 수 있는 친환경 기술의 개발도 적극 추진되었다. 한국의 조선해양 분야에 대한 특허출원도 가파르게 증가하여 2001년에 300건을 돌파한 후 2007년에는 900건에 달했고, 2008년에는 1,200건을 넘어서 미국과 일본을 제치고 세계 최고의 특허 보유국으로 올라섰다.[74]

이러한 기술혁신을 바탕으로 한국의 조선업체들은 초대형 컨테이너선과 LNG선을 비롯한 고부가가치 선박에 대한 요구에 탄력적으로 대응할 수 있었다. 7,500TEU 이상 초대형 컨테이너선의 경우에 1997년 1월부터 2007년 3월까지 전 세계에서 인도된 160척 중에 국내의 업체들은 117척을 건조하여 70%가 넘는 점유율을 보였다.[75] LNG선의 수주 점유율도 지속적으로 증가하여 2003년에 59%였던 것이 2005년 76%를 거쳐 2007년에는 90%에 육박하기에 이르렀다.[76] 2007년을 기준으로 한국, 중국, 일본의 선종별 시장점유율을 살펴보면, LNG선은 한국 89.5%, 일본 7.2%, 중국 5.8%, 컨테이너선은 한국 64.4%, 일본 3.9%, 중국 20.0%, 탱커는 한국 59.2%, 일본 6.2%, 중국 26.0%, 벌커 캐리어는 한국 24.4%, 일본 14.7%, 중국 51.4%를 기록했다.[77]

더 나아가 한국의 조선업체들은 복합적 기능 혹은 새로운 기능을 가진 선박을 잇달아 개발하는 데 성공함으로써 기술선도자의 지위를 더욱 확고히 다질 수 있었다. LNG-RV(regasification vessel), FPSO(floating production storage offloading), 쇄빙유조선 등이 여기에 속한다. LNG-RV는 LNG

선 위에 액체가스를 기체로 바꾸는 장치를 장착하여 선박에서 곧바로 소비자에게 가스를 공급할 수 있게 한 것이다. 세계 최초의 LNG-RV는 대우해양조선이 2005년에 건조하여 벨기에의 엑스마에 인도한 바 있다.[78] FPSO는 바다에서 원유를 채취하여 정유하는 기능을 보유한 것으로 삼성중공업은 2006년에 세계 최초의 자항추진 FPSO를 개발하여 호주의 우드사이드로 인도했다. 쇄빙유조선은 결빙 해역에서 얼음을 부수어 나가면서 원유를 운반하는 선박인데, 2007년에 삼성중공업이 전후진 양방향 운행이 가능한 쇄빙유조선을 세계 최초로 건조하여 러시아의 소브콤플로트에게 인도했다.[79]

한국의 조선업체들은 소위 '신(新)건조공법'을 통해 공정혁신의 측면에서도 참신한 시도를 선보였다.[80] 그동안 대부분의 조선소들은 도크 일정이 꽉 차 있어서 추가 수주 및 건조가 어려운 상황이었기 때문에 더 이상의 선박 수주를 감당하기 어려운 경우가 적지 않았다. 이러한 상황을 극복하기 위하여 한국의 조선업체들은 다양한 형태의 새로운 건조공법을 개발함으로써 도크의 추가적인 건설 없이 건조량을 늘리고 납기를 맞출 수 있는 역량을 확보했던 것이다. 현대중공업의 육상건조공법(on-ground building method), 삼성중공업의 메가 블록 공법(mega block method), STX조선의 스키드 런칭 시스템(skid launching system), 한진중공업의 DAM 공법은 그 대표적인 예이다.

현대중공업의 육상건조공법은 기존의 건조도크를 사용하지 않고 육상에서 선박을 조립한 후 완성된 선박을 레일 위로 밀어서 바지선으로 옮기고 바지선을 잠수시켜 선박을 바다에 띄우는 공법이다. 삼성중공업의 메가 블록 공법은 도크 밖에서 기존보다 5~6배가 큰 초대형 블록으로 조립한 후 해상크레인을 이용해 도크 안으로 이동시키는 공법이고, STX조선의 스키드 런칭 시스템은 선박의 절반씩을 육상에서 건조한 후 해상에서 연결하는 공법이다. 한진중공업의 DAM 공법은 도크에서는 도크 내 탑재가 가능한 길이만큼의 선박을 건조하여 진수하고, 도크를 초과하는 구간은 육상에서 나머지 블록을 만든 뒤 해상에서 이 두 단위를 용접·접합시키는 공법으로서 댐은 수중 용접을 위한 물막이 구조물을 의미한다.

〈표 5-7〉 한·중·일 조선산업의 경쟁력 비교(2007년)

범주	세부사항	일본	한국	중국
가격요인	재료비	100	100.2	106.4
	인건비	100	105.9	142.6
	기타 경비	100	101.7	121.5
	종합	100	102.6	123.5
비가격요인	품질	100	100.3	75.7
	성능	100	100.5	82.5
	납기 준수	100	99.7	78.7
	금융	100	94.1	78.1
	선주의 신뢰도	100	99.9	74.1
	종합	100	98.9	77.8
인력기반	평균연령	100	106.8	116.4
	생산인력	100	106.1	94.9
	설계인력	100	109.8	78.8
	종합	100	107.6	96.7
기타	생산성	100	94.5	68.8
	정보화	100	103.5	70.6
	마케팅	100	105.1	81.3
	종합	100	101.0	73.6

주: 일본을 100으로 할 때의 점수이며, 1년에 2점의 격차를 상정함.
자료: 한국산업기술진흥협회, 『산업기술개발 30년』, 215쪽.

한국조선협회가 2007년에 발간한 자료에 따르면, 일본을 100으로 할 때 한국은 가격요인에서 103, 비(非)가격요인에서 99, 인력기반에서 108 등의 경쟁력을 보이고 있다. 특히 한국은 품질, 성능, 정보화 등의 기술적 측면은 물론 생산인력, 설계인력 등과 같은 인력의 측면에서도 세계 최고의 수준을 확보하고 있다. 그러나 한국의 조선업체들은 LNG선과 같은 고급선박에 대한 원천기술을 아직도 유럽이나 일본에 의존하고 있는 상태에 놓여 있다. 이에 반해 한국이 강점을 보이고 있는 응용기술은 중국을 비롯한 후발국이 상대적으로 추격이 용이한 성격을 띠고 있다.

3. 자동차

현대자동차는 1995~1996년에 대규모 연구소와 공장을 잇달아 준공했다. 1995년 4월에는 경기도 화성에 남양종합기술연구소가 설립되었는데, 그것은 최첨단 자동차 개발설비와 시험시설을 갖춘 세계 10대 규모의 연구소였다.[81] 1996년 11월에는 중대형승용차 전용공장인 아산공장이 준공되었고, 같은 해 12월에는 세계 최대 규모의 상용차 공장인 전주공장이 완공되었다.[82] 이를 통해 현대는 보다 우수한 기술과 다양한 제품으로 2000년대에 세계 10대 자동차업체로 성장할 수 있는 기반을 마련할 수 있었다.[83]

1997년에 불어 닥친 외환위기는 한국의 자동차산업에 엄청난 영향을 미쳤다. 국내 자동차 생산량은 1997년 281만8천 대에서 1998년 195만4천 대로 30.6% 하락했으며, 내수 판매량도 1997년 151만3천 대에서 1998년 78만 대로 48.4% 급감했다. IMF 체제 하에서 기아자동차, 삼성자동차, 대우자동차, 쌍용자동차 등이 부도를 내었고, 이 기업들은 국제입찰을 통해 각각 현대자동차, 르노, GM, 상하이자동차에 인수되었다. 이에 따라 한국의 자동차산업은 국내 자본이 지배하는 현대·기아자동차(이하 현대기아차로 약칭함)와 외국 자본이 지배하는 르노삼성, 한국지엠, 쌍용으로

재편되었다.[84]

외환위기 직전인 1996년에 현대는 인도 진출을 결정한 후 인도 정부와의 협의를 거쳐 100% 단독 출자에 의해 현지법인을 세웠다. 1998년에는 첸나이에 연산 15만 대 규모의 공장을 준공하면서 현지 시장에 최적화된 모델인 '상트로(Santro)'를 출시했다. 현대는 아토스를 모델로 상트로를 설계하면서 비가 자주 오는 인도 기후에 맞춰 차량 하부의 방수 기능을 대폭 확충했으며, 열악한 인도의 도로 조건에 잘 견딜 수 있도록 내구성을 강화했다. 상트로가 폭발적인 인기를 누리면서 현대는 1999년에 인도 시장에서 마루티-스즈키에 이어 2위 업체로 부상했다.[85]

문제는 미국 시장이었다. 현대는 1980년대 후반에 엑셀을 출시하여 미국의 소형차시장에서 선전했지만, 1990년대에 들어서는 품질의 문제가 제기되면서 판매량이 급감하기 시작했다. 현대자동차의 미국 판매량은 1988년에 26만 대를 기록한 후 감소세에 진입하여 1999년에는 9만 대가 되었다. 게다가 자동차품질평가 전문기관인 제이디파워(J. D. Power Research Associates)가 측정하는 초기품질평가(Initial Quality Study, IQS)에서 현대자동차는 1995년에 33개 브랜드 중 32위, 1996년에는 35개 중 32위, 1997년에는 38개 중 34위에 머물렀다. 심지어 당시 미국에서는 현대자동차가 '저품질 저가 차'의 대명사로 간주되어 유명 TV쇼에서 코미디 소재로 사용되기도 했다.[86]

1999년에 정몽구 회장은 수출현장을 직접 점검하기 위해 미국을 방문하던 중 현대자동차의 품질에 대해 혹평을 들었다. 그는 한국에 귀국한 후 제이디파워에 품질에 관한 컨설팅을 받았으며, 이를 바탕으로 대대적인 품질혁신에 착수했다. 현대기아차의 품질혁신은 1999년 3월에 품질본부가 신설되고 품질회의가 개최되면서 본격화되었는데, 품질본부는 설계, 생산, 영업, 사후정비(AS) 등 부문별로 나눠져 있던 품질 업무를 통합했으며, 품질회의는 회장의 주관 하에 매월 1~2회 개최되었다. 품질본부는 출범 직후에 품질패스제를 실시하여 기획, 설계, 생산 등의 단계별로 일정 수준의 품질이 확보되지 않으면 다음 단계로 넘어가지 못하도록 조치했다. 이어 1999년 12월에는 품질상황실을 설치하고 품질정보시스템을 구축하여 현장의 품질 문제가 접수되면 해당 부서와 함께 원인을 분석한 후 해결책을 제시하는 24시간 품질 모니터링 및 대응체계를 마련했다.[87]

현대기아차는 품질혁신체제를 정비하면서 미국 자동차 시장을 대상으로 '10년 10만 마일 보증'이라는 파격적인 프로그램을 내걸었다. 이 프로그램은 파워트레인(엔진과 변속기)의 무상보증 기간을 10년 10만 마일로 확대한 것으로서 당시 미국에서는 5년 6만 마일 보증이 최고 수준이었다. 이를 위해 현대기아차는 2010년까지 도요타자동차의 품질을 따라잡는 것을 목표로 세우면서 초기품질평가(IQS)에 관한 지표를 집중적으로 관리했다. 현대의 품질개선 속도가 점점 빨라지면서 2003년에는 목표 시기가 2007년으로 당겨졌고 결과적으로는 2004년에 목표가 달성되었다. 2004년의 IQS 순위에서 현대는 도요타를 제치고 7위를 차지했으며, 차급별 순위에서는 소나타가 중형차 부문 1위를 차지했던 것이다. 현대의 품질향상은 일시적인 현상이 아니었는데, 그것은 2006년, 2009년, 2010년, 2014년의 IQS에서도 현대가 도요타보다 우수한 성적을 달성했다는 점에서 잘 드러난다.[88]

1999년에 시작된 현대기아차의 품질혁신은 이후에도 지속적으로 보완되었다. 2001년에는 협력업체들을 평가하는 5-스타 제도가 도입되었다. 5-스타 제도는 품질, 생산성, 기술 등 세 분야를 종합적으로 평가해서 일정 수준 이상의 평가를 획득한 부품업체만이 현대기아차와 거래할 수 있게 한 제도에 해당한다.[89] 2002년에는 기존의 품질본부를 품질총괄본부로 격상시키면서 담당 인원을 대대적으로 보강했으며, 2003년에는 글로벌 품질경영을 가속화하기 위해 해외의 품질담당조직을 품질총괄본부에 편입시켰다. 또한 2003년에는 남양연구소에 파일럿센터를 설치하여 양산을 앞둔 신차의 품질을 최종적으로 점검하는 체제를 갖추었다. 현대기아차의 품질혁신은 2005년에 글로벌 품질경영 시스템(global quality management system)이 구축됨으로써 일단락되었는데, 이를 통해 설계품질, 부품품질, 제조품질, 신차품질 등의 각 단계별 품질개선 프로세스가 등록, 분류, 개선, 검증의 4단계로 표준화되었다.[90]

현대기아차는 품질혁신과 병행하여 독자적인 생산방식을 구축하는 작업도 추진했다. 우선 현대자동차는 기아자동차를 인수한 후 플랫폼 통합에 착수하여 과거에 15개에 달했던 플랫폼 수를 경차, 소형차, 중대형차, 고급차, SUV(소형, 중대형) 등의 6개로 축소했다. 또한 부품 모듈화를 적극 도입하여 제조효율성과 품질고도화를 동시에 추구했다. 부품 전체를 운전석 모듈, 섀시 모듈, 프런트앤드 모듈 등의 세 가지 핵심 모듈로 단순화한 후 이를 생산라인에서 최종 조립하는 방법을 정착시켰던 것이다. 이와 함께 세 가지 핵심 모듈이 정확한 시점에 정확한 순서대로 완성차 조립라인에 도착하는 직서열 방식(just in sequence)을 구축했다. 그것은 린 생산방식(lean production system)과 차별화되는 '기민한 생산방식(agile production system)'으로 평가되고 있다. 린 생산방식이 안정된 환경에서 효율적 관리를 통해 낭비를 절감하는 것을 추구했다면, 기민한 생산방식은 급변하는 환경 속에서 신속하게 대응하는 능력을 강화하는 데 초점을 맞추고 있다는 것이다.[91]

현대기아차는 품질혁신을 계속 추진하는 가운데 해외 진출도 가속화했다. 현대는 2002년에 중국의 베이징기차와 50 : 50의 합작으로 베이징현대기차를 설립하고 연산 5만 대의 공장을 건설한 후 EF소나타를 곧바로 생산했다. 현대가 양해각서 체결에서 제품생산에 걸린 시간은 10개월에 불과했고, 이에 감탄한 중국인들은 '현대속도(Hyundai Speed)'라는 유행어를 만들기도 했다. 그것은 현대가 사전 준비를 철저히 하고 부품업체들과 함께 진출했기 때문에 가능했다. 베이징현대기차는 생산규모를 2003년 15만 대, 2005년 30만 대로 확대했으며, 2006년에는 폭스바겐과 GM에 이어 중국 내 3위로 올라섰다.[92] 현대기아차는 중국 진출과 함께 미국에 현지법인을 설립하는 일도 추진했으며, 2005년에는 앨라배마에 연산 30만 대의 공장을 준공하여 소나타와 산타페를 생산하기 시작했다. 앨라배마공장은 현대자동차그룹이 이후에 설립한 해외 공장의 기본 모델로 작용했다.[93]

현대자동차가 1990년대 후반에 품질경영, 세계화와 함께 중점을 두었던 것은 연구개발이었다. 사실상 1990년대 후반에는 다양한 종류의 독자 엔진이 잇달아 개발되었다. 1997년에는 입실론엔진과 린번엔진, 1998년에는 델타엔진과 시그마엔진, 1999년에는 오메가엔진이 개발되었던 것이다. 입실론엔진은 0.8/1.0리터의 경차용이었고, 린번엔진의 경우에는 기존 엔진에 비해 10% 이상의 연비 향상이 가능했다. 델타엔진은 2.0/2.7리터의 중형 승용차용이었고, 시그마엔진은 3.0/3.5리터의 중대형 승용차용이었으며, 오메가엔진은 4.5리터 급의 대형 승용차용이었다. 이를 통해 현대는 0.8리터에서 4.5리터에 이르는 가솔린 엔진을 대상으로 독자모델 풀 라인업 체제를 구축하기에 이르렀다.[94]

현대기아차의 연구개발활동은 2000년대에 들어와 더욱 강화되었다. 정몽구 회장은 연구개발투자를 지속적으로 확대하고 연구인력을 특별히 대우했다.[95] 현대기아차의 연구개발체제도 기술적 조직적 환경변화와 연계되어 변신을 거듭했다. 2003년에는 남양, 울산, 시흥 소하리 등에 흩어져 있던 차량개발 기능을 남양종합기술연구소로 일원화했으며, 남양연구소에 디자인센터와 파일럿센터를 설치하여 디자인과 품질의 혁신을 촉진했다. 이어 2005년에는 용인 마북리에 환경기술연구소를 설립하여 친환경 자동차에 대한 연구 기능을 강화했다. 이와 함께 미국, 독일, 인도, 일본 등에 지역별 연구개발거점이나 디자인센터를 구축하여 현지 시장에 적합한 차량 개발을 추진했다.[96]

〈표 5-8〉 현대자동차그룹의 글로벌 연구개발 네트워크

기관명	위치	주요 기능
남양기술종합연구소	경기도 화성시	글로벌 통합 연구거점 (연구개발의 컨트롤타워 역할) 종합적인 자동차 연구개발 진행
환경기술연구소	경기도 용인시	친환경 차량 및 기술 개발
미국기술연구소	미국 미시간주 슈페리어 타운십	미국 내 신차개발의 중심 역할
미국디자인센터	미국 캘리포니아주 얼바인	미국 현지에 적합한 디자인 개발
미국 캘리포니아 주행시험장	미국 캘리포니아주 모하비 사막	차량주행시험 및 현지개발부품에 대한 성능 시험
일본기술연구소	일본 요코하마	전자 신기술 및 친환경차 핵심기술 개발
유럽기술연구소	독일 뤼셀스하임	유럽형 차량 및 엔진기술 개발
유럽디자인센터	독일 뤼셀스하임(현대차) 독일 프랑크푸르트(기아차)	유럽 스타일의 디자인 개발
인도기술연구소	인도 하이드라비드	소형차 개발의 전략기지

자료: 이유재·박기완, "현대자동차", 404쪽을 일부 보완함.

2000년대에 있었던 현대기아차의 대표적인 연구개발 성과로는 세타엔진을 들 수 있다. 현대기아차는 2000년 4월부터 2004년 8월까지 1,740억 원을 투입하여 세타엔진을 개발함으로써 엔진기술을 세계 최고의 수준으로 끌어올렸다. 세타엔진은 2.0리터급의 중형차를 위한 것으로 현대의 국내외 주력차종인 소나타 시리즈에 장착할 목적으로 준비되었다. 밸런스 샤프트를 오일펌프가 내장된 모듈로 디자인하여 소음과 진동을 줄이는 독창적인 기술을 적용했으며, 세계 최초로 간접 공기량측정 방식을 이용하여 흡배기를 조절할 수 있도록 설계했다. 특히 세타엔진의 개발을

통해 현대기아차는 각 부품들의 상호연관성을 종합적으로 고려함으로써 출력, 연비, 내구성 등을 최적화하여 승용차를 개발하는 능력을 보유하게 되었다.[97]

세타엔진은 한국의 자동차 역사상 최초로 선진국에게 기술을 수출한 사례에 해당한다. 세타엔진은 현대, 크라이슬러, 미쓰비시가 주도한 세계 엔진제조연합(Global Engine Manufacturing Alliance)의 표준으로 채택되었고, 이를 통해 현대는 크라이슬러와 미쓰비시로부터 5,700만 달러의 기술료를 획득하는 성과를 거두었다. 또한 크라이슬러와 미쓰비시의 엔지니어들은 남양연구소에 와서 세타엔진에 대한 기술교육을 3개월씩 받았으며, 현대의 연구원들이 크라이슬러와 미쓰비시에 2명씩 파견되어 세타엔진에 대한 기술전수를 담당했다. 세타엔진의 개발과 수출을 계기로 현대기아차는 세계적인 자동차업체로부터 최고의 기술력을 인정받게 되었던 것이다. 알파엔진이 자동차기술의 자립을 의미했다면 세타엔진은 현대의 기술선도를 상징한다고 볼 수 있다.[98]

당시 남양연구소의 파워트레인연구소 소장으로 세타엔진의 개발을 주도했던 이현순은 2006년에 있었던 한 인터뷰에서 다음과 같이 지적했다.

1999년에 이르러 현대자동차의 세계 일류 메이커 도약을 위해 극비 프로젝트를 이끌게 되었다. 획기적인 기술이 결집된 차세대 엔진, '세타엔진'의 개발이었다. 신형 소나타에 탑재될 세타엔진은 선진업체의 엔진보다 성능, 연비, 내구성, 소음, 원가 등에서 경쟁력을 가져야 한다는 부담감이 있었으며, 이를 위해 기존 엔진 개발과는 다른 새로운 방법이 시도되었다. 컴퓨터를 이용한 시뮬레이션 등 해석기법을 적극 적용하였고, 국내외 부품협력업체들을 엔진개발 초기부터 공동 참여시켰다. 또한 10년간 16만km 이상의 내구성을 보증하기 위하여 기존 엔진보다 가혹한 내구 조건을 만들어 수많은 시험을 진행하였다. 새로운 개발 방법이 다수 적용되면서 예상치 못했던 생산 상의 문제점이 발생하여 공장 관계자들과 함께 밤새 고민하기도 했다. 이런 힘든 과정을 거쳐 2004년 드디어 세타엔진이 태어났다. 현재 세타엔진은 신형 소나타뿐만 아니라 다임러클라이슬러, 미쓰비시 같은 선진 메이커들의 자동차에 탑재되어 전 세계를 누비고 있다.[99]

현대기아차의 연구개발은 계속되었다. 2008년에는 3.5리터급의 타우엔진을, 2011년에는 1.6리터급의 감마엔진을 개발했다. 타우엔진은 2009~2011년에 자동차 전문매체인 워즈오토(Ward's Auto)가 선정하는 세계 10대 엔진에 3년 연속으로 선정되었고, 감마엔진은 2012년에 워즈오토 10대 엔진에 선정되었다. 이와 함께 타우엔진이 탑재된 제네시스는 2009년에, 감마엔진이 탑재된 엘란트라는 2011년에 북미 올해의 차로 선정되기도 했다. 현대기아차는 타우엔진과 감마엔진의 개발을 통해 기술선도자의 위상을 다시 한 번 확인했던 것이다.[100]

이처럼 현대기아차는 가솔린 자동차에서 기술을 선도하는 세계적인 기업으로 성장했지만, 차세대 자동차에서는 여전히 추격의 단계에 머물고 있는 것으로 판단된다. 현대는 1990년대에 들어와 국가연구개발사업을 활용하여 전기자동차, 알코올자동차, 수소자동차, 태양광자동차 등에 관한 연구를 지속적으로 추진해왔다.[101] 이어 2000년에 캘리포니아 연료전지 파트너십에 참여하고 2005년에 환경기술연구소를 설립하는 등 차세대 자동차에 대한 연구를 본격화했다. 그러나 2000년대만 해도 현대의 차세대 자동차에 대한 기술은 대부분 상업화 단계에는 이르지 못한 상태로 남아 있었으며, 최근에 들어서야 선진 업체들과 경쟁구도를 형성하기 시작하는 양상을 보이고 있다.[102]

4. 반도체

1990년대 초반부터 삼성은 D램을 비롯한 메모리 분야에서 세계시장을 주도하고 있었지만, 메모리 위주의 제품 구성으로는 지속적인 성장을 보장받기 어렵다는 우려가 계속해서 제기되었다. 삼성의 경우에는 매출액의 약 85%가 메모리 분야에 편중되어 있었는 데 반해 전 세계적으로는 메모리반도체가 차지하는 비중이 40% 정도에 불과했던 것이다. 특히 1990년대에 들어와 반도체기술의 패러다임이 '표준범용 패러다임'에서 'ASIC(application specific integrated circuits) 패러다임'으로 변모하고 있다는 분석이 제기되면서 이에 대한 한국 반도체업계의 적극적인 대응이 요청되었다.[103]

이러한 분위기에서 삼성은 1995년을 전후하여 반도체사업의 새로운 발전전략을 적극적으로 모색했다. 예를 들어, 1994년 11월에 개최된 메모리 부문의 연례 전략회의에서는 삼성의 반도체가 망하는 위기 시나리오가 작성되었으며,[104] 1995년 9월에는 2000년까지 ASIC 제품의 매출액을 10억 달러 수준으로 향상시킨다는 'ASIC 사업 강화방안'이 확정되었다.[105] 그러나 삼성은 비메모리반도체로 급속히 전환하는 방식보다는 D램의 부가가치를 제고함과 동시에 생산 제품을 다각화하는 전략을 선택했다. 이와 같은 삼성의 심화 및 다각화 전략은 미국이나 일본 업체들이 1990년대 이후에 D램에 대한 투자를 축소하고 비메모리반도체에 대한 투자에 집중했던 경향과 대비되는 것이었다.

1990년대 중반 이후에 삼성은 마이크로프로세서와 D램의 속도 차이를 줄일 수 있는 고성능 D램의 개발을 주도했다. 대표적인 예로는 SD램(synchronous DRAM), DDR D램(double data rate DRAM), 램버스 D램(rambus DRAM)을 들 수 있다. SD램은 일반적인 D램보다 4배 정도 속도가 빠른 제품으로서 삼성은 1994년에 64M SD램을, 1998년에 256M SD램을 개발했다.[106] DDR D램과 램버스 D램은 SD램보다 2배 정도 속도가 빠른 제품에 해당하며, 삼성은 1997년에 64M DDR D램을, 1998년에 64M 램버스 D램을 개발한 후 지속적으로 집적도를 향상시켜왔다. 1990년대 말에 미국과 일본의 기업들은 인텔의 제안에 따라 램버스 D램에 투자했던 반면, 삼성은 DDR D램과 램버스 D램에 동시에 투자하는 전략을 구사했다. DDR D램은 삼성이 세계 최초로 개발하여 국제 표준으로 확정된 바 있으며, 램버스 D램의 경우에는 인텔이 안정적으로 제품을 공급받기 위하여 1999년에 삼성에 투자하기도 했다.[107]

삼성은 D램의 부가가치를 제고하는 것과 병행하여 생산 제품의 다각화도 적극적으로 추진했다. 이를 선도한 제품은 모바일 기기에 주로 사용되는 플래시메모리였다. 삼성이 플래시메모리에 진출할 때에는 인텔이 장악하고 있던 노어(NOR)형과 도시바가 주도하고 있던 낸드(NAND)형의 두 가지 선택지가 있었다. 전자는 접근시간이 빠른 장점을, 후자는 비용이 저렴하고 내구성이 높은 장점을 가지고 있었다. 이러한 두 유형 중에서 삼성이 선택한 것은 낸드 플래시메모리였다. 삼성은 기술적인 측면에서 낸드형이 더욱 높은 성장 잠재력을 가진 것으로 판단했으며, 노어형의 경우에는 삼성과 인텔의 전략적 관계 때문에 도전하기 어려운 측면도 있었다. 삼성은 또 한 번 기술선택에 성공했다. 1998년에 세계 플래시메모리 시장은 노어형 25억 달러, 낸드형 3억 달러로 구성되어 낸드형의 비중은 10.7%에 불과했다. 그러나 이후에는 낸드형 시장이 급속히 팽창하여 2005년에 107억 달러의 규모에 이르러 전체 플래시메모리 시장의 60%를 넘어섰다.[108]

1990년대 내내 삼성은 일본의 도시바와 낸드 플래시메모리에 관한 경쟁을 벌였다. 삼성은 1993년에 16M, 1996년에 64M, 1998년에 128M,

1999년에 256M, 2000년에 512M 낸드 플래시메모리를 성공적으로 개발했다. 시제품은 도시바가 먼저 내놓았지만, 삼성은 상용제품을 더 빨리 출시해서 시장점유율을 높여나갔다. 삼성의 거센 도전을 받으면서 도시바는 2001년에 낸드 플래시메모리 사업에 대한 합작을 제안했다. 그러나 당시 삼성전자 메모리사업부의 책임자이던 황창규는 독자적인 추진이 가능하고 바람직하다는 의견을 제시했으며, 이건희 회장은 이를 수용하여 도시바의 제안을 거절하기에 이르렀다.[109] 이러한 의사결정은 소위 '자쿠로 회동'에 의해 이루어졌는데, 그 회동은 D램 신화에 이어 '플래시메모리 신화'가 시작된 순간으로 평가되고 있다.[110]

이후 삼성은 2001년에 1G, 2002년에 2G, 2003년에 4G, 2004년에 16G, 2005년에 32G, 2006년에 64G 낸드 플래시메모리를 세계 최초로 개발하는 데 성공했다.[111] 이러한 기술적 성과에 힘입어 삼성의 시장점유율은 더욱 가파르게 상승했다. 2001년에 삼성은 낸드 플래시메모리에서 시장점유율 27%로 도시바에 이어 2위였으나 다음 해인 2002년에는 1G 제품을 바탕으로 시장점점유율을 45%까지 끌어올리면서 세계 1위로 올라섰다. 이어 2003년에는 낸드 플래시메모리 시장에서 70%를 점유하는 성과를 거두면서 플래시메모리 전체에서 인텔을 제치고 세계 1위를 차지했다.[112] 이로써 삼성은 1992년 D램 1위와 1995년 S램 1위에 이어 2003년 플래시메모리 1위를 차지함으로써 소위 '트리플 크라운'의 지위를 확보했다.

일찍부터 플래시메모리의 가능성을 간파했던 황창규는 플래시메모리를 예찬하는 이유에 대해 다음과 같이 말했다.

제가 플래시메모리를 예찬하는 이유는 이것이 전자부품이면서도 새로운 제품시장을 창출해 낸다는 데 있지요.… 플래시메모리는 휴대폰,

디지털카메라, 디지털캠코더, MP3, USB드라이브 등에 핵심부품으로 들어가면서 디지털 저장장치의 혁명을 이끌고 있습니다. 더욱이 이들 완제품이 부품인 플래시메모리의 규격이나 가격을 결정하는 것이 아니라 플래시메모리의 생산에 맞춰 완제품을 생산하기 때문에 과거 전자부품과 완제품 사이에서 볼 수 있던 관계가 뒤바뀐 것입니다. MP3 플레이어 시장에서 한국이 세계 최강이 된 것도 플래시메모리가 있기에 가능했고, 노키아 등의 휴대폰 업체들도 이젠 삼성전자의 플래시메모리가 없으면 제품을 못 만들 정도가 됐습니다.[113]

삼성은 1996년에 기존의 마이크로사업부를 시스템LSI사업부로 개편하면서 비메모리 분야에도 본격적으로 투자하기 시작했다. 메모리 분야의 우수한 인력이 비메모리 분야로 이동했고 각종 제품을 개발하기 위한 검사장비가 대대적으로 확충되었다. 1997년에는 전 세계적인 타마고치 열풍을 배경으로 마이컴의 수요가 급증한 덕택에 비메모리 분야에서 매출액이 크게 증가하는 행운도 따랐다. 시스템LSI사업부는 신제품을 개발하는 과정에서 비메모리 분야를 별도로 육성하는 방법과 메모리와 비메모리를 결합시키는 방법을 동시에 추진했다. 전자의 대표적인 예로는 알파칩을, 후자의 대표적인 예로는 복합칩을 들 수 있다. 복합칩은 대형 메모리가 탑재되는 주문형반도체로서 1997년에 16M D램을 내장하여 컴퓨터 그래픽 처리를 가속시키는 칩이 개발되었다. 알파칩은 다섯 층의 금속배선 기술을 적용하여 속도를 크게 증가시킨 마이크로프로세서로서 1996년에 500M Hz에서 시작한 후 1998년에는 1G Hz로 성능이 향상되었다. 이와 같은 신제품 개발을 통해 삼성은 1998년부터 비메모리 분야에서도 흑자를 내기 시작했다.[114]

더 나아가 삼성은 플래시메모리 시장을 개척하는 과정에서 '퓨전반도체'라는 새로운 기술경로를 창출하기도 했다. 그것은 플래시메모리가 USB 메모리, MP3 플레이어 등에 활용되고 있지만, 근본적으로는 휴대전화시장을 공략해야 한다는 판단에서 비롯되었다. 당시에 휴대전화시장은 노어 플래시메모리를 기반으로 삼고 있었는데, 삼성은 향후의 휴대전화가 고용량을 요구하기 때문에 낸드의 시대가 도래할 것으로 확신했다. 이를 현실화하기 위하여 삼성은 2001년 12월부터 시스템LSI사업부와 메모리사업부의 협력을 바탕으로 낸드플래시를 운영할 수 있는 소프트웨어를 만들기 시작했다. 그 결과 2004년 11월에 출시된 1G 원낸드(OneNand)는 낸드플래시, S램, 비메모리의 기능을 하나의 칩에 집적함으로써 읽기 속도가 빠른 노어플래시의 장점과 쓰기 속도 및 고집적에서 유리한 낸드플래시의 장점을 동시에 구현할 수 있었다.[115]

삼성은 원낸드 이외에도 원디램(OneDRAM), 플렉스원낸드(FlexOn-eNand)와 같은 퓨전반도체를 잇달아 개발했다. 원디램은 D램과 S램을 하나로 합친 것으로 휴대용 정보통신기기의 소형화를 가속화시키는 데 크게 기여하고 있다. 원디램은 2006년 12월에 처음 개발되었지만 매출실적이 저조한 상태를 보이다가 2007년 6월부터 무선사업부와의 협력을 바탕으로 스마트폰에 적용하는 작업이 추진되었고 2008년 8월에는 원디램을 적용한 스마트폰이 출시될 수 있었다. 2007년 3월에 탄생한 플렉스원낸드는 고속 데이터 처리용 플래시메모리와 대용량 데이터 저장용 플래시메모리의 장점을 결합한 것으로 칩의 성능이나 용량을 가변적으로 조정할 수 있는 특징을 가지고 있다. 이전에는 자주 사용하는 데이터는 고속 메모리에 저장하고 영화와 음악과 같은 데이터는 외장형 메모리에 담도록 설계되어 있었지만, 플렉스원낸드는 칩의 메모리 공간을 둘로 갈라 한쪽은 고속용으로 다른 쪽은 대용량으로 만들어 사용할 수 있는 것이다.[116]

5. 디스플레이

디스플레이는 패널의 구동원리에 따라 음극선관 혹은 브라운관(cathode ray tube, CRT), 평판디스플레이(flat panel display, FPD), 플렉시블 디스플레이(flexible display, FD) 등으로 구분되며, 그중 FPD는 액정디스플레이(liquid crystal display, LCD), 플라즈마 디스플레이 패널(plasma display panel, PDP), 유기발광 다이오드(organic light emitting diode, OLED), 전계방출 디스플레이(field emission display, FED) 등으로 나누어진다.[117] 디스플레이산업의 주력 아키텍처는 오랫동안 브라운관이 지배해오다가 1990년대를 통해 TFT(thin film transistor) 방식의 LCD로 변경되는 양상을 보였다. TFT-LCD 산업에 대한 주도권은 처음에 일본이 잡았지만, 1990년대 말에는 한국이 선도국가로 부상하는 가운데 대만이 가세하는 양상을 보이고 있다.[118]

〈표 5-9〉 TFT-LCD 산업의 세계시장 점유율 추이(1997~2005년)

단위: %

순위	1997년	1998년	1999년	2000년	2001년	2002년	2003년	2004년	2005년
1	샤프	삼성	삼성 (18.8)	삼성 (20.1)	삼성 (21.3)	삼성 (17.3)	LG (21.1)	삼성 (22.2)	LG (21.4)
2	NEC	샤프	LG (16.5)	LG (14.7)	LG (17.8)	LG (16.7)	삼성 (19.6)	LG (19.9)	삼성 (20.9)
3	삼성	NEC	히타치 (10.1)	히타치 (10.2)	AUO (9.0)	AUO (12.1)	AUO (11.8)	AUO (13.5)	AUO (14.5)
4	도시바	LG	샤프 (10.0)	샤프 (7.9)	히타치 (8.0)	샤프 (8.5)	CMO (7.7)	CMO (8.7)	CMO (11.8)
5	IBM	도시바	NEC (9.1)	NEC (7.2)	샤프 (7.4)	히타치 (5.3)	CPT (7.4)	CPT (7.7)	CPT (7.3)

주: AUO와 CMO는 대만 기업, CPT는 중국 기업임.
자료: 배종태 외, 『급진적 혁신 촉진을 위한 기술혁신시스템 구축방안』, 147쪽을 일부 보완함.

디스플레이와 관련된 한국의 기업들은 1980년대 중반에 들어와 브라운관 이후의 시대에 대비하기 위해 LCD 사업을 추진하기 시작했다. 삼성전관(현재의 삼성SDI)은 1984년에 LCD 사업을 시작하여 1985~1986년에 전자탁상계산기용 LCD와 사무자동화기기용 LCD를 잇달아 개발했다. 이어 1987년에는 미국의 OSI(Ovonic Imaging Systems)와 TV용 LCD 패널 제조기술 도입에 관한 계약을 체결하고 연구원 3명을 현지에 파견했으며, 이를 바탕으로 1988년에는 TV용 LCD를 개발하기에 이르렀다.[119] 금성사(현재의 LG전자)는 1987년에 중앙연구소를 통해 LCD 연구개발사업을 출범시키면서 일본의 히타치로부터 기술을 도입했다.[120]

그러던 중 1990년 말에 삼성의 이건희 회장은 LCD 사업의 추진주체에 대한 고민에 빠졌다. 일본의 경우에 도시바와 NEC는 반도체사업부에서, 샤프와 히타치는 디스플레이사업부에서 LCD 사업을 추진하고 있었다. 공정을 중요시한다면 반도체사업부에서, 완제품에 무게를 두자면 디스플레이사업부가 추진하는 것이 합당해 보였다. 이건희 회장은 1991년 1월에 사장단 회의를 소집한 후 LCD 사업을 삼성전관에서 삼성전자의 특수사업부로 이관하기로 결정했다. LCD 제조공정과 D램 제조공정이 유사하다는 점을 감안하여 LCD와 반도체의 시너지 효과를 제고하고자 했던 것이다.[121]

삼성전자의 특수사업부는 시험 라인(기판 규격 300mm×300mm)을 설치한 후 새로운 LCD로 부상하고 있던 TFT-LCD 개발에 도전했다. 당시에 삼성전자는 16M D램을 개발하면서 알루미늄을 금속 배선물질로 사용하고 있었고, 특수사업부도 동일한 방식을 채택하여 LCD 개발을 추진했다. 그런데 반도체의 경우에는 마지막 공정에 알루미늄이 사용되어 별다른 문제가 없었지만, LCD에서는 알루미늄 배선을 먼저 깔아놓고 후속공정을 진행하다 보니 배선이 끊어지는 문제가 발생했다. 여러 차례의 시행착오 끝에 특수사업부는 게이트 배선을 사다리꼴 모양으로 연결하는

기술을 확보하여 문제를 해결할 수 있었다.[122]

이를 바탕으로 삼성전자는 1992년 7월에 국내 최초로 10.4인치 TFT-LCD을 개발하는 데 성공했다. 또한 1993년 12월부터 1995년 2월까지 1,941억 원을 투자하여 월 2만 매의 기판을 처리할 수 있는 양산 1라인(기판 규격 370mm×470mm)을 기흥사업장에 건설했으며, 이를 통해 일본의 업체들이 주도하던 TFT-LCD 시장에 본격적으로 진입했다.[123] 그러나 초창기 TFT-LCD 사업은 높은 불량률과 일본 업체들의 견제로 상당한 어려움을 겪었다. 양산 1라인의 불량률은 40~50%에 이르렀고, 일본 업체들은 삼성을 겨냥해 가격을 인하하는 전략을 구사했다. LCD 사업의 적자는 계속해서 늘어만 갔으며, LCD 사업에 진출한 것이 잘못된 결정이 아니냐 하는 불만이 터져 나왔다.[124]

당시에 특수사업부 부장을 맡고 있던 이상완 상무는 LCD 사업의 정리에 완강히 반대했다. 그는 LCD 사업이 삼성전자의 미래를 위해 반드시 필요하다고 강조하면서 몇 년 만 시간을 주면 LCD 사업을 성공으로 이끌 수 있다고 주장했다. 이에 대해 이건희 회장은 "5~10년 후에 무엇을 해서 먹고살 것인지를 고민하라."는 화두를 던지면서 LCD 사업을 강력하게 추진할 것을 주문했다. 이러한 의사결정을 바탕으로 삼성전자는 반도체 부문에서 벌어들인 자금을 TFT-LCD 개발에 집중적으로 투입하기 시작했다.[125]

삼성전자의 특수사업부는 LCD 사업을 정상궤도에 진입시키기 위해 수많은 노력을 기울였다. 애로공정을 해소하고 각 방면의 개선작업을 통해 불량률을 감소시켰으며, 유리 기판 두께를 1.1mm에서 0.7mm로 줄여 LCD를 생산할 수 있도록 설비를 개조했다. 이러한 기술개선을 바탕으로 삼성전자는 점차적으로 생산량을 증가시켜 1995년 11월에는 월 4만 매 이상의 판매실적을 기록할 수 있었다. 이와 함께 1995년 10월에는 공격적인 신규 설비투자를 감행하여 월 2만5천 매의 기판을 처리할 수 있는 양산 2라인(기판 규격 550mm×650mm)을 건설하기 시작했다.[126]

양산 2라인을 건설하면서 삼성전자는 주력 제품의 크기로 12.1인치를 선택했다. 당시에 샤프를 비롯한 일본 업체들은 10.4인치 이후의 주력 제품으로 11.3인치를 예상하고 이에 대한 투자를 추진하고 있었다. 이에 따라 삼성전자가 12.1인치에 집중하는 것은 위험한 선택이라는 평가도 있었지만, 이상완 상무를 비롯한 LCD 사업부의 임원들은 12.1인치를 고수하면서 노트북 PC를 생산하는 업체를 직접 찾아 나섰다. 미국의 델컴퓨터(Dell Computer Corporation)에 접근했다가 퇴짜를 맞기도 했지만, 일본의 도시바와 성공적인 거래를 진척시켰고 나중에는 델도 12.1인치로 돌아섰다. 삼성전자는 1996년 10월에 양산 2라인의 준공과 함께 12.1인치 제품을 대량으로 생산했으며, 그로부터 6개월이 지난 뒤에는 TFT-LCD 시장의 대세가 11.3인치에서 12.1인치로 전환되었다.[127] 이를 통해 삼성전자는 LCD 양산을 개시한 지 2년 만인 1996년에 매출 3억 달러를 넘는 고성장을 기록하여 세계 5위권의 LCD 업체로 성장할 수 있었다.[128]

삼성전자가 2010년에 발간한 『삼성전자 40년: 도전과 창조의 유산』은 12.1인치 라인의 선택에 대해 다음과 같이 쓰고 있다.

시간이 흐를수록 이상완 상무, 이지섭 이사 등 삼성전자의 LCD 사업을 이끄는 임원들의 머릿속에는 다음 라인[양산 2라인]에 대한 고민이 가득했다.… 샤프와 같이 11.3인치를 주력으로 생산하느냐, 기판 사이즈를 조금 더 키워 그것보다 큰 12.1인치를 생산하느냐, 선택의 기로에 놓였다.… 결국 남들이 간 길을 따라 가서는 앞설 수 없다는 전략에 따라 세계 1위 샤프를 비롯한 대다수의 일본 기업들이 선택한 11.3인치가 아닌 삼성전자만의 12.1인치, 외로운 싸움이 시작되었다.… 후발주자로 출발해 1위에 오르기 위해서는 남들이 선택하지 않은 길을 과감하게 택해야 한다는 '역전의 DNA'가 직원들의 머리와 마음속에 은연중 자라고 있었던 것이다.[129]

이와 유사한 선택은 1996년 12월에 삼성전자가 천안사업장에서 양산 3라인에 착공할 때에도 계속되었다. 당시에 일본의 업체들은 11.3인치에서 12.1인치로 전환하는 중이었는데, 얼마 지나지 않아 노트북 PC의 주력 제품이 더욱 대형화될 것으로 예상되었다. 그러던 중 삼성전자와 전략적 협력관계를 유지해오던 도시바가 차세대 노트북 PC의 주류는 13.3인치가 될 것이라는 의견을 전달했고, 삼성전자는 남들보다 한 발 앞서지 않으면 세계 최고가 될 수 없다는 판단을 바탕으로 양산 3라인의 기판 규격을 600mm×720mm으로 결정했다. 1998년 2월에 완공된 양산 3라인은 노트북 PC용 12.1인치, 13.3인치, 14.1인치를 기판당 6매씩, 모니터용 17인치를 기판당 4매씩 생산할 수 있어 시장 상황에 따라 탄력적인 대응이 가능한 특징을 가졌다. 또한 1층과 2층은 TFT, 3층은 액정, 4층은 모듈 공정으로 이루어져 있어 TFT-LCD 생산에 필요한 모든 공정이 유기적으로 연계될 수 있었다.[130]

양산 3라인의 준공을 계기로 삼성전자는 시험 라인 1개와 양산 라인 3개를 확보함으로써 TFT-LCD 산업을 선도하는 업체의 면모를 갖추게 되었다.[131] 특히 양산 3라인의 경우에는 해당 설비를 미리 도입하여 시험 해봄으로써 완공과 동시에 첫 제품을 성공적으로 양산하는 기록을 세우기도 했다. 양산 3라인의 가동과 거의 동시에 노트북시장의 주력제품은 13.3인치로 전환되었고, 삼성전자는 1998년 6월에 일본의 샤프를 제치고 TFT-LCD 시장에서 세계 1위로 올라섰다. 이를 계기로 삼성전자는 그동안 일본 업체를 뒤따라가던 형태에서 벗어나 신규 기판 사이즈를 주도하

는 양상을 보이기 시작했다.[132]

이처럼 공격적 선행투자가 지속되는 가운데 삼성전자는 자체적인 기술개발에도 많은 노력을 기울였다. 약 100억 원의 연구개발투자를 바탕으로 1997년 11월에는 30인치 초대형 TFT-LCD를 세계 최초로 개발했으며, 그것은 1998년 11월에 한국 전자산업 역사상 최고가인 대당 3만 달러의 가격으로 수출되었다. 또한 1998년 6월에는 어느 방향에서 보더라도 동일한 시야각 특성을 가지도록 하는 광(廣)시야각(plus viewing angle, PAV) 제조기술을 확보했고, 1998년 10월에는 그동안 일본에서 수입했던 TFT-LCD의 핵심장비인 액정기판 이송장비를 보다 저렴한 가격으로 국산화하는 데 성공했다. 이와 함께 천안사업장은 지속적인 가동률의 향상과 불량품의 축소를 바탕으로 1999년 5월에 90%가 넘는 골든 수율을 달성하여 세계 최고의 경쟁력을 확보하기에 이르렀다.[133]

삼성전자가 LCD에서 강세를 보이면서 LG전자의 추격도 강화되었다. LG전자는 1993년에 LCD 사업부를 발족시킨 후 1995년에 구미공장을 건설하여 TFT-LCD 대량생산체제를 구축했으며, 1997년에 구미공장을 증설하면서 노트북용 TFT-LCD도 생산하기 시작했다. 특히 LG전자는 1999년 1월에 국내 최초의 LCD 전문업체인 LG LCD를 출범시킨 후 같은 해 11월에 세계적인 전자업체인 필립스와 합작하여 LG필립스LCD(LG-Philips LCD, LPL)를 설립함으로써 LCD 사업에 공격적인 투자를 감행했다. 이를 통해 LG필립스LCD는 1999년 말에 삼성전자에 이어 세계 2위의 LCD 업체로 급성장했다. 당시 LG필립스LCD의 생산량은 월 6만 대, 수율은 80% 정도를 기록했다.[134]

한국 정부도 1990년부터 국가연구개발사업을 통해 디스플레이산업의 기술개발을 지속적으로 지원해왔다. 특히 1995~2001년에 제2단계 선도기술연구개발사업(G7 프로젝트)을 통해 추진된 '차세대 평판표시장치 기반기술개발사업'은 한국이 세계 최고의 디스플레이 강국으로 성장하는 데 크게 기여했다. 이 사업에는 총 1,824억 원이 투입되는 가운데 한국디스플레이연구조합의 주관 하에 서울대학교, 한국과학기술연구원, LG전자, 삼성전자 등이 참여했다. 이 사업을 통해 레이저 결정화 기술, 이온도핑 기술, 저온 절연막 기술 등이 개발되었으며, 이러한 기술을 활용하여 삼성전자는 40인치 TFT-LCD를 세계 최초로 생산하기에 이르렀다.[135]

2000년대에 들어와 LCD 시장은 노트북 모니터에 이어 대형 TV와 컴퓨터 모니터로 확대되었다. 이에 대응하여 삼성과 LG는 보다 큰 LCD를 생산하기 위해 치열한 세대 경쟁을 벌였고, 그 과정에서 LCD 시장의 점유율을 높이면서 다른 업체들을 앞서 나갈 수 있었다. 먼저 LG필립스LCD가 2000년 5월에 국내 최초로 4세대 생산라인(680mm×880mm)을 가동한 후 세계 최초로 5세대 생산라인(1,000mm×1,220mm)의 건설에 착수했다. 비슷한 시기에 삼성전자는 LG필립스LCD보다 조금 더 큰 4세대 생산라인(730mm×920mm)을 구축했다. LG필립스LCD는 2002년 5월에 5세대 생산라인을 완공했으며, 삼성전자는 4개월 뒤인 2002년 9월에 1,100mm×1,250mm 규격의 라인을 구축했다. 이처럼 LG필립스LCD는 4세대와 5세대에서 삼성전자를 앞서 나가면서 2003년에는 세계 LCD 시장에서 세계 1위를 기록하기도 했다.[136]

2003년에 들어와 샤프와 LG필립스LCD는 6세대 생산라인의 건설에 투자한다는 방침을 밝혔다. LG필립스LCD의 세대 선점이 계속되자 삼성전자는 일종의 위기의식을 느끼면서 이에 대처하기 위한 방안을 강구하기 시작했다. 삼성전자의 경영진은 6세대 라인 투자의 이해득실을 따진 후 많은 고민 끝에 6세대를 건너뛰고 7세대로 직행하는 결단을 내렸다. 문제는 30억 달러에 달하는 막대한 투자비였는데, 때마침 일본의 소니가 삼성전자에게 7세대 라인을 공동으로 구축하자고 제안했다. 2003년

10월에 삼성전자와 소니는 7세대 TFT-LCD 생산을 전담하는 합작사인 S-LCD의 설립을 위한 양해각서를 체결했으며, 2004년 3월의 본계약을 거쳐 같은 해 7월에는 S-LCD가 출범했다.[137]

LG필립스LCD는 2004년 10월에 6세대 생산라인(1,500mm×1,850mm)을 구축함으로써 세대 선점을 계속 이어갔다. 그러나 7세대 생산라인의 경우에는 삼성전자가 다시 앞서기 시작했다. 삼성전자는 충남 아산시 탕정면에 LCD 복합단지를 조성하면서 2005년 4월에 7세대 생산라인(1,870mm×2,200mm)을 완공했다. LG필립스LCD는 7개월 뒤인 2006년 1월에 1,950mm×2,250mm 규격의 7세대 라인을 경기도 파주시에 구축했다. 2005년에는 소니가 브라비아를, 삼성전자가 보르도를 출시하여 LCD TV 시장을 석권했고, 이를 계기로 LG필립스LCD의 6세대 규격인 37인치를 대신해 S-LCD의 7세대 규격인 40인치가 새로운 표준으로 자리잡는 양상을 보였다.[138]

〈표 5-10〉 LG와 삼성의 디스플레이 세대 경쟁(2000~2006년)

세대	LG필립스LCD	삼성전자
4세대	2000년 5월 680mm×880mm	2000년 5월 730mm×920mm
5세대	2002년 5월 1,000mm×1,220mm	2002년 9월 1,100mm×1,250mm
6세대	2004년 10월 1,500mm×1,850mm	건너뜀
7세대	2006년 1월 1,950mm×2,250mm	2005년 4월 1,870mm×2,200mm

주: 양산 시점 기준임.
자료: 박승엽·박원규, 『삼성 vs LG, 그들의 전쟁은 계속된다』, 104쪽; 이광호,
"디스플레이산업의 혁신경로 창출능력", 171쪽.

2000년을 전후해서는 PDP가 대형 디스플레이의 주요 아키텍처로 주목받기 시작했다. PDP는 유리판 사이에 액정이 아닌 혼합가스를 주입하기 때문에 화면을 크게 하는 데 LCD보다 유리한 특성을 가지고 있다. 일본의 전자업체들은 LCD의 주도권을 한국에 빼앗긴 경험을 반복하지 않기 위해 PDP에 대규모 투자를 감행했다. 일본의 PDP 시장점유율은 2001년 94%, 2002년 85%를 기록했다. LG전자와 삼성SDI도 TFT-LCD의 성공에 안주하지 않고 PDP를 선도하는 그룹에 합류하는 모습을 보였다. 특히 일본 업체들은 2000년에 PDP 양산을 시작하면서 설계방식에 따라 다양한 생산라인을 구축했던 반면, 삼성과 LG는 2001년부터 단일 생산라인을 구축하고 양산에 진입함으로써 효율성을 극대화할 수 있었다.[139]

PDP에서도 TFT-LCD의 경우와 유사한 형태의 선점 경쟁이 계속되었다. LG전자와 삼성SDI는 2001년, 2003년, 2004년, 2005년에 각각 PDP 1라인, 2라인, 3라인, 4라인을 경쟁적으로 설치했는데, 신규 라인의 증설에 따라 업계 순위가 수시로 바뀌었던 것이다. 라인 증설과 함께 생산 효율화를 위한 방안도 강구되었으며, 그 대표적인 예로는 유리 원판 한 장에서 여러 장의 PDP 패널을 만드는 다면취 공법을 들 수 있다. 다면취 공법은 일본에서 먼저 개발되었지만, 이를 PDP의 대량생산에 처음 활용한 기업은 삼성SDI였다. 삼성SDI는 2002년 12월에 다면취 공법을 개발한 후 2003년 5월에 PDP 1라인을 개조했으며, LG전자는 2004년 4월에 3라인을 가동하면서 다면취 공법을 적용했다. 2004년부터는 한국 업체의 PDP 매출 합계가 일본보다 앞서기 시작하는 가운데 마쓰시타, 삼성SDI, LG전자가 삼각 구도를 형성하게 되었다.[140]

6. 휴대전화

휴대전화로 대표되는 이동통신기기는 이동통신서비스 방식의 변화에 따라 선도기업이 달라지는 경향을 보였다. 제1세대인 아날로그 방식에서는 모토로라가 강자로 군림했지만, 제2세대인 디지털 방식에서는 노키아가 최고의 위치를 차지하는 가운데 한국 기업의 약진이 두드러졌다.[141] 특히 1996년에 한국에서 CDMA 이동통신기술이 세계 최초로 상용화되는 것을 계기로 국내의 휴대전화업체들은 급속한 성장의 국면을 맞이했다. CDMA 방식에 입각한 이동통신서비스가 급속히 확산되면서 이에 적합한 휴대전화가 국내 업체들에 의해 선도적으로 개발되었던 것이다.[142]

국내 최초의 디지털 휴대전화는 LG정보통신이 1996년 2월에 출시한 LDP-200이었다. 당시에 LG정보통신은 '프리웨이'라는 브랜드를 채택했는데, 그것은 통화가 고속도로처럼 잘 뚫린다는 의미를 가지고 있었다. 같은 해 5월 삼성전자는 '디지털 애니콜'을 브랜드로 한 SCH-100을 출시하면서 "애니콜의 명성과 기술, 디지털로 이어진다."는 모토를 내걸었다.[143]

당시의 휴대전화업체들은 고객에게 차별화된 이미지를 각인시키기 위해 제품 브랜드를 구축하는 데 열성을 보였다. 삼성전자의 애니콜이 세계적인 브랜드로 정착하는 가운데 LG정보통신을 비롯한 후발업체들은 새로운 브랜드를 개발하여 애니콜의 명성에 도전하기 시작했다. LG정보통신은 1997년에 아날로그 방식의 화통과 디지털 방식의 프리웨이를 '사이언(CION)'이란 단일 브랜드로 통합하여 대대적인 홍보활동을 전개했다. 현대전자는 1997년에 "걸면 걸린다."는 의미를 지닌 '걸리버'를 휴대전화의 브랜드로 채택했고, SK텔레콤의 자회사인 SK텔레텍은 1999년에 '스카이(SKY)'를 출시하면서 "전파를 잘 아는 휴대폰"과 같은 슬로건으로 공격적인 마케팅을 벌였다.[144]

기술적 차원의 경쟁은 휴대전화의 무게를 놓고 전개되었다. 디지털 방식은 아날로그 방식에 비해 더욱 안정적인 통화품질을 보장했기 때문에 통화품질보다는 휴대전화의 소형화 혹은 경량화가 차별성을 드러낼 수 있는 전략으로 간주되었다. 1997년 6월에 LG정보통신은 무게가 152g인 SP-1000을 내놓았고, 같은 해 7월에 삼성전자는 무게가 142g인 SCH-300을 출시했다. 이후에도 한국의 업체들은 휴대전화의 무게를 지속적으로 감소시켰으며, 이를 둘러싼 경쟁은 소위 '1g의 전쟁'으로 표현되기도 했다. 휴대전화의 무게에 관한 경쟁은 1998년 5월에 어필텔레콤이 79g의 초소형 제품인 '어필 PCS'를 선보임으로써 일단락되었다.[145]

휴대전화의 소형화 혹은 경량화가 한계에 이르면서 새로운 경쟁 요인으로 등장한 것은 디자인이었다. 기존의 바(bar)형 대신에 플립(flip)형 혹은 폴더(folder)형 제품이 등장했다. 플립형과 폴더형의 경우에는 휴대전화를 접고 펴는 과정에서 발생하는 마모를 방지해야 했으며, 안테나의 수신 감도가 낮기 때문에 이를 개선하기 위한 대책도 요구되었다. 이러한 문제를 해결하면서 국내 업체들은 구조가 복잡한 휴대전화를 개발할 수 있는 능력을 확보할 수 있었다. 이와 함께 휴대전화의 색상도 검정색 위주를 탈피하여 화이트, 블루, 실버, 골드 등으로 다양화되었다.[146] 삼성전자는 1998년 10월에 최초의 폴더형 휴대전화인 SCH-800을 개발했으며, LG정보통신은 1999년 12월에 듀얼 LCD를 장착한 사이언 폴더를 성공적으로 안착시켰다. 이어 2000년 3월에는 삼성전자가 애니콜 듀얼 폴더를 선보였고, 같은 해 5월에는 LG정보통신이 사이언 사이버 폴더를 출시했다.[147]

국내 휴대전화업체의 해외시장 진출도 가속화되었다. 삼성전자는 1997년 초에 홍콩의 허치슨 사에 CDMA 휴대전화를 수출함으로써 중국 시장에 대한 교두보를 마련했다. 곧이어 삼성전자는 미국에도 진출하여

자료: 대한민국역사박물관

1997년 한 해 동안 45만 대를 판매하여 미국 디지털 휴대전화시장의 8%를 점유했고, 1998년 10월에 브라질 시장에 진입한 후 1999년 3월에는 현지에 휴대전화 생산공장을 준공했으며, 1999년부터 러시아의 유통업체들과 파트너십을 구축한 후 2003년 10월에는 휴대전화 판매를 위한 브랜드숍을 개설했다.[148] LG정보통신은 1999년부터 버라이존의 전신인 벨모빌리티를 통해 미국 시장에 진출했으며, 이후에는 중국, 인도, 브라질 등에서도 안정적인 판매망을 확보하기에 이르렀다.[149]

특히 삼성전자는 CDMA 시장은 물론 GSM 시장도 조기에 공략하는 적극적인 자세를 보였다. 1990년대 후반만 해도 GSM 방식은 휴대전화시장의 70% 이상을 차지하고 있었기 때문에 삼성전자는 CDMA와 GSM 두 시장을 함께 공략하는 전략을 구사했던 것이다. 삼성전자는 프랑스의 웨이브컴이라는 벤처기업과의 기술제휴를 바탕으로 1997년 2월에 SGH-200을 출시하여 GSM 방식의 휴대전화시장에 진입했다. 그러나 SGH-200은 유럽 소비자들의 관심을 끌지 못했고, 신종균 부사장을 비롯한 GSM 개발팀은 보다 차별화된 제품을 개발하기 위해 많은 노력을 기울였다. 그 결과 삼성전자는 1998년 9월에는 SGH-600을 출시하여 유럽 시장에서도 상당한 인기를 누렸다. SGH-600은 이어폰을 통해 통화할 수도 있고 진동 기능과 음성인식 기능도 갖춘 혁신적인 제품이었다.[150]

삼성전자가 GSM 시장에 진출하면서 프리미엄 브랜드 전략을 채택한 것도 주목할 만하다. SGH-600의 경우에 제대로 된 제품이라면 높은 가격을 받아야 한다는 의견과 일단 저가로 출시해서 시장에 안착해야 한다는 의견이 팽팽하게 맞섰다. 삼성전자의 경영진은 기존 제품보다 10% 더 높은 프리미엄 가격으로 GSM 시장에 진출해야 한다는 결정을 내렸고, SGH-600은 960만 대의 판매량을 기록했다.[151] 삼성전자는 이후에도 프리미엄 전략을 지속적으로 유지했으며, 이를 통해 세계 휴대전화시장에서 최고의 수익률을 기록하는 업체로 성장했다.[152] 2005년에 KBS를 통해 방영된 〈신화창조의 비밀〉은 삼성전자의 휴대전화 프리미엄 전략에 대해 다음과 같이 소개한 바 있다.

> 삼성은 아무리 대규모 물량을 보장받더라도 적정 수준의 수익을 담보할 수 없으면 제품을 공급하지 않는다. 가격을 싸게 받아 어렵게 만들어놓은 최고급 브랜드의 이미지를 망가뜨리느니, 차라리 휴대폰을 팔지 않는 것이 낫다는 것이다. 제품은 실패하면 다음에 얼마든지 좋은 제품을 만들 수 있지만, 브랜드는 한번 망가지면 다시 회복하기가 여간 어렵지 않기 때문이다.… 이 사장은 이 전략을 스스로 'KT(이기태 사장의 영문 이니셜)의 법칙'이라 부를 정도로 가격에 관한 한 양보가 없다고 강조한다. 이기태 삼성전자 [정보통신총괄] 사장은 "1만 명이 넘는 직원들이 밤을 새워 만든 제품을 헐값에 공급할 수는 없는 일"이라며 "삼성은 '고가' 전략을 구사하는 것이 아니라 '제값 받기' 전략으로 승부한다."고 표현했다.[153]

2000년에 'CDMA2000'이라는 초고속 데이터 통신서비스가 국내에 도입되는 것을 전후하여 휴대전화의 경쟁은 다기능을 구현하는 방향으로 전개되었다. 인터넷 폰, MP3 폰, 와치 폰, PDA 폰, 카메라 폰과 같은 복합형 단말기 혹은 다기능 폰이 잇달아 출시되었던 것이다. 이 중에서 가장 각광을 받았던 것은 카메라 폰이었다. 삼성전자는 2000년에 세계 최초로 내장형 카메라 폰을 개발했으며, 이후에는 렌즈의 화소 수를 둘러싼 경쟁이 치열하게 전개되었다. 2000년 6월의 35만 화소(삼성전자)를 시작으로 2003년 10월 130만 화소(팬택), 2004년 7월 200만 화소(팬택), 2004년 7월 300만 화소(LG전자), 2004년 10월 500만 화소(삼성전자), 2005년 3월 700만 화소(삼성전자)를 거쳐 2006년 10월에는 1,000만 화소(삼성전자)를 돌파했던 것이다.[154]

휴대전화에 대한 주요 고객층이 젊은 층으로 확대되는 것을 배경으로 기능은 물론 디자인이 휴대전화의 중요한 요소로 부각되기 시작했다.[155] 상단 폴더를 회전시킬 수 있는 제품과 슬라이드(slide)형을 채택한 제품이 개발되는 가운데 뛰어난 디자인을 갖춘 휴대전화들이 잇달아 등장했던 것이다. 예를 들어, 삼성전자는 2003년에 TFT-LCD를 채용하여 넓적한 형태로 디자인된 이건희 폰(SCH-T100), 2004년에 외장 안테나를 제거한 벤츠 폰(SGH-E700), 2005년에 아담한 크기와 편리한 슬라이드를 갖춘 블루블랙 폰(SGH-D500)을 출시했다. LG전자는 2005년에 군더더기 없는 미니멀리즘을 실현한 초콜릿 폰(LG-SV590), 2006년에 스테인리스를 재질로 한 샤인 폰(LG-KV4200), 2007년에 세계 최초로 터치스크린을 적용한 프라다 폰(LG-KE850)을 내놓았다. 그중에서 이건희 폰, 벤츠 폰, 블루블랙 폰, 초콜릿 폰은 세계적으로 천만 대 이상 팔린 소위 '텐 밀리언셀러' 휴대전화로 기록되었다.[156]

그 밖에 주목할 만한 성과로는 월드 폰, 듀얼 페이스 디자인, DMB 폰

등을 들 수 있다. 월드 폰(SCH-A790)은 글로벌 로밍의 개념이 정립되지 않았던 2004년에 삼성전자가 개발한 것으로 휴대전화 한 대로 CDMA 지역뿐만 아니라 GSM 지역에서도 통화를 할 수 있다. 또한 삼성전자는 2005년에 700만 화소 카메라 폰(SCH-V770)을 내놓았는데, 그것은 앞면은 휴대전화이고 뒷면은 디지털카메라와 동일한 듀얼 페이스 디자인을 채택하고 있다.[157] 이른바 '휴대폰 TV 시대'를 주도한 것으로 평가되고 있는 DMB폰도 잇달아 개발되었다. 2005년에 삼성전자는 세계 최초의 위성 DMB폰인 SCH-B100을 선보였으며, LG전자는 360도 회전형 위성 DMB폰(LG-SB120)과 타임머신 탑재 위성 DMB폰(LG-SB130)을 세계 최초로 출시했다.[158]

이상과 같이 삼성전자와 LG전자는 '세계 최초'라는 수식어가 붙은 제품을 잇달아 개발함으로써 세계 휴대전화산업을 선도하는 기업으로 성장했다.[159] 삼성전자는 2002년에 노키아와 모토로라에 이어 세계 3위를 기록한 후 2007년에는 모토로라를 제치고 세계 2위로 올라섰으며, LG전자는 2004년에 세계 5위에 진입한 후 2008년에는 세계 3위로 부상했다. 2008년을 기준으로 삼성전자와 LG전자는 세계 휴대전화시장의 25.2%를 장악했는데, 그것은 세계에서 판매되는 휴대전화의 1/4이 한국산이라는 의미였다. 과거에는 외국 업체의 제품을 토대로 특정한 기능을 개선하거나 부가하는 정도였다면, 선도그룹으로 부상한 현재에는 스스로가 비교 대상이 되는 상황을 맞이하고 있는 셈이다.

〈표 5–11〉 세계 휴대전화시장의 기업별 점유율 변화(1998~2008년)

단위: %

기업명	1998년	1999년	2000년	2001년	2002년	2003년	2004년	2005년	2006년	2007년	2008년
노키아	22.9 (1위)	26.9 (1위)	30.6 (1위)	35.0 (1위)	35.9 (1위)	34.6 (1위)	30.9 (1위)	32.7 (1위)	32.7 (1위)	38.3 (1위)	39.7 (1위)
모토로라	19.8 (2위)	16.9 (2위)	14.6 (2위)	14.8 (2위)	14.9 (2위)	12.9 (2위)	14.1 (2위)	18.0 (2위)	21.9 (2위)	13.9 (3위)	8.5 (4위)
소니에릭슨	14.6 (3위)	10.5 (3위)	10.0 (3위)	6.7 (5위)	5.4 (5위)	5.3 (5위)	6.4 (6위)	6.3 (5위)	7.5 (4위)	9.1 (4위)	8.2 (5위)
삼성전자	2.7 (7위)	6.6 (6위)	5.0 (6위)	7.1 (4위)	9.9 (3위)	10.8 (3위)	12.9 (3위)	12.7 (3위)	11.9 (3위)	14.1 (2위)	16.7 (2위)
LG전자	NA	NA	1.7	2.8	3.8 (6위)	5.3 (6위)	6.5 (5위)	6.8 (4위)	6.7 (5위)	7.1 (5위)	8.5 (3위)

자료: 송위진, 『한국의 이동통신』, 27쪽; 이재인, "초경쟁산업에서 기업 시장지위변화에 관한 연구: 세계 휴대폰 산업을 중심으로" (한양대학교 석사학위논문, 2009), 41–44쪽.

삼성전자나 LG전자와 같은 한국의 휴대전화업체들이 세계적인 기업으로 성장할 수 있었던 이유는 무엇일까? 우선, CDMA로 상징되는 새로운 이동통신서비스가 국내에서 처음으로 이루어졌다는 점을 들 수 있다. 이를 배경으로 한국의 휴대전화업체들은 국내시장을 테스트 베드(test bed)로 삼은 후 세계시장에 적극적으로 진출할 수 있었던 것이다. 이와 함께 삼성전자와 LG전자는 종합적인 전자업체이기 때문에 반도체나 디스플레이와 같은 부품들을 수월하게 조달하여 휴대전화에 통합시킬 수 있었다.[160] 또한 삼성전자와 LG전자는 시장과 제품의 미래를 전망하고 그에 대응하는 방안을 탐색하는 기획작업을 지속적으로 추진해왔다. 미래를 대상으로 한 서비스 시나리오나 기술 로드맵을 작성하고 그것을 바탕으로 휴대전화의 개발방향을 설정해왔던 것이다.[161]

삼성전자와 LG전자는 기업 내부의 측면에서는 상당한 강점을 발휘해왔지만, 국내의 다른 기업과의 협력에서는 미흡한 모습을 보여주기도 했다. 삼영테크롤로지라는 중소기업과 협력이 무산된 것은 그 대표적인 예이다. 삼영테크놀로지는 2003년에 얇은 금속판에 번호와 문자를 새긴 일체형 금속 키패드를 개발한 후 삼성전자와 LG전자를 방문했지만, 국내 업체들은 금속 부품이 전파를 방해할 우려가 있다는 등의 이유를 들어 외면하고 말았다. 이에 반해 모토로라는 삼영테크놀로지의 기술을 받아들여 2005년에 초(超)슬림 모델인 '레이저'를 만들어 세계시장의 점유율을 크게 제고할 수 있었다. 이러한 사례는 한국의 선도기업이 여전히 국내 중소기업을 활용하는 데 취약하다는 점을 단적으로 보여주고 있다.[162]

종합적 고찰

김대중 정부 시기에는 외환위기를 극복하는 것이 한국 경제의 지상과제
가 되었다. 한국은 1999년 8월에 외환유동성 위기에서 벗어난 후 2001년
8월에는 IMF에서 차입한 자금을 전액 상환하기에 이르렀다. 이러한 성과
를 달성할 수 있었던 원인은 일차적으로 강도 높은 구조조정에서 찾을
수 있지만, 한국의 무역수지가 1998~2002년에 계속해서 흑자를 기록했
다는 점에도 주목할 필요가 있다. 무역수지의 흑자는 수출의 증가와 병
행되었는데, 당시 한국의 주요 수출국으로 부상한 국가는 중국이었다. 중
국은 1990~2000년대에 급속한 산업화를 추진했으며, 그 과정에서 한국
으로부터 산업용 중간재나 자본재를 대폭 수입했던 것이다. 이러한 점을
고려한다면, 이른바 '중국 효과'가 한국이 외환위기를 극복하는 데 상당
한 도움이 되었다고 평가할 수 있다.

  본문에서 언급했듯, 1998~2002년에 한국의 수출을 주도한 것은 중화
학제품이었다. 이에 대해 박정희 정권기에 중화학공업추진위원회 기획단
의 부단장을 지낸 김광모는 중화학공업이 건재했기 때문에 외환위기가

극복될 수 있었다는 의견을 피력하고 있다.

> IMF 위기는 김영삼 정부의 말기인 1997년 11월에… IMF에 구제요청
> 을 함으로써 생긴 것이다. 이것이 김대중 정부로 넘어갔다. 금반지, 금
> 비녀 등 금 모으기 같은 국민운동도 했다. 기업체들은 대대적인 구조
> 조정을 했다. 부실업체들은 도산했다.… 은행 등 팔 수 있는 건 다 팔
> 았다. 결과적으로 세계경기의 호전으로… 중화학제품의 수출로 IMF
> 는 거뜬히 해결됐다. 중화학공업이 없었더라면 장기전으로 갔다.… 필
> 자는 한국경제의 펀더멘털은… 중화학공업이라고 말하고 싶다.[163]

이러한 견해를 적절히 평가하기 위해서는 〈표 5-2〉를 다시 살펴볼 필
요가 있다. 한국의 수출에서 중화학제품이 차지하는 비중은 1996년
71.7%에서 2002년 82.7%로 약 10% 정도가 증가했다. 중화학제품을 다
시 정보통신제품과 전통주력제품으로 구분해보면, 같은 기간에 전통주력
제품의 비중은 50% 내외를 유지했던 반면, 정보통신제품의 비중은 20%
대에서 30%대로 증가했다. 이러한 점을 고려한다면 중화학제품의 수출
이 외환위기 극복에 기여했다는 점은 수용할 수 있지만, 세부적으로는
전통주력제품보다 정보통신제품의 역할이 더욱 중요해졌다고 볼 수 있다.
IMF는 한국에 구제금융을 지원하는 대가로 고금리 정책, 경제구조 개
혁, 전면적 시장개방을 요구했다. 김대중 정부는 IMF의 요구를 충실히
이행해나갔는데, 그것은 IMF가 요구한 구조조정이 외환위기 이전에 한
국이 추진하고자 했던 개혁의 내용과 비슷했기 때문으로 풀이되고 있다.
사실상 김대중은 외환위기가 한국 경제를 개혁할 수 있는 기회라는 점
을 계속 강조했으며, 심지어 한국 경제에 필수적인 변화를 가져오고 있
는 "축복"이라고 발언하기도 했다.[164] 이와 같은 김대중 정부의 의도는 성

공한 것처럼 보였다. 기업이 확장 위주의 경영을 하고 금융기관이 부실채권을 발행하는 구도가 정리되면서 기업의 수익성과 금융기관의 건전성이 IMF가 요구하는 정상적인 수준에 이르렀다. 그동안 한국 경제는 자기자본비율이나 부채비율과 같은 개념에 둔감했지만, 외환위기를 극복하는 과정에서 '글로벌 스탠더드'에 부합하는 시스템을 형성하기 시작했던 것이다.

여기서 유념할 사항은 선진국의 제도와 관행을 따른다는 것이 반드시 경제적 성과의 향상으로 이어지지는 않는다는 점이다. 무엇보다 기존의 제도와 새로운 제도의 보완성을 고려하여 개혁의 순서와 속도를 정하는 일이 필수적인데, 김대중 정부는 마치 충격요법을 쓰는 것처럼 선진국의 제도를 동시다발적으로 도입하고 말았다. 이에 대해 이제민은 외환위기 이후의 제도개혁에 대해 다음과 같이 평가했다.

자기자본순이익률 상승과 부채비율 감축, 그에 따른 기업과 금융의 부실 해소, 거버넌스 개선, 투명성 제고, 법치 강화 등의 개혁은 그 자체로서 바람직하지만, 그것 자체가 경제적 성과는 아니고, 경제적 성과를 올리는 데 장기적으로 도움이 될 수 있는 '조건'에 불과하다는 것이다.… 그런 점에서 감안해야 할 사실은 제도 개혁이 경제성장에 도움을 주는지는 현지의 사정에 얼마나 맞추고 개혁의 순서를 어떻게 정하는가에 따라 달라진다는 것이다. 개도국의 경제발전 과정에서 제도 개혁을 해 나가는 데는 현재 세계에서 가장 잘 작동되는 '최선'의 제도를 패키지로 도입하는 것보다는, 현지 사정을 고려하고 개혁의 순서를 지키는 '차선의 제도(second-best institution)'를 선택하는 접근법이 필수적이다. 한국의 외환위기 후 개혁은 그런 관점에서 보면 문제가 있었다.[165]

중장기적 관점에서 경제시스템을 개혁하기 위한 정책은 노무현 정부에 의해 본격적으로 시도되었다. 노무현 정부는 한국 경제의 체질을 개선하기 위해 주요 정책별로 위원회를 구성하고 로드맵을 작성하는 데 열성을 보였다. 그것은 노사관계, 재벌개혁, 균형발전, 자유무역협정, 재정개혁, 혁신성장, 양극화 해소 등과 같이 한국 경제가 고려해야 할 거의 모든 주제를 포괄하고 있었다. 이처럼 노무현 정부는 이전의 정부에 비해 정책과정상에서 정책기획을 크게 강조하면서 한국의 경제시스템이 나아가야 할 방향을 제시했던 것이다.

그러나 노무현 정부의 경제정책은 보수 진영과 진보 진영 양측에서 모두 비판을 받았다. 보수 진영은 노무현 정부의 경제정책이 시장주의를 벗어나 있으며 그것이 반(反)기업 정서와 투자위축으로 이어져 결국 한국 경제의 침체로 이어진다고 우려했다. 이에 반해 진보 진영은 노무현 대통령을 신자유주의자로 규정하면서 그가 당초의 기대와는 달리 친(親)기업적이고 반(反)노동자적인 경제정책을 추진한다고 비판했다.[166] 노무현 정부는 한국 경제의 전환을 위해 많은 노력을 기울였지만, 구상은 장기적인 반면 임기는 5년에 불과한 한계를 절감할 수밖에 없었다. 사실상 노무현 정부가 해결하고자 했던 여러 문제들은 한국 사회가 두고두고 풀어야 될 숙제로 남겨졌다. 외환위기 이후에 한국의 경제시스템은 상당한 변화를 경험했지만, 그것이 어떤 방향으로 전환되어야 하는가에 대한 논의는 아직도 현재진행형인 셈이다.

외환위기 이후에 나타난 한국 경제의 주요 특징으로는 저(低)성장 국면에 진입했다는 점을 들 수 있다. 2010년을 기준으로 추계한 결과에 따르면, 한국의 경제성장률은 1998~2007년에 4.9%를 기록했다. 1945~1962년의 5.3%와 유사한 수준이고 1963~1979년의 10.6%, 1980~1997년의 8.5%에는 크게 미치지 못하는 것이었다. 또한 1998~2014년을 기준으로 삼으면 경제성장률이 4.2%로 1998~2007년의 4.9%보다 더욱 낮아졌다.[167] 이처럼 외환위기 이후에 한국의 경제성장률이 둔화된 것에 대해서는 다양한 분석이 제시될 수 있지만, 장기적인 관점에서 보면 한국이 선진국에 근접한 결과로 풀이할 수 있다. 마치 S자 곡선을 그리듯이, 한국 경제는 완만한 성장으로 시작한 후 성공적인 개발도상국으로서 고도성장을 경험했다가 선진국에 가까워지면서 다시 성장세가 둔화되는 경향을 보이고 있다. 이러한 점을 수용한다면 선진국에 근접한 국가가 7%와 같은 높은 성장률을 목표로 삼는 것은 어불성설로 판단된다. 이제는 저성장을 '뉴 노멀(new normal)'로 수용하는 가운데 혁신성장이나 동반성장과 같은 질적 성장을 추구하려는 노력이 요구되는 것이다.[168]

2000년대에 들어와 한국 정부가 향후의 성장동력을 도출하는 작업을 지속적으로 추진했다는 점도 주목할 만하다. 노무현 정부가 2003년에 10대 차세대 성장동력을 발표하는 것을 시작으로 이명박 정부는 2009년에 17개 신(新)성장동력을, 박근혜 정부는 2014년에 19대 미래성장동력을 선정했던 것이다(《표 5-12》 참조). 이러한 작업은 미래의 먹거리를 발굴·육성함으로써 한국 경제의 성장세를 계속 이어가겠다는 취지에서 비롯되었다고 볼 수 있다. 그러나 5년 사이에 미래산업의 지형도가 크게 달라지지는 않을 것인데, 정권이 교체될 때마다 성장동력에 대한 새로운 내역을 제시하는 것은 정책추진의 효과성이나 정책에 대한 신뢰성과 같은 측면에서 상당한 문제가 있어 보인다.

시기	사업명		사업 내역
노무현 정부 (2003년)	10대 차세대 성장동력 사업		① 지능형 로봇, ② 미래형 자동차, ③ 차세대 반도체, ④ 디지털 TV/방송, ⑤ 차세대 이동통신, ⑥ 디스플레이, ⑦ 지능형 홈네트워크, ⑧ 디지털 콘텐츠/SW솔루션, ⑨ 차세대 전지, ⑩ 바이오 신약/장기
이명박 정부 (2009년)	3대 분야 17개 신성장동력 사업	녹색기술산업	① 신재생에너지, ② 탄소저감에너지, ③ 고도 물처리, ④ LED 응용, ⑤ 그린수송시스템, ⑥ 첨단그린도시
		첨단융합산업	⑦ 방송통신융합산업, ⑧ IT융합시스템, ⑨ 로봇 응용, ⑩ 신소재·나노융합, ⑪ 바이오제약·의료기기, ⑫ 고부가 식품산업
		고부가가치산업	⑬ 글로벌 헬스케어, ⑭ 글로벌 교육서비스, ⑮ 녹색 금융, ⑯ 콘텐츠·소프트웨어, ⑰ MICE·관광
박근혜 정부 (2014년)	19대 미래 성장동력 사업	미래신산업	① 지능형 로봇, ② 착용형 스마트기기, ③ 실감형 콘텐츠, ④ 스마트바이오생산시스템, ⑤ 가상훈련시스템
		주력산업	⑥ 스마트 자동차, ⑦ 심해저 해양플랜트, ⑧ 5G 이동통신, ⑨ 수륙이착륙무인기
		공공복지·에너지산업	⑩ 맞춤형 웰니스케어, ⑪ 신재생 하이브리드, ⑫ 재난안전시스템, ⑬ 직류송배전시스템, ⑭ 초소형 발전시스템
		기반산업	⑮ 융복합소재, ⑯ 지능형 반도체, ⑰ 사물인터넷, ⑱ 빅데이터, ⑲ 첨단가공시스템

자료: 과학기술정보통신부·과학기술정책연구원, 『과학기술 50년사』(2017), 92쪽.

1990년대 중반 이후에 한국의 주요 기업들은 태동기 기술에 본격적으로 도전하는 양상을 보였다. 태동기는 해당 산업에서 새로운 기술이나 제품이 처음 등장하는 시기로 아직 지배적 설계가 정립되지 않은 특성을 가지고 있다. 이에 따라 태동기에는 혁신적인 기업들이 각축을 벌이는 가운데 다양한 기술적 시도가 이루어지며, 세계적으로 선례가 거의 없는 기술을 개발 혹은 상업화하여 기술경로를 개척하는 것이 기술주도권 확보의 관건으로 작용한다. 한국에서 태동기 기술의 확보에 성공한 사례로는 본문에서 검토한 파이넥스 공법, LNG선, 플래시메모리, 디지털 휴대전화 등이 있으며, 1990년대 중반 이후의 D램과 CDMA도 여기에 속한다고 볼 수 있다. 이에 반해 2000년대 현대자동차의 주요 성과인 세타엔진은 세계적인 수준의 기술에 해당하지만, 제4장에서 살펴본 엔진개발의 연속선상에 있기 때문에 기술수명주기의 면에서는 과도기 기술의 성격을 띠고 있다. 디스플레이의 경우에는 TFT-LCD와 PDP를 구분해서 해석할 필요가 있는데, TFT-LCD에서는 이미 기술경로가 가시화되어 있는 과도기 기술에서 출발했던 반면 PDP는 한국이 선진국과 거의 비슷한 시기에 도전했던 태동기 기술에 해당한다고 볼 수 있다.

태동기 기술의 경우에는 기술활동의 방향을 정립하는 데에도 많은 어려움이 수반되었다. 태동기 기술은 다양한 선택지가 등장하는 경향을 가지고 있으므로 복수의 경로를 탐색하거나 시나리오를 작성하는 일이 필요했다. 특히 태동기 기술은 아직 성과가 확실하지 않아 충분한 신빙성을 가진 정보를 확보하기 어려웠다. 이에 따라 단편적인 기술정보를 입수한 후 실험실 수준의 테스트를 통해 이를 점검하고 보완하는 작업이 추가적으로 전개되었다. 연구개발의 방향이 도출된 이후에는 점차적으로 규모를 증가시키거나 여러 수준의 시제품을 제작하는 작업이 이루어졌다. 예를 들어, 파이넥스 공법의 경우에는 모델 플랜트, 파일럿 플랜트, 데모 플랜트, 상용화 설비의 단계를 거쳤고, CDMA의 경우에는 시험시제품에서 시작한 후 실용시제품과 상용시제품을 거쳐 상용제품에 이르는 절차를 밟았다.

태동기 기술을 선도하는 국면에서 나타난 한국의 기술혁신은 다음의 두 가지 유형으로 구분할 수 있다. 첫째는 기존의 기술패러다임 내에서 진전되고 있는 기술경로를 선점하는 경우이고, 둘째는 기술패러다임이 전환되는 시기에 특정한 기술경로를 실현하는 경우이다. 필자는 이러한 두 유형을 각각 '경로선점형 혁신(path-preoccupation innovation)'과 '경로실현형 혁신(path-realization innovation)'으로 명명하고자 한다.

경로선점형 혁신은 이전에 축적된 기술능력을 심화 혹은 확장하는 과정에서 기술선도로 나아가는 것으로 반도체, 디스플레이, 휴대전화 등이 이러한 예에 속한다. 이 경우에는 한국 기업들이 처음부터 세계 최초로 기술을 개발하거나 상업화하진 않았지만, 일정한 시점이 경과한 후에는 외국의 다른 경쟁업체들에 앞서 해당 기술을 출시하는 양상을 보였다. 사실상 한국 기업이 플래시메모리, TFT-LCD, 디지털 휴대전화에 진입한 시기는 외국의 선진 업체에 비해 조금 늦었다. 그러나 플래시메모리의 경우에는 1G부터, TFT-LCD 5세대부터 선발업체로 올라섰고, 디지털 휴대전화의 경우에는 2000년대에 들어와 세계 최초의 제품들을 선보였다. 경로선점형 혁신에서는 기술경로에 대한 예측가능성이 비교적 높기 때문에 해당 기술을 업그레이드하여 차세대 제품을 적기에 출시하는 것이 기술선도의 관건으로 작용한다.

경로실현형 혁신은 복수의 후보군 중에 특정한 대안을 선택하여 상업적 성공으로 연결시키는 것으로 그 예로는 철강, 조선, 이동통신 등을 들수 있다. 포스코는 다양한 후보군 중에 코렉스 공법을 선택하여 상업화한 후 이를 보완한 파이넥스 공법을 개발함으로써 용융환원법의 경로를 구체화할 수 있었다. 또한 LNG선에서는 모스형과 멤브레인형, 디지털 이동통신에서는 TDMA와 CDMA가 유력한 선택지로 떠올랐는데, 한국의 혁신주체들은 각각 멤브레인형 LNG선과 CDMA 방식을 선택하여 이를 세계 최초로 상업화함으로써 그동안 잠재적 차원에 머물렀던 기술경로를 현실화했다. 경로실현형 혁신에는 외국에서 원천기술을 도입한 후이를 바탕으로 해당 기술을 상업화하는 경우가 적지 않다는 점에도 유의해야 한다. 파이넥스 공법은 포스코가 푀스트와 공동으로 개발했지만, LNG선과 CDMA의 경우에는 원천기술을 외국에 의존하고 있기 때문에 계속해서 로열티 부담을 안고 있다.

태동기 기술을 선도하는 방식은 위의 두 유형으로 그치지 않는다. 세 번째 유형으로는 신기술개발이나 기술융합을 통해 원천기술을 자체적으로 확보한 후 이를 바탕으로 새로운 기술경로를 만들어가는 경우를 들수 있다. 이러한 유형을 필자는 '경로구성형 혁신(path-construction innovation)'으로 칭하고자 한다. 경로구성형 혁신의 경우에는 원천기술의 확보에서 해당 기술의 상업화에 이르는 기술혁신의 모든 과정을 주도해야 하므로 다른 유형의 혁신에 비해 기술경로의 불확실성이 더욱 크다. 경로구성형 혁신이 이루어지기 위해서는 새로운 개념의 기술을 개발하는 것은 물론 해당 기술이 사용되는 맥락을 전망할 수 있어야 하는 것이다. 한국의 경우에는 경로선점형 혁신과 경로실현형 혁신은 제법 이루어져왔지만, 아직까지 경로구성형 혁신에 성공한 사례를 발견하기는 어려워 보인다.[169]

이와 같은 개념들은 기존 논의에서 널리 사용되어온 '경로개척'이나 '경로창출'(두 용어는 모두 영문으로는 'path-creation'에 해당함)에 비해 보다 구체적인 내용을 담아낼 수 있을 것으로 판단된다. 개척이 '새로운 영역을 열어나가는 것', 창출이 '새로운 무엇을 만드는 것'으로 정의된다는 점을 감안한다면, 경로선점, 경로실현, 경로구성 등에는 경로개척이나 경로창출의 의미가 내재되어 있다고 볼 수 있다. 새로운 기술경로를 개척하거나 창출하는 방식에는 경로선점, 경로실현, 경로구성 등이 있는 셈이다.

제6장

맺음말

이 책에서는 해방 후 1950년대, 1960~1970년대, 1980~1997년, 1998~2007년의 네 가지 시기로 나누어 한국의 경제와 기술이 걸어온 발자취에 대해 검토했다. 해방 후 약 60년 동안 한국의 경제와 기술은 상당한 발전을 경험했다. 한국은 1945년만 해도 국제사회에 명함도 내밀지 못했지만, 2000년대에는 경제적·기술적 성과에서 선진국 수준에 근접한 양상을 보이고 있다. 제6장에서는 지금까지의 논의를 바탕으로 한국 경제가 어떤 과정을 통해 변화해왔는지에 대해 요약한 후 〈그림 1-2〉의 개념도를 감안하여 산업별 기술발전의 경로에 대해 살펴보고자 한다.

1. 한국 경제의 진화

해방 후 1950년대의 한국 경제는 간주곡이 아니라 재건기로 간주될 필요가 있다. 이승만 정부 때 경제개발을 위한 계획이 처음 수립되었을 뿐만 아니라 산업화도 일정 정도 전개되었기 때문이다. 미군정기를 통해 남한의 경제는 서서히 회복되기 시작했으며, 농지개혁과 귀속사업체 매각에서도 정책 추진의 기본방향이 제시되었다. 1948년에 들어선 이승만 정부는 산업부흥 5개년계획을 수립했고, 기대에는 미치지 못했지만 농지개혁과 귀속재산처리를 일단락 지었다. 한국전쟁을 계기로 원조경제체제에 진입하는 가운데 이승만 정부는 경제개발 3개년계획을 마련하는 등 경제의 제반 측면에서 다양한 정책을 구사했다. 1953~1960년에 한국 경제는 미국의 원조와 정부의 정책을 바탕으로 비교적 빠른 속도로 회복되었다. 1954~1960년의 연평균 성장률은 4.9%, 2차 산업의 경우에는 12.5%로 집계되고 있다.

1950년대 한국의 산업화는 주로 소비재공업이 발전하는 가운데 생산재공업의 수입대체도 시작되는 경향을 보였다. 당시의 산업화를 선도한 부문으로는 면방, 제분, 제당, 합판을 들 수 있다. 제분업과 제당업의 경우에는 무분별한 투자로 가동률이 저하되었던 반면, 면방업과 합판업은 생산성 및 품질 향상을 통해 수출산업으로 발전할 수 있었다. 1950년대에는 소비재공업뿐만 아니라 생산재공업도 성장세에 진입했다. 비료, 시멘트, 판유리를 포함한 3대 기간공장이 해외원조를 바탕으로 건설되었고, 철강업과 조선업은 정부의 국고 지원에 의해 육성되었다. 이 중에서 시멘트와 판유리는 수입대체의 효과를 보였고 비료와 철강은 부분적인 성과를 거두었지만, 조선업의 경우에는 기대에 미치지 못했다.

1961년에 들어선 군사정부는 경제제일주의를 내세우며 경제기획원을 설립했다. 1962년에 발표된 제1차 경제개발 5개년계획은 기존의 계획들을 참조하여 수립되었으며 수출지향을 표방하지는 않았다. 1964년 2월에 발표된 보완계획에서는 수출증대가 강조되었지만, 그것은 외환부족에 대응하기 위한 수단의 성격을 띠고 있었다. 박정희 정부는 1964년 하반기에 들어와 수출드라이브 정책을 본격적으로 시행했으며, 대통령이 직접 수출진흥확대회의를 주관하는 체제가 형성되었다. 당시에 한국 정부는 외자 유치를 위해 굴욕외교와 용병수출이라는 비난을 받으면서도 한일국교 정상화와 베트남 파병을 단행했다. 1962~1971년에 한국은 연평균 30%에 달하는 수출 증가세를 보였는데, 섬유, 합판, 가발, 신발 등과 같은 경공업제품이 주를 이루었다. 한국 정부는 1967~1971년에 특정 산업을 선별적으로 육성하기 위한 일련의 법률을 제정하기도 했다.

1968년 이후에 국가안보가 위협을 받으면서 방위산업의 육성이 강조되었고, 이를 중화학공업화의 일환으로 육성하는 방안이 모색되었다. 1972년에 있었던 남북공동성명은 남북한 정권 모두가 자신의 체제를 강화하는 계기로 작용했다. 당시에 경제 제2수석을 맡았던 오원철은 중화학공업화의 기본방향을 마련했으며, 이를 바탕으로 박정희는 1973년에 중화학공업화 정책을 선언할 수 있었다. 중화학공업은 처음부터 수출지향적으로 건설하기로 계획되었고, 철강, 비철금속, 기계, 조선, 전자, 화학이 전략업종으로 선정되었다. 한국 정부는 중화학공업화를 추진하면서 대체로 민간기업을 사업주체로 삼는 방식을 채택했으며, 공장건설, 자금조달, 단지조성, 인력양성 등을 포괄한 정책 패키지를 마련했다. 중화학공업화 정책의 목표는 대부분 조기에 달성되었지만, 무역의존도 상승, 노동환경의 악화, 기업집중도의 강화 등과 같은 부작용도 유발되었다. 특히 투자조정의 문제가 논란이 되는 가운데 박정희 정부는 1979년에 경제안정화 종합시책을 발표하기도 했다.

전두환 정부는 중화학공업화에 대한 무리한 투자가 한국 경제에 후유증을 낳았다고 진단하면서 일련의 통폐합 조치를 시도했다. 이와 함께 만성적인 인플레이션을 극복하기 위해 급여동결, 통화긴축, 금리인하 등과 같이 물가안정을 위한 온갖 수단을 동원했다. 그러나 전두환 정부의 안정화 정책이 물가안정에 국한되지는 않았으며 경제성장을 위한 전략도 포괄하고 있었다. 당시에 한국 정부는 기술혁신을 경제성장의 동인으로 간주하면서 국가연구개발사업을 출범시켰고 기술혁신지원제도를 정비했다. 1986년에 한국 정부는 공업발전법을 제정하면서 기존의 선별적 산업정책 대신에 기능별 지원정책을 표방하기도 했다. 1980년대 전반기의 경제성장은 주로 수출증대에 기인했으며, 이를 주도한 부문은 중화학공업이었다.

1986~1988년에 한국 경제는 저금리, 저유가, 저환율로 상징되는 3저 호황을 맞이하면서 연평균 12.1%라는 이례적인 성장률을 보였다. 1987년 6월 민주항쟁은 직선제 개헌을 통해 노태우 정부가 탄생하는 것으로 이어졌으며, 이후에 한국 사회는 정치적 민주화와 경제적 자율화를 효과적으로 결합하는 과제를 안게 되었다. 1987~1996년에 한국 경제는 내수 부문의 성장세가 확대되고 수출 부문의 성장세가 상대적으로 둔화되는 특징을 보였다. 노태우 정부는 선진국의 압력에 의해 금융시장을 개방하기 시작했으며, 중국과 수교를 맺는 등 북방정책에도 열을 올렸다. 1990년을 전후하여 한국 경제는 성장률이 둔화되면서 경상수지가 적자로 돌아서는 상황을 맞이했다. 그것은 노태우 정부가 호황의 국면에서 산업구조와 환율의 문제에 소홀히 대처했다는 점을 시사한다.

김영삼 정부는 과거와의 결별을 시도하면서 신경제를 주창했지만, 신경제가 지향하는 바는 분명하지 않았다. 다만 금융실명제를 실시하고 행정규제를 완화하는 등의 성과는 있었다. 김영삼 정부는 1994년에 새로운 국정방향으로 세계화를 선언했으며, 원화 가치를 높게 유지하는 방법으로 1996년에 OECD 가입의 꿈을 이룰 수 있었다. 김영삼 정부 시기에는 외환거래가 더욱 자유화되고 외국인 투자도 크게 증가했지만, 한국의 각종 제도는 여전히 글로벌 스탠더드에 부합하지 못했다. 한국 경제는 외관

상의 지표와는 달리 고비용 저효율의 문제에 빠져 있었고, 김영삼 정부는 단기적인 외환보유고조차 제대로 관리하지 못했다. 1997년에 들어와 대기업이 연쇄적인 부도를 내고 금융시장의 신용이 경색되면서 한국은 외환위기라는 소용돌이에 휘말렸다.

김대중 정부는 외환위기의 극복을 지상과제로 삼았으며, 이를 위해 외환유동성을 확보하는 것은 물론 대대적인 구조개혁을 실시했다. 구조개혁은 금융, 기업, 노동, 공공 등의 4대 부문에 걸쳐 추진되었는데, 김대중 정부는 외환위기가 한국 경제를 개혁할 수 있는 좋은 기회로 간주했다. 4대 부문의 구조개혁은 외형적으로 상당한 성과를 거두었지만, 재정 부담의 증가와 실업자의 양산을 포함한 엄청난 비용을 수반했다. 심지어 김대중 정부는 단기적인 경기부양을 위해 신용카드 이용의 활성화와 부동산 규제의 완화도 추진했다. 한국 경제는 1999년에 회복세에 진입한 후 2000년에는 외환위기 이전의 상태를 회복할 수 있었다. 당시에 한국 경제의 성장을 견인한 부문은 수출이었는데, 특히 정보통신제품의 약진이 두드러졌다.

노무현 정부는 부실카드사, 신용불량자, 부동산 투기 등 김대중 정부가 남긴 문제에 대한 해결책을 강구하면서 출발했다. 이와 함께 노무현 정부는 단기적 실적주의를 지양하고 장기적 관점에서 한국 경제의 체질을 개선하는 데 힘을 쏟았다. 주요 정책을 추진하는 과정에서는 위원회와 로드맵이 적극 활용되었는데, 여기에는 노사관계, 시장개혁, 균형발전, 자유무역협정 등이 포함되었다. 특히 노무현 정부는 양극화 문제를 중요한 정책의제로 삼아 이를 완화하기 위한 대책을 계속 강구하면서 동반성장의 개념을 도출했다. 또한 과학기술의 위상을 크게 제고하면서 미래유망기술에 대한 투자를 계속 확대했다. 노무현 정부는 한국 경제의 전환을 위해 많은 노력을 기울였지만, 보수 진영과 진보 진영 양측에서 비판을 받왔다.

전반적으로 한국 경제는 재건, 급속한 발전, 제2차 고도성장, 감속성장의 과정을 밟아왔다고 볼 수 있다. 그것은 한국의 연평균 경제성장률이 1945~1962년 5.3%, 1963~1979년 10.6%, 1980~1997년 8.5%, 1998~2007년 4.9%로 집계되고 있다는 점에서 확인할 수 있다. 이와 같은 한국 경제의 변화는 비행기의 궤적에 비유될 수 있다. 이승만 정부 때 시동을 건 한국 경제는 박정희 정부 때 가파르게 상승했으며 이후에도 고공비행을 계속하다가 외환위기 이후에는 저공비행의 상태를 맞이하고 있는 셈이다. 그동안 한국 경제가 수차례의 위기를 극복해온 것처럼 근래의 저공비행이 회항으로 이어지지 않고 속도 조절의 국면으로 그칠 수 있기를 기대한다.

한국 사회에서 새로 집권한 정부는 대부분 이전 정부와 차별되거나 단절된다는 점을 내세웠지만, 실제적인 정책의 측면에서는 상당한 연속성을 보였던 것으로 판단된다. 경제개발계획은 박정희 정부 이전에도 시도되었고, 수입대체에서 수출지향으로의 전환도 서서히 진행되었다. 전두환 정부의 키워드인 안정화 정책은 박정희 정부 말기에 시작되었으며, 전두환 정부 역시 박정희 정부에 못지않게 경제성장을 중시했다. 금융시장의 개방은 노태우 정부에서 시작된 이래 계속 추진되었고, 경제체제의 개혁도 김영삼 정부 이래 지속적으로 강조되어왔으며, 단기적인 경기부양책을 사용하는 방법은 김대중 정부에서도 시도되었다.

특히 한국 사회에서는 김영삼 정부 이후에 개혁이나 전환에 대한 담론이 무성했지만, 그 방향을 가늠하기는 쉽지 않아 보인다. 흔히 발전국가로 상징되는 박정희 체제가 어느 정도 해체되고 있는지도 의문이다. 여기서 주목할 만한 개념으로는 1990년대 이후에 널리 확산된 '자본주의의 다양성(Varieties of Capitalism, VoC)'을 들 수 있다. VoC 논의는 제도적 보완성의 원리를 기준으로 자본주의 경제체제를 자유시장경제(liberal market economy)와 조정시장경제(coordinated market economy)로 대별하고 있다. 전자는 시장을 통한 경쟁을 원리로 삼는 유형으로 미국과 영국이 대표적인 예이며, 후자는 협약에 기초한 전략적 조정을 강조하는 유형으로 독일과 일본이 여기에 속한다. 물론 이러한 두 유형은 이념형(ideal type)에 해당하며 현실에 존재하는 각국의 경제체제는 이 양극단의 사이에 존재하는 경우가 많다. VoC 논의를 출발점으로 삼아 한국의 경제체제가 가진 특징을 드러내는 것은 향후 한국 경제의 방향성을 정립하는 데 상당한 도움이 될 것으로 판단된다. 이를 위해서는 한국 경제체제의 유형을 설명할 수 있는 선택지들을 도출하고 해당 선택지를 실현하기 위해서는 무엇이 필요한지에 대한 시나리오가 마련되어야 할 것이다.[1]

한국형 경제체제나 한국적 발전전략을 모색하는 것에 못지않게 중요한 과제는 국가경쟁력이 떨어지는 부분을 보강하는 데 있을 것이다. 국가경쟁력을 평가하는 주체나 기준에 대해서도 의견이 분분하지만, 세계경제포럼(World Economic Forum, WEF)과 국제경영개발원(International Institute for Management Development, IMD)의 국가경쟁력 보고서는 참조할 만하다. WEF는 1979년, IMD는 1989년부터 매년 국가경쟁력 보고서를 발간해왔으며, 많은 국가를 대상으로 다양한 지표를 적용하고 있기 때문이다. 두 기관이 2006~2010년에 발간한 보고서를 살펴보면 한국의 국가경쟁력에서 공통적으로 나타나는 장점과 단점을 알 수 있다. 한국은 국내 거시경제, 과학 인프라, 기술 인프라 등에서는 양호한 편이지만, 정책결정의 투명성, 노동시장의 효율성, 교육시스템의 질 등에서는 취약한 경향을 보여주고 있는 것이다.[2] 한국의 장점은 살리되 약점을 보완하는 조치가 지속적으로 이루어져야 할 것인데, 한국이 취약한 부분을 해결하기 위해서는 무엇보다 해당 사안에 대한 사회적 합의가 필요하다. 이러한 원칙에 공감하는 것을 넘어 실제로 사회적 합의를 생산적으로 도출해내는 것이 한국 사회가 직면한 가장 중대한 도전이라 할 수 있다.

2. 기술발전의 경로

기술발전의 경로를 감안하여 본문에서 살펴본 사례를 유형화하면 다음의 세 그룹으로 분류할 수 있다. 첫째는 기술습득에서 출발한 후 기술추격으로 나아가는 것에 머문 경우로 섬유, 신발, 석유화학, 컴퓨터 등이 여기에 속한다. 둘째는 기술습득과 기술추격을 거쳐 기술선도까지 이룬 경우인데, 이에 해당하는 사례로는 철강, 조선, 자동차, 반도체 등이 있다. 셋째는 기술추격에서 시작하여 기술선도로 나아간 경우로 통신, 휴대전화, 디스플레이 등을 그 예로 들 수 있다.

한국의 섬유산업은 1960~1970년대를 통해 수출산업으로 육성되었으며, 특히 화학섬유 부문은 시설확충과 기술도입을 바탕으로 본격적인 성장세를 보였다. 1970년대에는 화학섬유업체들이 제조기술의 흡수와 개량을 적극 추진했으며, 기업부설연구소를 설립하여 품질향상과 제품개발에도 도전했다. 선경합섬의 경우에는 한국과학기술연구소 혹은 한국과학원과의 공동연구를 통해 새로운 섬유를 개발하거나 국산화하는 성과를 거두기도 했다. 1980년대에는 의류용 기능성 제품을 중심으로 기술혁신이 이루어졌고, 비(非)섬유 분야의 기술능력도 축적되기 시작했다. 1990년대에 들어서는 한국의 섬유산업이 하락세에 접어드는 가운데 제품의 부가가치를 제고하기 위한 노력이 계속되었다. 한국 섬유산업의 기술수준은 1980년대 초반에 선진국의 50~70%를 기록했지만, 1990년대 중반에는 65~85% 정도로 향상된 것으로 평가되고 있다. 2000년경에는 생산기술과 제품품질에서 선진국 수준에 근접했으나 디자인과 산업용 섬유에서는 기술수준이 취약한 상태로 남아 있었다.

한국의 신발산업은 1960년대를 통해 부산에 소재한 기업들이 내수 브랜드로 성장하는 구조를 형성했다. 1970년대에는 OEM에 입각한 대량생산체제가 구축되었으며 그것은 자체적인 생산 노하우를 축적하는 계기로 활용되었다. 선진국의 바이어가 제시하는 사양과 납기를 맞추는 과정에서 실행에 의한 학습이 이루어졌던 것이다. 1980년대에는 국제상사가 프로스펙스를 출시하는 등 고유 브랜드에 대한 도전이 시작되었지만 해외시장의 진출에는 실패하고 말았다. 그 이유는 개념설계 능력의 부족으로 기능적 차별성이 있는 제품을 개발하지 못했다는 점에서 찾을 수 있다. 1990년대 이후에는 특수화나 부품소재를 통해 틈새시장을 공략하는 중소업체들이 등장했지만, 신발산업의 주류인 운동화 완제품에서는 계속해서 고전을 면치 못했다. 1998년을 기준으로 한국 신발산업의 기술수준은 조립가공에서 선진국의 95%에 이르렀지만 디자인에서는 선진국의 60% 정도에 머물렀다.

한국의 석유화학산업은 울산단지 조성사업(1968~1972년), 여천단지 조성사업(1976~1979년), 대산단지 조성사업(1988~1991년)을 통해 급속히 성장했다. 울산단지와 여천단지는 주로 공기업을 통해 조성되었던 반면, 대산단지의 조성은 민간기업의 주도로 이루어졌다. 울산단지의 경우에는 공정설계, 기자재 구매, 시운전 등을 거의 외국 업체가 담당했지만, 여천단지의 경우에는 국내 업체에 의해 공장의 상세설계나 기자재의 국산화가 이루어지기도 했다. 1970년대를 통해 국내 업체들은 외국에서 도입한 설비를 가동하면서 석유화학에 대한 기술을 비교적 빠른 속도로 흡수했다. 대산단지의 경우에는 선진국의 기본설계를 바탕으로 국내 업체가 상세설계를 수행한 후 생산현장에 적용하는 패턴을 보였으며, 1990년대에 들어서는 신제품을 개발하는 시도도 빈번해졌다. 2002년을 기준으로 한국 석유화학산업의 기술수준은 범용제품에서 선진국의 80%, 기능성제품에서 선진국의 50%로 평가되고 있다.

한국의 컴퓨터산업은 1960년대까지 몇몇 소형컴퓨터가 제작되는 정도에 지나지 않았다. 1970년대에는 한국의 기업들이 외국 업체의 대리점을 담당하거나 컴퓨터 주변장치를 개발하면서 기본적인 지식을 습득했고, 1980년대 초반에는 삼보컴퓨터를 비롯한 중소업체들이 역행 엔지니어링을 통해 PC 제조에 관한 기술을 획득했다. 1980년대 중후반에는 PC의 범용화를 배경으로 외국의 호환업체들과 OEM 계약을 체결하여 해외시장에 본격적으로 진입했다. 컴퓨터업계가 대기업 중심으로 재편되는 가운데 해당 기업들은 대량생산의 경험을 바탕으로 PC 조립기술을 급속히 추격했다. 그러나 1990년대에 들어서는 대기업들이 신속한 신제품 개발에 유연하게 대처하지 못한 결과 한국의 컴퓨터산업은 침체의 국면을 맞이했다. 이러한 난관은 2000년대의 디지털 전환을 통해 극복되기 시작했는데, 예를 들어 삼성전자는 센스 시리즈의 성공을 배경으로 2007년에 세계 노트북 시장에서 세계 11위를 차지했다.

〈그림 1-2〉의 분석틀을 적용해보면, 1990년대까지 섬유산업, 신발산업, 석유화학산업, 컴퓨터산업은 C3(성숙기 기술의 습득)에서 시작한 후 B2(과도기 기술의 추격)에 머무는 경향을 보였다. 섬유산업, 신발산업, 석유화학산업의 경우에는 2000년대에도 이러한 경향이 지속되었던 것으로 판단된다. 다만 컴퓨터산업의 경우에는 2000년대에 들어와 노트북 PC를 공략하기 시작함으로써 A2(태동기 기술의 추격)로 나아갔다고 볼 수 있다.

한국의 철강산업은 포항제철소 건설사업(1970~1983년)과 광양제철소 건설사업(1985~1992년)을 통해 급속히 성장했다. 1970년대에 포스코는 일본에서의 해외연수를 바탕으로 철강에 대한 기본적인 지식을 습득했고,

그것은 실제적인 공장조업을 통해 더욱 보완되었다. 포스코의 기술습득은 매우 빠른 속도로 이루어졌으며, 1980년경에는 세계적 수준의 생산성을 보이기 시작했다. 1980년대 중반 이후에 포스코는 첨단 설비를 대폭 도입하는 것을 배경으로 태스크포스팀을 구성하여 핵심적인 기술과제를 집중적으로 관리했다. 포스코는 철강기술의 거의 모든 영역에서 선진국을 급속히 추격했으며, 1992년을 기준으로 세계 최고 수준의 조업기술과 일본의 75%에 해당하는 제품기술을 확보했다. 1990년대에 포스코는 용융환원법이나 박슬래브주조법과 같은 차세대 혁신철강기술에도 도전하여 이에 관한 조업기술을 정립한 후 외국에 수출하는 단계에 이르렀다. 특히 포스코는 2000년대에 들어와 파이넥스 공법을 개발하고 상업화하는 데 성공함으로써 기존의 빠른 추종자를 넘어 기술혁신 선도자로 부상했다.

한국의 조선산업은 1972~1974년에 울산조선소가 건설되면서 본격적인 성장세를 맞이했다. 현대중공업은 유럽과 일본에서의 기술연수를 바탕으로 수많은 시행착오를 거친 끝에 선박 건조에 필요한 노하우를 습득했으며, 선진 업체들의 기술적 사양을 적절히 조합함으로써 자신의 독특한 건조기술을 모색하기도 했다. 1970년대 말에 대우조선과 삼성중공업이 조선소를 확보하는 것을 계기로 한국의 조선산업은 대기업 간 경쟁을 통해 성장하는 특징을 보였다. 1980년대에는 연구개발체제의 정비를 바탕으로 조선기술의 거의 모든 영역에서 선진국을 추격하는 활동이 전개되었다. 1990년대에 들어와 한국의 조선업체들은 멤브레인형 LNG선의 상업화에 성공함으로써 생산규모는 물론 기술적인 측면에서도 세계를 선도하기 시작했다. 2000년대에는 새로운 기능을 가진 선박들이 속속 개발되는 가운데 참신한 건조공법들이 다각도로 시도되었다. 한국 조선산업의 기술수준은 1980년대 초에는 일본의 40% 정도에 불과했지만, 1990년대 초에는 70% 내외, 2000년에는 90% 이상으로 향상되었으며, 2007년에는 일본을 능가하는 세계 최고의 수준을 보였다.

한국의 자동차산업은 현대자동차가 1975년에 포니를 출시함으로써 고유모델의 단계에 진입했다. 현대는 설계에서 생산에 이르는 주요 기술을 외국 업체에게 의존했지만 이러한 요소들을 조합하여 새로운 차종을 정립할 수 있었다. 현대는 1985년에 엑셀을 출시하면서 연산 30만 대의 생산능력을 갖추는 가운데 미국 시장에도 진출했다. 1980년대를 통해 현대는 전자제어 방식을 채택하는 등 기술추세에 적극 부응했으며, 생산기술을 넘어 차체설계와 스타일링에 대한 기술능력을 축적했다. 현대는 1991년에 알파엔진을 개발함으로써 개발도상국으로서는 처음으로 독자모델의 단계에 진입했고, 1990년을 기준으로 선진국의 80%에 해당하는 제품 기술수준을 확보했다. 현대는 1990년대 후반에 다양한 종류의 엔진과 차종을 독자적으로 개발했으며, 1999년 이후에는 도요타의 품질을 따라잡는 것을 목표로 품질혁신에 집중하는 모습을 보였다. 2000년대에 현대는 세타엔진을 개발하고 수출함으로써 기술선도자로 부상했지만, 차세대 자동차의 경우에는 뚜렷한 성과를 보이지 못했다.

한국의 반도체산업이 성장한 과정은 매우 극적이어서 '신화'로 표현되기도 한다. 특히 삼성전자는 1992년부터 D램, 1993년부터 메모리반도체, 2003년부터 플래시메모리에서 세계 1위를 계속 유지하고 있다. 삼성은 1974년에 반도체산업에 진입한 후 성숙기 기술을 습득하면서 트랜지스터와 IC를 개발했다. 삼성은 1982년부터 D램에 대한 대규모 투자를 단행하여 선진 업체들을 급속히 추격했다. 64K D램에 곧바로 도전한 후 후속 제품을 잇달아 개발하여 기술격차를 줄여나갔으며, 특히 4M D램에서 스택 방식을 채택함으로써 선도그룹에 합류하기 시작했다. 삼성은 1992년에 64M D램을 세계 최초로 개발한 후 후속 제품에서도 계속 우위를 유지했는데, 이 과정에서는 두 세대의 제품에 대한 연구개발을 동시에 추진하는 방식도 활용되었다. 1990년대 중반에 삼성은 플래시메모리를 중심으로 제품의 다각화도 적극 추진했다. 낸드형 플래시메모리를 선택하여 도시바와 치열한 경쟁을 벌였고, 2001년에 1G 제품을 개발한 후에는 기술경로를 계속 선점하고 있다.

〈그림 1-2〉의 분석틀을 적용해보면, 철강산업, 조선산업, 반도체산업은 C3(성숙기 기술의 습득)에서 시작한 후 B2(과도기 기술의 추격)를 거쳐 A1(태동기 기술의 선도)으로 나아가는 경향을 보였다.[3] 이에 반해 자동차산업의 경우에는 2000년대에 기술을 선도하긴 했지만 그 대상이 과도기 기술에 머물러 있었기 때문에 C3 → B2 → B1의 경로를 보였다고 평가할 수 있다.

한국의 통신산업은 TDX 기술개발사업과 CDMA 기술개발사업을 통해 급속히 성장했다. 한국 정부는 1976년에 전자식 교환기를 국내에서 직접 개발한다는 방침을 정한 후 한국정보통신연구소(ETRI)를 통해 이에 대한 기초연구를 진행시켰다. 1982~1986년에는 소용량 TDX의 개발이, 1987~1991년에는 중용량과 대용량 TDX의 개발이 추진되었는데, 당시에 한국 정부는 TDX 사업단을 별도로 구성하여 상업화의 가능성을 높였다. TDX 사업이 성공적으로 완료됨으로써 한국의 통신기술수준은 세계 10위권으로 진입했다. 한국 정부는 1989년부터 디지털 이동통신시스템 개발사업을 추진했으며, 곧이어 ETRI는 미국의 퀄컴이 원천기술을 보유한 CDMA에 주목했다. 1993년에는 한국 정부가 CDMA 기술개발사업의 완료시기를 2년 앞당긴다는 결정을 내렸고, 이를 계기로 TDX 기술개발사업을 관리했던 방식이 CDMA 기술개발사업에도 적용되었다. 결국 한국은 1996년에 CDMA 이동통신서비스를 세계 최초로 상용화함으로써 정보통신기술을 선도하는 단계로 나아갔다.

한국의 휴대전화산업은 1980년대만 해도 거의 황무지였으며, 휴대전화는 곧 모토로라로 통했다. 국내 업체들은 1990년을 전후하여 휴대전화에 도전했지만, 당시에는 핵심부품을 수입하고 주변기술을 국산화하는 정도에 지나지 않았다. 한국의 휴대전화산업은 소위 '애니콜 신화'를 통해 급속히 성장했다. 삼성전자는 엄격한 품질관리를 바탕으로 1994년에 애니콜(SH-770)을 출시했고 그것이 대대적인 성공을 거두면서 1996년 연간 시장점유율에서 국내 1위로 올라섰다. 한국의 휴대전화산업은 CDMA 이동통신기술의 상용화를 계기로 더욱 번창했다. 삼성전자와 LG전자는 휴대전화의 무게, 디자인, 기능 등에서 치열한 경쟁을 벌이면서 기술능력을 지속적으로 향상시킬 수 있었다. 1990년대 후반에는 국내 업체들이 해외시장에도 진출하기 시작했는데, 삼성전자는 프리미엄 브랜드 전략을 구사하여 높은 수익률을 올리기도 했다. 2000년대에 들어서는 삼성전자와 LG전자가 세계 최초의 신제품을 잇달아 개발함으로써 휴대전화산업을 선도하는 기업으로 부상했다.

한국의 디스플레이산업은 TFT-LCD를 중심으로 급속히 성장했다. 국내 기업들은 1980년대 중반에 브라운관 이후의 시대를 대비하기 위해 LCD에 대한 연구개발을 추진했다. 1990년대에 들어와 삼성전자는 TFT-LCD에 도전하기 시작했지만 처음에는 높은 불량률과 일본의 견제로 상당한 어려움을 겪었다. 이후에 삼성은 신규 설비에 적극 투자하고 신제품 사양을 한 발 앞서 선택함으로써 선진 업체를 급속히 추격했다. LG전자는 필립스와 합작하여 LG필립스LCD를 설립한 후 TFT-LCD에 대한 공격적인 투자를 감행했다. TFT-LCD 시장에서 삼성은 1995년 세계 5위에서 1998년 1위로, LG는 1998년 세계 4위에서 1999년 2위로 올라섰다. 2000년대에 들어서는 삼성과 LG가 TFT-LCD의 세대 선점을 위해 치열한 경쟁을 벌였는데, 2000년, 2001년, 2002년, 2004년에는 삼성이, 2003

년과 2005년에는 LG가 세계 1위를 차지했다. 이와 같은 선점 경쟁은 PDP에서도 계속되었으며 2000년대 중반에는 마쓰시타, 삼성SDI, LG전자가 선도그룹을 형성했다.

〈그림 1-2〉의 분석틀을 적용해보면, 통신산업, 휴대전화산업, 디스플레이산업은 B2(과도기 기술의 추격)에서 출발한 후 A1(태동기 기술의 선도)으로 나아가는 경향을 보였다. 산업의 범위를 축소한다면 약간 다른 해석도 가능하다. 예를 들어 반도체산업을 D램으로 좁히면 B2 → A1의 경로를 밟았다고 평가할 수 있고, 통신산업을 이동통신서비스로 국한시키면 A1에 곧바로 도전했다고 볼 수 있다.

이처럼 한국의 기술능력은 산업별로 '불균등한 발전(uneven development)'의 양상을 보여왔다. 한국의 기술발전은 산업에 따라 C3 → B2, C3 → B2 → A2, C3 → B2 → A1, B2 → A1 등과 같은 여러 경로를 밟아왔던 것이다. 물론 이 책은 기본적으로 10대 수출상품과 관련된 산업을 대상으로 삼고 있기 때문에 네 가지 경로를 식별하는 데 그쳤다는 한계를 가지고 있다. 가전산업, 공작기계산업, 게임산업, 제약산업 등과 같은 다른 산업을 추가적으로 분석한다면 또 다른 경로도 식별할 수 있을 것으로 판단되는데, 이는 향후 과제로 남겨두기로 한다.

한국의 기술능력이 산업별로 불균등하게 발전되어왔다는 점을 수용한다면, 최근에 자주 제기되고 있는 '추격에서 선도로' 혹은 '빠른 추격자(fast follower)에서 선도자(first mover)로'와 같은 어법에 대해서도 보다 세련된 접근이 가능해진다. 우리가 직면하고 있는 현실은 추격에서 선도로 나아간 산업도 존재하지만, 선진국을 제대로 추격해야 하는 산업이 더욱 많다는 데 있다. 사실상 제대로 된 축적을 하지 않고 급하게 선도를 추구하다 보면, 당초의 기대와 달리 상당한 부작용이 유발될 가능성도 있다. 게다가 추격자와 선도자 중에 어느 쪽이 유리한가에 대해 지속적인 논쟁이 전개되어왔다는 사실을 감안할 때, 맹목적인 선도자 전략이 위험한 선택일 수 있다는 점에도 유념해야 한다.

본문에서 살펴본 사례 중에 기술선도까지 나아간 경우는 주로 포스코, 현대중공업, 현대자동차, 삼성전자, LG전자 등과 같은 대기업이 혁신 주체가 되었다는 특성을 보인다. 이러한 기업들은 한국을 대표하는 글로벌 플레이어(global player)로 성장하여 지속적인 기술혁신을 바탕으로 세계무대를 누비고 있다. 여기서 주목할 것은 철강, 조선, 자동차, 반도체, 이동통신서비스, 휴대전화, 디스플레이 등이 규모의 경제 효과가 큰 산업에 해당한다는 점이다. 이처럼 한국에서 성공 사례로 간주되는 산업은 대부분 규모집약산업의 성격을 띠고 있으며, 다른 특성을 지닌 산업은 세계적 수준에 도달할 정도로 발전되지 않았다고 볼 수 있다.[4] 한국이 경제성장과 기술발전이 지속가능성을 확보하기 위해서는 공작기계나 소프트웨어와 같은 전문공급자, 과학연구를 바탕으로 하는 과학기반산업, 지식기반서비스를 제공하는 정보집약산업 등이 적극적으로 고려되어야 할 것이다.

한국이 선진국과 같은 혁신생태계를 확보하기 위해서는 기술집약적 중소기업을 널리 육성하는 것이 필수적이다. 특히 우수한 기술력을 바탕으로 차별화된 제품을 개발하여 국내외 유수 업체에 공급할 수 있는 강소기업(작지만 강한 기업)이 많아져야 한다. 여기서 유의할 사항은 대기업과 중소기업의 관계를 상호배제적으로 간주해서는 곤란하다는 점이다. 대기업의 확장을 억제하여 전체 경제를 손상시키는 우를 범해서는 안 되며 대기업과 중소기업의 연계를 강화하여 경제 전반에 활력을 높여야 한다. 이와 함께 한국의 대기업이 지금까지 중소기업의 질적 성장에 별로 기여하지 못했다는 점도 지적되어야 한다. 한국의 대기업은 중소기업을 단순한 원가절감의 대상으로 간주할 것이 아니라 보다 장기적인 시야에서 기술혁신의 파트너로 삼아야 한다. 한국에서 강소기업이 광범위하게 존재하는 것은 해당 기업의 성장뿐만 아니라 대기업의 생존을 위해서도 그 중요성이 더욱 커질 것임에 틀림없다.

끝으로 한국의 기술발전이 과거와 같은 경로를 계속 밟아가지 못할 수 있다는 점에도 유념해야 한다. 그동안 한국은 선진국의 기술을 추격하고 경우에 따라서는 추월하기도 했지만, 향후에는 다른 후발국의 추격이나 추월에 의해 한국이 '추락'할 염려도 있는 것이다. 사실상 장기적인 역사를 돌이켜보면, 후발자가 선발자를 따라잡으면서 선발자에서 후발자로 주도권이 이동하는 것은 반복적으로 나타난 현상이었다.[5] 한국의 입장에서 가장 중요한 변수는 중국의 추격이 거세지고 있다는 점을 들 수 있다. 2000년대 초만 해도 한국은 중국의 고도성장 덕분에 수출을 늘려갈수 있었지만, 이후에는 한국 제품과 중국 제품이 국내외 시장에서 치열한 경쟁을 벌이는 양상을 보이고 있다. 이러한 상황에서 한국이 끊임없는 기술혁신을 이루어내지 못한다면, 중국의 추격을 뿌리치기는커녕 중국에 추월당할 수도 있는 것이다.

제1장 서론

1, '한국의 산업혁명'은 필자가 박사학위논문을 마무리하면서 떠올린 개념이다[송성수,
"한국 철강산업의 기술능력 발전과정: 1960~1990년대의 포항제철" (서울대학교 박
사학위논문, 2002), 294-295쪽]. 1971~1979년에 대통령비서실 경제 제2수석비서관
을 지낸 오원철도 '한국의 산업혁명'이란 표현을 쓰고 있지만, 그는 한국의 산업혁명
이 이루어진 시기를 1960~1970년대로 국한하는 경향을 보이고 있다[오원철, 『한국
형 경제건설: 엔지니어링 어프로치』 제3권 (기아경제연구소, 1996), 174-178쪽; 오원
철, 『박정희는 어떻게 경제강국 만들었나: 불굴의 도전, 한강의 기적』 (동서문화사,
2006), 46-51쪽]. 이에 앞서 박정희는 『국가와 혁명과 나』 (향문사, 1963), 256쪽에서
"5·16 군사혁명의 핵심은 민족의 산업혁명화에 있었다."고 표현한 바 있다. 이하의
논의는 송성수, "한국의 기술발전에 관한 연구사적 검토와 제언", 『한국과학사학회
지』 40-1 (2018), 91-113쪽에 입각하고 있다.

2. 한국의 경제성장에 대한 개관은 이제민, "한국의 경제성장: 그 성공과 굴곡의 과정",
이제민 외, 『한국의 경제 발전 70년』 (한국학중앙연구원출판부, 2015), 13-88쪽을 참
조.

3. 국민호, "국가주도적 산업발전: 일본, 한국, 대만의 산업정책 비교연구", 국민호 편,
『동아시아 신흥공업국의 정치제도와 경제성공』 (전남대학교출판부, 1995), 369-401
쪽, 특히 369-371쪽. 이보다 더욱 거시적인 차원에서 이영훈은 매디슨 프로젝트를
활용하여 1911년과 2010년의 1인당 소득 수준을 비교하고 있다. 이영훈은 40개 국가
의 데이터베이스에 대한 분석을 바탕으로 예나 지금이나 잘사는 나라, 급속한 성장
을 달성한 신흥부국, 상대적으로 정체하거나 후퇴한 나라, 예나 지금이나 가난한 나
라 등의 네 그룹으로 구분하고 있는데, 그중에서 급속한 성장을 달성한 신흥부국에
는 한국, 일본, 대만, 싱가포르, 스웨덴, 노르웨이, 핀란드 등이 포함된다[이영훈, 『한

국경제사 I: 한국인의 역사적 전개』(일조각, 2016), 39-42쪽].

4. 한국의 수출산업 구조와 주력 수출상품의 변화는 권영대, "산업별·시기별 수출변화로 본 한국무역", 한국무역협회, 『한국무역사』(2006), 536-574쪽을 참조. 이와 관련하여 수출상품의 구조가 고도화되는 현상은 단순한 수출주도 혹은 수출지향에 대비하여 '수출대체(export substitution)'로 개념화되기도 한다[이상철, "수출주도공업화 전략으로의 전환과 성과", 이대근 외, 『새로운 한국경제발전사: 조선후기에서 20세기 고도성장까지』(나남출판, 2005), 385쪽].

5. Alice H. Amsden, *Asia's Next Giant: South Korea and Late Industrialization* (New York: Oxford University Press, 1989); Ezra F. Vogel, *The Four Little Dragons: The Spread of Industrialization in East Asia* (Cambridge, MA: Harvard University Press, 1991). 이에 앞서 1979년에는 OECD가 '신흥공업국(Newly Industrializing Countries, NICs)'이란 용어를 사용하면서 그 목록에 대만, 싱가포르, 한국, 홍콩, 유고슬라비아, 그리스, 포르투갈, 스페인, 브라질, 멕시코 등 10개국을 포함시킨 바 있다. OECD, *The Impact of the Newly Industrializing Countries on Production and Trade in Manufactures* (1979)를 참조.

6. Ezra F. Vogel, *The Four Little Dragons*, p. 65.

7. Alice H. Amsden, *Asia's Next Giant*, p. vi. 이와 관련하여 이정동은 1960년에 중간소득 수준에 있었으나 48년 후에 고소득 국가로 올라선 13개의 국가를 거론하면서 "정말 아무것도 없던 상태에서 출발해 스스로의 힘으로" 중간소득 함정을 돌파한 국가는 한국뿐이며 따라서 한국이야말로 진정한 벤치마킹 대상 국가라고 할 수 있다고 주장한 바 있다. 이정동, 『축적의 길: Made in Korea의 새로운 도전』(지식노마드, 2017), 21-30쪽. 인용은 27쪽.

8. Robert E. Lucas, Jr., "Making a Miracle", *Econometrica* 61-2 (1993), pp. 251-272; 조이제·카터 에커트 편저, 『한국 근대화, 기적의 과정』(조선일보사, 2005); 육성으로 듣는 경제기적 편찬위원회, 『코리안 미러클』총4권 (나남, 2013~2016). '한강의 기적'은 '라인강의 기적'에 빗댄 용어로 제2공화국의 국무총리를 지낸 장면이 처음 사용했던 것으로 전해진다. 그는 1961년 1월 1일의 신축연두사에서 다음과 같이 말했다. "신년에는 우리도 남과 같이 좀 잘 살아야겠습니다.… 우리도 독일과 같이 이른바 한강변의 기적을 낳기 위해 독일사람 못지않은 내핍(耐乏)과 근로가 있기를 바라마지 않습니다."("내핍과 근면으로 번영의 터를 닦자", 경향신문, 1961. 1. 1.)

9. 이에 대한 연구사적 검토로는 구범모·백종국, "한국의 후발산업화 연구에 대한 문헌

비평",『한국정치학회보』제24집 1호 (1990), 7-49쪽; 류상영, "박정희와 그 시대를 넘기 위하여: 연구쟁점과 평가", 한국정치연구회 편,『박정희를 넘어서: 박정희와 그 시대에 관한 비판적 연구』(푸른숲, 1998), 17-48쪽; 박사명, "동아시아 경제 위기의 정치 동학", 한국정치연구회 엮음,『동아시아 발전모델은 실패했는가』(삼인, 1998), 237-254쪽; 신용옥, "박정희정권기 경제성장에 대한 비판적 고찰", 강만길 엮음,『한국 자본주의의 역사』(역사비평사, 2000), 309-354쪽 등이 있다. 동아시아 발전모델에 관한 외국 학자들의 주요 논문은 국민호 편,『동아시아 신흥공업국의 정치제도와 경제성공』에 번역되어 있다.

10. '발전국가'란 용어는 Chalmers Johnson, *MITI and the Japanese Miracle: The Growth of Industrial Policy, 1925-1975* (Stanford, CA: Stanford University Press, 1982)를 통해 널리 확산된 바 있다.

11. 이에 대하여 박사명, "동아시아 경제 위기의 정치 동학", 243-244쪽은 국제주의, 시장주의, 국가주의의 상호보완성에 주목하고 있다. 국제주의적 시각은 제3세계 중에서도 "왜 동아시아인가"를 해명하고, 시장중심의 시각은 동아시아 중에서도 "왜 자본주의권인가"를 해명하며, 국가주의적 시각은 동아시아의 자본주의권에서도 발전 수준이 국가별로 "왜 불균등한가"를 해명하는 데 유효하다는 것이다.

12. 거센크론은 후발국의 산업화가 급속히 이루어지고, 중화학공업에 의해 선도되며, 비(非)자생적으로 이루어지고, 강력한 이념이 필요하다는 점을 지적하면서 독일의 경우에는 종합은행, 러시아의 경우에는 국가의 역할이 중요했다고 평가한 바 있다. 거센크론에 따르면, 후발국이 추격전략을 실행하기 위해서는 자원을 동원할 수 있는 특별한 제도인 '대체물(substitutes)'이 필요한데, 독일의 종합은행과 러시아 정부가 그러한 예에 속한다. Alexander Gerschenkron, *Economic Backwardness in Historical Perspective: A Book of Essays* (Cambridge, MA: Harvard University Press, 1962)를 참조.

13. 신장섭·장하준 지음, 장진호 옮김,『주식회사 한국의 구조조정: 무엇이 문제인가』(창비, 2004). 저자들은 일본과 한국은 대체전략을, 싱가포르와 대만은 보완전략을 채택한 것으로 평가하고 있다. 일본과 한국은 게이레쓰(系列)나 재벌과 같은 대체물을 마련하여 선발국들과 직접적인 경쟁을 시도했던 반면 싱가포르와 대만은 주로 국제적 하청 네트워크에 편입하여 선발국들을 보완하면서 발전했다는 것이다(같은 책, 31-48쪽).

14. 이병천 엮음,『개발독재와 박정희시대: 우리 시대의 정치경제적 기원』(창비, 2003).

15. 김수행·박승호,『박정희 체제의 성립과 전개 및 몰락: 국제적·국내적 계급관계의 관

점』(서울대학교출판문화원, 2007). 박정희 정권기를 중심으로 한 자본-노동관계에 대한 자세한 분석으로는 김형기, 『한국의 독점자본과 임노동: 예속독점자본주의하 임노동의 이론과 현상분석』(까치, 1988)을 참조.

16. 콥-더글라스 생산함수는 $Y = AK^{(1-\alpha)}L\alpha$ (Y: 산출량, A: 솔로우 잔차, K: 자본, L: 노동, α: 노동소득분배율)과 같은 식으로 표현된다. 여기서 솔로우 잔차(Solow residual) 는 산출량 증가율 중에서 노동 및 자본과 관련된 값들을 차감한 뒤 남는 값으로 총 요소생산성(total factor productivity, TFP)의 증가율에 해당한다. 총요소생산성의 증 가에는 다양한 요소들이 기여하지만, 기본적으로 기술혁신과 밀접히 연관된 것으로 간주되고 있다.

17. 변형윤 편저, 『한국경제론』 제3판 (유풍출판사, 1995); 변형윤·김기원, 『한국경제의 이해』(한국방송통신대학교출판부, 2001). 두 책은 한국경제론의 주요 주제로 한국 경제의 전개과정, 산업구조, 농업, 공업, 노동, 금융, 재정, 국제수지, 중소기업, 물가 등을 다루고 있다.

18. 예를 들어 Peter Mathias and John A. Davis eds., *The First Industrial Revolutions* (Oxford: Oxford University Press, 1989); 김종현, 『영국 산업혁명의 재조명』(서울대학교출판부, 2006)을 참조.

19. 이러한 점은 오늘날 최고의 기술선진국으로 간주되고 있는 미국의 경우에도 적용 될 수 있다. 예를 들어 하운쉘은 기존의 연구가 미국 기술의 고유성을 과도하게 강 조해왔다고 비판하면서 미국의 기술에도 유럽의 선조가 있으며 유럽 기술이 미국 으로 이전되어 토착화되는 과정에 주의를 기울여야 한다고 지적한 바 있다. David A. Hounshell, "Rethinking the History of American Technology", Stephen H. Cutcliffe and Robert C. Post eds., *In Context: History and the History of Technology, Essays in Honor of Melvin Kranzberg* (Bethlehem: Lehigh University Press, 1989), pp. 216-229를 참조.

20. 기술종속론의 주요 논점과 한국에 대한 적용은 Frances Stewart ed., *Technology and Underdevelopment*, 2nd ed. (London: Macmillan, 1978); 김환석, "제3세계의 기술종 속과 한국의 상황", 강만길·김진균 외, 『한국사회연구 1』(한길사, 1983), 299-337쪽; Martin Landsberg, "Capitalism and Third World Economic Development: A Critical Look at the South Korea Miracle", *Review of Radical Political Economics*, 16-2/3 (1984), pp. 181-193; 김영호, "한국의 경제성장과 기술이전", 김영호 외, 『한국경제의 분석』 (서문당, 1989), 277-294쪽을 참조. 1970년대에 풍미했던 종속이론에 관한 외국 학 자들의 주요 논문은 변형윤·김대환 편역, 『제3세계의 경제발전: 저개발과 종속』(까

치, 1980)에 번역되어 있다.

21. 배무기, "기술의 도입, 수용 및 확산: 한국 나일론산업의 일사례연구", 『경제논집』 19-1 (1980), 40-56쪽; 변형윤, "한국철강공업의 기술축적: 포항제철을 중심으로", 『경제논집』 19-2 (1980), 124-136쪽; 박우희, "한국에 있어서의 수입기술의 흡수와 확산에 관한 실증분석: 석유화학공업사례", 『경제논집』 19-2 (1980), 194-225쪽.

22. John L. Enos and W. H. Park, *The Adoption and Diffusion of Imported Technology: The Case of Korea* (London: Croom Helm, 1988); 朴宇熙, 『韓國の技術發展』 (東京: 文眞堂, 1989); 박우희·배용호, 『한국의 기술발전』 (경문사, 1996).

23. Linsu Kim, Imitation to Innovation: *The Dynamics of Korea's Technological Learning* (Boston, MA: Harvard Business School Press, 1997). 이 책은 임윤철·이호선 옮김, 『모방에서 혁신으로』 (시그마인사이트컴, 2000)로 번역된 바 있다. 1980~1998년에 김인수가 발표한 주요 논문들은 Linsu Kim, *Learning and Innovation in Economic Development: New Horizons in the Economics of Innovation* (Cheltenham and Northampton: Edward Elgar, 1999)에 수록되어 있으며, 김인수의 제자들로 구성된 인문회(仁門會)는 『지식과 학습, 그리고 혁신』 (시그마인사이트, 2004)을 출간하기도 했다.

24. 이진주·최동규, 『산업별 기술혁신과정과 정책과제』 (한국경제연구원, 1986); 배종태, "개발도상국의 기술내재화과정: 기술선택요인 및 학습성과 분석" (한국과학기술원 박사학위논문, 1987); 현영석, "한국 자동차산업 기술발전에 관한 실증분석: 1962-1986" (한국과학기술원 박사학위논문, 1988); 이장우, "산업환경 전략 및 조직구조 간의 관계: 컴퓨터 산업에 대한 종단적 연구" (한국과학기술원 박사학위논문, 1988); 이정훈, "대형연구개발 프로젝트의 전략적 관리: 사례연구" (한국과학기술원 박사학위논문, 1993).

25. Jinjoo Lee, Zongtae Bae and Dongkyu Choi, "Technology Development Process: A Model for a Developing Countries with a Global Perspective", *R&D Management* 18-3 (1988), pp. 235-250.

26. 정일용, "한국 기술도입의 구조적 특성에 관한 연구: 종속적 축적과의 관련성 고찰을 중심으로" (서울대학교 박사학위논문, 1989); 김우식, "한국의 외국 기술도입과 국내 기술능력의 관계", 한국사회사연구회 편, 『현대 한국의 생산력과 과학기술: 한국사회사연구회 논문집 제22집』 (문학과지성사, 1990), 311-365쪽. 이와 관련하여 정근모와 이공래는 한국의 기술개발전략이 추종전략에서 중간진입전략으로 이동해

왔다는 점에 주목한 바 있다. 여기서 추종전략은 선진국의 기술을 도입하여 소화하고 습득하는 것에 주력하는 전략이고, 중간진입전략은 외국의 기술을 도입함과 동시에 자체적인 연구개발을 강화하여 기술수준을 급속히 제고하는 전략에 해당한다. 특히 중간진입전략은 선진국의 다양한 연구 성과를 기술수명주기 상의 중간단계에서 도입하고 자체적인 과학기술을 결합시킴으로써 상업화를 조기에 달성하는 것에 주목하고 있다. 정근모·이공래,『중간진입전략: 과학기술 세계화를 위한 전략적 선택』(나남출판, 1996), 특히 125-127쪽; KunMo Chung and KongRae Lee, "Mid-entry Technology Strategy: The Korean Experience with CDMA", *R&D Management* 29-4 (1999), pp. 353-363을 참조.

27. 김환석, "기술혁신의 관점에서 본 한국 자본주의의 발전", 한국사회사연구회 편,『현대 한국의 생산력과 과학기술』, 11-65쪽; 이근, "신흥공업국의 기술능력과 경쟁력: 신슘페터주의 기술경제학의 시각에서",『성곡논총』26-2 (1995), 597-637쪽. 당시에 과학기술정책연구소의 연구진들은 신흥공업국의 기술발전론을 검토하면서 한국의 공작기계산업, 컴퓨터산업, 자동차산업에 대한 사례를 시론적으로 고찰하기도 했는데, 이에 대해서는 장영배·송위진, "신흥공업국 기술발전론의 비판적 검토",『사회와 사상』19 (1990), 186-203쪽; 김병목·송위진·장영배·황혜란,『기술개발능력의 축적과정과 정책대응-(I)』(과학기술정책연구소, 1991)을 참조.

28. 김견, "1980년대 한국의 기술능력 발전과정에 관한 연구: '기업내 혁신체제'의 발전을 중심으로" (서울대학교 박사학위논문, 1994); 김용복, "한국 전자산업의 발전메커니즘에 관한 연구" (서울대학교 박사학위논문, 1995); 배용호, "한국 반도체산업의 기술흡수와 연구개발: 삼성전자(주)의 사례연구" (서울대학교 박사학위논문, 1995); 이상철, "한국 화학섬유산업의 전개과정(1961~1979): 산업정책의 일연구" (서울대학교 박사학위논문, 1997).

29. 이근 외,『한국산업의 기술능력과 경쟁력』(경문사, 1997). 이 책의 후속편에 해당하는 것으로는 이근 외,『지식정보혁명과 한국의 신산업』(이슈투데이, 2001)이 있다.

30. 1994~1995년의 보고서로는 박용태 외,『산업별 기술혁신패턴의 비교분석』(과학기술정책관리연구소, 1994); 송위진,『반도체산업의 장기발전을 위한 기술혁신전략』(과학기술정책관리연구소, 1995); 이영희,『자동차산업의 장기발전을 위한 기술혁신전략』(과학기술정책관리연구소, 1995); 이공래,『기계설비산업의 기술혁신전략』(과학기술정책관리연구소, 1995) 등이 있고, 1999~2000년의 보고서로는 송성수,『철강산업의 기술혁신 패턴과 전개방향』(과학기술정책연구원, 1999); 김석관,『신발산

업의 기술혁신 패턴과 전개방향』(과학기술정책연구원, 2000); 황혜란·신태영, 『한국 반도체/컴퓨터 산업의 혁신체제의 진화과정 및 개선방안』(과학기술정책연구원, 2000) 등이 있다. 한국의 기술발전에 관한 과학기술정책연구원의 최근 연구로는 송위진 외, 『탈(脫)추격형 기술혁신체제의 모색』(과학기술정책연구원, 2006); 이공래 외, 『한국 선도산업의 기술혁신경로 창출능력』(과학기술정책연구원, 2008) 등이 있다.

31. Youngrak Choi, "Dynamic Techno-Management Capability: The Case of Samsung Semiconductor Sector in Korea" (Ph.D. Thesis, Roskilde University, 1994); 송위진, "기술선택의 정치과정과 기술학습: CDMA 이동통신 기술개발 사례연구" (고려대학교 박사학위논문, 1999); 송성수, "한국 철강산업의 기술능력 발전과정". 최영락과 송위진의 박사학위논문은 각각 Dynamic Techno-Management Capability (Aldershot, UK: Avebury, 1996); 『기술정치와 기술혁신: CDMA 이동통신 기술개발 사례 분석』(한국학술정보, 2007)으로 출판되었으며, 송성수는 박사학위논문의 주요 내용을 『소리 없이 세상을 움직인다, 철강』(지성사, 2004); "The Historical Development of Technological Capabilities in Korean Steel Industry: The Case of POSCO", The Korean Journal for the History of Science 33-2 (2011), pp. 317-334로 발간한 바 있다.

32. OECD, 이근 외 옮김, 『과학과 기술의 경제학』(경문사, 1995), 432-433쪽. 기술능력이란 개념이 후발공업국 및 후발기업의 발전 전략에서 가지는 의미는 Martin Fransman and Kenneth King eds., Technological Capability in the Third World (London: Macmillan, 1984); Carl J. Dahlman, Bruce RossLarson and Larry E. Westphal, "Managing Technological Development: Lessons from the Newly Industrializing Countries", World Development 15-6 (1987), pp. 759-775; Sanjaya Lall, "Technological Capabilities and Industrialisation", World Development 20-2 (1992), pp. 165-186; 김견, "1980년대 한국의 기술능력 발전과정에 관한 연구", 20-52쪽을 참조. 이 중에서 달만 등의 논문은 기술능력을 생산능력(production capabilities), 투자능력(investment capabilities), 혁신능력(innovation capabilities)으로 구분한 후 신흥공업국의 기술능력이 생산능력, 투자능력, 혁신능력의 순서로 발전한다고 제안한 바 있다.

33. 앞서 언급한 연구 이외의 반도체산업과 자동차산업의 기술발전을 다룬 논문으로는 김창욱, "기술특성과 산업패턴의 관계에 관한 진화경제학적 분석" (서울대학교 박사학위논문, 1998); 김왕동, "미래산업의 기술능력 축적과정에 대한 연구: 중소 반도체 장비 제조업체에 대한 정성적 접근" (고려대학교 박사학위논문, 2001); 김성훈, "정부의 산업정책과 기업의 기술혁신전략: 한국 자동차산업을 중심으로" (고려대학교 박

사학위논문, 1998); 이홍·한재민, "현대자동차 성장의 진화적 경로", 『경영교육연구』
3-3 (1999), 81-104쪽 등이 있다. 반도체산업과 자동차산업의 경우에는 해당 산업에
대한 연구자들이 공동으로 기술혁신의 다양한 측면들을 검토하기도 했는데, 이에
대해서는 조형제·김창욱 편, 『한국 반도체산업, 세계기술을 선도한다』 (현대사회경
제연구원, 1997); 김양희 외, 『한국 자동차산업의 기술능력 발전』 (삼성경제연구소,
1999)을 참조.

34. 이와 관련하여 홉데이 등은 2004년에 발간한 논문에서 한국 기업의 일부는 이미
기술리더가 되었지만 기술추격자에서 기술리더로의 전환에 대한 연구가 거의 없
으며, 이에 대한 논의가 학계보다는 산업계에서 부분적으로 이루어지고 있다고 지
적한 바 있다. Michael Hobday, Howard Rush, and John Bessant, "Approaching the
Innovation Frontier in Korea: The Transition Phase to Leadership", *Research Policy* 33-
10 (2004), pp. 1433-1457을 참조.

35. Linsu Kim, "Stages of Development of Industrial Technology in a Developing Country:
A Model", *Research Policy* 9-3 (1980), pp. 254-277.

36. 김인수가 선진국의 기술혁신 모형으로 염두에 둔 것은 어터백과 아버나시가 제안
한 제품혁신과 공정혁신에 관한 동태적 모형인데, 이에 대해서는 James M. Utterback
and William J. Abernathy, "A Dynamic Model of Process and Product Innovation",
Omega 3-6 (1975), pp. 639-656; William J. Abernathy and James M. Utterback,
"Patterns of Industrial Innovation", *Technology Review* 80-7 (1978), pp. 40-47; James
M. Utterback, *Mastering the Dynamics of Innovation* (Boston: Harvard Business School
Press, 1994)을 참조. 여기서 유동기는 해당 기술이 다양한 형태로 처음 등장하는 시
기를 지칭하고, 과도기는 지배적 설계(dominant design)가 정립된 이후에 기술이 더
욱 정교화되는 시기를 뜻하며, 경화기는 해당 기술이 진부화되어 저렴한 제조원가가
관건으로 작용하는 시기를 의미한다.

37. John L. Enos and W. H. Park, *The Adoption and Diffusion of Imported Technology*, pp.
5-27; 박우희·배용호, 『한국의 기술발전』, 29-50쪽.

38. Linsu Kim, "Building Technological Capability for Industrialization: Analytical
Frameworks and Korea's Experience", *Industrial and Corporate Change* 8-1 (1999), pp.
111-136.

39. Jinjoo Lee, Zongtae Bae and Dongkyu Choi, "Technology Development Process".

40. Keun Lee and Chaisung Lim, "Technological Regimes, Catching-up and Leapfrogging:

Findings from the Korean Industries", *Research Policy* 30-3 (2001), pp. 459-483. 이근은 이후에 기술추격의 유형론을 부분적으로 보완하면서 경로추종형의 예로 PC, 단계생략형의 예로 중국의 디지털 전자교환기, 경로개척형의 예로 디지털 TV를 추가적으로 거론한 바 있다[이근, 『동아시아와 기술추격의 경제학: 신슘페터주의적 접근』(박영사, 2007), 93쪽]. 또한 각 유형이 반드시 배타적으로 일어나는 것은 아니고 혼합된 유형이 존재할 수도 있는데, 예를 들어 조선산업은 경로추종형에서 경로개척형으로 전환된 사례라 볼 수 있다. 김형균·손은희, "조선 산업의 일본 추격과 중국 방어", 이근 외, 『한국 경제의 인프라와 산업별 경쟁력』(나남출판, 2005), 251-282쪽을 참조.

41. 최영락·송위진·황혜란·송성수, 『차세대 기술혁신 시스템 구축을 위한 정부의 지원 시책』(한국공학한림원, 2008); Youngrak Choi, "Korean Innovation Model, Revisited", *STI Policy Review* 1-1 (2010), pp. 93-109; 송성수·송위진, "코렉스에서 파이넥스로: 포스코의 경로실현형 기술혁신", 『기술혁신학회지』 13-4 (2010), 700-716쪽. 이러한 논의에 따르면, 최근에 한국에서 이루어지고 있는 탈추격형 기술혁신은 경로창출형 보다는 경로실현형의 성격을 띨 가능성이 많다.

42. 송위진·황혜란, "기술집약적 중소기업의 탈추격형 기술혁신 특성 분석", 『기술혁신연구』 17-1 (2009), 49-67쪽; 황혜란·정재용·송위진, "탈추격 연구의 이론적 지향성과 과제", 『기술혁신연구』 20-1 (2012), 75-114쪽; Jae-Yong Choung, Hye-Ran Hwang, and Wichin Song, "Transitions of Innovation Activities in Latecomer Countries: An Exploratory Case Study of South Korea", *World Development* 54 (2014), pp. 156-167.

43. 최영락·이대희·송용일·정윤철, "한국의 기술혁신모형: 새로운 지평을 향하여", 『기술혁신연구』 13-1 (2005), 1-17쪽.

44. 송성수, "한국의 기술발전 과정에 나타난 특징 분석: 포스코와 삼성 반도체를 중심으로", 『한국과학사학회지』 34-1 (2012), 109-139쪽.

45. 이근·박태영 외, 『산업의 추격, 추월, 추락: 산업주도권과 추격사이클』(21세기북스, 2014), 256-259쪽. 더욱 자세한 논의로는 Keun Lee, *Schumpeterian Analysis of Economic Catch-Up: Knowledge, Path-Creation, and the Middle-Income Trap* (Cambridge: Cambridge University Press, 2013)이 있다. 최근에 이근은 기업, 산업, 국가 등의 세 가지 차원에 대한 논의를 바탕으로 통합적 경제추격론을 구상하고 있는데, 이에 대해서는 이근, 『경제추격론의 재창조: 기업, 산업, 국가 차원의 이론과 실증』(오래,

2014); 이근, "삼단계로 재구성한 '통합적 경제추격론'", 『학술원논문집(인문·사회과학편)』 55-1 (2016), 509-525쪽을 참조.

46. 서울대학교 공과대학, 『축적의 시간』 (지식노마드, 2015); 이정동, 『축적의 길』 (지식노마드, 2017).

47. 이와 관련하여 류상영, "박정희와 그 시대를 넘기 위하여: 연구쟁점과 평가", 37-38쪽은 "아직 밝혀지지 않은 역사적 사실이 이론의 논리적 완성에 밀려 과도하게 단순화되는 측면도 발견할 수 있다."고 지적하면서 "역사적 설명을 풍부히 하고 분석의 수준을 낮추는 것이 이론의 논리적 완성도를 높이고 역사적 해석의 정확성을 제고시키는 길이 될 것이다."고 제안한 바 있다. 또한 이영훈은 한국 경제사에 대한 단행본을 마무리하면서 다음과 같이 쓰고 있다. "나를 놀라게 한 것은 불과 70년밖에 되지 않은 이 나라 경제사에 관해 종합적이고 체계적인 저작을 찾기 힘들다는 사실이다.… [한국의] 경제학자들은 일반적으로 지난 70년간 이 나라의 경제에서 무슨 일이 언제, 왜, 어떻게 일어났는지를 잘 알지 못한다. [아직도] 한국의 경제학은 철저하게 몰역사적이다"[이영훈, 『한국경제사 Ⅱ: 근대의 이식과 전통의 탈바꿈』 (일조각, 2016), 602쪽].

48. 필자는 포항제철과 관련된 주요 행위자들과 인터뷰를 수행하면서 그들이 기술활동의 성격에 대해 습득, 추격, 선도의 관념을 가지고 있었다는 점을 포착할 수 있었다. 이러한 점은 포항제철의 공식 자료를 통해서도 확인할 수 있다. 예를 들어 1993년에 발간된 『포항제철 25년사: 기술발전사』, 34-37쪽은 1970년대에는 "조업기술을 습득함으로써… 제철소를 성공적으로 운영"했으며 1980년대에는 "최단 시일 내에 선진 제철소와의 철강기술 수준 격차를 해소"하는 것에 초점이 주어졌고 1990년대에 들어서는 "자력 기술개발의 가속화를 통한 세계 최고의 기술경쟁력 확보"를 목표로 삼고 있다고 서술하고 있다.

49. 예를 들어 황혜란·정재용 엮음, 『추격형 혁신시스템을 진단한다』 (한울, 2013); 정재용 편저, 『추격혁신을 넘어: 탈추격의 명암』 (신서원, 2015)을 참조.

50. 이러한 점은 한국산업은행이 비정기적으로 발간해온 『한국의 산업』이나 한국 정부가 수립해온 과학기술에 관한 종합계획에서 확인할 수 있다. 기술수준조사는 해당 전문가들의 집단적인 판단을 바탕으로 이루어지기 때문에 엄밀한 정확성을 담보할 수는 없지만, 이러한 조사를 통해 한국이 선진국과의 기술격차를 축소하기 위해 의식적인 노력을 기울여왔다는 점에 주목할 필요가 있다.

51. S-곡선에 관한 논의는 기술경영에 관한 교과서적 저술에서 어렵지 않게 찾아볼 수

있다. 예를 들어 정선양,『전략적 기술경영』(박영사, 2007), 113-128쪽을 참조. 일반적으로 수명주기는 태동기 혹은 도입기(introduction period), 성장기, 성숙기, 쇠퇴기(decline period)로 구분되는데, 여기서는 기술적 성과가 한계점을 지나 하락하기 시작하는 시기에 해당하는 쇠퇴기를 제외했다.

52. 이와 관련하여 해방 후 한국의 과학기술정책과 연구체제의 진화에 대해서는 홍성주·송위진,『현대 한국의 과학기술정책: 추격과 성공과 탈추격 실험』(들녘, 2017); 문만용,『한국 과학기술 연구체제의 진화』(들녘, 2017)를 참조.

53. 여기에는 박섭,『적응과 협력의 시대: 20세기 한국 경제』(해남, 2013); 이헌창,『한국경제통사』제7판 (해남, 2016); 이영훈,『한국경제사 Ⅱ』(일조각, 2016); 이상철,『대한민국의 산업화』(대한민국역사박물관, 2016) 등이 포함되는데, 특히 이영훈,『한국경제사 Ⅱ』, 267-493쪽과 이상철,『대한민국의 산업화』는 해방 후 1970년대까지 한국 경제사를 체계적으로 종합하고 있다. 한국 현대 경제사에 대한 대중적인 저술로는 이장규,『대통령의 경제학: 역대 대통령 리더십으로 본 한국경제통사』(기파랑, 2012); 석혜원,『대한민국 경제사』(미래의창, 2012); 이장규,『대한민국 대통령들의 한국경제 이야기』총2권 (살림, 2014) 등이 있다. 정치사 중심의 한국 현대사에 대한 최근의 개관은 정병준 외,『한국현대사 1: 해방과 분단, 그리고 전쟁』(푸른역사, 2018); 홍석률·박태균·정창현,『한국현대사 2: 경제성장과 민주주의, 그리고 통일의 과제』(푸른역사, 2018); 강만길,『20세기 우리 역사』(창비, 2018)를 참조. 보다 대중적인 저술로는 서중석,『사진과 그림으로 보는 한국 현대사』개정증보판 (웅진지식하우스, 2013); 박영규,『한권으로 읽는 대한민국 대통령실록』(웅진지식하우스, 2014) 등이 있다.

54. 본문에서 다룬 철강, 반도체, 조선, 자동차의 사례는 송성수, "기술능력 발전의 시기별 특성: 포항제철 사례연구",『기술혁신연구』10-1 (2002), 174-200쪽; 송성수, "추격에서 선도로: 삼성 반도체의 기술발전 과정",『한국과학사학회지』30-2 (2008), 517-544쪽; Sungsoo Song, "Growth and Technological Development of the Korean Shipbuilding Industry", *STI Policy Review* 2-4 (2011), pp. 55-63; 송성수,『한국 기업의 기술혁신』(생각의힘, 2013) 등을 바탕으로 집필했다.

1. 한국 산업화의 기원에 관한 전통적 해석과 새로운 해석은 김두얼, "한국의 산업화와 근대경제성장의 기원, 1953-1965: 전통설과 새로운 해석", 『경제발전연구』 22-4 (2016), 29-68쪽을 참조. 이와 관련하여 최상오, "외국원조와 수입대체공업화", 이대근 외, 『새로운 한국경제발전사: 조선후기에서 20세기 고도성장까지』 (나남출판, 2005), 349-350쪽은 1950년대를 한국의 산업화 과정에서 '막간극' 혹은 '공백기'로 간주해서는 곤란하며, 붕괴된 식민지 경제구조를 대체하여 새로운 재생산구조를 형성해가는 '재건기' 혹은 '전환기'로 파악할 것을 주문하고 있다.

2. 공업을 분류하는 방식은 다양하지만, 1950년대까지는 소비재공업과 생산재공업, 1960년대 이후에는 경공업과 중화학공업이란 범주가 통용되는 경향을 보였다. 소비재공업과 생산재공업은 호프만(Walther G. Hoffmann)이 제품의 용도에 따라 구분한 것이며, 경공업과 중화학공업은 국제연합(UN)이 제안한 개념으로 제품의 용적 대비 중량을 기준으로 삼고 있다.

3. 이대근, "해방 후 경제발전과 국제적 계기", 이대근 외, 『새로운 한국경제발전사』 (나남출판, 2005), 172쪽.

4. 이영훈, 『한국경제사 II』, 275-276쪽.

5. 이상철, 『대한민국의 산업화』, 21-22쪽. 1945년 8월의 물가지수를 100으로 보았을 때 같은 해 12월 서울의 소비자 물가지수는 218, 도매 물가지수는 249를 기록하는 등 불과 4개월 사이에 물가는 2배 이상 뛰었다(석혜원, 『대한민국 경제사』, 19쪽).

6. 이대근, 『해방 후 1950년대의 경제: 공업화의 사적 배경 연구』 (삼성경제연구소, 2002), 67-70쪽. GARIOA 원조는 점령지역 내의 식량부족이나 질병구제에 대처하기 위해 긴급 구호물자를 공여하는 것으로 식료품, 피복, 의약품, 연료 등이 주된 품목을 구성했다. EROA 원조는 점령지역의 경제복구를 위해 석유, 석탄, 철광석, 면화, 건축자재 등의 원자재를 공급하는 것으로 계정상으로는 GARIOA 원조에 포함시켜 다루어졌다.

7. 해방 당시 남조선 전체의 귀속재산 추정가치는 약 3,503억 원이었는데, 그것은 1948년 한국 정부의 세출인 351억 원의 9배를 넘는 금액이었다(이상철, 『대한민국의 산업화』, 30쪽). 미군정기 귀속재산의 처리에 대한 자세한 분석은 김기원, 『미군정기의 경제구조: 귀속기업체의 처리와 노동자 자주관리운동을 중심으로』 (푸른산, 1990)를 참조.

8. 이대근, 『해방 후 1950년대의 경제』, 80-83쪽.

9. 이영훈, 『한국경제사 Ⅱ』, 290쪽. 신한공사는 1949년에 7만4천여 정보의 귀속농지를 추가로 매각했으며, 1948~1949년에 신한공사가 매각한 귀속농지는 총 27만3천 정보가 되었다(같은 책, 317쪽).

10. 박섭, 『적응과 협력의 시대』, 233-238쪽.

11. 이대근, 『해방 후 1950년대의 경제』, 87-102쪽.

12. 이상철, 『대한민국의 산업화』, 31-33쪽.

13. 이와 관련하여 이대근, 『해방 후 1950년대의 경제』, 110-111쪽은 1948년의 공업 생산액이 1940년의 26.0%에 불과했다는 점을 지적한 후 미군정기 공업구조의 특징으로 다음과 같은 세 가지를 들고 있다. 첫째, 식품, 섬유, 화학의 3개 업종이 전체의 82.3%를 차지할 정도로 공업구조가 소비재생산 중심으로 되어 있었다. 둘째, 종업원 규모 5인 이상 29인 이하의 소기업 비중이 전체의 72.8%로 영세성을 면치 못했다. 셋째, 기계시설이나 부품은 물론 주요 원료를 전적으로 수입에 의존할 정도로 대외의존성이 높았다.

14. 이러한 점은 박기주·류상윤, "1940, 50년대 광공업 생산통계의 추계와 분석", 『경제학연구』 58-3 (2010), 37-74쪽에서 확인할 수 있다. 이에 의하면 1955년 불변가격 기준으로 남한의 광공업 생산액은 1941년에 1,688억9,800만 원으로 정점을 찍은 후 1944년 1,154억700만 원, 1946년 430억5,100만 원, 1948년 628억500만 원, 1949년 816억7,300만 원, 1950년 603억5,900만 원 등으로 변화했다.

15. 미군정기 경제정책에 대한 평가는 이대근, 『해방 후 1950년대의 경제』, 104-112쪽; 이상철, 『대한민국의 산업화』, 34-35쪽을 참조. 이와 관련하여 김양화, "1950년대 한국의 공업화 과정", 오두환 편저, 『공업화의 제유형(Ⅱ): 한국의 역사적 경험』(경문사, 1996), 239쪽은 "미군정은 귀속재산의 접수 관리·불하나 농지개혁 같은 한국 경제의 전체적인 틀을 다시 짜는 데 골몰했을 뿐 한국의 생산력 증강, 즉 경제재건에는 상대적으로 무관심했다."고 평가하고 있다.

16. 이영훈, 『한국경제사 Ⅱ』, 312쪽; 이상철, 『대한민국의 산업화』, 39-41쪽.

17. 이대근, 『해방 후 1950년대의 경제』, 173-179쪽; 이상철, 『대한민국의 산업화』, 41쪽. 당시에 한국 정부는 재정이 열악하여 정상적인 행정을 집행하기도 어려웠는데, 이에 대해 이장규, 『대한민국 대통령들의 한국경제 이야기 1』, 25쪽은 다음과 같은 일화를 소개하고 있다. "정부 관료는 해외출장 발령이 났는데도 출장비가 제때 나오지 않아 개인 돈을 써야 했다. 국무총리실 직속 기획처 소속 이선희 사무관은 주요 계

획 수립을 위해 대통령의 결재까지 받아 일본 출장 명령을 받았지만, 출장 전날까지 출장비가 나오지 않았다. 결국 그는 아내의 결혼반지와 시계를 팔아서 출장비 500 달러를 마련해야 했다."

18. 박섭, 『적응과 협력의 시대』, 259-261쪽; 이영훈, 『한국경제사 Ⅱ』, 313-316쪽. 농지개혁법에서는 지주가 발급받은 지가증권을 기업자금으로 사용하고자 할 때에는 정부가 은행융자를 보증하고, 지주가 국가경제 발전에 유익한 사업에 참여하고자 할 때에는 우선권을 부여하도록 되어 있었다. 이승만 정부의 농지개혁은 농촌 사회를 안정화시키려는 목적만을 가진 것이 아니라 토지자본을 산업자본으로 전환하여 공업화를 촉진하겠다는 의지를 담고 있었던 셈이다. 그러나 지주에 대한 보상은 계속 지체되어 1957년에야 지가증권 발급이 대부분 마무리되었다. 급속한 물가상승으로 지가증권의 가치는 하락했고, 결국 지가증권을 이용하여 지주가 자본가로 전환되기는 어려웠다. 다만 지가증권을 싼 값에 사들인 신흥자본가들이 이를 이용하여 귀속기업체의 매각에 참여하는 등 농지개혁은 간접적인 경로로 토지자본을 산업자본으로 전환하는 데 기여했다(이상철, 『대한민국의 산업화』, 47-48쪽).

19. 박섭, 『적응과 협력의 시대』, 261-264쪽; 이상철, 『대한민국의 산업화』, 46-48쪽. 농지개혁의 배경, 과정, 영향에 대한 자세한 분석은 김성보 외, 『농지개혁사연구』(한국농촌경제연구원, 1989)를 참조.

20. 이영훈, 『한국경제사 Ⅱ』, 321-322쪽; 이상철, 『대한민국의 산업화』, 48-51쪽.

21. 이영훈, 『한국경제사 Ⅱ』, 322-324쪽. 귀속사업체의 불하와 대기업의 성장에 대해서는 공제욱, 『1950년대 한국의 자본가 연구』(백산서당, 1993), 69-128쪽을 참조.

22. 이대근, 『해방 후 1950년대의 경제』, 196-203쪽; 이상철, 『대한민국의 산업화』, 42-44쪽.

23. 최상오, "외국원조와 수입대체공업화", 355-356쪽; 이영훈, 『한국경제사 Ⅱ』, 328-332쪽. 이에 앞선 1950년 8월에도 통화개혁이 단행되었는데, 그것은 북한이 조선은행권을 남발할 위험을 막고 북한군이 가지고 내려온 인민은행권의 유통을 막기 위해 조선은행권을 한국은행권으로 교환하는 조치였다.

24. 이영훈, 『한국경제사 Ⅱ』, 332-334쪽. 원조물자는 계획원조와 비(非)계획원조로 구분되었다. 계획원조는 정부의 계획에 입각하여 도입되었던 반면, 비계획원조는 계획에 입각하지 않고 민간 부문에 판매하기 위해 도입되었다. 당시에 계획원조는 시설재, 비계획원조는 소비재로 불리기도 했다(최상오, "외국원조와 수입대체공업화", 364-365쪽).

25. FOA, UNKRA, ICA, PL480 등 해외원조의 종류별 도입 실적과 내역에 대해서 는 이대근, 『해방 후 1950년대의 경제』, 316-339쪽을 참조. 기술원조의 경우에는 1951~1966년에 총 1억308만 7,600달러가 제공되었으며, 용역계약, 외국기술자 초 빙, 기술자 해외파견, 물자도입에 각각 4,658만 5,700달러(45.2%), 2,627만 900달러 (25.5%), 1,639만 9,100달러(15.9%), 1,393만 1,800달러(13.5%)가 사용되었다. 초빙된 외국기술자의 인원은 1,404명, 파견된 국내기술자의 인원은 4,891명으로 집계되고 있 다[김영우 외, 『한국 과학기술정책 50년의 발자취』(과학기술정책관리연구소, 1997), 28-31쪽].

26. 이대근, 『해방 후 1950년대의 경제』, 231-232쪽. 한국 정부는 한 해의 원조액이 결정 되면 이에 상응하는 물자구매요청서를 작성하여 합동경제위원회에 제출했으며, 이 에 대해 미국의 원조 당국이 구매승인서를 발부하면 한국 정부가 소정의 물자를 구 매할 업자를 선정하고 '부구매승인(副購買承認)'이라는 수입허가증을 교부했다. 또 한 마이어협정은 한국 정부가 한국은행에 정부 명의의 대충자금 특별계정을 설치하 여 원조 달러에 상응하는 한국 화폐를 예치하도록 했으며, 한국 정부가 대충자금을 인출하기 위해서는 합동경제위원회의 승인을 받아야 했다(같은 책, 301-309쪽).

27. 이상철, 『대한민국의 산업화』, 57-59쪽. 세부 내역을 보면, 기간산업 부문에는 비료 공장, 전력, 석탄, 시멘트공장, 판초자공장, 철강공장 등, 수송 및 기타 시설에는 항만 및 도로, 철도, 통신, 창고 등, 문화 시설에는 문교사업, 방송시설 등, 원재료에는 원 면, 생고무, 비료, 주택건축재료 등이 포함되어 있었다.

28. 이영훈, 『한국경제사 Ⅱ』, 335-337쪽. 당시 미국의 입장에서 볼 때 한국은 동북아에 서 군사적으로 중요한 의미를 갖는 전방방위국가(forward defense state)였지만, 동북 아 경제의 핵심은 한국이 아니라 일본이었다. 미국이 한국 경제의 발전 방향으로 염 두에 둔 것은 한국이 국내 시장의 개방을 통해 일본 상품의 판매처가 되는 것이었 다(이상철, 『대한민국의 산업화』, 59-60쪽).

29. 이상철, 『대한민국의 산업화』, 61-68쪽; 한국경제 60년사 편찬위원회, 『한국경제 60 년사 Ⅰ: 경제일반』(한국개발연구원, 2010), 6-9쪽.

30. 박태균, 『원형과 변용: 한국 경제개발계획의 기원』(서울대학교출판부, 2007), 298- 300쪽; 이상철, 『대한민국의 산업화』, 75쪽. 부흥부는 1955년 2월의 정부조직 개편에 따라 이전의 기획처가 격상된 부처로 미국 원조의 효율적 집행과 전후 부흥을 위한 계획을 담당했다.

31. 이대근, 『해방 후 1950년대의 경제』, 460-471쪽; 이상철, 『대한민국의 산업화』, 75-77

쪽. 경제개발3개년계획에 대한 자세한 분석은 박태균,『원형과 변용』, 300-306쪽; 정진아, "이승만정권기 경제개발3개년계획의 내용과 성격",『한국학연구』31 (2009), 353-386쪽을 참조.

32. 이대근,『해방 후 1950년대의 경제』, 368-386쪽. 또한 1959년에는 한미합동경제위원회 산하에 수출진흥분과위원회가 설치되어 수출보조금, 수출금융, 각종 조세 감면, 무역진흥기구의 설치, 해외 전시기능의 강화, 수출검사제도, UN 군납, 보세가공 등과 같은 각종 정책들을 논의했다. 사실상 1960년대에 들어서 실현된 각종 수출진흥정책은 이미 1959년부터 제안되고 검토되는 과정을 거쳤다(이상철,『대한민국의 산업화』, 86-87쪽).

33. 박기주·류상윤, "1940, 50년대 광공업 생산통계의 추계와 분석", 73쪽.

34. 이현재, "한국의 경제성장과정에 있어서의 국민소득구조 변동에 관한 연구", 27쪽; 이영훈,『한국경제사 Ⅱ』, 345쪽.

35. 해방 후 1950년대의 면방공업, 제분공업, 제당공업에 대한 자세한 분석으로는 김양화, "1950년대 제조업 대자본의 자본축적에 관한 연구: 면방, 소모방, 제분 공업을 중심으로" (서울대학교 박사학위논문, 1990); 이은희,『설탕, 근대의 혁명: 한국 설탕산업과 소비의 역사』(지식산업사, 2018), 285-475쪽을 참조. 한국의 섬유공업에 관한 통사적 고찰에는 최영숙, "한국의 섬유공업사 연구" (숙명여자대학교 박사학위논문, 1993); 우지형,『한국근세과학기술 100년사 조사연구: 섬유분야』(한국과학재단, 1993); 김상용, "한국근대공업기술의 발달과정: 섬유공업을 중심으로",『학술원논문집: 자연과학편』50-1 (2011), 123-180쪽 등이 있다.

36. 박진희, "한국 섬유 공업 기술의 발달, 1890-1960",『한국사론』42 (2005), 235쪽; 이영훈,『한국경제사 Ⅱ』, 346쪽.

37. 이대근,『해방 후 1950년대의 경제』, 373-374쪽; 이영훈,『한국경제사 Ⅱ』, 346-347쪽. 외국산 원면이 대거 공급됨에 따라 국내의 면작은 쇠퇴의 길을 걸었다. 면작은 일제강점기에 국내 수요 원면의 70%를 공급했지만, 원조 원면의 도입을 계기로 1955년에는 3.2%, 1960년에는 0.1%에 불과할 정도로 거의 해체되고 말았다(김양화, "1950년대 제조업 대자본의 자본축적에 관한 연구", 14쪽).

38. 한국산업은행,『한국의 산업』(1962), 268쪽.

39. 한국산업은행,『한국의 산업』(1962), 264-274쪽; 이영훈,『한국경제사 Ⅱ』, 348-349쪽.

40. 박진희, "한국 섬유 공업 기술의 발달", 236-239쪽. 168-177쪽; 서문석, "해방 직후 섬유업계 고급기술자들의 활동 연구",『경영사학』21-1 (2006), 91-111쪽.

41. 한국산업은행, 『한국의 산업: 업종별 실태분석』 제1집 (1958), 373-397쪽; 한국산업
    은행, 『한국의 산업』 (1962), 171-189쪽.

42. 한국산업은행, 『한국의 산업』 제4집 (1958), 59-99쪽; 한국산업은행, 『한국의 산업』
    (1962), 193-205쪽. 이와 관련하여 『한국의 산업』 (1962), 204쪽은 "제당업은 휴전
    후 홀연히 등장하여 마치 질풍처럼 업계를 풍미하였다가 이제는 만신창이가 되어
    그 자신의 수술에 여념이 없다."고 표현하고 있다.

43. 한국산업은행, 『한국의 산업』 (1962), 393-408쪽; 한국합판보드협회, 『한국 합판보
    드산업의 발자취』 (2017), 46-54쪽. 합판산업은 1964~1972년에 한국 수출액의 10%
    이상을 차지할 정도로 전성기를 구가하다가 1977년을 정점으로 쇠퇴하기 시작했는
    데, 1960~1970년대의 한국 합판산업에 대해서는 송희연·손병암, 『합판공업의 성장』
    (한국개발연구원, 1978); 김대래, "고도성장기 부산 합판산업의 성장과 쇠퇴", 『항도
    부산』 31 (2015), 35-75쪽을 참조.

44. 이상철, "중화학공업화 선언 이전의 산업 정책", 박기주 외, 『한국 중화학공업화와
    사회의 변화』 (대한민국역사박물관, 2014), 56-69쪽.

45. 3대 기간산업 건설의 개요에 대해서는 이대근, 『해방 후 1950년대의 경제』, 365-367
    쪽을 참조.

46. 한국산업은행, 『한국의 산업』 제1집 (1958), 188-197쪽; 오원철, 『한국형 경제건설:
    엔지니어링 어프로치』 제1권 (기아경제연구소, 1995), 133-136쪽.

47. 이와 관련하여 1953년 10월부터 1954년 5월까지 상공부 장관을 역임했던 안동혁은
    자금(fund), 에너지와 연료(force and fuel), 비료(fertilizer)를 우선순위로 하는 이른바
    '3F 상공정책'을 추진했다. 안동혁에 대해서는 대학화학회 편, 『우리 화학계의 선구
    자, 안동혁 선생』 (자유아카데미, 2003)을 참조.

48. 한국산업은행, 『한국의 산업』 제1집 (1958), 217-221쪽; 충비십년사 편찬위원회 편,
    『충비십년사』 (1968), 81-85쪽. 당시에 충주비료는 건설 계약과 관련된 거의 모든 사
    항을 미국 회사에 맡겨야 하는 형편이었고, 공장 건설에 문제가 발생할 경우에 이에
    대한 시정을 요구하거나 벌칙을 부과하는 통로를 마련하지 못했다(오원철, 『한국형
    경제건설』 제1권, 138-139쪽).

49. 『충비십년사』, 85-88쪽; 오원철, 『한국형 경제건설』 제1권, 140-141쪽.

50. 『충비십년사』, 134-141쪽; 오원철, 『한국형 경제건설』 제1권, 141-144쪽. 비료의 자급
    자족은 1960년대 후반에 들어서 이루어졌다. 제1비료(충주비료)에 이어 1962년에는
    제2비료(호남비료 나주공장)가 완공되었고, 1967년에는 제3비료(영남화학 울산공

장), 제4비료(진해화학), 제5비료(한국비료 울산공장)가 추가되었던 것이다. 그 과정에 대해서는 오원철, 『한국형 경제건설』 제1권, 149-187쪽을 참조.

51. 당시 충주비료에 근무했던 기술자들의 명단과 이후의 경력은 『충비십년사』, 572-574쪽; 오원철, 『한국형 경제건설』 제1권, 145-149쪽에 실려 있다.

52. 한국산업은행, 『한국의 산업』 제1집 (1958), 231-232쪽; 한국시멘트협회, 『한국의 시멘트산업』 (2013), 88-95쪽.

53. 한국산업은행, 『한국의 산업』 (1962), 635-639쪽; 한국시멘트협회, 『한국의 시멘트산업』, 95-99쪽. 제1차 경제개발 5개년계획 기간인 1962~1967년에 현대건설, 한일시멘트, 쌍용양회, 충북시멘트의 네 공장이 추가로 건설됨으로써 한국은 시멘트를 자급자족하는 단계에 진입했다[오원철, 『한국형 경제건설: 엔지니어링 어프로치』 제2권 (기아경제연구소, 1996), 251-252쪽].

54. 한국산업은행, 『한국의 산업』 제2집 (1958), 386-388쪽; 한국산업은행, 『한국의 산업』 (1962), 601-605쪽. 이후에 한국유리공업은 시설을 보수 혹은 증설하여 1962년에 연간 48만 상자를 생산할 수 있게 되었으며, 이를 통해 한국은 판유리의 자급자족을 달성하면서 10만 상자의 판유리를 수출할 수 있는 여력을 확보했다.

55. 삼화제철공사는 1958년에 삼화제철(주)로 민영화된 후 1973년에 동국제강에 흡수되었다. 대한중공업은 1962년에 인천중공업으로 개칭된 후 1970년에 인천제철로 통합되었고, 인천제철은 2001년에 INI스틸, 2006년에는 현대제철로 개편되었다.

56. 김윤형, 『한국철강공업의 성장』 (한국개발연구원, 1976), 56-57쪽; 송성수, "한국 철강산업의 기술능력 발전과정", 20쪽.

57. 인천제철, 『인천제철 35년사』 (1990), 63-92쪽; 송성수, "한국 철강산업의 기술능력 발전과정", 21-24쪽. 이와 함께 이승만 정부는 1958년에 종합제철공장건설 5개년계획을 수립하여 대한중공업의 주도로 1961~1965년에 연산 20만 톤 규모의 일관제철소를 강원도 양양에 건설하는 작업을 추진하기로 했다. 그러나 이 계획은 입지 여건에 대한 조사나 재원 조달에 대한 방안에 대한 구체적인 검토가 없는 탁상공론의 성격을 띠고 있었다(송성수, "한국 철강산업의 기술능력 발전과정", 29-30쪽).

58. 송성수, "한국 철강산업의 기술능력 발전과정", 22-24쪽.

59. 배석만, "1950년대 대한조선공사의 자본축적 시도와 실패원인", 『부산사학』 25 6 합집 (1994), 157-202쪽; 한진중공업그룹, 『한진중공업그룹 70년사』 (2010), 37-42쪽. 당시 한국 조선업의 상황에 대하여 한국산업은행, 『한국의 산업』 (1962), 729쪽은 다음과 같이 쓰고 있다. "제2차대전말 연간 3만 톤의 조선능력과 연평균 1만 톤의 조

선건조실적을 가졌던 조선공업이 현재에 이르러서는 연평균 약 4,500여 톤(1958년
~1961년)의 생산실적을 보여 조선능력 4만 7천 톤의 9.1% 내외만이 가동되고 있는
한심한 상태에 있다."

제3장 급속한 경제개발과 기술습득

1. 5·16 군사정변 이전의 박정희에 대해서는 김형아 지음, 신명주 옮김,『박정희의 양날
   의 선택: 유신과 중화학공업』(일조각, 2005), 43-74쪽을 참조.

2. 이완범,『박정희와 한강의 기적: 1차5개년계획과 무역입국』(선인, 2006), 94-95쪽; 박
   태균,『원형과 변용』, 315쪽. 군사혁명위원회 성명의 전문은 한국군사혁명사 편찬위
   원회,『한국군사혁명사』제1집 하권 (1963), 7-8쪽; 김인걸 외 편저,『한국현대사 강
   의』(돌베개, 1998), 265-266쪽에 실려 있다. 1960년대 초 미국의 대한정책 변화에
   대한 분석은 박태균,『원형과 변용』, 219-293쪽을 참조.

3. 경제기획원,『개발연대의 경제정책: 경제기획원 30년사 I(1961년~1980년)』(미래사,
   1982), 6-8, 399쪽; 이영훈,『한국경제사 II』, 393쪽. 경제기획원은 1961년 7월에 발족
   된 후 1994년 12월에 재무부와 통합되어 재정경제원으로 변경되었는데, 경제기획원
   이 추진한 정책과 그 맥락에 대해서는 이만희,『EPB는 기적을 낳았는가: 한국 산업
   정책의 이상과 현실』(해돋이, 1993); 김흥기 편,『영욕의 한국경제: 비사 경제기획원
   33년』(매일경제신문사, 1999)을 참조.

4. 이완범,『박정희와 한강의 기적』, 103-115쪽; 박태균,『원형과 변용』, 315-319쪽. 이와
   관련하여 이완범,『박정희와 한강의 기적』, 114쪽은 "박정희 정부의 경제개발계획이
   장면 정권의 그것을 거의 복사해서 시행되었다는 기존의 견해가 사실과 완전 부합
   되는 것이 아님"을 강조하고 있다.

5. 오원철,『한국형 경제건설』제1권, 18-23쪽; 이상철, "박정희시대의 산업정책", 이병천
   엮음,『개발독재와 박정희시대』(창비, 2003), 102-103쪽. 이에 대해 오원철은 1994년
   10월에 있었던 김형아와의 인터뷰에서 다음과 같이 평가했다. "경제재건촉진회가
   전국경제인협회로 바뀐 1961년 8월 16일, 재계 지도자들 사이의 경쟁도 시작되었다.
   한국의 공업화를 위한 경쟁만이 아니라 자기들 각자가 재벌로 도약하기 위한 경쟁이
   었다. 소위 '부정축재자' 지목은 5개년 계획 하에서 산업의 소유자이며 발전자가 되
   고자 했던 정부의 선택이었다"(김형아,『박정희의 양날의 선택』, 143쪽).

6. 이상철, "박정희시대의 산업정책", 110-112쪽.

7. 박태균,『원형과 변용』, 319-320쪽; 이상철, "박정희시대의 산업정책", 104쪽. 이 계획은 발간사를 통해 "계획의 내용에 있어서 충분한 조사와 검토를 거치지 않은 부분이 없지도 않음"이라고 표현함으로써 계획 내용의 충실성에 문제가 있다는 점을 간접적으로 인정하고 있다[대한민국정부,『제1차 경제개발5개년계획, 1962-1966』(1962), 11쪽].

8. 대한민국정부,『제1차 경제개발5개년계획』, 14-16쪽.

9. 박정희,『민족의 저력』(광명출판사, 1971), 141-142쪽; 이만희,『EPB는 기적을 낳았는가』, 101쪽에서 재인용.

10. 박태균,『원형과 변용』, 321-323쪽; 이영훈,『한국경제사 Ⅱ』, 394-395쪽. 이와 관련하여 당시 경제기획원의 한 관료는 군사정부의 성급하고 강력한 개발 의욕에 밀려 10년 만에 1인당 국민소득을 2배로 늘릴 성장률을 구한 결과 7.1%라는 수치가 나왔다고 회고한 바 있다(이영훈,『한국경제사 Ⅱ』, 395-396쪽).

11. 박태균,『원형과 변용』, 320-321쪽; 이영훈,『한국경제사 Ⅱ』, 398-399쪽. 군사정부는 1962년 3월에 수출진흥법을 제정하고 6월에 대한무역진흥공사(Korea Trade-Investment Promotion Agency, KOTRA)를 설치하기도 했다. 이처럼 1962년에는 수출과 관련된 법령과 기구가 정비되기 시작했지만, 당시의 경제정책이나 무역정책에서 수출이 차지하는 위상은 높지 않았다. 예를 들어 1962년판『경제백서』를 보면, 수출에 대한 언급은 단지 국제수지를 개선하기 위한 수단으로만 간략히 언급되어 있을 뿐 수출이 공업화의 견인차 역할을 담당한다는 인식은 전혀 없었다. 무역정책의 기조도 국제수지 적자를 교정하기 위해 강력한 수입규제가 필요하다는 점을 강조하고 있었으며, 수출진흥에 대해서는 단지 수출장려보조금의 교부에 대한 언급만 있었을 뿐이다[장하원, "1960년대 한국의 개발전략과 산업정책의 형성", 한국정신문화연구원 편,『1960년대 한국의 공업화와 경제구조』(백산서당, 1999), 107쪽].

12. 전상근,『한국의 과학기술정책: 한 과학기술 정책입안자의 증언』(정우사, 1982), 7-22쪽; 송성수,『과학기술종합계획에 관한 내용분석: 5개년 계획을 중심으로』(과학기술정책연구원, 2005), 40-47쪽. 기술자는 "이공계 대학을 졸업하고 전공 부문에 종사하는 자", 기술공은 "현업에 다년 간 취업하여 실기 면에서 능숙하고 기술적 이론을 이해하는 자", 기능공은 "기술면(技術面)에 종사하는 자 중에서 기술자, 기술공을 제외한 자(단, 단순 육체노동자는 제외)"로 정의되었다[대한민국정부,『제1차 기술진흥5개년계획: 제1차 경제개발5개년계획 보완, 1962-1966』(1962), 14쪽]. 제1차

기술진흥 5개년계획의 내용과 맥락에 관한 자세한 분석은 홍성주, "한국 과학기술 정책의 형성과 과학기술 행정체계의 등장, 1945~1967"(서울대학교 박사학위논문, 2010), 85-103쪽을 참조.

13. 이완범, 『박정희와 한강의 기적』, 140-143쪽; 박태균, 『원형과 변용』, 324-326쪽.

14. 박태균, 『원형과 변용』, 326-336쪽. ECC는 양국 6명씩의 위원으로 구성되었으며, 한국의 경제기획원 장관과 미국의 USOM(United States Operations Mission) 처장이 대표를 맡았다. USOM은 1959년에 미국 정부가 한국에 설치한 원조기구로 1968년에 USAID(United States Agency for International Development)로 이름을 바꾸면서 주한 미국대사관의 기구로 편입되었다. 1960년대 미국의 원조는 AID 원조와 PL480 원조의 두 가지로 이루어져 있었는데, AID 원조는 1961년에 미국에서 제정된 대외원조법에 근거를 둔 것으로 이전의 ICA 원조를 계승했다. 미국의 원조가 한국 정부의 세입에서 차지하는 비중은 1961년에 31.0%였던 것이 1966년의 19.7%를 거쳐 1970년에는 3.1%로 떨어졌으며, 1970년은 미국의 무상원조가 마지막으로 주어진 해였다(이영훈, 『한국경제사 Ⅱ』, 413-416쪽).

15. 이상철, "박정희시대의 산업정책", 106쪽; 박태균, 『원형과 변용』, 336-339쪽. 비료공장과 정유공장의 경우에는 이미 USOM과 걸프 사가 적극 추진해왔던 사업이기 때문에 미국 정부도 반대하지 않았다[木宮正史, "한국의 내포적 공업화전략의 좌절: 5·16 군사정부의 국가자율화의 구조적 한계"(고려대학교 박사학위논문, 1991), 152쪽].

16. 박태균, 『원형과 변용』, 340-344쪽.

17. 이완범, 『박정희와 한강의 기적』, 177-180쪽.

18. 경제기획원, 『제1차 경제개발5개년계획 보완계획』(1964), 45쪽.

19. 경제기획원, 『제1차 경제개발5개년계획 보완계획』, 17쪽.

20. 김정렴, 『한국 경제정책 30년사: 김정렴 회고록』(중앙일보사, 1992), 113-114쪽; 이상철, "박정희시대의 산업정책", 108-109쪽. 수출입링크제도에 대해 박충훈, 『이당(貳堂)회고록』(박영사, 1988), 89-90쪽은 다음과 같이 쓰고 있다. "공산품 수출을 촉진시켜 우리나라 공업화의 기폭제 구실을 하게 한 것은 초기 단계에서의 수출입링크제였다고 생각한다.… 그것은 부당이익을 주는 게 아니냐 해 적지 않은 반대 소리가 있었지만 상공부는 그대로 강행했다. 그것이 자극제가 되어… 초기 단계에서 국제시장을 개척해 나가기를 기대했던 것이다. 뿐만 아니라 공산품을 수출하면 돈을 벌게 된다는 사실을 확실하게 하여… 국내 자본이 공업 분야로 몰릴 것도 기대하고 있었다."

21. 김정렴, 『한국 경제정책 30년사』, 114쪽; 이상철, "박정희시대의 산업정책", 109쪽.

22. 1964년 5월의 개각으로 장기영이 부총리 겸 경제기획원 장관, 박충훈이 상공부 장관, 김정렴이 상공부 차관, 오원철이 상공부 공업제1국장으로 발탁되었다. 새롭게 임명된 경제 관료들은 수입을 자율화하고 수출 목표를 달성하는 정책을 강력히 추진했다(김형아, 『박정희의 양날의 선택』, 198-199쪽). 박충훈, 『이당회고록』, 83쪽에 따르면, 1964년 5월에 박충훈은 상공부 장관의 임명장을 받는 자리에서 "수출만이 살 길입니다. 앞으로 우리나라는 나라 전체가 수출제일주의를 국가의 최(最)중요 정책으로 삼고 매진해야 할 것입니다. 그러기 위해서는 대통령 각하께서 총사령관으로 진두지휘해 주셔야 할 것입니다."고 말했으며, 이에 대해 박정희가 쾌히 응낙했다고 한다.

23. 한국개발연구원, 『한국경제 반세기 정책자료집』(1995), 249쪽.

24. 이완범, 『박정희와 한강의 기적』, 177-180쪽; 이영훈, 『한국경제사 Ⅱ』, 404쪽. 이와 관련하여 한국무역협회, 『한국무역사』(2006), 135쪽은 "경제성장의 견인적 역할을 하는 수출을 촉진하기 위하여 정부는 1964년부터 환율과 외환제도를 개혁함과 동시에⋯ 매년 종합적이고 체계적인 수출진흥종합시책을 수립 발표하였다."고 쓰고 있다.

25. 이완범, 『박정희와 한강의 기적』, 185-186쪽; 이영훈, 『한국경제사 Ⅱ』, 404쪽. 수출의 날 행사는 1965년부터 1월 30일로 옮겨져 매년 개최되었고, 1987년에는 수출의 날이 무역의 날로 개편되었으며, 2012년부터는 무역의 날이 12월 5일로 변경되었다. 수출 1억 달러가 실제로 달성된 날짜는 1964년 11월 30일이었고, 2011년 12월 5일에는 무역 1조 달러가 달성되었다.

26. 이완범, 『박정희와 한강의 기적』, 185쪽; 이영훈, 『한국경제사 Ⅱ』, 405쪽. 이와 관련하여 1965년 11월 30일에 개최된 제2회 수출의 날 행사는 정부 주관 행사로 격상되는 가운데 "증산하여 수출하고 수출하여 건설하자"는 표어를 내걸었다(이완범, 『박정희와 한강의 기적』, 187쪽).

27. 이완범, 『박정희와 한강의 기적』, 186쪽; 이영훈, 『한국경제사 Ⅱ』, 417쪽.

28. 이영훈, 『한국경제사 Ⅱ』, 427-429쪽. 김두얼, "수출진흥확대회의의 기능과 진화 과정", 『경제사학』 41-1 (2017), 3-38쪽은 수출진흥확대회의가 크게 1962~1964년, 1965~1977년, 1978년 이후의 세 국면을 보이면서 진화해왔다고 평가하고 있다. 1962~1964년에는 국무총리가 수출진흥위원회를 주관했으며, 그 성격은 수출정책을 총괄하는 최고기구라기보다는 부처 간 협의체에 가까웠다. 1965년에는 수출진흥위원회가 수출진흥확대회의로 개편되고 대통령이 회의를 주재하기 시작했고, 이후에 수출진흥확대회의는 일종의 전성시대를 맞이하다가 1977년 12월에 수출 100억 달

러가 달성되는 것을 계기로 쇠퇴의 길에 접어들었다.

29. 이영훈, 『한국경제사 Ⅱ』, 429쪽. 이와 관련하여 이영훈, "1960년대 전반 개발 전략의 전환과 그것의 경제사적 배경", 『경제논총』 51-1 (2012), 118-119쪽은 수출진흥확대회의와 월간경제동향보고의 의미를 다음과 같이 평가하고 있다. "두 회의체의 역사적 공헌은 관계, 학계, 업계가 축적한 고급 정보를 광범하게 수집하고 분류하고 집중하여 개발정책의 모색, 결정, 집행, 조정의 극히 효율적인 체계를 창출하였다는 데 있었다. 실제로 많은 개도국의 개발 경험에서 그들이 실패했던 중요 이유는 계획(planning)이 아니라 실행(implementation) 능력의 결여에 있었다.… 막상 어려웠던 것은 개발 계획이 산업과 시장의 현장에서 봉착하게 되는 예상치 못한 장애 또는 수익-비용 구조의 어긋남을 조속히 인지하고, 중앙으로 보고하고, 그를 종합적으로 분석하고, 개발 정책들을 상호 조정하고 보완하는 일이었다."

30. 제2차 경제개발 5개년계획에 대해서는 경제기획원, 『개발연대의 경제정책』, 71-80쪽; 강광하, 『경제개발 5개년 계획: 목표 및 집행의 평가』(서울대학교출판부, 2000), 42-57쪽을 참조. 이 계획은 1968년 5월에 수정되어 연평균 성장률은 7.0%에서 10.5%로, 수출 목표치는 7억 달러에서 10억 달러로 상향조정된 바 있다.

31. 김광석, "1960년대 수출지향적 공업화 정책의 추진", 조이제·카터 에커트 편저, 『한국 근대화, 기적의 과정』(조선일보사, 2005), 289-290쪽.

32. 오원철, 『한국형 경제건설』 제1권, 242-245쪽; 주익종, "대한민국을 부강하게 하다", 한국현대사학회 현대사교양서팀, 『대한민국을 만들다』(기파랑, 2012), 201쪽.

33. 오원철, 『한국형 경제건설』 제1권, 107-117쪽; 석혜원, 『대한민국 경제사』, 59-61쪽.

34. 김정렴, 『한국 경제정책 30년사』, 227-255쪽; 김흥기 편, 『영욕의 한국경제』, 172-182쪽. 경부고속도로에 관한 기술문화적 분석으로는 Chihyung Jeon, "A Road to Modernization and Unification: The Construction of the Gyeongbu Highway in South Korea", *Technology and Culture* 51-1 (2010), pp. 55-79; 전치형, "거친 시대의 매끄러운 테크놀로지", 임태훈 외, 『한국 테크노컬처 연대기: 배반당한 과학기술 입국의 해부도』(알마출판사, 2017), 273-285쪽을 참조.

35. 강준만, 『한국 현대사 산책: 1960년대 편』 제2권 (인물과사상사, 2004), 287-306, 303-304쪽; 주익종, "대한민국을 부강하게 하다", 195-197쪽. 한일국교 정상화의 경제사적 의미에 대한 보다 자세한 논의는 이대근, "한일회담과 외향적 개발전략: 한-미-일 3각무역 메커니즘의 성립", 『현대한국경제론: 고도성장의 동력을 찾아서』(한울, 2008), 423-458쪽; 이영훈, 『한국경제사 Ⅱ』, 405-413쪽을 참조.

36. 주익종, "대한민국을 부강하게 하다", 197-198쪽; 이영훈, 『한국경제사 Ⅱ』, 416-417쪽. KIST의 설립과 초기 활동에 대해서는 김근배, "한국과학기술연구소 설립과 미국의 역할", 김영식·김근배 엮음, 『근현대 한국사회의 과학』 (창작과비평사, 1998), 308-341쪽; 문만용, 『한국의 현대적 연구체제의 형성: KIST의 설립과 변천, 1966~1980』 (선인, 2010)을 참조.

37. 경제기획원, 『개발연대의 경제정책』, 86-87쪽; 이상철, "박정희시대의 산업정책", 113-114쪽.

38. 경제기획원, 『개발연대의 경제정책』, 81-82쪽; 박섭, 『적응과 협력의 시대』, 334쪽.

39. 박섭, 『적응과 협력의 시대』, 325-326쪽; 이영훈, 『한국경제사 Ⅱ』, 417쪽.

40. 이와 관련하여 주익종, "대한민국을 부강하게 하다", 193쪽에 따르면, 박정희 정부의 산업정책은 "정부가 특정 산업을 육성하기로 목표를 세우고(industrial targeting), 국영기업이나 민간기업을 그 담당자로 삼아(picking the winners) 지원 육성하는" 특징을 보였다. 오원철은 선별적 산업정책과 유사한 의미로 '임팩트 폴리시(impact policy)'란 용어를 사용하고 있다. 임팩트 폴리시는 "모든 업종을 일시에 육성하는 것이 아니라 국가적 견지에서 꼭 필요한, 그리고 실천 가능한 선발 업종을 몇 개 선정해서 중점적으로 육성"하는 것을 뜻한다(오원철, 『박정희는 어떻게 경제강국 만들었나』, 535쪽).

41. 전략산업을 선택하고 그에 관한 법률을 제정하는 과정에는 많은 우여곡절이 있었다. 예를 들어 전자공업의 경우에는 상공부가 1967년 1월에 있을 박정희 대통령의 연두교서에 전자공업 육성에 관한 내용을 포함시키기 위해 1966년 12월에 전자제품 수출 5개년계획(1967~1971년)을 급히 마련하는 촌극이 벌어지기도 했다. 박정희 대통령은 연두교서에서 "제철, 기계, 도금(鍍金), 정유, 석유화학, 자동차 등 기간 산업 건설을 적극 추진할 것이며, 전자공업, 도자기공업의 개발에도 힘쓸 것이다."고 언급했는데, 오원철은 전자공업의 개발이 박 대통령의 연두교서에서 천명됨으로써 국가 시책으로 자리잡았다고 평가한 바 있다[오원철, 『한국형 경제건설: 엔지니어링 어프로치』 제3권 (기아경제연구소, 1996), 306-309쪽].

42. 한국무역협회, 『한국무역사』, 229쪽. 총수출액에서 섬유, 합판, 가발 등 세 품목이 차지하는 비중은 1962년에 19.6%에 불과했지만, 1966년에는 48.7%, 1970년에는 64.3%를 기록했다(주익종, "대한민국을 부강하게 하다", 188쪽).

43. 한국의 수입구조 변화에 대해서는 한국무역협회, 『한국무역사』, 576-605쪽을 참조. 한국의 수입에서 미국이 차지하는 비중은 1960년 38.9%, 1965년 39.3%, 1970년

29.5%, 일본이 차지하는 비중은 1960년 20.5%, 1965년 36.6%, 1970년 41.0%를 기록했다.

44. 한국경제 60년사 편찬위원회, 『한국경제 60년사 I』, 105쪽.

45. 〈표 3-2〉를 보면 한국의 고도성장이 시작된 정확한 연도는 1962년이 아니라 1963년임을 알 수 있다. 1962년에 2.1%에 불과했던 경제성장률이 1963년에는 9.2%로 튀어올랐던 것이다. 이와 관련하여 이제민, "한국의 경제성장: 그 성공과 굴곡의 과정"은 한국의 고도성장에 관한 시기를 제1차 고도성장기(1963~1979년)와 제2차 고도성장기(1980~1997년)로 구분하고 있다.

46. 한국경제 60년사 편찬위원회, 『한국경제 60년사 I』, 105-106쪽; 이장규, 『대통령의 경제학』, 524쪽.

47. 경제기획원, 『개발연대의 경제정책』, 87-90쪽; 이상철, 『대한민국의 산업화』, 115-123쪽. 1969년 6월 29일에 전국경제인연합회는 부실기업체 운영개선에 관한 의견서를 제출하기도 했다. 주요 의견에는 부실기업의 정의, 기준, 범주 등을 명확히 할 것, 갱생(更生) 가능한 기업은 일정 기간 여유를 줄 것, 부실기업의 자본구성 비율에만 치우쳐 고려할 것이 아니라 기업성과, 산업전망, 국제경쟁력, 대내외신용도 등에 보다 중점을 두어 검토할 것 등이 있었다.

48. 강준만, 『한국 현대사 산책: 1970년대 편』 제1권 (인물과사상사, 2002), 96-106쪽; 석혜원, 『대한민국 경제사』, 78-80쪽. 전태일의 생애와 활동에 대해서는 조영래, 『전태일 평전』(돌베개, 1983)을 참조.

49. 경제기획원, 『개발연대의 경제정책』, 115-116쪽; 강광하, 『경제개발 5개년 계획』, 58-72쪽. 계획의 수립과정과 관련하여 강광하, 『경제개발 5개년 계획』, 58쪽은 "3차 계획 이전까지는 계획수립을 위한 실무반을 경제기획원 관리가 주도하였으나, 3차 계획에서는 부문별 계획을 관련 각 부처의 담당자가 주도함으로써 비록 정부 내에서지만 계획수립의 분권화가 시작되었다."고 평가하고 있다.

50. 김정렴, 『한국 경제정책 30년사』, 314-320쪽; 오원철, 『한국형 경제건설: 엔지니어링 어프로치』 제5권 (기아경제연구소, 1996), 14-23쪽.

51. 김정렴, 『한국 경제정책 30년사』, 320-321쪽.

52. 김형아, 『박정희의 양날의 선택』, 280-281쪽; 문만용, 『한국 과학기술 연구체제의 진화』, 169-172쪽. 번개사업과 율곡사업으로 대표되는 박정희 정권기의 방위산업 육성에 대해서는 오원철, 『한국형 경제건설』 제5권; 구상회, 『한국의 방위산업: 전망과 대책』(세종연구소, 1998); 김진기, "한국 방위산업의 발전전략에 대한 연구: 박정희 시

대의 방위산업 발전전략을 중심으로", 『국가전략』 14-1 (2008), 95-121쪽을 참조.

53. 박영구, "4대핵공장사업의 과정과 성격, 1969. 11-1971. 11", 『경제사학』 44 (2008), 81-107쪽; 김성남·박기주, "중화학공업화 정책의 수립, 전개 및 조정", 박기주 외, 『한국 중화학공업화와 사회의 변화』 (대한민국역사박물관, 2014), 105-107쪽. 4대핵공장에 관한 KIST의 연구결과는 해리 최 외, 『한국기계공업 육성방향 연구보고서』 (경제기획원, 1970)로 발간되었으며, 당시 KIST에서는 금속가공제1연구실장 김재관, 유체기계연구실장 이경서, 기계장치연구실장 남준우, 조선해양기술연구실장 김훈철, 공작실차장 김연덕 등이 참여했다(문만용, 『한국의 현대적 연구체제의 형성』, 207-208쪽).

54. 오원철, 『한국형 경제건설』 제5권, 24-27쪽; 오원철, 『내가 전쟁을 하자는 것도 아니지 않느냐: 한국형 경제건설 7』 (한국형경제정책연구소, 1999), 388-391쪽. 이와 비슷한 회고는 김정렴, 『한국 경제정책 30년사』, 322-324쪽에도 나와 있다. '경제 제2수석비서관'이란 직제는 1968년 3월부터 1969년 11월, 그리고 1971년 11월부터 1979년 12월까지 운영되었으며, 해당 시기에 각각 신동식과 오원철이 경제 제2수석으로 재임했다. 오원철의 경제제2비서실은 6명으로 운영되는 작은 조직이었는데, 비서관으로는 상공부 과장 출신의 김광모, 이석표, 권광원이 발탁되었다(오원철, 『한국형 경제건설』 제5권, 29-31쪽).

55. 이에 대해 김형아, 『박정희의 양날의 선택』, 284쪽은 '3두 정치' 혹은 '중화학공업화 3두 정치'라는 표현을 사용하면서 "박정희의 강력한 지도력, 김정렴의 재정 및 경제 전문지식, 오원철의 공업 비전과 기술"이라는 세 가지 요소가 중화학공업화 실행에 필수적인 요소를 제공했다고 평가한 바 있다.

56. 오원철, 『내가 전쟁을 하자는 것도 아니지 않느냐』, 218-219쪽; 김성남·박기주, "중화학공업화 정책의 수립, 전개 및 조정", 107쪽. 이와 관련하여 이영훈, 『한국경제사 Ⅱ』, 426-428쪽은 오원철의 논의를 종합하여 박정희 정부가 구현한 엔지니어링 어프로치의 특징을 ① 매우 강력한 개발의욕, ② 목표의 전략적 선정과 이에 대한 집중적 지원, ③ 낮은 수준에서 높은 수준으로 올라가는 단계적 전략, ④ 국제경쟁력을 지닌 대규모 공장 건설 등으로 정리하면서 "엔지니어링 어프로치는 강력한 리더십에 의해서만 작동될 수 있었다."고 평가하고 있다.

57. 김형아, 『박정희의 양날의 선택』, 201-218쪽; 박섭, 『적응과 협력의 시대』, 366-367쪽.

58. 김형아, 『박정희의 양날의 선택』, 218-221쪽; 남광규, "남북대화의 국내적 활용과 '7·4남북공동성명'의 도출", 『평화학연구』 17-3 (2016), 25-44쪽.

59. 김정렴, 『한국 경제정책 30년사』, 255-278쪽; 박섭, 『적응과 협력의 시대』, 368-370
쪽. 8·3조치에 대한 자세한 분석은 박태균, "8·3 조치와 산업합리화 정책: 유신체제
의 경제적 토대 구축과정", 『역사와 현실』 88 (2013), 101-144쪽; 이명희, "1970년대
초 부실기업 구조조정: 8·3조치를 중심으로", 김두얼 외, 『한국의 경제 위기와 극복』
(대한민국역사박물관, 2017), 43-105쪽을 참조.

60. 강준만, 『한국 현대사 산책: 1970년대 편』 제1권, 222-234쪽. 10월유신의 정치적·경
제적 배경에 관한 분석은 김영순, "유신체제의 수립 원인에 관한 연구: 정치경제학적
접근", 한국산업사회연구회 편, 『오늘의 한국자본주의와 국가』(한길사, 1988), 23-89
쪽을 참조. 이와 관련하여 김정렴은 10월유신의 가장 결정적 요인을 남북대화의 경
험에서 찾고 있다. 박정희 대통령은 북한의 박성철 일행을 두 번 만나면서 북한 체
제의 경직성을 실감했으며, 남북한 대화나 경쟁을 유리하게 끌기 위해서는 국내 결
속이 필요하고 국내 결속을 다지기 위해서는 체제를 강화해야 한다는 건의에 찬성
했다는 것이다[김정렴, 『아, 박정희: 김정렴 정치 회고록』(중앙M&B, 1997), 165-168
쪽]. 또한 당시 북한을 방문했던 한국의 협상단이 북한의 중화학공업 발전상에 압도
당했으며 1960년대 이후 경공업 중심으로 추진해왔던 경제개발 전략에 위기를 느
끼게 되었다는 지적도 있다[石崎菜生, "韓國の重化學工業化政策: 開始の內外條件と
實施主體", 服部民夫, 佐藤幸人 (編), 『韓國·臺灣の發展メカニズム』(アジア經濟研究
所, 1996), 72-74쪽; 이상철, "박정희시대의 산업정책", 123쪽에서 재인용].

61. 김성남·박기주, "중화학공업화 정책의 수립, 전개 및 조정", 108쪽.

62. 오원철, 『내가 전쟁을 하자는 것도 아니지 않느냐』, 457-460쪽; 오원철, 『박정희는 어
떻게 경제강국 만들었나』, 135-139쪽. 당시에 오원철은 박정희 대통령이 갑자기 100
억 달러 수출을 갈망하게 된 이유에 대해 의문을 가졌다. 박정희는 1972년 2월 20
일에 1980년도의 수출 목표를 55억 달러로 확정지은 바 있었기 때문이다. 이에 대해
오원철은 박정희가 1972년 3~4월경에 북한 경제에 대한 보고를 받은 후 북한과의
체제 경쟁에서 완전히 승리하기 위해서는 100억 달러의 수출을 달성해야 한다는 생
각을 가지게 되었을 것으로 추측했다.

63. 김광모, 『한국의 산업발전과 중화학공업화 정책』(지구문화사, 1988), 212쪽; 김성남
·박기주, "중화학공업화 정책의 수립, 전개 및 조정", 109쪽.

64. '중화학공업화와 80년대 미래상'의 주요 내용은 오원철, 『내가 전쟁을 하자는 것도
아니지 않느냐』, 507-554쪽; 오원철, 『박정희는 어떻게 경제강국 만들었나』, 154-189
쪽을 참조. 이에 반해 경제기획원은 중화학공업화가 필요성은 인정되지만 시기상조

라는 입장을 가지고 있었다. 경제기획원은 1972년 11월의 월간경제동향보고에서 중화학공업 육성의 원칙으로 시장중심, 비교우위, 점진주의 등을 강조했으며, 이에 박정희는 경제기획원에 중화학공업을 맡길 수 없다고 결심하게 되었다[박영구, "구조변동과 중화학공업화", 이대근 외, 『새로운 한국경제발전사』(나남출판, 2005), 405-406쪽].

65. 박정희, "1973년도 연두기자회견", 『박정희 대통령 연설문집』제10집 (대통령비서실, 1973), 25-63쪽, 특히 58-59쪽. 이 회견에서 언급된 전 국민의 과학화 운동에 대해서는 송성수, "'전(全)국민의 과학화운동'의 출현과 쇠퇴", 『한국과학사학회지』30-1 (2008), 171-212쪽; 문만용, "'전국민 과학화운동: 과학기술자를 위한 과학기술자들의 사회운동", 『역사비평』120 (2017), 284-315쪽을 참조.

66. 김광모, 『한국의 산업발전과 중화학공업화 정책』, 218쪽; 김성남·박기주, "중화학공업화 정책의 수립, 전개 및 조정", 111-112쪽. 이 문건의 제목과 관련하여 오원철은 박정희에게 다음과 같이 보고했다. "각하, 하명하신 대로 '중화학공업 건설계획'을 작성했습니다. 중화학공업을 건설하자면 [해당] 공업 분야에 한정할 수가 없고, 산업구조 전체를 개편해야 가능하기 때문에 명칭을 '공업구조 개편론'이라고 했습니다"(오원철, 『박정희는 어떻게 경제강국 만들었나』, 205쪽). 또한 오원철은 '공업구조 개편론'의 "초안을 김광모 비서관이 정리해서 성안을 했다."고 밝힌 바 있다(같은 책, 190쪽).

67. 『중화학공업화 정책선언에 따른 공업구조 개편론』의 주요 내용은 김광모, 『한국의 산업발전과 중화학공업화 정책』, 218-240쪽; 오원철, 『박정희는 어떻게 경제강국 만들었나』, 190-214쪽; 김광모, 『중화학공업에 박정희의 혼이 살아 있다』(기파랑, 2015), 63-73쪽을 참조.

68. 이와 관련하여 주익종, "대한민국을 부강하게 하다", 194쪽은 "박정희 정부가 경공업 발전의 한계 때문에 중화학공업화를 진행했다."는 식의 설명은 근거가 부족하다고 평가하면서 수출 중 공업제품의 비중은 1968년에 70%대에 달한 후 1971년 이후 80%대에 올랐으며 그 대부분이 경공업제품이었다고 지적하고 있다.

69. 이영훈, 『한국경제사 Ⅱ』, 437-438쪽. 오원철은 '피라미드형 개발전략'이 단순한 EOI(Export-Oriented Industrialization)가 아니라 CEOI(The Construction of Pyramid Type EOI)에 해당한다고 진단하면서 사실상 '전 산업의 수출화 전략'과 동일한 것이라고 주장한 바 있다. 그에 따르면, "EOI가 '노동집약적인 상품의 수출을 장려하는 정책을 쓰게 되면, 수출이라는 견인력에 의해서 공업을 선두로 해서 경제가 발전해

나간다.'는 이코노미스트적 관점인 데 비해, CEOI는 '한국과 같은 공업기반이 없는 상태에서, 수출을 기반으로 하는 산업구조(즉 피라미드)를 정부 주도 하에 새로 구축한다.'는 테크노크라트적 관점이다. 양자 간의 근본적인 차이점은, EOI에는 시간 개념이 없고 공업의 구조와 질은 자연발전에 의존하는 반면, CEOI에서는 국가의 산업구조 모델을 사전에 마련하고 그 시행방안을 정부계획으로 확정한 후 정부주도하에 기업과 국민 3자가 합심, 차질 없이 추진해서 산업구조를 완성하고 모든 상품을 수출상품화하는 데 있다"(오원철, 『박정희는 어떻게 경제강국 만들었나』, 44-45쪽).

70. 박영구, "구조변동과 중화학공업화", 406-408쪽; 김성남·박기주, "중화학공업화 정책의 수립, 전개 및 조정", 119-126쪽. 중화학공업추진위원회와 기획단의 활동에 관한 자세한 분석은 박영구, "1970년대 중화학공업화 추진 행정기관 연구: 중화학공업추진위원회와 기획단", 『한국행정사학지』 28 (2011), 257-285쪽을 참조. 당시에 경제기획원은 중화학공업추진위원회에 대해 비판적인 시각을 가지고 있었다. 김흥기 편, 『영욕의 한국경제』, 264-265쪽에 따르면, "기획원 관료들의 입장에서는 청와대의 중화학공업 추진 방식에 전적으로 찬동하기가 어려웠다.… 중화학공업추진위원회가 위원회 조직으로서 가장 막강한 힘을 가졌었고, 원래 위원회라는 것이 행정기관이 아닌데 그것을 행정기관으로 조직법을 바꾸었다."

71. 중화학공업추진위원회기획단, 『중화학공업육성계획』 (1973); 김성남·박기주, "중화학공업화 정책의 수립, 전개 및 조정", 111-119쪽. 산업별 추진계획에 대한 자세한 내용은 국무총리기획조정실, 『중화학공업의 오늘과 내일』 (1973), 15-157쪽; 박영구, 『한국의 중화학공업화: 과정과 내용(I)』 (해남, 2012), 199-321쪽을 참조. 『중화학공업의 오늘과 내일』은 중화학공업화 정책에 대한 공무원의 참고자료와 대국민 홍보 자료로 1973년 12월에 발간되었으며, 주로 유신정책심의회 조사연구위원회에 소속된 교수들에 의해 집필되었다.

72. 경제기획원, 『개발연대의 경제정책』, 127-129쪽; 이상철, "박정희시대의 산업정책", 122-124쪽; 박영구, 『한국의 중화학공업화: 과정과 내용(Ⅱ)』 (해남, 2012), 59-61쪽.

73. 박영구, 『한국의 중화학공업화: 과정과 내용(I)』, 534-543쪽; 김성남·박기주, "중화학공업화 정책의 수립, 전개 및 조정", 130-135쪽. 결국 국민투자기금은 국민의 저축과 정부의 조세로 조성된 셈인데, 국민저축률은 1966~1972년 14.8%에서 1973~1978년 28.8%로 높아졌고, 그렇게 증대된 국내 저축이 중화학공업화의 주요 자금원이 되었다(이영훈, 『한국경제사 Ⅱ』, 440쪽).

74. 박영구, 『한국의 중화학공업화: 과정과 내용(I)』, 561-566쪽; 김성남·박기주, "중화

학공업화 정책의 수립, 전개 및 조정", 144-147쪽.

75. 박영구,『한국의 중화학공업화: 과정과 내용(I)』, 417-523쪽; 김성남·박기주, "중화
학공업화 정책의 수립, 전개 및 조정", 135-141쪽. 창원기계공업단지의 사례에 대해
서는 김광모,『중화학공업에 박정희의 혼이 살아 있다』, 168-181쪽을 참조.

76. 중화학공업화 기간의 기술인력 양성에 대한 자세한 논의는 박영구,『한국의 중화학
공업화: 과정과 내용(II)』, 167-269쪽; 정진성, "정부의 기술 인력 수급계획과 기능공
인력 양성", 박기주 외,『한국 중화학공업화와 사회의 변화』(대한민국역사박물관,
2014), 455-509쪽을 참조.

77. 김광모,『한국의 산업발전과 중화학공업정책』, 285-287쪽; 이영훈,『한국경제사 II』,
432-434쪽. 시범공고 육성의 배경과 사례에 대해서는 오원철,『에너지정책과 중동진
출: 한국형 경제건설 6』(기아경제연구소, 1997), 485-509쪽을 참조.

78. 김광모,『한국의 산업발전과 중화학공업정책』, 287-289쪽; 조황희·이은경 외,『한
국의 과학기술인력 정책』(과학기술정책연구원, 2002), 200-205쪽. 중화학공업화 선
언 이전인 1971년에는 한국과학원(Korea Advanced Institute of Science, KAIS)이 설립
되었는데, 한국과학원의 설립과 초기 활동에 대해서는 Dong-Won Kim and Stuart
W. Leslie, "Winning Markets or Winning Nobel Prizes? KAIST and the Challenges of
Late Industrialization", *Osiris* 13 (1988), pp. 154-185를 참조. 이 논문은 박범순·김소
영 엮음,『과학기술정책: 이론과 쟁점』(한울, 2015), 281-323쪽에 번역되어 있다.

79. 최형섭,『개발도상국의 과학기술개발전략: 한국의 발전과정을 중심으로』제1부 (한
국과학기술원, 1980), 275-288쪽; 김성남·박기주, "중화학공업화 정책의 수립, 전개
및 조정", 141-142쪽.

80. 1970년대 한국의 연구개발체제에 대한 자세한 논의는 박영구,『한국의 중화학공업
화: 과정과 내용(II)』, 307-367쪽; 문만용,『한국 과학기술 연구체제의 진화』, 159-209
쪽을 참조.

81. 김광모,『한국의 산업발전과 중화학공업정책』, 289-292쪽; 김성남·박기주, "중화학
공업화 정책의 수립, 전개 및 조정", 142-143쪽. 1970년대를 통해 정부출연연구소는
기업체와 함께 한국의 연구개발을 주도하는 주체로 부상했는데, 국공립연구소, 정부
출연연구소, 대학, 기업체가 연구비에서 차지하는 비중은 1970년에 59%, 25%, 4%,
13%를, 1979년에는 27%, 29%, 10%, 34%를 기록했다(문만용,『한국 과학기술 연구
체제의 진화』, 204쪽).

82. 김광모,『한국의 산업발전과 중화학공업정책』, 293쪽; 김영우 외,『한국 과학기술정

책 50년의 발자취』, 159-163쪽. 대덕연구단지의 설립과 변천과정에 관한 자세한 분석은 문만용, "KIST에서 대덕연구단지까지: 박정희 시대 정부출연연구소의 탄생과 재생산",『역사비평』 85 (2008), 262-289쪽; 송성수, "과학기술거점의 진화: 대덕연구단지의 사례",『과학기술학연구』 9-1 (2009), 33-55쪽을 참조.

83. 이만희,『EPB는 기적을 낳았는가』, 234-235쪽; 박영구, "구조변동과 중화학공업화", 408-409쪽. 석유파동에 대한 한국 정부의 대응은 오원철,『에너지정책과 중동진출』, 245-428쪽; 오원철,『박정희는 어떻게 경제강국 만들었나』, 229-287쪽; 김광모,『중화학공업에 박정희의 혼이 살아 있다』, 217-230쪽을 참조.

84. 송성수, "한국 철강산업의 기술능력 발전과정", 97-98쪽. 포항제철이 1973년도 연차보고서를 관계 당국에 제출하자 김학렬 부총리와 박정희 대통령은 수치를 믿지 못하겠다는 반응을 보이기도 했다[서갑경 지음, 윤동진 옮김,『최고기준을 고집하라: 철강왕, 박태준의 경영이야기』 (한국언론자료간행회, 1997), 317-319쪽].

85. 송성수,『한국 기업의 기술혁신』, 31-36쪽.

86. 박영구,『한국의 중화학공업화: 과정과 내용(II)』, 73쪽. 1974년은 1인당 GNP에서 남한이 북한을 추월한 연도이기도 했다. 1971~1975년에 남한의 1인당 GNP는 각각 285달러, 316달러, 396달러, 535달러, 591달러, 북한의 1인당 GNP는 308달러, 316달러, 418달러, 461달러, 579달러였던 것으로 집계되고 있다. 김수근, "남북한 경제발전의 비교",『통일논총』 2 (1985), 77-98쪽, 특히 88쪽을 참조.

87. 석혜원,『대한민국 경제사』, 93-97쪽; 박섭,『적응과 협력의 시대』, 375-378쪽. 중동진출에 대한 한국 정부의 지원에 대해서는 오원철,『에너지정책과 중동진출』, 431-484쪽; 오원철,『박정희는 어떻게 경제강국 만들었나』, 288-325쪽을 참조. 이와 관련하여 김광모,『중화학공업에 박정희의 혼이 살아 있다』, 24쪽은 광부와 간호사의 서독 파견을 인력수출 1호, 베트남 파병을 인력수출 2호, 중동 진출을 인력수출 3호로 평가했다.

88. 경제기획원,『개발연대의 경제정책』, 161-170쪽; 강광하,『경제개발 5개년 계획』, 73-86쪽.

89. 과학기술실무계획반,『제4차 경제개발5개년계획: 과학기술부문계획, 1977-1981』 (1976), i쪽.

90. 과학기술실무계획반,『제4차 경제개발5개년계획: 과학기술부문계획』, 4쪽.

91. 박정희 정권기의 과학기술종합계획은 송성수,『과학기술종합계획에 관한 내용분석』, 40-68쪽을 참조.

92. 이와 관련하여 1979년 8월에 작성된 '중화학공업 추진의 당면과제와 대책'은 추진방향 중 하나로 '연구개발 및 현장기술을 향상시키는 지원강화'를 제시하면서 현장기술 수준의 제고, 기술정보체제의 확립, 기술개발자금에 대한 금융지원 등을 주요 과제로 들었다(이상철, 『대한민국의 산업화』, 143쪽).

93. 박영구, "구조변동과 중화학공업화", 410쪽.

94. 박영구, "구조변동과 중화학공업화", 420쪽. 한국의 중화학공업화는 주요 선진국에 비해 매우 빠른 속도로 이루어졌다. 경공업과 중화학공업이 부가가치에서 차지하는 상대적 비중이 5 : 1에서 1 : 1로 바뀌는 데 소요된 시간은 영국 100년 이상, 미국 60년 이상, 일본 40년 이상이었지만 한국의 경우에는 10년 정도에 불과했다(같은 책, 421쪽).

95. 박영구, "구조변동과 중화학공업화", 420쪽; 이영훈, 『한국경제사 Ⅱ』, 440쪽. 경제개발 5개년계획 기간별로 경제성장률을 살펴보면, 1962~1966년에는 계획치 7.1%, 실적치 7.9%, 1967~1971년에는 계획치 7.0%, 실적치 9.6%, 1972~1976년에는 계획치 8.6%, 실적치 9.2%, 1977~1981년에는 계획치 9.2%, 실적치 5.8%를 기록했다(이헌창, 『한국경제통사』 제7판, 477쪽). 1962~1979년의 각 연도별 경제성장률은 1962년 2.1%, 1963년 9.1%, 1964년 9.7%, 1965년 5.7%, 1966년 12.2%, 1967년 5.9%, 1968년 11.3%, 1969년 13.8%, 1970년 8.8% 1971년 10.4%, 1972년 6.5%, 1973년 14.8%, 1974년 9.4%, 1975년 7.3%, 1976년 13.5%, 1977년 11.8%, 1978년 10.3%, 1979년 8.4%로 집계되고 있다(한국경제 60년사 편찬위원회, 『한국경제 60년사 Ⅰ』, 105쪽, 113쪽).

96. 박영구, 『한국의 중화학공업화: 과정과 내용(Ⅱ)』, 129쪽. 일본의 세계시장 점유율은 1970년 6.8%, 1977년 9.0%를 기록했다.

97. 박영구, 『한국의 중화학공업화: 과정과 내용(Ⅱ)』, 125쪽.

98. 오원철, 『박정희는 어떻게 경제강국 만들었나』, 446-447쪽.

99. 이와 관련하여 김인걸 외 편저, 『한국현대사 강의』, 339-341쪽은 1970년대 경제성장의 문제점으로 무역의존도의 상승, 외자도입의 급증, 중고 설비의 이전, 조립가공 위주의 산업구조, 투자의 중복 및 과잉, 부실기업의 속출, 독과점의 강화, 노동환경의 악화, 농촌의 피폐, 도시빈민층의 형성 등을 들고 있다. 또한 박영구, "구조변동과 중화학공업화", 422-427쪽은 중화학공업화의 핵심적인 문제점으로 경제력 집중, 기계 공업의 미흡한 발전, 공해문제에 대한 고려 부족, 금융시스템의 약화 등에 주목하고 있다.

100. 한국무역협회, 『한국무역사』, 592쪽; 한국경제 60년사 편찬위원회, 『한국경제 60년

사 Ⅰ』, 115쪽.

101. 박섭, 『적응과 협력의 시대』, 383-386쪽; 이영훈, 『한국경제사 Ⅱ』, 487-489쪽.

102. 김견, "한국의 중화학공업화 과정에서의 국가개입의 양상 및 귀결", 산업사회연구회 편, 『오늘의 한국자본주의와 국가』 (한길사, 1988), 165-168쪽; 이영훈, 『한국경제사 Ⅱ』, 453-454쪽. 매출액 기준으로 1972년의 10대 재벌은 삼성, 럭키금성, 한진, 신진, 쌍용, 현대, 대한, 한화, 극동, 대농이었고, 1979년의 10대 재벌은 현대, 럭키금성, 삼성, 대우, 효성, 국제, 한진, 쌍용, 한화, 선경이었다(이헌창, 『한국경제통사』 제7판, 554쪽).

103. 김흥기 편, 『영욕의 한국경제』, 275-280쪽; 이장규, 『대통령의 경제학』, 202-210쪽. 당시의 분위기에 대해 강경식은 다음과 같이 회고한 바 있다. "안정화 정책은 박정희 대통령이 확신을 가지고 추진해 온 그동안의 정책 모두를 180도 바꿔야 한다는 내용이었다.… 처음부터 실현되기 매우 어려운 정책이었다. 최고 권력자의 역린(逆鱗)을 건드리는 것이기에 상당한 위험이 따르는 일이었다"(이장규, 『대통령의 경제학』, 208쪽).

104. 경제기획원, 『개발연대의 경제정책』, 323-334쪽. 이와 관련하여 김흥기 편, 『영욕의 한국경제』, 275-276쪽은 "1979년 4월 17일에 발표된 '경제안정화 종합시책'은 성장 우선에서 안정 중심으로의 선회를 분명하게 드러냈"으며, "과거 2~3년 동안 경제안정의 필요성을 주장해온 기획원 내의 안정론자 입장에서는 일대 쾌거였다."고 평가하고 있다.

105. 김성남·박기주, "중화학공업화 정책의 수립, 전개 및 조정", 150-153쪽; 이상철, 『대한민국의 산업화』, 142-143쪽.

106. 경제기획원, 『개발연대의 경제정책』, 335-336쪽; 박영구, 『한국의 중화학공업화: 과정과 내용(Ⅱ)』, 139-140쪽.

107. 이만희, 『EPB는 기적을 낳았는가』, 261-264쪽. 이와 관련하여 박영구, 『한국의 중화학공업화: 과정과 내용(Ⅱ)』, 126-127쪽은 1970년대 중반까지는 정부가 기업보다 더욱 풍부한 정보를 보유하고 있었지만, 1977년경이 되면 기업의 정보력과 실행력이 정부를 앞서가기 시작했다고 평가하고 있다.

108. 김성남·박기주, "중화학공업화 정책의 수립, 전개 및 조정", 153-154쪽; 이상철, 『대한민국의 산업화』, 143쪽.

109. 한국경제 60년사 편찬위원회, 『한국경제 60년사 Ⅱ: 산업』 (한국개발연구원, 2010), 201쪽.

110. 송위진·홍성주, 『한국 산업기술사 조사 분야 연구: 섬유 및 컴퓨터/통신 산업기술 발전 과정을 중심으로』(과학기술정책연구원, 2011), 40-41쪽.

111. 오원철, 『한국형 경제건설』제1권, 262-266쪽. 봉제품은 와이셔츠, 아동복, 원피스 등과 같이 재봉틀을 밟아 만드는 제품을 뜻하고, 메리야스는 실 한 가닥으로 만드는 의류로 티셔츠, 팬티, 양말, 장갑, 스웨터 등이 여기에 속한다.

112. 김기원·김청수·송정환, 『한국산업의 이해』개정판 (한국방송통신대학교출판부, 2006), 154쪽.

113. 한국산업은행, 『한국의 산업』(1962), 327쪽.

114. 한국경제 60년사 편찬위원회, 『한국경제 60년사 Ⅱ: 산업』, 200-201쪽. 스트레치나 일론은 나일론 섬유를 열가공하여 양모와 같은 신축성을 갖게 한 것으로 '울리 나 일론(wooly nylon)'으로도 불린다.

115. F는 필라멘트(filament), SF는 스테이플 파이버(staple fiber)의 약어인데, F사는 방사된 상태로 길게 뽑아낸 장섬유, SF는 적당히 끊어서 짧게 만든 단섬유에 해당한다.

116. 1960년대 화학섬유산업의 생산능력이 변동하는 과정에 대해서는 한국화섬협회, 『한국의 화섬산업: 어제 오늘과 내일』(1993), 88-91쪽을 참조. 화학섬유산업은 한 국의 몇몇 재벌 집단이 성장하는 매개체로도 작용했다. 한국나일롱(주)은 1957년에 설립된 후 1977년에 (주)코오롱(나일론)으로 상호를 변경했고, 1981년에는 코오롱 (나일론)이 코오롱(폴리에스테르)을 흡수합병하면서 (주)코오롱이 탄생했다. 코오롱 (KOLON)은 코리아(Korea)와 나일론(nylon)의 합성어이다. 동양나이론(주)은 1966 년에 설립된 후 1970년에 한일나이론(주)을 합병했고, 1973년에 동양폴리에스터(주), 동양염공(주)을 설립하여 섬유 일괄체제를 갖추었다. 1996년에는 (주)효성T&C로 확대되었으며, 1998년에는 효성그룹의 주력 기업들이 효성(주)라는 단일 기업으로 통합되었다. 동양합섬은 1971년에 태광산업에 합병되었으며, 대한화섬은 1975년에 태광그룹에 편입되었다. 선경화섬과 선경합섬은 각각 1966년과 1969년에 설립되었고, 1976년에는 선경합섬이 선경화섬을 합병했다. 선경합섬은 1988년에 선경인더스 트리로 확대된 후 1998년에는 SK케미칼로 사명을 바꾸었다. 참고로 선경그룹(SK그룹)의 모체인 선경직물은 1953년에 설립된 후 1970년에 선경산업을 합병했고, 1976 년에는 선경직물이 선일섬유와 통합되어 선경(주)이 출범했으며, 선경(주)은 2003년 에 SK네트웍스(주)로 상호를 변경했다.

117. 이상철, "한국 화학섬유산업의 전개과정", 70-73쪽.

118. 동양나이론, 『동양나이론십년사』(1976), 127-141쪽; 이상철, "한국 화학섬유산업의

전개과정”, 71-72쪽. 당시에 동양나이론의 기술자들은 해외연수에 앞서 상당한 사전 준비를 했다. 그들은 문헌을 통해 얻은 지식을 정리하여 ‘나이론제조법’이라는 교과 서를 만들어 숙지했으며, 나일론 제조에 관한 의문점을 정리하고 질문표를 작성하 여 해외연수를 떠났다(『동양나이론십년사』, 158쪽).

119. 한국화섬협회, 『한국의 화섬산업』, 88쪽.

120. 이상철, “한국의 후발산업화와 산업정책: 화학섬유산업의 사례를 중심으로”, 『경제 발전연구』 4-1 (1998), 120-128쪽.

121. 이재덕 외, 『한국형 ODA 산업분야 연구: 섬유산업』 (산업연구원, 2014), 121-123 쪽; 섬유기술진흥원, 『대구섬유산업사』 (1990), 306-307쪽.

122. 송위진·홍성주, 『한국 산업기술사 조사 분야 연구』, 42쪽.

123. 1962~1974년의 섬유산업의 성장형태와 구조변화에 대해서는 김영봉, 『섬유공업의 성장과정과 생산구조』 (한국개발연구원, 1975), 66-107쪽을 참조.

124. 이상철, “한국 화학섬유산업의 전개과정”, 80-83쪽.

125. 이상철, “한국의 후발산업화와 산업정책”, 128-132쪽. 섬유공업시설에 관한 임시조 치법에 대해 오원철, 『한국형 경제건설』 제1권, 287-288쪽은 그 핵심 내용을 다음 과 같이 요약하고 있다. “매해 상공부는 수요 추정을 한 후 시설 설치 한도를 정한 다. 노후시설 대체를 우선으로 한다. 기존 업체의 규모를 국제 수준으로 끌어올리며 신규업체의 진출은 억제한다. 시설 등록을 반드시 해야 하며, 등록하지 않은 시설에 대해서는 사용금지 명령을 내린다.”

126. 한국화섬협회, 『한국화섬협회 50년사, 1963-2013』 (2013), 18쪽.

127. 이상철, “한국의 후발산업화와 산업정책”, 132-137쪽.

128. 이상철, “박정희시대의 산업정책”, 116-121쪽.

129. 이상철, “한국 화학섬유산업의 전개과정”, 168-176쪽. 품질관리활동의 전개와 삼성 전자의 사례에 대해서는 정진성, 『직업의식의 정착과 생산성 향상: 품질관리 분임조 활동의 도입과 전개과정을 중심으로』 (한국개발연구원, 1994)를 참조.

130. 배무기, “기술의 도입, 수용 및 확산: 한국 나일론산업의 일사례연구”, 『경제논집』 19-1 (1980), 40-56쪽; 박우희·배용호, 『한국의 기술발전』, 102-134쪽.

131. 이상철, “한국 화학섬유산업의 전개과정”, 177-181쪽.

132. 『동양나이론십년사』, 314쪽. 한국에서 1981년까지 설립된 기업부설연구소는 총 65 개였으며, 동양나이론 이전에는 한국전력공사(1961년), 대한석탄공사(1962년), 한국 조폐공사(1967년)와 같은 정부투자기관에 의해 기업부설연구소가 설립되었다(김견,

"1980년대 한국의 기술능력발전과정에 관한 연구", 157쪽).

133. 이상철, "한국 화학섬유산업의 전개과정", 182-188쪽.

134. 선경홍보실, 『선경삼십년사』 (1983), 254쪽.

135. 『선경삼십년사』, 254-256쪽.

136. 이상철, "한국의 후발산업화와 산업정책", 137-140쪽.

137. 『선경삼십년사』, 256-257쪽.

138. 『선경삼십년사』, 260-261쪽.

139. 『선경삼십년사』, 258-260쪽; 이상철, "한국 화학섬유산업의 전개과정", 189-190쪽.

140. 『선경삼십년사』, 288-291쪽; 이상철, "한국 화학섬유산업의 전개과정", 190-193쪽. 당시에 선경합섬은 일본의 테이진과 합작관계를 유지하고 있어서 연구개발계획을 추진하는 데 상당한 어려움이 있었고, 이에 따라 1976년 10월에 선경화학(주)을 별도로 설립하여 폴리에스터 필름 개발업무를 맡도록 했다.

141. 『선경삼십년사』, 291-295쪽; 문만용, 『한국의 현대적 연구체제의 형성』, 267-268쪽. 이에 대한 자세한 논의는 임재윤, "기술도입, 국내 R&D, 그리고 기술 '국산화': 선경화학 폴리에스터 필름 제조기술과 그 보호를 둘러싼 논쟁 분석, 1976-1978" (서울대학교 석사학위논문, 2016)을 참조.

142. 이상철, "한국 화학섬유산업의 전개과정", 195쪽.

143. 국제상사, "한국 고무화공업 발달사", 『국제상사 삼십년사, 1949-1979』 (1979), 707-709쪽.

144. 임정덕·박재운, 『한국의 신발산업』 (산업연구원, 1993), 17쪽.

145. 삼화고무는 1931년, 보생고무는 1936년, 태화고무공업은 1947년, 국제화학은 1949년, 동양고무공업은 1953년, 진양화학공업은 1963년에 설립되었다. 그중 국제화학은 1975년에 국제상사로, 동양고무는 1980년에 화승으로 개편되었다. 부산에 소재한 신발업체의 변천에 대해서는 김태현, 『부산기업사』 (부산발전연구원, 2004), 235-243쪽을 참조. 1947년에 국제고무가 설립되었다는 정보도 있지만, 국제상사의 공식 기록은 1949년에 정식으로 출범한 국제화학을 국제상사의 출발점으로 간주하고 있다. 양태진과 양정모는 1947년에 신발사업을 시작했고 1948년 4월경에 국제고무공업사라는 상호를 내걸었으며, 1949년 12월에 국제화학주식회사의 정관을 등록했다는 것이다. 국제상사의 초기 역사에 대해서는 『국제상사 삼십년사, 1949-1979』, 45-69쪽을 참조.

146. 국제상사, "한국 고무화공업 발달사", 712-713쪽; 김석관, 『신발산업의 기술혁신 패

턴과 전개방향』(과학기술정책연구원, 2000), 83-84쪽.

147. 이에 대하여 동길산, "고무신에서 트랙스타로 갈아 신기", 부산광역시,『부산발전
    50년 역사이야기(상)』(휴먼컬처아리랑, 2015), 225쪽은 다음과 같이 기록하고 있다.
    "내수 위주로 성장하던 부산 신발산업이 한 단계 업그레이드되는 계기는 1965년 한
    일국교 정상화였다. 국교가 정상화되면서 일본 보유 기술과 생산설비가 한국으로 이
    전되기 시작했다.… 도쿄 올림픽 이후 경제가 급성장한 일본은 인건비가 비싸지면서
    가격 경쟁력이 떨어졌다. 그 바람에 일본과 가까운 부산을 신발 전략기지로 삼고 기
    술과 생산에서 부산업체와 제휴를 맺어나갔다."

148. 김석관,『신발산업의 기술혁신 패턴과 전개방향』, 98-99쪽.

149. 김기원 외,『한국산업의 이해』, 179쪽.

150. 세계 신발산업의 성장과 혁신에 대한 자세한 논의는 김석관,『신발산업의 기술혁신
    패턴과 전개방향』, 35-81쪽을 참조.

151. 김석관,『신발산업의 기술혁신 패턴과 전개방향』, 84-85쪽. 기존의 직접가황법은 밑
    창의 성형과 갑피의 종류에 제약을 받기 때문에 단순하고 값싼 포화의 생산에만 이
    용되었던 반면, 냉연공정은 밑창을 프레스 내에서 가황하는 압연가황법을 사용하기
    때문에 복잡한 모양의 밑창과 다양한 소재의 갑피를 사용할 수 있는 장점이 있다.

152. 한국경제 60년사 편찬위원회,『한국경제 60년사 II: 산업』, 204쪽.

153. 국제상사,『국제상사 삼십년사』, 357쪽.

154. 1970년대 국제상사의 신제품개발에 대해서는『국제상사 삼십년사』, 273-278쪽을
    참조.

155. 기술학습의 수단으로서 OEM의 의미에 대해서는 Michael Hobday, *Innovation in
    East Asia: The Challenge to Japan* (Aldershot: Edward Elgar, 1995); 조현대,『기술추격국
    의 기술획득과 전략적 제휴: 모형개발과 사례분석』(과학기술정책관리연구소, 1997),
    12-26쪽을 참조. 홉데이는 후발 기업의 생산방식이 진화하는 단계를 OEM, 자체
    설계생산방식(own-design manufacturing, ODM), 자체브랜드생산방식(own-brand
    manufacturing, OBM)의 세 가지로 구분하고 있다. OEM은 발주업체가 제시한 사양
    에 따라 제품을 생산한 후 발주업체의 상표를 붙여 판매하는 것을 의미하고, ODM
    은 자체적인 디자인으로 생산한 제품에 발주업체의 상표만 붙여 판매하는 것을 뜻
    하며, OBM은 주문자 없이 자체적인 디자인과 생산을 통해 자사의 브랜드로 판매
    하는 것을 지칭한다.

156. 김석관, "미완의 기술학습: 한국 신발산업의 성장과 쇠퇴",『기술혁신연구』8-2

(2000), 214쪽.

157. 남장근, 『한국형 ODA 산업분야 연구: 석유화학산업』 (산업연구원, 2015), 48쪽.

158. 김승석, 『울산지역 석유화학산업의 발전과정』 (울산발전연구원, 2006), 54-58쪽; 남장근, 『한국형 ODA 산업분야 연구: 석유화학산업』, 49-51쪽. 정유공장 건설계획의 작성에는 한국석유(주)의 상무였던 전민제가 크게 기여했는데, 그에게는 '정유공장 건설 고문'이라는 직함이 주어졌다(오원철, 『한국형 경제건설』 제1권, 46쪽). 대한석유공사는 1980년에 선경그룹(SK그룹)에 인수되었고 1982년에 유공으로 사명이 변경되었다. 유공은 1997년에 SK주식회사에 편입되었다가 2011년에는 SK이노베이션으로 재편되었다.

159. 이와 관련하여 1969년 6월부터 1972년 1월까지 부총리 겸 경제기획원 장관을 맡았던 김학렬은 집무실의 흑판에 '종합제철', '석유화학'이라고 쓰면서 비서관에게 절대 지우지 말라고 엄명했다는 일화도 전해진다(김흥기 편, 『영욕의 한국경제』, 170쪽).

160. 김승석, 『울산지역 석유화학산업의 발전과정』, 30-33쪽. ADL 보고서의 발췌본은 한국석유화학공업협회, 『한국석유화학공업십년사』 (1976), 249-286에 실려 있다. 석유화학산업은 제조단계별로 다음과 같은 세 그룹으로 분류되고 있다. 첫째는 에틸렌, 프로필렌, 부타디엔, 벤젠, 톨루엔, 크실렌(여기서 벤젠, 톨루엔, 크실렌은 영문 첫글자를 따 BTX로 불린다) 등 나프타 분해로 생성되는 기초유분 제조업이다. 둘째는 스티렌노머(SM), 에틸렌디클로라이드(EDC), 비닐클로라이드모노머(VCM) 등을 생산하는 중간원료 제조업이다. 셋째는 기초유분과 중간원료를 재료로 하여 최종제품인 유도품(derivatives)을 가공하는 단계인데, 합성수지, 합섬원료, 합성고무 등이 대표적인 유도품에 해당한다. 이러한 세 단계는 각각 상류(업스트림) 부문, 중류(미들스트림) 부문, 하류(다운스트림) 부문으로 칭해지기도 한다.

161. 오원철, 『한국형 경제건설』 제3권, 43-50쪽; 남장근, 『한국형 ODA 산업분야 연구: 석유화학산업』, 56-58쪽. 당시에 상공부 공업제1국에는 이미 무기화학과와 유기화학과가 있었는데, 석유화학과의 신설로 화학산업에 관한 과만 3개나 갖추게 되어 '화학과의 전성시대'를 맞이하기도 했다.

162. 남장근, 『한국형 ODA 산업분야 연구: 석유화학산업』, 62-65쪽.

163. 김기원 외, 『한국산업의 이해』, 197쪽.

164. 오원철, 『한국형 경제건설』 제3권, 55-56쪽.

165. 김승석, 『울산지역 석유화학산업의 발전과정』, 109쪽. 한국 정부가 외국 업체와 교섭을 벌였던 과정에 대해서는 오원철, 『한국형 경제건설』 제3권, 87-105쪽을 참조.

166. 석유화학공업육성법과 시행령의 전문(全文)은 한국석유화학공업협회, 『한국석유화학공업십년사』, 301-314쪽에 실려 있다. 1970년대에 한국 정부가 수립한 석유화학공업에 관한 계획의 변천과정에 대해서는 박영구, "1970년대 한국의 석유화학공업계획: 변화과정을 중심으로", 『경제사학』 48 (2010), 167-198쪽을 참조.

167. 울산 석유화학공업단지의 건설과정에 대해서는 한국석유화학공업협회, 『한국석유화학공업십년사』, 65-94쪽; 김승석, 『울산지역 석유화학산업의 발전과정』, 65-79쪽을 참조. 박정희 대통령은 종합기공식에서 "오늘 여기에서 기공을 보게 되는 이 공장들은 여러분들이 생전에 들어보지 못하던 이름의 공장들로서… 나도 어떤 공장인가 그것은 잘 모릅니다."고 언급하기도 했다(한국석유화학공업협회, 『한국석유화학공업십년사』, 293쪽).

168. 남장근, 『한국형 ODA 산업분야 연구: 석유화학산업』, 66쪽.

169. 이와 관련하여 김승석, "경제발전과 국가의 역할 변화: 석유화학공업을 중심으로", 오두환 편저, 『공업화의 제유형(Ⅱ): 한국의 역사적 경험』(경문사, 1996), 302쪽은 "석유화학공업으로 진출하기 위한 전제조건들이 매우 불충분한 상태였음에도 불구하고 국가는 재정투융자의 이름으로 국가기업을 창설하여 석유화학공업에 필요한 전제조건을 창출했다."고 평가하고 있다.

170. 김승석, 『울산지역 석유화학산업의 발전과정』, 104-105쪽.

171. 김승석, 『울산지역 석유화학산업의 발전과정』, 81-83쪽; 남장근, 『한국형 ODA 산업분야 연구: 석유화학산업』, 72-77쪽.

172. 울산 석유화학공업단지 확장사업과 여천 석유화학공업단지 조성사업의 전개과정에 대해서는 김승석, 『울산지역 석유화학산업의 발전과정』, 83-108쪽을 참조. 한국종합화학공업은 충주비료와 호남비료의 합병으로 1973년에 설립된 후 한국의 비료산업과 석유화학산업의 성장에 크게 기여했다. 한국종합화학공업은 1984년 이후에 소속 공장이나 자회사를 민영화했으며, 2011년에 경영 악화로 해체되었다.

173. 김승석, "경제발전과 국가의 역할 변화: 석유화학공업을 중심으로", 302-303쪽.

174. 김승석, 『울산지역 석유화학산업의 발전과정』, 103쪽.

175. 김승석, 『울산지역 석유화학산업의 발전과정』, 104-105쪽.

176. 한국산업은행, 『한국의 산업(하)』(1979), 30쪽. 당시에 체결된 기술도입계약의 개요에 대해서는 같은 자료, 28-29쪽을 참조.

177. 박우희·배용호, 『한국의 기술발전』, 58-59쪽.

178. 박우희·배용호, 『한국의 기술발전』, 63쪽. 한양화학의 기술자들은 1979년 초를 기

점으로 외국에서 도입한 기술을 완전히 습득했다고 자부했으며, 이후에 제3의 공장을 건설할 때에는 한국인에 의한 설계와 운영이 가능하다는 자신감을 보이기도 했다(같은 책, 66쪽).

179. 한양화학의 기술개량 사례에 대해서는 박우희·배용호, 『한국의 기술발전』, 67-81쪽을 참조.

180. 김윤형, 『한국철강공업의 성장』, 64-73쪽; 송성수, "한국 철강산업의 기술능력 발전과정", 24-29쪽.

181. 종합제철사업계획의 변천에 대한 자세한 논의는 포항제철, 『종합제철공장건설계약사례: 기본협정으로부터 추가협정체결에 이르기까지』(1969); 김재관, "종합제철의 잉태와 탄생", 『經友』5 (1989), 22-31쪽; 송성수, "한국 종합제철사업계획의 변천과정, 1958~1969", 『한국과학사학회지』24-1 (2002), 3-39쪽; 백덕현, 『근대 한국 철강공업 성장사』(한국철강신문, 2007), 165-270쪽; 이상철, "철강산업 육성정책과 포항종합제철", 박기주 외, 『한국 중화학공업화와 사회의 변화』(대한민국역사박물관, 2014), 177-197쪽을 참조.

182. 이와 관련하여 당시 세계은행의 총재이던 유진 블랙은 다음과 같은 발언을 통해 종합제철사업에 대한 지원에 부정적인 태도를 보이기도 했다. "개발도상국에는 세 가지 신화가 있다. 첫째는 고속도로의 건설, 둘째는 종합제철의 건설이고, 셋째는 국가원수 기념비의 건립이다"(김정렴, 『한국 경제정책 30년사』, 135쪽).

183. 1968년에 공기업으로 창립된 포항종합제철은 2000년에 완전히 민영화된 후 2002년에 포스코로 이름을 바꾸었다. 이하의 논의에서는 해당 기업의 명칭을 편의상 '포스코'로 칭하기로 한다.

184. 종합제철사업계획 연구위원회, 『종합제철공장건설을 중심으로 하는 한국제철공업 개발에 관한 연구보고서』(1969. 7); 한국과학기술연구원, 『KIST 30년사: 창조적 원천기술에의 도전』(1998), 189-192쪽. 당시에 KIST의 김재관, 김철우, 이봉진은 기술성을, 윤여경은 경제성을 검토했는데, 특히 김재관은 연구책임자를 맡아 신사업계획을 종합하는 데 핵심적인 역할을 담당했다. 김재관은 KIST에 합류하기 전인 1962년에 울산종합제철소 건설계획의 작성에도 참여한 바 있다[인터뷰: 김재관 (1999. 7. 16)].

185. 포항제철소 건설사업의 전개과정에 대해서는 송성수, "한국 철강산업의 기술능력 발전과정", 82-114쪽을 참조. 포항제철소 1기 사업에는 총 1,203억 원이 소요되어 당시로서는 대한민국이 건국된 이래 최대의 건설사업으로 기록되었다. 그것은

1968~1970년에 전개되었던 경부고속도로 건설사업에 소요된 비용인 428억 원의 약 2.8배에 해당했다.

186. 김흥기 편, 『영욕의 한국경제』, 151쪽.

187. 철강공업육성법과 시행령의 변천과정 및 내용에 대해서는 김주한 외, 『한국형 ODA 산업분야 연구: 철강산업』(산업연구원, 2014), 117-147쪽을 참조.

188. 포항제철, 『포항제철 10년사』(1979), 212-214쪽; 서갑경, 『최고기준을 고집하라』, 261-267쪽; 이대환, 『세계 최고의 철강인 박태준』(현암사, 2004), 308-312쪽. 이와 관련하여 1969년 10월부터 1978년 12월까지 대통령비서실장을 지냈던 김정렴은 "박대통령이 청와대에서 개별적으로 직접 만난 경제인은 현대의 정주영 회장과 포항제철의 박태준 사장 외에는 없었다."고 회고했다(김정렴, 『아, 박정희』, 103쪽). 삼성의 이병철 회장과 박정희 대통령은 1960년대 초반에는 긴밀한 관계를 유지하다가 1966년에 한국비료의 사카린 밀수 사건이 발생하면서 일정한 거리를 두게 되었다. 박정희와 삼성의 관계에 대해서는 이동현, 『이슈로 본 한국현대사』(민연, 2002), 167-223쪽을 참조.

189. 이에 대해 권영기, "박태준의 포철 장기집권(23년)", 『월간조선』 1991년 4월호, 130쪽은 "포항제철이 설계용량의 100%를 초과하여 철강재를 생산할 수 있었던 것은 기계가 바른 말을 했기 때문"이라고 지적한 바 있다.

190. 송성수, "한국 철강산업의 기술능력 발전과정", 94쪽; 이대환, 『세계 최고의 철강인 박태준』, 306-308쪽.

191. 박태준, "기업은 봉사하기 위해 존재한다", 조용경 엮음, 『각하! 이제 마쳤습니다: 靑巖 朴泰俊 글모음』(한송, 1995), 288-289쪽.

192. 박태준, "박태준 회고록: 불처럼 살다 ③", 『신동아』 1992년 6월호, 454-455쪽; 『포항제철 20년사』, 196쪽.

193. 인터뷰: 김철우 (2000. 7. 14); 최형섭, 『불이 꺼지지 않는 연구소: 한국 과학기술 여명기 30년』(조선일보사, 1995), 80-82쪽. 당시에 KIST 중공업연구실의 실장을 맡았던 사람은 일본 철강업계에 정통한 김철우였으며, KIST의 동경분실은 포스코의 동경연락소와 같은 건물에 위치하고 있었다.

194. 송성수, "한국 철강산업의 기술능력 발전과정", 86-87쪽; 문만용, 『한국의 현대적 연구체제의 형성』, 210-212쪽.

195. 포항제철, 『포항제철 7년사: 일관제철소 건설기록』(1975), 526쪽. 이하의 논의는 송성수, "포항제철 초창기의 기술습득", 『한국과학사학회지』 28-2 (2006), 329-348쪽

을 부분적으로 보완한 것이다.

196. 전화인터뷰: 백덕현 (2000. 11. 13). 사실상 포스코의 주요 간부사원도 고로를 직접 목격한 경험이 없었는데 그것은 1970년 2월에 토건부장으로 입사했던 정명식의 회고에서도 확인할 수 있다. "나는 단지 책에서 고로의 그림을 보았을 뿐입니다. (일본을 방문하여) 고로를 직접 보았을 때 나는 위압감에 사로잡혔습니다. 그리고 나는 우리가 이것을 해낼 수 있을까? 라고 생각했습니다"(조셉 인너스·애비 드레스 지음, 김원석 옮김, 『세계는 믿지 않았다: 포항제철이 길을 밝히다』(에드텍, 1993), 127쪽).

197. 1973년까지 해외연수를 받았던 포항제철의 직원 수는 포항제철소 2기 사업을 위한 10명을 포함하여 총 597명이었으며, 이는 전체 직원 수인 3,973명의 15.0%에 해당했다. 1972년을 기준으로 할 경우에는 해외연수인원 558명, 전체 직원 2,483명으로서 해외연수인원의 비중이 22.5%에 이르렀다(『포항제철 7년사』, 503, 526쪽).

198. 야와타제철과 후지제철은 1970년 3월 31일에 신일본제철(新日本製鐵)로 통합되었다.

199. 『포항제철 7년사』, 526-528쪽.

200. 『포항제철 7년사』, 527-531쪽.

201. 인터뷰: 이일옥 (1999. 6. 30).

202. 포항제철, "회의록으로 본 경영 10년", 『포항제철 10년사: 별책부록』(1979), 143쪽. 이와 관련하여 고(故) 이병철 삼성그룹 회장은 포스코의 해외연수에 대하여 다음과 같은 일화를 소개하고 있다. "언젠가 박 회장이 직원들을 일본에 연수 보내면서 훈시하기를 "여러분은 각자 맡은 분야의 기술을 남김없이 습득해 와야 한다. 그러나 그것만으로는 부족하다. 그 이외에 다른 기술 한 가지 이상씩을 가지고 오라. 그렇지 않으면 귀국 후에 나를 다시 볼 생각조차 하지 마라"고 했다 한다. 연수생들은 연수를 마치고 돌아온 뒤 하나같이 박 회장에게 와서 약속대로 자기가 맡은 과목 외의 기술 한 가지씩을 내놓더라는 것이다"[이병철, "경영자의 살아있는 교재", 박태준, 『신종이산가족: 박태준 華甲 문집』(포항제철, 1987), 238쪽].

203. 이에 대한 일본 학자의 분석에 대해서는 후카가와 히로시, "포항제철소 건설에서의 한일 엔지니어 교류", 김도형·아베 마코토 외, 『한일관계사 1965-2015: Ⅱ 경제』(역사공간, 2015), 434-469쪽을 참조.

204. 김기홍, "포철철공소가 뭐하는 회사야?", 이호 엮음, 『신들린 사람들의 합창: 포항제철 30년 이야기』(한송, 1998), 264-265쪽.

205. 최형섭, 『기술창출의 원천을 찾아서: 연구개발과 더불어 50년』(매일경제신문사, 1999), 25쪽.

206. 김기홍, "포철철공소가 뭐하는 회사야?", 265쪽.

207. 인터뷰: 홍상복 (2000. 11. 23). 특히 일본강관의 경우에는 "포스코의 연수생들이 사무실을 수시로 드나들면서 자료를 빼내어 외부에서 복사를 하는 것도 모른 척해 주었다."고 한다.

208. 송성수, "한국 철강산업의 기술능력 발전과정", 68-69쪽.

209. 송성수, "한국 철강산업의 기술능력 발전과정", 70쪽.

210. 이와 관련하여 박태준은 1988년 9월 1일자 《크리스천 사이언스 모니터(*The Christian Science Monitor*)》를 통해 "일본은 한국 철강산업이 이렇게까지 비약적인 발전을 하리라고 상상하지 못했을 것이다. 그들의 원래 의도는 한국이 아주 뒤떨어진 거리에서 일본을 따라오는 것이었다."고 회고한 바 있다.

211. 김영길, "위하여 파티", 이호 엮음, 『신들린 사람들의 합창』, 159쪽; 武田豊, "시대를 꿰뚫어 보는 통찰력", 박태준, 『신종이산가족: 박태준 華甲 문집』, 270쪽.

212. 김기홍, "포철철공소가 뭐하는 회사야?", 265쪽.

213. 平田澄穂, "思いつくままに", 外有賀敏彦 外, 『浦項綜合製鐵の建設回顧錄: 韓國への技術協力の記錄』(東京: 三元堂, 1997), 154쪽; 山本長四郎, "私の浦項製鐵: 思い出すままに", 같은 책, 168쪽.

214. 이호, 『누가 새벽을 태우는가: 박태준 鐵의 이력서』(자유시대사, 1992), 239-240쪽.

215. 조용선, "그때를 아십니까?", 이호 엮음, 『신들린 사람들의 합창』, 289쪽; 平田澄穂, "思いつくままに", 152-153쪽.

216. 『포항제철 10년사』, 165-166쪽.

217. 정명식, "모든 것이 최초였던 '철강 중흥'의 첫 삽", 한국엔지니어링진흥협회 편, 『한국 엔지니어링의 태동』(2001), 192쪽.

218. 예를 들어 신일본제철의 무로란제철소에서 열연조업에 대한 연수를 지도했던 야마모토는 "아직 압연이 컴퓨터 컨트롤되고 있지 않던 시대였기 때문에… 자료나 이론보다 실제적인 조업운전을 경험하는 것이 중요하며 실지훈련을 제대로 해서 익혀 두지 않으면 열연공장은 가동되지 않는다고 실습의 중요성을 몇 번이나 설득하였다."고 회고했다(山本長四郎, "私の浦項製鐵", 168쪽).

219. 변형윤, "한국철강공업의 기술축적: 포항제철을 중심으로", 125, 128-129쪽.

220. 성기중, "포스코 전산화 이야기", 이호 엮음, 『신들린 사람들의 합창』, 221쪽.

221. Alice H. Amsden, *Asia's Next Giant*, p. 309.

222. 성기중, "포스코 전산화 이야기", 222쪽; 인터뷰: 이승우 (1999. 6. 30).

223. 허문도, "協心의 鎔鑛爐",《조선일보》, 1976. 11. 23.

224. 허문도, "한국 공업화 의지에 감명",《조선일보》, 1978. 12. 13.

225. 인터뷰: 이일옥 (1999. 6. 30). 이와 관련하여 1975년 가을에 신일본제철의 나고야 (名古屋)제철소에 해외연수를 갔던 김하연은 일본 기술자들이 포스코에 대해 경쟁 의식을 갖고 있었으며 현장에서의 실습에 난색을 표명하거나 복사실 출입에 대해 사전 승인을 요구하는 모습을 보였다고 회고한 바 있다["헝그리 정신으로 빛난 눈동 자: 다음 세대에 물려줄 행복을 위한 마이크로필름", 이대환 엮음,『쇳물에 흐르는 푸 른 청춘』(아시아, 2006), 210-211쪽].

226. "韓國製鋼材なだれ込む",《日本經濟新聞》, 1981. 7. 11.

227. 『포항제철 7년사』, 341쪽.

228. 『포항제철 7년사』, 608-613쪽.

229. 서갑경,『최고기준을 고집하라』, 320쪽. 포스코는 처음에 1974년까지 적자를 예상 하고 있었으나 실제적으로는 1973년부터 흑자를 실현할 수 있었다. 여기에는 중후 판공장이 완공된 직후에 세계적인 조선 붐이 발생하는 행운이 결정적인 요인으로 작용했지만, 우수한 설비의 확보, 후방건설방식의 채택, 건설공기의 단축, 설비의 시 험가동 등이 없었더라면 그 효과는 매우 감소되었을 것이다.

230. 전화인터뷰: 백덕현 (2001. 7. 20). 이와 관련하여 성조환, "한국 철강산업의 기술개 발 과정에 관한 연구: 포항제철의 역활용 전략" (국민대학교 박사학위논문, 1999), 57 쪽에는 "JG의 기술자들이 선임이 되어 조업을 주도하고 한국인 엔지니어는 보조원 의 역할을 했다."고 서술되어 있는데 그것은 사실과 다른 것으로 판단된다. 아무런 책임도 없는 사람이 설비를 주도적으로 가동할 수는 없는 것이다. 오히려 성조환의 분석은 포스코의 해외연수가 전개되는 양상에 적합한 것으로 보인다. 포스코의 직 원들이 해외연수에서 조연(助演)을 담당했다면 조업현장에서는 주연(主演)의 역할 을 했던 셈이다.

231. 변형윤, "한국철강공업의 기술축적: 포항제철을 중심으로",『경제논집』제19권 2호 (1980), 131쪽.

232. 인터뷰: 이일옥 (1999. 6. 30). 포스코 초창기의 인력관리에 대해서는 송성수, "한국 철강산업의 기술능력 발전과정", 124-131쪽; 정진성, "포항제철의 기능인력 충원 및 양성", 박기주 외,『한국 중화학공업화와 사회의 변화』(대한민국역사박물관, 2014), 511-568쪽을 참조.

233. 인터뷰: 이일옥 (1999. 6. 30); 김달현, "공장장님! 머리가 짱구시군요", 이호 엮음,『신

들린 사람들의 합창』, 293-295쪽.

234. 예를 들어 1998년에 포스코의 기성(技聖)으로 활동하고 있던 김이선은 성조환과의 인터뷰에서 다음과 같이 회고했다. "JG로부터 파견된 엔지니어는 3~6개월 동안 기술지도를 하고 돌아가기 때문에 실질적인 조업기술을 습득하는 데에는 많은 애로가 있었지만 일본의 퇴직기술자들은 1~2년간 계약되었기 때문에 포항제철의 직원들에게 조업기술을 상세히 전수하였다"(성조환, "한국 철강산업의 기술개발 과정에 관한 연구, 58쪽). 또한 이일옥의 회고에 따르면 "JG 기술자 중에는 경험이 부족한 사람도 많았으며 공장 감독만 했지 별다른 기여를 하지 못했고 핫도리와 같은 경험이 많은 기술자가 실질적으로 도움을 주었다"[인터뷰: 이일옥 (1999. 6. 30)].

235. 인터뷰: 이일옥 (1999. 6. 30). 포스고 직원의 사세와 관련하여 JG 기술자로서 열연공장에 파견되었던 이나자키는 "우리의 주변에는 늘 공책을 들고 있는 포항제철 직원이 있었고 발언 내용을 남김없이 기록하고 있으니 마치 교주라도 된 듯한 느낌이 들었다.'고 회고한 바 있다(稻崎宏治, "プロセス.コンピュ_タとク_ラ_事始め", 有賀敏彦 外,『浦項綜合製鐵の建設回顧錄』, 67쪽).

236. 『포항제철 7년사』, 603-604쪽.

237. 전화인터뷰: 백덕현 (2001. 7. 20); 백덕현,『근대 한국 철강공업 성장사』, 300-301쪽.

238. 박우희·배용호,『한국의 기술발전』, 175-189쪽; 송성수, "한국 철강산업의 기술능력 발전과정", 151-152쪽.

239. 포항산업과학연구원,『포항산업과학연구원 10년사』 (1997), 90쪽.

240. 『포항제철 10년사』, 458쪽.

241. 송성수, "한국 철강산업의 기술능력 발전과정", 153쪽.

242. 송성수, "한국 철강산업의 기술능력 발전과정", 153-154쪽.

243. 1960년대 한국의 조선산업에 대해서는 김주환, "개발국가에서의 국가-기업 관계에 관한 연구: 한국의 조선산업발전과 '지원-규율' 체제에 대한 비판적 검토" (서울대학교 박사학위논문, 1999), 73-76쪽; 김효철 외,『한국의 배』 (지성사, 2006), 60-68쪽을 참조.

244. 현대그룹에서 조선사업을 담당해온 주체는 현대건설 조선사업추진팀(1969~1970년), 현대건설 조신사업부(1970~1973년), 현대조선중공업(1973~1978년), 현대중공업(1978년~현재)의 순으로, 삼성그룹의 경우에는 삼성조선(1977~1983년)에서 삼성중공업(1983년~현재)으로, 대우그룹의 경우에는 대우조선(1978~1994년), 대우중공업(1994~2000년), 대우조선해양(2000년~현재)의 순으로 변천해왔지만, 이 글에서는

편의상 '현대', '삼성', '대우'로 칭하기로 한다.

245. 주4원칙은 1970년 4월 중국 수상 주은래(周恩來)가 일본의 우호무역대표단과 회담을 진행한 후 밝힌 원칙에 해당한다. 그것은 ① 대만이나 한국과 거래하는 메이커 및 상사, ② 대만이나 한국에 다액의 투자를 하고 있는 기업, ③ 베트남전쟁 때 무기를 제공한 기업, ④ 일본에 있는 미국의 합병회사나 자회사 등과는 거래를 하지 않겠다는 네 개의 항목으로 구성되어 있다.

246. 현대가 조선산업에 진출한 자세한 경위에 대해서는 현대중공업, 『현대중공업사』(1992), 310-332쪽; 김주환, "개발국가에서의 국가-기업 관계에 관한 연구", 85-104쪽; 배석만, "조선 산업의 성장과 수출 전문 산업화", 박기주 외, 『한국 중화학공업화와 사회의 변화』(대한민국역사박물관, 2014), 396-408쪽; 박영구, "1971년의 한국 현대조선공업 시작은 정말 어떠하였는가?", 『한국민족문화』 61 (2016), 431-462쪽을 참조. 당시에 정주영은 조선소 건설에 필요한 자본과 기술을 확보하기 위해 매우 도전적인 활동을 벌였다. 그는 1970년 9월에 애플도어사의 롱바톰(Longbattom) 회장을 만나 거북선이 그려져 있는 500원 짜리 지폐를 꺼내 우리 민족의 선박 건조기술의 잠재력을 내세웠으며, 1971년 10월에는 요르거스 리바노스(George Livanos)를 만나 울산시 미포만의 백사장 사진 한 장, 5만분의 1 지도 한 장, 26만 톤급 유조선 설계도면 한 장을 가지고 협상을 추진했던 것으로 전해진다.

247. 문만용, 『한국의 현대적 연구체제의 형성』, 207-208쪽. KIST 설립 10주년을 기념하여 내한한 호닉(Donald F. Hornig)이 울산의 현대조선소를 방문했을 때 KIST가 조선소에 어떤 공헌을 했느냐고 질문하자 정주영이 바로 "I got idea from KIST"라고 답했다는 일화도 전해지고 있다[한국과학기술연구원, 『KIST 50년, 잊지지 않을 이야기』(2016), 69쪽].

248. 현대중공업, 『현대중공업사』(1992), 338-342쪽.

249. 이호, "경제비사: 정주영의 조선업 도전 ⑨: 거꾸로 공법으로 세계 기록 세워", 『이코노미스트』(2007. 3. 27).

250. 『현대중공업사』, 370-373쪽.

251. 『현대중공업사』, 368-370쪽; 한국조선공업협회, 『한국의 조선산업: 성장과 과제』(2005), 172-173쪽.

252. 김주환, "개발국가에서의 국가-기업 관계에 관한 연구", 107-110쪽.

253. 김주환, "개발국가에서의 국가-기업 관계에 관한 연구", 110-115쪽; 한국조선공업협회, 『한국의 조선산업』, 173-177쪽.

254. 『현대중공업사』, 384-389쪽; 김주환, "개발국가에서의 국가-기업 관계에 관한 연구", 115-121쪽.

255. 김효철 외,『한국의 배』, 72쪽. 이경묵·박승엽,『한국 조선산업의 성공요인』(서울대학교출판문화원, 2013), 84쪽에 따르면, 당시에 한국 정부는 대우와 삼성의 반대에도 불구하고 조선소를 강제적으로 할당했으며, 대우와 삼성은 '이왕 하게 된 사업, 규모를 늘리자.'라는 심산을 갖게 되었다.

256. 『현대중공업사』, 342쪽.

257. Alice H. Amsden, *Asia's Next Giant*, pp. 286-287.

258. 『현대중공업사』, 344쪽. 1960~1970년대 조선산업의 인력 양성과 정책에 대해서는 배석만, "조선 산업 인력 수급 정책과 양성 과정", 박기주 외,『한국 중화학공업화와 사회의 변화』(대한민국역사박물관, 2014), 569-617쪽을 참조.

259. 『현대중공업사』, 342쪽.

260. 『현대중공업사』, 342-344쪽. 배석만, "현대중공업의 초창기 조선기술 도입과 정착과정 연구",『경영사학』26-3 (2011), 184-185, 190쪽.

261. 배석만, "현대중공업의 초창기 조선기술 도입과 정착과정 연구", 185쪽.

262. 황성혁,『넘지 못할 벽은 없다』(이앤비플러스, 2010), 35쪽. 이와 관련하여 정주영은 현대의 초창기 기술진에 대하여 "현장을 한번만 보면 설계도면 못지않게 그대로 뽑아내. 아주 우수해요.… 스콧리스고에 갔다 풀어놓으니까 이놈들이 걸어 다니는 사진기고 걸어 다니는 컴퓨터야. 그리고 단숨에 배워."라고 평가하기도 했다[이호, "경제비사: 정주영의 조선업 도전 ⑩: 전국 엿장수 죄다 울산에 왔어",『이코노미스트』(2007. 4. 14)].

263. 황성혁,『넘지 못할 벽은 없다』, 36쪽.

264. Alice H. Amsden, *Asia's Next Giant*, pp. 276-279; 배석만, "현대중공업의 초창기 조선기술 도입과 정착과정 연구", 190-196쪽. 선대 건조방식에서는 경사진 활주대 위에서 강판 한 장 한 장을 조립하여 선박의 몸통을 완성한 후 선체를 바다에 진수시켜 의장작업을 하는 식으로 진행되는 반면, 블록 건조방식은 선체를 몇 등분으로 분할한 블록을 육상에서 완성한 후 기중기를 이용해 도크에 올리고 용접으로 결합함으로써 선체를 완성한다.

265. 백충기, "한국 최초의 VLCC가 뜨기까지", 현대중공업,『현대중공업사』(1992), 406쪽.

266. 이경묵·박승엽,『한국 조선산업의 성공요인』, 147쪽.

267. 배석만, "현대중공업의 초창기 조선기술 도입과 정착과정 연구", 191쪽.

268. 『현대중공업사』, 357-358쪽.

269. 『현대중공업사』, 360-363쪽.

270. 배석만, "현대중공업의 초창기 조선기술 도입과 정착과정 연구", 203쪽.

271. 이에 대해 김주환, "개발국가에서의 국가-기업 관계에 관한 연구", 105쪽은 '짜깁기식 기술조합'이란 용어를, 배석만, "현대중공업의 초창기 조선기술 도입과 정착과정 연구", 207쪽은 '현대중공업형 유조선 모델' 혹은 '현대중공업식 조선기술'이란 용어를 사용하고 있다.

272. 『현대중공업사』, 549-550쪽.

273. 삼성은 처음에 일본의 IHI에게 기술협력을 타진했으나 IHI가 삼성의 모든 해외영업에 대한 허가권을 요구하는 바람에 두 기업의 기술협력은 무산되고 말았다[삼성중공업, 『삼성중공업 20년사』 (1994), 136-137쪽].

274. 김주환, "한국 조선업의 세계제패 요인에 관한 연구: 상품주기론에 대응한 조선업 발전전략을 중심으로", 『대한정치학회보』 16-1 (2008), 260-264쪽. 이러한 점을 바탕으로 김주환은 "조선업에 관한 한 일본과 한국은 처음부터 경쟁관계로 시작했지 동북아국가들 간에 생산물주기에 따른 사양산업의 이전과는 거리가 있다.… 한국의 산업화를 과거 식민지적 맥락과 지역통합적 관점에서 이해하는 커밍스이론은 섬유산업이나 포항제철을 대상으로 한 경우는 타당한지 모르나 조선산업에는 해당하지 않는다.고 주장했다(같은 논문, 272쪽).

275. 1950년대까지 한국 자동차산업에 대해서는 현대자동차, "불모의 땅에서 세계 자동차산업의 새 주역으로: 한국의 자동차 역사", 『현대자동차 30년사: 도전 30년 비전 21세기』 (1997), 889-898쪽; 오규창·조철, 『한국 자동차산업의 발전역사와 성장잠재력』 (산업연구원, 1997), 10-21쪽; 육성으로 듣는 경제기적 편찬위원회, 『코리안 미러클 3: 중화학공업, 지축을 흔들다』 (나남, 2016). 315-326쪽 등을 참조.

276. KD는 부품을 도입한 후 이를 조립하여 자동차를 생산하는 방식으로 SKD(semi-knockdown)와 CKD(complete knockdown)로 구분된다. SKD는 부분적으로 분해된 부품을 구입하여 조립하는 방식이고 CKD는 완전히 분해된 부품을 구입하여 조립하는 방식에 해당한다.

277. 1960년대 한국의 자동차산업에 대해서는 오규창·조철, 『한국 자동차산업의 발전역사와 성장잠재력』, 22-41쪽을 참조. 아세아자동차는 1969년에 동국제강에 인수된 후 1979년에 기아산업에 흡수되었다. 신진자동차는 1972년에 GM과의 공동출자로 GM코리아(GMK)를 설립했으며, GM코리아는 새한자동차(1976~1983년), 대우자동

차(1983~2002년), GM대우오토앤테크놀로지(2002~2011년)를 거쳐 2011년에 한국지엠(GM Korea)으로 변경되었다.

278. 오규창·조철,『한국 자동차산업의 발전역사와 성장잠재력』, 34-35쪽.

279. 현대자동차,『현대자동차사』(1992), 315쪽.

280. 오규창·조철,『한국 자동차산업의 발전역사와 성장잠재력』, 29쪽.

281. 한국과학기술연구소,『중공업 발전의 기반: 한국의 기계 및 소재공업의 현황과 전망분석』(1970), 1111-1113쪽; 현대자동차,『현대자동차 20년사』(1987), 180쪽.

282. 오규창·조철,『한국 자동차산업의 발전역사와 성장잠재력』, 42-47쪽; 김성훈, "정부의 산업정책과 기업의 기술혁신전략: 한국 자동차산업을 중심으로" (고려대학교 박사학위논문, 1998), 61-74쪽. 장기자동차공업진흥계획의 전문(全文)과 요약, 그리고 대통령 지시각서는 오원철,『한국형 경제건설: 엔지니어링 어프로치』제4권 (기아경제연구소, 1996), 321-454쪽에 수록되어 있다.

283. 김견, "1980년대 한국의 기술능력발전과정에 관한 연구", 194-195쪽.

284. 여기서 '고유모델'이란 외국에서 생산·시판된 일이 없는 새로운 설계의 차종을 의미한다. 그것은 차량모델을 누가 설계하고 차량에 탑재되는 부품을 누가 개발하는가 하는 문제와 무관하다. 이러한 작업들을 완전히 자체적으로 수행한 경우는 '독자모델'에 해당한다.

285. 정세영,『미래는 만드는 것이다: 정세영의 자동차 외길 32년』(행림출판, 2000), 162-184쪽; 이호,『정상은 우연히 오지 않는다: 정세영과 현대자동차』(우석, 1993), 116-163쪽.

286. 『현대자동차 20년사』, 170쪽은 고유모델 반대론자들이 전개한 논리를 다음과 같이 요약하고 있다. "① 자본금 17억 원에 불과한 회사가 최소한 3~4백억 원이 소요되는 투자를 감당하기 어렵고, ② 외국에 많은 차관을 지고 건설할 경우 언제 세계 시장에서 자동차를 팔아 그 원금과 이자를 갚을 수 있을지 막막하며, ③ 최소한의 양산규모는 5만 대인데 국제시장에 진출할 수 있을 때까지는 이를 국내시장에서 소화하여야 하나 국내시장은 전체 승용차 규모가 1만 대에 못 미치는 현실이므로 공장을 지었다가 당장에 가동하지 못할 우려가 있고, ④ 과연 우리의 기술수준으로 [고유모델] 자동차의 제조가 가능한지 의심스러우며, ⑤ 더구나 수출까지 하는 것은 상상하기 어렵다." 이와 관련하여 당시에 GM의 수석 부사장을 맡고 있던 벤지(H. W. Venge)는 "현대가 고유모델을 만들면 내 손에 장을 지져라!"고 비아냥거렸고, 국내 언론들은 "투자 대비 효과를 고려했을 때 독자개발은 미친 짓"이라며 현대자동차

의 행보에 우려를 표했다[이유재·박기완, "현대자동차", 하영원 외, 『미라클 경영: 기적을 만든 7개 대한민국 기업 스토리』(자의누리, 2017), 371-372쪽].

287. 정세영, 『미래는 만드는 것이다』, 178-179쪽.

288. 인터뷰: 김재관 (2000. 1. 15); 정세영, 『미래는 만드는 것이다』, 180-182쪽.

289. 『현대자동차 20년사』, 190-198쪽.

290. 『현대자동차 20년사』, 198-199쪽; 이호, 『정상은 우연히 오지 않는다』, 173-174쪽.

291. 매일경제 과학기술부, "이충구: 무에서 유를 창조한 포니 신화", 『과학기술로 세상을 열다: 한국 엔지니어 60인』(매경출판, 2006), 276쪽; 현영석, 『현대자동차 스피드 경영』(한국린경영연구원, 2013), 142쪽.

292. 이충구, "한국의 자동차 기술: 첫 걸음에서 비상까지 ③", 『오토저널』 31-4 (2009. 8), 55쪽. 이충구, "고인이 되어서도 항상 살아있는 가르침을 주시는 그리운 목소리", 포니정 장학재단, 『한국 자동차 산업의 신화: 꿈과 희망을 남긴 영원한 선구자 포니정』(2006), 104쪽에도 비슷한 회고가 실려 있다. "당시 한국은 자동차 설계라는 말의 개념조차 생소한 수준이었고, 그런 완전 백지 상태에서 남의 등 너머로 기술을 익히려니 정말 하루하루가 긴장과 고민의 연속이었다. 영어도 잘 통하지 않는 회사에서 손짓 발짓까지 써가며 이론과 기술을 전해 듣고, 집에 돌아와서는 행여 하나라도 놓칠까봐 밤새 메모를 하는 일이 계속되었다. 그 같은 어려움 속에서 후일 방송 매체에서 이른바 '이대리 노트'라는 말로 소개하기도 했던 포니 설계의 기초 자료집이 마련되었던 것이다."

293. 『현대자동차 20년사』, 213쪽; 강명한, 『바퀴는 영원하다』(정우사, 1992), 265쪽. 당시에 현대자동차 직원 20여 명이 미쓰비시자동차에 가서 엔진제작기술을 배웠는데, 그들은 "절삭공법이라는 일본 책을 구입해서 일일이 토를 달며 200페이지에 이르는 책 내용을 거의 외우다시피 했다."고 한다(『현대자동차사』, 765쪽).

294. 『현대자동차사』, 386-387쪽; 강명한, 『포니를 만든 별난 한국인들』(정우사, 1986), 57쪽.

295. 김견, "1980년대 한국의 기술능력발전과정에 관한 연구", 197-198쪽. 이와 관련하여 1970년대에 현대자동차 연구소장으로 있으면서 포니의 개발을 주도했던 정주화는 훗날 "처음에 멋도 모르고 고유모델 자동차 개발을 한다고 뛰어들었지만, 두 번 다시 하라면 못한다."고 하면서 고개를 흔들기도 했다(현영석, 『현대자동차 스피드경영』, 140쪽).

296. 이에 대해 이충구, "한국의 자동차 기술: 첫 걸음에서 비상까지 ④", 『오토저널』

31-5 (2009. 10), 56쪽은 다음과 같이 서술하고 있다. "결과적으로 자세히 들여다보면, 포니 프로젝트는 다국적 기술의 종합 작품이었다. 우선 플랫폼은 일본의 미쓰비시, 설계 디자인은 유럽의 이탈디자인으로부터 받아왔고, 생산기술은 영국 자문단의 자문을 응용하였다. 개발이나 양산 단계로 접어들면서 대부분의 생산기술은 지역적으로 거리도 가깝고, 우리 입맛에 가장 가깝게 제시하는 일본 방식을 도입하였다."

297. 『현대자동차 20년사』, 214-222쪽.

298. 『현대자동차사』, 157쪽; 오규창·조철, 『한국 자동차산업의 발전역사와 성장잠재력』, 52-53쪽.

299. 『현대자동차 20년사』, 201-206쪽; 정세영, 『미래는 만드는 것이다』, 214-219쪽. 『현대자동차 20년사』를 포함한 많은 자료는 한국이 세계에서 16번째로 고유모델을 생산한 국가라고 기록하고 있으나, 이충구는 한국이 세계 9번째의 고유모델 생산국이며 당시의 자동차 생산량에서 세계 16위를 차지했다고 지적한 바 있다. "당시 언론은 한국이 세계 16번째의 고유모델 생산국이라고 대대적으로 보도했다. 지금도 대부분 자료는 16번째로 인용하고 있지만, 틀린 이야기이다. 고유모델 생산국으로는 9번째가 맞다. 자동차를 생산하는 국가로서 [생산량이 세계에서] 16번째라는 이야기였다고 생각한다"(이충구, "한국의 자동차 기술: 첫 걸음에서 비상까지 ③", 56쪽).

300. 『현대자동차 20년사』, 283쪽.

301. 『현대자동차 20년사』, 287쪽.

302. 정세영, 『미래는 만드는 것이다』, 240-241쪽.

303. 『현대자동차 20년사』, 283-284쪽; 오규창·조철, 『한국 자동차산업의 발전역사와 성장잠재력』, 52쪽.

304. 서현진, 『끝없는 혁명: 한국 전자산업 40년의 발자취』 (이비커뮤니케이션, 2001), 12-13쪽.

305. 당시에 구인회 사장은 다음과 같이 라디오 국산화의 의지를 피력했다고 한다. "우리가 영원히 PX에서 외국 물건만 사 쓰고 라디오 하나 몬 맹글어서 되컷나. 누구라도 해야 할 거 아닌가. 우리가 한번 해보는 기라. 먼저 하는 사람이 고생도 되겟지만 고생하다 보면 나쇼날이다, 도시바다 하는 거 맹키로 안되것나"[금성사, 『금성사 35년사』 (1995), 210쪽; 김영태, 『비전을 이루려면 1: 연암 구인회』 ((주)LG, 2012), 313쪽].

306. 『금성사 35년사』, 210-219쪽; 서현진, 『끝없는 혁명』, 75-81쪽. 김해수의 일생에 대해서는 김해수 지음, 김진주 엮음, 『아버지의 라디오: 국산 라디오 1호를 만든 엔지니어 이야기』 (느린걸음, 2007); 송성수, "라디오 국산화의 주역, 김해수", 『사람의 역사,

기술의 역사』제2판 (부산대학교출판부, 2015), 442-453쪽을 참조.

307. 이러한 과정에는 미국 컬럼비아 대학의 김완희 박사가 1967년에 마련한 『전자공업 진흥을 위한 조사보고서』가 적극 활용되었으며, 그것은 일명 '김완희 보고서'로 불리고 있다. 김완희는 이후에도 한국전자공업진흥회의 설립과 운영을 주관하는 등 한국 전자산업의 발전에 크게 기여했으며, 그의 회고록으로는 김완희, 『두 개의 해를 품에 안고: 한국전자산업의 대부 김완희 박사 자전에세이』 (동아일보사, 1999)가 있다. 전자공업진흥책과 관련된 김완희의 역할에 대해서는 비판적인 견해도 존재하는데, 예를 들어 오원철, 『한국형 경제건설』 제3권, 317-326쪽을 참조.

308. 이상에서 간단히 논의한 1960~1970년대 한국 전자산업의 성장에 대해서는 한국 전자공업진흥회, 『전자공업삼십년사』 (1989), 33-160쪽; 서현진, 『끝없는 혁명』, 82-287쪽을 참조.

309. 참고로 1977년에 일본은 가정용 전자 37.5%, 산업용 전자 33.1%, 전자부품 29.4%를, 미국은 각각 15.0%, 66.3%, 18.7%를 기록했다[한국산업은행, 『한국의 산업(상)』 (1979), 400쪽].

310. 한국전자공업진흥회, 『전자공업삼십년사』, 43쪽; 김해수, 『아버지의 라디오』, 166-167쪽.

311. 김해수, 『아버지의 라디오』, 169-170쪽.

312. 『금성사 35년사』, 260-261쪽; 서현진, 『끝없는 혁명』, 114-116쪽. 건의서의 전문(全文)은 『전자공업삼십년사』, 43-45쪽에 실려 있다.

313. 『금성사 35년사』, 261쪽.

314. 김인수, 『모방에서 혁신으로』, 174-175쪽.

315. 『금성사 35년사』, 262-263쪽.

316. 『금성사 35년사』, 280쪽.

317. 김인수, 『모방에서 혁신으로』, 175-176쪽.

318. 서현진, 『끝없는 혁명』, 116쪽.

319. 삼성전자, 『삼성전자 30년사』 (1999), 122, 132쪽; 서현진, 『끝없는 혁명』, 257-258쪽.

320. 서현진, 『끝없는 혁명』, 259쪽. 컬러텔레비전의 국내 방영은 여러 차례에 걸쳐 건의 되었지만 제5공화국이 들어선 1980년 12월에야 결실을 보게 된다. 그 이유 중의 하나는 컬러텔레비전이 아직 사치품이며 사회적 위화감을 조성할 수 있다는 박정희 대통령의 판단에서 찾을 수 있는데, 이에 대해서는 오원철, 『한국형 경제건설』 제3권, 388-390쪽을 참조.

321. 오원철,『한국형 경제건설』제3권, 387-388쪽; 김인수,『모방에서 혁신으로』, 176쪽.

322.『금성사 35년사』, 279-280쪽;『삼성전자 30년사』, 132-133쪽.

323. 한국 반도체산업의 초창기 상황에 대해서는 윤정로, "한국의 반도체 산업, 1965-1987",『과학기술과 한국사회』(문학과지성사, 2000), 124-142쪽; 한국반도체산업협회,『반도체, 신화를 쓰다』(2012), 12-23쪽을 참조.

324. 이종덕, "초창기는 '패키징'이 전부였다", 한국반도체산업협회,『반도체, 신화를 쓰다』, 19쪽.

325. 한국반도체의 초기 활동에 대해서는 삼성반도체통신,『삼성반도체통신십년사』 (1987), 88-91쪽; 강진구,『삼성전자 신화와 그 비결』(고려원, 1996), 191-193쪽; 한국반도체산업협회,『반도체, 신화를 쓰다』, 25-29쪽을 참조. 강기동의 자서전은 강기동,『강기동과 한국 반도체』(아모르문디, 2018)로 출간된 바 있다.

326. 강진구,『삼성전자 신화와 그 비결』, 181-184쪽.

327.『삼성반도체통신십년사』, 172-173쪽.

328.『삼성반도체통신십년사』, 173-175쪽; 강진구,『삼성전자 신화와 그 비결』, 197-198쪽. 이와 함께 한국반도체가 양성한 많은 실무기술자들은 국내 기업들로 이동하여 반도체기술의 저변을 넓히는 역할을 담당했다[김충기, "국내 반도체 공업의 발전 회고",『전자공학회지』13-5 (1986), 439쪽].

329.『삼성반도체통신십년사』, 176-177쪽. 삼성전자가 한국반도체를 완전히 인수할 때 이병철 회장은 당시 중앙매스컴의 이사로 있던 이건희의 의견을 물었는데, 당시에 이건희는 "반도체사업은 대단히 중요하며, 안 하면 안 될 사업으로, 허락한다면 자신이 개인출자까지 하겠다."고 말했다고 한다(강진구,『삼성전자 신화와 그 비결』, 195쪽).

330.『삼성반도체통신십년사』, 177-178쪽;『삼성전자이십년사』, 258쪽. 이와 관련하여 당시 한국과학기술원 전기 및 전자공학과 교수이던 김충기는 1978~1979년에 한국의 반도체업계에서 집적회로의 설계와 생산이 시도되었다고 평가하고 있다. 삼성반도체가 기존의 워치 칩에 여러 가지 기능을 첨부한 새로운 워치 칩을 자체적으로 설계하여 생산했다는 것이다[김충기, "우리나라의 반도체 산업, 1974~1989",『전자공학회잡지』12-1 (1985), 37쪽].

331.『삼성반도체통신십년사』, 179-181쪽; 삼성전자,『삼성전자이십년사』, 274쪽. 이에 대하여『삼성반도체통신십년사』, 181쪽은 "비록 1975년에 전자손목시계용 칩이라는 LSI제품을 개발 양산하긴 했지만 그것은 단순한 공정개발에 불과했으므로 진정한

의미의 LSI제품개발이라 할 수 없으며, 색신호 IC의 개발로 말미암아 비로소 실질적인 LSI제품 시대에 진입하게 된 것이다."고 평가하고 있다.

332. 박정희, 『국가와 혁명과 나』, 243-293쪽. 박정희는 1964년 8월 15일에 있었던 제19주년 광복절 경축사에서도 "민주주의의 건전한 발전도 복지국가의 건설도 승공통일을 위한 국력배양도 결국 경제건설의 성패에 달려 있는 것입니다."고 언급한 바 있다.

333. Walt W. Rostow, *The Stages of Economic Growth: A Non-Communist Manifesto* (Cambridge: Cambridge University Press, 1960).

334. 이러한 사실은 박정희 정권기의 정책결정이 합리주의(rationalism)보다는 점증주의 (incrementalism)의 성격을 띠고 있었다는 점을 시사하는데, 합리주의와 점증주의를 포함한 정책결정이론에 대해서는 정정길 외, 『정책학원론』 개정증보판 (대명출판사, 2010), 431-508쪽을 참조.

335. 예를 들어 서익진, "한국 산업화의 발전양식", 이병천 엮음, 『개발독재와 박정희시대』 (창비, 2003), 80-82쪽은 '복선적 공업화론'에 대해 논의하고 있으며, 주익종, "대한민국을 부강하게 하다", 174-207쪽에 해당하는 단락은 '박정희 정부의 복합적 산업화전략'이란 제목을 달고 있다.

336. 포항제철, 『4반세기 제철대역사의 완성: 국내·외에서 본 포항제철의 성공요인』 (1992), 168-169쪽.

337. 이제민, "한국의 경제성장: 그 성공과 굴곡의 과정", 29-31쪽.

338. 이와 관련하여 Dahlman, Carl J. and Larry E. Westphal, "Technological Effort in Industrial Development: An Interpretative Survey of Recent Research", Frances Stewart and Jeffrey James eds., *The Economics of New Technology in Developing Countries* (Boulder: Westview Press, 1982), 129쪽은 한국 기업에게 "수출은 기술우위를 획득하는 중요한 수단이었고,… 해외시장을 유지하고 증가시키기 위한 간접적 자극에 더하여 생산성을 증대시키는 직접적인 수단이었다."고 평가한 바 있다.

339. 이와 관련하여 다소 과장된 면이 있기는 하지만 주익종, "대한민국을 부강하게 하다", 225쪽은 다음과 같이 쓰고 있다. "전자공업은 다른 주요 산업에 비해 정부가 재정적으로나 제도적으로 지원한 것이 작았다. 정부관료가 산업에 관여하는 바가 작았고, 기업도 대부분 정부의 자금 지원 없이 자체 자금으로 산업을 일으켰다. 정부보다는 기업의 주도성이 더 두드러졌다."

340. 박영구, "구조변동과 중화학공업화", 416-417쪽; 이상철, 『대한민국의 산업화』, 138-139쪽.

341. Alice H. Amsden, *Asia's Next Giant*, p. 8. 예를 들어, 박태준은 "박 대통령의 후원과 보호가 있었기에 포항제철은 경영상의 자율권을 가지고 장기전략, 인사정책, 각종 계약 등을 외부간섭 없이 처리할 수 있었다."고 인정하면서도, "정부가 많은 지원을 통해 포항제철과 같은 기업을 육성할 수도 있겠지만 대부분의 경우 관료주의에 물든 평범한 기업에 그치고 맙니다."고 지적함으로써 정부의 지원 못지않게 포스코의 효율적인 운영이 중요했다는 점을 강조한 바 있다(서갑경, 『최고기준을 고집하라』, 351-352쪽).

342. 이와 관련하여 한국전자공업진흥회, 『전자공업삼십년사』, 42쪽은 "기술 제휴선의 대부분은 일본 기업에 집중되어 있는데, 이는 인접 국가라는 지리적 장점 외에도 문화적인 측면에서도 우리나라 업계에 낯설지 않다는 면이 우선적으로 배려된 때문이다."고 서술하고 있다.

343. 이영훈, 『한국경제사 II』, 423쪽.

344. KIST의 초기 활동에 대한 자세한 분석은 문만용, 『한국의 현대적 연구체제의 형성』, 193-269쪽을 참조.

345. 한국의 중화학공업 발전에 기여한 KIST 관계자의 명단은 한국과학기술연구원, 『KIST 40년사』 (2006), 151쪽에 정리되어 있다.

346. 송성수, "한국의 기술발전 과정에 나타난 특징 분석", 114-115쪽.

347. Nathan Rosenberg, *Perspectives on Technology* (Cambridge: Cambridge University Press, 1976), p. 113.

348. Wesley M. Cohen and Daniel A. Levinthal, "Absorptive Capacity: A New Perspective on Learning and Innovation", *Administrative Science Quarterly* 35-1 (1990), pp. 128-152; 김인수, 『모방에서 혁신으로』, 132-134쪽.

349. 기술습득 혹은 기술학습의 또 다른 유형으로는 제품을 실제로 활용하는 과정에서 기술능력이 축적되는 '사용에 의한 학습(learning by using)'을 들 수 있는데, 그것은 기계나 장비를 제작하는 자본재산업에서 잘 나타난다. Nathan Rosenberg, *Inside Black Box: Technology and Economics* (Cambridge: Cambridge University Press, 1982), pp. 120-140을 참조.

350. 예를 들어 핫또리 타미오(服部民夫) 지음, 유석춘·이사리 옮김, 『개발의 경제사회학: 한국의 경제발전과 사회변동』 (전통과현대, 2007), 100-108쪽; 이영훈, 『한국경제사 II』, 421-423쪽은 고도성장기 한국의 공업화가 가진 특질을 '조립형 공업화'로 규정하고 있다. 또한 문만용, 『한국 과학기술 연구체제의 진화』, 223쪽은 1970년

대 초반까지 한국 기업이 "역행 엔지니어링을 통한 모방제품의 생산에 치중"했다고 언급하고 있으며, 이상철,『대한민국의 산업화』, 153쪽은 "설비를 도입하고 가동하는 과정에서 선진기술에 대해 이해하고 이러한 기술을 습득"할 수 있었다고 평가하고 있다.

제4장 제2차 고도성장과 기술추격

1. 이제민, "한국의 경제성장: 그 성공과 굴곡의 과정", 44쪽. 시기를 조금 달리해서 연 평균 경제성장률을 살펴보면, 1953~1961년 4.1%, 1961~1970년 8.7%, 1970~1980년 7.6%, 1980~1990년 9.1%, 1990~1997년 7.1%로 집계되고 있다(이헌창,『한국경제통 사』제7판, 508쪽).

2. 이영훈,『한국경제사 Ⅱ』, 443-444쪽; 석혜원,『대한민국 경제사』, 117-119쪽. 1979~1981년에는 한국의 대통령도 계속적인 변화가 있었다. 10·26사태 직후에 국 무총리이던 최규하가 대통령 권한대행이 되었고, 그는 1979년 12월에 제10대 대통령 으로 취임했다. 이어 1980년 9월에는 전두환이 제11대 대통령으로 선출되었고, 같은 해 10월에는 헌법 개정을 통해 7년 단임의 대통령제가 도입되었으며, 1981년 3월에 는 전두환이 제12대 대통령으로 취임하면서 제5공화국이 탄생했다.

3. 중화학 투자조정에 대한 자세한 경위는 이창희, "중화학공업투자 조정일지",『입법조 사월보』152 (1986), 159-165쪽을 참조.

4. 김성남·박기주, "중화학공업화 정책의 수립, 전개 및 조정", 155-158쪽; 이영훈,『한국 경제사 Ⅱ』, 444-445쪽. 자동차의 투자조정과 관련하여 오원철,『박정희는 어떻게 경 제강국 만들었나』, 550쪽은 다음과 같이 평가하고 있다. "자동차산업 과잉투자 문 제 내지는 통폐합 문제는 꼭 악몽과 같은 사태였다.… 자동차공업발전사(史)의 관점 에서 보면 아주 중요한 시기에 4~5년이라는 세월을 낭비하게 했고, 자동차 조립업체 나 부품생산업체에 대해서는 폐업, 휴업 또는 물질적, 금전적으로 막대한 손실을 발 생케 했다."

5. 경제기획원,『자율개방시대의 경제정책: 경제기획원 30년사 Ⅱ(1981년~1992년)』(미래 사, 1994), 152쪽.

6. 김성남·박기주, "중화학공업화 정책의 수립, 전개 및 조정", 158-159쪽.

7. 김광모,『한국의 산업발전과 중화학공업화 정책』, 102쪽. 이와 관련하여 김성남·박기

주, "중화학공업화 정책의 수립, 전개 및 조정", 158쪽은 "바람직한 정책은 구조조정이 아니라 충격을 완화하고 경쟁력을 갖도록 하는 정책이었다."고 결론짓고 있으며, 이영훈, 『한국경제사 Ⅱ』, 445-446쪽은 "박정희 시대의 투자는 한층 더 큰 규모의 후속 투자를 위한 마중물에 불과"했고, "과잉투자는 원래 없었으며, 필요했던 것은 약간의 단기적 조정이었을 뿐이었다."고 평가하고 있다.

8. 송성수, "기술드라이브 정책의 전개: 1980년대", 과학기술부, 『과학기술 40년사』 (2008), 96-99쪽; 문만용, "1980년 정부출연연구기관의 재편성: KIST의 KAIST로의 통합을 중심으로", 『한국과학사학회지』 31-2 (2009), 505-543쪽. 이와 관련하여 오원철, 『박정희는 어떻게 경제강국 만들었나』, 543쪽은 전두환 정권이 추진한 통폐합 조치에 대해 다음과 같이 꼬집고 있다. "전(全) 정권은 모든 문제를 '통폐합'으로 해결코자 했다. 언론기관 통폐합, 중화학공업 통폐합, 연구기관 통폐합 등이 줄을 이었다. '과거 뜯어고치기 작전', 즉 '과거와의 단절' 작업이 진행된 것이다."

9. 김재익은 전두환 대통령에게 경제를 가르치는 선생 노릇을 했으며, 전두환은 신군부가 김재익을 견제하려는 움직임을 보였음에도 불구하고 "경제는 당신이 대통령이야."하면서 그를 절대적으로 신임했다(이장규, 『대통령의 경제학』, 237-241쪽). 김재익은 전두환 대통령의 버마(현재의 미얀마) 예방을 수행하던 중인 1983년 10월 9일에 아웅산 사태로 세상을 떠났다.

10. 경제기획원, 『자율개방시대의 경제정책』, 11쪽.

11. 김흥기 편, 『영욕의 한국경제』, 286-293쪽; 이장규, 『대통령의 경제학』, 242-248쪽.

12. 이와 관련하여 김흥기·편, 『영욕의 한국경제』, 294-295쪽은 가격 규제에 의존하는 물가 행정의 한계 때문에 공정거래법이 제정되었으며, 국보위라는 강압적인 여건에서 공정거래법이 가능했다는 점에 주목하고 있다.

13. 경제기획원, 『자율개방시대의 경제정책』, 269-271쪽; 김성남·박기주, "중화학공업화 정책의 수립, 전개 및 조정", 161-162쪽. 1986년 12월에 공정거래법이 대폭 개정되는 것을 계기로 재벌은 '대규모 기업집단'으로 칭해지면서 규제의 대상으로 적시되었다. 재벌의 경제력 집중을 규제하기 위한 장치로는 기업결합의 제한, 지주회사의 설립 금지, 출자 총액의 제한, 금융·보험회사의 의결권 제한 등이 도입되었다(김성남·박기주, "중화학공업화 정책의 수립, 전개 및 조정", 162-163쪽).

14. 경제기획원, 『자율개방시대의 경제정책』, 43-45쪽; 강광하, 『경제개발 5개년 계획』, 87-98쪽. 1982~1983년의 경제실적이 예상보다 호전됨에 따라 1983년 12월에는 제5차 경제사회발전 5개년계획에 관한 수정계획(1984~1986년)이 마련되었다. 수정계획

은 원(原)계획의 주요 사항을 유지하는 가운데 몇몇 수치를 조정하거나 내용을 심화하는 성격을 띠었다. 예를 들어 물가상승률은 1~2%의 수준으로 조정되었고, 선진국과의 기술 및 경쟁력 격차를 축소하는 것이 강조되었으며, 한국의 발전단계에 부합하는 사회복지제도의 발전이 거론되었다(경제기획원, 『자율개방시대의 경제정책』, 45-48쪽).

15. 전두환 정권은 기술드라이브 정책과 기술진흥확대회의라는 용어를 채택함으로써 박정희 정권과의 차별성을 부각시키고자 했다. 기술드라이브 정책은 수출드라이브 정책과 기술진흥확대회의는 수출진흥확대회의와 대비되는 것이었다[송성수, "한국 과학기술정책의 특성에 관한 시론적 고찰", 『과학기술학연구』 2-1 (2002), 68쪽].

16. 과학기술실무계획반, 『제5차 경제개발5개년계획: 과학기술부문계획, 1982-1986』 (1981), 17쪽. 이와 같은 정책 기조는 이미 박정희 정권 말기인 1977년을 전후하여 나타나기 시작했지만, 당시에는 대부분 구상의 차원에 머물렀고 실질적인 정책으로 실현되지 못했다. 과학기술정책에서 박정희 정권과 전두환 정권의 연속과 단절에 대해서는 신향숙, "제5공화국의 과학 기술 정책과 박정희 시대 유산의 변용: 기술 드라이브 정책과 기술 진흥 확대 회의를 중심으로", 『한국과학사학회지』 37-3 (2015), 519-553쪽을 참조.

17. 과학기술처, 『과학기술행정20년사』 (1987), 32쪽.

18. 송성수, "기술드라이브 정책의 전개", 94-95쪽; 신향숙, "제5공화국의 과학 기술 정책과 박정희 시대 유산의 변용", 541-550쪽.

19. 과학기술부, 『특정연구개발사업 20년사』 (2003), 18쪽. 이처럼 특정연구개발사업은 선진국과의 기술격차를 축소한다는 기술추격의 관념을 의식적으로 표방하고 있는데, 이와 비슷한 문구는 사업의 추진배경을 서술하고 있는 같은 자료, 1쪽에도 나타나 있다. "1980년대 초반, 우리나라는 외국의 자본과 기술에 의존한 경제성장이 한계에 직면하면서, 선진국과의 기술격차를 좁히고 기술집약적인 산업국가로 전환하기 위한, 정부 차원의 전략적인 연구개발재원의 조성과 공급이 필요하다는 인식이 대두되었다."

20. 송성수, "기술드라이브 정책의 전개", 101-103쪽; 문만용, 『한국 과학기술 연구체제의 진화』, 251-259쪽. 이와 관련하여 김근배, 『한국 과학기술혁명의 구조』 (들녘, 2016), 147쪽은 한국의 과학기술 제도의 구심점이 "해방 후 1950년대에는 대학, 1960~70년대에는 정부출연연구소, 1980~90년대에는 국가적 연구개발 사업, 그 후에는 대기업"으로 이동했다고 주장한 바 있다.

21. 과학기술부,『과학기술 40년사』(2008), 664쪽.

22. 송성수, "기술드라이브 정책의 전개", 99쪽. 1980년대 기업연구소의 부상과 지형도에 대한 자세한 분석은 문만용,『한국 과학기술 연구체제의 진화』, 217-243쪽을 참조.

23. 송성수, "한국 과학기술정책의 특성에 관한 시론적 고찰", 69쪽; 송성수, "기술드라이브 정책의 전개", 109-111쪽.

24. 경제기획원,『자율개방시대의 경제정책』, 181-182쪽; 이경의,『한국 중소기업론』(지식산업사, 2014), 351-356쪽.

25. 주익종, "대한민국을 부강하게 하다", 270-271쪽.

26. 한국무역협회,『한국무역사』, 86쪽.

27. 한국무역협회,『한국무역사』, 541쪽; 이경의,『한국 중소기업론』, 292쪽. 당시의 중화학공업에 대해 이장규,『대한민국 대통령들의 한국경제 이야기 1』, 156-157쪽은 다음과 같이 쓰고 있다. "과잉투자로 그동안 속을 썩여 왔던 중화학공업 분야에 빛이 들기 시작했다. 30~40%에 불과하던 공장가동률이 70~80% 선으로 올라갔고, 분야에 따라서는 증설을 해야 하는 경우도 생겨났다. 불효자가 어느 날 갑자기 천하의 효자가 된 것이다."

28. 이영훈,『한국경제사 Ⅱ』, 446쪽.

29. 공업발전법의 제정 과정에 관한 자세한 분석은 신희영, "산업정책변동의 정치에 대한 다차원적 설명: 공업발전법의 제정을 중심으로",『한국정책과학학회보』5-1 (2001), 177-201쪽; 김용복, "1980년대 한국산업정책과정의 특징: 〈공업발전법〉을 중심으로",『국제정치연구』8-1 (2005), 237-255쪽을 참조.

30. 이영훈,『한국경제사 Ⅱ』, 446-447쪽; 이상철,『대한민국의 산업화』, 150-151쪽. 공업발전법에 근거하여 한국 정부는 1986년 7월에 자동차, 건설중장비, 디젤엔진, 중전기기, 합금철, 직물 등 6개 업종을 산업합리화의 대상 업종으로 선정했다. 이어 1986년 12월에는 염색가공, 1987년 12월에는 비료, 1992년 2월에는 신발이 합리화업종으로 지정되었다(경제기획원,『자율개방시대의 경제정책』, 161쪽).

31. 송성수, "기술드라이브 정책의 전개", 103쪽; 이상철,『대한민국의 산업화』, 149-150쪽.

32. 송성수, "기술드라이브 정책의 전개", 103-104쪽; 한국산업기술진흥협회,『산업기술개발 30년』(2009), 80-82쪽. 과학기술처의 특정연구개발사업이 기술주도(technology push) 모형에 입각하고 있었다면, 상공부의 공업기반기술개발사업은 수요견인 (demand pull) 모형을 바탕으로 추진되었다. 수요견인 모형은 1990년대에 들어와 체신부, 환경부, 건설교통부, 농림수산부, 보건복지부 등이 해당 기술분야별로 국가연

구개발사업을 추진하게 된 논리적 기반으로 작용하기도 했다. 정보통신연구개발사업 (1993년), 환경기술개발사업(1993년), 건설기술연구개발사업(1994년), 농림수산기술 개발사업(1994년), 보건의료기술개발사업(1994년) 등이 여기에 해당된다. 기술주도 모형과 수요견인 모형을 포함한 기술혁신 모형에 대한 간단한 논의는 송성수, 『기술 혁신이란 무엇인가』(생각의힘, 2014), 52-59쪽을 참조.

33. 경제기획원, 『자율개방시대의 경제정책』, 50-51쪽; 강광하, 『경제개발 5개년 계획』, 99-114쪽. 계획 기간의 초기 연도에 거시경제 지표들이 당초 전망을 상회함에 따라 1988년 7월에는 제6차 경제사회발전 5개년계획에 관한 수정계획(1989~1991년)이 마 련되었다. 수정계획은 원(原)계획의 기본목표인 경제선진화를 강조하는 가운데 조세 부담의 형평성 제고, 주거환경 개선, 금융자율화 촉진, 경제의 개방화와 국제화 등을 강조하는 특징을 보였다(경제기획원, 『자율개방시대의 경제정책』, 51-54쪽).

34. 경제기획원, 『자율개방시대의 경제정책』, 23-24쪽; 주익종, "대한민국을 부강하게 하 다", 271쪽.

35. 경제기획원, 『자율개방시대의 경제정책』, 24쪽; 한국무역협회, 『한국무역사』, 86쪽. 이와 관련하여 이장규, 『대통령의 경제학』, 275쪽은 제5공화국과 제6공화국의 출범 상황을 다음과 같이 대비시키고 있다. "전두환의 제5공화국 정부가 지옥의 경제에 서 출발했다면, 노태우의 제6공화국 정부는 천국의 경제에서 출발했다고 해야 할 것 이다. 전두환은 최악의 경제상황이 가장 시급한 현안이었기에 경제회복에 총력을 기 울이는 것이 당연했다면, '단군 이래 최고'라는 호황 국면에서 정권을 넘겨받은 노태 우가 경제에 소홀했던 것 또한 별로 이상할 게 없었다."

36. 석혜원, 『대한민국 경제사』, 160-162쪽.

37. 석혜원, 『대한민국 경제사』, 142-143쪽; 박섭, 『적응과 협력의 시대』, 426쪽.

38. 강준만, 『한국 현대사 산책: 1980년대 편』 제3권 (인물과사상사, 2004), 136-180쪽; 석혜원, 『대한민국 경제사』, 145-147쪽.

39. 정구현 외, 『한국의 기업경영 20년』(삼성경제연구소, 2008), 25-29쪽; 석혜원, 『대한 민국 경제사』, 148-151쪽.

40. 강준만, 『한국 현대사 산책: 1980년대 편』 제3권, 209-223쪽; 석혜원, 『대한민국 경 제사』, 147-148쪽. 여소야대의 정국에 대해 이장규, 『대통령의 경제학』, 273쪽은 다 음과 같이 쓰고 있다. "박정희 시대 이후 중요한 결정을 주도해왔던 정부-여당 당정 회의가 완전히 힘을 잃었다. 여당과 정부가 합의해봤자, 거대 야당 앞에 전혀 맥을 추지 못했다. 정부 관료들은 의회를 장악하고 있는 야당 눈치 살피기에 급급했다. 정

책결정의 핵이 청와대를 떠나 여의도 국회의사당으로 옮겨갔다. 정부 주도의 개발연대를 거쳐 오면서 처음 겪게 된 일이었다."

41. 박섭, 『적응과 협력의 시대』, 426-427쪽.

42. 석혜원, 『대한민국 경제사』, 164쪽.

43. 오규창·조철, 『한국 자동차산업의 발전역사와 성장잠재력』, 88-89쪽.

44. 석혜원, 『대한민국 경제사』, 165-166쪽.

45. 강준만, 『한국 현대사 산책: 1980년대 편』 제3권, 296쪽.

46. 경제기획원, 『자율개방시대의 경제정책』, 98-108쪽; 이장규, 『대통령의 경제학』, 292-295쪽.

47. 박섭, 『적응과 협력의 시대』, 428-432쪽; 한국경제 60년사 편찬위원회, 『한국경제 60년사 I』, 48-49쪽.

48. 김흥기 편, 『영욕의 한국경제』, 359쪽; 이장규, 『대통령의 경제학』, 296-299쪽. 당시 북방정책의 분위기에 대해 이장규, 『대한민국 대통령들의 한국경제 이야기 2』, 30쪽은 다음과 같이 쓰고 있다. "사실 정부 안에서조차 북방 정책을 둘러싸고 찬반이 엇갈렸다. 외무부(지금의 외교부)는 북방 정책에 적극적이었지만, 경제부처들은 소극적이었다. 공산국가들이 대부분 수교를 대가로 막대한 뒷돈을 요구했기 때문에 이를 감당해야 할 경제부처들은 자연히 소극적일 수밖에 없었다. 이런 분위기 속에서 노태우가 '돈이 들더라도 공산권 수교는 해야 한다.'라는 입장을 고수한 결과로 북방정책은 적극적으로 추진됐다."

49. 이제민, "한국의 경제성장: 그 성공과 굴곡의 과정", 47쪽.

50. 김영우 외, 『한국 과학기술정책 50년의 발자취』, 370쪽; 과학기술부, 『특정연구개발사업 20년사』, 155쪽. 종합과학기술심의회(종과심)는 1972년에 과학기술정책을 종합적으로 조정하기 위해 설치되었으며 국무총리를 위원장으로 삼았다. 1973년 7월에 첫 회의가 개최된 후 한동안 중단되었다가 1979년부터 격년으로 3회가 개최되었고, 그 이후 다시 중단되었다가 1990년 1회, 1991년에 2회, 1992년 1회, 1993년 1회, 1994년 1회가 개최되었다.

51. 과학기술처, 『'91 과학기술연감』(1992), 25-28쪽; 송성수, 『과학기술종합계획에 관한 내용분석』, 91쪽. 이와 함께 1991년 12월에는 범부처 차원에서 과학기술혁신종합대책(1992~2000년)이 마련되었는데, 그것은 4·30 과학기술정책선언을 구체화하기 위한 성격을 띠고 있었다. 동 대책은 과학기술 투자규모를 2001년까지 GDP의 5% 수준, 정부 총예산 중 과학기술예산비중을 4~5% 수준으로 제고하며, 1996년까지 1조

원 규모의 과학기술진흥기금을 조성하도록 했다. 또한 2001년까지 연구개발인력을 16만 명 수준으로 확충하기 위해 이공계대학 정원을 대폭 확대하는 가운데 대학의 우수연구센터를 육성하고 과학기술정보의 수집·유통체계를 강화하기로 했다(경제기획원, 『자율개방시대의 경제정책』, 177쪽).

52. 김영우 외, 『한국 과학기술정책 50년의 발자취』, 393-396쪽; 과학기술부, 『특정연구개발사업 20년사』, 155-167쪽. 선도기술개발사업의 추진 과정에 대한 자세한 분석은 이찬구, "선도기술개발사업(G7)의 정책결정 과정 분석: 범부처간 추진 과정 및 민간 전문가 역할을 중심으로", 『기술혁신연구』 16-2 (2008), 167-200쪽을 참조.

53. 공보처, 『변화와 개혁: 김영삼정부 국정5년 자료집』 제1권 (1997), 11-42쪽; 석혜원, 『대한민국 경제사』, 171-172쪽.

54. 이장규, 『대통령의 경제학』, 304쪽. 김영삼 정부에 들어서는 담론정치(politics of discourse)가 광범하게 생산되고 유포되었는데, 이에 대한 분석은 강명구·박상훈, "정치적 상징과 담론의 정치: '신한국'에서 '세계화'까지", 『한국사회학』 31-1 (1997), 123-161쪽을 참조.

55. 김흥기 편, 『영욕의 한국경제』, 421쪽.

56. 강광하, "신경제5개년계획에 대한 평가", 『경제논총』 40-2/3 (2001), 129-131쪽. 신경제 5개년계획의 수립은 1962년부터 일곱 차례나 이어져온 5개년 단위의 개발계획체제가 부정되었다는 점을 의미하는데, 이에 대해 이영훈, 『한국경제사 Ⅱ』, 517쪽은 다음과 같이 비판하고 있다. "30년을 이어 온 개발계획체제는 시대의 변화에 맞추어 적절히 개선되면서 계승될 바였다. 그럼에도 불구하고 불과 몇 사람의 대학 교수가 집권을 목적으로 입안한 계획으로 대체하면서 폐기되고 만 것은 야당 출신 집권세력의 기존 개발체제에 대한 부정적 선입견이 아니고서는 설명하기 힘든 현상이었다."

57. 김흥기 편, 『영욕의 한국경제』, 424-426쪽. 이와 관련하여 강광하, "신경제5개년계획에 대한 평가", 142쪽은 "본격적인 계획인 신경제[5개년]계획과는 그 성격이 다른 100일 계획 때문에 국민들의 오해를 받게 되고, 이에 따라 신경제[5개년]계획의 각종 개혁 조치들을 집행하는 데 부정적인 영향을 끼"쳤다고 평가하고 있다.

58. 김흥기 편, 『영욕의 한국경제』, 428쪽; 강광하, "신경제5개년계획에 대한 평가", 132-133쪽. 김영삼 정부 초기에는 경제부처 내에서도 신경제의 의미에 대한 논란이 있었는데, 이에 대해 김흥기 편, 『영욕의 한국경제』, 421쪽은 다음과 같이 쓰고 있다. "경제부처 실무자들도 '신경제'가 낯설기는 마찬가지다. 대통령 당선 직후부터 이른바 신경제 바람이 불었던 게 사실이나 초기엔 '신경제가 무엇인지 모르겠다.'고 솔직한

고백을 하는 쪽이 많았다."

59. 강광하, "신경제5개년계획에 대한 평가", 133-142쪽. 이와 관련하여 제7차 경제사회 발전 5개년계획은 기본전략으로 ① 산업경쟁력 강화, ② 사회적 형평제고와 균형발전, ③ 국제화·자율화 추진과 통일기반 조성 등을 설정했다(경제기획원, 『자율개방 시대의 경제정책』, 58쪽).

60. 김흥기 편, 『영욕의 한국경제』, 428-429쪽; 강광하, "신경제5개년계획에 대한 평가", 131-132쪽.

61. 강광하, "신경제5개년계획에 대한 평가", 143쪽; 이영훈, 『한국경제사 Ⅱ』, 517-518쪽.

62. 김흥기 편, 『영욕의 한국경제』, 432-436쪽; 석혜원, 『대한민국 경제사』, 180-183쪽. 금융실명제의 배경과 성과에 대한 자세한 설명은 공보처, 『변화와 개혁: 김영삼정부 국정5년 자료집』 제2권 (1997), 45-59쪽을 참조. 금융실명제의 전격적인 실시에 대하여 이장규, 『대한민국 대통령들의 한국경제 이야기 2』, 44-45쪽은 다음과 같이 쓰고 있다. "토론을 생략한 채 감쪽같이 해치운 것이 성공의 비결이었다. 국회 입법과정을 거치고 공청회를 개최했더라면 또다시 벽에 부딪힐 가능성이 컸다. 경제적으로나 정치적으로 아예 반대할 기회를 주지 않았던 김영삼식 번개 전략이 주효했던 셈이다." 금융실명제에 이어 1995년 7월에는 부동산실명제가 실시되었는데, 그 과정과 실적에 대해서는 공보처, 『변화와 개혁』 제2권, 60-68쪽을 참조.

63. 김흥기 편, 『영욕의 한국경제』, 439-442쪽; 공보처, 『변화와 개혁』 제2권, 69-81쪽.

64. 김흥기 편, 『영욕의 한국경제』, 442-446쪽; 공보처, 『변화와 개혁』 제2권, 138-145쪽.

65. 한국경제 60년사 편찬위원회, 『한국경제 60년사 Ⅰ』, 49-51쪽; 이영훈, 『한국경제사 Ⅱ』, 519-520쪽. UR 협상은 1994년 4월에 종료되었으며, 1995년부터 효력이 발생되었다. 1995년 1월에는 세계무역기구(World Trade Organization, WTO)가 설립되었고, 한국은 WTO의 회원국이 되었다. 관세 및 무역에 관한 일반협정(GATT)은 공산품과 원자재의 무역에만 적용되었던 반면, UR 협상의 경우에는 서비스 무역까지 적용범위가 넓어졌다. UR 협상의 과정에서 한국 사회의 가장 커다란 이슈가 된 것은 쌀시장의 개방에 관한 문제였는데, 이에 대해서는 김흥기 편, 『영욕의 한국경제』, 455-465쪽; 석혜원, 『대한민국 경제사』, 190-194쪽을 참조.

66. 공보처, 『변화와 개혁』 제1권, 246-254쪽. 이와 관련하여 임현진 외, 『21세기를 위한 한국의 준비: 김영삼 정부의 개혁과 세계화 평가』(서울대학교 사회발전연구소, 1995), 50-52쪽은 세계화의 개념 자체가 모호하고 구체적인 실천계획이 제시되어 있지 않다고 지적하면서 세계화 정책의 주요 내용을 다음과 같은 네 가지로 정리한 바

있다. 첫째, 대외환경의 변화에 적응하고 우리의 시장을 개방하자는 것이다. 둘째, 우리 시장만을 개방하는 것이 아니라 남의 시장도 개방되고 있으므로 이것을 적극 활용하자는 것이다. 셋째, 세계화 시대의 무한경쟁에서 승리하기 위해서는 우리의 국가경쟁력을 키우자는 것이다. 넷째, 국제경쟁력이 취약한 부문을 지원하고 육성함으로써 대외개방에 따른 사회적 피해를 최소화하자는 것이다.

67. 공보처,『변화와 개혁』제2권, 546-549쪽. 이에 반해 OECD 가입이 한국 경제에 부담을 줄 수 있는 쟁점으로는 서비스 및 자본거래의 자유화 의무 준수, 외국 금융기업에 의한 시장잠식 가능성, 한국의 개발도상국 지위유지 여부, 원조 확대와 분담금 납부의 의무 등이 고려되었다(같은 책, 549-551쪽).

68. 이장규,『대한민국 대통령들의 한국경제 이야기 2』, 47-48쪽; 이영훈,『한국경제사 Ⅱ』, 517-518쪽.

69. 정홍식,『한국 IT정책 20년: 천달러 시대에서 만달러 시대로』(전자신문사, 2007), 199-208쪽. 1995년 3월에《조선일보》는 "산업화는 늦었지만 정보화는 앞서자."는 구호를 내걸고 정보화 운동의 시작을 선언하기도 했다. 정보화 운동의 전개와 그 주역들에 대해서는 한국IT기자클럽,『산업화는 늦었지만 정보화는 앞서가자: 인터넷 코리아 시대의 개척자들』(서울경제경영, 2016)을 참조.

70. 이장규,『대한민국 대통령들의 한국경제 이야기 2』, 46-47쪽. 이와 관련하여 석혜원,『대한민국 경제사』, 195쪽은 한국이 산업화 이후 가장 빠른 시간에 1인당 국민소득 1만 달러를 기록한 나라로 평가하고 있다. 영국은 18세기 후반에 산업혁명이 시작되고 200년이 지난 후인 1987년에 1만 달러에 도달했으며, 미국은 19세기 중반에 산업화가 시작된 후 120년이 지난 1978년에 1만 달러를 달성했고, 일본은 1867년 메이지유신을 시작한 이래 114년이 지난 1981년에 1만 달러 국가가 되었다. 이에 반해 한국은 1962년 제1차 경제개발 5개년계획이 추진된 후 33년 만인 1995년에 국민소득 1만 달러를 넘어섰다는 것이다.

71. 이장규,『대통령의 경제학』, 322-326쪽. 1990년대 중반의 한국 경제에 대한 진단으로는 매일경제신문사 엮음,『부즈·앨런 & 해밀턴 한국보고서』(매일경제신문사, 1997)를 참조. 동 보고서는 한국의 상황을 '호두까기(nutcracker)'에 비유하면서 선진국과의 '지식격차'를 해소할 것을 주문하고 있다. "한국은 '비용의 중국'과 '효율의 일본'의 협공으로 마치 호두 깨는 기구(넛크래커) 속에 낀 호두 같다. 변하지 않으면 부수어질 수밖에 없는 운명이다. 고비용 저효율 구조를 저비용 고효율 구조로 바꾼다고 해서 한국경제의 재도약이 보장되는 것은 아니다. 선진국과의 지식격차를 해소

하지 않으면 한국은 경제 2등 국가로 전락할 것이다"(같은 책, 6쪽). 이어 매일경제신
문사는 지식격차가 한국 산업의 생산성에 미친 영향을 논의한 보고서와 지식혁명의
국내외 사례를 다룬 보고서를 잇달아 발간했다. 맥킨지(McKinsey, Inc.),『맥킨지 보
고서』(매일경제신문사, 1998); 매일경제 지식프로젝트팀 편,『지식혁명 보고서: 당신
도 지식인입니다』(매일경제신문사, 1998)를 참조.

72. 이제민, "한국의 경제성장: 그 성공과 굴곡의 과정", 48-50쪽; 이영훈,『한국경제사
Ⅱ』, 521-524쪽. 이와 관련하여 1994년 12월의 정부조직법 개정으로 경제기획원과
재무부가 재정경제원으로 통합되었는데, 이영훈,『한국경제사 Ⅱ』, 518쪽은 재정경제
원의 출범을 "성급하고도 과격한 조치"로 평가하면서 다음과 같이 쓰고 있다. "기획
과 예산을 담당한 경제기획원과 금융과 세제를 담당한 재무부를 통합한 것은, 여러
관료들의 지적대로, 두고두고 후회할 커다란 실책이었다. 재정경제원 장관이자 부총
리는 구 재무부 업무의 결제와 번거로운 행사에 참석하느라 나라경제의 전반적 흐
름을 조용히 살필 겨를을 전혀 갖지 못했다. 온갖 권한과 업무를 집중한 공룡 부처
의 경제정책은 견제와 균형을 상실하였다."

73. 김경원·권순우 외,『외환위기 5년, 한국경제 어떻게 변했나』(삼성경제연구소, 2003),
13-14쪽; 이장규,『대통령의 경제학』, 327쪽.

74. 이장규,『대통령의 경제학』, 330-333쪽; 석혜원,『대한민국 경제사』, 201-203쪽.

75. 김경원·권순우 외,『외환위기 5년, 한국경제 어떻게 변했나』, 14-15쪽; 석혜원,『대한
민국 경제사』, 203-205쪽.

76. 이영훈,『한국경제사 Ⅱ』, 520-521쪽; 석혜원,『대한민국 경제사』, 205쪽.

77. 한국섬유산업연합회,『섬유산업 재도약의 길: 섬유백서』, 1-2쪽.

78. 이재덕 외,『한국형 ODA 산업분야 연구: 섬유산업』, 84쪽.

79. 이재덕 외,『한국형 ODA 산업분야 연구: 섬유산업』, 87-89쪽; 한국산업기술진흥협
회,『산업기술개발 30년』, 226-227쪽. 1986년 이후에 9개의 업종이 2~3년 동안 산업
합리화 업종으로 지정되었는데, 자동차, 건설 중장비, 선박용 디젤엔진, 중전기기 등
4개 업종은 경쟁력 보완 분야, 합금철, 직물, 염색가공, 비료, 신발 등 5개 업종은 경
쟁력 상실 분야였다.

80. 한국화섬협회,『한국화섬협회 50년사』, 18쪽.

81. 김기원 외,『한국산업의 이해』, 158쪽.

82. 이상철, "화학섬유산업의 기술혁신과 기술능력의 발전", 이근 외,『한국산업의 기술
능력과 경쟁력』(경문사, 1997), 238-239쪽.

83. 한국화섬협회, 『한국의 화섬산업』, 540-541쪽.

84. 비섬유 분야는 섬유제조기술을 응용하여 비(非)의류용 섬유제품을 제조하거나 섬유 이외의 제품을 제조하는 것을 의미한다. 전자의 예로는 인조스웨이드, 부직포, 카펫, 인조 잔디, 중공사필터 등을, 후자의 예로는 수지, 필름, 플라스틱 병, 분리막, 접착제 등을 들 수 있다.

85. 한국산업기술진흥협회, 『산업기술개발 30년』, 227쪽.

86. 손태원, "아라미드섬유와 관련소재개발", 『과학과 기술』 20-10 (1987), 68-70쪽; 한국과학기술연구원, 『KIST 40년사』 (2006), 213쪽. 이후에 코오롱은 10여 년의 상업화 연구를 거쳐 1995년에 펄프 제조공정기술을 획득했으며, 선진 업체의 견제와 덤핑 등으로 사업화에 어려움을 겪다가 2005년부터 본격적인 상업적 생산의 단계에 진입했다[박훈, 『섬유산업의 구조고도화와 국내 산업용 섬유 발전전략』 (산업연구원, 2013), 167-168쪽].

87. 상공부 한국섬유산업연합회, 『섬유산업 구조개선 7개년계획』 (1989), 특히 124-172쪽; 이재덕 외, 『한국형 ODA 산업분야 연구: 섬유산업』, 97-98쪽.

88. 김기원 외, 『한국산업의 이해』, 159쪽.

89. 1990년대에는 중국을 비롯한 후발개도국의 저렴한 의류제품이 수입되면서 국내의 영세한 의류봉제업은 더욱 위축되었다. 이에 따라 구로공단을 채웠던 봉제공장들과 동네마다 들어섰던 양장점들은 점점 우리의 시야에서 사라지게 되었다(송위진·홍성주, 『한국 산업기술사 조사 분야 연구』, 46쪽).

90. 한국산업기술진흥협회, 『산업기술개발 30년』, 228쪽.

91. 이상철, "화학섬유산업의 기술혁신과 기술능력의 발전", 244쪽.

92. 김기원 외, 『한국산업의 이해』, 169-170쪽.

93. 한국산업기술진흥협회, 『산업기술개발 30년』, 228-229쪽.

94. 한국산업기술진흥협회, 『산업기술개발 30년』, 229쪽.

95. 임정덕·박재운, 『한국의 신발산업』, 20-21쪽; 김석관, 『신발산업의 기술혁신 패턴과 전개방향』, 88-89쪽.

96. 김기원 외, 『한국산업의 이해』, 180-181쪽; 이철우·주미순, "부산 신발산업의 재구조화에 관한 연구", 『지리학논구』 21 (2001), 40-41쪽.

97. 김석관, 『신발산업의 기술혁신 패턴과 전개방향』, 89-90쪽.

98. 국제그룹의 성장과 몰락에 대해서는 이한구, 『한국 재벌형성사』 (비봉출판사, 1999), 257-262, 458-460쪽을 참조.

99. 김석관, "미완의 기술학습: 한국 신발산업의 성장과 쇠퇴", 221-222쪽.

100. 김석관, 『신발산업의 기술혁신 패턴과 전개방향』, 106-178쪽. 이러한 점은 1984년에 코오롱상사가 출시한 액티브, 1986년에 화승이 출시한 르까프 등과 같은 다른 고유 브랜드의 경우에도 마찬가지라 할 수 있다. 이에 따라 액티브와 르까프도 국내시장을 중심으로 판매가 이루어져왔으며, 본격적인 해외 진출에는 한계를 보였다. 고유 브랜드의 출시를 계기로 선진국의 견제가 심해졌다는 견해도 있다. "1980년대 중반부터 대형 신발회사들이 자체 브랜드를 가지려는 움직임을 보이자 그것을 견제하기 위해 미국의 브랜드들이 OEM 물량을 줄였"다는 것이다(한국경제 60년사 편찬위원회, 『한국경제 60년사 II: 산업』, 206쪽).

101. 김석관, 『신발산업의 기술혁신 패턴과 전개방향』, 107-108쪽. 한국 신발산업의 OEM 함정과 OBM 전략에 대한 분석은 김민수·강병영, "OEM 함정과 자체브랜드 전략", 이근 편, 『중진국 함정과 2만불 전략』(이투신서, 2005), 138-155쪽을 참조.

102. 김기원 외, 『한국산업의 이해』, 180-182쪽. 1990년대에는 세계시장에서 한국의 신발산업이 차지하는 비중도 급속히 낮아졌다. 예를 들어, 신발수출액을 기준으로 한국은 1992년에 이탈리아, 중국에 이어 세계 3위를 차지했으나 1997년에는 중국, 이탈리아, 인도네시아, 스페인, 포르투갈, 브라질, 독일, 태국, 영국, 프랑스에 이어 세계 11위가 되었다(이철우·주미순, "부산 신발산업의 재구조화에 관한 연구", 42쪽).

103. 김석관, 『신발산업의 기술혁신 패턴과 전개방향』, 59, 91-93쪽. 이와 관련하여 김민수·강병영, "OEM 함정과 자체브랜드 전략", 145쪽은 "선진국의 기업들은 제조 공장을 보유하지 않은 채 우리나라나 대만의 개발력을 통하여 후진국형 국가에서 완제품을 생산하고 자신들이 가지고 있는 세계적인 판매망을 통하여 전세계로 판매하고 있다."고 지적하고 있다.

104. 김석관, 『신발산업의 기술혁신 패턴과 전개방향』, 95-96쪽.

105. 김석관, 『신발산업의 기술혁신 패턴과 전개방향』, 96쪽; 이철우·주미순, "부산 신발산업의 재구조화에 관한 연구", 42-43쪽.

106. 김석관, 『신발산업의 기술혁신 패턴과 전개방향』, 115-120쪽; 이원규, "사업방식과 경쟁전략, 조직능력 축적: 부산 지역 신발제조업체의 경쟁력 원천"(고려대학교 박사학위논문, 2002), 116-206쪽.

107. 권동칠, 『완주의 조건, 열정으로 갈아 신어라』(성림비즈북, 2016), 122-123쪽. 이와 관련하여 권동칠은 "저임금에 의존하는 주문자상표부착(OEM) 방식에서 벗어나지 못한다면 앞으로도 신발은 사양산업에 머물 것"이며, "자기상표(OBM)로 고부가가

치 제품을 만들어내면 신발산업은 사양산업이 아니라 최고의 유망산업"이라고 강조한 바 있다(김민수·강병영, "OEM 함정과 자체브랜드 전략", 153쪽).

108. 한국신발연구소는 1996년에 한국신발피혁연구소, 2013년에 한국신발피혁연구원으로 재편되었다. 한국신발(피혁)연구소의 초기 10년 간 활동에 대해서는 한국신발피혁연구소, 『한국신발피혁연구소 10년사』(1997)를 참조.

109. 김석관, 『신발산업의 기술혁신 패턴과 전개방향』, 121-122쪽; 손영준, "연구소 소개: 한국신발피혁연구소", 『한국의류산업학회지』 4-1 (2002), 96-98쪽.

110. 김승석, 『울산지역 석유화학산업의 발전과정』, 119-120쪽; 남장근, 『한국형 ODA 산업분야 연구: 석유화학산업』, 83-85쪽. 당시에는 제3석유화학공업단지를 에틸렌 기준 연산 35만 톤의 규모로 여천석유화학공업단지의 유보지에 건설할 예정이었다.

111. 남장근, 『한국형 ODA 산업분야 연구: 석유화학산업』, 88-90쪽. 미국, 유럽, 일본 등 선진국은 1980년대 중반 이후에 수요 회복으로 가동률이 크게 개선된 이후에도 시설 확대에는 극히 신중한 자세를 취하면서 범용 제품에서 부가가치가 높은 신소재, 정밀화학 부문으로 전환하는 경향을 보였다(김승석, 『울산지역 석유화학산업의 발전과정』, 120쪽).

112. 김승석, 『울산지역 석유화학산업의 발전과정』, 122-124쪽; 남장근, 『한국형 ODA 산업분야 연구: 석유화학산업』, 90-91쪽.

113. 김승석, 『울산지역 석유화학산업의 발전과정』, 124-127쪽; 남장근, 『한국형 ODA 산업분야 연구: 석유화학산업』, 91-94쪽.

114. 삼성종합화학은 1988년에 설립된 후 2003년부터 프랑스의 토털그룹과 합작관계를 유지하다가 2014년에 한화그룹에 인수되면서 2015년에 한화종합화학으로 변경되었다. 현대석유화학은 1988년에 설립된 후 2003년에 LG화학과 호남석유화학에 인수되었고, 2005년에 씨텍, LG대산유화, 롯데대산유화로 분할되었다.

115. 김승석, 『울산지역 석유화학산업의 발전과정』, 128-130쪽; 남장근, 『한국형 ODA 산업분야 연구: 석유화학산업』, 94-97쪽.

116. 김승석, 『울산지역 석유화학산업의 발전과정』, 130-134쪽.

117. 김승석, 『울산지역 석유화학산업의 발전과정』, 134-137쪽; 남장근, 『한국형 ODA 산업분야 연구: 석유화학산업』, 97-100쪽. 당시에 한·중수교는 한국 석유화학산업의 새로운 돌파구가 되었는데, 그것은 석유화학산업의 수출액에서 중국이 차지하는 비중이 1992년 29.8%에서 1996년 48.1%로 크게 늘어났다는 점에서 단적으로 드러난다(남장근, 앞의 책, 99쪽).

118. 남장근, 『한국형 ODA 산업분야 연구: 석유화학산업』, 99쪽.

119. 한국산업기술진흥협회, 『산업기술개발 30년』, 243쪽; 최봉 외, 『한국 주력산업의 경쟁력 분석』 (삼성경제연구소, 2002), 283쪽.

120. 임병규 외, "폴리부텐 제조기술 및 현황", 『화학공업과 기술』 12-5 (1994), 44-53쪽.

121. 한국산업기술진흥협회, 『산업기술개발 30년』, 244쪽.

122. 한국산업은행, 『한국의 산업(하)』 (1996), 34-35쪽.

123. 한국산업은행, 『한국의 산업(상)』 (2002), 292-293쪽. 또한 석유화학업체의 동기별 투자를 살펴보면, 1997년에는 설비능력증가 86.3%, 설비합리화 7.9%, 공해방지 1.3%, 연구개발 1.3% 등, 2002년에는 설비능력증가 50.7%, 설비합리화 41.9%, 공해방지 1.1%, 연구개발 2.1% 등을 기록하고 있다(같은 자료, 286쪽).

124. 최봉 외, 『한국 주력산업의 경쟁력 분석』, 270쪽. 석유화학산업의 기술수준은 2015년을 기준으로 생산기술 90~100%, 응용기술 80%, 공정기술 60~65%, 촉매기술 40% 등으로 2000년대 초의 수준을 답보하고 있는 것으로 평가되고 있다(남장근, 『한국형 ODA 산업분야 연구: 석유화학산업』, 129쪽).

125. 광양제철소 건설사업의 추진경위에 대해서는 송성수, "한국 철강산업의 기술능력 발전과정", 159-170쪽; 박영구, "제2제철 입지논쟁의 재발굴과 재검토", 『민족문화연구』 44 (2012), 319-352쪽을 참조.

126. 광양제철소 건설사업과 포항제철소 설비합리화사업의 전개과정은 송성수, "한국 철강산업의 기술능력 발전과정", 170-190, 201-203쪽을 참조. 특히 광양제철소 2기 사업의 경우에는 1기 사업이 마무리되기 6~7개월 전에 착수됨으로써 동시에 두 가지 공사를 전개하는 공격적인 건설방식이 시도되었다. 이러한 방식은 '병렬적 건설 시스템'이라 부를 수 있으며, 포스코가 건설공정을 원활하게 관리할 수 있는 능력을 확보하고 있었기 때문에 가능했던 것으로 풀이된다(같은 논문, 189쪽).

127. 포항제철, 『영일만에서 광양만까지: 포항제철 25년사』 (1993), 492-494쪽.

128. 송성수, "한국 철강산업의 기술능력 발전과정", 185쪽.

129. 송성수, "한국 철강산업의 기술능력 발전과정", 181-182, 185-186쪽. 광양제철소의 공장 배치도 주목할 만하다. 포항제철소의 경우에는 기존의 자연조건을 최대한 활용함으로써 공장 배치가 'U자형'을 띠고 있었지만, 광양제철소의 경우에는 인공적으로 조성된 부지 위에 공장이 'I자형'으로 배치되었다. 이로 인해 광양제철소는 제선공정에서 열연공정에 이르는 거리가 1.5km에 불과해 비슷한 규모의 제철소로는 세계에서 가장 짧은 생산라인을 보유하게 되었다(같은 논문, 171쪽).

130. 포항제철 기술연구소의 활동에 대해서는 송성수, "한국 철강산업의 기술능력 발전 과정", 133-136쪽을 참조.

131. 최형섭, 『불이 꺼지지 않는 연구소』, 154-155쪽. 포항공대와 RIST의 설립과정과 초 기 활동은 포항공과대학교, 『포항공대 10년사』 (1997); 포항산업과학연구원, 『포항산 업과학연구원 10년사』 (1997); 송성수, "한국 철강산업의 기술능력 발전과정", 212- 222쪽을 참조.

132. 송성수, "한국 철강산업의 기술능력 발전과정", 199-212쪽.

133. 전화인터뷰: 백덕현 (2000. 11. 16).

134. 송성수, "한국 철강산업의 기술능력 발전과정", 223-224쪽.

135. 이와 관련하여 선우정, "포항제철", 『기술패권시대: 대한민국의 기술파워』 (월간조 선사, 1999), 116쪽은 "1980년대에 들어 포항제철의 성장에 따른 부메랑 효과가 가시 화되자 일본은 추가적인 기술공여를 중단하였다. 이때부터 포항제철은 설비와 기술 을 개량하는 노력을 본격화했으며 해외지사를 통한 선진국 설비의 훔쳐보기 기술 습득도 병행되었다."고 지적한 바 있다.

136. 심장섭, "일본을 능가하는 냉연공장을 만들자", 이호 엮음, 『신들린 사람들의 합창』, 149-152쪽. 당시에 히로하다 측은 다른 시설을 모두 개방했지만 유독 냉연공장만은 보여주지 않았는데 심장섭은 1970년대부터 알고 지냈던 이치하라를 통해 냉연공장 에 대한 견학을 요청했다. 이치하라는 관계자와 협의한 후에 "비공식적이니까 공장 출입문에 서서 머리만 들이밀고 봐라."고 주문했지만, 심장섭은 공장 내부로 들어가 설비를 자세히 관찰하면서 이치하라와 많은 대화를 나누었다. 그는 포스코에서의 현장 경험과 히로하다에서의 견학 및 대화를 바탕으로 최신예 냉연공장에 대한 밑 그림을 충분히 그릴 수 있었다.

137. 인터뷰: 신영길 (2001. 9. 4). 이와 함께 신영길은 "적어도 1년에 한 번씩 일본으로 가서 최신 기술에 대한 정보를 수집했으며 비공식적인 친분관계로 특정한 기술에 대한 정보를 획득하는 것은 거의 한 번의 기회밖에 없기 때문에 사전에 관련 지식 으로 무장하는 것이 중요하였다."고 회고한 바 있다.

138. 전화인터뷰: 백덕현 (2001. 7. 20); 인터뷰: 홍상복 (2000. 11. 23).

139. 인터뷰: 홍상복 (2000. 11. 23); 『포항제철 25년사: 기술발전사』, 76-77, 129, 168-169쪽.

140. 이에 대한 자세한 분석은 송성수, "한국 철강산업의 기술능력 발전과정", 226-229 쪽을 참조.

141. 송성수, "한국 철강산업의 기술능력 발전과정", 231쪽.

142. 산업과학기술연구소, 『철강산업의 기술경쟁력 현황과 향후 대책』(1993), 15쪽; 산업연구원, 『21세기를 향한 한국 산업의 비전과 발전 전략』(1994), 600쪽.

143. 송성수, "한국 철강산업의 기술능력 발전과정", 234-235쪽.

144. 한국산업은행, 『한국의 산업(상)』(1993), 89쪽; 송성수, "한국 철강산업의 기술능력 발전과정", 235-238쪽.

145. 1980년대 한국의 조선산업에 대해서는 한국조선공업협회, 『한국의 조선산업』, 41-49쪽; 김효철 외, 『한국의 배』, 74-80쪽을 참조.

146. 한국조선공업협회, 『한국의 조선산업』, 102쪽.

147. 한국조선공업협회, 『한국의 조선산업』, 45쪽. 1980년과 1989년을 비교해보면, 기술직은 5,155명에서 8,086명으로, 기능직은 30,092명에서 39,645명으로, 사무직은 3,441명에서 3,172명으로 변화했는데, 직군별 연평균 증가율은 기술직 5.1%, 기능직 3.1%, 사무직 -0.9%였다.

148. 김형균·손은희, "조선 산업의 일본 추격과 중국 방어", 이근 외, 『한국 경제의 인프라와 산업별 경쟁력』(나남출판, 2005), 270-271쪽.

149. 한국산업은행, 『한국의 산업(상)』(1987), 415쪽; 한국산업기술진흥협회, 『'62~'95 기술도입계약현황』(1995), 146-147쪽.

150. 『삼성중공업 20년사』, 257-259쪽.

151. 이와 관련하여 한국경제 60년사 편찬위원회, 『한국경제 60년사 Ⅱ: 산업』, 226쪽은 1980년대 한국 조선기술 혁신의 원천으로 자체개발과 해외 출장을 들면서 "원래 [해외 조선소의] 현장 촬영을 못하게 막았지만 몰래 카메라를 숨겨 들어가 필요한 현장에 대한 촬영을 감행했고 귀국하여 동료들과 토론을 거쳐 [국내] 현장에 곧바로 적용했다."고 쓰고 있다.

152. 『삼성중공업 20년사』, 261-262쪽; 이경묵·박승엽, 『한국 조선산업의 성공요인』, 157-159쪽.

153. 한국조선공업협회, 『한국의 조선산업』, 87-89쪽.

154. 『현대중공업사』, 647-650쪽.

155. 한국조선공업협회, 『한국의 조선산업』, 86쪽; 한국산업기술진흥협회, 『산업기술개발 30년』, 213쪽.

156. 『현대중공업사』, 550-551쪽; 한국조선공업협회, 『한국의 조선산업』, 89-90쪽.

157. 한국조선공업협회, 『한국의 조선산업』, 86-88쪽; 한국산업기술진흥협회, 『산업기술개발 30년』, 212-213쪽. 생산기술의 변화 추이에 대해서는 정광석, "한국의 조선 생

산 기술", 『대한조선학회지』 40-3 (2003), 95-102쪽을 참조.

158. 한국조선공업협회, 『한국의 조선산업』, 88쪽.

159. 『현대중공업사』, 811-812쪽.

160. 한국조선공업협회, 『한국의 조선산업』, 86쪽.

161. 이에 앞선 1989년 3월에는 대우조선 정상화 방안이 확정되었는데, 그 배경과 경위에 대해서는 김주환, "개발국가에서의 국가-기업 관계에 관한 연구", 137-172쪽을 참조.

162. 김기원 외, 『한국산업의 이해』, 339-340쪽; 한국조선공업협회, 『한국의 조선산업』, 180-182쪽.

163. 산업연구원, 『한국의 산업: 발전역사와 미래비전』 (1997), 381-382쪽; 한국조선공업협회, 『한국의 조선산업』, 51쪽. 참고로 한국과 일본이 세계 선박 건조량에서 차지하는 비중을 비교해보면, 한국은 1975년의 1.2%에서 2002년의 39.7%로 30배 이상 증가했지만, 일본은 같은 기간에 49.7%에서 36.6%로 약간의 감소세를 보였다(정광석, "한국의 조선 생산 기술", 95쪽).

164. 한국조선공업협회, 『한국의 조선산업』, 137-139쪽.

165. 김효철 외, 『한국의 배』, 99-100쪽.

166. 한국조선공업협회, 『한국의 조선산업』, 91쪽.

167. 한국산업은행, 『한국의 산업(상)』 (1993), 461-463쪽.

168. 한국산업은행, 『한국의 산업(상)』 (2002), 162-163쪽.

169. 『현대자동차 20년사』, 398쪽; 김견, "1980년대 한국의 기술능력발전과정에 관한 연구", 207쪽.

170. 오규창·조철, 『한국 자동차산업의 발전역사와 성장잠재력』, 74-76쪽; 정세영, 『미래는 만드는 것이다』, 263-273쪽. 당시 현대그룹은 발전설비를 포함한 중공업을 맡을 것인지, 자동차를 맡을 것인지의 기로에서 자동차를 선택했는데, 정주영 회장은 자동차를 필생의 사업으로 보았고 한국 경제의 선진화를 위해서도 자동차의 성공이 필수적이라고 생각했다[전영수, 『아산 그 새로운 울림, 얼과 꿈』 (푸른숲, 2015), 47쪽].

171. 『현대자동차사』, 515-517쪽. 이와 관련하여 현영석, 『현대자동차 스피드경영』, 94쪽은 1980년대 국내 자동차업계의 합작관계에 대해 다음과 같이 쓰고 있다. "필요한 기술을 다국적기업으로부터 효과적으로 도입하기 위하여 합작관계를 맺는 경우… 대규모업체보다는 중형업체가 유리할 수도 있다. 현대자동차는 1980년대 초 일본 미쓰비시와 합작관계를 맺어 협상력의 차이에 따르는 일방적인 종속가능성을 사전에

방지한 것으로 평가할 수 있다. 반면 대우자동차의 경우는 GM과의 합작기간 동안 GM의 협상력이 대우에 비해 매우 커서 자립경영에 여러 가지 어려움을 겪었으며, 이 점이 GM과 1992년 말 결별하게 되는 중요한 이유 중의 하나가 됐다."

172. 김견, "1980년대 한국의 기술능력발전과정에 관한 연구", 208-209쪽.

173. 김성훈, "정부의 산업정책과 기업의 기술혁신전략", 127-139쪽. 예를 들어 프라이드 의 경우에는 기아가 제조 및 국산화부품을 책임지며, 마쓰다는 설계와 KD부품 및 품질보증을 책임지고, 포드는 판매 및 A/S를 책임지게 되었다[기아산업,『기아 45년 사』(1989), 356-361쪽].

174. 이충구, "한국의 자동차 기술: 첫 걸음에서 비상까지 ⑭",『오토저널』33-6 (2011. 6), 63-70쪽.

175. 김견, "자동차산업의 기술능력 발전", 이근 외,『한국산업의 기술능력과 경쟁력』, 337-338쪽; 이충구, "한국의 자동차 기술: 첫 걸음에서 비상까지 ⑰",『오토저널』33-12 (2011. 12), 54-55쪽.

176. 김견, "1980년대 한국의 기술능력발전과정에 관한 연구", 213쪽.

177. 이충구, "한국의 자동차 기술: 첫 걸음에서 비상까지 ⑳",『오토저널』34-6 (2012. 6), 54쪽.

178.『현대자동차 20년사』, 439-445쪽.

179. 김견, "1980년대 한국의 기술능력발전과정에 관한 연구", 241-243쪽; 김성훈, "정 부의 산업정책과 기업의 기술혁신전략", 183-185쪽. 마북리연구소의 설립에 대해 이 근,『동아시아와 기술추격의 경제학』, 102쪽은 노나카(Ikujiro Nonaka)의 '학습기각 (unlearning)'이란 개념을 적용하고 있는데. 학습기각은 새로운 능력과 시너지를 창조 하기 위해 기존의 틀에 박힌 절차와 경직성을 제거하는 조직적 구조조정을 의미한 다.

180.『현대자동차사』, 836-837쪽; 김견, "1980년대 한국의 기술능력발전과정에 관한 연 구", 214-215쪽.

181. 김견, "1980년대 한국의 기술능력발전과정에 관한 연구", 216-219쪽; 김성훈, "정부 의 산업정책과 기업의 기술혁신전략", 188-190쪽.

182. 김성훈, "정부의 산업정책과 기업의 기술혁신전략", 114쪽.

183. 김견, "1980년대 한국의 기술능력발전과정에 관한 연구", 185쪽.

184. 현대자동차,『현대자동차 30년사: 도전 30년 비전 21세기』(1997), 467-469쪽. 알파 프로젝트의 출범과 관련하여 정주영 회장은 1983년 여름에 "회사가 차를 만들어 온

지 20년이 다 돼 가는데 어떻게 우리 엔진이 없느냐, 언제까지 남의 엔진만 들여와 서 쓸 거냐?"라고 엔진 개발을 독촉했다고 한다(『현대자동차사』, 890쪽).

185. 김인수, 『모방에서 혁신으로』, 160쪽.

186. 배종태 외, 『급진적 혁신 촉진을 위한 기술혁신시스템 구축방안』(과학기술부, 2004), 163-165쪽. 이현순의 회고록으로는 이현순, 『내 안에 잠든 엔진을 깨워라!: 대 한민국 최초로 자동차 엔진을 개발한 이현순의 도전 이야기』(김영사ON, 2014)가 있다.

187. 배종태 외, 『급진적 혁신 촉진을 위한 기술혁신시스템 구축방안』, 165-167쪽; 김천 욱, "한국기계공업사(37): 현대자동차의 독자엔진 개발", 『기계저널』54-5 (2014. 5), 60-61쪽. 이러한 의사결정에 대해 현대자동차 내부적으로도 무모한 계획을 취소하 라는 반대가 있었으며, 그동안 현대에 기술지원을 해주던 미쓰비시도 성공가능성에 대해 회의적인 의견을 피력했다. 심지어 미쓰비시의 구보 도미오 회장은 1989년에 이 현순 박사를 해고하면 로열티를 절반으로 깎아주겠다는 식으로 현대자동차를 압박 했다고 한다(이유재·박기완, "현대자동차", 373쪽). 이현순, 『내 안에 잠든 엔진을 깨 워라!』, 92-96쪽에 따르면, 이현순은 신엔진개발실장에서 해임되어 기술자문으로 밀 려난 후 6개월 후에 복직되는 우여곡절을 겪었다.

188. 김견, "1980년대 한국의 기술능력발전과정에 관한 연구", 234-235쪽; 배종태 외, 『급진적 혁신 촉진을 위한 기술혁신시스템 구축방안』, 168쪽.

189. 김견, "1980년대 한국의 기술능력발전과정에 관한 연구", 235-236쪽; 배종태 외, 『급진적 혁신 촉진을 위한 기술혁신시스템 구축방안』, 174쪽. 이와 관련하여 미어스 는 마북리연구소에서의 경험에 대해 다음과 같이 회고한 바 있다. "내가 처음 현대 자동차에 왔을 때 모든 것이 상당히 열악했다. 사용가능한 시험장비는 한정되어 있 었으며, 대부분의 측정시스템은 속도가 느리거나 잘못 설치되어 있었다. 그리고 비 효율적이었다. 그래도 이런 것은 모두 처음 시작하는 연구소에서 발생할 수 있는 일 로 현대는 기술자들의 열의로 극복하고 있었다. 내가 이곳에 온 지 3년이 지난 1988 년부터는 이런 초기의 문제점을 말끔하게 해결하고 있었다. 결국 최고의 자산은 유 능한 엔지니어이고 그 결실을 마북리연구소에서 볼 수 있었다"(김천욱, "한국기계공 업사(37): 현대자동차의 독자엔진 개발", 61쪽).

190. 김견, "1980년대 한국의 기술능력발전과정에 관한 연구", 236쪽. 이에 대해 현대 의 알파엔진 개발이 '실행에 의한 학습(learning by doing)'에서 '연구에 의한 학습 (learning by research)'으로의 전환을 상징한다는 해석도 있다. Linsu Kim, "Crisis

Construction and Organizational Learning: Capability Building in Catching-up at Hyundai Motor", *Organization Science* 9-4 (1998), pp. 506-521을 참조.

191. 배종태 외,『급진적 혁신 촉진을 위한 기술혁신시스템 구축방안』, 169-170쪽.

192.『현대자동차사』, 769쪽;『현대자동차 30년사』, 469쪽.

193. 배종태 외,『급진적 혁신 촉진을 위한 기술혁신시스템 구축방안』, 170-171쪽; 이현순,『내 안에 잠든 엔진을 깨워라!』, 109-111쪽.

194. Linsu Kim, *Imitation to Innovation*, p. 122. 이와 비슷한 회고는『현대자동차 30년사』, 466쪽에도 나타나 있다. "초창기 [엔진] 시작팀은 설계에서 도면을 잘못 그리는 경우, 시작 자체가 문제가 되는 경우, 시험에서 이상 원인을 재빨리 찾지 못하는 경우 등 2중 3중의 어려움을 겪어야 했다. 이러다 보니 선진국에서 5대 정도에 불과한 시작품 제작대수가 무려 20~30대에 이르는 고충이 뒤따랐다. 이러한 시작 과정에서 연구소 직원들은 '발바닥에 못이 박히도록' 뛰어다녀야 했다." 또한 당시에 시험을 하다가 파손된 엔진 한 개가 아파트 한 채의 가격이었음에도 불구하고 현대의 연구원들은 최고경영진의 전폭적인 지원을 바탕으로 엔진이 파손되는 시험을 꾸준히 수행할 수 있었다고 한다[황정태, "자동차산업의 혁신경로 창출능력", 이공래 외,『한국 선도산업의 기술혁신경로 창출능력』(과학기술정책연구원, 2008), 114쪽].

195. 알파엔진을 탑재하는 차량으로 스쿠프가 선택된 배경에 대해 정세영,『미래는 만드는 것이다』, 402-403쪽은 다음과 같이 쓰고 있다. "비록 모든 시험절차를 거치긴 했지만, 처음 알파엔진을 생산했을 때는 아직 자신감이 없어서 대량생산 차에는 투입을 못하고 연간 5~6만 대 정도 생산할 계획인 스쿠프에 탑재했다. 이후 5년 동안 실험한 끝에 엔진성능에 대한 확신을 가질 수 있었고, 비로소 다른 차에도 마음 놓고 탑재했다. 그 다음부터 개발한 엔진들은 개발하자마자 자신만만하게 바로 알맞은 차들에 탑재해서 엔진개발에 대한 자신감을 확인했다."

196.『현대자동차 30년사』, 465-466쪽.

197. 김견, "1980년대 한국의 기술능력발전과정에 관한 연구", 237-238쪽.

198. 현영석,『현대자동차 스피드경영』, 150쪽. 중형승용차용으로 준비된 감마엔진의 경우에는 엔진 기술은 확보되었지만 변속기 기술은 충분히 개발되지 않은 상태였다. 현대의 연구진은 미쓰비시의 신형 변속기 기술을 가져다 변형해서 사용하려 했으나, 미쓰비시는 이를 거부하면서 신형 변속기와 시리우스 2엔진을 묶어서 제공하겠다는 의사를 표명했다. 현대의 경영진은 미쓰비시의 제안을 받아들였고, 이에 따라 감마엔진은 빛을 보지 못한 채 사장되고 말았다(이현순,『내 안에 잠든 엔진을 깨워라!』,

137-140쪽).

199. 산업연구원, 『한국의 산업: 발전역사와 미래비전』, 352쪽; 오규창·조철, 『한국 자동 차산업의 발전역사와 성장잠재력』, 196-197쪽. 이와 같은 자동차산업의 발전을 바 탕으로 한국 사회의 자동차 보유 대수도 지속적으로 증가했다. 1985년에 100만 대, 1988년에는 200만 대, 1990년에는 300만 대를 넘어섰으며, 이후에는 해마다 평균 100만 대씩 늘어나 1997년에는 자동차 1,000만 시대를 맞이하기에 이르렀다[송성수, "자동차 강국의 꿈을 키우다", 한국과학문화재단 엮음, 『과학이 세상을 바꾼다』(크 리에이터, 2007), 300쪽].

200. 조동성, 『한국 반도체의 신화』(비룡소, 1995); 최영락, "한국인의 자긍심, 반도체 신화", 서정욱 외, 『세계가 놀란 한국 핵심산업기술』(김영사, 2002), 133-175쪽; 한국 반도체산업협회, 『반도체, 신화를 쓰다』(2012).

201. 삼성그룹에서 반도체사업을 담당해온 기업은 한국반도체(1974~1978년), 삼성반도 체(1978~1980년), 삼성전자(1980~1982년), 한국전자통신(1982년), 삼성반도체통신 (1982~1988년), 삼성전자(1988년~현재)의 순으로 변천해왔지만, 이 글에서는 편의상 '삼성'으로 칭하기로 한다. 반도체 전체로는 인텔이 24년 동안 세계 최고의 지위를 누 렸으며 2017~2018년에는 삼성전자가 인텔을 제치고 세계 1위로 올라선 바 있다.

202. 윤정로, "한국의 반도체 산업, 1965-1987", 160-169쪽.

203. 『삼성반도체통신십년사』, 191-192쪽; 강진구, 『삼성전자 신화와 그 비결』, 203-213쪽.

204. 한상복, 『외발 자전거는 넘어지지 않는다: 반도체 신화 만들어낸 삼성맨 이야기』 (하늘출판사, 1995), 19쪽. 심지어 "삼성이 반도체를 하겠다고 하는 것은 도대체 말이 안 된다. 사업성도 불확실한 그 돈이 많이 드는 반도체를 왜 하겠다는 것인가. 차라 리 신발산업을 밀어주는 게 낫다"는 비난도 있었다[한국경제신문 특별취재팀, 『삼성 전자, 왜 강한가』(한국경제신문, 2002), 36쪽].

205. 『삼성반도체통신십년사』, 187쪽; 『삼성전자 20년사』, 550-551쪽.

206. 이병철, 『호암자전』(나남, 2014), 379쪽. 이 책은 이병철, 『호암자전』(중앙일보사, 1986)을 새로운 스타일로 편집하여 다시 발간한 것에 해당한다.

207. 이병철, 『호암자전』, 380쪽.

208. 이병철, 『호암자전』, 369쪽. 이병철 회장의 결단에는 이 회장과 평소 친하게 지내던 NEC 고바야시 회장의 반도체 기술이전에 대한 거부도 한몫을 했다고 전해진다. 당 시 고바야시 회장이 "다른 기술은 다 넘겨줘도 반도체 관련 분야는 한 건도 내놓을 수 없다."고 밝히자, 자존심이 강한 이 회장은 독자적 기술개발 쪽으로 방향을 굳히

고 반도체 기술개발에 대하여 집중적으로 투자하기 시작했던 것이다(이흥, "한·미·일 반도체전쟁", 『월간조선』 1991년 5월호, 211-212쪽). 또한 강기동의 회고에 따르면, 현대의 정주영 회장이 D램에 대규모 투자를 시작하자 이에 경쟁심을 느낀 이병철 회장이 D램 진출을 결심했다고 한다. 강기동은 1982년 9월에 정주영 회장이 의뢰한 반도체 사업 계획서를 제출하면서 64K D램에서 출발하는 것을 권고했다. 1983년 월에는 현대전자가 설립되었는데, 초대 사장은 강기동 박사가 고려되다가 결국 정주영 회장이 직접 담당하게 되었다. 강기동, 『강기동과 한국 반도체』, 311-331쪽을 참조.

209. 『삼성반도체통신십년사』, 193-196쪽; 『삼성전자 20년사』, 549-551쪽.

210. 『삼성반도체통신십년사』, 196-200쪽; 강진구, 『삼성전자 신화와 그 비결』, 214-217쪽. 미국 현지법인의 첫 상호는 SSTII(Samsung Semiconductor & Telecommunications International Inc.)였으며, 1983년 8월에 TSI(Tristar Semiconductor Inc.)로 개명된 후 1985년에 SSI(Samsung Semiconductor Inc.)로 변경되었다. 이와 관련하여 김인수, 『모방에서 혁신으로』, 216쪽에 따르면, 자동차산업과 전자산업에서는 현지법인의 역할이 기술정보의 수집과 생산제품에 대한 보완적 연구개발에 국한되었던 반면, 반도체 산업의 경우에는 현지법인이 설계 및 공정개발과 과학기술인력의 이동 등을 포함한 더욱 적극적인 역할을 수행했다.

211. 『삼성반도체통신십년사』, 202쪽; 김광호, "끝없는 도전", 한국전자공업진흥회, 『전자공업삼십년사』, 419쪽.

212. 한상복, 『외발 자전거는 넘어지지 않는다』, 67-68쪽; 최윤호, "64km로 시작된 반도체 신화", 김대용 외, 『미래를 설계하는 반도체』(사이언스북스, 2000), 108-110쪽.

213. 한상복, 『외발 자전거는 넘어지지 않는다』, 68-70쪽; 최영락, "한국적 기술혁신 모형의 탐색", 최영락 외, 『한국 과학기술 발전의 형태와 방식 분석』, 68쪽. 당시에 마이크론에 연수를 갔던 한 연구원은 다음과 같이 회고했다. "마이크론사는 2~3주간 몇 명 정도의 연수인원을 받아 기본적인 자료만 제공했고, 라인 출입은 두 명으로 제한하며 연수인원 변경을 요구하는 등 성의를 보이지 않아 끝내 한 달 만에 연수를 종료해야 했다. 그때 기술 없는 자의 설움을 자탄하면서 바라보던 창밖의 미국 달이 아직도 생생하다"(한상복, 앞의 책, 70쪽).

214. 『삼성반도체통신십년사』, 200-205쪽; 한상복, 『외발 자전거는 넘어지지 않는다』, 76-82쪽.

215. 최영락, "한국인의 자긍심, 반도체 신화", 151-152쪽. 1983년에 삼성에 입사해 훗날 삼성전자 메모리사업부 사장을 지낸 진동수는 다음과 같이 회고했다. "입사 당시 실

험실에 야전침대를 펴놓고 '월화수목금금금' 일했다. 벽엔 '한반도는 반도체다', '하루 일찍 개발하면 13억 원 번다'는 문구를 붙였다. 실패하면 한국의 미래는 없다는 생각이었다"[육성으로 듣는 경제기적 편찬위원회, 『코리안 미러클 3: 중화학공업, 지축을 흔들다』 (나남, 2015), 400쪽].

216. 『삼성반도체통신십년사』, 201, 204쪽.

217. 이기열, 『소리 없는 혁명: 80년대 정보통신 비사』 (전자신문사, 1995), 268쪽.

218. 『삼성반도체통신십년사』, 205-209쪽; 성평건, 『관점을 바꿀 때 미래가 보인다』 (행림출판, 1994), 191-204쪽.

219. 현대전자, 『현대전자십년사』 (1994), 106-120쪽. 인용은 119쪽.

220. 『삼성반도체통신십년사』, 260-264쪽; 한상복, 『외발 자전거는 넘어지지 않는다』, 106-110쪽.

221. 『삼성반도체통신십년사』, 257-260쪽; 『삼성전자 20년사』, 557-558쪽.

222. 강진구, 『삼성전자 신화와 그 비결』, 221-223쪽.

223. 강진구, 『삼성전자 신화와 그 비결』, 224-226쪽.

224. 『삼성반도체통신십년사』, 274쪽; 한상복, 『외발 자전거는 넘어지지 않는다』, 149쪽.

225. 한상복, 『외발 자전거는 넘어지지 않는다』, 138-144쪽; 김재훈, "공동개발사업과 기술능력의 발전", 조형제·김창욱 편, 『한국 반도체산업 세계기술을 선도한다』 (현대경제연구원, 1997), 153-154쪽.

226. 『삼성반도체통신십년사』, 275쪽; 한상복, 『외발 자전거는 넘어지지 않는다』, 149-151쪽.

227. 『삼성반도체통신십년사』, 274-275, 277-278쪽; 강진구, 『삼성전자 신화와 그 비결』, 226쪽.

228. 강진구, 『삼성전자 신화와 그 비결』, 239-244쪽; 한상복, 『외발 자전거는 넘어지지 않는다』, 122-126쪽. 이에 대하여 강진구는 "85년에서 87년까지 삼성반도체통신은 1,159억원이 넘는 적자를 감수해야 했다. 만약 이때 삼성이 막대한 적자를 이겨내지 못하고 손을 들고 말았다면 오늘날과 같은 한국의 반도체산업은 없었을 것이다."고 평가한 바 있다(강진구, 『삼성전자 신화와 그 비결』, 243쪽). 당시에 삼성반도체통신이 상당한 적자를 기록했음에도 불구하고 지속적인 투자를 할 수 있었던 배경으로는 최고경영진이 굳건한 의지를 가졌다는 점과 제일모직이나 삼성물산과 같은 다른 계열사의 자금을 활용할 수 있었다는 점을 들 수 있다.

229. 한상복, 『외발 자전거는 넘어지지 않는다』, 180-184쪽; 『삼성전자 30년사』, 211-212쪽.

230. 반도체기술에 관한 공동연구개발사업에 대해서는 김재훈, "공동개발사업과 기술능력의 발전", 141-194쪽; 조현대, "한국 반도체산업의 기술혁신사례: 국가R&D콘소시엄의 구성·추진을 중심으로", 연구개발정책실 편, 『연구개발 성공사례 분석 (I)』 (과학기술정책관리연구소, 1997), 297-343쪽; 유상운, "국가연구개발사업의 시행과 전개: 반도체 개발 컨소시엄을 중심으로, 1980-2010" (서울대학교 박사학위논문, 2019)을 참조..

231. 강진구, 『삼성전자 신화와 그 비결』, 226쪽.

232. 강진구, 『삼성전자 신화와 그 비결』, 229쪽.

233. 강진구, 『삼성전자 신화와 그 비결』, 227-229쪽.

234. 진대제, 『열정을 경영하라』 (김영사, 2006), 55-60쪽; 삼성전자, 『삼성전자 40년: 도전과 창조의 유산』 (2010), 175-177쪽. 스택 방식의 선택과 관련하여 이건희, 『생각 좀 하며 세상을 보자』 (동아일보사, 1997), 133쪽은 "나는 복잡한 문제일수록 단순화해보려고 한다. 두 기술을 두고 단순화해보니 스택은 회로를 고층으로 쌓은 것이고, 트렌치는 지하로 파 들어가는 식이었다. 지하를 파는 것보다 위로 쌓아올리는 것이 수월하고 문제가 생겨도 쉽게 고칠 수 있을 것이라고 판단했다."고 쓰고 있다. 또한 이건희는 "스택방식이 맞을 것이라는 감은 있었지만, 내 자신도 100% 확신은 못한 상태였기 때문에 운이 좋았다고 할 수 있다."고 회고하기도 했다(『삼성전자 40년: 도전과 창조의 유산』, 177쪽).

235. 김재훈, "공동개발사업과 기술능력의 발전", 176-177쪽.

236. 송성수, "삼성 반도체 부문의 성장과 기술능력의 발전", 『한국과학사학회지』 20-2 (1998), 175-176쪽. 이에 따라 삼성 반도체 부문의 연구개발체제는 기흥연구소가 메모리반도체, 부천연구소가 민생용 및 산업용 반도체, 미국 현지법인이 첨단마이크로 제품의 연구개발을 담당하는 식으로 재편되었다. 1991년을 기준으로 세 기관은 각각 1,090억 원, 440억 원, 380억 원의 연구개발비를 사용했으며, 1,800명, 600명, 180명의 연구개발인력을 보유하고 있었다.

237. 이윤우, "연구개발 분위기 일신한 수요공정회의", 『삼성전자 30년사』, 202쪽; 최영락, "한국인의 자긍심, 반도체 신화", 168쪽.

238. 『삼성전자 30년사』, 296-297쪽; 진대제, 『열정을 경영하라』, 14-23쪽.

239. 진대제, 『열정을 경영하라』, 19-20쪽.

240. 『삼성 60년사』, 389쪽; 『삼성전자 30년사』, 305-306쪽.

241. 송성수, "삼성 반도체 부문의 성장과 기술능력의 발전", 178쪽; 『삼성전자 30년사』,

297-298쪽.

242. 송성수, "삼성 반도체 부문의 성장과 기술능력의 발전", 177쪽;『삼성전자 30년사』, 400쪽.

243.『삼성전자 30년사』, 394-396쪽; 최영락, "한국인의 자긍심, 반도체 신화", 171-172 쪽. 이와 같은 공격적 투자는 1997-2001년에 8인치에서 12인치로 전환할 때에도 반 복되었다. 특히 12인치의 경우에는 경쟁업체보다 훨씬 빨리 투자했기 때문에 파일럿 설비를 오랫동안 가동시킬 수 있었고, 초기 구매자이면서 장비를 대량으로 발주했기 때문에 투자비용을 크게 줄일 수 있었다[신장섭·장성원,『삼성 반도체 세계 일등 비결의 해부』(삼성경제연구소, 2006), 43-44쪽;『삼성전자 40년: 도전과 창조의 유산』, 177-179쪽].

244.『삼성전자 30년사』, 383-384쪽; 이채윤,『황의 법칙: 반도체 유목민 황창규의 2010 프로젝트』(머니플러스, 2006), 82-84쪽. 삼성은 한일합방조약 혹은 경술국치조약이 체결된 8월 29일에 맞추어 256M D램의 개발 소식을 공개했으며, 9월 6일에는 대한 제국의 국기와 256M D램의 사진을 병치시킨 광고를 내걸기도 했다(유상운, "국가 연구개발사업의 시행과 전개", 157-158쪽).

245.『삼성전자 30년사』, 384-385쪽; 최영락·이은경,『세계 1위 메이드 인 코리아, 반도 체』(지성사, 2004), 104쪽.

246.『삼성전자 30년사』, 385-386쪽; 신장섭·장성원,『삼성 반도체 세계 일등 비결의 해 부』, 58-61쪽.

247.『삼성전자 30년사』, 298-299, 400쪽.

248.『삼성전자 30년사』, 299-300쪽.

249.『삼성전자 30년사』, 388-392쪽.

250. 이와 관련하여 진대제는 1996년에 비메모리 분야의 책임을 맡으면서 당시의 상황에 대해 다음과 같이 술회한 바 있다. "세계 어디에 내놔도 관심을 끌만한 차별화된 제품이 솔직히 하나도 없었다. 대부분의 매출과 이익은 20년 전부터 부천공장에서 생산해 온 개별 트랜지스터에서 나오고 있었다. 고부가제품인 주문형 반도체나 시스 템 칩은 일부 생산 중이긴 했으나 엄청난 적자에 시달리고 있었다"(진대제,『열정을 경영하라』, 98쪽).

251. 한국의 초창기 컴퓨터 역사에 대해서는 한만춘, "연세 101 Analog Computer의 발 전",『연세논총』4-1 (1966), 525-550쪽; 서현진,『처음 쓰는 한국컴퓨터사』(전자신 문사, 1997), 13-124쪽을 참조. 이만영은 아날로그 계산기의 제작과정과 용도에 대

해 다음과 같이 술회한 바 있다. "컴퓨터를 제작하는 동안 가장 큰 애로사항은 각종 부속품을 입수하는 일이었다. 국내에서 생산할 수 없는 부속품을 구하기 위해 고물 상들을 모조리 뒤져야 했다.… 이런 고난에도 불구하고 제작에 착수했던 것은 나의 전공인 제어공학 부문을 활용해 보고 대학원생 강의에서 실습하기 위해서였다"(서현진, 『처음 쓰는 한국컴퓨터사』, 22쪽).

252. 서현진, 『처음 쓰는 한국컴퓨터사』, 132-133쪽. 당시 동양전산기술에는 이윤기, 권순덕, 김천사, 김병각, 김주현, 김영한, 김영식, 최규대, 이정희, 김의현 등과 같은 20~30대가 재직하고 있었는데, 그들은 나중에 두산정보통신, 삼보컴퓨터, 엘렉스컴 퓨터, 삼성전자 등에 스카웃되어 한국 컴퓨터산업을 일구는 데 크게 기여했다.

253. 서현진, 『처음 쓰는 한국컴퓨터사』, 126-127쪽. 이들 가운데 오늘날까지 컴퓨터사 업을 꾸준하게 이끌어온 기업은 삼성전자와 금성사뿐이며, 나머지 기업들은 모두 도 산 혹은 합병의 길을 밟았다.

254. 민완기, "한국 컴퓨터산업의 전개과정에 관한 연구"(서울대학교 박사학위논문, 1993). 44쪽; 김창욱, "컴퓨터산업의 기술능력의 향상과 지체", 이근 외, 『한국 산업 의 기술능력과 경쟁력』(경문사, 1997), 381쪽.

255. 삼보컴퓨터는 1981년 3월에 한국 최초의 PC인 SE8001을 개발했으며, 같은 해 10 월에 개최된 한국전자전에서 첫선을 보인 후 1982년부터 본격적인 생산에 들어갔다 (한국전자공업진흥회, 『전자공업삼십년사』, 199쪽). 1980년대 청계천상가의 산업생태 계에 대해서는 서현진, 『처음 쓰는 한국컴퓨터사』, 208-214쪽을 참조.

256. 민완기, "한국 컴퓨터산업의 전개과정에 관한 연구", 60쪽; 김창욱, "컴퓨터산업의 기술능력의 향상과 지체", 382쪽.

257. 김창욱, "컴퓨터산업의 기술능력의 향상과 지체", 382-383쪽.

258. 민완기, "한국 컴퓨터산업의 전개과정에 관한 연구", 74쪽; 김용복, "한국 전자산업 의 발전메커니즘에 관한 연구", 163쪽. 당시의 OEM에 대해 서현진, 『처음 쓰는 한 국컴퓨터사』, 262-263쪽은 다음과 같이 쓰고 있다. "IBM PC/XT 호환기 업계의 사 업 참여는 대부분 미국의 IBM 호환기업체들과 기술제휴를 통해 이루어졌다.… 주 요 제휴관계로는 현대전자-미시우스, 금성사-OSM, 삼보컴퓨터-PCPI, 스포트라이 트-MDS, 대우전자-코로나, 삼성전자-컴팩 등이었다. 이 가운데 컴팩을 제외하면 모 두 직원 수십여 명 내외의 이름 없는 벤처기업들이었지만, 국내에서는 대단한 업체 로 알려지기도 했다."

259. 김병목 외, 『기술개발능력의 축적과정과 정책대응-(I)』, 86-88쪽; 민완기, "한국 컴퓨

터산업의 전개과정에 관한 연구", 99-104쪽.

260. 송위진, "세계 컴퓨터산업의 구조변화와 대응전략: 미국을 중심으로", 『과학기술정
    책동향』 37 (1992), 4-10쪽.

261. 김용복, "한국 전자산업의 발전메커니즘에 관한 연구", 156-157쪽. 이와 관련하여
    당시 한국을 방문했던 미국 AMD 사의 샌더스 회장은 "한국의 업체들은 시작은 늦
    었지만 최신 생산시설을 갖추고 있고 풍부한 노동력 공급이 가능해 경쟁상 여러 가
    지 이점을 가지고 있다."고 평가한 바 있다["미국 AMD 사 회장 Sanders", 『컴퓨터비
    전』 1985년 5월호, 99쪽; 김상훈·오정석, 『한국 PC산업의 발전 과정』 (서울대학교출
    판부, 2006), 33쪽에서 재인용].

262. 민완기, "한국 컴퓨터산업의 전개과정에 관한 연구", 117-118쪽.

263. 김상훈·오정석, 『한국 PC산업의 발전 과정』, 32쪽.

264. 조윤애, "한국 컴퓨터산업의 과제와 대응방안", 『과학기술정책동향』 5-4 (1995), 36쪽.

265. 황혜란·신태영, 『한국 반도체/컴퓨터 산업의 혁신체제의 진화과정 및 개선방안』
    (과학기술정책연구원, 2000), 87쪽.

266. 김창욱, "컴퓨터산업의 기술능력의 향상과 지체", 387-388쪽.

267. 김용복, "한국 전자산업의 발전메커니즘에 관한 연구", 166-168쪽. 1990년대 대만
    의 컴퓨터 혁신체제에 대해서는 이영희, "대만 컴퓨터산업의 현황과 전망", 『과학기
    술정책동향』 5-4 (1995), 20-32쪽; 황혜란·신태영, 『한국 반도체/컴퓨터 산업의 혁신
    체제의 진화과정 및 개선방안』, 106-113쪽을 참조. 이와 관련하여 1993년에 타이페
    이 컴퓨터연합회 사무차장은 "어느 나라도 우리만큼 빠르게 값싼 PC를 만들 수 없
    을 것이다. 미국에서 신제품이 발표되는 날, 대만에는 그 제품의 설계도가 들어온다.
    그 후 한 달이면 원래 제품보다 성능이 우수하고 값싼 상품이 미국으로 수출된다."
    고 공언하기도 했다(이영희, "대만 컴퓨터산업의 현황과 전망", 24쪽).

268. 이와 관련하여 과거나 현재의 '핵심역량'이 향후에는 '핵심경직성'으로 작용할 가
    능성도 제기된 바 있다. 기존의 문제해결 방식과 조직운영 방식을 계속해서 고수할
    경우에는 변화하는 환경에 대한 대응력을 상실하게 된다는 것이다. 특히 기존에 형
    성된 제도가 상당 기간 동안 성공적인 결과를 가져왔을 때 그것을 변화시키는 일은
    더욱 어렵게 된다. Dorothy Leonard-Barton, "Core Capabilities and Core Rigidities: A
    Paradox in Managing New Product Development", *Strategic Management Journal* 13-2
    (1992), pp. 111-125를 참조.

269. 황혜란·신태영, 『한국 반도체/컴퓨터 산업의 혁신체제의 진화과정 및 개선방안』,

94쪽.

270. 1990~1997년 한국의 컴퓨터산업에 대해서는 김상훈·오정석, 『한국 PC산업의 발전 과정』, 42-63쪽을 참조.

271. 김창욱, "컴퓨터산업의 기술능력의 향상과 지체", 389쪽.

272. 김상훈·오정석, 『한국 PC산업의 발전 과정』, 54-55쪽.

273. 국가기간전산망 사업의 추진과정과 그 성과에 대해서는 정홍식, 『한국 IT정책 20년』, 146-156, 279-327쪽을 참조.

274. 최봉 외, 『한국 주력산업의 경쟁력 분석』, 318쪽.

275. 산업연구원, 『21세기를 향한 한국 산업의 비전과 발전 전략』, 125쪽.

276. 김상훈·오정석, 『한국 PC산업의 발전 과정』, 125-129쪽; 박영철, "삼성 PC의 놀라운 변신: 미운 오리 새끼에서 옥동자로!", 『주간조선』 제2179호 (2011. 10. 31).

277. 삼성전자, 『삼성전자 40년: 도전과 창조의 역사』 (2010), 565-568쪽.

278. 이기열, 『정보통신 역사기행』 (북스토리, 2006), 201-203쪽; 강준만, 『전화의 역사: 전화로 읽는 한국 문화사』 (인물과사상사, 2009), 147-164쪽.

279. 이정훈·이진주, "한국통신산업의 기술발전과정과 기술혁신전략: 전자교환기 개발 사례를 중심으로", 『Telecommunications Review』 2-11 (1992), 22-23쪽; 이기열, 『소리 없는 혁명』, 69-75쪽. 1961~1972년의 교환기산업에 대한 자세한 논의는 이상철, "한국 교환기산업과 산업정책(1961-1972년)", 『경제사학』 50 (2011), 39-68쪽을 참조.

280. 서현진, 『끝없는 혁명』, 263-264쪽; 이상철, "기술도입을 통한 전자교환기 생산과 투자조정(1972-80년)", 『경영사학』 28-4 (2013), 236-240쪽. 당시에 전자교환기의 자체개발을 강력하게 주장했던 사람은 경제기획원 경제기획국장을 맡고 있던 김재익 박사였다. 이에 반해 체신부는 당시의 국내 기술로 첨단 전자교환기를 개발하는 것에 회의적인 입장을 가지고 있었다(정홍식, 『한국 IT정책 20년』, 136쪽).

281. 한국통신기술연구소(Korea Telecommunications Research Institute, KTRI)는 한국과학기술연구소(KIST)를 모태로 하여 1977년에 설립되었으며, 1981년에 한국전기기기시험연구소(Korea Electric Research and Testing Institute, KERTI)와 통합되어 한국전기통신연구소(Korea Electrotechnology and Telecommunications Research Institute, KETRI)가 되었다. 이어 1985년에는 한국전기통신연구소와 한국전자기술연구소(Korea Institute of Electronics Technology, KIET)가 한국전자통신연구소(Electronics and Telecommunications Research Institute, ETRI)로 통합되었으며, 1997년에는 한국전자통신연구소가 한국전자통신연구원으로 명칭을 바꾸었다. 이 글에서는 해당 기

관의 명칭을 편의상 ETRI로 칭하기로 한다.

282. 전자교환기 생산에 관한 추진체제의 생산업체 선정에 관한 자세한 논의는 이기열, 『소리 없는 혁명』. 76-112쪽; 이상철, "기술도입을 통한 전자교환기 생산과 투자조정 (1972-80년)", 240-253쪽을 참조.

283. 이정훈·이진주, "한국통신산업의 기술발전과정과 기술혁신전략", 27쪽. 당시에 ETRI가 추진한 연구에 대해 정홍식,『한국 IT정책 20년』, 137쪽은 다음과 같이 평가하고 있다. "1981년까지 이 연구의 수준은 기초연구 단계에 불과하였고 실적도 보잘것없었다. 연구개발에 투자한 금액도 고작 6억 원 정도에 불과했다. 연구인력도 10여 명 수준이었다. 정부에서 결정했고, 대통령이 지시한 사항이기 때문에 겉으로는 동의했지만, 관계자들 대부분은 내심으로 '가능하지 않은 목표'라고 생각하고 있었던 것이다."

284. 당시 전화적체의 상황과 이를 해소하는 과정에 대한 분석은 김연희, "1980년 전후 전화선 부족 현상에 대한 시민의 반응", 임종태 외,『한국의 과학문화와 시민사회』(한국학술정보, 2010), 199-224쪽을 참조.

285. 이기열,『소리 없는 혁명』. 114-124쪽. 당시에 TDX 기술개발사업을 적극 추진한 인물은 청와대 경제과학비서관에 이어 체신부 차관을 맡았던 오명이었다. 오명은 TDX 개발을 국책과제로 삼기로 하고 ETRI에 구체적인 개발계획서를 주문했는데, ETRI는 소요자금으로 290억 원을 제시했으며 체신부는 이를 240억 원으로 조정하여 제5차 경제사회발전 5개년계획에 삽입했다. 연구개발비 240억 원의 프로젝트는 당시로서는 상상하기 어려운 것으로 1980년대 초에는 군장비 개발을 위한 프로젝트를 제외하면 10억 원 규모의 프로젝트도 구경하기 힘들었다(이기열,『정보통신 역사기행』, 241-242쪽). 오명에 대한 자세한 논의는 김정수, "오명 론: 80년대 통신혁명의 지휘자", 이종범 편,『전환시대의 행정가: 한국형 지도자론』(나남출판, 1995), 243-281쪽; 김정수,『한국의 정보통신혁명: 오명의 리더십 연구』(나남출판, 2000)를 참조.

286. 이정훈·이진주, "한국통신산업의 기술발전과정과 기술혁신전략", 27쪽; 정홍식, 『한국 IT정책 20년』, 140쪽. 대한통신은 1983년 9월에 대우통신으로 변경되었으며, 동양정밀은 1983년 10월에 스웨덴의 에릭슨과 합작하여 동양전자통신을 설립했다.

287. 박항구, "전화, 사치품에서 필수품으로: 전전자식 교환기", 한국과학문화재단 엮음,『과학이 세상을 바꾼다』(크리에이터, 2007), 310쪽. 이와 관련하여 1984년에 TDX 사업단 단장으로 부임했던 서정욱은 "국산 TDX 개발 사업은 진공관 라디오 수리공이 컬러 TV를 만드는 것에 비유될 정도로 고도의 기술도약이 필요했다."고 평가하

기도 했다[서정욱, "CDMA 성공신화, 이동통신", 서정욱 외, 『세계가 놀란 한국 핵심 산업기술』(김영사, 2002), 189-190쪽].

288. 이기열, 『소리 없는 혁명』, 130-131쪽.

289. 이기열, 『소리 없는 혁명』, 138-142쪽; 김정수, 『한국의 정보통신혁명』, 136쪽. TDX 와 전전자교환기라는 용어도 3차 시험기를 개통하는 과정에서 정착되기 시작했다. 교환기의 명칭으로는 KTX(Korea Telephone Exchange), KTD(Korea Time Division) 등이 거론되었지만, K자를 넣은 것이 열등의식의 발로라는 의견에 따라 TDX로 정해졌다. 또한 이전에는 시분할 방식의 전자교환기에 대한 약칭으로 시분할교환기가 사용되었지만, 모든 부품이 전자식으로 작동한다는 점을 강조하기 위해 전전자교환기로 공식화되었다(이기열, 『소리 없는 혁명』, 141쪽).

290. 이정훈·이진주, "한국통신산업의 기술발전과정과 기술혁신전략", 28-29쪽; 이기열, 『소리 없는 혁명』, 143-150쪽. 이와 관련하여 당시에 ETRI 소장을 맡았던 경상현은 다음과 같이 회고했다. "전자교환기를 실제로 연구개발한 공로자가 양승택 박사팀이라면, 개발된 제품을 양산화하고 현장에서 아무 문제가 없게끔 품질관리를 해서 원활하게 보급한 공로자는 서정욱 박사죠.… 특히 서 박사는 TDX 개발을 통해 우리나라에 품질보증제도를 정착시킨 공로가 큽니다.… TDX 메이커들이 처음부터 품질관리를 시작해서 단계적으로 발전시킴으로써 품질관리에 대한 기술이 TDX를 통해 정착되었고, 그것이 다른 산업전자 제품에 활용되었기 때문에 우리나라 산업전자의 질을 한 단계 높이는 데 결정적인 역할을 한 거죠"(이기열, 『소리 없는 혁명』, 152쪽).

291. 이기열, 『소리 없는 혁명』, 144-145쪽.

292. 체신부, 『한국의 통신: 80년대 발전전략과 성과』(1988), 129-133쪽; 김정수, 『한국의 정보통신혁명』, 136-138쪽.

293. 체신부, 『한국의 통신』, 133-136쪽; 김정수, 『한국의 정보통신혁명』, 138쪽.

294. 강준만, 『전화의 역사』, 178쪽; 김연희, "1980년 전후 전화선 부족 현상에 대한 시민의 반응", 220쪽.

295. 이정훈·이진주, "한국통신산업의 기술발전과정과 기술혁신전략", 29쪽.

296. 과학기술처, 『과학기술 30년사』(1997), 560-561쪽; 이기열, 『소리 없는 혁명』, 158-159쪽.

297. 이정훈·이진주, "한국통신산업의 기술발전과정과 기술혁신전략", 29-30쪽; 이기열, 『소리 없는 혁명』, 159-161쪽.

298. 과학기술처, 『과학기술 30년사』, 562-563쪽; 이기열, 『소리 없는 혁명』, 161쪽.

299. 이기열,『소리 없는 혁명』, 168쪽.

300. TDX 기술개발사업은 공공부문과 민간부문의 협력에 관한 최초의 성공사례로 평가되기도 하는데, 이에 대해 오명은 다음과 같이 회고한 바 있다. "우리나라 재벌들이 서로 힘을 합쳐 공동개발에 나선 예가 한 번도 없었는데, 그게 처음으로 성공한 것이 TDX 개발사업이었어요. TDX 개발사업에서 재벌들이 국가와 같이 서로 힘을 모아 성공한 예가 있기 때문에 체신부가 힘을 얻어 앞장서서 4M DRAM 반도체, 국산주전산기(TICOM), CDMA도 공동개발을 할 수 있었던 것입니다"(체신부,『한국의 통신』, 293쪽).

301. 한기철, "CDMA 이동통신기술 세계 최초 상용화", 연구개발정책실,『연구개발 성공사례 분석』(과학기술정책관리연구소, 1997), 97-103쪽.

302. CDMA 기술개발사업의 주요일지는 서정욱, "CDMA 성공신화, 이동통신", 238-244쪽에 정리되어 있다.

303. 과학기술처,『과학기술 30년사』, 565쪽; 류현성,『IT 신화는 계속된다』, 262쪽. 이와 관련하여 서정욱은 'TDX 신드롬'이란 용어를 사용하기도 했다. 그에 따르면, "TDX 신드롬이란 TDX가 어떻게 개발되었는지 그 내막을 잘 모르는 사람들이, 연구소는 프로젝트만 주면 무엇이든 개발해내고, 사업단만 만들어주면 저절로 관리가 되는 줄로 아는 사람들의 착각을 빗대어 하는 말이다"[서정욱,『미래를 열어온 사람들: 통신과 함께 걸어온 길』(한국경제신문사, 1996), 137쪽].

304. 한기철, "CDMA 이동통신기술 세계 최초 상용화", 111-112쪽. 당시에 ETRI의 무선통신개발단 단장을 맡고 있던 안병성은 "이동통신의 기술개발동향",『전자통신동향분석』4-2 (1989), 57-75쪽; "디지틀 이동통신의 기술개발동향",『정보와 통신』6-4 (1989), 17-28쪽; "이동통신의 기술 개발 동향",『전자공학회지』16-5 (1989), 12-20쪽 등을 기고하기도 했다.

305. 한기철, "CDMA 이동통신기술 세계 최초 상용화", 112-114쪽; 송위진,『한국의 이동통신』, 43-44쪽. CDMA는 TDMA에 비해 가입자 수용 용량이 훨씬 크다는 장점을 가지고 있었고, 음질이 뛰어나고 보안성이 좋다는 매력도 지니고 있었다. 하지만 당시로서는 CDMA는 상용화된 제품을 내놓지 못하고 있었으며 이론상으로 가능한 방식에 불과했다(이기열,『정보통신 역사기행』, 263쪽).

306. 송위진,『한국의 이동통신』, 49-50쪽.

307. 정홍식,『한국 IT정책 20년』, 220쪽.

308. 이기열,『정보통신 역사기행』, 263-264쪽.

309. 송위진, 『한국의 이동통신』, 50-51쪽. ETRI의 연구원 파견과 관련하여 한기철, "CDMA 이동통신기술 세계 최초 상용화", 125쪽은 다음과 같이 쓰고 있다. "퀄컴사에 파견되었던 연구원들은 현지에서 많은 것을 배울 수 있기를 원했으나, 시스템 설계가 빨리 진척되지 않는 상황에서 퀄컴사가 선별적으로 제공하는 기술 자료를 검토할 수밖에 없었기 때문에, 결국 시가지 시험에 동참하거나 같이 토론을 하는 정도에 그치는 등 파견의 목적이 충분하게 효율적으로 이루어지지 못했다."

310. 송위진, 『한국의 이동통신』, 52-53쪽.

311. 한기철, "CDMA 이동통신기술 세계 최초 상용화", 117쪽; 송위진, 『한국의 이동통신』, 51쪽.

312. 송위진, 『한국의 이동통신』, 54-55쪽.

313. 송위진, 『한국의 이동통신』, 57쪽. 이러한 정책 결정의 배경과 영향에 대한 자세한 분석은 송위진, "국가연구개발사업의 정치학: CDMA 기술개발사업의 사례분석", 『한국행정학보』 33-1 (1999), 311-329쪽을 참조.

314. 송위진, 『한국의 이동통신』, 57-59쪽. 제2이동전화사업자로는 1994년 2월에 신세기통신(2002년 1월에 SK텔레콤에 합병됨)이 선정되었는데, 그 과정에 대해서는 이장규 외, 『실록 6공 경제: 흑자경제의 침몰』 (중앙M&B, 1995), 249-260쪽; 이기열, 『정보통신 역사기행』, 275-290쪽을 참조.

315. 송위진, 『한국의 이동통신』, 60쪽. CDMA 기술개발사업에서 위기의 성격에 대해서는 송위진, "기술혁신에서의 위기의 역할과 과정: CDMA 기술개발 사례연구", 『기술혁신연구』 7-1 (1999), 78-97쪽을 참조.

316. 이동통신기술개발 사업관리단을 맡은 서정욱 박사는 당시까지 수행되었던 CDMA 개발사업에 대해 "공동개발을 한다는 사람들이 게임의 규칙이나 운영자와 합의된 규격도 없이 외국 업체가 개발한 CDMA 시범장치(RTS)를 모방하고 있었다."고 평가했다. 또한 "연구소는 별다른 진척 없는 사업보고나 생산에 연결되지 않는 시험만 계속하고 있었다. 연구소 내부에서조차 1995년 말의 상용화를 믿는 사람은 별로 없었다. 그런가 하면 상용화에 앞장설 제조업체들 역시 해놓은 일이 별로 없었다."고 술회했다(서정욱, 『미래를 열어온 사람들』, 138, 141쪽).

317. 한기철, "CDMA 이동통신기술 세계 최초 상용화", 131-134쪽; 송위진, 『한국의 이동통신』, 60-61쪽. 당시에 오명 장관은 틈만 나면 전자통신연구소를 찾아가 연구개발 진도를 체크하는 한편 연구원들을 격려하기도 했다. 그는 연구원들을 모아놓고 "CDMA 개발은 전쟁이다. 전쟁에는 반드시 이겨야 한다."고 강조한 후 그 문구를 벽

에 써 붙이도록 했다. 그리고 예정된 기한 내에 CDMA 시스템을 개발하면 5억 원의 상금을 주겠다고 약속하기도 했다(이기열, 『정보통신 역사기행』, 267-268쪽).

318. 송위진, 『한국의 이동통신』, 62-63쪽.

319. 한기철, "CDMA 이동통신기술 세계 최초 상용화", 117-123쪽; 송위진, 『한국의 이동통신』, 63-64쪽.

320. 송위진, 『한국의 이동통신』, 64-65쪽; 이현덕, "정보통신부 그 시작과 끝(54)", 《전자신문》, 2011. 6. 30.

321. 한기철, "CDMA 이동통신기술 세계 최초 상용화", 129-130쪽.

322. 한기철, "CDMA 이동통신기술 세계 최초 상용화", 130-131쪽. 또한 박항구 단장은 "당시 실험실(STP)이 지하에 있었는데, 그 방 입구에 'CDMA WAR ROOM(CDMA 전쟁실)'이라고 써 붙였습니다. 사무실에 야전침대를 갖다 놓고 모든 연구진이 개발에 몰두했습니다."고 회고하기도 했다[이현덕, "정보통신부 그 시작과 끝(54)", 《전자신문》, 2011. 6. 30].

323. 송위진, 『한국의 이동통신』, 67쪽. 이에 대해 서정욱은 "업체들은 사업의 중요성이 워낙 크기 때문인지, 아니면 오랫동안 길을 잃고 헤맨 탓인지 관리단의 요구에 잘 응해주었다. …정말 다행이었던 것은 주도 업체들이 과거 TDX 개발에 참여했던 경험이 있어 나의 관리 철학을 잘 알고 있어 힘은 들었지만 갈등은 없었다는 점이다." 라고 회고하기도 했다(서정욱, 『미래를 열어온 사람들』, 143쪽).

324. 서정욱, 『미래를 열어온 사람들』, 144-147쪽; 송위진, 『한국의 이동통신』, 67-68쪽. 당시에 서비스 개통을 준비하던 한 업체에서는 갓 결혼한 직원이 업무에 매달리느라 며칠 씩 퇴근하지 못했고, 신부가 회사에까지 찾아와 신랑을 회수하는 일까지 생기기도 했다. 또한 정보통신부에서 CDMA 연구개발을 담당하던 신용섭 과장은 생산단계에 들어간 시스템과 휴대폰 단말기 작업을 점검하느라 몇 달씩 과로하여 결국은 두 손에 침을 꽂은 채 근무하기도 했다(정홍식, 『한국 IT정책 20년』, 216-217쪽).

325. 이기열, 『소리 없는 혁명』, 334-335쪽.

326. 이기열, 『소리 없는 혁명』, 337-342쪽.

327. 이기열, 『소리 없는 혁명』, 342-344쪽; 박철순·김성훈, 『한국 이동통신 서비스 및 단말기 산업의 변천과 발전방향』(서울대학교출판부, 2007), 2쪽. 한국이동통신서비스는 1988년 5월에 사명을 한국이동통신(Korea Mobile Telecom, KMT)으로 바꾸었고, 1994년 공개 입찰을 거쳐 선경그룹(현 SK그룹)에 인수된 후 1997년 3월에 SK텔

레콤으로 개칭되었다.

328. 송위진, 『한국의 이동통신: 추격에서 선도의 시대로』(삼성경제연구소, 2005), 95 쪽; 박철순·김성훈, 『한국 이동통신 서비스 및 단말기 산업의 변천과 발전방향』, 13 쪽. SC-100에 대해 김용준, 『신화창조의 비밀: 한국 기업의 세계 시장 공략기』(한국 씨네텔, 2005), 193쪽은 "아무리 첫 작품이라고는 하지만 이미 10년을 앞서 나가는 모토롤라 제품과 비교했을 때는 비교조차 무색할 정도로 졸작이었던 것이다."고 쓰 고 있다.

329. LG전자, 『LG전자 50년사: 성장동력사』(2008), 249쪽. 금성정보통신은 1995년 1월 에 LG정보통신으로 변경되었으며 2000년 9월에 LG전자로 합병되었다.

330. 류현성, 『IT 신화는 계속된다』(휴먼비즈니스, 2008), 268-270쪽.

331. 『삼성전자 30년사』, 289쪽; 『삼성전자 40년: 도전과 창조의 유산』, 93-94쪽. 여기서 이동전화는 차량(용)전화(카폰)와 휴대(용)전화를 합쳐 지칭한 것으로 한국의 경우 에는 1991년부터 휴대전화가 카폰보다 많아졌다. 이동전화 가입자 수는 1988년에 2 만 명이던 것이 1989년 4만 명, 1990년 8만 명, 1991년 16만 6천 명, 1992년 27만 2천 명 등으로 매년 두 배씩 증가하는 경향을 보였다(이기열, 『소리 없는 혁명』, 367-368 쪽).

332. 송위진, 『한국의 이동통신』, 33-34쪽. 이와 관련하여 『삼성전자 30년사』, 373쪽은 "삼성전자는 SH-100 출시 후 꾸준한 신제품개발과 시장개척으로 10%가 넘는 시장 점유율을 기록하기는 했으나 휴대폰 개발 경험과 핵심기술 부족으로 인한 잦은 고 장과 통화감도 불량으로 소비자에게 크게 어필하지 못했다."고 쓰고 있다.

333. 송위진, 『한국의 이동통신』, 95-96쪽; 김용준, 『신화창조의 비밀』, 194쪽.

334. 천경준, "신경영 정신으로 모토롤라를 물리치다", 『삼성전자 30년사』, 374쪽.

335. 『삼성전자 30년사』, 373쪽; 송위진, 『한국의 이동통신』, 96-97쪽. 삼성의 신경영은 "변하지 않으면 살아남을 수 없다. 마누라와 자식들을 제외하고 모두 바꾸라."는 구 호로 유명한데, 그 추진과정에 대해서는 김성홍·우인호, 『이건희 개혁 10년』(김영 사, 2003)을 참조.

336. 『삼성전자 30년사』, 373-374쪽; 『삼성전자 40년: 도전과 창조의 유산』, 98-100쪽.

337. 현소은·한민희·예종석, "신화를 창출한 애니콜의 브랜드 전략", 『한국마케팅저널』 5-4 (2003), 94쪽; 『삼성전자 40년: 도전과 창조의 역사』, 171쪽.

338. 김용준, 『신화창조의 비밀』, 198-199쪽.

339. 정동섭, "삼성전자의 애니콜 신화", 『경영교육연구』 4-2 (2001), 144-145쪽; 김용준,

『신화창조의 비밀』, 195쪽.

340. 정동섭, "삼성전자의 애니콜 신화", 148쪽. 애니콜이 판매된 후 삼성전자에는 몇몇 흥미로운 제보가 들어오기도 했다. 하나는 어떤 소비자의 휴대폰이 중형차에 깔렸는데, 통화에 아무런 이상이 없다는 제보였다. 다른 하나는 옷 속에 넣어둔 휴대폰이 불에 탔는데, 이것 역시 통화가 되더라는 제보였다. 이러한 제보는 삼성전자의 마케팅에 적극 활용되었고, 애니콜의 진가를 유감없이 발휘하는 기회가 되었다(김용준, 『신화창조의 비밀』, 200쪽).

341. 김용준, 『신화창조의 비밀』, 196쪽.

342. 『삼성전자 30년사』, 374쪽; 박철순·김성훈, 『한국 이동통신 서비스 및 단말기 산업의 변천과 발전방향』, 15쪽.

343. 김성홍·우인호, 『이건희 개혁 10년』, 140-142쪽; 이채윤, 『삼성전자 3.0 이야기』(북오션, 2011), 130-132쪽. 불량제품 화형식 현장에 있었던 이기태는 다음과 같이 회고한 바 있다. "내 혼이 들어간 제품이 불에 타는 것을 보니 말로는 표현할 수 없는 감정이 교차하더군요. 그런데 이상하게도 타고 남은 재를 불도저가 밀고 갈 때쯤 갑자기 각오랄까, 결연함이 생깁니다. 그 불길은 과거와의 단절을 상징한 겁니다"(김성홍·우인호, 『이건희 개혁 10년』, 142쪽).

344. 박승엽·박원규, 『삼성 vs LG, 그들의 전쟁은 계속된다』(미래의창, 2007), 130쪽.

345. 박철순·김성훈, 『한국 이동통신 서비스 및 단말기 산업의 변천과 발전방향』, 16쪽.

346. 송성수, "한국 과학기술정책의 특성에 관한 시론적 고찰", 68-69쪽.

347. 경제기획원, 『자율개방시대의 경제정책』, 11-12쪽.

348. '87년 체제'는 2005년 봄에 발간된 『창작과 비평』 제33권 1호(통권 127호)를 통해 처음 제기된 후 한국 사회의 변동을 이해하기 위한 개념으로 종종 사용되고 있다. 87년 체제의 등장과 전개에 대해서는 김정훈, 『87년 체제를 넘어서』(한울, 2010); 정태석, "87년 체제와 시민사회 이데올로기-가치들의 변화", 『경제와 사회』 117 (2018), 18-61쪽을 참조.

349. 홍순영·장재철 외, 『한국 경제 20년의 재조명』, 19-29쪽.

350. 강명구·박상훈, "정치적 상징과 담론의 정치: '신한국'에서 '세계화'까지", 145-146쪽.

351. 이와 관련하여 이장규, 『대통령의 경제학』, 320쪽은 김영삼 정부의 세계화에 대해 다음과 같이 평가하고 있다. "김영삼의 세계화는 그 당시의 화두였던 글로벌리제이션을 말하는 것이 아니었다. 한참 지나서야 깨달은 실무자들은 그 뒷감당을 하느라 애를 먹었다. 세계화는 정치적인 구호였으며 대외적인 영어 표기도 'Segyewha'로 쓰

도록 했다. 한국의 세계화는 'Globalization'이 아니라는 것이었다. 김영삼의 세계화는 한마디로 말해 대내용 정치 문구였다. 글로벌 스탠더드에 맞춰나가자는 세계화가 아니라 자신이 세계적 지도자로 알려지도록 하는 정략적 슬로건이었다."

352. 외환위기의 원인에 관한 다양한 논의에 대해서는 이규성, 『한국의 외환위기: 발생·극복·그 이후』(박영사, 2016), 48-126쪽을 참조.

353. 이와 관련하여 Paul Krugman, "The Myth of Asia's Miracle", *Foreign Affairs* 73-6 (1994), pp. 62-78은 동아시아의 기적은 생산성의 향상이 뒷받침되지 않은 요소투입의 증가에 의해 이루어졌다고 주장한 바 있다.

354. 이제민, 『외환위기와 그 후의 한국 경제』(한울, 2017), 104-146쪽. 보다 요약적인 논의로는 이제민, "한국의 외환위기: 원인, 해결과정과 결과", 『경제발전연구』 13-2 (2007), 3-11쪽; 이제민, "한국의 경제성장: 그 성공과 굴곡의 과정", 52-56쪽이 있다.

355. 이와 관련하여 신장섭·장하준, 『주식회사 한국의 구조조정』, 79-97쪽은 한국 경제의 구조적 문제로 거론되어온 산업정책, 정경유착, 재벌구조 등을 이론적 기반과 경험적 근거의 차원에서 비판적으로 검토하고 있다.

356. 이에 대해 김승석, "경제발전과 국가의 역할 변화: 석유화학공업을 중심으로", 316쪽은 "종래 석유화학공업에 대한 국가소유의 지양으로서 소유에 대한 참여를 자제하고 국가는 '비소유 조력자(非所有 助力者)'로서의 역할을 지향하는 것이다."고 평가하고 있다.

357. 자세한 논의는 송성수, "한국 철강산업의 기술능력 발전과정", 191-199쪽을 참조. 이와 관련하여 류상영, "한국산업화에서의 국가와 기업의 관계: 포항제철과 국가자본주의"(연세대학교 박사학위논문, 1995)는 포스코를 사례로 1960~1980년대의 국가와 기업의 관계를 검토하면서 포스코의 성격이 '국가 안의 국가', '국가 안의 기업', '시장 안의 기업'으로 변천해왔다고 분석한 바 있다.

358. 이근, 『동아시아와 기술추격의 경제학』, 105-106쪽. 이와 관련하여 윤정로, "한국의 반도체 산업, 1965-1987", 162쪽은 1980년대 반도체산업에 대한 정부의 역할에 대해 다음과 같이 쓰고 있다. "[1980년대에] 반도체 산업이 선도 산업으로 부상하는 것은 국가가 주도한 결과가 아니었다.… 반도체 산업을 위하여 국가가 취한 행동은 민간 부문의 호응을 유발하는 신호를 보내는 것이 아니라, 민간 부문에 의하여 이미 진행되고 있는 상황에 대한 사후(事後) 추인의 성격이 강했다."

359. 김인영, 『한국의 경제성장: 국가주도론과 기업주도론』(자유기업센터, 1998), 177-178쪽.

360. 이와 관련하여 이병철, 『호암자전』, 373쪽에 따르면, "기흥공장의 부지는 당초에 정부의 특정용지로 예정되어 있었지만, 반도체산업의 중요성을 정부가 인식하게 되어 삼성반도체가 사용하도록 특별한 양해가 있었다."

361. 이와 관련하여 竹內弘高·野中郁次郎, "신제품개발의 전략과 조직", 今井賢一 편저, 김동열 옮김, 『기술혁신과 기업조직: 일본기업의 사례를 중심으로』(비봉출판사, 1992), 139-176쪽은 미국 기업의 분석적·직렬적 방식과 일본 기업의 전체적·중복적 방식을 대비시키면서 일본 기업이 기술개발의 각 국면을 중복시킨 생선회 모양의 병렬개발을 수행해왔다고 평가하고 있다.

제5장 한국 경제의 전환과 기술선도

1. 이제민, 『외환위기와 그 후의 한국 경제』, 11쪽.

2. 석혜원, 『대한민국 경제사』, 206-207쪽; 이장규, 『대한민국 대통령들의 한국경제 이야기 2』, 66-67쪽.

3. 이장규, 『대한민국 대통령들의 한국경제 이야기 2』, 69-70쪽.

4. 이규성, 『한국의 외환위기』, 212-220쪽. 같은 책, 220쪽은 금모으기 운동의 실적과 성격에 대해 다음과 같이 쓰고 있다. "금모으기 운동에는 모두 349만 명이 참여하였는데,… 전국 1,509만 세대의 23%가 참여한 셈이며 1세대 당 평균 65그램을 맡긴 것으로 분석됐다. IMF 체제를 맞아 시작된 이번의 금모으기 운동은 1907년 담배를 끊고 국채를 갚자고 시작한… 국채보상운동의 현대판이라 할 수 있다."

5. 1998년 정부조직 개편의 과정과 평가에 대해서는 김광웅, "김대중정부 초기 정부조직개편에 관한 비판적 성찰", 『한국행정학보』 32-2 (1998), 97-111쪽을 참조. 김대중 정부는 1999년 5월과 2001년 1월에도 정부조직 개편을 실시했다. 1999년에는 기획예산위원회와 예산청을 기획예산처로 통합했고 중앙인사위원회를 신설했으며, 2001년에는 재정경제부와 교육부를 부총리급으로 격상시키는 가운데 여성부를 신설했다.

6. 예를 들어 경제수석의 경우에는 처음에 선거캠프 출신의 김태동을 기용했으나 3개월 만에 경질하면서 경제기획원 관료를 지냈던 강봉균으로 교체했으며, 초대 금융감독위원장에는 이회창 캠프의 참모였던 이헌재를 기용했다(이장규, 『대통령의 경제학』, 350쪽). 또한 1998~2000년의 재정경제부 장관으로는 이규성, 강봉균, 이헌재의 순서로 선임되었는데, 이규성은 재무부 관료 출신이었다.

7. 김경원·권순우 외, 『외환위기 5년, 한국경제 어떻게 변했나』, 244-245쪽; 박원암, "1997년 외환위기", 김두얼 외, 『한국의 경제 위기와 극복』 (대한민국역사박물관, 2017), 204-205쪽.

8. 김경원·권순우 외, 『외환위기 5년, 한국경제 어떻게 변했나』, 248-265쪽; 박원암, "1997년 외환위기", 207-208쪽.

9. 김경원·권순우 외, 『외환위기 5년, 한국경제 어떻게 변했나』, 266-280쪽; 박원암, "1997년 외환위기", 206-207쪽. 기업의 지배구조 개선과 관련하여 박섭, 『적응과 협력의 시대』, 468-469쪽은 다음과 같이 쓰고 있다. "정부는 1980-1990년대에 재벌의 사업 확장을 규제하는 정책은 자주 내었지만, 재벌에게 통치 양식의 변경을 요구하지는 않았다. 정부는 1998년에 그때까지와는 달리 재벌의 총회장에게 계열사의 회장이 되어 기업을 직접 경영하거나, 지주회사를 설립하고 그 회장이 되어 계열사의 기업 경영에 대해 책임질 것을 요구했다."

10. 김경원·권순우 외, 『외환위기 5년, 한국경제 어떻게 변했나』, 294-304쪽; 박원암, "1997년 외환위기", 208쪽. 노사정위원회의 성격과 활동에 대한 분석은 김동원, "짧은 성공과 긴 좌절: 한국 노사정위원회에 대한 이론적 분석과 정책적 시사점", 『산업관계연구』 13-2 (2003), 1-25쪽을 참조.

11. 김경원·권순우 외, 『외환위기 5년, 한국경제 어떻게 변했나』, 281-293쪽; 박원암, "1997년 외환위기", 208-209쪽. 정부출연연구기관 연합이사회는 1998년 3월에 인문사회연구회, 경제사회연구회, 기초기술연구회, 공공기술연구회, 산업기술연구회의 5개로 출발한 후 2008년 2월에 경제·인문사회연구회, 기초기술연구회, 산업기술연구회의 3개를 거쳐 2014년 6월에는 경제·인문사회연구회, 국가과학기술연구회의 2개로 조정되었다.

12. 김경원·권순우 외, 『외환위기 5년, 한국경제 어떻게 변했나』, 246쪽; 박원암, "1997년 외환위기", 209-213쪽. 수치상의 목표는 달성되었지만 의도하지 않은 결과도 유발되었는데, 이에 대해 국정브리핑 특별기획팀, 『참여정부 경제 5년: 한국 경제 재도약의 비전과 고투』 (한스미디어, 2008), 15쪽은 다음과 같이 쓰고 있다. "금융부문의 경우 수익성과 건전성을 지나치게 강조한 나머지 은행들은 가계대출 등 안전한 소매금융에 주력했다. 정작 중요한 기업금융을 외면하는 문제점이 생겼다. 또 문어발식 경영을 막고, 계열 내 위기 전파를 차단하기 위해 각종 기업지배구조 개혁 조치를 단행하는 한편 시장을 통한 기업감시를 위해 적대적 인수합병(M&A)를 허용한 결과 경영권 보호를 위한 보수경영이 확대되면서 투자가 위축되는 문제가 불거졌다."

13. 한국경제 60년사 편찬위원회, 『한국경제 60년사 I』, 140쪽. 김대중 대통령은 취임 1년 6개월 만인 1999년 8월에 외환위기를 극복했다고 선언했지만, 그것은 IMF 체제를 완전히 졸업한 것이 아니라 외환유동성 위기에서 벗어났다는 의미였다.

14. 박원암, "1997년 외환위기", 211쪽; 한국경제 60년사 편찬위원회, 『한국경제 60년사 I』, 140쪽. 실업이 증가하고 취업이 어려워지면서 2000년을 전후해서는 이태백(20대 태반이 백수), 삼팔선(38세 정년), 사오정(45세 정년), 오륙도(56세까지 회사를 다니면 도둑) 등과 같이 사전의 뜻풀이를 추가해야 할 새로운 말들도 생겨났다(석혜원, 『대한민국 경제사』, 236쪽).

15. 김경원·권순우 외, 『외환위기 5년, 한국경제 어떻게 변했나』, 246-247쪽.

16. 이규성, 『한국의 외환위기』, 841-857쪽; 석혜원, 『대한민국 경제사』, 212-215쪽. 대우그룹의 몰락이 방만한 기업경영 때문인지, 무리한 금융정책의 결과인지는 앞으로 규명되어야 할 문제인데, 이에 대한 김우중 회장의 입장은 신장섭, 『김우중과의 대화: 아직도 세계는 넓고 할 일은 많다』(북스코프, 2014)를 참조.

17. 이제민, "한국의 외환위기: 원인, 해결과정과 결과", 18-23쪽; 이제민, 『외환위기와 그 후의 한국 경제』, 173-176쪽.

18. 김경원·권순우 외, 『외환위기 5년, 한국경제 어떻게 변했나』, 209-210쪽. 이자보상배율은 영업이익을 금융비용으로 나눈 값으로 이 비율이 1보다 낮은 경우에는 영업행위를 통해 벌어들인 수익으로 이자지급에 필요한 금융비용도 충당하지 못한다.

19. 김경원·권순우 외, 『외환위기 5년, 한국경제 어떻게 변했나』, 296-297쪽.

20. 이장규, 『대통령의 경제학』, 371-374쪽; 석혜원, 『대한민국 경제사』, 238-241쪽.

21. 석혜원, 『대한민국 경제사』, 223-227쪽.

22. 김경원·권순우 외, 『외환위기 5년, 한국경제 어떻게 변했나』, 190-195쪽; 석혜원, 『대한민국 경제사』, 228-232쪽. 벤처산업의 초기 역사에 대해서는 이민화·김명수, 『한국벤처산업발전사』(김영사, 2000)를 참조.

23. 홍순영·장재철 외, 『한국 경제 20년의 재조명』, 257-258쪽; 석혜원, 『대한민국 경제사』, 242-245쪽.

24. 홍순영·장재철 외, 『한국 경제 20년의 재조명』, 258쪽; 김경원·권순우 외, 『외환위기 5년, 한국경제 어떻게 변했나』, 27-28쪽. 김대중 정부는 거의 모든 부동산 규제를 없애다시피 했는데, 노무현은 대통령 당선자 시절에 이러한 상황을 보고받은 후 "이렇게까지 많이 풀었습니까?"라고 반문했다고 한다(국정브리핑 특별기획팀, 『참여정부 경제 5년』, 90쪽).

25. 재정경제부·한국개발연구원,『새 천년의 패러다임: 지식기반경제 발전전략』(1999); 이규성,『한국의 외환위기』, 824-841쪽.

26. 혁신체제론에 관한 간단한 논의는 송위진, "국가혁신체제론의 혁신정책",『창조와 통합을 지향하는 과학기술혁신정책』(한울, 2010), 13-41쪽; 송성수,『기술혁신이란 무엇인가』, 77-102쪽을 참조.

27. 송성수, "한국 과학기술정책의 특성에 관한 시론적 고찰", 70-71쪽. 과학기술혁신 5개년 계획, 과학기술혁신 5개년 수정계획, 과학기술기본계획의 주요 내용은 송성수,『과학기술종합계획에 관한 내용분석』, 108-148쪽, 김대중 정부 시기의 과학기술정책에 대한 자세한 내용은 과학기술부,『국민의 정부 과학기술정책 5년 성과』(2003)를 참조.

28. 송성수, "한국 과학기술정책의 특성에 관한 시론적 고찰", 71-72쪽.

29. 국가과학기술위원회는 2008년부터 민간 중심의 운영체계가 모색된 후 2011년에는 대통령 직속 행정위원회로 개편되면서 장관급 위원장으로 그 위상이 낮아졌다. 이어 2013년에는 국가과학기술심의회로 명칭을 바꾸고 국무총리 소속으로 재출범했다.

30. 벤처기업의 육성은 1997년에 과학기술혁신 5개년 계획이 수립되면서 주목받기 시작했고, 지방과학기술의 진흥은 1999년에 과학기술혁신 5개년 계획이 수정되면서 중요한 분야로 부상했으며, 과학기술문화의 창달은 2001년의 과학기술기본계획부터 독립적인 부문으로 격상되었다.

31. 김경원·권순우 외,『외환위기 5년, 한국경제 어떻게 변했나』, 49-51쪽.

32. 석혜원,『대한민국 경제사』, 245-246쪽.

33. 이와 관련하여 노무현 정부 때 대통령 정책실장을 지낸 이정우는 외환위기를 극복하는 과정에서 벤처거품, 카드거품, 부동산거품과 같은 '3대 거품'이 발생했다고 표현한 바 있다[이정우, "멀리 보고 균형을 잡다: 참여정부의 경제철학", 강철규 외,『경국제민의 길: 참여정부 경제의 겉과 속』(굿플러스북, 2015), 25쪽].

34. 국정브리핑 특별기획팀,『참여정부 경제 5년』, 36-57쪽; 이동걸, "금융정책으로 본 참여정부 5년", 강철규 외,『경국제민의 길: 참여정부 경제의 겉과 속』(굿플러스북, 2015), 150-151쪽.

35. 국정브리핑 특별기획팀,『참여정부 경제 5년』, 58-80쪽; 이동걸, "금융정책으로 본 참여정부 5년", 152-153쪽.

36. 국정브리핑 특별기획팀,『참여정부 경제 5년』, 90-99쪽; 김수현, "투기와의 전쟁을 넘어 시장개혁과 주거복지로: 참여정부 부동산정책이 남긴 것", 강철규 외,『경국제

민의 길: 참여정부 경제의 겉과 속』, 231-283쪽. 이와 관련하여 국정브리핑 특별기획 팀, 『참여정부 경제 5년』, 367-368쪽은 노무현 정부의 부동산 정책을 다음과 같이 평가하고 있다. "우리나라는 주택금융 시스템과 시장을 치밀하게 관리하면서 부동 산 경기의 경착륙을 방지했다. 선제적 대출규제 등을 통한 건전성 관리에도 힘을 쏟 았다. 이런 정책은 미국발 서브프라임 부실사태로 미국 경제가 침체위기에 직면하고 전 세계 금융시장이 홍역을 앓는 상황에서 진가를 발휘했다. 참여정부가 부동산 시 장을 경기부양 수단으로 사용했더라면 우리나라 역시 부동산 거품 붕괴에 따른 금 융부실, 가계부실 등 회오리에 휩싸였으리라는 데 이견이 드물다."

37. 국정브리핑 특별기획팀, 『참여정부 경제 5년』, 363쪽. 이와 비슷한 논조는 이정우, "멀리 보고 균형을 잡다", 37-38쪽에도 표현되어 있다. "욕은 내가 먹어도 좋지만 우 리는 다음 정권에 부담을 주지 말라는 게 노무현 대통령의 일관된 생각이었다. 왜 노무현 대통령은 기회 있을 때마다 '인위적 경기부양은 하지 않겠습니다.'라고 거듭 다짐했을까? 그 말은 역대 정부처럼 눈앞의 인기에 연연해서 미봉책으로 덮고 지나 가지 않겠다는 다짐이었고, 경제 관료들에게 거품을 만들어 호도하지 말라는 경고 였다. 그런 점에서 노무현 대통령은 우리나라에서 보기 드문 장기주의자였다. 진정 한 지도자라면 눈앞의 성과보다는 나라의 먼 장래를 생각해야 하지 않겠는가. 비록 참여정부가 많은 실수, 많은 시행착오를 했지만, 그 진정성과 장기주의적 시각에 입 각한 경제운용은 언젠가 역사가 평가해 줄 것이다."

38. 국정브리핑 특별기획팀, 『참여정부 경제 5년』, 382-387쪽.

39. 박승두, "노사관계로드맵 17년의 평가와 전망", 『노동법학』 39 (2011), 177-187쪽; 국 정브리핑 특별기획팀, 『참여정부 경제 5년』, 143-150쪽. 이와 관련하여 이장규, 『대한 민국 대통령들의 한국경제 이야기 2』, 104쪽은 다음의 네 가지 사항을 거론하면서 "집권 중반에 들어서면서 노무현의 노조관이 처음과 많이 달라져 있었다."고 평가 했다. ① 세상이 바뀌었는데도 노조의 투쟁방식은 과거 독재 탄압시대와 다를 바 없 다. ② 대기업 노조들이 집단 이기주의와 귀족화 현상을 보인다. ③ 정작 보호받아야 할 중소 영세기업 노동자들에 대한 배려는 오히려 소홀해졌다. ④ 노조의 불법파업 이 너무 잦아 경제에 큰 부담을 주고 있다.

40. 국정브리핑 특별기획팀, 『참여정부 경제 5년』, 181-206쪽; 강철규, "자유롭고 공정한 시장, 끝나지 않은 여정: 참여정부 공정거래 정책", 강철규 외, 『경국제민의 길: 참여 정부 경제의 겉과 속』, 89-134쪽.

41. 이상철, "새로운 지역발전모델로서의 지역혁신체제", 유철규 편, 『혁신과 통합의 한

국경제모델을 찾아서』 (함께읽는책, 2006), 251-275쪽; 국정브리핑 특별기획팀, 『참여정부 경제 5년』, 207-229쪽. 국가균형발전위원회는 선진국의 지역혁신 사례를 본격적으로 소개하기도 했는데, 여기에는 국가균형발전위원회 엮음, 『세계의 지역혁신체제』 (한울, 2004); 국가균형발전위원회 엮음, 『선진국의 혁신클러스터』 (동도원, 2005) 등이 포함된다.

42. 국정브리핑 특별기획팀, 『참여정부 경제 5년』, 301-336쪽; 김양희, "동북아시대 구상과 한미 FTA", 강철규 외, 『경국제민의 길: 참여정부 경제의 겉과 속』, 308-316쪽. 노무현 대통령은 지지층의 이탈에도 불구하고 한미 FTA를 계속 추진했는데, 그 배경에 대해 국정브리핑 특별기획팀, 『참여정부 경제 5년』, 312-313쪽은 다음과 같이 쓰고 있다. "노 대통령은 우선 FTA 시대에 시장에서 고립되지 않는 게 중요하다고 판단했다. 무역의존도가 높은 나라이기에 특히 그러했다. 일본과 중국이 미국과 FTA를 체결하기 전에 조금이라도 더 유리한 위치를 차지하자는 것이었다. 내적 요인도 있었다. 한국호는 IMF 외환위기 이후 제조업만으로는 먹고살기 힘들어졌다. 그렇다고 서비스산업이 경쟁력을 갖춘 것도 아니었다. 노 대통령은 서비스산업의 경쟁력을 강화하기 위해 서비스 대국인 미국에 문을 열고 경쟁에 노출시키자는 생각이었다."

43. 국정브리핑 특별기획팀, 『참여정부 경제 5년』, 230-251쪽; 허성관, "우리가 몰랐던 참여정부 나라살림: 재정·조세 정책으로 본 국가경영 혁신", 강철규 외, 『경국제민의 길: 참여정부 경제의 겉과 속』, 196-202쪽. 5년 단위 국가재정운용계획에 이어 2006년 8월에는 한 세대 앞을 내다보는 '비전 2030'이 마련되었으며, 이를 통해 30년 단위의 '비전 2030'에 맞추어 5년 단위의 재정운용계획을 수립하고 그 계획에 따라 매년 예산을 편성하는 체제가 구축되었다. 5년이 지나면 새로운 정보를 반영하여 30년 계획을 검토하고 1년이 지나면 다음 5년의 재정운용계획을 마련하는 식으로 30년 장기계획, 5년 중기계획, 1년 단기계획은 서로 연동되는 구조를 형성하고 있다(허성관, "우리가 몰랐던 참여정부 나라살림", 198-199쪽).

44. 국정브리핑 특별기획팀, 『참여정부 경제 5년』, 254-277쪽; 송위진, "2000년대 한국의 과학기술혁신정책", 『창조와 통합을 지향하는 과학기술혁신정책』, 43-67쪽. 노무현 정부 시기의 과학기술정책에 대한 자세한 내용은 과학기술부 외, 『참여정부 과학기술정책 백서』 (2007)를 참조.

45. 석혜원, 『대한민국 경제사』, 256-259쪽. 생명공학기술의 경우에는 2005년을 전후하여 '황우석 사태'라는 촌극이 발생하기도 했는데, 이에 대한 자세한 논의는 강양구·김병수·한재각, 『침묵과 열광: 황우석 사태 7년의 기록』 (후마니타스, 2006); 김근배,

『황우석 신화와 대한민국 과학』(역사비평사, 2007)을 참조.

46. 이와 관련하여 이장규, 『대한민국 대통령들의 한국경제 이야기 2』, 117쪽은 "양극화라는 말이 정부 차원에서 이슈가 된 것은 노무현의 참여정부 때부터였다. 원래 이용어는 정부를 비판하는 야당이나 시민단체가 자주 쓰고 정부는 해명하는 것이 보통인데, 참여정부는 도리어 양극화 문제의 심각성을 들고 나왔다."고 평가하고 있다.

47. 국정브리핑 특별기획팀, 『참여정부 경제 5년』, 134-136쪽; 이장규, 『대통령의 경제학』, 426-428쪽.

48. 국정브리핑 특별기획팀, 『참여정부 경제 5년』, 150-156쪽; 이장규, 『대통령의 경제학』, 430-431쪽. 일반적인 의미에서 양극화는 중산층이 사라지고 사회계층이 양극단으로 몰리는 현상을 의미하지만, 소득 양극화 이외의 다른 사회현상에서 격차가 심화되는 것도 양극화로 칭할 수 있다. 이와 관련하여 이근 편, 『중진국 함정과 2만불 전략』, 19쪽은 한국 경제가 당면하고 있는 양극화로 ① 대기업과 중소기업의 양극화, ② 수출과 내수의 양극화, ③ IT 분야와 비(非)IT 분야의 양극화, ④ 해외투자 대 국내투자의 양극화, ⑤ 구인난 대 청년실업의 양극화 등을 들고 있다.

49. 국정브리핑 특별기획팀, 『참여정부 경제 5년』, 368-371쪽.

50. 국정브리핑 특별기획팀, 『참여정부 경제 5년』, 171-180쪽.

51. 국정브리핑 특별기획팀, 『참여정부 경제 5년』, 362쪽; 석혜원, 『대한민국 경제사』, 273-276쪽. 국민소득 2만 달러 이상인 국가들이 국민소득 1만 달러에서 2만 달러로 이르는 데 걸린 기간은 평균 8.9년이었다. 이탈리아는 5년, 일본은 6년, 영국은 9년, 미국은 10년, 독일과 프랑스는 11년, 오스트레일리아는 16년이 걸렸다고 한다. 노무현 정부 초기에는 한국이 국민소득 1만 달러 트랩에서 벗어나 2만 달러 시대로 도약해야 한다는 논의가 자주 등장했는데, 예를 들어 최홍건·박상철, 『2만불 시대의 기술혁신 전략』(푸른사상, 2003); 이근 편, 『중진국 함정과 2만불 전략』을 참조.

52. 1990년대 포스코의 경영혁신에 대해서는 송성수, "한국 철강산업의 기술능력 발전과정", 244-258쪽을 참조. 이하의 논의는 송성수·송위진, "코렉스에서 파이넥스로: 포스코의 경로실현형 기술혁신", 『기술혁신학회지』 13-4 (2010), 700-716쪽에 입각하고 있다.

53. 차세대 혁신철강기술의 발전 동향 및 전망에 대해서는 윤현순, "혁신 철강기술의 개발현황과 전망", 포스코경영연구소 철강본부, 『21세기 철강산업, 생존전략은 무엇인가』 (1996), 55-94쪽; 이일옥, "혁신철강기술 개발과 그 영향", 『철강보』 25-6 (1999), 28-35쪽; 송성수, "철강산업의 기술혁신패턴과 발전과제", 『기술혁신학회지』 3-2

(2000), 94-110쪽 등을 참조.

54. 인터뷰: 신영길 (2001. 9. 4);『포항산업과학연구원 10년사』, 180, 183쪽.

55. 스트립캐스팅 프로젝트의 출범과 관련하여 포항제철 제강부,『제강 25년』(1998), 242쪽에 따르면 "1년간 사내에서 논란이 거듭되는 가운데 관련 부서간의 협의와 상무, 전무 등 결재라인을 올라가는 동안 무려 50여 차례의 브리핑과 조정의 과정을 거쳤으며" 1989년 10월에 최종 결재를 했던 정명식 사장은 여러 차례에 걸쳐 주저하다가 "목숨 걸고 하라"는 말과 함께 1단계 2년간 연구개발비인 90억 원을 승인했다고 한다.

56. 인터뷰: 이일옥 (1999. 6. 30); 인터뷰: 신영길 (2001. 9. 4). 차세대 혁신철강기술에 대한 정보의 수집 및 활용과 관련하여 신영길은 "먼저 이류 업체를 대상으로 초보적인 정보를 얻어내어 그것을 숙지한 후에 다시 일류 업체에 접근하는 방식이 사용되었다."고 회고했으며, 이일옥은 "외국에서 입수한 여러 가지 자료를 비교해 보니 10% 내외의 오차가 있어서 이를 보완하기 위해 수많은 예비실험이 전개되었다."고 지적했다.

57. 한국신철강기술연구조합,『2000년대의 신철강기술: 연구개발 과제』(1990), 13-86쪽.

58. 인터뷰: 이일옥 (1999. 6. 30); 인터뷰: 신영길 (2001. 9. 4).

59. 용융환원 및 스트립캐스팅 프로젝트의 개요에 대해서는『포항산업과학연구원 10년사』, 473-484쪽을 참조. 공동연구의 만족도에 대하여 이일옥은 "푀스트가 연역적 접근을, 우리는 귀납적 접근을 취했기 때문에 상호보완적인 결과가 유발되었다."고 평가했던 반면 신영길은 "데이비의 능력이 부족해서 우리끼리 시험을 하다가 데이비가 불만을 제기하기도 했다."고 지적했다[인터뷰: 이일옥 (1999. 6. 30); 인터뷰: 신영길 (2001. 9. 4)].

60. 매일경제 지식프로젝트팀, "교과서이론을 현장기술로 승화: 이후근 포항제철 코렉스 공장장",『지식혁명보고서: 당신도 지식인입니다』(매일경제신문사, 1998), 100-104쪽; 한국철강신문·한국철강협회,『철강연감 1998』(1998), 229-230쪽.

61. 송성수, "한국 철강산업의 기술능력 발전과정", 271쪽.

62. 기술혁신에서 보완적 자산의 중요성에 대해서는 David J. Teece, "Profiting from Technological Innovation: Implications for Integration, Collaboration, Licensing, and Public Policy", *Research Policy* 15-6 (1986), pp. 285-305을 참조.

63. 파이넥스 공법을 개발하는 과정에서도 포스코 내부에서는 상당한 회의론이 제기되었다. 1998년까지 700억 원 이상이 투자되었지만 획기적인 결과가 나타나지 않았고 외환위기의 상황에서 추가적으로 연구비를 투입하는 것이 쉽지 않았던 것이다. 사

내의 이러한 갈등 속에서 유상부 회장은 당시 포스코의 도쿄사무소장이던 강창오를 포항제철소장으로 불러들였다. 강창오는 다양한 정보 분석을 바탕으로 "저에게 1,000억 원만 주십시오. 신기술 시스템에서 완전히 철수하는 것은 시간과 자원 낭비니 이 시스템을 죽이지 말고 살리면서 분가루 공법을 연구해보겠습니다."고 하면서 유상부 회장을 설득했다고 한다[박미숙, "여기 사람들 다 미친 것 같다: 파이넥스 개발 다큐멘터리", 『이코노미스트』(2007. 7. 17), 16-17쪽].

64. 파이넥스 공법의 개발과정과 그 특징에 관한 자세한 논의는 정기대, "개발도상국 기업의 기술창출단계 기술혁신: 프로세스 기술개발 사례연구", 『기술혁신학회지』 12-1 (2009), 237-264쪽; 송성수·송위진, "코렉스에서 파이넥스로: 포스코의 경로실현형 기술혁신", 708-713쪽을 참조.

65. 조봉래, "철강 역사 새로 쓴 파이넥스공법", 『과학과 기술』 39-12 (2006), 28-30쪽; 전희동, "검은 연기 대신 푸른 돈 쏟아낸다: 일석삼조 신제철공법 파이넥스", 『과학동아』 2007년 7월호, 106-109쪽.

66. 김효철 외, 『한국의 배』, 82쪽.

67. 김주환, "한국 조선업의 세계제패 요인에 관한 연구", 268-269쪽. 1990년대 이후 중국과 일본의 조선산업에 대해서는 이경묵·박승엽, 『한국 조선산업의 성공요인』, 212-220쪽; 일간조선해양, 『위기의 한국 조선해양산업』(2015), 33-86쪽을 참조.

68. 전호환, 『배 이야기』(부산과학기술협의회, 2008), 17쪽. 그 밖에 세계 10대 조선업체에 포함된 기업에는 대련선박중공업(중국, 6위), 외고교조선(중국, 8위), 고요조선(일본, 10위)이 있었다. 2007년 7월을 기준으로 하면 세계 10대 조선업체에 현대중공업, 삼성중공업, 대우조선해양, 현대미포조선, STX조선, 대련선박중공업, 현대삼호중공업, 외고교조선, 강남장흥중공업(중국), 후동중화조선(중국)이 포함되었다(배용호, "조선산업의 혁신경로 창출능력", 131쪽).

69. 김형균·손은희, "조선 산업의 일본 추격과 중국 방어", 271쪽; 이경묵·박승엽, 『한국 조선산업의 성공요인』, 118-120쪽.

70. 채수종, 『미래를 나르는 배, LNG선』(지성사, 2004), 95-109쪽; 이경묵·박승엽, 『한국 조선산업의 성공요인』, 120-129쪽.

71. 채수종, 『미래를 나르는 배, LNG선』, 116-118쪽; 대우조선해양, 『옥포조선소: 신뢰와 열정의 30년, 1973-2003』(2004), 272-273쪽.

72. 김형균·손은희, "조선 산업의 일본 추격과 중국 방어", 272쪽; 이경묵·박승엽, 『한국 조선산업의 성공요인』, 130-132쪽. 현대중공업은 2003년에 세계 최초로 개발한

플라즈마 용접기법을 멤브레인형 LNG선에 적용함으로써 두 가지 형태의 LNG선을 건조하는 최초의 업체가 되기도 했다(채수종,『미래를 나르는 배, LNG선』, 113쪽).

73. 김형균·손은희, "조선 산업의 일본 추격과 중국 방어", 263-264쪽.

74. 2000년대 한국 조선산업의 기술혁신에 대해서는 이규열, "선박기술의 현황과 전망",『기계저널』45-2 (2005), 46-52쪽; 대한조선학회,『대한조선학회 60년사』(2012), 189-211쪽을 참조.

75. 이경묵·박승엽,『한국 조선산업의 성공요인』, 112쪽.

76. 김형균·손은희, "조선 산업의 일본 추격과 중국 방어", 272쪽; 홍성인, "한국 조선산업의 글로벌 경쟁과 차별화 전략",『KIET 산업경제』2008년 9월호, 34쪽.

77. 홍성인, "한국 조선산업의 글로벌 경쟁과 차별화 전략", 30쪽.

78. 배용호, "조선산업의 혁신경로 창출능력", 145쪽; 이경묵·박승엽,『한국 조선산업의 성공요인』, 173-174쪽.

79. 전호환,『배 이야기』, 167-168쪽을 바탕으로 관련 정보를 검색하여 서술함.

80. 김경미, "육상건조공법 등 다양한 새 기술 성공",『해양한국』2005년 2월호, 36-40쪽; 이경묵·박승엽,『한국 조선산업의 성공요인』, 163-172쪽; 배용호, "조선산업의 혁신경로 창출능력", 146-148쪽. 육상건조공법에 관한 자세한 분석은 송성수, "육상건조공법: 현대중공업", 최영락 외,『차세대 기술혁신 시스템 구축을 위한 정부의 지원시책』, 60-74쪽을 참조. 육상건조를 위해서는 도크건조 때보다 훨씬 규모가 큰 골리앗 크레인이 필요했는데, 현대중공업은 스웨덴에 있던 세계 최대의 크레인인 '말뫼의 눈물'을 공수하여 이를 보수한 후 사용했다. 말뫼의 눈물은 1,200톤을 들어 올려 종전의 기록인 760톤을 갱신한 바 있다.

81.『현대자동차 30년사』, 535-537쪽.

82.『현대자동차 30년사』, 755-767쪽; 정세영,『미래는 만드는 것이다』, 415쪽.

83. 이에 앞선 1990년 2월에 현대자동차는 GT(Global Top)-10 프로젝트를 수립했는데, 그것은 생산, 매출, 이익, 기술, 사원복지 등 경영의 전 부문에서 세계 10대 기업에 진입하는 것을 기본적인 이념으로 삼았다(『현대자동차 30년사』, 473-478쪽).

84. 현영석·김진호, "2000년대 현대자동차 다중위기와 혁신",『경영경제연구』38-2 (2016), 108쪽. 현대그룹 내부적으로는 경영권의 승계를 놓고 치열한 경쟁이 벌어지는 가운데 2000년 9월에 정몽구가 현대기아차를 중심으로 현대자동차그룹을 결성하여 현대그룹으로부터 분리·독립했다. 현대자동차는 기아자동차 인수를 계기로 세계 10위의 자동차업체가 되었고, 정몽구는 현대자동차그룹의 회장에 취임하면서

2010년까지 현대기아차를 세계 5위의 자동차업체로 육성한다는 GT-5 비전을 제시했으며, 현대기아차는 2009년에 세계 5위의 자동차업체가 되었다[김진백·이남석, "기술 추격, 품질 혁신, 국제화를 통한 현대-기아차의 성장", Korea Business Review, 21-1 (2017), 89-90쪽].

85. 이유재·박기완, "현대자동차", 397-399쪽; 김진백·이남석, "기술 추격, 품질 혁신, 국제화를 통한 현대-기아차의 성장", 95-96쪽. 인도 시장 진출의 경위에 대해서는 정세영, 『미래는 만드는 것이다』, 426-431쪽을 참조.

86. 현영석, "현대자동차의 품질승리", 『한국생산관리학회지』 제19권 1호 (2008), 129-131쪽; 이유재·박기완, "현대자동차", 374-375쪽. 현대는 1989년에 캐나다 브로몽에 연산 10만 대 규모의 공장을 완공했지만 판매망을 확보하지 못해 1993년에 철수한 경험을 가지고 있었는데, 이에 대해서는 정세영, 『미래는 만드는 것이다』, 330-339쪽을 참조.

87. 김성홍·이상민, 『정몽구의 도전』 (고즈윈, 2005), 142-165, 185-188쪽; 이유재·박기완, "현대자동차", 380-382, 384-385쪽. 당시에 제이디파워는 다음과 같은 다섯 가지 사항을 지적했다. 첫째, 제품기획, 설계, 생산 단계에 고객 목소리가 제대로 반영되지 않는다. 둘째, 고질적인 품질 문제는 모델이 바뀌어도 반복해서 발생한다. 셋째, 문제점을 해결하려는 대책이 불완전해 시장 상황을 더욱 악화시킨다. 넷째, 대당 문제점 건수가 전체 평균보다 2~3배 높다. 다섯째, 협력업체 품질관리가 부족하다(김성홍·이상민, 『정몽구의 도전』, 144쪽). 정몽구 회장은 품질상황실 앞에 'J. D. 파워의 충고'를 액자로 걸라고 하면서 "도요타자동차를 따라잡기 전에는 액자를 떼지 말라."고 지시했다고 한다(같은 책, 165쪽).

88. 김성홍·이상민, 『정몽구의 도전』, 173-180쪽; 김진백·이남석, "기술 추격, 품질 혁신, 국제화를 통한 현대-기아차의 성장", 91-92쪽. 이와 관련하여 이유재·박기완, "현대자동차", 383-384쪽은 10년 10만 마일 보증 프로그램의 효과로 브랜드 홍보 효과, 고객관계관리(Customer Relationship Management, CRM)의 고도화, 잔존가치의 상승을 들고 있다.

89. 김성홍·이상민, 『정몽구의 도전』, 181-185쪽; 현영석, "현대자동차의 품질승리", 135쪽.

90. 현영석, "현대자동차의 품질승리", 132-135쪽; 이유재·박기완, "현대자동차", 385-387쪽.

91. 강경수·옥주영, "21세기 현대자동차의 공급사슬 구축 사례연구", 『한국생산관리학회지』 26-3 (2015), 285-303쪽; 조형제, "현대자동차의 기민한 생산방식: 또 하나의

베스트 프랙티스?", 『동향과 전망』 93 (2015), 52-85쪽. 기민한 생산방식의 구체적인 형태는 기업 거버넌스, 노사관계, 부품 공급 등의 성격에 따라 달라질 수 있는데, 현대기아차의 경우에는 재벌 오너와 엔지니어의 주도적 역할, 대립적 노사관계로 인한 기술과 숙련의 분리, 현대모비스와 같은 계열사를 활용한 폐쇄형 모듈화 등과 같은 특징을 보이고 있다.

92. 김성홍·이상민, 『정몽구의 도전』, 253-258쪽; 김진백·이남석, "기술 추격, 품질 혁신, 국제화를 통한 현대-기아차의 성장", 96-98쪽.

93. 김성홍·이상민, 『정몽구의 도전』, 244-253쪽; 김진백·이남석, "기술 추격, 품질 혁신, 국제화를 통한 현대-기아차의 성장", 98-99쪽. 현대기아차의 해외 진출은 슬로바키아공장(2007년), 체코공장(2009년), 미국 조지아공장(2010년) 등으로 이어졌으며, 현대기아차의 전체 판매량 중 해외의 비중은 2005년 22%에서 2010년 45%, 2014년 55%로 상승했다(김진백·이남석, "기술 추격, 품질 혁신, 국제화를 통한 현대-기아차의 성장", 99-100쪽).

94. 매일경제 과학기술부, "이현순: 대한민국 엔진기술 독립 이끈 엔진 박사", 『과학기술로 세상을 열다: 한국 엔지니어 60인』 (매경출판, 2006), 284-285쪽.

95. 김성홍·이상민, 『정몽구의 도전』, 213-220쪽. 정몽구는 연구개발이 품질의 70~80%를 좌우한다는 신념을 가지고 있었으며, 파워트레인 개발에는 예산 한도를 없애라고 지시하면서 남양연구소의 담당 연구원들을 위해 레드 카펫을 깔아주기도 했다.

96. 현영석, 『현대자동차 스피드경영』, 150-151쪽; 이유재·박기완, "현대자동차", 403-406쪽.

97. 황정태, "자동차산업의 혁신경로 창출능력", 118-121쪽; 이현순, 『내 안에 잠든 엔진을 깨워라!』, 149-151쪽. 소나타를 중심으로 현대자동차의 성장과정을 검토한 단행본으로는 진희정·권용주, 『현대자동차의 힘: SONATA 세계를 누비다』(명성, 2006)가 있다.

98. 김성홍·이상민, 『정몽구의 도전』, 221-224쪽; 이현순, 『내 안에 잠든 엔진을 깨워라!』, 151-153쪽. 이와 관련하여 김성홍·이상민, 『정몽구의 도전』, 223쪽은 "1990년대까지만 해도 미쓰비시를 스승으로 모시고 기술을 배워오던 현대차가 역으로 기술을 미쓰비시에 팔았다는 점"에서 세타엔진의 의미를 찾고 있다.

99. 이현순, "세계 초일류 연구소 구축해 차세대 미래기술을 선도한다", 『과학과 기술』 39-10 (2006), 88쪽.

100. 김진백·이남석, "기술 추격, 품질 혁신, 국제화를 통한 현대-기아차의 성장", 93-94

쪽. 이와 관련하여 이현순,『내 안에 잠든 엔진을 깨워라!』, 154쪽은 "현대자동차의 엔진 기술 수준은 이제 세계 어떤 자동차회사와 견주어도 밀리지 않는다."고 표현하고 있다.

101. 『현대자동차 30년사』, 496-500쪽.

102. 황정태, "자동차산업의 혁신경로 창출능력", 122-125쪽. 현대는 2013년에 투싼 수소연료전지차를 양산했으며, 2016년에는 아이노닉(IONIQ)을 통해 전기차시장에 본격적으로 진출했다(이유재·박기완, "현대자동차", 418-419쪽).

103. 1990년대 반도체기술 패러다임의 변화에 대해서는 송위진,『반도체산업의 장기발전을 위한 기술혁신전략』(과학기술정책관리연구소, 1995), 32-50쪽을 참조.

104. 진대제,『열정을 경영하라』, 91-94쪽.

105. 전자신문사,『한국전자연감』(1996), 630-631쪽.

106. 『삼성전자 30년사』, 386쪽; 신장섭·장성원,『삼성 반도체 세계 일등 비결의 해부』, 72쪽.

107. 최영락·이은경,『세계 1위 메이드 인 코리아, 반도체』, 111-112쪽; 신장섭·장성원, 『삼성 반도체 세계 일등 비결의 해부』, 72-74쪽.

108. 신장섭·장성원,『삼성 반도체 세계 일등 비결의 해부』, 78-80쪽.

109. 최영락·이은경,『세계 1위 메이드 인 코리아, 반도체』, 117-118쪽; 신장섭·장성원, 『삼성 반도체 세계 일등 비결의 해부』, 80-81쪽. 당시 도시바는 낸드 플래시메모리에 다수의 기술특허를 보유하고 있었으며, 낸드 플래시메모리 시장의 45%나 점유하면서 선두를 달리고 있었다. 그러나 일본의 반도체업계는 혹독한 불황으로 구조조정을 추진하고 있었고, 도시바는 D램 사업을 정리하면서 낸드 플래시메모리 사업에 승부를 걸기 위해 삼성에게 합작을 극비로 제안했던 것이다. 여기에는 삼성의 막대한 자금을 활용하는 동시에 경쟁자를 사전에 제어하겠다는 포석이 깔려 있었다(이채윤,『황의 법칙』, 97-98쪽).

110. 이채윤,『황의 법칙』, 98-100쪽;『삼성전자 40년: 도전과 창조의 유산』, 230-231쪽. 2001년 8월에 일본 동경의 '자쿠로'라는 음식점에서 이루어진 회동에는 이건희 회장, 윤종용 부회장, 이윤우 반도체총괄사장, 이학수 구조조정본부장, 황창규 메모리사업부장 등이 참석했다.

111. 이와 관련하여 황창규는 2002년에 개최된 국제반도체회로회의(International Solid-State Circuits Conference)에서 플래시메모리의 용량이 1년에 2배씩 증가한다는 소위 '황의 법칙'을 발표하기도 했다. 그것은 반도체의 집적도가 1년 6개월마다 2배씩 증

가한다는 '무어의 법칙'에 비견될 수 있다.

112. 최영락·이은경, 『세계 1위 메이드 인 코리아, 반도체』, 119쪽.

113. 이채윤, 『황의 법칙』, 101쪽.

114. 『삼성 60년사』, 391-392쪽; 진대제, 『열정을 경영하라』, 95-104, 112-114쪽.

115. 신장섭·장성원, 『삼성 반도체 세계 일등 비결의 해부』, 83-84쪽; 『삼성전자 40년: 도전과 창조의 유산』, 235-239쪽.

116. 『삼성전자 40년: 도전과 창조의 유산』, 239-242쪽.

117. 디스플레이산업의 개요와 특성에 대해서는 배종태 외, 『급진적 혁신 촉진을 위한 기술혁신시스템 구축방안』, 123-132쪽; 이광호, "디스플레이산업의 혁신경로 창출능력", 이공래 외, 『한국 선도산업의 기술혁신경로 창출능력』(과학기술정책연구원, 2008), 154-161쪽을 참조.

118. LCD는 구동방식에 따라 수동형과 능동형으로 구분된다. 수동형 LCD는 액정이 배열된 패널의 가로축과 세로축에 전압을 가해 그 교차점에 있는 액정을 구동시키는 방법으로 화면을 구성하는데, 각 소자별로 270도까지 선회가 가능한 STN(super twisted nematic) 방식의 액정을 사용하는 경우가 많다. 능동형 LCD에서는 독립적으로 제어가 가능한 액정을 배열하는 방식으로 화면을 구성하는데, 각 화소를 박막트랜지스터로 제어하는 TFT 방식이 일반적이다. 수동형 LCD는 전자계산기나 시계에 주로 사용되고, 능동형 LCD는 TV와 모니터에 주로 사용된다.

119. 삼성전관, 『삼성전관 이십년사』(1990), 350-352쪽.

120. 『금성사 35년사』, 300쪽; 이광호, "디스플레이산업의 혁신경로 창출능력", 166쪽.

121. 『삼성전자 40년: 도전과 창조의 유산』, 43-44쪽.

122. 『삼성전자 40년: 도전과 창조의 유산』, 44-45쪽.

123. 『삼성전자 30년사』, 392-393쪽.

124. 『삼성전자 40년: 도전과 창조의 유산』, 47쪽; 배종태 외, 『급진적 혁신 촉진을 위한 기술혁신시스템 구축방안』, 134쪽.

125. 배종태 외, 『급진적 혁신 촉진을 위한 기술혁신시스템 구축방안』, 134-135쪽; 이채윤, 『삼성전자 3.0 이야기』, 143쪽. 이와 관련하여 삼성전자는 1997년 3월에 자사의 사업을 씨앗사업, 묘목사업, 과수사업 등으로 분류한 후 대응책을 마련하는 소위 '신(新)수종사업 프로젝트'를 전개했다. 씨앗사업은 5~10년 후 성장 및 이익을 확보해 줄 사업, 묘목사업은 4~5년 후 과수가 될 수 있는 사업, 과수사업은 현재 이익을 내면서 성장을 견인하는 사업, 고목사업은 사양 단계에 들어서 정리해야 할 사업에 해

당한다. 씨앗사업에는 이동통신시스템, 네트워킹, 비메모리, 묘목사업에는 디지털 TV, PDA, TFT-LCD, 과수사업에는 대형 컬러 TV, 모니터, 노트북 PC, 휴대전화, 메모리가 포함되었다(『삼성전자 40년: 도전과 창조의 유산』, 223쪽; 이채윤, 『삼성전자 3.0 이야기』, 256~257쪽).

126. 『삼성전자 30년사』, 393쪽; 배종태 외, 『급진적 혁신 촉진을 위한 기술혁신시스템 구축방안』, 135쪽.

127. 『삼성전자 40년: 도전과 창조의 유산』, 48-52쪽.

128. 『삼성전자 30년사』, 394쪽.

129. 『삼성전자 40년: 도전과 창조의 유산』, 48-49쪽.

130. 배종태 외, 『급진적 혁신 촉진을 위한 기술혁신시스템 구축방안』, 136-137쪽.

131. 『삼성전자 30년사』, 394쪽; 『삼성전자 40년: 도전과 창조의 역사』, 188쪽. 여기서 삼성전자의 시험 라인은 1세대, 양산 1라인은 2세대, 양산 2라인은 3세대, 양산 3라인은 3.5세대에 해당한다. 디스플레이산업은 2~3년을 한 세대로 하여 호황과 불황이 주기적으로 반복되는 소위 '크리스털 사이클'을 가지고 있다.

132. 배종태 외, 『급진적 혁신 촉진을 위한 기술혁신시스템 구축방안』, 136-137쪽.

133. 배종태 외, 『급진적 혁신 촉진을 위한 기술혁신시스템 구축방안』, 137-139쪽.

134. 이광호, "디스플레이산업의 혁신경로 창출능력", 166-168쪽; 『LG전자 50년사: 도전과 개척의 반세기』, 181-183쪽.

135. 이광호, "디스플레이산업의 혁신경로 창출능력", 167쪽; 『삼성전자 40년: 도전과 창조의 역사』, 274쪽.

136. 박승엽·박원규, 『삼성 vs LG, 그들의 전쟁은 계속된다』, 100-102쪽; 이광호, "디스플레이산업의 혁신경로 창출능력", 168-170쪽. 당시에 LG필립스LCD는 삼성전자에게 5세대 라인의 규격을 통일하자고 제안하기도 했지만 삼성전자는 선점 효과를 놓칠 것으로 우려하여 이를 거부하는 모습을 보였다.

137. 『삼성전자 40년: 도전과 창조의 역사』, 320-321쪽; 『삼성전자 40년: 도전과 창조의 유산』, 277-281쪽. 합작사의 명칭으로는 삼성소니, 소니삼성 등이 가능했지만 특정한 업체를 앞으로 내는 것은 곤란했고, 결국 삼성과 소니의 첫 번째 영문 글자가 공통적으로 'S'라는 점을 감안하여 S-LCD로 결정되었다(박승엽·박원규, 『삼성 vs LG, 그들의 전쟁은 계속된다』, 107쪽).

138. 박승엽·박원규, 『삼성 vs LG, 그들의 전쟁은 계속된다』, 108-110쪽. 보르도 TV에 대해서는 『삼성전자 40년: 도전과 창조의 역사』, 417-421쪽; 『삼성전자 40년: 도전과

창조의 유산』, 198-208쪽을 참조. 블루오션 전략의 관점에서 보르도 TV의 사례를 분석한 것으로는 한국블루오션연구회, "삼성전자, TV를 재정의하다", 김위찬·르네 마보안 지음, 안세민 옮김, 『블루오션 시프트』(비즈니스북스, 2017), 407-422쪽이 있다.

139. 박승엽·박원규, 『삼성 vs LG, 그들의 전쟁은 계속된다』, 112-113쪽; 이광호, "디스플레이산업의 혁신경로 창출능력", 172쪽. 일본에서는 샤프와 소니가 LCD, 마쓰시타가 PDP에 전념하는 형태를 띠고 있는 반면, 삼성과 LG는 해당 그룹의 계열사가 CRT, LCD, PDP, OLED 등을 순차적으로 개발하는 구조를 보유하고 있다.

140. 박승엽·박원규, 『삼성 vs LG, 그들의 전쟁은 계속된다』, 116-117쪽; 이광호, "디스플레이산업의 혁신경로 창출능력", 173쪽. 삼성과 LG는 다음 세대의 아키텍처에 해당하는 OLED에서도 선도기업의 모습을 보이고 있다. 2006년 OLED 시장에서 삼성SDI는 21%, LG전자는 19.6%의 점유율을 기록하면서 세계 1위와 2위를 차지했다 (박승엽·박원규, 『삼성 vs LG, 그들의 전쟁은 계속된다』, 126-127쪽).

141. 세계 휴대전화산업의 주도권 이동에 대해서는 이재인, "초경쟁산업에서 기업 시장 지위변화에 관한 연구: 세계 휴대폰 산업을 중심으로" (한양대학교 석사학위논문, 2009); 강승원·이걸희·임동진, "휴대폰 산업에서의 주도권 이전", 이근·박태영 외, 『산업의 추격, 추월, 추락: 산업주도권과 추격사이클』(21세기북스, 2014), 39-72쪽을 참조.

142. 이와 관련하여 2006년에 삼성전자의 정보통신총괄사장을 맡고 있던 이기태는 "한국이 전문미답이던 CDMA 시장을 개척한 덕분에 정보통신 강국이 될 수 있었고", "만일 당시 노키아와 모토로라가 선점하고 있던 TDMA 시장에 진입했더라면 한국의 이동통신산업은 뿌리를 내리기 전에 고사했을 것"이라고 회고한 바 있다(강준만, 『전화의 역사』, 213-214쪽).

143. 박승엽·박원규, 『삼성 vs LG, 그들의 전쟁은 계속된다』, 131쪽. 한국에서 디지털 이동통신서비스가 시작될 때에는 서비스업체별로 식별번호가 부여되었다. 011은 SK텔레콤, 016은 KTF, 017은 신세기통신, 018은 한솔PCS, 019는 LG텔레콤과 같은 식이었다. 2002년 이후에는 이동통신서비스 시장이 SK텔레콤, KTF, LG텔레콤 등 3개 사업자로 재편되었으며, 2004년부터는 휴대전화 식별번호를 010으로 통합하는 조치가 취해졌다. KTF는 1996년에 한국통신프리텔로 설립된 후 2001년에 기업명을 케이티프리텔로 변경했으며, 2009년 KT(한국통신)에 합병되었다. 신세기통신과 한솔PCS은 2002년에 각각 SK텔레콤과 KTF에 통합되었다.

144. 박철순·김성훈, 『한국 이동통신 서비스 및 단말기 산업의 변천과 발전방향』,

68-70쪽. 사이언은 영어로 귀족의 자손이라는 뜻을 지녔으며, 발음상 Science와 비슷했다. 처음 출시할 때에는 CION이었지만 2000년에는 'Cyber On'을 의미하는 CYON으로 변경되었다.

145. 송위진, 『한국의 이동통신』, 99-100쪽; 박승엽·박원규, 『삼성 vs LG, 그들의 전쟁은 계속된다』, 131-132쪽. 어필텔레콤은 1998년에 지분의 51%를 모토로라에 인계한 후 2005년에 모토로라에 합병되었다. 모토로라는 1998년의 어필텔레콤 인수를 계기로 디지털 제품군을 자체적인 브랜드로 출시하면서 제2세대 이동통신시장에서 반전의 기회를 잡았다(류현성, 『IT 신화는 계속된다』, 277쪽).

146. 송위진, 『한국의 이동통신』, 100쪽; 박철순·김성훈, 『한국 이동통신 서비스 및 단말기 산업의 변천과 발전방향』, 16쪽. 삼성의 경우에는 이건희 회장이 1996년 신년사에서 "21세기 기업경영에서는 디자인과 같은 소프트웨어 경쟁력이 최대 승부처"라고 선언한 후 이를 뒷받침하기 위한 후속 조치들이 속속 이루어졌다. 디자인 전담 임원의 배치, 삼성 디자인상의 제정, IDS(Innovative Design lab of Samsung)의 설립, 디자인 뱅크 시스템의 구축 등이 그것이다. 김성홍·우인호, 『이건희 개혁 10년』, 84-86쪽; 조현재·전호림·임상균, 『디지털 정복자 삼성전자』(매일경제신문사, 2005), 23-25쪽을 참조.

147. 박승엽·박원규, 『삼성 vs LG, 그들의 전쟁은 계속된다』, 132쪽; 류현성, 『IT 신화는 계속된다』, 274-275쪽. 그동안 애니콜 시리즈는 국내시장에서 40% 후반대의 점유율을 유지해왔지만, 2000년에 들어서는 사이언의 약진으로 30%대로 떨어지는 양상을 보이기도 했다.

148. 『삼성전자 40년: 도전과 창조의 역사』, 173-174쪽; 김용준, 『신화창조의 비밀』, 207-239쪽.

149. LG전자, 『LG전자 50년사: 도전과 개척의 반세기』(2008), 211-212쪽.

150. 『삼성전자 40년: 도전과 창조의 역사』, 174쪽; 『삼성전자 40년: 도전과 창조의 유산』, 254-260쪽. LG의 경우에는 오랫동안 CDMA에 치중한 사업전략을 구사하다가 2002년부터 GSM 시장에 진출하기 시작했다(『LG전자 50년사: 도전과 개척의 반세기』, 212쪽).

151. 『삼성전자 40년: 도전과 창조의 유산』, 260-261쪽.

152. 이와 관련하여 삼성전자는 2004년 세계 휴대전화시장의 판매량에서 노키아, 모토로라에 이어 3위를 기록했지만, 매출액은 2위, 평균 판매단가는 1위를 기록했다(김용준, 『신화창조의 비밀』, 207-208쪽).

153. 김용준, 『신화창조의 비밀』, 243쪽. 삼성전자는 2006년에 들어와 프리미엄 전략을 부분적으로 수정하게 된다. 개발도상국의 저소득층을 대상으로 하는 저가폰 시장이 열리면서 일부 기능을 축소한 제품을 추가적으로 내놓은 전략을 구사하기 시작했던 것이다(박승엽·박원규, 『삼성 vs LG, 그들의 전쟁은 계속된다』, 148-149쪽).

154. 박철순·김성훈, 『한국 이동통신 서비스 및 단말기 산업의 변천과 발전방향』, 70-71쪽; 류현성, 『IT 신화는 계속된다』, 257-258쪽.

155. 이와 관련하여 2004년 한국소비자보호원이 청소년을 대상으로 조사한 결과에 따르면, 평균 구입가격이 38만8천 원으로 대체로 고가의 최신 기종을 선호했고, 선택 기준은 디자인 40.0%, 품질 19.2%로 품질보다는 디자인을 우선시했다(박철순·김성훈, 『한국 이동통신 서비스 및 단말기 산업의 변천과 발전방향』, 72쪽).

156. 박승엽·박원규, 『삼성 vs LG, 그들의 전쟁은 계속된다』, 137-139쪽; 박철순·김성훈, 『한국 이동통신 서비스 및 단말기 산업의 변천과 발전방향』, 72-73쪽. 초콜릿 폰의 디자인을 담당했던 차강희 책임연구원은 "휴대폰 같지 않은 휴대폰을 만들고 싶었다. 단순하면서도 우아하고 중독성이 강해 언제나 가지고 다니고 싶은, 손 안에 착 감기는 밀도 있는 제품을 디자인하려고 노력했다."고 술회하기도 했다.

157. 『삼성전자 40년: 도전과 창조의 역사』, 411-413쪽.

158. 『삼성전자 40년: 도전과 창조의 역사』, 413쪽; 『LG전자 50년사: 성장동력사』, 258-259쪽.

159. 이와 관련하여 『삼성전자 40년: 도전과 창조의 역사』, 413쪽에는 삼성전자가 1999~2006년에 세계 최초로 개발한 휴대전화의 목록이 제시되어 있다. 와치 폰 (1999년 4월), MP3폰(1999년 11월), TV폰(1999년 12월), 내장형 카메라 폰(2000년 7월), 500만 화소 폰(2004년 11월), DMB폰(2005년 1월), 1.5기가 HDD 뮤직 폰(2005년 7월), 3기가 뮤직 폰(2005년 10월), DVB-H폰(2006년 5월), 8기가 뮤직폰(2006년 9월), 1000만 화소 폰(2006년 10월) 등이 그것이다.

160. 특히 삼성전자의 경우에는 휴대전화를 개발하는 연구실 아래층에 반도체사업부 팀이 존재하여 환경변화에 재빠르게 대응하여 제품을 개발하는 구조가 형성되어 있었다(송위진, 『한국의 이동통신』, 107쪽).

161. 송위진, 『한국의 이동통신』, 103-104쪽.

162. 박승엽·박원규, 『삼성 vs LG, 그들의 전쟁은 계속된다』, 151쪽. 이에 대해 삼영테크놀로지의 사장인 서태식은 "변변한 납품 실적도 없는 한국 중소기업의 제품을 인정해준 모토로라의 합리성, 개방성이 놀랍다."고 술회한 바 있다.

163. 김광모, 『중화학공업에 박정희의 혼이 살아 있다』, 20-21쪽.

164. 이제민, "한국의 외환위기: 원인, 해결과정과 결과", 15-16쪽; 이제민, 『외환위기와 그 후의 한국 경제』, 153-158쪽.

165. 이제민, "한국의 경제성장: 그 성공과 굴곡의 과정", 58-59쪽.

166. 이와 관련하여 노무현 대통령은 2006년 3월에 있었던 국민과의 인터넷 대화에서 다음과 같은 의견을 피력하기도 했다. "제일 황당하게 느끼는 것이 참여정부에 '당신 신자유주의 정부지?'라고 말하는 것이다. 한쪽에서는 '당신 좌파 정부지?'라고 물어본다. 좌파, 우파 정책을 가릴 게 아니라 우리 경제에 필요한 일을 하고 서로 모순된 것을 조화시켜 나가는 게 중요하다. 그런 의미에서 참여정부는 '좌파 신자유주의 정부'다. 이론의 틀 안에 현실을 집어넣으려 하지 말고 현실을 해결하는 열쇠로서 좌파이론이든, 우파이론이든 써먹을 수 있는 대로 써먹자는 것이다"(국정브리핑 특별기획팀, 『참여정부 경제 5년』, 30-31쪽).

167. 이제민, "한국의 경제성장: 그 성공과 굴곡의 과정", 61쪽. 김대중 정부(1998~2002년), 노무현 정부(2003~2007년), 이명박 정부(2008~2012년), 박근혜 정부(2013~2017년)의 연평균 경제성장률은 각각 5.0%, 4.3%, 3.2%, 2.9%로 집계되고 있다.

168. 뉴 노멀은 2008년 글로벌 금융위기 이후 새롭게 나타난 세계경제의 질서를 통칭하는 용어에 해당한다. 이 용어는 세계 최대 채권운용회사인 핌코의 최고경영자 엘 에리언(Mohamed A. El-Erian)이 2008년에 발간한 『새로운 부의 탄생(When Markets Collide)』을 통해 널리 알려졌다. 그는 뉴 노멀에 관한 현상으로 경제성장의 둔화, 규제 강화, 소비 위축, 미국의 영향력 감소 등에 주목했다.

169. 2000년대에 이루어진 경로구성형 혁신의 예로는 도요타의 하이브리드 자동차와 애플의 아이패드를 들 수 있을 것이다.

제6장 맺음말

1. VoC 논의와 한국에 대한 적용은 이영훈, 『한국경제사 Ⅱ』, 561-569쪽; 홍순영·장재철 외, 『한국 경제 20년의 재조명』, 30-36쪽을 참조.

2. 국무총리실·산업정책연구원, 『2010년 국제평가기관의 국가경쟁력 보고서 분석·평가』(2010).

3. 본문에서 다루진 않았지만 텔레비전의 사례도 C3 → B2 → A1의 경로에 해당하

는 것으로 판단된다. 한국 기업의 텔레비전에 대한 기술선도는 1990년대 말에 디지털 TV를 상업화함으로써 시작되었는데, 이에 대해서는 송위진·이근·임채성, "디지털 전환기의 후발국 기술추격 패턴 분석: 디지털 TV 사례", 『기술혁신연구』 12-3 (2004), 205-227쪽; Keun Lee, Chaisung Lim and Wichin Song, "Emerging Digital Technology as a Window of Opportunity and Technological Leapfrogging", *International Journal of Technology Management* 29-1/2 (2005), pp. 40-63을 참조.

4. 이와 관련하여 파빗(Keith Pavitt)은 1984년의 논문을 통해 기술혁신의 특성에 따른 기업군의 유형을 공급자지배기업(supplier-dominated firms), 규모집약기업(scale-intensive firms), 전문공급자(specialized suppliers), 과학기반기업(science-based firms)으로 분류했으며, 이후에 파빗 등은 이러한 네 가지 유형에 정보집약기업(information-intensive firms)을 추가한 바 있다. Keith Pavitt, "Sectoral Patterns of Technical Change: Towards a Taxonomy and a Theory", *Research Policy* 13-4 (1984), pp. 343-373; Joe Tidd, John Bessant and Keith Pavitt, *Managing Innovation: Integrating Technological, Market and Organizational Change* (New York: John Wiley & Sons, 1997), pp. 106-110 을 참조.

5. 이에 대한 선구적인 논의로는 Moses Abramovitz, "Catching Up, Forging Ahead, and Falling Behind", *Journal of Economic History* 46-2 (1986), pp. 385-406; Carlota Perez and Luc Soete, "Catching up in Technology: Entry Barriers and Windows of Opportunity", Giovanni Dosi, Christopher Freeman, Richard Nelson, Gerald Silverberg and Luc Soete eds. *Technical Change and Economic Theory* (London: Pinter Publishers, 1988), pp. 458-479를 참조.

표 일람

그림 일람

〈참고문헌〉

1. 자료

경제기획원,『제1차 경제개발5개년계획 보완계획』(1964).

경제기획원,『개발연대의 경제정책: 경제기획원 30년사 I(1961년~1980년)』(미래사, 1982).

경제기획원,『자율개방시대의 경제정책: 경제기획원 30년사 II(1981년~1992년)』(미래사, 1994).

과학기술실무계획반,『제4차 경제개발 5개년 계획: 과학기술부문계획, 1977-1981』(1976).

과학기술실무계획반,『제5차 경제개발 5개년계획: 과학기술부문계획, 1982-1986』(1981).

과학기술부,『특정연구개발사업 20년사』(2003).

과학기술부,『국민의 정부 과학기술정책 5년 성과』(2003).

과학기술부 외,『참여정부 과학기술정책 백서』(2007).

과학기술정보통신부·과학기술정책연구원,『과학기술 50년사』(2017).

과학기술처,『과학기술행정20년사』(1987).

과학기술처,『'91 과학기술연감』(1992).

과학기술처,『과학기술 30년사』(1997).

공보처,『변화와 개혁: 김영삼정부 국정5년 자료집』총2권 (1997).

국무총리기획조정실,『중화학공업의 오늘과 내일』(1973).

국무총리실·산업정책연구원,『2010년 국제평가기관의 국가경쟁력 보고서 분석·평가』(2010).

국제상사,『국제상사 삼십년사, 1949-1979』(1979).

금성사,『금성사 35년사』(1995).

기아산업,『기아 45년사』(1989).

대우조선해양, 『옥포조선소: 신뢰와 열정의 30년, 1973-2003』 (2004).

대통령비서실, 『박정희 대통령 연설문집』 제10집 (1973).

대한민국정부, 『제1차 경제개발5개년계획, 1962-1966』 (1962).

대한민국정부, 『제1차 기술진흥5개년계획: 제1차 경제개발5개년계획 보완, 1962-1966』
　　(1962).

대한조선학회, 『대한조선학회 60년사』 (2012).

동양나이론, 『동양나이론십년사』 (1976).

산업과학기술연구소, 『철강산업의 기술경쟁력 현황과 향후 대책』 (1993).

삼성반도체통신, 『삼성반도체통신십년사』 (1987).

삼성비서실, 『삼성60년사』 (1998).

삼성전관, 『삼성전관 이십년사』 (1990).

삼성전자, 『삼성전자 30년사』 (1999).

삼성전자, 『삼성전자 40년: 도전과 창조의 역사』 (2010).

삼성전자, 『삼성전자 40년: 도전과 창조의 유산』 (2010).

삼성중공업, 『삼성중공업 20년사』 (1994).

상공부·한국섬유산업연합회, 『섬유산업 구조개선 7개년계획』 (1989).

선경홍보실, 『선경삼십년사』 (1983).

섬유기술진흥원, 『대구섬유산업사』 (1990).

LG전자, 『LG전자 50년사: 성장동력사』 (2008).

LG전자, 『LG전자 50년사: 도전과 개척의 반세기』 (2008).

인천제철, 『인천제철 35년사』 (1990).

재정경제부·한국개발연구원, 『새 천년의 패러다임: 지식기반경제 발전전략』 (1999).

종합제철사업계획 연구위원회, 『종합제철공장건설을 중심으로 하는 한국제철공업개발
　　에 관한 연구보고서』 (1969).

중화학공업추진위원회기획단, 『중화학공업육성계획』 (1973).

체신부, 『한국의 통신: 80년대 발전전략과 성과』 (1988).

충비십년사 편찬위원회 편, 『충비십년사』 (1968).

포항공과대학교, 『포항공대 10년사』 (1997).

포항산업과학연구원, 『포항산업과학연구원 10년사』 (1997).

포항제철, 『종합제철공장건설계약사례: 기본협정으로부터 추가협정체결에 이르기까지』
　　(1969).

포항제철,『포항제철 7년사: 일관제철소 건설기록』(1975).

포항제철,『포항제철 10년사』(1979).

포항제철,『포항제철 850만톤 준공사』(1981).

포항제철,『포항제철 20년사』(1989).

포항제철,『4반세기 제철대역사의 완성: 국내·외에서 본 포항제철의 성공요인』(1992).

포항제철,『영일만에서 광양만까지: 포항제철 25년사』(1993).

포항제철,『포항제철 25년사: 기술발전사』(1993).

포항제철 제강부,『제강 25년』(1998).

한국개발연구원,『한국경제 반세기 정책자료집』(1995).

한국경제 60년사 편찬위원회,『한국경제 60년사 Ⅰ: 경제일반』(한국개발연구원, 2010).

한국경제 60년사 편찬위원회,『한국경제 60년사 Ⅱ: 산업』(한국개발연구원, 2010).

한국과학기술연구소,『중공업 발전의 기반: 한국의 기계 및 소재공업의 현황과 전망분석』(1970).

한국과학기술연구원,『KIST 30년사: 창조적 원천기술에의 도전』(1998).

한국과학기술연구원,『KIST 40년사』(2006).

한국과학기술연구원,『KIST 50년, 잊히지 않을 이야기』(2016).

한국군사혁명사 편찬위원회,『한국군사혁명사』제1집 하권 (1963)

한국무역협회,『한국무역사』(2006).

한국반도체산업협회,『반도체, 신화를 쓰다』(2012).

한국산업기술진흥협회,『'62~'95 기술도입계약현황』(1995).

한국산업기술진흥협회,『산업기술개발 30년』(2009).

한국산업은행,『한국의 산업: 업종별 실태분석』총4집 (1958).

한국산업은행,『한국의 산업』(1962).

한국산업은행,『한국의 산업(상)』(1979).

한국산업은행,『한국의 산업(하)』(1979).

한국산업은행,『한국의 산업(상)』(1987).

한국산업은행,『한국의 산업(상)』(1993).

한국산업은행,『한국의 산업(하)』(1996).

한국산업은행,『한국의 산업(상)』(2002).

한국석유화학공업협회,『한국석유화학공업십년사』(1976).

한국석유화학공업협회,『통계로 보는 석유화학산업 40년사』(2010).

한국섬유산업연합회, 『섬유산업 재도약의 길: 섬유백서』 (1985).

한국시멘트협회, 『한국의 시멘트산업』 (2013).

한국신발피혁연구소, 『한국신발피혁연구소 10년사』 (1997).

한국신철강기술연구조합, 『2000년대의 신철강기술: 연구개발 과제』 (1990).

한국전자공업진흥회, 『전자공업삼십년사』 (1989).

한국화섬협회, 『한국의 화섬산업: 어제 오늘과 내일』 (1993).

한국화섬협회, 『한국화섬협회 50년사, 1963-2013』 (2013).

한국합판보드협회, 『한국 합판보드산업의 발자취』 (2017).

한국조선공업협회, 『한국의 조선산업: 성장과 과제』 (2005).

한국철강신문·한국철강협회, 『철강연감 1998』 (1998).

한진중공업그룹, 『한진중공업그룹 70년사』 (2010).

현대자동차, 『현대자동차 20년사』 (1987).

현대자동차, 『현대자동차사』 (1992).

현대자동차, 『현대자동차 30년사: 도전 30년 비전 21세기』 (1997).

현대전자, 『현대전자십년사』 (1994).

현대중공업, 『현대중공업사』 (1992).

2. 저서

강광하, 『경제개발 5개년 계획: 목표 및 집행의 평가』 (서울대학교출판부, 2000).

강기동, 『강기동과 한국 반도체』 (아모르문디, 2018).

강만길, 『20세기 우리 역사』 (창비, 2018).

강명한, 『포니를 만든 별난 한국인들』 (정우사, 1986).

강명한, 『바퀴는 영원하다』 (정우사, 1992).

강양구·김병수·한재각, 『침묵과 열광: 황우석 사태 7년의 기록』 (후마니타스, 2006).

강준만, 『한국 현대사 산책: 1970년대 편』 제1권 (인물과사상사, 2002).

강준만, 『한국 현대사 산책: 1960년대 편』 제2권 (인물과사상사, 2004).

강준만, 『한국 현대사 산책: 1980년대 편』 제3권 (인물과사상사, 2004).

강준만, 『전화의 역사: 전화로 읽는 한국 문화사』 (인물과사상사, 2009).

강진구, 『삼성전자 신화와 그 비결』 (고려원, 1996).

강철규 외, 『경국제민의 길: 참여정부 경제의 겉과 속』 (굿플러스북, 2015).

공제욱, 『1950년대 한국의 자본가 연구』 (백산서당, 1993).

구상회, 『한국의 방위산업: 전망과 대책』 (세종연구소, 1998).

국가균형발전위원회 엮음, 『세계의 지역혁신체제』 (한울, 2004).

국가균형발전위원회 엮음, 『선진국의 혁신클러스터』 (동도원, 2005).

국민호 편, 『동아시아 신흥공업국의 정치제도와 경제성공』 (전남대학교출판부, 1995).

국정브리핑 특별기획팀, 『참여정부 경제 5년: 한국 경제 재도약의 비전과 고투』 (한스미
  디어, 2008).

권동칠, 『완주의 조건, 열정으로 갈아 신어라』 (성림비즈북, 2016).

김경원·권순우 외, 『외환위기 5년, 한국경제 어떻게 변했나』 (삼성경제연구수, 2003).

김광모, 『한국의 산업발전과 중화학공업화 정책』 (지구문화사, 1988).

김광모, 『중화학공업에 박정희의 혼이 살아 있다』 (기파랑, 2015).

김근배, 『황우석 신화와 대한민국 과학』 (역사비평사, 2007).

김근배, 『한국 과학기술혁명의 구조』 (들녘, 2016).

김기원, 『미군정기의 경제구조: 귀속기업체의 처리와 노동자 자주관리운동을 중심으
  로』 (푸른산, 1990).

김기원·김청수·송정환, 『한국산업의 이해』 개정판 (한국방송통신대학교출판부, 2006).

김병목·송위진·장영배·황혜란, 『기술개발능력의 축적과정과 정책대응(I)』 (과학기술정
  책연구소, 1991).

김상훈·오정석, 『한국 PC산업의 발전 과정』 (서울대학교출판부, 2006).

김석관, 『신발산업의 기술혁신 패턴과 전개방향』 (과학기술정책연구원, 2000).

김성보 외, 『농지개혁사연구』 (한국농촌경제연구원, 1989).

김성홍·우인호, 『이건희 개혁 10년』 (김영사, 2003).

김성홍·이상민, 『정몽구의 도전』 (고즈윈, 2005).

김수행·박승호, 『박정희 체제의 성립과 전개 및 몰락: 국제적·국내적 계급관계의 관점』
  (서울대학교출판문화원, 2007).

김승석, 『울산지역 석유화학산업의 발전과정』 (울산발전연구원, 2006).

김양희 외, 『한국 자동차산업의 기술능력 발전』 (삼성경제연구소, 1999).

김영봉, 『섬유공업의 성장과정과 생산구조』 (한국개발연구원, 1975).

김영우 외, 『한국 과학기술정책 50년의 발자취』 (과학기술정책관리연구소, 1997).

김영태, 『비전을 이루려면 1: 연암 구인회』 ((주)LG, 2012).

김완희, 『두 개의 해를 품에 안고: 한국전자산업의 대부 김완희 박사 자전에세이』 (동아
　　일보사, 1999).

김용준, 『신화창조의 비밀: 한국 기업의 세계 시장 공략기』 (한국씨네텔, 2005).

김윤형, 『한국철강공업의 성장』 (한국개발연구원, 1976).

김인걸 외 편저, 『한국현대사 강의』 (돌베개, 1998).

김인수 지음, 임윤철·이호선 옮김, 『모방에서 혁신으로』 (시그마인사이트컴, 2000).

김인영, 『한국의 경제성장: 국가주도론과 기업주도론』 (자유기업센터, 1998).

김정렴, 『한국 경제정책 30년사: 김정렴 회고록』 (중앙일보사, 1992).

김정렴, 『아, 박정희: 김정렴 정치 회고록』 (중앙M&B, 1997).

김정수, 『한국의 정보통신혁명: 오명의 리더십 연구』 (나남출판, 2000).

김정훈, 『87년 체제를 넘어서』 (한울, 2010).

김종현, 『영국 산업혁명의 재조명』 (서울대학교출판부, 2006).

김주한 외, 『한국형 ODA 산업분야 연구: 철강산업』 (산업연구원, 2014).

김태현, 『부산기업사』 (부산발전연구원, 2004).

김해수 지음, 김진주 엮음, 『아버지의 라디오: 국산 라디오 1호를 만든 엔지니어 이야기』
　　(느린 걸음, 2007).

김형기, 『한국의 독점자본과 임노동: 예속독점자본주의하 임노동의 이론과 현상분석』
　　(까치, 1988).

김형아 지음, 신명주 옮김, 『박정희의 양날의 선택: 유신과 중화학공업』 (일조각,
　　2005) [원저: Hyung-A Kim, *Korea's Development under Park Chung Hee: Rapid
　　Industrialization, 1961-79* (London and New York: RoutledgeCurzon, 2003)].

김효철 외, 『한국의 배』 (지성사, 2006).

김흥기 편, 『영욕의 한국경제: 비사 경제기획원 33년』 (매일경제신문사, 1999).

남장근, 『한국형 ODA 산업분야 연구: 석유화학산업』 (산업연구원, 2015).

대한화학회 편, 『우리 화학계의 선구자, 안동혁 선생』 (자유아카데미, 2003).

류현성, 『IT 신화는 계속된다』 (휴먼비즈니스, 2008).

매일경제 과학기술부, 『과학기술로 세상을 열다: 한국 엔지니어 60인』 (매경출판,
　　2006).

매일경제신문사 엮음, 『부즈·앨런 & 해밀턴 한국보고서』 (매일경제신문사, 1997).

매일경제 지식프로젝트팀 편, 『지식혁명 보고서: 당신도 지식인입니다』 (매일경제신문
　　사, 1998).

맥킨지(McKinsey, Inc.),『맥킨지 보고서』(매일경제신문사, 1998).

문만용,『한국의 현대적 연구체제의 형성: KIST의 설립과 변천, 1666~1980』(선인, 2010).

문만용,『한국 과학기술 연구체제의 진화』(들녘, 2017).

박범순·김소영 엮음,『과학기술정책: 이론과 쟁점』(한울, 2015).

박섭,『적응과 협력의 시대: 20세기 한국 경제』(해남, 2013).

박승엽·박원규,『삼성 vs LG, 그들의 전쟁은 계속된다』(미래의창, 2007).

박영구,『한국의 중화학공업화: 과정과 내용(Ⅰ)』(해남, 2012).

박영구,『한국의 중화학공업화: 과정과 내용(Ⅱ)』(해남, 2012).

박영규,『한권으로 읽는 대한민국 대통령실록』(웅진지식하우스, 2014).

박용태 외,『산업별 기술혁신패턴의 비교분석』(과학기술정책관리연구소, 1994).

박우희·배용호,『한국의 기술발전』(경문사, 1996).

박정희,『국가와 혁명과 나』(향문사, 1963).

박철순·김성훈,『한국 이동통신 서비스 및 단말기 산업의 변천과 발전방향』(서울대학교출판부, 2007).

박충훈,『이당(貳堂)회고록』(박영사, 1988).

박태균,『원형과 변용: 한국 경제개발계획의 기원』(서울대학교출판부, 2007).

박태준,『신종이산가족: 박태준 華甲 문집』(포항제철, 1987).

박훈,『섬유산업의 구조고도화와 국내 산업용 섬유 발전전략』(산업연구원, 2013).

배종태 외,『급진적 혁신 촉진을 위한 기술혁신시스템 구축방안』(과학기술부, 2004).

백덕현,『근대 한국 철강공업 성장사』(한국철강신문, 2007).

변형윤 편저,『한국경제론』제3판 (유풍출판사, 1995).

변형윤·김기원,『한국경제의 이해』(한국방송통신대학교출판부, 2001).

변형윤·김대환 편역,『제3세계의 경제발전: 저개발과 종속』(까치, 1980).

服部民夫 지음, 유석춘·이사리 옮김,『개발의 경제사회학: 한국의 경제발전과 사회변동』(전통과 현대, 2007).

산업연구원,『21세기를 향한 한국 산업의 비전과 발전 전략』(1994).

산업연구원,『한국의 산업: 발전역사와 미래비전』(1997).

서울대학교 공과대학,『축적의 시간』(지식노마드, 2015).

서갑경 지음, 윤동진 옮김,『최고기준을 고집하라: 철강왕, 박태준의 경영이야기』(한국언론자료간행회, 1997).

서정욱, 『미래를 열어온 사람들: 통신과 함께 걸어온 길』 (한국경제신문사, 1996).

서중석, 『사진과 그림으로 보는 한국 현대사』 개정증보판 (웅진지식하우스, 2013).

서현진, 『처음 쓰는 한국컴퓨터사』 (전자신문사, 1997).

서현진, 『끝없는 혁명: 한국 전자산업 40년의 발자취』 (이비커뮤니케이션, 2001).

석혜원, 『대한민국 경제사』 (미래의창, 2012).

성평건, 『관점을 바꿀 때 미래가 보인다』 (행림출판, 1994).

송성수, 『철강산업의 기술혁신 패턴과 전개방향』 (과학기술정책연구원, 1999).

송성수, 『소리 없이 세상을 움직인다, 철강』 (지성사, 2004).

송성수, 『과학기술종합계획에 관한 내용분석: 5개년 계획을 중심으로』 (과학기술정책연구원, 2005).

송성수, 『한국 기업의 기술혁신』 (생각의 힘, 2013).

송성수, 『기술혁신이란 무엇인가』 (생각의 힘, 2014).

송성수, 『사람의 역사, 기술의 역사』 제2판 (부산대학교출판부, 2015).

송위진, 『반도체산업의 장기발전을 위한 기술혁신전략』 (과학기술정책관리연구소, 1995).

송위진, 『한국의 이동통신: 추격에서 선도의 시대로』 (삼성경제연구소, 2005).

송위진, 『기술정치와 기술혁신: CDMA 이동통신 기술개발 사례 분석』 (한국학술정보, 2007).

송위진, 『창조와 통합을 지향하는 과학기술혁신정책』 (한울, 2010).

송위진·홍성주, 『한국 산업기술사 조사 분야 연구: 섬유 및 컴퓨터/통신 산업기술 발전 과정을 중심으로』 (과학기술정책연구원, 2011).

송위진 외, 『탈(脫)추격형 기술혁신체제의 모색』 (과학기술정책연구원, 2006).

송희연·손병암, 『합판공업의 성장』 (한국개발연구원, 1978).

신장섭, 『김우중과의 대화: 아직도 세계는 넓고 할 일은 많다』 (북스코프, 2014).

신장섭·장성원, 『삼성 반도체 세계 일등 비결의 해부』 (삼성경제연구소, 2006).

신장섭·장하준 지음, 장진호 옮김, 『주식회사 한국의 구조조정: 무엇이 문제인가』 (창비, 2004) [원저: Jang-Sup Shin and Ha-Joon Chang, *Restructuring Korea Inc.* (London and New York: RoutledgeCurzon, 2003)].

오규창·조철, 『한국 자동차산업의 발전역사와 성장잠재력』 (산업연구원, 1997).

오원철, 『한국형 경제건설: 엔지니어링 어프로치』 제1~5권 (기아경제연구소, 1995~1996).

오원철, 『에너지정책과 중동진출: 한국형 경제건설 6』 (기아경제연구소, 1997).

오원철, 『내가 전쟁을 하자는 것도 아니지 않느냐: 한국형 경제건설 7』 (한국형경제정책
　　연구소, 1999).

오원철, 『박정희는 어떻게 경제강국 만들었나: 불굴의 도전, 한강의 기적』 (동서문화사,
　　2006).

우지형, 『한국근세과학기술 100년사 조사연구: 섬유분야』 (한국과학재단, 1993).

육성으로 듣는 경제기적 편찬위원회, 『코리안 미러클』 총4권 (나남, 2013~2016).

이건희, 『생각 좀 하며 세상을 보자』 (동아일보사, 1997).

이경묵·박승엽, 『한국 조선산업의 성공요인』 (서울대학교출판문화원, 2013).

이경의, 『한국 중소기업론』 (지식산업사, 2014).

이공래, 『기계설비산업의 기술혁신전략』 (과학기술정책관리연구소, 1995).

이공래 외, 『한국 선도산업의 기술혁신경로 창출능력』 (과학기술정책연구원, 2008).

이규성, 『한국의 외환위기: 발생·극복·그 이후』 (박영사, 2016).

이근, 『동아시아와 기술추격의 경제학: 신슘페터주의적 접근』 (박영사, 2007).

이근, 『경제추격론의 재창조: 기업, 산업, 국가 차원의 이론과 실증』 (오래, 2014).

이근 외, 『한국산업의 기술능력과 경쟁력』 (경문사, 1997).

이근 외, 『지식정보혁명과 한국의 신산업』 (이슈투데이, 2001).

이근 편, 『중진국 함정과 2만불 전략』 (이투신서, 2005).

이근·박태영 외, 『산업의 추격, 추월, 추락: 산업주도권과 추격사이클』 (21세기북스,
　　2014).

이기열, 『소리 없는 혁명: 80년대 정보통신 비사』 (전자신문사, 1995).

이기열, 『정보통신 역사기행』 (북스토리, 2006).

이대근, 『해방 후 1950년대의 경제: 공업화의 사적 배경 연구』 (삼성경제연구소, 2002).

이대근 외, 『새로운 한국경제발전사: 조선후기에서 20세기 고도성장까지』 (나남출판,
　　2005).

이대환, 『세계 최고의 철강인 박태준』 (현암사, 2004).

이대환 엮음, 『쇳물에 흐르는 푸른 청춘』 (아시아, 2006).

이동현, 『이슈로 본 한국현대사』 (민연, 2002)

이만희, 『EPB는 기적을 낳았는가: 한국 산업 정책의 이상과 현실』 (해돋이, 1993).

이민화·김명수, 『한국벤처산업발전사』 (김영사, 2000).

이병천 엮음, 『개발독재와 박정희시대: 우리 시대의 정치경제적 기원』 (창비, 2003).

이병철, 『호암자전』 (중앙일보사, 1986; 나남, 2014).

이상철, 『대한민국의 산업화』 (대한민국역사박물관, 2016).

이영훈, 『한국경제사 I: 한국인의 역사적 전개』 (일조각, 2016).

이영훈, 『한국경제사 II: 근대의 이식과 전통의 탈바꿈』 (일조각, 2016).

이영희, 『자동차산업의 장기발전을 위한 기술혁신전략』 (과학기술정책관리연구소, 1995).

이완범, 『박정희와 한강의 기적: 1차5개년계획과 무역입국』 (선인, 2006).

이은희, 『설탕, 근대의 혁명: 한국 설탕산업과 소비의 역사』 (지식산업사, 2018).

이장규, 『대통령의 경제학: 역대 대통령 리더십으로 본 한국경제통사』 (기파랑, 2012).

이장규, 『대한민국 대통령들의 한국경제 이야기』 총2권 (살림, 2014).

이장규 외, 『실록 6공 경제: 흑자경제의 침몰』 (중앙M&B, 1995).

이재덕 외, 『한국형 ODA 산업분야 연구: 섬유산업』 (산업연구원, 2014).

이정동, 『축적의 길: Made in Korea의 새로운 도전』 (지식노마드, 2017).

이제민, 『외환위기와 그 후의 한국 경제』 (한울아카데미, 2017).

이진주·최동규, 『산업별 기술혁신과정과 정책과제』 (한국경제연구원, 1986).

이채윤, 『황의 법칙: 반도체 유목민 황창규의 2010프로젝트』 (머니플러스, 2006).

이채윤, 『삼성전자 3.0 이야기』 (북오션, 2011).

이한구, 『한국 재벌형성사』 (비봉출판사, 1999).

이헌창, 『한국경제통사』 제7판 (해남, 2016).

이현순, 『내 안에 잠든 엔진을 깨워라!: 대한민국 최초로 자동차 엔진을 개발한 이현순의 도전 이야기』 (김영사ON, 2014).

이호, 『누가 새벽을 태우는가: 박태준 鐵의 이력서』, (자유시대사, 1992).

이호, 『정상은 우연히 오지 않는다: 정세영과 현대자동차』 (우석, 1993).

이호 엮음, 『신들린 사람들의 합창: 포항제철 30년 이야기』 (한송, 1998).

인너스, 조셉, 애비 드레스 지음, 김원석 옮김, 『세계는 믿지 않았다: 포항제철이 길을 밝히다』 (에드텍, 1993).

인문회(仁門會), 『지식과 학습, 그리고 혁신』 (시그마인사이트, 2004).

일간조선해양, 『위기의 한국 조선해양산업』 (2015).

임정덕·박재운, 『한국의 신발산업』 (산업연구원, 1993).

임현진 외, 『21세기를 위한 한국의 준비: 김영삼 정부의 개혁과 세계화 평가』 (서울대학교 사회발전연구소, 1995).

전상근,『한국의 과학기술정책: 한 과학기술 정책입안자의 증언』(정우사, 1982).

전영수,『아산 그 새로운 울림, 얼과 꿈』(푸른숲, 2015).

전호환,『배 이야기』(부산과학기술협의회, 2008).

정구현 외,『한국의 기업경영 20년』(삼성경제연구소, 2008).

정근모·이공래,『중간진입전략: 과학기술 세계화를 위한 전략적 선택』(나남출판, 1996).

정병준 외,『한국현대사 1: 해방과 분단, 그리고 전쟁』(푸른역사, 2018).

정선양,『전략적 기술경영』(박영사, 2007).

정세영,『미래는 만드는 것이다: 정세영의 자동차 외길 32년』(행림출판, 2000).

정재용 편저,『추격혁신을 넘어: 탈추격의 명암』(신서원, 2015).

정정길 외,『정책학원론』개정증보판 (대명출판사, 2010).

정진성,『직업의식의 정착과 생산성 향상: 품질관리 분임조활동의 도입과 전개과정을 중심으로』(한국개발연구원, 1994).

정홍식,『한국 IT정책 20년: 천달러 시대에서 만달러 시대로』(전자신문사, 2007).

조동성,『한국 반도체의 신화』(비룡소, 1995).

조영래,『전태일 평전』(돌베개, 1983).

조용경 엮음,『각하! 이제 마쳤습니다: 靑巖 朴泰俊 글모음』(한송, 1995).

조이제·카터 에커트 편저,『한국 근대화, 기적의 과정』(조선일보사, 2005).

조현대,『기술추격국의 기술획득과 전략적 제휴: 모형개발과 사례분석』(과학기술정책관리연구소, 1997).

조현재·전호림·임상균,『디지털 정복자 삼성전자』, (매일경제신문사, 2005).

조형제·김창욱 편,『한국 반도체산업, 세계기술을 선도한다』(현대사회경제연구원, 1997).

조황희·이은경 외,『한국의 과학기술인력 정책』(과학기술정책연구원, 2002).

진대제,『열정을 경영하라』(김영사, 2006).

진희정·권용주,『현대자동차의 힘: SONATA 세계를 누비다』(명성, 2006).

채수종,『미래를 나르는 배, LNG선』(지성사, 2004).

최봉 외,『한국 주력산업의 경쟁력 분석』(삼성경제연구소, 2002).

최영락·이은경,『세계 1위 메이드 인 코리아, 반도체』(지성사, 2004).

최영락 외,『차세대 기술혁신 시스템 구축을 위한 정부의 지원시책』(한국공학한림원, 2008).

최형섭,『개발도상국의 과학기술개발전략: 한국의 발전과정을 중심으로』제1부 (한국과학기술원, 1980).

최형섭, 『불이 꺼지지 않는 연구소: 한국 과학기술 여명기 30년』 (조선일보사, 1995).

최형섭, 『기술창출의 원천을 찾아서: 연구개발과 더불어 50년』 (매일경제신문사, 1999).

최홍건·박상철, 『2만불 시대의 기술혁신 전략』 (푸른사상, 2003).

포니정 장학재단, 『한국 자동차 산업의 신화: 꿈과 희망을 남긴 영원한 선구자 포니정』 (2006).

한국경제신문 특별취재팀, 『삼성전자, 왜 강한가』 (한국경제신문, 2002).

한국IT기자클럽, 『산업화는 늦었지만 정보화는 앞서가자: 인터넷 코리아 시대의 개척자들』 (서울경제경영, 2016)

한국엔지니어링진흥협회 편, 『한국 엔지니어링의 태동』 (2001).

한상복, 『외발 자전거는 넘어지지 않는다: 반도체 신화 만들어낸 삼성맨 이야기』 (하늘출판사, 1995).

현영석, 『현대자동차 스피드경영』 (한국린경영연구원, 2013).

홍석률·박태균·정창현, 『한국현대사 2: 경제성장과 민주주의, 그리고 통일의 과제』 (푸른역사, 2018).

홍성주·송위진, 『현대 한국의 과학기술정책: 추격과 성공과 탈추격 실험』 (들녘, 2017).

홍순영·장재철 외, 『한국 경제 20년의 재조명: 1987년 체제와 외환위기를 중심으로』 (삼성경제연구소, 2006).

황성혁, 『넘지 못할 벽은 없다』 (이앤비플러스, 2010).

황혜란·신태영, 『한국 반도체/컴퓨터 산업의 혁신체제의 진화과정 및 개선방안』 (과학기술정책연구원, 2000).

황혜란·정재용 엮음, 『추격형 혁신시스템을 진단한다』 (한울, 2013).

Amsden, Alice H., *Asia's Next Giant: South Korea and Late Industrialization* (New York: Oxford University Press, 1989) [국역: 이근달 옮김, 『아시아의 다음 거인: 한국의 후발 공업화』 (시사영어사, 1989)].

Choi, Youngrak, *Dynamic Techno-Management Capability: The Case of Samsung Semiconductor Sector in Korea* (Aldershot, UK: Avebury, 1996).

Enos, John L. and W. H. Park, *The Adoption and Diffusion of Imported Technology: The Case of Korea* (London: Croom Helm, 1988).

Fransman, Martin and Kenneth King eds., *Technological Capability in the Third World*

(London: Macmillan, 1984).

Gerschenkron, Alexander, *Economic Backwardness in Historical Perspective: A Book of Essays* (Cambridge, MA: Harvard University Press, 1962).

Hobday, Michael, *Innovation in East Asia: The Challenge to Japan* (Aldershot: Edward Elgar, 1995).

Johnson, Chalmers, *MITI and the Japanese Miracle: The Growth of Industrial Policy, 1925-1975* (Stanford, CA: Stanford University Press, 1982).

Kim, Linsu, *Imitation to Innovation: The Dynamics of Korea's Technological Learning* (Boston, MA: Harvard Business School Press, 1997) [국역: 임윤철·이호선 옮김, 『모방에서 혁신으로』 (시그마인사이트컴, 2000)].

Kim, Linsu, *Learning and Innovation in Economic Development: New Horizons in the Economics of Innovation* (Cheltenham and Northampton: Edward Elgar, 1999).

Lee, Keun, *Schumpeterian Analysis of Economic Catch-Up: Knowledge, Path-Creation, and the Middle-Income Trap* (Cambridge: Cambridge University Press, 2013).

Mathias, Peter and John A. Davis eds., *The First Industrial Revolutions* (Oxford: Oxford University Press, 1989).

OECD, *The Impact of the Newly Industrializing Countries on Production and Trade in Manufactures* (1979).

OECD, *Technology and Economy: The Key Relationships* (1992) [국역: 이근 외 옮김, 『과학과 기술의 경제학』 (경문사, 1995)].

Rosenberg, Nathan, *Perspectives on Technology* (Cambridge: Cambridge University Press, 1976).

Rosenberg, Nathan, *Inside Black Box: Technology and Economics* (Cambridge: Cambridge University Press, 1982) [국역: 이근 외 옮김, 『인사이드 더 블랙박스: 기술혁신과 경제적 분석』 (아카넷, 2001)].

Rostow, Walt W., *The Stages of Economic Growth: A Non-Communist Manifesto* (Cambridge: Cambridge University Press, 1960).

Stewart, Frances ed., *Technology and Underdevelopment*, 2nd ed. (London: Macmillan, 1978).

Utterback, James M., *Mastering the Dynamics of Innovation* (Boston: Harvard Business School Press, 1994) [국역: 김인수·김영배·서의호 옮김, 『기술변화와 혁신전략』 (경문

사, 1997)].

Vogel, Ezra F., *The Four Little Dragons: The Spread of Industrialization in East Asia* (Cambridge, MA: Harvard University Press, 1991).

朴宇熙, 『韓國の技術發展』 (東京: 文眞堂, 1989).

有賀敏彦 外, 『浦項綜合製鐵の建設回顧錄: 韓國への技術協力の記錄』 (東京: 三元堂, 1997).

3. 논문

강경수·옥주영, "21세기 현대자동차의 공급사슬 구축 사례연구", 『한국생산관리학회지』 26-3 (2015).

강광하, "신경제5개년계획에 대한 평가", 『경제논총』 40-2/3 (2001).

강명구·박상훈, "정치적 상징과 담론의 정치: '신한국'에서 '세계화'까지", 『한국사회학』 31-1 (1997).

강승원·이걸희·임동진, "휴대폰 산업에서의 주도권 이전", 이근·박태영 외, 『산업의 추격, 추월, 추락: 산업주도권과 추격사이클』 (21세기북스, 2014).

강철규, "자유롭고 공정한 시장, 끝나지 않은 여정: 참여정부 공정거래 정책", 강철규 외, 『경국제민의 길: 참여정부 경제의 겉과 속』 (굿플러스북, 2015).

구범모·백종국, "한국의 후발산업화 연구에 대한 문헌비평", 『한국정치학회보』 제24집 1호 (1990).

국민호, "국가주도적 산업발전: 일본, 한국, 대만의 산업정책 비교연구", 국민호 편, 『동아시아 신흥공업국의 정치제도와 경제성공』 (전남대학교출판부, 1995).

국제상사, "한국 고무화공업 발달사", 『국제상사 삼십년사, 1949-1979』 (1979).

권영기, "박태준의 포철 장기집권(23년)", 『월간조선』 1991년 4월호.

권영대, "산업별·시기별 수출변화로 본 한국무역", 한국무역협회, 『한국무역사』 (2006).

김경미, "육상건조공법 등 다양한 새 기술 성공", 『해양한국』 2005년 2월호.

김견, "한국의 중화학공업화 과정에서의 국가개입의 양상 및 귀결", 산업사회연구회 편, 『오늘의 한국자본주의와 국가』 (한길사, 1988).

김견, "1980년대 한국의 기술능력 발전과정에 관한 연구: '기업내 혁신체제'의 발전을 중심으로"(서울대학교 박사학위논문, 1994).

김광석, "1960년대 수출지향적 공업화 정책의 추진", 조이제·카터 에커트 편저, 『한국 근대화, 기적의 과정』(조선일보사, 2005).

김광웅, "김대중정부 초기 정부조직개편에 관한 비판적 성찰", 『한국행정학보』 32-2 (1998).

김근배, "한국과학기술연구소 설립과 미국의 역할", 김영식·김근배 엮음, 『근현대 한국 사회의 과학』(창작과비평사, 1998).

김대래, "고도성장기 부산 합판산업의 성장과 쇠퇴", 『항도부산』 31 (2015).

김동원, "짧은 성공과 긴 좌절: 한국 노사정위원회에 대한 이론적 분석과 정책적 시사 점", 『산업관계연구』 13-2 (2003).

김두얼, "한국의 산업화와 근대경제성장의 기원, 1953-1965: 전통설과 새로운 해석", 『경 제발전연구』 22-4 (2016).

김두얼, "수출진흥확대회의의 기능과 진화 과정", 『경제사학』 41-1 (2017).

김민수·강병영, "OEM 함정과 자체브랜드 전략", 이근 편, 『중진국 함정과 2만불 전략』 (이투신서, 2005).

김상용, "한국근대공업기술의 발달과정: 섬유공업을 중심으로" 『학술원논문집: 자연과 학편』 50-1 (2011).

김석관, "미완의 기술학습: 한국 신발산업의 성장과 쇠퇴", 『기술혁신연구』 8-2 (2000).

김성남·박기주, "중화학공업화 정책의 수립, 전개 및 조정", 박기주 외, 『한국 중화학공 업화와 사회의 변화』(대한민국역사박물관, 2014).

김성훈, "정부의 산업정책과 기업의 기술혁신전략: 한국 자동차산업을 중심으로"(고려 대학교 박사학위논문, 1998).

김수근, "남북한 경제발전의 비교", 『통일논총』 2 (1985).

김수현, "투기와의 전쟁을 넘어 시장개혁과 주거복지로: 참여정부 부동산정책이 남긴 것", 강철규 외, 『경국제민의 길: 참여정부 경제의 겉과 속』(굿플러스북, 2015).

김승석, "경제발전과 국가의 역할 변화: 석유화학공업을 중심으로", 오두환 편저, 『공업 화의 제유형(Ⅱ): 한국의 역사적 경험』(경문사, 1996).

김양화, "1950년대 제조업 대자본의 자본축적에 관한 연구: 면방, 소모방, 제분 공업을 중심으로"(서울대학교 박사학위논문, 1990).

김양화, "1950년대 한국의 공업화 과정", 오두환 편저, 『공업화의 제유형(Ⅱ): 한국의 역 사적 경험』(경문사, 1996).

김양희, "동북아시대 구상과 한미 FTA", 강철규 외, 『경국제민의 길: 참여정부 경제의 겉과 속』 (굿플러스북, 2015).

김연희, "1980년 전후 전화선 부족 현상에 대한 시민의 반응", 임종태 외, 『한국의 과학문화와 시민사회』 (한국학술정보, 2010).

김영순, "유신체제의 수립 원인에 관한 연구: 정치경제학적 접근", 한국산업사회연구회 편, 『오늘의 한국자본주의와 국가』 (한길사, 1988).

김영호, "한국의 경제성장과 기술이전", 김영호 외, 『한국경제의 분석』 (서문당, 1989).

김왕동, "미래산업의 기술능력 축적과정에 대한 연구: 중소 반도체 장비 제조업체에 대한 정성적 접근" (고려대학교 박사학위논문, 2001).

김용복, "한국 전자산업의 발전메커니즘에 관한 연구" (서울대학교 박사학위논문, 1995).

김용복, "1980년대 한국산업정책과정의 특징: 〈공업발전법〉을 중심으로", 『국제정치연구』 8-1 (2005).

김우식, "한국의 외국 기술도입과 국내 기술능력의 관계", 한국사회사연구회 편, 『현대 한국의 생산력과 과학기술: 한국사회사연구회 논문집 제22집』 (문학과지성사, 1990).

김재관, "종합제철의 잉태와 탄생", 『經友』 5 (1989).

김재훈, "공동개발사업과 기술능력의 발전", 조형제·김창욱 편, 『한국 반도체산업 세계기술을 선도한다』 (현대사회경제연구원, 1997).

김정수, "오명 론: 80년대 통신혁명의 지휘자", 이종범 편, 『전환시대의 행정가: 한국형 지도자론』 (나남출판, 1995).

김주환, "개발국가에서의 국가-기업 관계에 관한 연구: 한국의 조선산업발전과 '지원-규율' 체제에 대한 비판적 검토" (서울대학교 박사학위논문, 1999).

김주환, "한국 조선업의 세계제패 요인에 관한 연구: 상품주기론에 대응한 조선업 발전전략을 중심으로", 『대한정치학회보』 16-1 (2008).

김진기, "한국 방위산업의 발전전략에 대한 연구: 박정희 시대의 방위산업 발전전략을 중심으로", 『국가전략』 14-1 (2008).

김진백·이남석, "기술 추격, 품질 혁신, 국제화를 통한 현대-기아차의 성장", 『Korea Business Review』 21-1 (2017).

김창욱, "컴퓨터산업의 기술능력의 향상과 지체", 이근 외, 『한국 산업의 기술능력과 경쟁력』 (경문사, 1997).

김창욱, "기술특성과 산업패턴의 관계에 관한 진화경제학적 분석" (서울대학교 박사학위논문, 1998).

김천욱, "한국기계공업사(37): 현대자동차의 독자엔진 개발", 『기계저널』 54-5 (2014).

김충기, "우리나라의 반도체 산업, 1974~1989", 『전자공학회잡지』 12-1 (1985).

김충기, "국내 반도체 공업의 발전 회고", 『전자공학회지』 13-5 (1986).

김형균·손은희, "조선 산업의 일본 추격과 중국 방어", 이근 외, 『한국 경제의 인프라와 산업별 경쟁력』 (나남출판, 2005).

김환석, "제3세계의 기술종속과 한국의 상황", 강만길·김진균 외, 『한국사회연구 1』 (한길사, 1983).

김환석, "기술혁신의 관점에서 본 한국 자본주의의 발전", 한국사회사연구회 편, 『현대 한국의 생산력과 과학기술: 한국사회사연구회 논문집 제22집』 (문학과지성사, 1990).

남광규, "남북대화의 국내적 활용과 '7·4남북공동성명'의 도출", 『평화학연구』 17-3 (2016).

남종현 외, "철강공업 발전패턴의 국제비교분석", 『철강보』 9-4 (1983).

동길산, "고무신에서 트랙스타로 갈아 신기", 부산광역시, 『부산발전 50년 역사이야기 (상)』 (휴먼컬처아리랑, 2015).

류상영, "한국산업화에서의 국가와 기업의 관계: 포항제철과 국가자본주의" (연세대학교 박사학위논문, 1995).

류상영, "박정희와 그 시대를 넘기 위하여: 연구쟁점과 평가", 한국정치연구회 편, 『박정희를 넘어서: 박정희와 그 시대에 관한 비판적 연구』 (푸른숲, 1998).

문만용, "KIST에서 대덕연구단지까지: 박정희 시대 정부출연연구소의 탄생과 재생산", 『역사비평』 85 (2008).

문만용, "1980년 정부출연연구기관의 재편성: KIST의 KAIST로의 통합을 중심으로", 『한국과학사학회지』 31-2 (2009).

문만용, "'전국민 과학화운동: 과학기술자를 위한 과학기술자들의 사회운동", 『역사비평』 120 (2017).

木宮正史, "한국의 내포적 공업화전략의 좌절: 5·16 군사정부의 국가자율화의 구조적 한계" (고려대학교 박사학위논문, 1991).

민완기, "한국 컴퓨터산업의 전개과정에 관한 연구" (서울대학교 박사학위논문, 1993).

박기주·류상윤, "1940, 50년대 광공업 생산통계의 추계와 분석", 『경제학연구』 58-3

(2010).

박미숙, "여기 사람들 다 미친 것 같다: 파이넥스 개발 다큐멘터리", 『이코노미스트』
(2007. 7. 17).

박사명, "동아시아 경제 위기의 정치 동학", 한국정치연구회 엮음, 『동아시아 발전모델은
실패했는가』(삼인, 1998).

박승두, "노사관계로드맵 17년의 평가와 전망", 『노동법학』 39 (2011).

박영구, "구조변동과 중화학공업화", 이대근 외, 『새로운 한국경제발전사』(나남출판,
2005).

박영구, "4대핵공장사업의 과정과 성격, 1969. 11-1971. 11", 『경제사학』 44 (2008).

박영구, "1970년대 한국의 석유화학공업계획: 변화과정을 중심으로", 『경제사학』 48
(2010).

박영구, "1970년대 중화학공업화 추진 행정기관 연구: 중화학공업추진위원회와 기획단",
『한국행정사학지』 28 (2011).

박영구, "제2제철 입지논쟁의 재발굴과 재검토", 『민족문화연구』 44 (2012).

박영구, "1971년의 한국 현대조선공업 시작은 정말 어떠하였는가?", 『한국민족문화』 61
(2016).

박영철, "삼성 PC의 놀라운 변신: 미운 오리 새끼에서 옥동자로!", 『주간조선』 제2179호
(2011. 10. 31).

박우희, "한국에 있어서의 수입기술의 흡수와 확산에 관한 실증분석: 석유화학공업사
례", 『경제논집』 19-2 (1980).

박원암, "1997년 외환위기", 김두얼 외, 『한국의 경제 위기와 극복』(대한민국역사박물
관, 2017).

박진희, "한국 섬유 공업 기술의 발달, 1890-1960", 『한국사론』 42 (2005).

박태균, "8·3 조치와 산업합리화 정책: 유신체제의 경제적 토대 구축과정", 『역사와 현
실』 88 (2013).

박태준, "박태준 회고록: 불처럼 살다", 『신동아』(1992. 4~1992. 8).

박항구, "전화, 사치품에서 필수품으로: 전전자식 교환기", 한국과학문화재단 엮음, 『과
학이 세상을 바꾼다』(크리에이터, 2007).

배무기, "기술의 도입, 수용 및 확산: 한국 나일론산업의 일사례연구", 『경제논집』 19-1
(1980).

배석만, "1950년대 대한조선공사의 자본축적 시도와 실패원인", 『부산사학』 25·6 합집

(1994).

배석만, "현대중공업의 초창기 조선기술 도입과 정착과정 연구", 『경영사학』 26-3 (2011).

배석만, "조선 산업의 성장과 수출 전문 산업화", 박기주 외, 『한국 중화학공업화와 사회의 변화』(대한민국역사박물관, 2014).

배석만, "조선 산업 인력 수급 정책과 양성 과정", 박기주 외, 『한국 중화학공업화와 사회의 변화』(대한민국역사박물관, 2014).

배용호, "한국 반도체산업의 기술흡수와 연구개발: 삼성전자(주)의 사례연구"(서울대학교 박사학위논문, 1995).

배용호, "조선산업의 혁신경로 창출능력", 이공래 외, 『한국 선도산업의 기술혁신경로 창출능력』(과학기술정책연구원, 2008).

배종태, "개발도상국의 기술내재화과정: 기술선택요인 및 학습성과 분석"(한국과학기술원 박사학위논문, 1987).

변형윤, "한국철강공업의 기술축적: 포항제철을 중심으로", 『경제논집』 19-2 (1980).

서문석, "해방 직후 섬유업계 고급기술자들의 활동 연구", 『경영사학』 21-1 (2006).

서익진, "한국 산업화의 발전양식", 이병천 엮음, 『개발독재와 박정희시대』(창비, 2003).

서정욱, "CDMA 성공신화, 이동통신", 서정욱 외, 『세계가 놀란 한국 핵심 산업기술』(김영사, 2002).

선우정, "포항제철", 『기술패권시대: 대한민국의 기술파워』(월간조선사, 1999).

성조환, "한국 철강산업의 기술개발 과정에 관한 연구: 포항제철의 역활용 전략"(국민대학교 박사학위논문, 1999).

손영준, "연구소 소개: 한국신발피혁연구소", 『한국의류산업학회지』 4-1 (2002).

손태원, "아라미드섬유와 관련소재개발", 『과학과 기술』 20-10 (1987).

송성수, "삼성 반도체 부문의 성장과 기술능력의 발전", 『한국과학사학회지』 20-2 (1998).

송성수, "철강산업의 기술혁신패턴과 발전과제", 『기술혁신학회지』 3-2 (2000).

송성수, "한국 철강산업의 기술능력 발전과정: 1960~1990년대의 포항제철"(서울대학교 박사학위논문, 2002).

송성수, "기술능력 발전의 시기별 특성: 포항제철 사례연구", 『기술혁신연구』 10-1 (2002).

송성수, "한국 종합제철사업계획의 변천과정, 1958~1969", 『한국과학사학회지』 24-1

(2002).

송성수, "한국 과학기술정책의 특성에 관한 시론적 고찰", 『과학기술학연구』 2-1 (2002).

송성수, "포항제철 초창기의 기술습득", 『한국과학사학회지』 28-2 (2006).

송성수, "자동차 강국의 꿈을 키우다", 한국과학문화재단 엮음, 『과학이 세상을 바꾼다』 (크리에이터, 2007).

송성수, "기술드라이브 정책의 전개: 1980년대", 과학기술부, 『과학기술 40년사』 (2008).

송성수, "'전(全)국민의 과학화운동'의 출현과 쇠퇴", 『한국과학사학회지』 30-1 (2008).

송성수, "추격에서 선도로: 삼성 반도체의 기술발전 과정", 『한국과학사학회지』 30-2 (2008).

송성수, "육상건조공법: 현대중공업", 최영락 외, 『차세대 기술혁신 시스템 구축을 위한 정부의 지원시책』 (한국공학한림원, 2008).

송성수, "과학기술거점의 진화: 대덕연구단지의 사례", 『과학기술학연구』 9-1 (2009).

송성수, "한국의 기술발전 과정에 나타난 특징 분석: 포스코와 삼성 반도체를 중심으로", 『한국과학사학회지』 34-1 (2012).

송성수, "한국의 기술발전에 관한 연구사적 검토와 제언", 『한국과학사학회지』 40-1 (2018).

송성수·송위진, "코렉스에서 파이넥스로: 포스코의 경로실현형 기술혁신", 『기술혁신학회지』 13-4 (2010).

송위진, "세계 컴퓨터산업의 구조변화와 대응전략: 미국을 중심으로", 『과학기술정책동향』 37 (1992).

송위진, "기술선택의 정치과정과 기술학습: CDMA 이동통신 기술개발 사례연구" (고려대학교 박사학위논문, 1999).

송위진, "국가연구개발사업의 정치학: CDMA 기술개발사업의 사례분석", 『한국행정학보』 33-1 (1999).

송위진, "기술혁신에서의 위기의 역할과 과정: CDMA 기술개발 사례연구", 『기술혁신연구』 7-1 (1999).

송위진·이근·임채성, "디지털 전환기의 후발국 기술추격 패턴 분석: 디지털 TV 사례", 『기술혁신연구』 12-3 (2004).

송위진·황혜란, "기술집약적 중소기업의 탈추격형 기술혁신 특성 분석", 『기술혁신연구』 17-1 (2009).

신용옥, "박정희정권기 경제성장에 대한 비판적 고찰", 강만길 엮음, 『한국 자본주의의 역사』(역사비평사, 2000).

신향숙, "제5공화국의 과학 기술 정책과 박정희 시대 유산의 변용: 기술 드라이브 정책과 기술 진흥 확대 회의를 중심으로",『한국과학사학회지』37-3 (2015).

신희영, "산업정책변동의 정치에 대한 다차원적 설명: 공업발전법의 제정의 중심으로", 『한국정책과학학회보』5-1 (2001).

유상운, "국가연구개발사업의 시행과 전개: 반도체 개발 컨소시엄을 중심으로, 1980-2010" (서울대학교 박사학위논문, 2019).

윤정로, "한국의 반도체 산업, 1965-1987",『과학기술과 한국사회』(문학과지성사, 2000).

윤현순, "혁신 철강기술의 개발현황과 전망", 포스코경영연구소 철강본부,『21세기 철강산업, 생존전략은 무엇인가』(1996).

이광호, "디스플레이산업의 혁신경로 창출능력", 이공래 외,『한국 선도산업의 기술혁신 경로 창출능력』(과학기술정책연구원, 2008).

이규열, "선박기술의 현황과 전망",『기계저널』45-2 (2005).

이근, "신흥공업국의 기술능력과 경쟁력: 신슘페터주의 기술경제학의 시각에서",『성곡논총』26-2 (1995).

이근, "삼단계로 재구성한 '통합적 경제추격론'",『학술원논문집(인문·사회과학편)』55-1 (2016).

이대근, "해방 후 경제발전과 국제적 계기", 이대근 외,『새로운 한국경제발전사』(나남출판, 2005).

이대근, "한일회담과 외향적 개발전략: 한-미-일 3각무역 메커니즘의 성립",『현대한국경제론: 고도성장의 동력을 찾아서』(한울, 2008).

이동걸, "금융정책으로 본 참여정부 5년", 강철규 외,『경국제민의 길: 참여정부 경제의 겉과 속』(굿플러스북, 2015).

이명희, "1970년대 초 부실기업 구조조정: 8·3조치를 중심으로", 김두얼 외,『한국의 경제 위기와 극복』(대한민국역사박물관, 2017).

이상철, "한국 화학섬유산업의 전개과정(1961-1979): 산업정책의 일연구" (서울대학교 박사학위논문, 1997).

이상철, "화학섬유산업의 기술혁신과 기술능력의 발전", 이근 외,『한국산업의 기술능력과 경쟁력』(경문사, 1997).

이상철, "한국의 후발산업화와 산업정책: 화학섬유산업의 사례를 중심으로",『경제발전연구』4-1 (1998).

이상철, "박정희시대의 산업정책", 이병천 엮음,『개발독재와 박정희시대』(창비, 2003).

이상철, "수출주도공업화전략으로의 전환과 성과", 이대근 외,『새로운 한국경제발전사』
　　　(나남출판, 2005).

이상철, "새로운 지역발전모델로서의 지역혁신체제", 유철규 편,『혁신과 통합의 한국경
　　　제모델을 찾아서』(함께읽는책, 2006).

이상철, "한국 교환기산업과 산업정책(1961-1972년)",『경제사학』50 (2011).

이상철, "기술도입을 통한 전자교환기 생산과 투자조정(1972-80년)",『경영사학』28-4
　　　(2013).

이상철, "중화학공업화 선언 이전의 산업 정책", 박기주 외,『한국 중화학공업화와 사회
　　　의 변화』(대한민국역사박물관, 2014).

이상철, "철강산업 육성정책과 포항종합제철", 박기주 외,『한국 중화학공업화와 사회의
　　　변화』(대한민국역사박물관, 2014).

이영훈, "1960년대 전반 개발 전략의 전환과 그것의 경제사적 배경",『경제논총』51-1
　　　(2012).

이영희, "대만 컴퓨터산업의 현황과 전망",『과학기술정책동향』5-4 (1995).

이원규, "사업방식과 경쟁전략, 조직능력 축적: 부산 지역 신발제조업체의 경쟁력 원천"
　　　(고려대학교 박사학위논문, 2002).

이유재·박기완, "현대자동차", 하영원 외,『미라클 경영: 기적을 만든 7개 대한민국 기업
　　　스토리』(자의누리, 2017).

이일옥, "혁신철강기술 개발과 그 영향",『철강보』25-6 (1999).

이장우, "산업환경 전략 및 조직구조 간의 관계: 컴퓨터 산업에 대한 종단적 연구" (한국
　　　과학기술원 박사학위논문, 1988).

이재인, "초경쟁산업에서 기업 시장지위변화에 관한 연구: 세계 휴대폰 산업을 중심으
　　　로" (한양대학교 석사학위논문, 2009).

이정우, "멀리 보고 균형을 잡다: 참여정부의 경제철학", 강철규 외,『경국제민의 길: 참
　　　여정부 경제의 겉과 속』(굿플러스북, 2015).

이정훈, "대형연구개발 프로젝트의 전략적 관리: 사례연구" (한국과학기술원 박사학위
　　　논문, 1993).

이정훈·이진주, "한국통신산업의 기술발전과정과 기술혁신전략: 전자교환기 개발사례
　　　를 중심으로",『Telecommunications Review』2-11 (1992).

이제민, "한국의 외환위기: 원인, 해결과정과 결과", 『경제발전연구』 13-2 (2007).

이제민, "한국의 경제성장: 그 성공과 굴곡의 과정", 이제민 외, 『한국의 경제 발전 70 년』 (한국학중앙연구원출판부, 2015).

이찬구, "선도기술개발사업(G7)의 정책결정 과정 분석: 범부처간 추진 과정 및 민간 전 문가 역할을 중심으로", 『기술혁신연구』 16-2 (2008).

이창희, "중화학공업투자 조정일지", 『입법조사월보』 152 (1986).

이철우·주미순, "부산 신발산업의 재구조화에 관한 연구", 『지리학논구』 21 (2001).

이충구, "한국의 자동차 기술: 첫 걸음에서 비상까지", 『오토저널』 (2009. 4~2013. 10).

이현재, "한국의 경제성장과정에 있어서의 국민소득구조 변동에 관한 연구", 『경제논 집』 7-1 (1968).

이호, "경제비사: 정주영의 조선업 도전", 『이코노미스트』 (2007. 1. 23~2007. 5. 14).

이홍, "한·미·일 반도체전쟁", 『월간조선』 1991년 5월호.

이홍·한재민, "현대자동차 성장의 진화적 경로", 『경영교육연구』 3-3 (1999).

임병규 외, "폴리부텐 제조기술 및 현황", 『화학공업과 기술』 12-5 (1994).

임재윤, "기술도입, 국내 R&D, 그리고 기술 '국산화': 선경화학 폴리에스터 필름 제조기 술과 그 보호를 둘러싼 논쟁 분석, 1976-1978" (서울대학교 석사학위논문, 2016).

장영배·송위진, "신흥공업국 기술발전론의 비판적 검토", 『사회와사상』 19 (1990).

장하원, "1960년대 한국의 개발전략과 산업정책의 형성", 한국정신문화연구원 편, 『1960 년대 한국의 공업화와 경제구조』 (백산서당, 1999).

전치형, "거친 시대의 매끄러운 테크놀로지", 임태훈 외, 『한국 테크노컬처 연대기: 배반 당한 과학기술 입국의 해부도』 (알마출판사, 2017).

전희동, "검은 연기 대신 푸른 돈 쏟아낸다: 일석삼조 신제철공법 파이넥스", 『과학동아』 2007년 7월호.

정광석, "한국의 조선 생산 기술", 『대한조선학회지』 40-3 (2003).

정기대, "개발도상국 기업의 기술창출단계 기술혁신: 프로세스 기술개발 사례연구", 『기 술혁신학회지』 12-1 (2009).

정동섭, "삼성전자의 애니콜 신화", 『경영교육연구』 4-2 (2001).

정일용, "한국 기술도입의 구조적 특성에 관한 연구: 종속적 축적과의 관련성 고찰을 중 심으로" (서울대학교 박사학위논문, 1989).

정진성, "정부의 기술 인력 수급계획과 기능공 인력 양성", 박기주 외, 『한국 중화학공업 화와 사회의 변화』 (대한민국역사박물관, 2014).

정진성, "포항제철의 기능인력 충원 및 양성", 박기주 외,『한국 중화학공업화와 사회의 변화』(대한민국역사박물관, 2014).

정진아, "이승만정권기 경제개발3개년계획의 내용과 성격",『한국학연구』31 (2009).

정태석, "87년 체제와 시민사회 이데올로기-가치들의 변화",『경제와 사회』117 (2018).

조봉래, "철강 역사 새로 쓴 파이넥스공법",『과학과 기술』39-12 (2006).

조윤애, "한국 컴퓨터산업의 과제와 대응방안",『과학기술정책동향』5-4 (1995).

조현대, "한국 반도체산업의 기술혁신사례: 국가R&D콘소시엄의 구성·추진을 중심으로", 연구개발정책실 편,『연구개발 성공사례 분석 (I)』(과학기술정책관리연구소, 1997).

조형제, "현대자동차의 기민한 생산방식: 또 하나의 베스트 프랙티스?",『동향과 전망』93 (2015).

주익종, "대한민국을 부강하게 하다", 한국현대사학회 현대사교양서팀,『대한민국을 만들다』(기파랑, 2012).

竹內弘高·野中郁次郎, "신제품개발의 전략과 조직", 今井賢一 편저, 김동열 옮김,『기술혁신과 기업조직: 일본기업의 사례를 중심으로』(비봉출판사, 1992).

최상오, "외국원조와 수입대체공업화", 이대근 외,『새로운 한국경제발전사』(나남출판, 2005).

최영락, "한국인의 자긍심, 반도체 신화", 서정욱 외,『세계가 놀란 한국 핵심산업기술』(김영사, 2002).

최영락, "한국적 기술혁신 모형의 탐색", 최영락 외,『한국 과학기술 발전의 형태와 방식 분석』(과학기술정책연구원, 2010).

최영락·이대희·송용일·정윤철, "한국의 기술혁신모형: 새로운 지평을 향하여",『기술혁신연구』13-1 (2005).

최영숙, "한국의 섬유공업사 연구" (숙명여자대학교 박사학위논문, 1993).

최윤호, "64km로 시작된 반도체 신화", 김대용 외,『미래를 설계하는 반도체』(사이언스북스, 2000).

한국블루오션연구회, "삼성전자, TV를 재정의하다", 김위찬·르네 마보안 지음, 안세민 옮김,『블루오션 시프트』(비즈니스북스, 2017).

한만춘, "연세 101 Analog Computer의 발전",『연세논총』4-1 (1966).

한기철, "CDMA 이동통신기술 세계 최초 상용화", 연구개발정책실,『연구개발 성공사례 분석』(과학기술정책관리연구소, 1997).

허성관, "우리가 몰랐던 참여정부 나라살림: 재정·조세 정책으로 본 국가경영 혁신", 강철규 외,『경국제민의 길: 참여정부 경제의 겉과 속』(굿플러스북, 2015).

현소은·한민희·예종석, "신화를 창출한 애니콜의 브랜드 전략",『한국마케팅저널』5-4 (2003).

현영석, "한국 자동차산업 기술발전에 관한 실증분석: 1962-1986" (한국과학기술원 박사학위논문, 1988).

현영석, "현대자동차의 품질승리",『한국생산관리학회지』19-1 (2008).

현영석·김진호, "2000년대 현대자동차 다중위기와 혁신",『경영경제연구』38-2 (2016).

홍성인, "한국 조선산업의 글로벌 경쟁과 차별화 전략",『KIET 산업경제』2008년 9월 호.

홍성주, "한국 과학기술 정책의 형성과 과학기술 행정체계의 등장, 1945~1967" (서울대학교 박사학위논문, 2010).

황정태, "자동차산업의 혁신경로 창출능력", 이공래 외,『한국 선도산업의 기술혁신경로 창출능력』(과학기술정책연구원, 2008).

황혜란·정재용·송위진, "탈추격 연구의 이론적 지향성과 과제",『기술혁신연구』20-1 (2012).

후카가와 히로시, "포항제철소 건설에서의 한일 엔지니어 교류", 김도형·아베 마코토 외,『한일관계사 1965-2015: Ⅱ 경제』(역사공간, 2015).

Abernathy, William J. and James M. Utterback, "Patterns of Industrial Innovation", *Technology Review* 80-7 (1978).

Abramovitz, Moses, "Catching Up, Forging Ahead, and Falling Behind", *Journal of Economic History* 46-2 (1986).

Choi, Youngrak, "Korean Innovation Model, Revisited", *STI Policy Review* 1-1 (2010).

Choung, Jae-Yong, Hye-Ran Hwang, and Wichin Song, "Transitions of Innovation Activities in Latecomer Countries: An Exploratory Case Study of South Korea", *World Development* 54 (2014).

Chung, KunMo and KongRae Lee, "Mid-entry Technology Strategy: The Korean Experience with CDMA", *R&D Management* 29-4 (1999).

Cohen, Wesley M. and Daniel A. Levinthal, "Absorptive Capacity: A New Perspective on Learning and Innovation", *Administrative Science Quarterly* 35-1 (1990).

Dahlman, Carl J. and Larry E. Westphal, "Technological Effort in Industrial Development: An Interpretative Survey of Recent Research", Frances Stewart and Jeffrey James eds., *The Economics of New Technology in Developing Countries* (Boulder: Westview Press, 1982).

Dahlman, Carl J., Bruce RossLarson and Larry E. Westphal, "Managing Technological Development: Lessons from the Newly Industrializing Countries", *World Development* 15-6 (1987).

Hobday, Michael, Howard Rush, and John Bessant, "Approaching the Innovation Frontier in Korea: The Transition Phase to Leadership", *Research Policy* 33-10 (2004).

Hounshell, David A., "Rethinking the History of American Technology", Stephen H. Cutcliffe and Robert C. Post eds., *In Context: History and the History of Technology, Essays in Honor of Melvin Kranzberg* (Bethlehem: Lehigh University Press, 1989).

Jeon, Chihyung, "A Road to Modernization and Unification: The Construction of the Gyeongbu Highway in South Korea", *Technology and Culture* 51-1 (2010).

Kim, Dong-Won and Stuart W. Leslie, "Winning Markets or Winning Nobel Prizes? KAIST and the Challenges of Late Industrialization", *Osiris* 13 (1988).

Kim, Linsu, "Stages of Development of Industrial Technology in a Developing Country: A Model", *Research Policy* 9-3 (1980).

Kim, Linsu, "Crisis Construction and Organizational Learning: Capability Building in Catching-up at Hyundai Motor", *Organization Science* 9-4 (1998).

Kim, Linsu, "Building Technological Capability for Industrialization: Analytical Frameworks and Korea's Experience", *Industrial and Corporate Change* 8-1 (1999).

Krugman, Paul, "The Myth of Asia's Miracle", *Foreign Affairs* 73-6 (1994).

Lall, Sanjaya, "Technological Capabilities and Industrialisation", *World Development* 20-2 (1992).

Landsberg, Martin, "Capitalism and Third World Economic Development: A Critical Look at the South Korea Miracle", *Review of Radical Political Economic*, 16-2/3 (1984).

Lee, Jinjoo, Zongtae Bae and Dongkyu Choi, "Technology Development Process: A Model for a Developing Countries with a Global Perspective", *R&D Management* 18-3 (1988).

Lee, Keun and Chaisung Lim, "Technological Regimes, Catching-up and Leapfrogging: Findings from the Korean Industries", *Research Policy* 30-3 (2001).

Lee, Keun, Chaisung Lim and Wichin Song, "Emerging Digital Technology as a Window of Opportunity and Technological Leapfrogging", *International Journal of Technology Management* 29-1/2 (2005).

Leonard-Barton, Dorothy, "Core Capabilities and Core Rigidities: A Paradox in Managing New Product Development", *Strategic Management Journal* 13-2 (1992).

Lucas, Robert E., Jr., "Making a Miracle", *Econometrica* 61-2 (1993).

Pavitt, Keith, "Sectoral Patterns of Technical Change: Towards a Taxonomy and a Theory", *Research Policy* 13-4 (1984).

Perez, Carlota and Luc Soete, "Catching up in Technology: Entry Barriers and Windows of Opportunity", Giovanni Dosi, Christopher Freeman, Richard Nelson, Gerald Silverberg and Luc Soete eds. *Technical Change and Economic Theory* (London: Pinter Publishers, 1988), pp. 458-479.

Song, Sungsoo, "The Historical Development of Technological Capabilities in Korean Steel Industry: The Case of POSCO", *The Korean Journal for the History of Science* 33-2 (2011).

Song, Sungsoo, "Growth and Technological Development of the Korean Shipbuilding Industry", *STI Policy Review* 2-4 (2011).

Teece, David J., "Profiting from Technological Innovation: Implications for Integration, Collaboration, Licensing, and Public Policy", *Research Policy* 15-6 (1986).

Tidd, Joe, John Bessant and Keith Pavitt, *Managing Innovation: Integrating Technological, Market and Organizational Change* (New York: John Wiley & Sons, 1997).

Utterback, James M., *Mastering the Dynamics of Innovation* (Boston: Harvard Business School Press, 1994) [국역: 김인수·김영배·서의호 옮김, 『기술변화와 혁신전략』 (경문사, 1997)].

Utterback, James M. and William J. Abernathy, "A Dynamic Model of Process and Product Innovation", *Omega* 3-6 (1975).

〈찾아보기〉

Contents in English

Industrialization and Technological Development in South Korea: The Evolution of Korean Economy and Technological Innovation in Major Industries

by Song, Sungsoo

Professor

Institute of General Education

Interdisciplinary Program of Science and Technology Studies

Pusan National University